中国互联网产业发展年鉴 2016

于揚　主编

人民东方出版传媒
東方出版社

篇首语

数据是新能源

时代的浪潮席卷着每一个人，我们都曾渴望自己成为时代的弄潮儿，凝视历史又幻想未来，改变自己、改变时代。这也许听起来有些年少轻狂，但正是这种血脉贲张的狂想驱动着人类的发展。

1776年瓦特发明了蒸汽机，工业革命开始；1878年爱迪生发明了电灯泡，让现代社会充满了光明；1946年世界上第一台电子计算机在美国宾夕法尼亚大学问世，它的大小为80英尺×8英尺、重达28吨，今天每个人手机的处理能力都是这台电脑的800万倍。人类从1946年到2016年仅仅成长了70年，但是计算能力却提高了800万倍。

1995年是互联网正式走入中国家庭，走入我们的生活，走入我们工作的元年。那时的我们也许新奇更胜于思考，在大批新鲜事物涌入国门的时候，我们的眼睛不够用，我们的大脑不够快，只有本能地接受，思辨是冷静后的事。如今站在2016年这个时间点上，回头去看，我们会发现：互联网作为一个强有力的基础设施是同人类历史上颠覆性的技术一脉相承的。1946年是人类有史以来第三个基本单位出现的元年——在此之前只有两种，一个是原子，一个是DNA。

易观是做数据的，所以我常常想从数据的层面去看看今天所处的时代。在数据的时空维度里，定格当下，截取时代的横截面，我想象着这个横截面的样子：它是如年轮般层层环绕，还是如岩层般层层堆叠？但无论是怎样的面貌，它一定和历史有关，也一定深刻地影响着我们的未来。

2007年，易观第一次提出互联网化，我们预判："未来，所有企业都将成为互联网企业。"在这逝去的9年里，时间印证了这个趋势。2012年易观进一步提出"互联网+"，并认为互联网作为强大的基础设施，一定会跟各行各业的基本需求相结合，"互联网+"是一种强大的能力，它以一种化学反应的方式彻底改变每一个行业，改变基础需求，从而提升生产效率。

如今又有人让我们预测未来，问易观下一步将落在何处？我想，站在时代的横截面处，从1776年到今天，我们得出的结论是：世界正在迅速地比特化！未来的路径将是“互联网+2.0”，即用户与企业接触的全流程都将是数字化、交互的全新体验，所有的企业最终都将成为数字企业。身边的生活正在悄无声息地被数字化牵引着、更迭着，数字货币已经成为年轻人的主要支付方式，电子支付如今一旦从生活中撤离，人们将会非常不适应。今天我们看到的无人驾驶，就是把曾经熟悉的产品智能化的一个重要标志。在这样一个时间点上，我们必须意识到我们是从哪来的，我们将往何处去。从蒸汽机、电力、电脑、互联网到数据，世界正在迅速地比特化。

AlphaGo让我们第一次意识到，人类的思维是有可能程序化的。在人机对决的比赛中，AlphaGo出现了超出人类思维模式的历史性时刻，说明机器已经开始脱离人类所规定的模式，并发展出新的思维。如果AlphaGo是虚拟人，血管里流动的只有一种东西，那就是数据。

为什么最近十年内新出生的互联网公司独角兽能达到100亿市值的速度越来越快？这是因为摩尔定律在比特化世界的再现。它背后的驱动力是什么呢？我们认为就是“大数据”。未来，数字资产将成为企业的核心资产，大数据会成为企业新的能源，然而原始数据是没有任何价值的，只有将“数据原油”深度加工、成功提炼才会使数据“活”起来。易观将成为数字时代的原油加工厂和数据加油站，为整个社会提供最强大的基础设施。

我是一个有英雄情结的人，如今已经过了轻狂的岁月，但我仍希望自己可以为生活过的时代做些什么，让时代因易观而有所不同。就像20世纪80年代中期，我和弟弟用16位的处理器敲敲打打，输入Basic语言编程之后就打出“hello”，那种快乐与兴奋充斥全身血液、震撼一生！

Hello，计算机！Hello，互联网！Hello，大数据！Hello，我们的时代！

期待你我一同跟随易观，拥抱大数据驱动下的人工智能时代。

主编　于揚

每年的《中国互联网产业发展年鉴》已经成为了解行业、辅助决策的温度计和仪表盘。它的编纂者易观既是“互联网+”这一代表未来若干年互联网发展方向、现已上升为国家重要战略的概念的提出者，也是新技术的积极实践者——它一直积极将大数据等相关技术应用于行业调研，而这将它同大多数研究机构区别开来。

《年鉴》提供了对无论是打算进入这个行业的新人，还是从业者都至关重要的广度，这一点对于互联网行业非常重要，而在过去它被忽视了，因为这个行业的特点之一是很多看起来毫不相干的细分行业或市场，最终可能会成为同一个行业或市场，或者存在相互替代的可能。《年鉴》提供的广度，可以让从业者尽可能全面了解所在的行业，并制定相应的进攻和防御策略。

同时，《年鉴》的与众不同之处还在于它提供了有关过去一年“互联网+”实践的概览，虽然它不太可能囊括这个去中心化的领域的所有可能，但当你将过去几年的报告对照研究时，就能获得决策和行动时难得的启发，这个行业仍然处于由探索和创业精神所驱使的早期，类似的启发就显得弥足珍贵。

易观智慧院执行院长　尹生

目　录

第一部分　产业政策

第二部分　行业发展

第三部分　区域发展

第四部分　行业分析

第五部分　厂商分析

第六部分　易观千帆 APP 榜单

图目录

表目录

第一部分

产业政策

产业政策在市场经济运行中具有导向作用，是一个国家发展任一产业的先决条件。2015 年，中国的网民渗透率接近50%，互联网已经成为中国人生活和工作形影不离的工具。未来两三年内，移动互联网将不断渗透到我们的生活和工作当中，并且将在诸多方面改变和改善我们的生活和工作形态。伴随着这个趋势，国家加强了对互联网产业的管理与指导，以规范行业的发展。同时，国家出台相关扶持政策，提出新的概念，推动未来经济和社会的发展，尤其是互联网金融、物联网、大数据等方面的发展。根据 2015 年政府发布的主要政策，本部分将从改革纲领性文件、产业扶植、电子商务、内容消费、游戏、基础应用与服务、互联网金融、在线营销、医疗和旅游、生活信息服务、新一代信息技术政策、内容监管、移动互联网等多个方面对政策加以归类、分析与解读。

改革纲领性文件

《关于积极推进“互联网+”行动的指导意见》

颁布时间：2015/7/4

颁布部门：国务院

政策内容：以大力拓展互联网与经济社会各领域融合的深度和广度，促进网络经济与实体经济协同互动发展为主线。着力深化体制机制改革，释放发展潜力和活力；着力做优存量，推动产业提质增效和转型升级；着力做大增量，培育新兴业态，打造新的增长点；着力创新政府服务模式，夯实网络发展基础，营造安全网络环境，提升公共服务能力和水平。坚持开放共享，营造良好的发展环境；坚持融合创新，打造经济发展的新动力；坚持变革转型，推动传统产业和公共服务转型升级；坚持引领跨越，构筑新一轮科技革命和产业变革的竞争新优势；坚持安全有序，建立科学有效的市场监管方式，保障网络安全和市场安全。充分发挥互联网的创新驱动作用；推动互联网与制造业融合；利用互联网提升农业生产、经营、管理和服务水平；通过互联网促进能源系统扁平化，推进能源生产与消费模式革命，提高能源利用效率，推动节能减排；促进互联网金融健康发展，全面提升互联网金融服务能力和普惠水平；加快建设跨行业、跨区域的物流信息服务平台，提高物流供需信息对接和使用效率；巩固和增强我国电子商务发展领先优势，大力发展农村电商、行业电商和跨境电商，进一步扩大电子商务发展空间；加快互联网与交通运输领域的深度融合；推动互联网与生态文明建设深度融合，完善污染物监测及信息发布系统；加快人工智能核心技术突破。

作用及影响：推动电子商务行业创业，提升企业精准营销能力，激发市场消费需求。促进互联网的创新成果与经济社会各领域深度融合，推动技术进步、效率提升和组织变革。提升实体经济创新力和生产力，对形成更广泛的以互联网为基础设施和创新要素的经济社会发展新形态有显著作用。

《中共中央关于制定国民经济和社会发展第十三个五年规划的建议》

颁布时间：2015/10/29

颁布部门：中央政治局、十八届五中全会

政策摘要：《中共中央关于制定国民经济和社会发展第十三个五年规划的建议》提出，到2020年全面建成小康社会；保持经济中高速增长；把创新摆在国家发展全局的核心位置；重点促进城乡区域协调发展，增强国家硬实力同时注重提升国家软实力；坚持节约资源和保护环境的基本国策；奉行互利共赢的开放战略；坚持全体人民共享发展；全面实施二胎政策；加强党的各级组织建设；深入推进党风廉政建设和反腐败斗争。在第三部分“坚持创新发展，着力提高发展质量和效益”中的第二条“拓展发展新空间”中指出，拓展网络经济空间。实施“互联网+”行动计划，发展物联网技术和应用，发展分享经济，促进互联网和经济社会融合发展。实施国家大数据战略，推进数据资源开放共享。完善电信普遍服务机制，开展网络提速降费行动，超前布局下一代互联网。

作用及影响：《中共中央关于制定国民经济和社会发展第十三个五年规划的建议》是全面建设小康社会，事关社会主义现代化建设大局的纲领性文件。文件中提出“拓展网络经济空间”的政策理念反映出决策层已经充分认识到了互联网基础的重要性，互联网对国际竞争和国内经济转型都有着非常重要的、不可替代的作用。不同于过去“网络阵地”的概念，“互联网+”是将互联网应用到每一个层面，最终走向智能生活、智能城市。我国未来经济和社会发展，将在很大程度上会依赖网络经济空间给经济增长带来的持续推动。这次十三五规划建议，给我国互联网行业指明了大方向，同时也指出了社会资源动员和配置的流动方向。

产业扶植

《关于促进金融租赁行业健康发展的指导意见》

颁布时间：2015/9/8

颁布单位：国务院

政策内容：加快金融租赁行业发展，发挥其对促进国民经济转型升级的重要作用；突出金融租赁特色，增强公司核心竞争力；发挥产融协作优势，支持产业结构优化调整；提升金融租赁服务水平，加大对薄弱环节支持力度；加强基础设施建设，夯实行业发展基础；完善配套政策体系，增强持续发展动力；加强行业自律，优化行业发展环境；完善监管体系，增强风险管理能力。

作用及影响：其中第三条提出积极支持新一代信息技术、高端装备制造、新能源、新材料、节能环保和生物等战略性新兴产业发展。加大对教育、文化、医药卫生等民生领域支持力度。在飞机、船舶、工程机械等传统领域培育一批具有国际竞争力的金融租赁公司。通过金融租赁的方式，促进企业重组与生产资料更新，提高了资金的使用效率，对实体经济的发展将起到重大作用。

《关于加快转变农业发展方式的意见》

颁布时间：2015/8/7

颁布单位：国务院

政策内容：增强粮食生产能力，提高粮食安全保障水平；创新农业经营方式，延伸农业产业链；深入推进农业结构调整，促进种养业协调发展；提高资源利用效率，打好农业面源污染治理攻坚战；强化农业科技创新，提升科技装备水平和劳动者素质；提升农产品质量安全水平，确保“舌尖上的安全”；加强农业国际合作，统筹国际国内两个市场两种资源。

作用及影响：改良了农业经营方式，通过创新农业营销服务发展农业电子商务，积极引导农业经营主体与电商企业对接，将减少农资价格上升带来的中间环节费用上涨的问题。加强了信息的准确性与信息传递效率，最大限度避免农民决策失误造成的农产品滞销问题，有利于将小农经济整合成市场化的企业经济。

《关于促进云计算创新发展培育信息产业新业态的意见》

颁布时间：2015/1/6

颁布部门：国务院

政策内容：增强云计算服务能力，大力发展公共云计算服务，引导企业采用安全可靠的云计算解决方案；突破云计算和大数据的关键核心技术，加强需求对接和市场应用；探索电子政务云计算发展新模式，鼓励应用云计算整合改造现有的电子政务信息系统，实现整体部署和共建共用，加大政府采购云计算服务力度，大幅减少政府自建数据中心的数量；加强大数据开发与利用，出台政府机构数据开放管理规定；统筹布局云计算基础设施，加快信息网络基础设施的优化升级，支持绿色云计算中心建设，避免云计算数据中心和相关园区的盲目建设；提升安全保障能力。

作用及影响：为促进创业兴业、释放创新活力提供了有力支撑。加强了信息技术资源整合，促进了区域协调发展。推动了云计算开放式创新和国际化发展，鼓励新业态发展。完善相关信息安全制度，强化了安全防护体系。

《关于加快高速宽带网络建设推进网络提速降费的指导意见》

颁布时间：2015/5/16

颁布部门：国务院

政策内容：加快高速宽带网络建设，提升骨干网络容量和网间互通能力，加强应用基础设施建设，深入推进电信基础设施共建共享；有效降低网络资费，持续提升服务水平，推动电信企业降低网费，提高电信企业运营效率；有序开放电信市场，加强电信市场监管，提升公共服务水平，推进简政放权；完善配套支持政策，强化组织落实，完善宽带网络标准，全面保障宽带网络建设通行，规范通信建设行为。

作用及影响：国务院高度重视高速宽带的建设与发展，加大政府投资力度，利好基础网络建设企业，推行“稳中求快”的发展方针。

《促进大数据发展行动纲要》

颁布时间：2015/8/31

颁布单位：国务院

政策内容：加快政府数据开放共享，推动资源整合，提升治理能力；推动产业创新发展，培育新兴业态，助力经济转型；强化安全保障，提高管理水平，促进健康发展。完善组织实施机制；加快法规制度建设；健全市场发展机制；建立标准规范体系；加大财政金融支持；加强专业人才培养；促进国际交流合作。

作用及影响：政府大数据建设已经被上升到了“推动经济转型发展的新动力”的高度，但要到2018年取得明显进展，可能还要在行动和意识上打通“三关”。

电子商务

《关于大力发展电子商务加快培育经济新动力的意见》

颁布时间：2015/5/7

颁布单位：国务院

政策内容：积极协调解决电子商务发展中的各种矛盾与问题，推进电子商务企业税费合理化，减轻企业负担，进一步释放电子商务发展潜力，提升电子商务创新发展水平；最大限度减少对电子商务市场的行政干预，营造公平竞争的创业发展环境，进一步激发社会创业活力，拓宽电子商务创新发展领域；加强对电子商务发展中前瞻性、苗头性、倾向性问题的研究，及时在商业模式创新、关键技术研发、国际市场开拓等方面加大对企业的支持引导力度，进一步增强企业的创新动力，加速电子商务创新发展步伐。

作用及影响：以法律为后盾，全面支持电子商务的发展，为电子商务的发展创造了开放、规范、诚信、安全的发展环境。进一步激发了电子商务创新动力、创造潜力、创业活力，加速推动经济结构战略性调整，实现经济提质增效升级。同时对促进就业创业也起到了积极作用。

《国务院办公厅关于促进跨境电子商务健康快速发展的指导意见》

颁布时间：2015/6/16

颁布单位：国务院

政策内容：支持国内企业更好地利用电子商务开展对外贸易，加快建立适应跨境电子商务特点的政策体系和监管体系，提高贸易各环节便利化水平；鼓励有实力的企业做大做强；优化配套的海关监管措施；完善检验检疫监管政策措施；明确规范进出口税收政策；完善电子商务支付结算管理，鼓励境内银行、支付机构依法开展跨境电子支付业务；提供积极财政金融支持，鼓励传统制造和商贸流通企业利用跨境电子商务平台开拓国际市场；建设综合服务体系，支持各地创新发展跨境电子商务，引导本地跨境电子商务产业向规模化、标准化、集群化、规范化方向发展；规范跨境电子商务经营行为；充分发挥行业组织作用，推动建立全国性跨境电子商务行业组织；加强多边、双边国际合作；通过地方各级人民政府支持和推动电子商务的展开。

作用及影响：意见强调通过“互联网+外贸”发挥我国制造业大国优势，实现优进优出，促进企业和外贸转型升级，推动开放型经济的转型升级，打造新的经济增长点，而且对于消费者来说也提供了更多选择，是“一箭多雕”之举。

《关于推进线上线下互动加快商贸流通创新发展转型升级的意见》

颁布时间：2015/9/29

颁布单位：国务院办公厅

政策内容：鼓励线上线下互动创新、技术应用创新，促进产品服务创新；激发实体商业发展活力，健全现代市场体系，推进城市商业智能化、农村市场现代化、国内外市场一体化；完善政策措施，推进简政放权与管理服务创新，加大财税支持力度与金融支持力度，培育行业组织。

作用及影响：促进线上交易和线下服务相结合，提供个性化、便利化服务，鼓励实体店通过互联网展示，实行 O2O 新型模式的展开；对推动实体店转型，促进商业模式创新，增强经济发展新动力，服务大众创业、万众创新具有重要意义。

内容消费

《关于责令网络音乐服务商停止未经授权传播音乐作品的通知》

颁布时间：2015/7/10

颁布单位：国家版权局

政策内容：加强对音乐作品著作人权利的保护，规范网络传播音乐作品版权秩序；加强对网络音乐服务商的版权执法监管力度，推动建立良好的网络音乐版权秩序和运营生态；依法严查未经整改的网络音乐服务商。

作用及影响：强化了各大网络音乐服务商、国内外唱片公司和版权公司的自律意识，保障了音乐人的权益。

《关于开展网上境外影视剧相关信息申报登记工作的通知》

颁布时间：2015/1/21

颁布单位：广电总局

政策内容：各互联网视听节目服务单位在线填报和报送申报材料的截止日期为2015年2月10日；各省局初核完成后，于2015年3月10日前报送总局网络司；登记截止日期为2015年3月31日，逾期不再受理；在播境外影视剧登记范围是：各单位2014年12月31日前已经签约引进且已上线播出的境外影视剧；2015年1月1日开始，所有新上线播出的专用于信息网络的境外影视剧，须按照《国家新闻出版广电总局关于进一步落实网上境外影视剧管理有关规定的通知》（新广电发〔2014〕204号）的规定，按相关引进程序报批后方可上线播出；境外剧播出量不得超过网站国产剧播放总量的30%。

作用及影响：提升了互联网影视剧内容的品质、网络视频网站的自审自播能力，保护了境外影视剧的互联网版权，对我国相关行业将产生深远的影响。

游　戏

《关于在广东省对香港、澳门服务提供者暂时调整有关行政审批和准入特别管理措施的决定》

颁布时间：2015/3/3

颁布单位：国务院

政策内容：将国发办（2000）44 号文件中禁止电子游戏的制造和销售改为在广东省对香港、澳门服务提供者暂时调整实施相关准入特别管理措施，允许其从事《决定》规定的游戏游艺设备的销售服务；具体管理办法由广东省人民政府制定。

作用及影响：明确了扩大服务业开放，为游戏主机在内地的生产制造与销售创造了有利条件。

《关于推广中国（上海）自由贸易试验区可复制改革试点经验的通知》

颁布时间：2015/1/29

颁布单位：国务院

政策内容：在全国范围内复制推广投资管理领域、贸易便利化领域、金融领域、服务业开放领域、事中事后监管措施的相关改革事项。其中第四条，允许融资租赁公司兼营与主营业务有关的商业保理业务、设立外商投资资信调查公司、设立股份制外资投资性公司、融资租赁公司设立子公司不设最低注册资本限制、允许内外资企业从事游戏游艺设备生产和销售等。

作用及影响：预示着游戏禁令在全国范围内的解禁，为国外游戏主机厂商进入国内市场创造了有利条件，并促进内地游戏厂商自身发展。

基础应用与服务

《关于运用大数据加强对市场主体服务和监管的若干意见》

颁布时间：2015/7/1

颁布单位：国务院

政策内容：提高大数据运用能力，增强政府服务和监管的有效性。推动简政放权和政府职能转变，促进市场主体依法诚信经营。提高政府服务水平和监管效率，降低服务和监管成本；推进政府监管和社会监督有机结合，构建全方位的市场监管体系。

作用及影响：有利于政府充分获取和运用信息，更加准确地了解市场主体需求，提高服务和监管的针对性、时效性；有利于推进简政放权，实现放管结合，切实转变政府职能；有利于加强社会监督，发挥公众对规范市场主体行为的积极作用；有利于高效利用现代信息技术、社会数据资源和社会化的信息服务，降低行政监管成本。

《关于促进快递业发展的若干意见》

颁布时间：2015/10/26

颁布单位：国务院

政策内容：加强服务质量监测，降低快件延误率、损毁率、丢失率和投诉率，引导快递企业从价格竞争向服务竞争转变；开展智能终端、自动分拣、机械化装卸、冷链快递等技术装备的研发应用；构建农产品快递网络、服务产地直销、订单生产等农业生产新模式；鼓励快递企业发展跨境电商快递业务，在重点口岸城市建设国际快件处理中心，探索建立“海外仓库”；严格执行收寄验视制度，实现快递信息溯源追查，依法严格保护个人信息安全。

作用及影响：这是我国第一次出台全面指导快递业发展的纲领性文件，意见的出台有利于实现快递政策的系统性、完整性，给予快递专用车辆城市通行和作业便利，有助于快递企业发展，如建立快递与电商深度合作、联动发展的机制；解决了“最后一公里”通行难题，建立航空、铁路快速提货、快速发货机制；针对跨境电商建立相关机制，确保能按照快递的规律和特点去办事。

互联网金融

《关于促进互联网金融健康发展的指导意见》

颁布时间：2015/7/18

颁布单位：中国人民银行、工业和信息化部、公安部、财政部、工商总局、法制办、银监会、证监会、保监会、国家互联网信息办公室

政策内容：按照“鼓励创新、防范风险、趋利避害、健康发展”的总体要求，提出了一系列鼓励创新、支持互联网金融稳步发展的政策措施，积极鼓励互联网金融平台、产品和服务创新，鼓励从业机构相互合作，拓宽从业机构融资渠道，坚持简政放权和落实、完善财税政策，推动信用基础设施建设和配套服务体系建设；确立了互联网支付、网络借贷、股权众筹融资、互联网基金销售、互联网保险、互联网信托和互联网消费金融等互联网金融主要业态的监管职责分工，落实了监管责任，明确了业务边界；坚持以市场为导向发展互联网金融，遵循服务好实体经济、服从宏观调控和维护金融稳定的总体目标，切实保障消费者合法权益，维护公平竞争的市场秩序，在互联网行业管理，客户资金第三方存管制度，信息披露、风险提示和合格投资者制度，消费者权益保护，网络与信息安全，反洗钱和防范金融犯罪，加强互联网金融行业自律以及监管协调与数据统计监测等方面提出了具体要求。

作用及影响：明确界定了互联网金融的概念，并且圈定了互联网金融的范围，明确了各种要监管的业态，并首次将互联网银行、互联网保险、互联网证券、互联网基金、互联网信托以及互联网消费金融写进了文件，这是互联网金融发展史上非常大的跨越，规范了现有混乱的互联网金融市场，明确了监管部门和相关的法律法规。

《非银行支付机构网络支付业务管理办法（征求意见稿）》

颁布时间：2015/7/31

颁布单位：中国人民银行

政策内容：对网络支付进行了限额管理，规定每个客户的第三方支付账户每日累计金额不能超过 5000 元，对综合类支付账户、消费类支付账户分别规定了年累计 20 万元、10 万元限额。同时，

其中第三方支付账户余额仅指存在于第三方支付公司的虚拟账户，《办法》对于第三方账户开立、转账都做出严格的限制。具体为，用支付账户转账，无论转入还是转出，都只能在支付账户与自己的同名银行借记账户之间操作。拥有综合类支付账户的个人，支付账户的余额付款交易年累计不得超过20万元；拥有消费类支付账户的个人，所有支付账户的余额付款交易年累计不得超过10万元。支付机构不得为金融机构，以及从事信贷、融资、理财、担保、货币兑换等金融业务的其他机构开立支付账户。这意味着此前第三方支付争抢的P2P网贷资金托管业务或被禁止。

作用及影响：意见稿对于账户管理做出的种种规定，实际上是强调第三方支付的“中介性”，淡化“吸存”、“转账”功能，对百姓的支付体验影响不大。大部分人仍将第三方支付作为小额支付工具，如金额过高，可通过网银支付。同时意见稿区分了支付机构与银行机构的差异，防止支付机构出现银行化、银联化，实质上积极巩固了银行体系在金融行业中坚不可摧的信用交易地位，鼓励支付机构可大力开展通道业务，有利于维护金融行业稳定、长期健康发展。

《网络借贷信息中介机构业务活动管理暂行办法（征求意见稿）》

颁布时间：2015/12/28

颁布单位：银监会、工业和信息化部、公安部、国家互联网信息办公室

政策内容：界定了网贷内涵，明确了适用范围及网贷活动基本原则，重申了从业机构作为信息中介的法律地位。网贷机构以互联网为主要渠道，为出借人和借款人提供信息搜集、信息公布、资信评估、信息交互、借贷撮合等服务，具有高效便捷、贴近客户需求、成本低等特点，在完善金融体系、弥补小微企业融资缺口、满足民间资本投资需求、促进普惠金融发展等方面可以发挥积极作用。明确了网贷监管体制机制及各相关主体责任，促进各方依法履职，加强沟通、协作，形成监管合力，增强监管效力。明确了工业和信息化部、公安部、国家互联网信息办公室等相关业务主管部门的监管职责以及相关主体法律责任。地方金融监管部门负责辖内网贷机构的具体监管职能，包括备案管理、规范引导、风险防范和处置工作等。明确了网贷业务规则和风险管理要求，坚持底线思维，加强事中事后行为监管。对业务管理和风险控制提出了具体要求，实行客户资金由银行业金融机构第三方存管制度及控制信贷集中度风险等，防范平台道德风险，保障客户资金安全，严守风险底线。明确了纠纷、投诉和举报等解决渠道和途径，确保及时、有效地解决纠纷、投诉和举报等，保护消费者合法权益。做出了18个月过渡期的安排，在过渡期内通过网贷机构规范自身行为、行业自查自纠、清理整顿等净化市场，促进行业逐步走向健康可持续发展轨道。

作用及影响：办法在征求意见阶段完成并正式发布施行后，将从根本上改变网贷机构缺乏准入门槛、监管规则和体制机制不健全的状态，有利于治理行业乱象，引导行业进入规范经营和稳健发展的轨道，并为下一步完善相关基础设施和配套措施提供依据，促进普惠金融发展。

在线营销

《关于加强网络市场监管的意见》

颁布时间：2015/11/6

颁布单位：工商局

政策内容：加强网络市场监管规范化建设，推进“依法管网”；强化技术手段与监管业务的融合，推进“以网管网”；充分发挥信用激励约束机制的作用，推进“信用管网”；加强监管统筹和推动一体化监管，推进“协同管网”；严厉打击销售侵权假冒伪劣商品违法行为，突出对网络交易平台的重点监管；紧密结合商事制度改革，加强网络经营主体规范管理；积极推进 12315 体系建设，依法维护网络消费者合法权益；规范各类涉网经营行为，维护公平竞争的市场秩序；加强网络市场新业态研究，把握监管规律；强化基层基础建设，提高网络市场监管能力和水平。

作用及影响：加强了事前规范指导，强化事中事后监管，构建线上线下一体化的网络市场监管工作格局，推动网络市场健康有序发展。

医疗和旅游

《关于进一步促进旅游投资和消费的若干意见》

颁布时间：2015/8/4

颁布单位：国务院

政策内容：实施旅游基础设施提升计划，改善旅游消费环境；实施旅游投资促进计划，开辟崭新的旅游消费市场；实施旅游消费促进计划，培育新的消费热点；实施乡村旅游提升计划，开拓旅游消费空间；优化休假安排，激发旅游消费需求；加大改革创新力度，促进旅游投资消费持续增长。

作用及影响：通过优化旅游基础建设改善了旅游消费软环境；推进新兴旅游形式，有利于旅游业多元化发展；促进了旅游投资和消费，对于推动现代服务业发展，增加就业和居民收入，提升人民生活品质具有重要意义。

《关于进一步规范社区卫生服务管理和提升服务质量的指导意见》

颁布时间：2015/11/25

颁布单位：计生委

政策内容：规范社区卫生服务机构设置与管理，健全社区卫生服务机构网络，充分发挥社会力量办医的积极作用，规范全科医生执业注册，改善社区卫生服务环境；加强社区基本医疗和公共卫生服务能力建设，提升社区医疗服务能力，加强与公立医院上下联动，实现社区公共卫生服务，大力发展中医药服务；转变服务模式，加强签约医生团队建设，大力推进基层签约服务，开展便民服务，做好流动人口社区卫生服务，延伸社区卫生服务功能；加强社区卫生服务保障与监督管理，加强医疗质量安全保障，加强信息技术支撑，加强政策支持和绩效考核。

作用及影响：第十六条提出充分利用移动互联网、智能客户端、即时通讯等现代信息技术，加强医患互动，改善居民感受，提高服务能力。有利于推进医疗服务与互联网的结合，提高医疗服务效率，对于现在医患关系的改善有着重大意义，是现代医疗进一步发展的标志。

《国务院办公厅关于印发全国医疗卫生服务体系规划纲要（2015—2020年）的通知》

颁布时间：2015/3/6

颁布单位：国务院

政策内容：优化医疗卫生资源配置，构建与国民经济和社会发展水平相适应、与居民健康需求相匹配、体系完整、分工明确、功能互补、密切协作的整合型医疗卫生服务体系；在不同的属地层级实行资源梯度配置；加强全科医生和住院医师规范化培训，逐步建立和完善全科医生制度。促进医务人员合理流动，使其在流动中优化配置，充分发挥作用。加强公共卫生人员的专项能力建设；建立和完善公立医院、专业公共卫生机构、基层医疗卫生机构以及社会办医院之间的分工协作关系，整合各级各类医疗卫生机构的服务功能；实施保障与监督评价机制。

作用及影响：第三章第三节提出开展健康中国云服务计划，积极应用移动互联网、物联网、云计算、可穿戴设备等新技术，推动惠及全民的健康信息服务和智慧医疗服务以及健康大数据的应用。通过逐步转变服务模式，将提高服务能力和管理水平。应用新一代信息技术建立完善的人口健康信息化标准体系，加强信息安全防护体系建设，为医务人员与病患之间提供了更为高效、科学的沟通方式。

生活信息服务

《关于加快发展生活性服务业促进消费结构升级的指导意见》

颁布时间：2015/11/22

颁布单位：国务院

政策内容：加强生活性服务业分类指导，聚焦重点领域和薄弱环节，综合施策，形成合力，实现重点突破，增强示范带动效应；运用互联网、大数据、云计算等推动业态创新、管理创新和服务创新，开发适合高中低不同收入群体的多样化、个性化潜在服务需求；进一步健全生活性服务业质量管理体系、质量监督体系和质量标准体系，推动职业化发展，丰富文化内涵，打造服务品牌；加强生态文明建设，促进服务过程和消费方式绿色化，推动生活性服务业高水平发展，加快生活方式转变和消费结构升级。

作用及影响：推动了传统媒体与新兴媒体融合发展，提升先进文化的互联网传播吸引力。利用互联网等先进信息技术对传统产业进行升级改造，优化城市流通网络，加强了现代批发零售服务体系建设。进一步扩大了服务消费需求。

新一代信息技术

《国务院关于印发〈中国制造 2025〉的通知》

颁布时间：2015/5/8

颁布单位：国务院

政策内容：力争用十年时间，进入制造强国行列；到 2035 年，我国制造业整体达到世界制造强国阵营中等水平；在新中国成立一百年时，使制造业大国地位更加稳固，综合实力进入世界制造强国前列。提高国家制造业创新能力；推进信息化与工业化深度融合；强化工业基础能力；加强质量品牌建设；全面推行绿色制造；大力推动重点领域突破发展；深入推进制造业结构调整；积极发展服务型制造和生产性服务业；提高制造业国际化发展水平；建立灵活高效的实施机制，培育创新文化和中国特色制造文化。

作用及影响：我国已建成了一个门类比较齐全的工业体系，但是成为一个工业强国还需要一定的时间。因此，以促进制造业创新发展为主题，以提质增效为中心，以加快新一代信息技术与制造业融合为主线，以推进智能制造为主攻方向，用“互联网+先进制造业”的思路，带动中国制造业整体发展，有利于我国实现由工业大国到工业强国的转变。

内容监管

《关于规范网络转载版权秩序的通知》

颁布时间：2015/4/22

颁布部门：国家版权局

政策内容：互联网媒体转载他人作品，报刊单位之间相互转载已经刊登的作品，应当遵守著作权法律的相关规定；互联网媒体转载他人作品，不得对作品内容进行实质性修改；报刊单位和互联网媒体应当建立健全本单位版权管理制度；报刊单位与互联网媒体、互联网媒体之间应当通过签订版权许可协议等方式建立网络转载版权合作机制；各级版权行政管理部门要加大对互联网媒体的版权监管力度，支持行业组织在推动版权保护、版权交易、自律维权等方面发挥积极作用，严厉打击未经许可转载、非法传播他人作品的侵权盗版行为。

作用及影响：保障网络创作者的权益，强化互联网知识产权意识与加大力度打击网络文学的盗版、抄袭等行为，进一步完善作品的授权机制，对促进网络文学产业健康发展具有重大意义。

《关于开展电信行业网络安全试点示范工作的通知》

颁布时间：2015/8/4

颁布单位：工信部

政策内容：试点示范重点引导方向包括企业内部集中化安全管理、网络和信息系统资产安全管理、数据安全保护、网络安全威胁监测与处置、防御服务器攻击、云平台安全防护、域名系统安全等；以网络安全试点示范为契机，推进电信业网络安全建设。

作用及影响：此次监管层开展电信行业网络安全试点示范工作，旨在发掘行业网络安全优秀案例并实现全行业推广。监管层此举深层战略意图在于，以网络安全试点示范为契机，引导电信运营商加大对网络安全技术的投入力度，提升运营商应对网络安全威胁的能力。

《关于加强互联网领域侵权假冒行为治理的意见》

颁布时间：2015/10/26

颁布单位：工信部

政策内容：加快推进打击互联网领域侵权假冒行为相关法律法规建设；积极创新监管方式和手段；充分发挥打击侵权假冒工作统筹协调机制作用；增强区域联动，推进线上线下一体化监管，强化对侵权假冒违法犯罪线索的追踪溯源和联合行动；充分发挥行业组织的自律作用，落实电子商务相关企业主体责任，构建多方参与打击侵权假冒工作新格局。

作用及影响：是对《国务院关于大力发展电子商务加快培育经济新动力的意见》的补充。突出监管重点，在明确监管目标后将促进打击网络交易违法违规行为更加先进与完善。加强对电商竞争之间乱象的整治，对于规范电商行业发展与推动消费升级具有重大意义。

《互联网新闻信息服务单位约谈工作规定》

颁布时间：2015/4/28

颁布单位：国家互联网信息办公室

政策内容：国家互联网信息办公室、地方互联网信息办公室建立互联网新闻信息服务单位约谈制度。

作用及影响：使约谈工作程序化、规范化，更好地促进互联网新闻信息服务单位依法办网、文明办网，营造健康、健全、文明的网络空间。

移动互联网

《三网融合推广方案》

颁布时间：2015/9/4

颁布单位：国务院

政策内容：在全国范围内推动广电、电信业务双向进入；加快宽带网络建设改造和统筹规划；强化网络信息安全和文化安全监管，完善网络信息安全和文化安全管理体系，加强技术管理系统建设和动态管理；推动相关产业发展，包括新兴业务与三网融合关键信息技术产品研发制造。

作用及影响：加快下一代广播电视网络建设。普及移动多媒体推动了三网融合与相关行业相结合，催生新的经济增长点。促进动漫游戏、数字音乐、网络艺术品等数字文化内容消费。加强数字文化和服务开发，对产业转型和民生改善起到了重大作用。

第二部分

行业发展

2015 年是传统企业转型的一年，传统企业纷纷向互联网转型，力求跟上时代发展的脚步，寻求新的经济增长点。2015 年也是互联网企业融资并购之年，互联网企业通过融资并购促进产业发展与升级。2015 年是大数据和移动营销逐渐落到实处之年，互联网企业运用大数据进行分析决策和创新。

易观盘点过去一年互联网行业的发展，站在战略高度从政策维度、资本维度、模式维度、行业维度、厂商维度以及产品维度这六大方面凝练性地分析了 2015 年互联网行业发展状况。2015 年在实体经济下行的趋势下，整个互联网行业更注重线上线下结合发展，而在 2015 年下半年资本寒冬的大环境下，互联网企业更多选择“抱团取暖”，以合并求生存。

政策导向

十八届五中全会提出，激发创新创业活力，推动大众创业、万众创新，释放新需求，创造新供给，推动新技术、新产业、新业态蓬勃发展，实施网络强国战略，实施“互联网+”行动计划，发展分享经济，实施国家大数据战略。深入实施创新驱动发展战略，发挥科技创新在全面创新中的引领作用。

政府高度重视传统行业与互联网行业有效结合发展，将“互联网+”作为国家战略发展。李克强总理在政府工作报告中提出的“互联网+”概念，代表一种新的经济、社会形态，即充分发挥互联网在生产要素配置中的优化和集成作用，将互联网的思维方式和行为方式深度融合于经济社会各领域之中，形成改变整个社会生产方式、生活方式以及治理方式的能力。这将是一场全覆盖的社会化创造性实验、一场深刻的生活方式变革、一场关系模式的再造、一次重新发现新生产要素和释放生产力动能的集体实践。“互联网+”不仅意味着新一代信息技术发展演进的新形态，也意味着面向知识社会创新 2.0 逐步形成演进、经济社会转型发展的新机遇，推动开放创新、大众创业、万众创新，推动中国经济走上创新驱动发展的“新常态”。

《关于促进互联网金融健康发展的指导意见》第一次从中央政策的角度肯定了基于互联网的金融创新，明确了互联网金融的内涵和法律实质，明确指出 P2P 属于民间借贷范畴，受合同法、民法通则等法律法规的规范，相当于给了 P2P 明确的法律地位。《指导意见》还系统勾勒了行政服务、税收、法律等基础构架层面的支持与鼓励举措。坚持以市场为导向发展互联网金融，遵循服务好实体经济、服从宏观调控和维护金融稳定的总体目标，切实保障消费者合法权益，维护公平竞争的市场秩序，在互联网行业管理，客户资金第三方存管制度，信息披露、风险提示和合格投资者制度，消费者权益保护，网络与信息安全，反洗钱和防范金融犯罪，加强互联网金融行业自律以及监管协调与数据统计监测等方面提出了具体要求。

国务院公布《关于促进农村电子商务加快发展的指导意见》指出，到 2020 年，初步建成统一开放、竞争有序的农村电子商务市场体系，农村电子商务与农村一二三产业深度融合，在推动农民创业就业、开拓农村消费市场、带动农村扶贫开发等方面取得明显成效。重点任务包括积极培育农村电子商务市场主体、扩大电子商务在农业农村的应用及改善农村电子商务发展环境。同时，将加强政策扶持、鼓励和支持开拓创新、大力培养农村电商人才、加快完善农村物流体系、加强农村基础设施建设及加大金融支持力度等。

这一指导意见，对于扩内需、促消费，推动农业转型升级、农村健康发展、农民持续增收意义深远。《意见》将培育农村电子商务市场主体、扩大电子商务在农业农村的应用和改善农村电子商务发展环境作为三项重点任务。我国农村电子商务具有广阔的发展前景，未来通过电子商务的不断发展，将会进一步引导广大社会投入研发农村电子商务的创新，统筹推进农产品、农业生产资料和休闲观光农业电子商务的协同发展。

资本动向

2015 年是合并之年，根据公开资料统计：从年初至今，中国并购市场（含并购国外企业）共计完成并购案例 2110 起，披露金额的并购案例总计 1716 起，共涉及交易金额 1393 亿美元，其中，中国国内并购案例共完成 1890 起，披露金额的 1543 起交易共涉及并购金额 1087 亿美元。

2015 年中国国内并购案例中，最有代表性的行业巨头的合并情况：

表 1　2015 年主要并购厂商

合并双方		合并详情
滴滴打车	快的打车	2015 年 2 月 14 日两家公司合并，新公司将实施 Co-CEO 制度，滴滴打车 CEO 程维及快的打车 CEO 吕传伟同时担任联合 CEO；同时，两家公司在人员架构上保持不变，业务继续平行发展，并将保留各自的品牌和业务独立性。
58 同城	赶集网	2015 年 4 月 17 日 58 同城将战略入股赶集网，双方共同成立 58 赶集有限公司。58 同城获得赶集网 43.2%的股份，赶集网获得 58 同城 3400 万份普通股及 4.122 亿美元现金。合并之后，双方的创始人同时担任 58 赶集集团的联席董事长以及联席 CEO。
携程网	去哪儿网	2015 年 10 月 26 日携程宣布与百度达成一项股权置换交易，交易完成后，百度将拥有携程普通股可代表约 25%的携程总投票权，携程将拥有约 45%的去哪儿总投票权。携程董事会主席兼 CEO 梁建章和联合总裁兼 COO 孙洁等四位携程高管将被任命为去哪儿董事会董事；百度董事长兼 CEO 李彦宏和百度副总裁及投资并购部负责人叶卓东将被任命为携程董事会董事。
美团网	大众点评	2015 年 10 月 7 日，大众点评网与美团网联合发布声明，双方以 5∶5 的比例注入新公司，各自创始人王兴和张涛任联席董事长兼 CEO，此外双方公司将保持独立运营。
世纪佳缘	百合网	2015 年 12 月 7 日两家企业宣布合并，百合网的间接子公司 LoveWorld 将收购世纪佳缘，收购完成后，世纪佳缘将从美股退市，世纪佳缘董事及首席执行官吴琳光将担任存续公司的联席董事长和联席首席执行官，百合也将启动公司更名程序。
神州专车	e 代驾	2015 年 10 月 15 日神州专车宣布与 e 代驾合作，双方抱团取暖，实现双赢。

来源：易观 2016

模式升级

Analysys 易观分析认为，2015 年中国互联网行业模式升级创新重点可以概括为：传统企业转型互联网、跨界融合和社会化营销。

国家在转型、经济在转型、市场在转型，对于企业而言意味着企业依靠原有传统大规模生产、大规模销售的增长模式来获取人口红利的日子难以为继。万达集团从商业地产通过电商转型成为互联网文化旅游公司，海航旅游通过自建互联网旅游平台和战略投资途牛向互联网转型，海尔、长虹等领域传统企业纷纷转型，众多传统企业深度拥抱互联网。传统企业注重企业价值，互联网转型则是要把企业价值转换为网络价值，通过互联网整合内外资源重塑整个商业价值链，针对现有业务进行自我变革。企业平台化和构建生态是目前传统企业和互联网企业共同发展的方向。

跨界融合正在成为一种增长方式，大数据、物联网、云计算、互联网、移动互联网等新兴技术融合引领行业发展，互联网、IT、家电、房地产、安防、家居、能源……来自不同行业的跨界融合，成为一种趋势，也是进一步成长的方式。不仅有入侵的姿势，如小米、乐视于彩电行业，也有相约的拥抱，如百度和腾讯、阿里和海尔、海尔和中石化、美的和小米、TCL 和万达……而且跨界不再停留于业务合作，已进入到资本合作的层面。2015 年，这种跨界融合更为深入，涉及各行各业，以对方之长补己之短。

2015 年越来越多的企业正在感受着社会化营销时代带来的神奇，从微博、微信到微电影，自媒体遍地开花。社会化媒体营销，是利用社会化网络，如社区、博客，或者其他互联网协作平台媒体来进行营销、公共关系和客户服务维护和开拓的一种方式，也可以称为口碑营销。通过这些平台可以降低营销成本、精准地向消费者传递信息和品牌，随之带来的是可观的产品销量。社会化营销考验的是对己对人的深刻理解，售卖和消费的不仅是产品，还有故事，产品体验是基础，产品不给力，社会化网络自然也可以让你“死掉”。

行业变革

纵观 2015 年，移动端已经成为日常生活和工作中不可或缺的一部分，也成为推动社会互联网发展的主要力量；用户逐渐养成移动支付的习惯，有利于加快线上线下的打通；移动营销逐渐取代传统短信营销方式，为营销带来更多想象空间；IP 市场的火热激活了网络文学、游戏、在线音乐等行业。

1. 移动互联网成为新形态下的经济增长点

随着移动互联网的高速发展，根据 Analysys 易观监测数据显示，2015 年中国移动互联网市场规模保持高速增长，增长率达到 129.2%，总量达 30794.6 亿元人民币。

Analysys 易观分析认为随着智能手机的普及，中国移动互联网市场用户规模继续呈增长趋势，移动用户已经形成手机上网的习惯，因此推动了中国移动互联网的流量保持高速增长。移动互联网进一步打通了线上线下资源，线上线下结合发展引发了新一轮的经济增长，当下智能手机能满足人们的衣食住行等生活需求，因此智能手机对用户的黏性增强，在大众创新、万众创业的大环境下，基于移动互联网的创新创业迎来热潮。

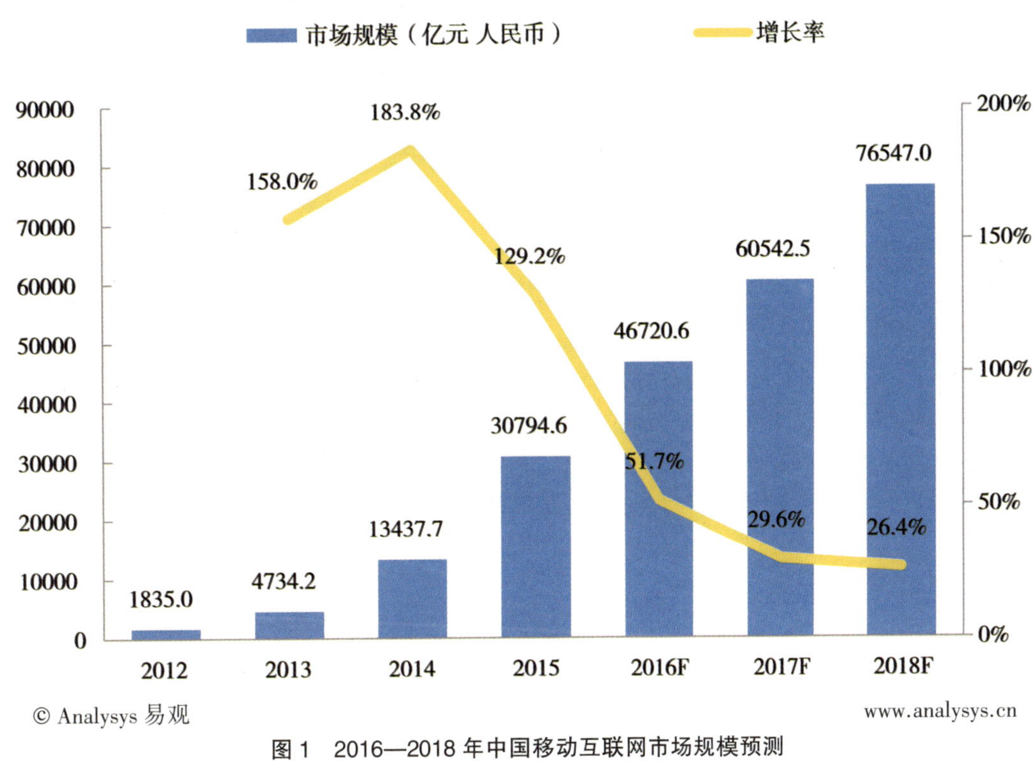

图 1　2016—2018 年中国移动互联网市场规模预测

根据 Analysys 易观监测数据显示，2015 年中国移动互联网用户数达到 7.9 亿，与 2014 年相比增长 8.4%。随着移动互联网用户整体基数的增大，未来移动互联网用户规模增速还将进一步下降，但是随着 4G 和 Wi-Fi 网络的快速普及，移动端用户数已经实现了全面超越 PC 端。移动互联网用户规模增速进一步下降的主要原因在于国内智能手机普及率已经达到较高水平，而智能手机是移动互联网用户增长的最主要来源，因此中国移动互联网用户规模增速趋缓成为必然。未来移动互联网用户的增长动力主要来自于智能家居、智能可穿戴设备等一系列新型智能网络终端设备的兴起，智能网络终端设备的进一步普及将带动更多的用户接入移动互联网。

2. 2015 年第二季度移动支付首次超过互联网支付交易规模

根据 Analysys 易观发布的《中国第三方移动支付市场季度监测报告 2015 年第二季度》和《中国第三方互联网支付市场季度监测报告 2015 年第二季度》数据显示，2015 年第二季度中国移动支

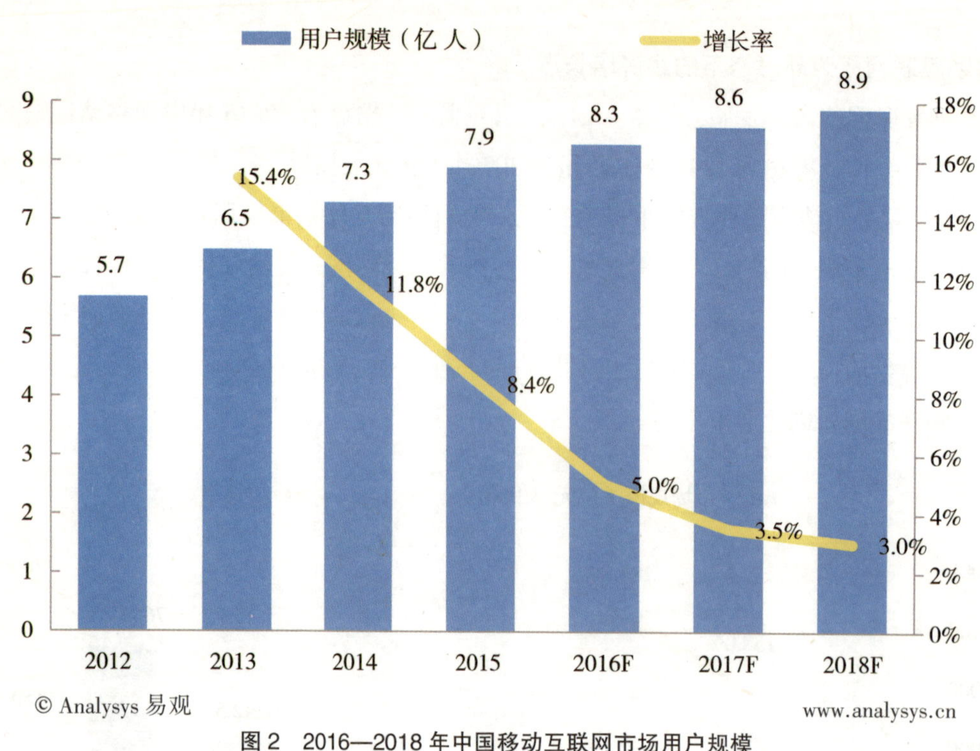

图 2 2016—2018 年中国移动互联网市场用户规模

付市场的总体交易规模达 34746 亿元人民币，中国互联网支付市场的总体交易规模为 32888 亿元人民币，移动支付市场季度交易规模首次超过互联网支付市场季度交易规模。

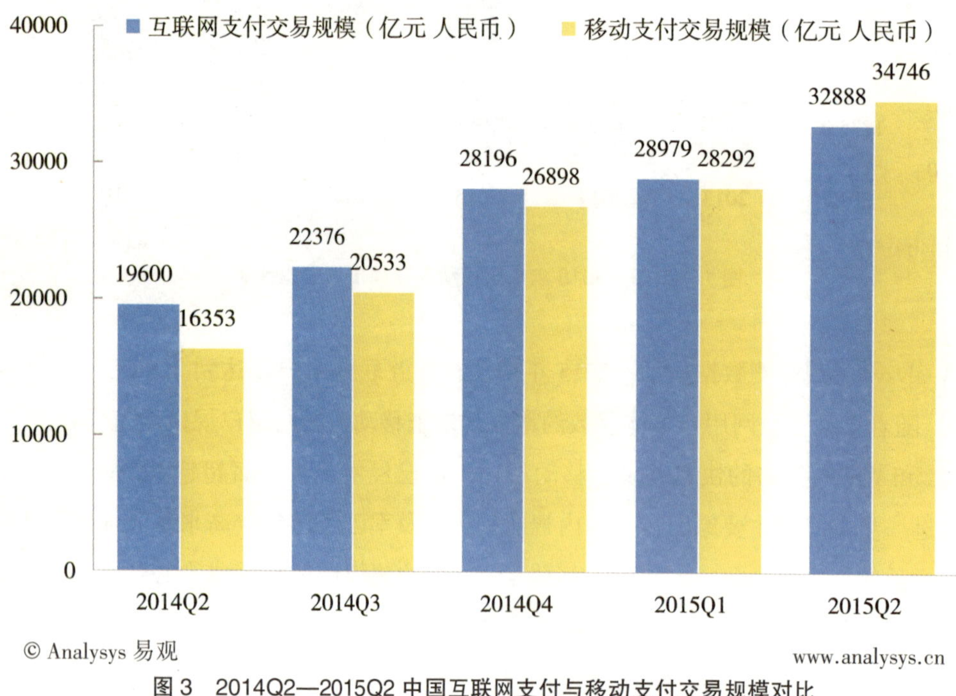

图 3 2014Q2—2015Q2 中国互联网支付与移动支付交易规模对比

对比 2014 年中国互联网支付季度平均增幅为 18.82%，移动支付的增长速度明显高于互联网支付的增长速度。2015 年第二季度移动支付交易规模同比增幅为 112.5%，移动支付行业呈现“井喷”的发展状态。

Analysys易观分析认为，移动支付行业的迅猛发展可归因于以下方面：

移动支付主要载体智能手机的快速发展保障了移动支付市场的发展。智能手机作为移动互联网的基础载体，其保有量的迅速增加促进了移动用户快速增长，也保障了包括移动支付在内的众多移动端应用的快速发展。

移动支付创新技术不断涌现，支付安全性不断提升。移动支付技术如NFC支付、二维码支付、生物识别技术等都在创新发展中。在安全方面，支付公司也在不断提升身份验证技术。在更先进的支付技术支持下，便捷的移动支付不断提升用户支付体验、提高用户移动支付的使用率，这些都使得移动支付市场的交易额迅速增长。

O2O市场的繁荣促进了移动支付的交易规模。O2O市场的繁荣促使移动支付机构与线下企业的合作更加紧密，移动支付机构与线下企业合作推出打折促销、发放优惠券等活动吸引线下消费者高频使用移动支付，培养移动支付习惯。

3. 移动营销进入大数据时代

移动互联网的全面爆发正在加速推动着数字媒体营销的深刻变革，网络环境的改善，用户对手机依赖度提高，移动应用的技术与体验更进步，移动营销的形式和效果更多样、更高效。面对移动互联时代下消费者存在的巨而细的移动消费行为，市场已形成一套全面覆盖、分工明确的全移动营销布局，主要包括移动广告营销、移动购物营销及移动社会化媒体/APP营销三大部分。

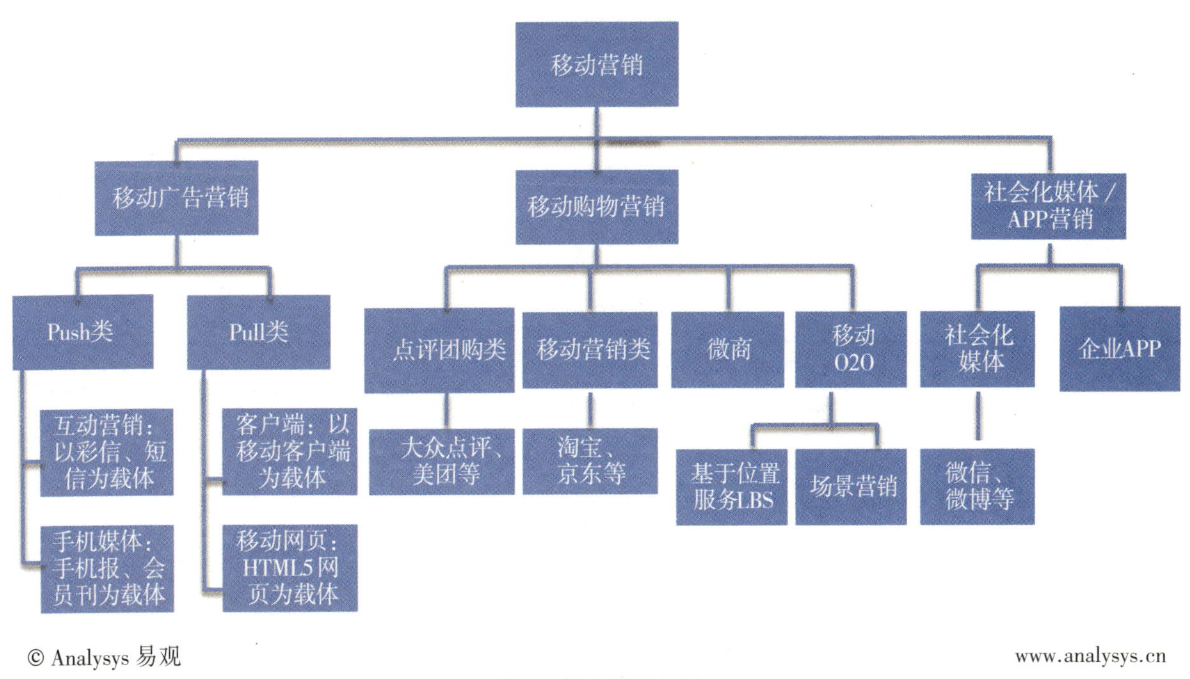

图4 移动营销布局

Analysys易观分析认为，2015年移动营销进入高速增长期。移动营销更多样化，全面有效利用数据+资源进行营销，通过移动互联网的场景等优势，与线下媒体资源相连接，将多方数据形成闭环，使资源更全面地加以整合，构建更完整的营销生态链。

4. IP 市场大爆发，网络文学、影视和游戏等跨界成常态

2015 年，网络文学、影视、游戏、动漫等不同的内容形态互相跨界，互利共赢，诞生了许多“现象级”的作品，也让整个知识产权（IP）市场更加繁荣。随着《琅琊榜》等电视剧的热播，IP 也再次被热捧。2015 年整个电影市场票房总收入突破 400 亿元，四部国产电影票房突破 10 亿元。月流水过 5000 万的游戏比比皆是，动漫市场随着 90 后的成长也步入了高速增长阶段，整个大环境发展带动了数字阅读的 IP 化发展。

Analysys 易观分析认为，哪家公司拥有高质量的 IP，就能保证未来的票房和收视率，IP 正在成为影视公司发展的推动力，这也让各个公司开始了 IP 争夺战，IP 产业链齐发力有望引爆超万亿元市场。BAT 近几年都在积极进行泛娱乐发展，涉足网络文学、游戏、在线音乐等行业，在这些领域中有望产生较多优质 IP，从影视公司的库存来看，IP 市场正在迎来爆发期，年轻粉丝追捧+网络渠道崛起，中国 IP 市场迎来黄金时代。人气小说 IP 的粉丝受众和互联网渠道的发展使得 IP 产业极速发展，上游的 IP 储备与交易、中游的影视剧制作与运营、下游的衍生品市场这三者形成了完整的影视剧 IP 产业链。

厂商竞争

2015 年一些看似不可能的整合背后，都离不开 BAT 的排兵布阵。在一日千里的中国互联网行业大战中，表面上的主角是这些陷入激烈竞争的创业公司，但实际上，这些创业公司是 BAT 的代理人。对 BAT 而言，资本市场的战争只是业务市场竞争的延续。

表 2　BAT2015 年投资布局表

投资方	时间	被投资方	投资金额
阿里巴巴	2015 年 1 月	Paytm	5.75 亿美元
	2015 年 2 月	魅族	5.9 亿美元
	2015 年 3 月	光线传媒	4 亿美元
	2015 年 4 月	优酷土豆	12.2 亿美元
	2015 年 5 月	全峰快递	数亿元
	2015 年 6 月	粤科软件	8.3 亿元
	2015 年 6 月	Micromax	7 亿美元
	2015 年 6 月	第一财经	12 亿元
	2015 年 6 月	车来了	1500 万美元
	2015 年 6 月	口碑外卖	60 亿元
	2015 年 7 月	魅力惠	未知

（续表）

投资方	时间	被投资方	投资金额
	2015 年 8 月	Snapdeal	2 亿美元
	2015 年 8 月	苏宁	283 亿元
	2015 年 8 月	滴滴快的	20 亿美元（合投）
	2015 年 9 月	点我吧	3 亿元
	2015 年 10 月	优酷土豆	45 亿元
	2015 年 10 月	58 到家	3 亿美元（合投）
	2015 年 12 月	南华早报	20 亿港元
腾讯	2015 年 1 月	饿了么	3.5 亿美元
	2015 年 1 月	易题库	数千万元
	2015 年 2 月	易车网	13 亿美元（合投）
	2015 年 4 月	微影时代	1.05 亿美元（合投）
	2015 年 4 月	Scanadu	0.35 亿美元（合投）
	2015 年 4 月	Glu Mobile	1.26 亿美元
	2015 年 5 月	创宇	6 亿元
	2015 年 5 月	欢网科技	5000 万元
	2015 年 6 月	马斯葛	7.507 亿港元（合投）
	2015 年 6 月	疯狂老师	2000 万美元
	2015 年 7 月	同程旅游	未知
	2015 年 8 月	58 赶集	4 亿美元
	2015 年 8 月	滴滴快的	20 亿美元（合投）
	2015 年 9 月	医联	4000 万美元
	2015 年 11 月	新美大	10 亿美元
百度	2015 年 2 月	神奇工厂	1 亿美元
	2015 年 2 月	沪江网	1 亿美元
	2015 年 3 月	优信二手车	1.7 亿美元
	2015 年 4 月	客如云	6600 万美元
	2015 年 4 月	51 用车	未知
	2015 年 4 月	天天用车	未知
	2015 年 5 月	Taboola	数百万美元
	2015 年 6 月	糯米	200 亿元
	2015 年 6 月	百度外卖	2.5 亿美元
	2015 年 6 月	华视互联	0.7 亿元
	2015 年 6 月	16Wi-Fi	1 亿元
	2015 年 6 月	星美控股	1.6 亿港元
	2015 年 7 月	e 袋洗	1 亿美元
	2015 年 7 月	百姓网	未知
	2015 年 7 月	优步	未知
	2015 年 10 月	我买网	2 亿美元

来源：易观 2015

2015 年，O2O 市场呈现了 BAT 全面垄断的局面。阿里主要业务在零售交易市场，同时开始发力 O2O 市场，重金重启口碑和通过一系列的投资并购来布局 O2O 板块；腾讯在投资维度收获颇丰，目前公司重点聚焦在内容和连接战略，在自有 O2O 业务上尚未发力；百度将发展 O2O 作为公司的转型目标，大力发展自有 O2O 业务，全力扶持百度糯米，今年目标顺利达成。新美大是一个特别的存在，自身业务发展迅猛，有望在 O2O 市场与 BAT 一决高下。

产品创新

虚拟现实技术的发展不超过半个世纪，最早在军工、地理勘测等领域内研发使用，2014 年，谷歌公司推出的"增强式虚拟现实"眼镜"Google Project Glass"将虚拟现实的概念导向消费级市场，2015 年已有百余家 VR 设备在中国市场出现。目前沉浸式 VR 设备市场正处于发展初期，现阶段中国从事沉浸式 VR 设备开发的公司约有 100 多家，但大部分产品没有上市或仅推出开发者版本。内容方面，主要以 3D 电影、VR 游戏、360 全景视频/图片为主。VR 游戏处于样片阶段，内容数量有限，未来随着大量头戴手机盒子、外接式头戴显示器等沉浸式 VR 设备推向消费级市场，沉浸式 VR 设备市场规模将有大幅提升。

表 3　沉浸式 VR 设备市场融资情况

公司名称	投资方	融资时间	融资轮次	融资金额	产品特点
暴风魔镜	天音控股 爱施德 华谊兄弟	2015 年 4 月	A 轮	1000 万美元	产品售价仅 99 元人民币。
蚁视科技	红杉资本	2014 年 12 月	A 轮	1000 万美元	蚁视头盔兼容全平台，机饕支持 4.5—6 寸的手机，可折叠。
七鑫易维	高通	2014 年 12 月	Pre A 轮	数百万美元	以眼控技术为核心，有虚拟现实眼镜 PlayGlass 等产品。
诺亦腾	N/A	2014 年 8 月	A 轮	数百万美元	主要产品是基于惯性传感器的全身动作捕捉系统。
TVR 时光机	IDG	2015 年 2 月	种子天使轮	数百万人民币	主打产品有虚拟现实游戏《再现甲午》《追寻》等。

来源：易观 2105

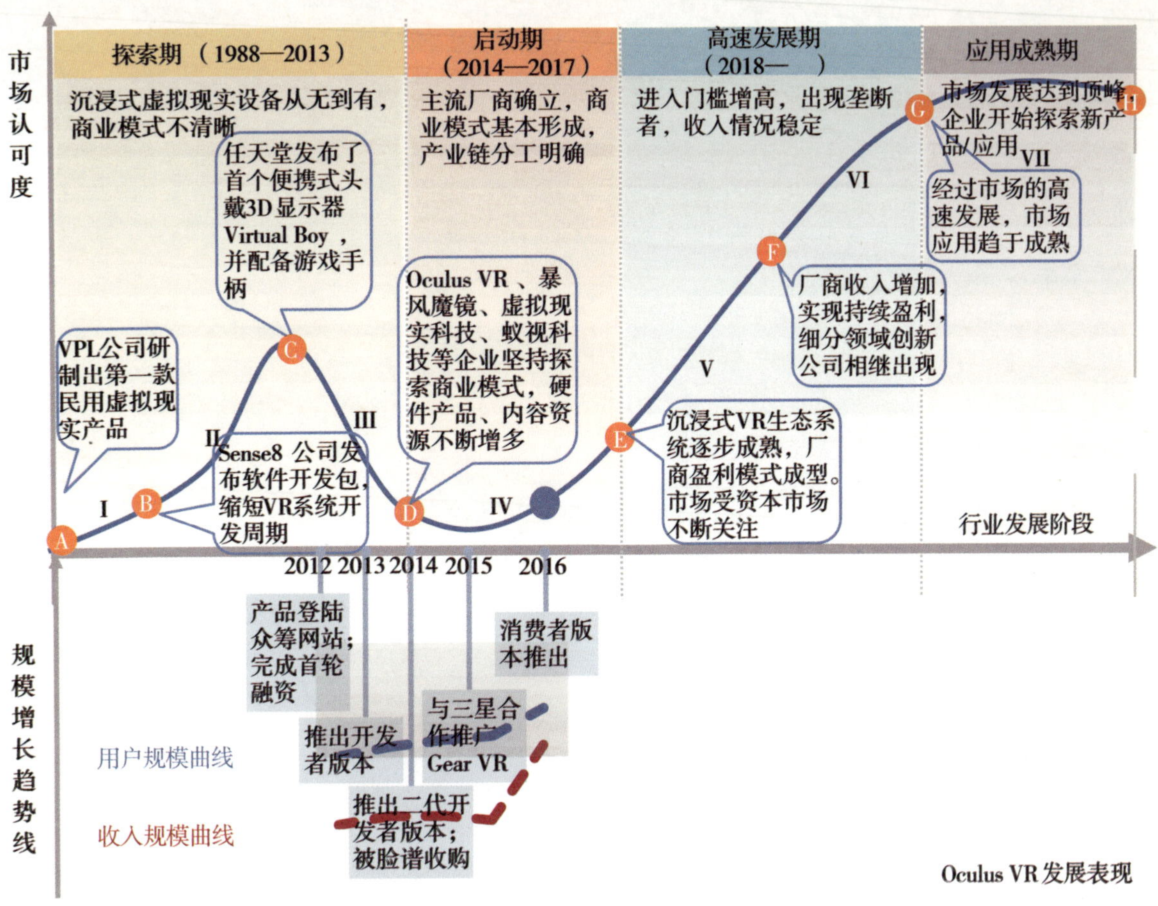

图 5 中国沉浸式虚拟现实设备市场 AMC 模型

第三部分

区域发展

随着互联网在我国的迅速发展，互联网已深入到千家万户，大大改变了人们的生活方式，互联网的发展给区域经济带来巨大的影响，互联网产业的形成和聚合式的发展促使国内互联网标志地图的形成。由于区域政策、人口分布、生活水平、产业特性、经济发展等因素的存在，地域互联网发展优势各有不同，主要原因：一方面，互联网产业的发展仍然存在较为明显的地区不平衡，与此同时，相对滞后的中西部地区正在力求发力赶超；另一方面，政府也加大了互联网产业与传统行业相融合的支持与促进力度。

易观选取北京、上海、浙江、广东、四川这五个区域进行分析，这五大区域都是目前中国互联网发展具有地域代表性的区域。首先，这五个区域分属中国的东南西北；其次，这五个区域在一定意义上也是中国互联网发展的排头兵和制高点。期望通过对这些区域的了解，闻一知十，在概览中国互联网区域发展的同时，也能帮助中西部地区将互联网产业的发展与自身产业的区位优势相结合，更快、更好地驱动经济转型与稳健增长。

北　京

北京市互联网产业的发展现状

据中国互联网络信息中心（CNNIC）在京发布第 36 次《中国互联网络发展状况统计报告》显示，截至 2015 年 6 月，我国手机网民规模达 5. 94 亿，较 2014 年 12 月增加 3679 万人，同时移动互联网技术的发展和智能手机的普及，促使网民的消费行为逐渐向移动端迁移和渗透。而北京是中国移动互联网产业发展的高地，运营商以及相关政府机构的驻扎地使得北京在移动互联网发展过程中享有得天独厚的优势。移动增值市场的土壤更是快速地催生了北京移动互联网市场的发展，且北京拥有全国最多的互联网企业和最多的互联网从业者，高校数量、人才储备、互联网氛围等“软实力”明显优于其他城市。

北京市互联网产业的区位优势

技术优势

北京中关村是中国高新技术开发区，今年六大重点高新技术领域五升一降。1—10 月，中关村重点监测六大高新技术领域共实现总收入 21880. 7 亿元，占中关村总收入的 77. 1%。其中电子与信息、环境保护、生物工程和新医药三领域总收入增速保持两位数增长，比上年同期分别增长 16. 4%、14. 1%、11. 2%；新能源与高效节能技术、先进制造总收入比上年同期分别增长 6. 1%、2. 2%。新材料及应用技术领域总收入比上年同期下降 8%。

产业集群优势

北京中关村的产业集群一直是中关村不可替代的优势，互联网、移动互联网和新一代移动通信、卫星应用、生物和健康、节能环保、轨道交通等六大优势产业集群，集成电路、新材料、高端装备与通用航空、新能源和新能源汽车等四大潜力产业集群和高端发展的现代服务业，构建了“一区多园”各具特色的发展格局，成为首都跨行政区的高端产业功能区。

人力资源优势

中关村科技园区覆盖了北京市科技、智力、人才和信息资源最密集的区域，园区内有清华大学、北京大学。

北京市相关产业园区与产业结构

智慧城市领域

海淀聚集了大批国际国内著名的高新技术企业，特别是信息服务业已经成为海淀区第一大新兴行业，由于海淀有优秀的高新技术、经验积累以及政策扶持，这一年来，智慧海淀建设项目投资概算约3.21亿元，建设项目达45个，取得显著成效。中关村街道知春里社区智慧社区养老服务示范基地，汇集区内智慧养老方面的16家的40多款新技术产品和智能应用终端产品，目前已正式投入运行。

互联网金融领域

北京密云国际互联网金融产业园作为中小企业扶持基金的重要载体，是由中金亿投控股集团投资开发，并于2015年10月20日正式开园。孵化“互联网+”金融企业成为产业园重要功能之一，从产业链和经营链上全方位、功能化、共享性解决入驻企业的需求。该产业园以互联网产业为基础，依托“互联网+”，采取“集群发展”的理念，将金融、物流、支付、保险、电子商务、跨境电商等传统商业形态与互联网结合，衍生出全新的互联网商业形态。

2015年6月18日，“北京互联网金融安全示范产业园”在房山授牌，说明房山也将进入互联网金融潮流。2015年6月26日，首都金融服务商会成立了互联网金融专业委员会。经大会选举，作为首都金融服务商会互联网金融专业委员会发起单位，理财范当选专委会副主任单位，同时当选的副主任单位还有宜信、民生易贷、开鑫贷等。

12月1日，北京中关村互联网金融信息服务中心与石家庄市桥西区政府在石家庄签下合作协议，双方将携手搭建河北省第一家互联网金融服务平台。

据介绍，北京中关村互联网金融信息服务中心由海淀国投及中投国泰、国培等机构联合发起，是全国首家互联网金融行业服务平台。该中心目前已审核入驻银客网、网易支付、人人投、银豆网、有利网、买金网、融360等35家具有强大影响力的互联网金融企业，后续有200余家互联网金融企业正在等待审核入驻。

北京互联网产业未来发展方向

2015年7月23日，由中国互联网协会主办的2015（第十四届）中国互联网大会在北京国际会议中心圆满落幕。本届大会得到工业和信息化部、国家互联网信息办公室等部门的指导和支持，会议围绕“产业融合，互联共享”，针对当下互联网行业的热点话题和前沿领域共举办论坛28场，来自政府部门、互联网行业和研究机构的500多名嘉宾在大会上做主题演讲，从不同角度对“互联网+”、移动互联网、云计算、大数据、网络安全、网民权益保护等展开广泛而深入的探讨。

促进企业国际化是落实北京新的城市战略定位，建设具有全球影响力的科技创新中心的现实需要，中关村首推核心区。目前，核心区已积累雄厚的创新基础和完备的创新条件，核心区企业既有国际化的内在基因，也有进一步国际化的强大需求。因此国际化发展是核心区以市场化手段整合挖掘全球创新资源，构建“高精尖”产业结构的重大战略选择。与此同时，核心区制定了三年战略目标（2014—2016），计划到2016年，核心区企业PCT专利年度申请量由2013年的1127件达到1190件以上；企业技术出口额由2013年的29亿元增长至32亿元以上；拥有海外收入的亿元以上企业由2013年的211家增至240家以上；在海外累计设立分支机构（含研发中心）从2013年的428家增至600家以上；出口额由2013年的110.15亿美元增至115亿美元以上。

人力资源方面，北京拥有全国最多的互联网企业、互联网从业者、高校数量、人才储备、互联网氛围等“软实力”，北京作为中国政治、经济、文化、人才的中心，许多优势是其他城市无法比拟的，作为中国政治经济决策的中心，在京公司将在信息和政策获取方面获得优势；北京也是宣传舆论的中心，公司的市场活动、宣传活动、重大公司战略，都会最快速地传播开来；地理区位方面，北京地处京津唐经济圈，拥有全国最高的科技文化水平，是国内一流的高素质人才培养基地和开放式的教育中心。同时京津两市因发挥各自优势，在产业结构上进行协调。如在制造业领域北京致力于研发，搞关键技术，而天津则进行制造和研发转化。今年互联网金融持续得到政府政策的扶持，良好的互联网金融氛围也会让互联网金融在北京得到较好的发展。

综上所述，北京拥有优秀的人才、高新技术、政策扶持以及京津唐经济圈为依托，将会吸引大批中小企业互联网创业者，2015年9月24日，阿里巴巴集团决定“北上”，将以北京为大本营，高强度推进在中国北方地区的战略执行和业务发展，也正是看中北京特有的互联网产业优势。

上　海

上海市互联网产业的发展现状

目前，整个上海互联网金融集聚发展较好，五个产业区重点集聚在浦东、黄埔、长宁和嘉定。从互联网金融人才方面来看，上海互联网金融人才基础较好，但传统型人才比较多。同时上海的法制环境比较规范，有利于成熟的企业向上海集聚。而在基础设施方面，上海的信息化发展水平一直在全国排多个第一。其次，上海信息服务业稳步增长，经营收入从2006年的1000亿元，到今年预计将近6000亿元，9年时间增长近6倍。今年前三季度，信息服务业实现18.1%增长，经营收入达4493.67亿元。其中，互联网信息服务业收入1143.78亿元，增长28.5%。同时，截至三季度末，上海市信息服务业上市企业56家，市值达9300亿元，占全国10.9%；中介机构统计的投融资案例

241笔，占全国19%，已披露投资额的案例中，超过5000万美元的达28笔。

上海市互联网产业的区位优势

资源整合优势

由于上海网络支付企业众多，所以具有竞争有活力、整合有空间的优势特点，各企业由于差异化竞争的需求覆盖了多种业务，涉及账户、便民服务、预付卡、金融等各领域，并且每个领域均有行业典型代表，虽然申城目前在互联网领域并没有百度、阿里、腾讯等全领域覆盖企业，但是部分细分领域优势明显，国内网络支付领域6成的业务量全部聚集在上海。此外，上海作为金融大都市，有着丰富的银行、券商等资源，为上海发展网络支付提供了天然的资源，更容易寻求到合作伙伴，形成信息的交互与合作，又进一步促进了大数据和信用体系的建设，构建良好的基础支撑，从而形成良性的支付生态圈。

地理区位优势

上海地处长三角，长三角作为我国最发达的地区之一，为上海提供强有力的支持。上海也是中国最大的经济中心和贸易港口，是全国最大的综合性工业城市，也是全国重要的科技中心，贸易中心，金融和信息中心。

人力资源优势

上海作为全球最有影响力的科创中心，吸引高端技术人才的集聚。上海市有复旦大学、上海交通大学、同济大学、华东师范大学等重点大学，为互联网产业提供丰富的人才资源。

上海市相关产业园区与产业组织

根据CNNIC（中国互联网络信息中心）数据显示，截止到2015年6月，我国网民总数已达到了6.68亿人，中国成为名副其实的世界第一网络大国。同时，今年中国政府的工作报告，将大力调整产业结构，支持移动互联网、电子商务及网络金融的发展，并提出“互联网+”移动计划。11月23日，市政府常务会议审议通过《上海市推进“互联网+”行动实施意见》，以下简称《意见》，《意见》结合上海市互联网资源优势，一是与传统产业深度融合，加速经济转型升级领域的13个专项，分别是“互联网+”研发设计、虚拟生产、协同制造、供应链、智能终端、能源、金融、电子商务、商贸、文化娱乐、现代农业、新业态和新模式、众创空间；二是面向广大市民的衣食住行，提升生活品质领域的5个专项，分别是“互联网+”交通、健康、教育、旅游、智能家居；三是建设服务型政府，提升城市管理能力领域的3个专项，分别是“互联网+”公共安全、城市基础设施、电子政务。

经过十年的发展，上海初步形成以浦东张江、漕河泾等园区为核心，以市北高新、创智天地等园区为支撑的产业载体布局，市级信息服务产业基地有 36 个，载体空间面积达 765 万平方米，形成完备的产业集聚生态圈。与此同时，创客空间大量涌现，原有众多孵化器、科技园区、老厂房向创业空间转型，呈现便利化、小型化、专业化的发展趋势。

早在 2014 年 9 月，上海市政府出台《关于本市进一步促进资本市场健康发展的实施意见》，其中专门指出“要支持互联网企业参与上海资本市场”，上海市政府以包容的态度支持互联网金融创新，切实转变观念、创新政府管理模式，打破思维定式，避免用传统产业发展的眼光看待互联网金融行业，深刻理解互联网金融的特点和发展规律，主动适应互联网金融的新业态、新模式，研究制定相应的监管措施和产业政策。2015 年 7 月 18 日，中国人民银行发布《关于促进互联网金融健康发展的指导意见》，这也对互联网金融发展提出了一些新的政策。上海市互联网金融行业协会在此背景下应运而生，以促进会员单位实现共同利益为宗旨，履行行业自律、维权、协调和服务职能，引领会员单位遵守国家法律、法规和经济金融方针、政策，遵守社会道德风尚，维护上海互联网金融行业的健康发展，致力于为上海国际金融中心建设做出积极贡献。目前，协会已有会员单位 150 余家，其中既有银行、证券、保险、基金等行业的持牌金融机构，也有互联网支付、P2P 个体网络借贷、网络小贷、股权众筹、互联网基金销售、金融资讯与征信服务等新型金融领域的相关企业。上海互联网金融发展一直走在全国前列。

2015 年 7 月 25 日，中国互联网教育产业联盟在中国互联网教育高峰论坛会议上揭牌成立。该联盟是在教育部、工信部、国信办指导下，由教育部易班发展中心牵头，多家互联网教育龙头企业联合发起的国家级产业联盟，联盟将致力于加快中国教育产业的互联网化，促进互联网教育产业的规范化建设。

上海是国内智慧城市建设的前沿探索者，在信息化方面拥有良好的基础条件。在 2014 年 9 月发布的上海未来三年智慧城市计划中，到 2016 年，电子商务交易额达到 2 万亿元。具体将推动互联网金融、智慧航运、智慧商务、智能制造、智慧企业等 5 个专项建设。2016 年，上海家庭光纤入户率达到 60%，第三、第四代移动通信用户普及率达到 70%，公共场所无线局域网接入点突破 20 万个。其次，新一代信息技术产业创新发展能力显著提升。到 2016 年，上海新一代信息技术产业总规模达到 1 万亿元，信息服务业营业收入达到 6800 亿元，增加值占全市 GDP 比重超过 7%。

上海市互联网产业未来发展方向

上海互联网金融发展一直走在全国前列，上海市互联网金融行业协会 8 月 6 日正式成立，《上海互联网金融发展报告（2015）》同时发布，报告全面展示了上海互联网金融发展风貌。未来，上海互联网金融将朝着合规稳健发展方向大步迈进。上海市人民政府与腾讯公司 4 月 13 日在沪签署战略合作框架协议，双方将开展多方面合作。一是共同推进“互联网+”产业发展，包括在文化、医疗、金融、智能汽车等领域深入合作，推动传统产业与互联网的融合，推动云计算、大数据、泛娱乐、众创平台等项目在沪落地；二是共同提升微信城市服务水平，推进上海政府机构政务微信公众号的建设和发展，拓宽政府信息发布渠道，提升智慧城市服务水平；三是共同营造互联网创新创业环境，推动腾讯徐汇创业基地建设，引导优秀互联网创业项目向基地集聚，腾讯加强互联网线上资源开放，在上海打造升级版众创平台，并努力建成全国互联网创业标杆项目；四是共同推动云计算和大数据发展，支持上海信息服务业企业与腾讯华东云计算中心开展技术交流和业务合作。随着国内金融开放、创新发展，网络支付已成为现代金融服务业的重要组成部分，开始进入行业高度集中与差异化优势并存的格局，同时也形成了以上海为中心的华东集聚的情况。

综上，由于上海高集聚程度高、业务类型最全、细分市场优势明显以及良好的金融、电子商务配套产业环境、开放的氛围和一系列的政策支持，企业能够得到较大的区位优势助力。同时上海自贸区可以让金融资源配置更加有效，包括海外融资、跨境融资租赁、跨境电商等。而全球最有影响力科创中心使金融业的服务领域、市场空间进一步拓展。

浙　江

浙江省互联网产业的发展现状

根据浙江省通信管理局全省通信业主要指标统计数据显示，截至 2015 年 9 月份，浙江省固定互联网宽带普及率已经达到 23.8 户/百人，较去年同期上涨 1.58%。移动互联网用户数量达到 5359 万人，较去年同期上涨 5.31%。2015 年前三季度浙江省全社会信息经济核心产业实现增加值 2287.7 亿元，同比增长 13.7%，其中包括电子商务、云计算、大数据、智慧物流、互联网金融等新业态，比上半年高出 0.5 个百分点，比全省 GDP 增幅高 5.7 个百分点，占全省 GDP 的比重为 7.71%，比上半年提高 0.17 个百分点。

首先，浙江省是互联网大省，在杭州聚集了一大批知名互联网公司，例如尤其是中国互联网企业 100 强第一名——阿里巴巴，同时浙江还是“世界互联网大会”的永久举办地。浙江省政府积极推进“互联网+”，在浙江省“十三五”规划建议中提出充分重视互联网对城市带来的产业红利。同时，杭州市政府与阿里巴巴集团签署了战略合作协议，在未来市政府将大力发展杭州市电子商务重大项目，包括云计算、大数据、跨境电子商务等。其次，浙江省拥有中国小商品贸易流通的中心——义乌。在实体经济与“互联网+”的联动下，浙江省在全国范围内 C2C 市场拥有绝对优势。另外，浙江省基础设施相对完善，近年来浙江省信息网络建设取得跨越式发展，信息基础设施指数达到 0.686，仅次于北京和上海，已成为国民经济和社会发展的重要支撑点。最后，根据浙江省出台的《信息经济发展规划（2014—2020 年）》，明确了浙江省未来的发展方向与发展重点，以互联网为核心的信息技术将成为浙江省未来经济发展的重中之重。

浙江省互联网产业的区位优势

互联网先发应用优势

杭州市在互联网技术、产业、应用以及跨界融合等方面取得了积极进展，涌现了阿里巴巴、网易、华三通信等一批国际国内知名企业，在成功获得“中国软件名城”荣誉后，又先后获得国家自主创新示范区、中国（杭州）跨境电子商务综合试验区的批复。杭州已具备加快推进“互联网+”发展的坚实基础，随着经济发展进入新常态，杭州正处于发展信息经济、实现创新发展的关键阶段，积极发挥我市互联网已经形成的比较优势，把握机遇，增强信心，加快推进“互联网+”发展，有利于重塑创新体系、激发创新活力、培育新兴业态和创新公共服务模式，对打造大众创业、万众创新和增加公共产品、公共服务“双引擎”，主动适应和引领经济发展新常态，形成经济发展新动能，实现经济提质增效升级具有重要意义。

外部规模经济优势

经过 30 多年的精心培育和发展，义乌已经基本形成了以中国小商品城为核心，20 多个专业市场、40 多条专业街为支撑，物流、产权、金融、劳动力等要素市场相互配套的市场体系。义乌市场组织形态已经从传统意义上的集贸市场发展成为现代化、商场化、国际化的新型专业市场。随着义乌市场的迅猛发展，产品交易信息化、网络化已经成为一种发展趋势，各类电子商务平台应运而生。义乌作为全球小商品采购中心和集散中心，电子商务的应用已经有了一定基础，30%以上的经营户开通了电子商务，其中 74%的经营户网上交易额占总成交额 10%以上。随着网络交易的继续发展，电子商务将逐渐成为义乌密不可分的一部分。

云产业发展优势

浙江省在 2014 年陆续颁发《关于建设信息化和工业化深度融合国家示范区的实施意见》《关于启动云工程与云服务产业培育工作的若干意见》等文件中，明确指出了未来支持云计算产业发展的计划。文件要求到 2017 年，全省云工程与云服务产业要初步形成核心技术自主可控、业务服务内容特色明显、龙头企业国际领先、市场环境规范有序、体制机制保障基本适应的产业生态，努力成为全国有较大影响的云工程与云服务产业示范基地。同时，文件中也提到，将以杭州、宁波、温州、金华为区域云计算中心核心节点，提高数据计算、存储、智能处理和安全管控能力。鼓励政府、企业、居民了解、使用、购买云服务，支持第三方电子商务平台运营企业利用云计算、大数据等技术。浙江省依托各个城市发展云产业，以“块状区域”带动全省引导信息产业新发展。

浙江省相关产业园区与产业组织

杭州跨境贸易电子商务产业园

杭州跨境贸易电子商务产业园成立于2013年7月8日，是国家跨境电子商务产业试点园区，具备进出口双向业务，是全国首个进入实单运作且成功进行跨境小包出口模式的园区。位于下城区的产业园，接下来将推进“产城融合”，建设跨境电商创新创业中心、跨境电商商业商务中心、跨境电商大数据中心和跨境电商O2O体验中心，打造集生活品质区域、阳光休闲区域和低碳生态区域于一体的“跨贸”小镇。总体分三期规划，分别为230亩启动区、1平方公里核心区和3平方公里拓展区，共同打造融跨境电商商务楼、跨境电商O2O商业楼、海关特殊监管区、商业金融支付等功能于一体的跨境电商产业综合体。作为我国第一个跨境贸易电子商务试验田，杭州跨境电子商务产业园占地4万平方米，目前已经吸引了阿里巴巴、全麦、创梦谷、顺丰、圆通等跨镜贸易电子商务产业企业陆续入住。

园区通过“清单核放、汇总申报”的创新模式，利用信息化手段优化了流程，实现通关全程无纸化，由于纳入规范管理，给企业带来了快速通关、规范结汇和出口退税的便利。

东方电子商务园

东方电子商务园成立于2009年9月，占地面积129.62亩，目标打造成14万平方米的浙江省一流电子商务集聚区。园区相继获杭州市首批软件与信息服务特色产业园、国家电子商务试点城市拓展区、杭州市文化创意产业园、杭州市首批现代服务业（信息与软件）集聚区、浙江省电子商务重点园区等荣誉。园区周边产业氛围浓厚，集聚了西子奥的斯、佑康、巨星科技、海明控股、龙达新科、新星光电等有名企业。

园区以引进、培育人才多、技术新、潜力大的电子商务、信息软件、研发创意等新兴产业为导向。并针对性地搭建了六大平台：淘宝“杭州网商园”、“MR.I互联网创新基地”、“东方电子商务园BPO呼叫基地”、“IDC数据托管中心”、“云计算数据服务中心”、“现代服务业运营中心”，为企业提供人力、融资、技术、管理等交互一体的全方位服务支持。

东方电子商务园是以电子商务为发展主线，重点构建以B2B、B2C为核心的电子商务交易技术平台，重点引进电子商务、信息软件、设计研发等新兴产业，重点依托“电子商务”产业链，将产业园区发展成为特色鲜明、实力雄厚、环境优美、集产业发展和旅游观光于一身的专业园区。目前园区依托浙江省大学科技园、江干区科创中心创业平台，将“东方电子商务园”打造成为“电子商务区、信息软件区、科研总部区、研发孵化区、新产品展示及配套服务区”五区合一的功能集中、区位独立、布局科学的新兴电子商务集聚的特色产业区。

义乌跨境电子商务园区

义乌跨境电子商务园区项目用地52亩，园区是一个以海关监管为核心，面向跨境电子商务企业及上下游服务企业的开放性平台。园区内集行政监管、物流集散、电子商务、信息交流、金融服务、生活餐饮等功能于一体，将极大地降低物流成本和贸易成本。该产业园区不仅是义乌电子商务产业融合的中心，而且还是物流集散价格的洼地，同时园区内综合监管快速通道极大地降低了物流成本和贸易成本。

杭州物联网产业园

2012 年，杭州物联网产业园区被工信部批准为国家新型工业化产业示范基地，是全国仅有的 3 家以物联网为主导产业的示范基地之一。该园区拥有超过 100 家从事物联网关键技术研究和产业化应用开发的企业。2012 年，物联网产业实现收入超过 380 亿元。园区为这些物联网公司搭建了一个相互融通的技术资源共享平台，进一步发挥了产业的聚集效应，为杭州市物联网产业发展提供了空间和载体。

浙江省互联网产业未来发展方向

根据《浙江省信息经济发展规划（2014—2020 年）》，浙江省将以互联网、物联网为载体的信息经济作为适应新常态、谋求新发展、塑造新优势、打造浙江经济升级版的新动力。通过商业模式创新、新应用拓展、新技术突破、新服务创造和新资源开发，着力发展“互联网+”新业态，推进浙江产业智能化升级，打造万亿级信息经济核心产业，建设感知互联的智慧城市，全面提升信息经济基础设施水平。

在未来，浙江省将提升发展电子商务，加快发展农村电子商务，推进农村企业电子商务应用，建立健全的网络销售体系。通过培育发展第三方电子商务平台，推动电子商务向企业间电子商务交易和大宗商品网上交易拓展。探索定制化生产和精准营销，发展基于个性需求导向的 C2B 电子商务，推动电子商务服务模式创新；加快信息技术在金融领域的应用，鼓励基于互联网的金融产品、技术、平台、服务的创新，探索构建政府、企业、金融机构等共同参与的多层次社会信用体系，为互联网金融发展营造良好的信用环境；鼓励发展基于互联网的个性化定制、众包、云制造等新型制造模式，依托创客、众筹、众包等平台，利用大众创新不断开发智能化新产品，推动“互联网+”制造业的发展；突破新技术，加快培育下一代互联网、移动互联网、物联网的建设。

Analysys 易观认为，浙江省在新一代信息技术方面的发展速度位于全国领先水平，凭借着中国最大的电子商务企业——阿里巴巴在浙江省的带头作用以及浙江省逐渐完善的创业创新政策扶持体系和对互联网创业的各项优惠政策，对于互联网企业、机构和人才来说具有强大的吸引力。

广　东

广东省互联网产业的发展现状

据广东省通信管理局的数据显示，截至今年10月，互联网宽带介入用户2557.5万户，同比增长8.3%，增长放缓，电信业务收入达1282.7亿元，同比下降1.3%。值得一提的是，广东拥有532787个网站，占全国网站总数比例为15.90%，排名第一。

广东省是中国走在信息化建设前列的省份，信息产业的总体规模与经济效益在全国名列前茅，作为互联网大省，保持了20年在全国互联网发展中排头兵的位置。广东不仅是中国互联网发展的先行省，也是国内互联网金融、电子商务、大数据与云计算等热潮涌动的最活跃地带，在企业的数量、生态的完善性等方面也都走在了全国的前列。而广东在当下互联网发展的重头戏——电子商务领域中，表现更为抢眼，根据中国电子商务研究中心检测数据显示，广东全省电子商务交易额为3.15万亿元人民币，同比增长21%。又据阿里巴巴统计，今年“双11”全天交易额省份排名，广东省在全国范围内名列第一。广东省电子商务的高速发展与增长，与省内经济发达、消费者网购能力强劲以及相关产业配套这三个方面有着直接关系。而互联网金融在广东的发展同样也受到了政府的高度重视，根据广东互联网协会报道称，目前，广东省第三方支付、互联网理财、P2P网络借贷等互联网业态发展迅猛，在全国都位居领先地位，交易规模超过1.5亿万元。并且广东将以佛山市为主体，以广东金融高新区为核心，以佛山“互联网+”创新创业金融社区为先导大力发展互联网金融，力争在三年内，全佛山集聚互联网金融企业超过300家，形成具有一定规模的行业领先企业20家；引进创业投资资金200亿元，解决企业融资150亿元；扶持创新创业企业1000家；佛山市新增三百亿元以上市值的上市企业3家，新增境内外上市企业30家，新三板累计挂牌企业60家，区域股权交易中心累计挂牌企业200家。

在政府大力发展“互联网+”的背景下，广东省20年来陆续涌现出一大批优秀的民族企业，如腾讯、网易、唯品会、珍爱网、借贷宝等，形成了具有广东特色的互联网产业链。

广东省互联网产业的区位优势

深圳是互联网创新之都，地处珠三角腹地，与中国其他城市相比，深圳拥有着独特的优势，即中国制造的产业链在东莞等深圳周边城市形成，IT企业很容易在深圳聚集，并以专业镇和专业市场为依托，形成行业信息化服务联盟，提升产业整体竞争力，深圳式的电子商务建设模式得政府大力的支持与发展，并在全国推广。

在移动互联网领域，深圳以打造国家级下一代互联网产业集群为契机，抢位发展移动互联网产业，首先，深圳在手机产业链上布局完整，有着众多民族品牌的厂商；其次，在内容和应用服务上也有许多优秀的企业；最后，政府组织实施移动互联网新技术、新应用、新模式的示范推广，加快推进和发展移动电子商务、移动多媒体、移动搜索等业务，向社会提供多样化、多媒体化、个性化增值服务。在 2011 年由政府支持成立的深圳移动互联网产学研资联盟，成为深圳建设移动互联网城市标志性事件。联盟利用自身资源，结合国家产业重点布局，打造产业规划和市场研究、公共服务、资本对接等平台以促进移动互联网产业发展，并设立投资基金，支持有发展潜力和市场开发前景的移动互联网项目。

广州经济发展平稳，制造驰名海内外，商贸流通甚为发达，适合电商创业，唯品会、梦芭莎等本土 B2C 企业销售连年成倍增长。近年来，广州相继被评为“国家移动电子商务试点示范城市”“中国电子商务应用示范城市”“中国电子商务最具活力创新城市”。2011 年 11 月，广州更成功获批为国家电子商务示范城市，政府将结合市场实际，引导广州电子商务形成三大圈层、梯次发展的布局：第一个是核心圈。主要由电商区域分布最密集的越秀区和天河区组成，功能定位为完善电商产业的服务配套，孵化一批知名电商品牌和电商平台。第二个是中间圈。包括荔湾、海珠、萝岗、黄埔、白云、番禺等，功能地位是深化传统制造业与电子商务的有机融合，结合供应链采购优势来发展电子商务。第三个是外围圈。包括增城、从化、花都、南沙等地，其特点是具有人才聚集优势或土地储备优势，功能地位是提供电子商务产业物流、呼叫中心等基础设施配套，为创业型企业提供广阔的发展空间。

广东省相关产业园区与产业组织

佛山众创金融示范区

作为全国首个“互联网+”众创金融示范区，园区欲打造为互联网+众创、众包、众扶、众筹的综合金融服务体系并加快金融业创新发展，使互联网金融服务于实体经济、服务于创新驱动发展。其次园区大胆推出互联网金融支持的“三农”新模式，运用互联网+信用三农等有效模式，多方筹措资金，为农村发展提供支持。

深圳罗湖互联网产业园

2010 年 1 月开园的深圳互联网产业园主要目标定位为：一是引导和支持电子商务企业集群发展，大力推进辖区虚拟经济；二是促进电子商务与辖区支柱产业或优势产业融合，提高相关企业电子商务应用水平，提升辖区经济竞争力；三是最终让电子商务成为罗湖的名片。

深圳南山蛇口网谷

定位为“中国互联网南方总部基地和应用示范基地”“深圳市具有示范效应的战略新兴产业基

地”的南山蛇口网谷产业发展目标是提高核心竞争力和发展质量，实现创新驱动与内生增长，集中突破关键技术，占据产业链关键环节等。园区主要面向三个重要领域，既移动互联网、电子商务、物联网。

深圳互联网金融产业园

2014年5月9日，深圳3个互联网金融产业园区正式挂牌，3个园区规划面积超过百万平方米，将聚集和培养一批互联网金融创新型企业，促进深圳互联网金融产业和谐健康发展。3个产业园区分别位于深圳南山、福田和罗湖区。其中，深圳（南山）互联网金融产业园将由政企合作共建，深圳市金融办、南山区政府与科技园集团合作共建“互联网金融产业园”服务中心。园区计划引进100家互联网金融公司入驻，3年实现产值或规模达到200亿元人民币。

深圳（福田）互联网金融产业园区坐落在福田保税区，由腾邦集团承接产业园的规划、建设和运作，借助自有物业，通过重组产业、服务、资金、技术、人才等优势要素，斥资百亿打造，总规模达70万平方米。

深圳（罗湖）互联网金融产业园位于菜屋围、水贝黄金珠宝产业集聚区、莲塘互联网产业基地等之间，将与周边产业园区形成产业互动、空间衔接的大产业格局，共同构筑罗湖互联网金融产业园。

广州移动互联网（越秀）产业园

产业园采取“启动区+扩展区+辐射区”的发展模式，先以黄花岗科技园、中华国际中心园区等现有成熟载体为启动区成立“广州移动互联网（越秀）产业园”，率先聚集一批移动互联网优质资源；以洪都大厦、东照大厦等载体为扩展区，通过2—3年时间完成配套建设和移动互联网产业的主题招商；以杨箕村、东濠涌、花果山等旧城改造规划中的载体为辐射区，利用3—5年时间，将其建设成为比较具产业规模的“广州移动互联网产业基地”。

广东省互联网产业未来发展方向

根据《广东信息化发展纲要（2013—2020年）》所述，深化电子商务普及应用，持续推进“广贷网上行”，支持传统企业发展电子商务，培育新型消费。建设一批具有国际影响力的行业电子商务平台、大宗商品电子交易平台和网络销售平台，支持和鼓励企业运用电子商务创新商业模式，深化电子商务与实体经济的有机融合。建设电子商务公共信息服务、支付服务、跨境贸易服务、交易产品追溯服务等应用试点，促进电子商务有序发展。推动移动电子商务从生活服务领域向农工业生产服务领域延伸。加强物联网、传感网、云计算、大数据等信息技术在城镇运行管理和服务中的应用，开展智慧城镇大数据应用，推动城镇创新发展。深入推动智慧城市试点建设，引导全省智慧城市建设有序推进。加强政府大数据业务支撑系统建设，以业务协同为基础，以数据共享为支撑，开展大数据分析挖掘应用，提升政府公共服务和管理创新水平。有步骤推进政府数据开放，促进社会大数据应用。

广州市力推重点项目"天云计划"，其重要目标是建设一批世界领先的云计算平台，构建国际云计算中心，如广州超级计算中心、中国电信亚太信息引擎、中移动南方基地、中联通广州数据中心、中金数据华南云计算中心、亚洲麦罗云计算中心等。并以此为基础，形成技术、产品和服务一体化发展的产业格局，以促进"智慧广州"快速、协调和可持续发展。计划到"十二五"末，广州云计算应用水平将达到国内领先水平，努力构建世界级的云计算产业基地，最终率先把广州建设成为更具有国际影响力的"智慧城市"。

《深圳互联网产业振兴发展规划》中指出，大力发展电子商务，形成新的产业增长点；着力发展物联网产业，加大物联网关键技术攻关力度，构建物联网基础设施，建设物联网共性基础支撑平台，鼓励物联网商业模式创新发展；加快发展应用服务特色优势行业，积极推进综合运营服务，打造在网络通讯、网络娱乐、网络内容等领域融合发展的互联网综合运营服务商；加快布局移动互联网，大力发展移动电子商务、移动多媒体、移动电子政务等服务，带动移动终端产业战略升级，打造移动互联网产业链。

Analysys 易观分析认为：在互联网纳入国家发展战略的大背景下，对互联网产业是重要利好。首先，在"互联网+"的国家战略体系下，广东省作为最具互联网积淀和基因的省份之一，按照中央指导方针继续扩大了政府扶持力度和推动企业创新，广东已经取消、减免了 127 项行政事业性收费项目，取消、放开 21 项行政审批前置服务收费项目，放开 68 项经营服务性收费项目，减轻了互联网企业的经济负担与降低了互联网创业门槛。其次，广东是互联网企业和人才集中的地方，创业和创新氛围浓厚，几大互联网园区的建成与配套设施的投入使用为互联网中新企业、新技术和新模式发展提供了良好的软硬件环境。最后，作为国内经济发达地区，广东对于城市建设、公共设施建设、政府服务等方面都有互联网化的需求，因此物联网、云计算、大数据等技术在以上方面的应用将是未来的大热门。

四　川

四川省互联网产业的发展现状

四川是中国西部的经济大省，近几年来四川经济社会发展保持了良好的态势，经济总量稳居西部第一，2014 年四川省的经济增长 8%以上，2015 年四川省的经济也保持了 8% 的增速，预计全年经济总量将超过 3 万亿。四川是电子商务大省，近年来四川省把电子商务产业作为全省大力发展的 5 大新兴先导性服务业之一，使得四川成长为中西部地区发展最快、电商实力最强、市场规模最大的省份，位居全国第一梯队的行列。目前全省有网店 25 万多个，网民超过 3300 万人，全国知名的网络巨头落户四川，不少企业在成都建立了创业基地，涌现了一批示范典型，培育出了一批引领行业发展的本土优势平台。2014年四川省电子商务交易额突破了万亿元，网络零售的交易额突破了千亿元，四川已经成为电子商务创新创业的热土。

据中国电子商务研究中心监测数据显示，2015年上半年，四川省电子商务交易额7686.2亿元，同比增长31.8%。其中，网络零售额845.6亿元，同比增长39.3%，占全省社会消费品零售总额的比重达12.9%。

四川省互联网产业的区位优势

产业集聚优势

四川省以成都和绵阳为产业大基地，一条涵盖集成电路、新型显示与数字视听、终端制造环节、软件研发、移动互联网应用的完整电子信息产业链正在快速崛起，德阳、乐山、眉山、资阳、遂宁、南充、内江等地的电子信息产业也被激活和带动起来，形成以成都为中心的两小时半径电子信息产业配套圈。其中成都高新区集聚了全市90%以上的移动互联网企业，而区内企业几乎都分布在孵化园、软件园，全区移动互联网产业集聚企业总数达500多家，集聚度之高全国少见。

创新优势

2014年11月，在科技部公布的国家高新区创新能力评价中，成都高新区总体排名全国第三、中西部第一。2015年年初，成都高新区发布经济增长数据，其主要经济指标实现平稳较快增长，实现产业增加值1178.2亿元，同比增长13.6%，实现规模以上工业增加值753亿元，同比增长16.2%，在国家高新区综合排名中保持第4位。2015年6月11日，国务院发文批复同意成都高新区建设国家自主创新示范区，成都高新区成为我国西部首个国家自主创新示范区。

创业体制优势

由于一套具有推动力的创新创业机制在支撑，今年1—9月，成都高新区新登记各类型企业12650家，同比增长58.26%；注册资本572.49亿元，同比增长21.35%。其中，新增内资企业12532家，注册资本554.76亿元；外资企业118家，注册资本17.73亿元；新增各类科技型初创企业760家，总量达到5079家；新增孵化面积7.5万平方米，总量达到149.5万平方米；新增高层次人才创业企业161家，总量达到889家。

人力资源优势

四川是中国西南地区的教育和科研中心，省内有四川大学、西南财经大学、电子科技大学、西南交通大学等重点大学，为互联网产业提供丰富的人力资源。同时，四川作为西南地区首府，不仅有利于吸引国内外互联网企业前来设立分支机构，也利于吸引周边地区毕业生到成都工作，壮大人力资源基数，利于产业创业团队的孵化和培养。

四川省相关互联网产业园区与产业组织

成都高新区总规划面积为130平方公里，由南部园区和西部园区两部分组成。高新天府新城、新川创新科技园、天府软件园、天府生命科技园、成都金融城、大源总部商务区、新南天地商圈、会展中心等知名产业组团位于南部园区；成都高新综合保税区、电子科技大学、成都中医药大学以及英特尔、戴尔、联想、富士康、德州仪器、华为、京东方、深天马、飞利浦、西门子等国际知名企业制造基地位于西部园区。2015年6月11日，国务院发文批复同意成都高新区建设国家自主创新示范区，这是继北京中关村、武汉东湖、上海张江、深圳、江苏苏南、天津、湖南长株潭之后批复的中国西部首个、全国第8个国家自主创新示范区。

今年上半年，成都高新区企业“梯度培育库”累计新增重点培育企业70家，其中，新一代信息技术产业企业40家，生物产业企业8家，高端装备产业企业5家，节能环保产业企业13家，生产性服务业企业4家，重点培育企业总数达到1582家。新增上市企业5家，上市企业总数达26家（其中战略性新兴产业20家），约占成都市上市企业的一半，四川省上市企业的1/4，其中创业板企业9家，占四川省一半；新增“新三板”挂牌企业8家，总数达30家（其中战略性新兴产业企业28家），占成都市的70%，四川省的47%，挂牌企业数在国家高新区中名列第五。

高新区也是成都文化产业的聚集区，诸如腾讯、新浪、众联互动企业管理等知名品牌均在这里落户，市政府力图将此区打造成整个川西的高新文化基地。

12月2日，唐利民表示，“十三五”期间，要抢抓开放合作新机遇，积极创设中国（成都）内陆自由贸易试验区，加快建设中韩创新创业园、中德产业园等开放合作平台。四川省“十三五”规划建议提出，把区域城乡协调发展放在突出位置，努力形成协调发展新格局。深入实施多点多极支撑发展战略，抓住国家设立天府新区、攀西战略资源创新开发试验区以及建设成都天府国际机场等机遇，发挥比较优势，推动成都经济区领先发展，川南经济区一体化发展，培育壮大川东北经济区，挖掘攀西经济区和川西北生态经济区增长潜力，促进区域协调发展、共同发展。

8月13日上午，在位于成都市青白江区香岛大道的现代物流大厦，成都跨境电子商务产业园正式开园，据悉，这是目前四川省首个跨境电子商务产业园。产业园所在区域覆盖了成都集装箱中心站、成都铁路口岸、成都铁路保税物流中心（B型）等重要的基础设施。成都跨境电子商务产业园将在成都国际铁路物流网络的基础上，叠加上跨境贸易电子商务的交易网络，让电商网络与物流网络相互促进，共同发展。

互联网金融方面，《四川省2015年“互联网+”重点工作方案》提出发展第三方支付机构，组建省本级第三方支付公司，发掘培育1—2家非金融机构支付组织申请第三方支付牌照，新增2—5家支付机构分公司，引导2—3家已取得互联网支付许可的企业开展跨境电子商务外汇支付业务申报工作；在创新创业方面，引导设立“互联网+”创新创业投资子基金，到2015年年底形成2—3亿元的基金规模，为互联网领域科技型中小企业发展提供创业孵化、天使投资等金融服务。

四川省互联网产业未来发展方向

2015 年 5 月，四川省政府办公厅于近日印发了《四川省电子商务发展三年（2015—2017 年）行动计划》(以下简称《计划》)，该《计划》提出，将继续巩固和提升四川省“中西部电子商务中心”地位，到 2017 年，四川将成为全国电商应用水平最高、集聚程度最强和市场规模最大的地区之一，成为具有国际竞争力和区域辐射力的电子商务中心地域。

四川还将创新云计算、物联网、移动互联网技术支撑平台建设，主动参与制定相关国家和行业技术标准。到 2017 年，建成 3—5 个云计算、移动互联网技术及应用等新平台，3 个跨境电子商务平台，跨境电子商务交易额占进出口总额达到 10%以上。

在电子商务发展三年计划中，力争到 2017 年，全省电子商务农村覆盖率超过 70%，农产品专业市场电子商务应用率超过 80%，农村网络零售额占农村社会消费品零售总额超过 10%。建成 15 个工业在线产业带，大型企业电子商务应用率超过 90%，中小企业电子商务应用率超过 70%，商贸企业电子商务应用率超过 90%，电子商务深度融合实体经济。

四川省的互联网产业发展已经形成自身的优势和特点。软件和服务外包业的发展全国领先，成熟的软件产业投资环境，软件企业及研发中心的快速汇集使成都成为北京、上海、深圳等传统 IT 城市后，中国最具竞争力和吸引力的新兴产业集聚地，以及国际国内软件产业梯度转移重点关注的目标。从布局和规划看，游戏、芯片、平台与终端、移动应用、文化创意等产业是四川省互联网产业未来发展的重点。

第四部分

行 业 分 析

2015 年的互联网产业继续纵深快速发展，平台化和垂直化的行业趋势传达着国家政策的战略考量。供给侧改革和共享经济的生根发芽，使得举国上下各行各业经历着一番升级的洗礼。制度与生活，产销与服务，都正被互联网重新定义。每一处传统行业的市场都进行着洗牌，资本涌入之下，细分领域龙头企业的合并最大化地激励着行业的红利。新出现的和未出现的商业模式正迅捷地构建起行业的平台生态。不同的细分行业，存在不同的产业结构，但产业链各环节之间竞相争夺话语权则是不变的商业主题。

本部分，易观将互联网产业细分为 28 个行业，尝试对各细分行业做出界定，呈现各细分行业之间的产业链结构，给出各细分行业在 2015 年的规模、市场结构，并对各细分行业的未来发展进行了分析判断。

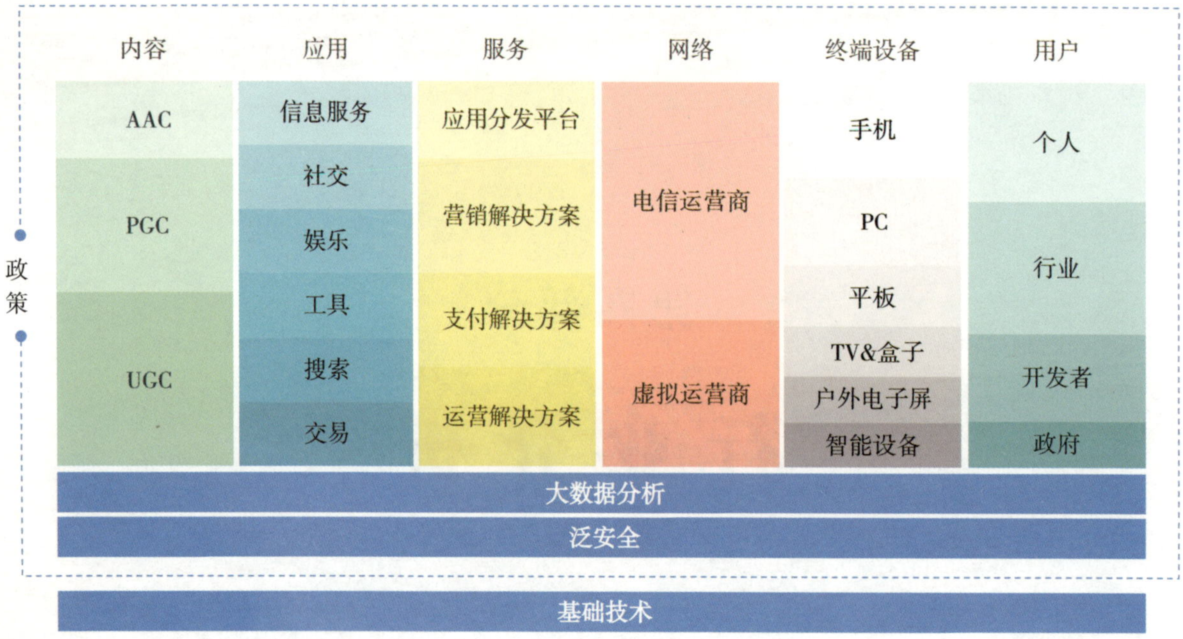

政策

内容：AAC、PGC、UGC

应用：信息服务、社交、娱乐、工具、搜索、交易

服务：应用分发平台、营销解决方案、支付解决方案、运营解决方案

网络：电信运营商、虚拟运营商

终端设备：手机、PC、平板、TV&盒子、户外电子屏、智能设备

用户：个人、行业、开发者、政府

大数据分析

泛安全

基础技术

© Analysys 易观 www.analysys.cn

图 6 2015 年中国互联网产业总地图

在该产业地图中，由于互联网企业自制内容力度的加大以及 UGC 内容的活跃，我们将内容行业区分为 AAC、PGC 与 UGC 三大部分。在应用的六大类中，信息服务涵盖导航、航旅、团购等生活服务、门户等应用；社交包括 IM、SNS 等应用；娱乐包括各类游戏、内容消费等；工具包括浏览器、各类生活工具等；交易包括远程、近场等支付与电子商务应用等。服务模块主要面向平台后端和企业。HTML5、语音识别等各种硬软件基础技术、协议等放在基础技术层面。

接下来，我们将就互联网/移动互联网的各细分行业应用以及服务进行简要分析。

电子商务

B2B

2015 年，中国 B2B 电商行业整体发展延续了去年的发展态势的同时，开始从幕后走向台前，成为风口，获得更多资本和市场的关注。在中国宏观经济增速放缓的背景下，传统企业开拓市场、提升流通效率、降低流通成本、规避运营风险的诉求尤为突出。在“互联网+”、“一带一路”等宏观利好政策的支持与刺激下，B2B 电商行业在 2015 年进入新的发展阶段。

图 7　2015 年中国 B2B 电子商务产业生态图谱

Analysys 易观分析认为，2015 年中国 B2B 电商市场主要有如下特点：

1. 政府政策推动，企业主动转型

2015 年，随着中国经济全面进入“新常态”，由人口红利、低劳动力成本带来的出口优势渐趋弱化，内需成为拉动经济发展的核心引擎。一方面，国家扩大内需的重要举措，给中小企业带来了更多发展机会，对上游供给与流通市场激活作用明显。另一方面，随着需求侧消费升级的展开，对上游供给侧的倒逼日益显现。2015 年下半年，国家频提“供给侧改革”，对通过供给端的创新与改革实现整体经济结构优化的路径给予肯定。

在此背景下，中国企业（尤其是中小企业）转型动力巨大，而企业也逐步认识到 B2B 电商在帮助自身提升流通效率、降低流通成本、拓展市场渠道方面的作用，开始纷纷主动转型触网，B2B 电商成为众多中小企业落实“互联网+”跨出的第一步。

2. 综合平台强化服务能力，拓展服务生态

传统的 B2B 综合电商平台角色进一步转变，从平台提供者到综合服务提供者。随着传统 B2B 平台信息撮合红利的进一步缩减，交易模式和综合服务构建生态体系成为传统电商尤其是综合平台的发展方向。在进一步培养在线交易、实现数据闭环的基础上，提供供应链金融服务仍是商业模式探索方向。另外，物流仓储服务、数据服务等增值服务模式也开始加速探索。

3. 垂直领域百花齐放，受资本青睐

依靠对行业的深入洞悉，痛点发掘，垂直领域 B2B 平台凭借对垂直领域内企业的服务深度和资本助力在 2015 年迅速崛起。在产品标准化程度高、市场规模大的行业，如钢铁、煤炭、化塑、橡胶等行业，垂直 B2B 平台率先切入。此外，由于垂直类 B2B 电商行业固定、用户集中、企业间信任度高、同行监管较强，更容易形成用户黏性和实现在线交易。真实交易数据的累积为达成供应链闭环创造条件，使得平台能够在提供撮合交易服务外，拓展仓储、物流、金融等增值业务。

4. 企业服务市场兴起，中小企业需求加速

目前，国内中小企业市场仍处于空白状态。一方面，软硬件环境的成熟、移动互联网的普及、即时通讯技术的成熟，使得企业级服务市场使用成本大幅降低。另一方面，由于 2B 市场长期面临产业链信息不对称、销售成本高、销售周期长、决策流程复杂、管理能力薄弱等诸多困境，中小企业在宏观经济下行背景下，急需加速转型，提升自身运营效率、缩减成本，云计算、SaaS 等企业服务也受到中小企业的青睐。

Analysys 易观把中国电子商务 B2B 市场的发展周期分为四个阶段，即：探索期、市场启动期、高速发展期和应用成熟期，目前中国电子商务 B2B 市场正处于启动期，蓄势待发，在线交易仍在积极探索，互联网金融快速发展，网络技术不断完善，消费习惯逐步改变，整体市场结构以及企业运营模式正在发生着变化，未来中国电子商务 B2B 发展依然是电子商务市场规模的主要贡献者。

中国 B2B 电商市场发展周期过程如下：

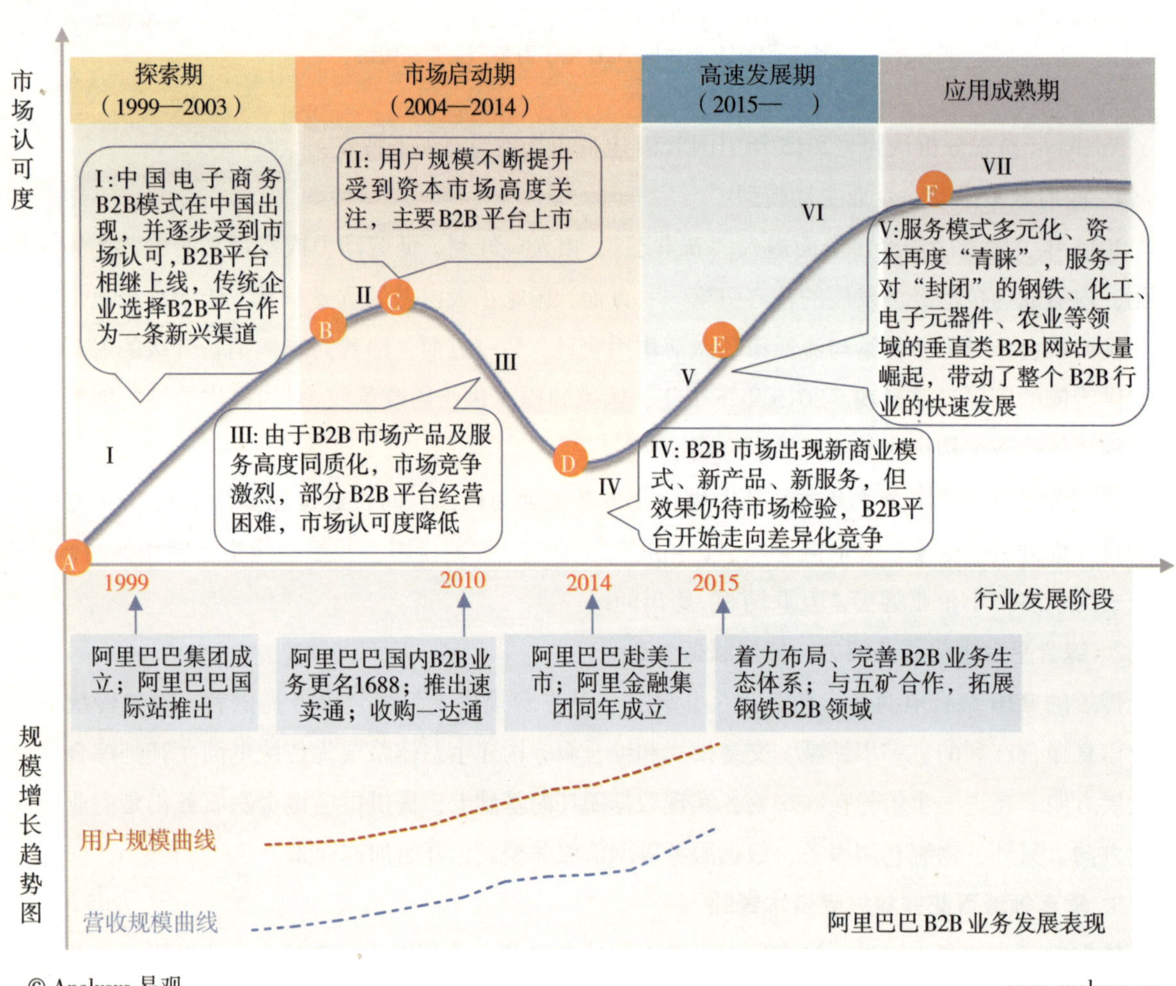

 www.analysys.cn

图 8　2015 年中国电子商务 B2B 市场 AMC 模型

探索期（1999—2003）

I：1999至2003年，中国开始迎合信息化的发展趋势对传统商务进行改革和创新，这一阶段，企业对于电子商务的需求仍待挖掘，产业的发展由重点厂商推进。1999年，阿里巴巴的成立标志着中国电子商务B2B的正式开端。在该阶段，有大量B2B平台相继出现，如中国制造网、中国网库、中国化工网等。在中国电子商务B2B发展初期，企业对于低成本商机获取的需求较为强烈，由于互联网渠道所带来的低成本以及时效性，使企业愿意选择电子商务B2B作为其拓展业务的渠道，而满足了企业对于商机信息需求的阿里巴巴，在该阶段迅速累积客户以及知名度。代表企业阿里巴巴是主要以信息发布为运营模式，通过会员制来盈利的B2B电子商务网站。

启动期（2004—2014）

II：2004至2008年，随着IT技术的高速发展、PC的普及以及信息化进程的不断推进，企业对于电子商务的需求不断增加，越来越多的参与者进入市场，这其中包括慧聪网、环球资源网等传统纸媒企业的进入。电子商务B2B不可逆转的大势让很多人趋之若鹜，特别是资本市场的热捧和大量进入尤为明显。进入2008年，中国的电子商务B2B市场达到第一次顶峰，企业在这一阶段开始大规模使用电子商务B2B平台的各项产品与服务。伴随着市场的火热，垂直品类的电子商务B2B应用开始出现。在该阶段内，阿里巴巴、慧聪等B2B平台相继上市，B2B市场发展迅速，但同时也存在同质化竞争程度加剧，盈利模式单一等潜在威胁。随着B2B市场的迅速发展、网站流量的增加、企业用户信息的积累，互联网搜索引擎也进入了B2B市场，加速了B2B市场的拓展和转型，使电子商务B2B市场更丰富。

III：2009至2011年，由于国际金融危机的影响，外贸订单数量减少，中国电子商务B2B发展中的问题被放大，同质化的服务使得B2B市场竞争激烈。信息服务已极大程度解决了信息不对称的问题，平台付费会员服务效果逐渐下降，其他运营模式在基于数据存储的探索中慢慢呈现出来，不过，企业对于电子商务的需求仍需进一步挖掘。

IV：中国电子商务B2B市场在经过2011年的低迷之后，在2012年进行了初步的变革，2013年市场运营模式多元化态势初显，2014年，互联网广泛应用、信息相互互联、大数据、云计算等新科技不断被应用，B2B1.0时代以信息服务、广告服务、企业推广的时代已逐渐退去，以在线交易、数据服务、金融服务、物流服务等为主的B2B电子商务新时代已经到来。

高速发展期：（2015—　）

V：近两年中国B2B电子商务垂直领域快速崛起，2014年科通芯城港交所挂牌，找钢网2015年获得1亿美金D轮融资，估值过10亿美金。电子商务正在“撬动”中国具备万亿市场规模，相对“封闭”的领域（钢铁、化工、电子元器件、农业等）。资本市场对“O2O”及网上零售的关注度逐渐转移至B2B细分领域；垂直类B2B平台具备较强的服务“纵深”能力，其深入产业链上下游，满足企业多样化需求。垂直类B2B电子商务平台的快速崛起，为中国整个B2B电子商务市场带来了新的“增长动力”，也促进了中国电子商务B2B市场的快速发展。

对B端用户企业而言

伴随着大量垂直类涉及多领域的B2B电子商务平台的出现，使得以往相对封闭的钢铁、化工、农业、电子元器件等领域的产业链条参与者有了更好的产品和服务的获取通道，同时大量垂直类B2B平台的强势进入也使得阿里、慧聪、中国制造等行业巨头企业倍感压力，纷纷完善服务体制提高运营效率（供应链金融服务、仓储物流服务、代运营服务、人员供给服务、管理咨询服务等），在服务深度和服务广度层面均有加强，这也使得B端用户有了更好的服务体验。

对行业客户而言

中国B2B电子商务模式，整合了企业上下游产业，以企业为核心，将产业上游的供应商，产业下游的分销商、物流商、零售商，以及往来的金融机构等都进行了系统全面的优化整合，构成了一个电子商务供应链网络，消除了整个供应链网络上不必要的运作和消耗，促进了供应链效率的优化整合。电子商务的快速发展，为带动地方经济发展和产业革新起到了强有力的带动作用，国家层面对B2B电子商务的发展持鼓励态度，在政策环境层面利于行业B2B电子商务平台的发展壮大；同时伴随着企业需求的多样化，平台的服务模式逐渐丰富，盈利模式也不再单一。近年来垂直类B2B电子商务平台备受资本市场的青睐，在资本的推动和帮衬下将进一步促进整个B2B行业和相关参与企业的快速发展。

对投资者而言

中国B2B电子商务市场经过“启动期”的沉淀和调整，逐步迈入了高速发展期，垂直类B2B企业大量崛起，传统B2B电商平台服务模式逐渐丰富和多元化，并且带动了企业级服务（Saas、Laas）市场的发展。首先中国B2B市场的当量够大，具有非常广阔的投资发展空间，中国网上零售市场竞争惨烈已呈现饱和之势，电商O2O市场已光鲜不在，能够撬动传统领域数十万亿市场（农业/钢铁/化工/煤炭/电子元器件等）的电商B2B在2016年以及后续的数年将成为资本市场的“宠儿”。资本市场对B2B行业的青睐主要集中在以下几点：首先，中国B2B电子商务市场量级巨大；其次，B2B电子商务在带动传统产业革新层面起到了强有力的推动作用，国家的政策扶植导向明确；再次，B2B电商涉及领域较多，投资标的较为广泛。

市场典型企业——阿里巴巴（1688、阿里国际站）

2014年的9月19号，阿里巴巴在美国纽交所正式挂牌上市，成为全球最大IPO，阿里巴巴集团的上市显示了投资界对阿里巴巴集团的信心，也显示了全世界对中国市场的重视。阿里巴巴集团在B2B领域主要分为内贸网站1688.com以及阿里巴巴国际站Alibaba.com。

1688.com

1688.com是以批发和采购业务为核心，通过专业化运营，完善客户体验。目前1688.com已经覆盖原材料、工业品、服装服饰、家居百货、小商品等16个行业大类，提供从原材料采购、生产加工、现货批发等一系列的供应服务。

1688.com经过14年的发展已经成为：

➢ 全球首个B类注册用户超过1.2亿的平台；

➢ 每天超过1200万客户来访；每天产生1.5亿次在线浏览；

➢ 有1000万企业开通公司商铺，覆盖服装、家居、工业品等49个一级行业，1709个二级行业；

- ➢ 来自淘宝的卖家占 1688.com 全站卖家的一半以上；
- ➢ 1688.com 已和全国百强产业带签约达成合作，带动产业带政府实现电商化。

Analysys 易观分析认为：1688.com 在 2014 年更加注重供应链的整合和协同服务，在商品品类、商品货源、O2O 模式、无线业务等方面进行了很大的创新。1688.com 经过 14 年的发展，除原有的为企业提供丰富的信息资源以外，更重要的是基于阿里强大的技术实力，通过交易行为的大数据分析，使供需双方能够直接看到交易数量以及交易评价，从而帮助企业做出更加正确的决策，1688.com 利用大数据、云计算、诚信规则等让数据信息转化为对中小企业有价值的资产。未来，1688.com 在探索更多适合 B 类的电商交易的模式和场景之外，将更多地引入海外货源，同时将会加大在移动端的投入。

阿里巴巴国际站

阿里巴巴国际站是为国内外买卖双方提供信息服务和交易服务的跨境电商平台。阿里巴巴国际站帮助中小企业拓展国际贸易的出口营销推广服务，主要基于全球领先的企业间电子商务网站，通过向海外买家展示、推广供应商的企业和产品，进而获得贸易商机和订单，是出口企业拓展国际贸易的优质网络平台，提供一站式的店铺装修、产品展示、营销推广、生意洽谈及店铺管理等全系列线上服务和工具，帮助企业降低成本、高效率地开拓外贸大市场。Analysys 易观分析认为 2014 年年底，阿里巴巴国际站正式转型为在线交易平台，这是阿里巴巴国际站 15 年来的最大一次变革，突破了原有的线上询盘、线下交付的习惯。阿里巴巴国际站在过去的 15 年间，构建了全球最大的电商生态圈。基于 Alibaba.com 的跨境 B2B 生态圈正不断进化，随着阿里巴巴国际站由信息平台向交易平台转变，阿里巴巴也正式开启了外贸 B2B 的新时代。

阿里巴巴国际站通过信息服务和交易服务方式帮助中小企业对外出口电子商务化，将企业产品信息展示给国外商家，买家可以寻找搜索卖家所发布的公司及产品信息，卖家可以寻找搜索买家的采购信息，同时为买家卖家行为提供了沟通工具、账号管理工具。其中，阿里巴巴外贸机器人，是中国第一款阿里巴巴国际站自动化营销多功能软件，通过类似机器人的软件实现高质量产品智能海量发布、多关键词全方位覆盖、产品定时批量更新、关键词排名一键查询等功能。

Analysys 易观分析认为：阿里巴巴国际站借助信息服务市场得势于出口电商市场，以往运营模式较为单一，以信息服务模式为主，会员制、增值服务的模式持续了很长一段时间，面对市场饱和困境，阿里巴巴国际站成功由信息服务平台转向在线交易平台，打破了以往线上询盘、线下交付的习惯，并且形成与天猫、淘宝相结合的模式，发挥数据优势改善运营模式瓶颈，依然占据市场主要地位；伴随着 2014 年国家对出口电商政策层面的积极指导，市场未来将快速发展，阿里也将借势加大跨境电商投入，未来将继续保持市场的高占有率。

Analysys 易观分析认为，中国 B2B 电子商务市场交易规模未来几年整体增速呈放缓态势，但仍将保持缓慢发展。2015 年，中国 B2B 电子商务交易规模将达到 10.7 万亿元人民币，较 2014 年增长 14.3%，预计到 2018 年市场整体交易规模将达到 15.4 万亿元人民币。

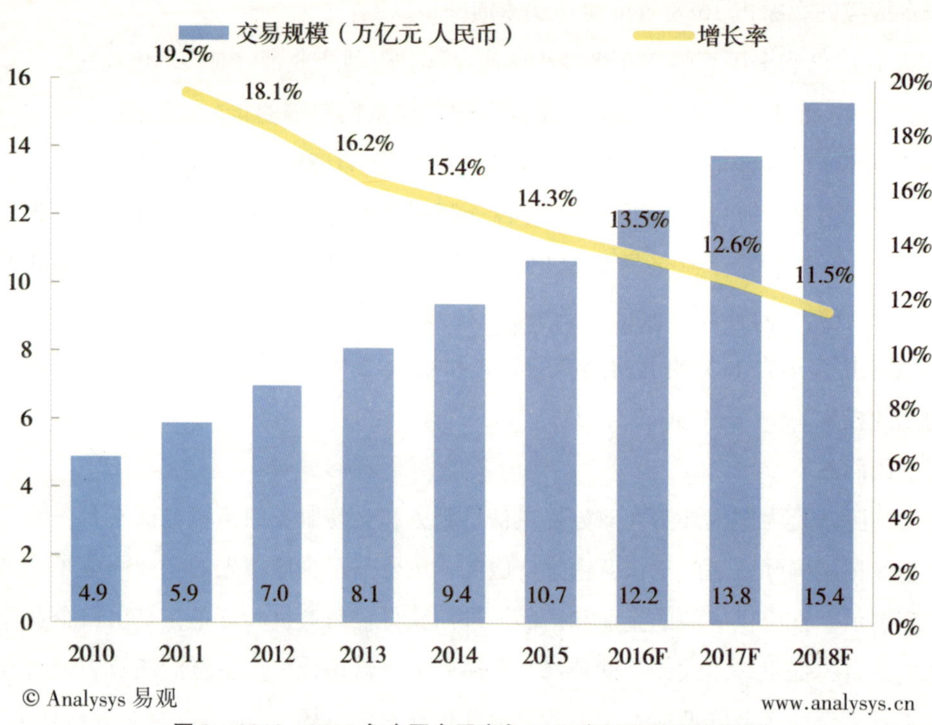

图 9　2016—2018 年中国电子商务 B2B 市场交易规模预测

Analysys 易观分析认为，中国 B2B 电子商务市场收入规模未来几年增速平稳。2015 年，中国 B2B 电子商务收入规模将达到 245.2 亿元人民币，较 2014 年增长 27.58%，预计到 2018 年市场整体交易规模将达到 470.8 亿元人民币。

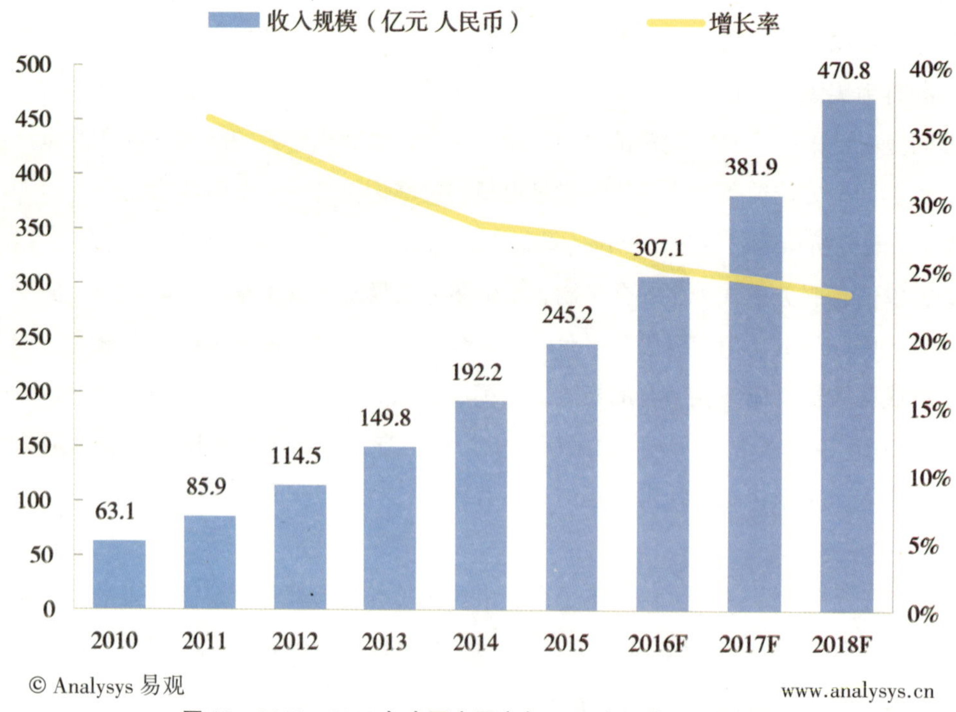

图 10　2016—2018 年中国电子商务 B2B 市场收入规模预测

Analysys 易观分析认为，2016 年中国 B2B 电商市场将会有如下趋势：

1. 物流仓储、供应链金融服务能力将是未来竞争焦点

随着用户对互联网的进一步熟悉，供应采购开始呈现自动化趋势。交易环节的仓储物流、金融服务的价值的重要性也更为凸显。B2B 平台的真正价值是通过交易数据产生的大数据分析、物流服务、金融的服务等深入供应链中的服务。而用户在线交易的习惯培养与平台本身提供的服务存在相互促动作用。2016 年完整有效交易闭环将成为下一个竞争点。

2. 垂直领域依靠补贴获取用户的模式难以持续，面临洗牌与整合

2015 年，市场涌现出众多垂直领域 B2B 电商。在资本的推波助澜下，目前垂直领域电商主要依靠补贴模式获取流量。与零售电商、O2O 相似，补贴模式本身并不是健康的商业竞争手段，垂直领域 B2B 电商最终仍需回归到商业本质，为用户提供价值。用户线上交易的习惯仍需时间培养，在探索出可行的盈利模式前，依靠资本维持的资金链一旦断裂，电商平台本身、平台用户便会陷入危机。

随着资本对 B2B 市场的进一步关注，传统巨头对细分领域的深度布局，2016 年 B2B 垂直领域存在洗牌与整合的可能性较高。

3. 线上线下进一步融合发展

B2B+O2O：线上线下融合仍是 2015 年甚至未来很长一段时间内 B2B 发展的大趋势，2014 年虽然各家 B2B 企业都在布局自身的 B2B+O2O 战略，但是离真正的实施以及落地还很远，线上线下联动仍然是 B2B 主流，而且线下的探索将重于线上。线上线下融合最大的价值是进一步打通行业供需双方资源的透明度，实现供需双方的有效对接，为 B2B 产业的良性发展提供了可能，国内电子商务 B2B 市场的竞争形式已经开始从线上延伸到线下。

互联网+产业带：另外，电商 B2B 平台在优化整个产业链的上下游、建立以区域特色为主的电商产业带中发挥着重要的作用。电商 B2B 平台能够帮助产业带的客户减少购买程序，优化采购渠道，降低采购直接成本，其次，平台能够运用本身优势资源，为卖方做好网络营销，拓宽销路。同时，由于电商产业带一般都与当地政府展开多方合作，电商产业带的模式对于孵化具有地方特色的电子商务生态圈也是积极的探索。

根据 Analysys 易观今年发布的《2015 年中国电子商务 B2B 市场专题研究报告》，对 2014 至 2016 年主要电子商务 B2B 厂商在实力矩阵中所处的位置以及现有资源能力和创新能力的变化情况做如下解读。

• 领先者象限分析

领先者象限，厂商的创新能力较强，并且在市场上得到了验证，市场占有率较高。领先者处于势能稳定状态，希望保持现有市场格局不变。

领先者象限代表厂商分析：阿里巴巴、慧聪网

阿里巴巴在中国电子商务 B2B 市场的领先地位不可撼动，近年来阿里巴巴 B2B 业务复苏态势强劲，特别是在国际批发方面，在自贸区以及跨境电商政策利好的情况之下，阿里巴巴国际市场的小额批发业务发展十分迅猛，平台展示出新的活力。同时，阿里巴巴在 2014 年宣布启动外贸服务

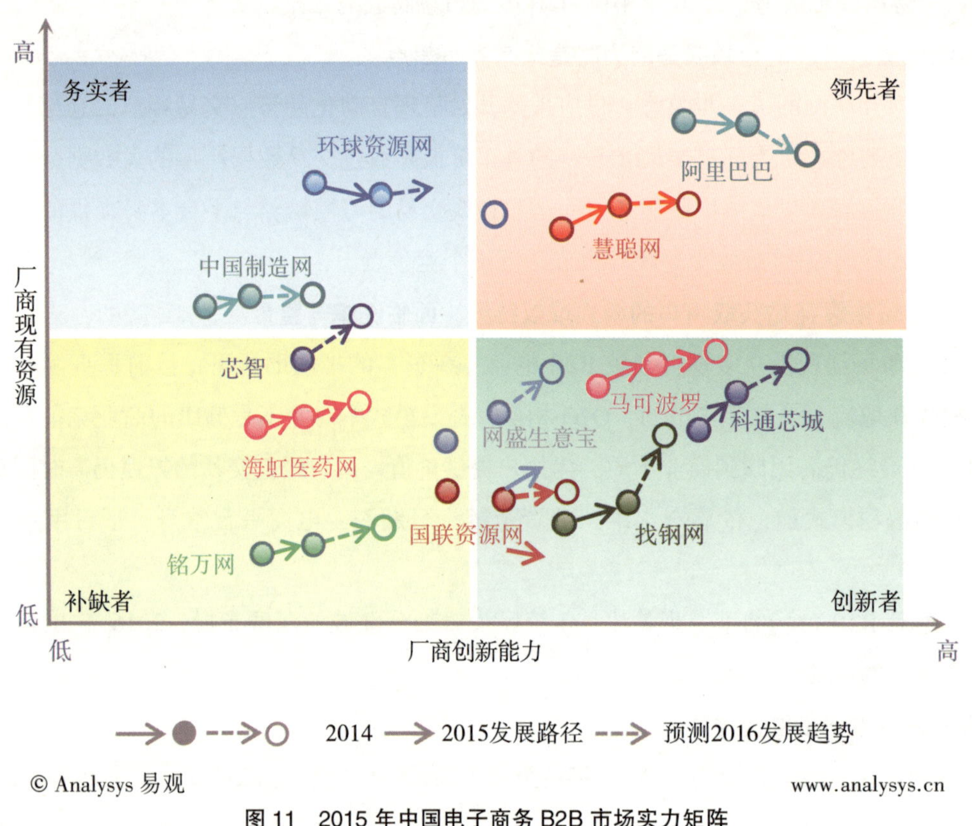

图 11 2015 年中国电子商务 B2B 市场实力矩阵

市场，为阿里国际站 600 万注册中小企业提供专业第三方的营销推广、人才培训、物流等服务。2015 年，阿里巴巴为应对垂直电商的兴起，在服务生态体系和供应链体系层面做了深入布局以应对冲击。

2014 年，慧聪网从香港创业板转到香港联交所主板上市，慧聪网的转板上市将对业务发展、财务的灵活性以及日后的成长等方面带来诸多好处。深入交易、培养用户的在线交易习惯是慧聪网的工作重点。同时，慧聪网在移动端推出了有力的解决方案，包括微商城、微商铺的推出，引入微信支付等，满足移动端买卖双方小额交易的要求。2015 年，慧聪 15 亿元收购中关村在线，意味其依托资本优势展开了对垂直细分领域的深入涉足。

- **创新者象限分析**

创新者象限，厂商的创新能力较强，但是由于在市场推广、定价、客户认知等方面的原因，在创新方面的投入没有得到相应回报。厂商急于改变现状，是产业变革的生力军。

创新者象限代表厂商分析：马可波罗、科通芯城

2014 年，马可波罗已经完成 B 轮 3000 万美金融资，并且逐步切入交易环节以及互联网金融业务，同时，马可波罗与华南城牵手，加快 O2O 的战略布局。精准的搜索与强大的信息产品数据库一直是马可波罗的优势所在，马可波罗与华南城的强强联合，是资源优势互补、线上线下融合的全面体现，2015 年，马可波罗在 O2O 生态圈、互联网金融业务、仓储物流业务等方面有较好表现，同时这也是马可波罗未来重点发展的服务生态。

科通芯城是中国最大的IC及其他电子元器件交易型电商平台，2013年，公司所完成的订单总商品交易总额约达人民币39亿。2014年，科通芯城在港交所挂牌。2015年科通芯城启动了“芯火+”的战略计划，并与硬蛋联合协助传统制造商客户转型为“互联网+”企业。科通芯城的上市带动了B2B细分领域的快速发展。

- **务实者象限分析**

务实者象限，厂商的市场占有率较高，但是技术/产品并没有明显的创新，可能处于不稳定的状态。可以继续通过良好的市场运作挑战领先者，但是后劲不足。

务实者象限代表厂商分析：环球资源网

环球资源网是多渠道的B2B国际贸易平台，以外贸见长，主要为买家提供采购信息，并为供货商提供市场推广等服务，环球资源一直致力于促进大中华区的对外贸易。2015年，环球资源展览会业务增长态势凸显，举办了一系列的展会，如2015年4月在香港的亚洲国际博览馆举办的“环球资源展”系列，“深圳国际机械制造工业展览会”等。另外，在垂直细分领域，环球资源网也开始进一步布局，推出了多个全新的垂直化行业网站，包括时尚配饰及鞋类、时装及面料、礼品及赠品、五金产品、家居用品。针对消费电子、安防产品及电子零件产业，环球资源也推出了垂直化行业网站。

- **补缺者象限分析**

补缺者象限，厂商创新能力和市场占有率都不高，如果市场定位准确，投入产出比例均衡，厂商将会一直保持目前的市场定位，否则将会被市场淘汰。补缺者对产业格局的影响不大。

补缺者象限代表厂商分析：铭万网

铭万网协助中小企业建站推广，深入到帮助中小企业拓展市场，包括中小企业网络代运营、生产厂家直销商城、B2B网上支付，借助客户积累，搭建了中小企业融资贷款中介服务平台，协助中小微企业解决资金短缺困难。

铭万网在近两年推出了金融业务，与招商银行、北京银行和宜信、拍拍贷等机构展开合作，帮助小微企业解决资金困难的问题。铭万网积极帮助中小企业，为中小企业提供代运营服务，从传统的建站和推广等各个方面入手，不断地优化自身的服务，为企业实现网络的有效对接。同时，铭万网也在逐步创新移动端的新产品。

网上零售

1999年，中国出现第一批网络零售企业，经过16年的发展，截至2015年第四季度，中国网络零售交易规模达到3.83万亿元人民币，在社会消费品零售总额中的比重超过10%，已发展成为中国国民经济的重要组成部分。

图 12　2015 年中国网上零售产业生态图谱

Analysys 易观对中国网络零售市场有多年研究积累，通过运用科学的方法，建立易观 AMC 模型，以可视化的模型表现网络零售市场的发展变化，展现中国网络零售市场 16 年来的发展历程。

中国网上零售市场发展周期过程如下：

探索期（1999—2003）

在中国网络零售发展的早期阶段，诞生了 8848、当当、易趣等一批网络零售企业，但当时的市场环境，用户、企业、支撑服务体系，都处于发展初期，甚至是空白。2001 年，中国遭遇互联网泡沫破裂，电商的发展很快沉寂下来。

市场启动期（2003—2008）

2003 年，在 B2B 领域已具备一定规模的阿里巴巴，推出中国零售平台淘宝网，同年推出支付宝；国际电商巨头 eBay 则收购易趣，正式进入中国市场，国内电子商务市场进入新一轮发展期。

2007 年，已成为中国最大网络零售平台的淘宝网，推出了阿里妈妈广告平台，正式确立了以竞价排名为基础的广告盈利模式。加上支付宝，淘宝网进一步完善了电商平台的布局，也奠定了中国网络零售市场的霸主地位。

京东商城同样成立于 2003 年，2007 年完成了北京、上海、广州三大物流基地的建设，2008 年上线大家电，补完了 3C 品类布局，奠定了其在 3C 品类中的优势地位。

高速发展期（2008—2014）

从 2008 年开始，网络零售市场进入高速发展期，此时的中国网络零售市场，电商支撑服务业的发展已达到一定水平，网民数量达到 2. 98 亿，以 80 后为主的网购人群逐渐进入社会，成为主力消费群体。此时的市场，也涌现了大量创新型的网络零售企业，如唯品会、聚美优品，传统零售企业苏宁、国美也开始涉足电商业务，整个市场在消费者、资本、企业的多方推动下，实现迅猛发展。

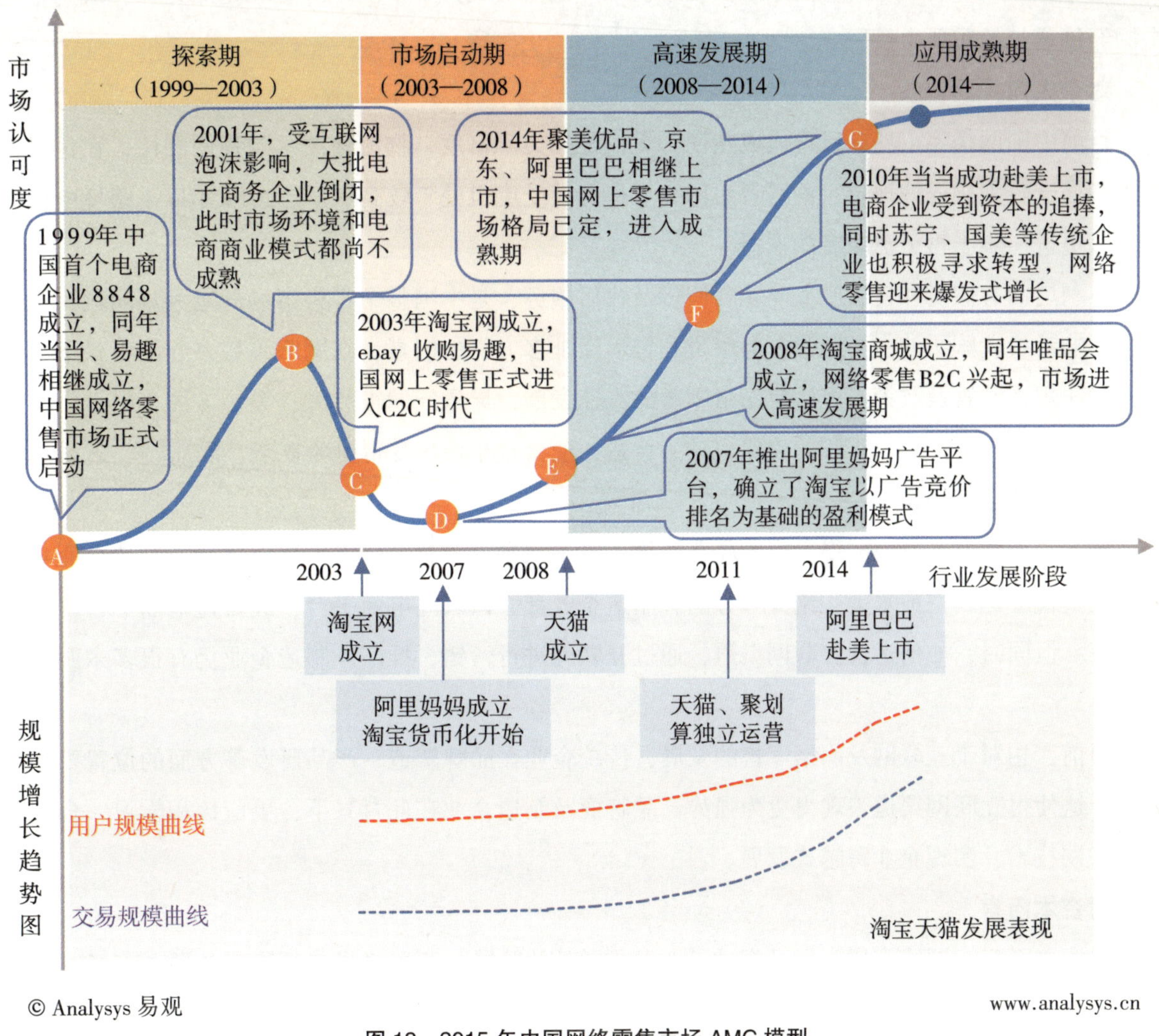

图 13 2015 年中国网络零售市场 AMC 模型

应用成熟期（2014 年之后）

2014 年，聚美优品、京东、阿里巴巴先后成功上市，在经过几年的高速发展之后，整个网上零售市场已形成“双超多强”的格局，市场份额基本稳定，网民红利逐渐消失，网络零售市场进入成熟期。

Analysys 易观研究发现：已进入成熟期的网络零售，在持续发展过程中仍表现出一些新的趋势和特点：

1. 工具化趋势：作为中间环节的网络零售业，工具化属性愈加明显。越来越多的企业将电商作为新品首发、过季清仓、尾货特卖的主要渠道。众多传统领域企业对电商的关注度亦越来越高，越来越多的企业开始利用电子商务及网络零售，对原有业务进行升级改造。

2. 融合趋势：网络零售的融合趋势，体现在电商模式的多样性和相互融合的特点。几乎所有的网络零售企业都呈现出多种商业模式、多种营销手段共存的特点，且业务实现高度融合。包括线上与线下的融合，自营与平台的融合，特卖与商城的融合等多个方面。

3. 全球化趋势：跨境电商的快速发展，加速了中国网络零售业全球化的步伐，进口出口均保持较高的增长速度，参与用户和商家规模迅速提升。电商已成为了中国经济全球化的先锋，成为推动中国经济增长的重要力量。

对个人用户而言

目前中国网络零市场，已进入成熟期，无论是品类丰富度、物流速度、购物便利性，在世界范围内均处于较为领先的地位，消费者对网络零售的接受度也处于较高水平。2014 年以来跨境电商的兴起，更进一步丰富了消费者的选择。

不利层面有假货和售后服务问题。假货及售后服务，是中国整个零售市场的老大难问题，也是直接影响消费者购买的主要因素。但假货和售后牵扯多方面的因素，在网络零售兴起的背景下，相关法律法规，监管及政策未能适应网络零售的高速发展，导致问题被放大；另一方面，由于中国特殊的国情，消费者知假、买假的现象也较为普遍，使得整个市场变得更为复杂、混乱。

对上游制造商而言

对制造商而言，目前网络零售的高普及率，给了众多企业新的拓展市场的机会。制造企业对互联网的重视度达到空前水平，绝大部分品牌制造企业都尝试入驻电商平台，或自建电商平台开展电商业务。但同时，如何运营互联网渠道，通过互联网进行营销、推广，制造企业仍有很多东西需要学习。

目前，相对于互联网及网络零售的发展，传统企业在品牌塑造、产品研发等方面的位置要相对落后，这使得互联网渠道表现得更为强势。品牌商及制造企业在此背景下，更应该积学习，合理利用互联网技术，实现企业跨越式发展。

对资本而言

对资本而言，网络零售市场已度过了爆发式增长的阶段，竞争格局趋于稳定，资本市场对电商领域的关注度也在下降。另一方面，随着电商发展的深化，电商领域的并购类投资机会开始出现。

新的机会主要集中在 90 后、00 后的个性化消费，校园电商等新兴市场。垂直领域电商多数已出现领先企业，新进入者机会不大。

电商服务领域，中国电商服务市场规模庞大，企业数量众多且分散，除物流外，仍有不少机会，电商服务市场重点关注有关流程改造、产业链整合方面的机会，以及移动电商服务及电商大数据方面的创新。

市场典型企业——大淘宝系（淘宝+天猫）

大淘宝系（淘宝+天猫）属于较早进入中国网络零售市场的电商企业，也是首批平台型电商，目前整个大淘宝系在中国网络零售市场中的份额超过 70%。

淘宝网 2003 年成立，最初是面向个人卖家的 C2C 电商平台，随着中国网络零售业的发展，越来越多的零售商，甚至制造商进入淘宝开店经营。2008 年，阿里成立淘宝商城，并将规模型优质商家聚集于淘宝商城，实现了“B2C+C2C”的业务布局。2011 年，淘宝商城改名天猫并实现独立运营。

2014 年，阿里巴巴赴美上市，上市当日市值达 2314 亿美元，大淘宝系作为此次上市的业务主体，2014 年全年实现交易规模 22740 亿元人民币，是全球最大的网络零售平台。

目前，大淘宝系仍在不断扩展其业务版图，在旅游（阿里去啊）、跨境电商（天猫国际、淘宝全球购）、农村电商等领域均有不俗表现。

在大淘宝系发展过程中，有两个关键因素支撑了淘宝的发展：

1. 支付宝。支付宝2003年成立，作为依托于淘宝的第三方在线支付工具，除了提升网络购物的便利性，对建立消费者与商家的信用具有非常重要的意义，支付宝是淘宝得以迅速发展，并超越其他平台型竞争对手的核心资源之一。

2. 广告竞价排名模式。在淘宝早期与易趣争夺市场的阶段，淘宝凭借免费策略迅速占领市场，但也因此，淘宝很难通过和易趣同样的收费模式（收取开店服务费和交易佣金）实现盈利。2005年阿里巴巴与雅虎中国达成战略合作，接管雅虎中国的搜索业务，2007年依托雅虎的搜索技术，推出阿里妈妈广告平台，确立了淘宝以广告竞价排名为基础的盈利模式。这一模式有别于亚马逊和ebay的收费模式，成为了中国网络零售市场上使用广泛的、极具中国特色的商业模式。广告平台上线之后的2009年年底，淘宝即实现盈利。

根据Analysys易观预测数据显示，2015年中国网络零售市场规模将达到38351.7亿元人民币，较2014年增长33.9%。预计到2018年，中国网络零售市场规模将达到约6.5万亿元人民币。

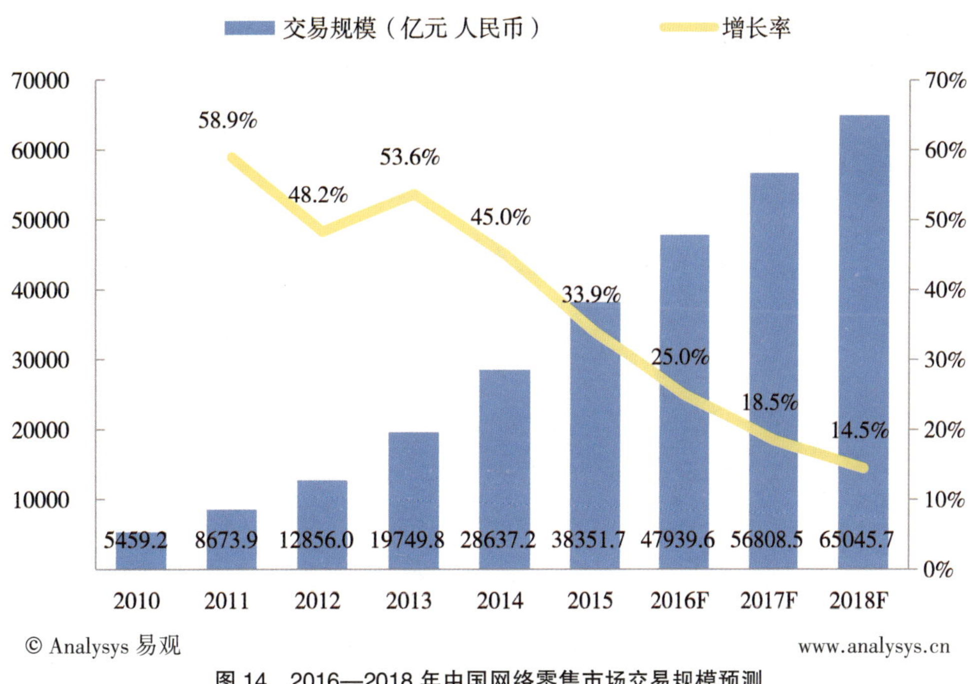

图14 2016—2018年中国网络零售市场交易规模预测

移动网购方面，Analysys易观预测数据显示，2015年中国移动网购市场规模将达到20752.7亿元人民币，增长140.8%，其在网上零售市场中的占比将达到54.1%。移动端的重要性已超越PC端，成为网络零售市场中最重要的入口。

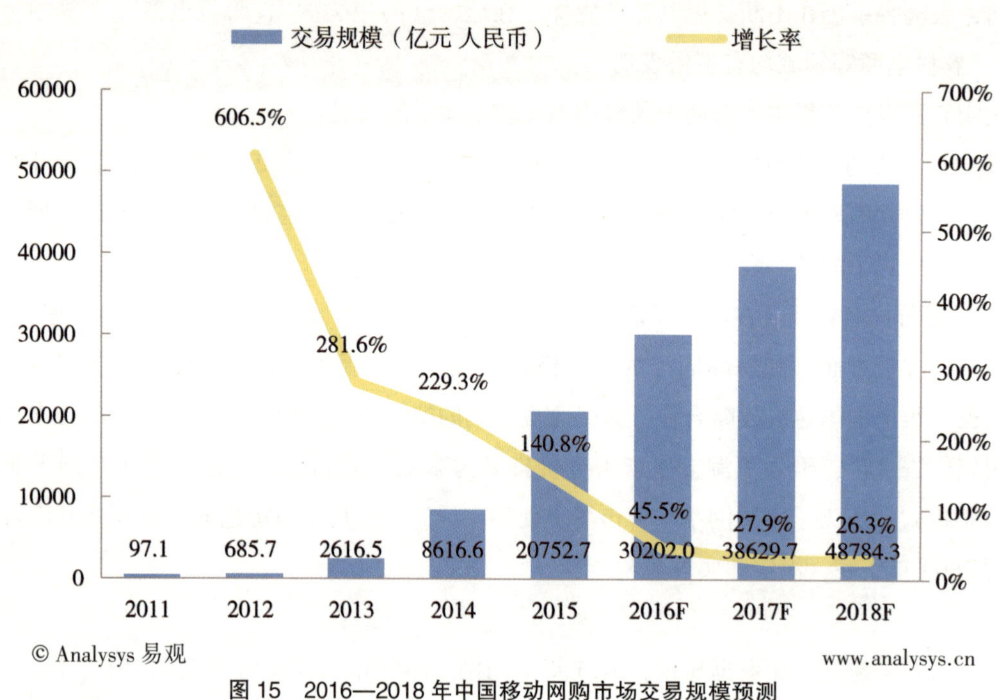

图 15　2016—2018 年中国移动网购市场交易规模预测

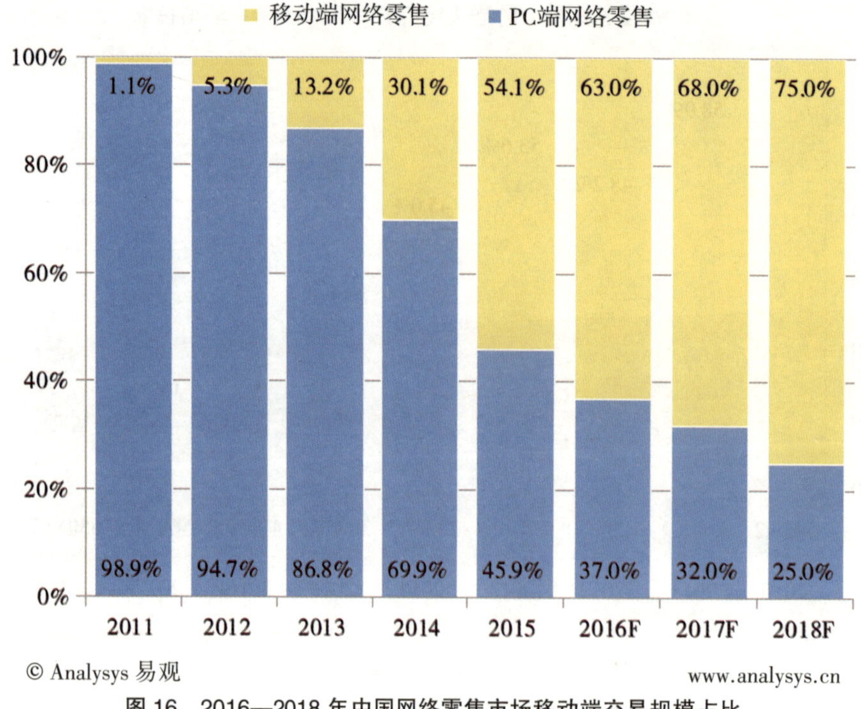

图 16　2016—2018 年中国网络零售市场移动端交易规模占比

Analysys 易观分析认为，目前整个网络零售市场已进入成熟期，主要表现在以下几个方面：

1. 增长进一步放缓

目前网络零售市场的增速已降至 33.9%，易观分析预测，未来三年网络零售市场整体增速或降至 20%以下。过去网络零售依托人口红利实现了高增长，随着网络购物渗透率达到较高水平，未来网络零售的增长将有赖于国民人均收入水平、人均消费能力的提升。

2. 多模式、多业态并存

随着企业的发展，各种模式之间的界限变得模糊，不同商业模式和业态进一步融合。无论是自营式、平台式、商城式、特卖式，电商企业普遍存在多种模式并存的情况。

3. 工具化趋势明显

随着各类企业触网力度的加强，网络零售的工具化趋势进一步显现，网络零售逐渐从新兴产业，向社会基础设施的方向发展，社会对网络零售业态的依存度正在不断提升。

Analysys 易观分析认为：2016 年，整个网络零售市场将体现出如下趋势和特点：

1. 企业间收购、合并案例增多

2016 年，网络零售市场的合并、收购的案例数量将快速增长。一方面，市场红利逐渐消失，巨头企业为保持自身竞争力，对中小型电商的收购将变得频繁；另一方面，受资本方压力，一些估值较低的中小型电商或采取合并的方式，通过抱团提高整体估值。

2. 企业间竞争变得激烈

2016 年，巨头之间的竞争将变得更为激烈，特别是以阿里、京东为代表的电商巨头之间的竞争。另外，中小型电商之间的市场宣传、公关战也将变得频繁。

易观分析认为：阿里、京东在 2016 年将加速收购、兼并的步伐，在大型促销活动（6.18、11.11）中的竞争也将更为激烈。此层面的竞争，主要是对新兴业务的布局，及优质资产的争夺，同时提升企业在资本市场的表现。

另一个层面的竞争，主要存在于中小型电商之间（年交易规模在 30—100 亿元人民币）。此类竞争，主要表现在市场宣传和公关层面，为企业融资、上市做准备。另外，中小型电商在可能出现的被收购、被合并风险下，也需要通过市场发声来提升其议价能力。

3. 线上线下融合步伐加速

2016 年，网络零售和线下零售将加速融合。融合的形式多种多样，如京东投资永辉超市、当当开设实体书店、银泰百货开设天猫旗舰店、苏宁云店打通线上线下等。易观分析认为，零售业的线上线下融合，是对消费者消费场景的进一步争夺，在线上零售发展趋缓的大背景下，对线下市场的争夺将显得更为重要，全渠道发展将是零售业发展的大趋势。

根据 Analysys 易观近期发布的《2015 年中国网上零售 B2C 市场实力矩阵专题研究报告》，易观对 2014 至 2016 年主要网上零售 B2C 厂商在实力矩阵中所处的位置、现有资源、创新能力的变化情况做如下解读。

- **领先者象限分析**

领先者在商业模式创新、产品/服务创新性上拥有较强的独特性，同时具有很好的系统执行力，能够把创新性提供给市场并获取较高的市场认可。

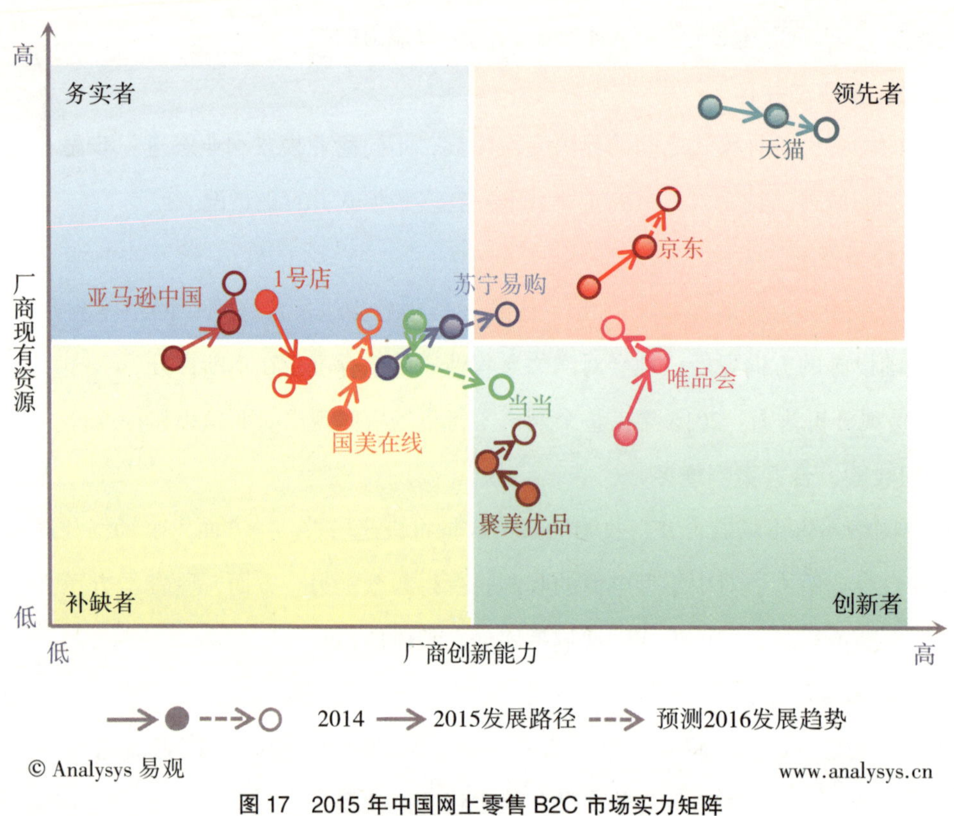

图 17　2015 年中国网上零售 B2C 市场实力矩阵

2015 年中国网上零售 B2C 市场领先者：天猫、京东

天猫作为中国网上零售 B2C 市场中的领先者，在市场规模、用户规模、模式创新等层面均处于行业领先地位。2015 年阿里集团对淘宝与天猫的定位进行了调整，天猫开始提高入驻门槛，商家数量或呈现下降趋势。而在物流领域，菜鸟已形成一定规模，对整个阿里电商生态的支撑作用将进一步得到体现。

京东在获得腾讯投资之后，移动端得到微信的流量支持，但移动端主要流量仍来自京东移动 APP，微信的作用未能达到预期。凭借供应链优势，京东已形成较高的竞争壁垒，在 3C 数码、家电品类方面的优势已充分显现。

京东的主要挑战，集中在第三方平台的运营管理，能否拉近和天猫的差距，能否在不断完善仓储、物流体系的基础上，凭借更高的效率和成本优势，实现收入的多元化。

- **创新者象限分析**

创新者在商业模式、技术或者产品服务的创新性上有独特的优势。

2015 年中国网上零售 B2C 市场创新者：唯品会、聚美优品

唯品会凭借在特卖领域长期积累的运营能力和供应链优势，连续两年保持 100% 以上的增速，并连续 12 个季度盈利。虽然目前唯品会的规模相比天猫和京东仍有较大差距，凭借其较快的增长和盈利能力，发展空间可期。

目前唯品会在母婴和跨境领域持续发力，Analysys 易观分析认为，母婴和跨境在品类分布、用

户资源方面与唯品会现有资源有较强相关性，预计 2016 年唯品会将进入网上零售 B2C 市场领先者象限。

聚美优品在 2014 年年底的假货风波中遭受重大打击，整体业务萎缩。进入 2015 年，聚美优品通过取消第三方平台，扩充服装、母婴品类，发展跨境业务等手段，成功转型，其业绩在 2015 年下半年开始呈现良好的增长势头。Analysys 易观分析认为，凭借持续创新能力和快速转型，聚美优品摆脱了假货风波，实现了公司的转型升级，在网上零售 B2C 市场中处于创新者象限。

- **务实者象限分析**

务实者拥有丰富的资源，执行能力较强，但是创新优势不明显。

2015 年中国网上零售 B2C 市场务实者：苏宁易购、亚马逊中国

苏宁经历转型之后，确立了“全渠道零售 O2O”的发展战略，凭借早年在 3C 家电领域的积累，线上业务（苏宁易购）实现较快增长，但仍无法和天猫、京东等平台竞争。品类扩充方面也未能取得明显进步。2015 年苏宁易购推出了“云店”，在母婴、跨境、农村电商方面也有布局，8 月引入阿里战略投资，补足自身的资金和线上流量资源，Analysys 易观分析认为，2016 年苏宁易购有望进入领先者象限。

亚马逊作为较早进入中国市场的电商平台，发展受制于美国母公司，国内业务增长缓慢，2014 年年末推出的“全球购”业务，是其在国内为数不多的创新亮点。但进入 2015 年，亚马逊受管理模式制约，未能在跨境业务方面更进一步。Analysys 易观分析认为：2016 年亚马逊中国将继续位居务实者象限。

- **补缺者象限分析**

2015 年中国网上零售 B2C 市场补缺者：1 号店、国美在线、当当

1 号店在食品、快消品、医药等品类方面均属于行业领先，但在获得沃尔玛投资之后，逐渐失去了对公司战略的主导权，发展逐渐落后，创始人的离职影响了公司的发展，业务萎缩，落入了补缺者象限。

国美在线 2014、2015 年业务增长强劲，但目前 3C 家电领域已经出现京东、苏宁易购等优势厂商，加上天猫电器城的强势地位，国美在线恐难摆脱其补缺者的地位。

当当在 2014 年和 2015 年的表现相对保守低调，在竞争激烈的电商市场中逐渐被市场淡忘。目前当当坚持退市和转型“两步走”战略，基本放弃全品类和平台化发展策略，转型为以电子书、社区、IP 孵化平台为主体的新兴电商平台。Analysys 易观分析认为：2016 年，当当将以创新者身份，从渠道发行方切入，向文化产业上游渗透。

互联网广告

互联网广告

2015 年，中国网络广告发展已然获得极高的认可度，整体市场处于成熟期，市场规模稳步增长。Analysys 易观分析认为，2015 年网络广告市场发展过程中以下几点值得关注：

© Analysys 易观 www.analysys.cn

图 18　2015 年中国互联网广告市场生态图谱

1. PC 端门户式微，广告收入向垂直媒体和移动端分散

传统的 PC 端广告业务缩水，多家门户 PC 端收入出现明显下滑，反观以汽车和房产为代表的垂直媒体通过电商业务的创新，强化自身的营销价值，广告主营销费用向垂直媒体转移。与此同时，移动端广告发展迅速，多家互联网企业财报披露移动端用户和收入规模呈现大规模增长，市场表现优于 PC 端。

2. 企业加速资源整合，为数字营销市场新一轮爆发做准备

2015 年品友互动完成 5 亿元人民币巨额融资，有米广告、新数网络以及哇棒传媒等数字营销企业纷纷登陆新三板，数字营销受到市场的认可与追捧。同时广告代理服务商通过加深数字营销领域布局满足广告主需求，2015 年省广控股传漾科技，同年 6 月蓝色光标宣布收购多盟和亿动两家技术服务公司，预示着未来数字营销市场蕴含巨大潜力。媒体方以腾讯和阿里妈妈为代表的，打造更加

开放的数字营销平台，助力广告精准投放。由此可见，广告新技术的应用和广告模式的改变将为网络广告市场注入新的活力。

3. 广告创新带动视频广告市场持续、高速发展

网络媒体、传统影视公司共同发力视频内容生产市场，视频流量丰富保障了视频广告市场的发展。同时，视频网站通过对自制视频植入广告实现了广告形式的创新，提升了广告库存，以《奇葩说》《晓松奇谈》为代表的自制内容，通过题材植入、文化植入、道具植入、台词植入等多种方式，满足品牌广告主营销需求，为视频广告市场的发展提供了新的动力。

Analysys 易观分析认为，中国互联网广告市场发展周期过程如下：

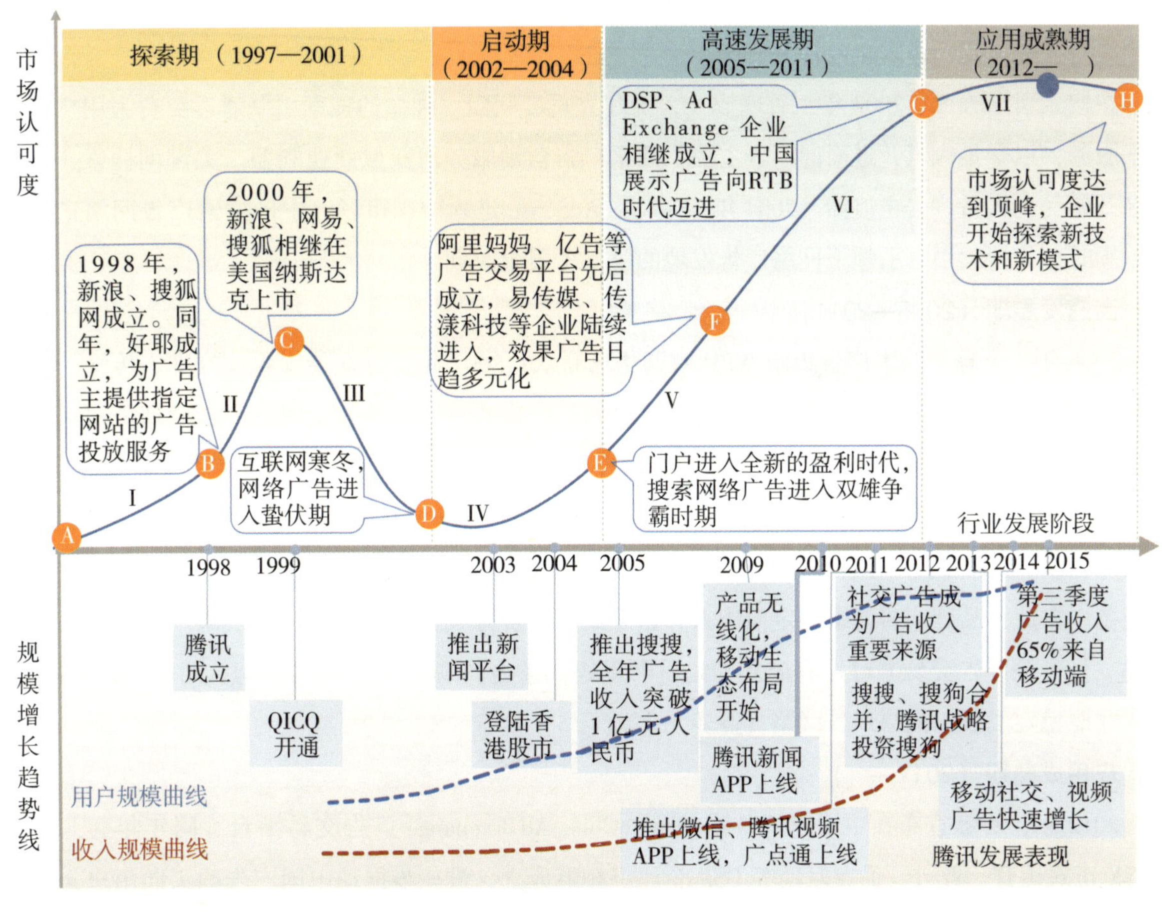

图 19　2015 年中国互联网广告市场 AMC 模型

探索期（1997—2001）

1997 年 3 月，Chinabyte. com 获得第一笔广告收入，IBM 为 AS400 的宣传付了 3000 美元。这是中国互联网历史的一个里程碑，网络广告开始成为互联网企业最直接、最有效的赢利模式。1998 年，好耶成立，通过为广告主提供指定网站的广告投放服务，成为中国第一个 Ad Network。在这一阶段，媒体以及优质广告资源相对稀少，采购方式以媒体直销为主，Ad Network 处于从属地位。

这一阶段，新浪、网易、搜狐等门户网站相继成立并上市。1999 年 4 月中旬，DoubleClick 派员来京，与传立、新浪、搜狐洽谈合作。DoubleClick 进入中国市场，这代表了中国的网络资源已经吸引了国际上的关注，为进军国外资本市场打下了良好的基础。

2000—2002 年，随着互联网寒冬时期的到来，中国网络广告的发展也开始进入蛰伏期。网络广告的发展速度开始放缓，增幅收窄。这段时间，中国网络广告慢慢地积攒力量，等待爆发时机。

启动期（2002—2004）

随着互联网环境的改变，网络广告市场也开始稳步增长。网络广告的盈利模式逐渐被市场所认可，中国网络广告市场开始重新启动。

在门户网站方面，2002 年，搜狐在网络广告收入的支持下，实现了赢利。中国网络广告市场开始重新启动，网络广告的盈利模式被市场所印证。2004 年，新浪、搜狐、网易公布财报，网络广告盈利丰厚，中国门户进入全面盈利时代。

在搜索引擎方面，2002 年，百度成立，并建立百度联盟。独立的搜索引擎通过免费为用户提供搜索服务，以聚集人气，进而向广告主提供搜索广告营销服务而获取商业利益。关键词搜索、竞价排名开始受到大量广告主追捧。2004 年，Google AdSense 进入中国市场，中国搜索广告网络进入双雄争霸时期。搜索引擎引领了网络广告发展的第二个黄金时期。

高速发展期（2005—2011）

2006 年，全球第二大广告集团 WPP 收购华扬联众；2007 年，分众传媒收购好耶。传统的网络广告模式已经不能满足客户的需求，于是各种网络广告模式百花齐放，而网络广告代理公司也成为资本的宠儿。中国网络广告从此爆发。

这一阶段，媒体类型不断丰富，互联网长尾效应凸显，Ad Network 整合媒体资源，实现定向投放效果营销作用凸显。在品牌广告方面，易传媒、传漾科技等企业陆续进入，开始运营品牌广告网络业务。自此，品牌广告网络的定向能力开始发展，计费方式也不断丰富。在效果广告方面，阿里妈妈、亿告等广告交易平台先后成立，此后阿里妈妈整合资源演变成淘宝联盟，同时 Vancl 联盟、当当联盟稳定发展，效果广告网络日益多元化。

应用成熟期（2012— ）

2012 年，谷歌宣布在中国正式推出 DoubleClick Ad Exchange 广告交易平台。同年年底，淘宝 TANX 正式运营。此外，品友互动等 DSP 企业也相继成立，进一步推动中国广告购买向用户为核心的时代迈进。

伴随移动互联网高速发展，Mobile Ad Network 与 Mobile DSP 相继出现，推动了移动广告的发展。

这一阶段，按受众购买的广告模式以及 RTB 的形式开始出现，DSP 和 Ad Exchange 开始发挥作用，与 Ad Network 共同服务广告主，长期共存。

对个人用户而言

用户对互联网的需求进一步加深，触媒体验成为用户评判产品的重要指标，广告变现与用户体验的矛盾进一步放大，因此，减少广告对用户体验的伤害成为网络广告行业的重要任务。视频广告和社交广告为代表的内容营销方式，通过广告的巧妙植入，将广告变成内容的一部分。随着程序化购买等技术的成熟，对用户的数据进行分析和识别，将广告展现给需要的用户，提升广告对用户的价值。原生广告作为精准投放的更高阶段，广告的趣味性、互动性得到极大提升，创意型广告受到用户的喜爱。

对行业客户而言

随着网络广告市场发展，广告的流量进一步充沛，找到广告位背后的目标用户，成为广告主重要诉求。品牌广告主出于曝光和品牌形象的要求，青睐视频广告等展现方式，尤其是在视频内容中植入广告，有助于加深用户对品牌的记忆。效果类广告更加注重广告和用户的精准匹配，以程序化购买为代表的精准营销方式，已经受到广告主的认同。未来网络广告更注重品牌和用户的互动空间，通过原生广告等方式拉近用户与品牌的距离。

对资本方而言

精准营销成为网络广告发展趋势，程序化购买技术逐渐成熟，市场格局正在经历迭变阶段。程序化购买市场持续升温，广告代理公司和媒体方纷纷涉足程序化购买市场，整体市场吸引资本的注目。2015 年，多家技术型公司登陆新三板，未来通过资本进一步加快行业布局、推动自身业务成熟，增强厂商与来自各市场参与方竞争的压力。

市场典型企业——腾讯

网络广告市场的典型企业腾讯，旗下社交、新闻、视频等业务均通过广告实现营收，网络广告业务全面、成熟。腾讯新闻、微信、腾讯视频等 APP 用户规模位于领域前列。同时广告收入移动化程度较高，迎合当下用户从 PC 向移动端迁移的趋势。在精准广告方面，腾讯多领域布局为广告的精准投放提供了数据基础，基于自身的账号体系进行优化，进一步提升投放效果。

腾讯成立于 1998 年，早期以增值服务作为主要的盈利方式，2004 年发力媒体和广告业务，借助 QQ 的用户规模以及 QQ 的入口功能，媒体用户数量发展快速，但是由于自身新闻采编能力和媒体形象，广告模式并没有受到广告主广泛的认可，广告收入市场份额较小。2005 年，中国网络广告进入高速发展期，搜索和门户领域的广告变现能力得到释放，腾讯推出“搜搜”进入搜索市场，成为少数同时涉足门户和搜索领域的企业，全年广告收入突破 1 亿元人民币。2011 年腾讯的开放战略带动了腾讯平台的广告流量爆发，广告主精准营销的需求加深，腾讯推出广点通平台提升腾讯全平台的广告变现能力，2012 年社交广告已经成为腾讯广告收入的重要部分，2013 年搜索广告部并入广点通，广点通对数据的算法和分析能力进一步强化。2015 年随着微信的广告价值进一步释放以及腾讯视频 APP 用户规模高速发展，腾讯在移动广告市场的地位进一步加强，2015 年第三季度超过 65%广告收入来自移动广告。未来用户进一步向移动端迁移，腾讯凭借在移动广告的领先优势，将进一步扩大自身和市场追赶者之间的差距。

此外，根据 Analysys 易观发布的《2015—2018 年中国网络广告市场专题研究报告》显示，预计 2015 年中国网络广告市场规模将突破 2000 亿元人民币，达到 2136.3 亿元人民币。2016 至 2018 年，中国网络广告市场规模仍将持续稳定上升状态，预测 2018 年市场规模将达到 3750 亿元人民币。

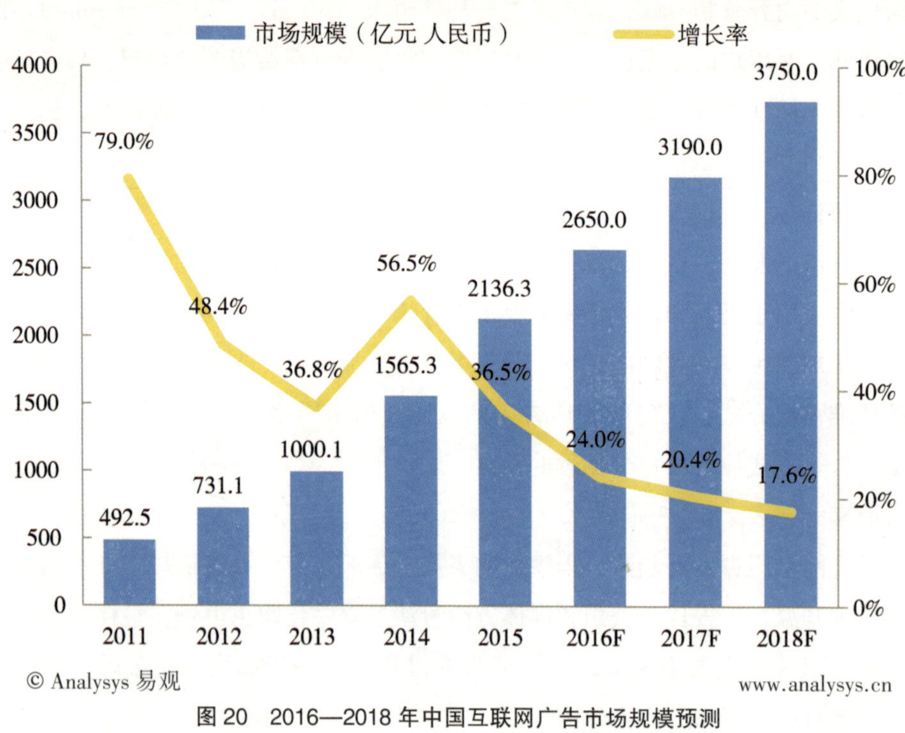

图 20　2016—2018 年中国互联网广告市场规模预测

Analysys 易观研究认为，未来中国网络广告市场将呈现以下几点趋势：

1. 移动广告市场潜力将得到进一步挖掘

移动端的使用场景更加丰富，广告的互动能力也高于其他媒体，因此移动端广告具有巨大的营销价值。同时，用户触媒习惯的变化，使以百度、腾讯、阿里等为代表的互联网企业加速移动端布局，移动端广告收入规模增速明显。因此，预计未来，互联网企业一方面将持续通过广告形式创新提升广告的互动能力；另一方面挖掘用户在不同场景下的需求，通过广告和用户紧密结合，提升移动端广告价值，为整体市场发展提供动力。

2. 跨屏投放受到广告主青睐，众参与者加速整合市场资源

当前，用户多屏触媒的行为已成主流，跨屏投放通过数据“锁定”目标用户，利用多个媒体平台的广告投放，对目标用户的“眼球”形成包围，强化用户对广告的记忆，提高用户从认知到消费的转化率。但是跨屏投放对技术要求较高，对数据的依赖程度更强，因此实现跨屏广告的精准投放需要厂商通过跨平台、跨应用、跨设备的数据打通。移动端与 PC 端的跨屏组合将逐渐发展为 PC、手机、电视、智能家电以及户外媒体等多屏联动的方式，未来，对多屏媒体资源的布局、对多屏媒体数据体系的构建及升级，将成为网络广告产业链众多参与者的长远发展战略，实现真正的全媒体跨屏营销。

3. 广告投放技术成熟，广告主精准营销的需求进一步得到满足

广告主对广告效果要求日益提升，品牌广告也同样追求精准的投放效果，代替过去通过判断媒体属性进行广告投入的粗放投放方式，程序化购买技术的出现满足了广告主需求。2015 年是移动端程序化购买的元年，广告主逐渐认可通过程序化购买技术实现精准投放。2016 年服务商通过投放经验的积累，技术应用将更加成熟，投放效果也将更加精准。其一，移动端用户数据规模和流动性提升，有助于更好地指导广告投放；其二，广告流量丰富促进媒体开放更多的流量到程序化购买中来。因此，更多的广告主将增加对程序化购买的营销投入，程序化购买市场将迎来高速发展。

4. 内容营销拉近品牌形象和用户情感的距离，满足用户、广告主和媒体三方需求

移动营销发展早期，移动端受到屏幕尺寸限制，低质量广告严重地伤害用户体验，广告位数量较少影响媒体变现能力。而未来，内容营销将内容与广告进行有机的结合，通过自然地植入广告实现用户与品牌更好的连接，优秀的内容营销创意甚至可以为品牌建立良好的口碑。2015 年内容营销广泛地应用在社交、资讯、视频等主流 APP 中，移动时代为内容营销的发展带来机遇。2016 年内容营销将得到更加广泛的应用，带动广告市场广告内容制作、广告创意、广告技术等多领域的共同发展。

根据 Anlysys 易观近期发布的《2015 年中国互联网广告市场实力矩阵专题研究报告》，易观对 2014—2016 年中国互联网广告市场运营商在实力矩阵中所处的位置以及执行能力和发展潜力的变化情况做如下解读：

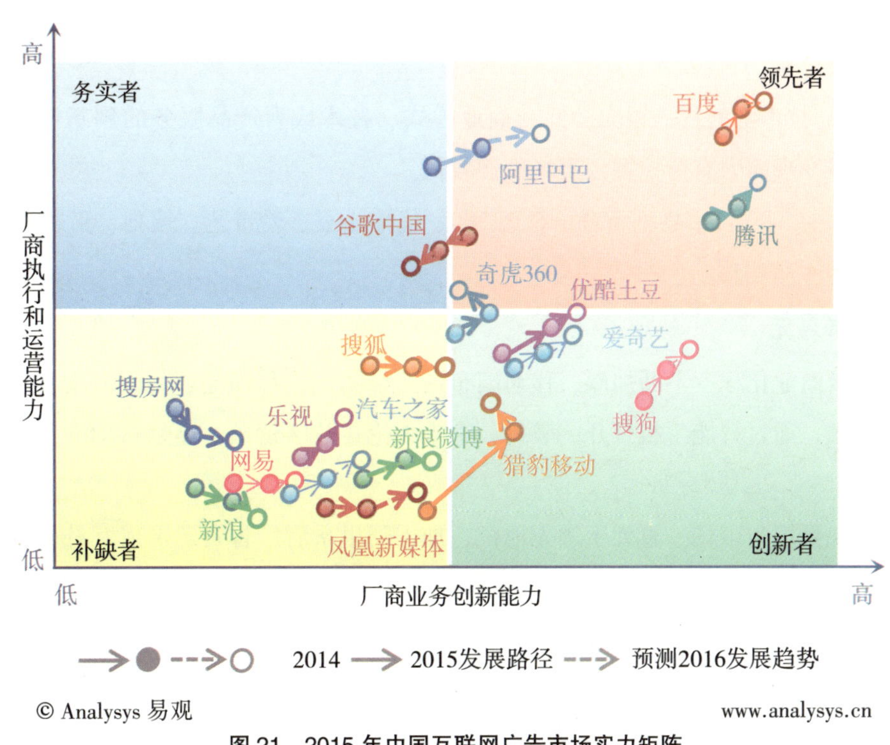

图 21　2015 年中国互联网广告市场实力矩阵

• 领先者象限分析

领先者在执行能力及创新能力都具有很大的优势，新技术持续应用和用户规模增长驱动自身网络广告发展。

2015 年中国互联网广告市场领先者：百度、腾讯、阿里巴巴

➢ 新进入者：阿里巴巴

➢ 新退出者：谷歌中国

一直以来百度互联网广告市场份额处于领先地位，2015 年百度推出“度秘”产品，提供秘书化搜索服务，实现与用户的智能交互。“度秘”及其背后的多模搜索矩阵的强大支撑，有助于百度进一步拓展精准广告业务，在搜索广告业务方面继续保持绝对优势。“度秘”与百度糯米和百度地图连接，进一步强化百度在 O2O 领域的生态布局，实现连接人与服务的战略目标。目前百度已布局多个 O2O 垂直领域，发展重心从布局转向连接，2016 年百度将围绕进一步打通 O2O 的资金流和物流，推出更多的连接型服务产品。

阿里巴巴收购易传媒后，整合品牌推广资源。同时阿里妈妈背靠阿里强大的账号体系，发布“达摩剑”大数据营销平台，利用电子商务的“大数据资产”发展精准营销服务。收购“优土”后，进一步整合优酷 ADX 背后的视频用户数据，打造视频电商产业链。

腾讯以广点通为核心整合媒体资源，加速移动端社会化营销的变现能力提升。2015 年广点通 DMP 正式上线，通过对用户数据的分析进行精准投放，尤其是在朋友圈的社交广告已取得明显效果。腾讯与京东合作切入电商广告，通过联合推出“品商”平台，专门针对品牌商家推出广告营销平台。未来进一步打通社交与电商的数据流和信息流，加速社交平台的数据变现能力和广告变现能力增长。

- **创新者象限分析**

创新者在产品/技术上的投入很大，并在商业模式、技术或者产品服务的创新性上有独特的优势。但是由于产品变现能力有待挖掘，市场份额较低。

2015 年中国互联网广告市场创新者：奇虎 360、优酷土豆、爱奇艺、搜狗、猎豹移动

➢ 新进入者：猎豹移动

➢ 新退出者：无

奇虎 360 搜索商业化程度不断加深，移动端布局效果明显，移动端成为收入增长发动机，同时进入智能硬件领域，通过智能手机打开突破口，未来无论在数字营销，还是移动端广告等方面都充满想象。

优酷土豆在视频广告市场一直处于领先地位，加入阿里系后广告资源形成互补，变现能力得到加强。在市场份额保证的前提下，未来通过增强技术创新能力冲刺领先者行列。2015 年“优土”布局智能搜索，在视频电商领域充满想象。

爱奇艺一直保持对版权采购的持续投入，自身内容质量始终保持行业领先地位。自制内容也具有鲜明差异化特点，受众定位在网络消费习惯较强的“90 后”，提高自身营销价值。爱奇艺广告形式更加丰富，并且为广告主提供 PDB 购买方式，受到品牌广告主青睐。

搜狗依靠腾讯为其开放的流量入口，尤其是在微信搜索与微信头条功能的基础上，直接获取 APP 内的优质内容形成的差异化功能，同时与知乎合作，利用问答的 UGC 内容丰富搜索环境，进一步提高用户在移动端搜索体验，未来搜狗在流量上仍将保持高速增长。在本地生活服务方面，搜狗推出号码通生活服务黄页，打造高效 O2O 服务，搭建“搜索+”的生态模式，力图在移动端寻找弯道超车的机会。

猎豹移动凭借海外资源优势，推出猎豹广告平台“猎户”，整合数据、营销等多方资源发力原

生广告服务。目前，猎豹移动已与 Facebook、腾讯、谷歌等展开深度合作，不断提高自身市场份额，成为网络广告市场新秀。

- **务实者象限分析**

务实者拥有丰富的资源，执行能力较强，但是创新优势不明显。

2015 年中国互联网广告市场务实者：谷歌中国

➢ 新进入者：谷歌中国

➢ 新退出者：阿里巴巴

谷歌中国深化布局用户搜索交互多样化和场景化的创新搜索服务，通过投资出门问问，借壳进入中文语音搜索市场，同时以手机为突破点尝试从移动互联网的天然入口进入。在数字营销市场加强技术优势，2015 年 Google DoubleClick 在原生广告技术、跨屏投放以及 Programmatic Guaranteed 投放方式方面实现突破。

- **补缺者象限分析**

2015 年中国互联网广告市场补缺者：搜狐、搜房网、乐视、新浪微博、汽车之家、网易、新浪、凤凰新媒体

➢ 新进入者：无

➢ 新退出者：猎豹移动

搜狐广告增速放缓，新闻客户端着力打造垂直聚合频道与地方站，搜狐视频面临来自版权采购竞争，试图通过自制内容减轻自身压力。搜狐加强长尾流量建设，一方面以年轻化内容抢占未来网民主体，另一方面改善丰富平台内容生产结构。未来如何将长尾流量丰富的内容整合到搜狐广告矩阵中，通过资源的集中增强广告变现能力成为重要课题。

2015 年房产市场逐渐回暖，搜房网电子商务收入与网络广告收入一升一降，说明广告主营销费用结构就已经发生明显转变。随着搜房网转型房产交易平台，未来资源进一步下沉，媒体属性进一步弱化，广告收入市场份额萎缩将成为趋势。

乐视打造“平台+内容+应用+终端”垂直整合的完整生态系统，通过进一步加速在智能硬件领域布局，整合互联网广告资源。同时加强对优质内容版权的采购力度，结合特色内容服务提升用户体验、媒体营销价值，带动广告收入。

新浪微博聚焦垂直领域，打造基于兴趣的社交圈层，为电商业务奠定基础。随着新浪微博用户提升以及数字营销在社会化媒体的应用，新浪微博变现能力将继续保持高速增长。同时微博自身生态闭环有待完善，如何改变微博引流和宣传作用的平台价值形象，打造电商与微博的强关系成为未来发展一大挑战。

汽车互联网媒体行业厂商纷纷布局汽车交易领域，汽车金融及交易等电子商务收入增长，蚕食广告主互联网广告的营销投入，未来汽车之家在通过广告业务创新，稳定广告收入市场份额方面面临挑战。

网易新闻客户端与大众点评、58 同城等互联网服务公司合作，目标本地化服务，满足用户资讯需求同时也强化自身商业价值。在内容制作方面网易借助自媒体加强内容供应能力，并推出自媒体

平台，打造内容生产矩阵。未来网易通过广告变现的同时，用户体验降低破坏了媒体的持续造血能力，从长远看不利于企业发展。

新浪加速垂直频道在移动端布局，多维发展移动端业务。未来新浪一方面通过内容移动化，提高用户黏性增强变现能力，另一方面将资讯本地化连通 O2O 电商业务和其他增值业务，促进盈利模式向多元化发展，推进移动端商业化进程，弥补门户收入萎缩带来的市场份额缺失。

凤凰新媒体 2015 年面临 PC 端广告收入下滑的行业性问题，但移动端广告收入增长强势，用户规模稳步上升。作为资深媒体，凤凰一直在内容制作方面保持自身特色，保持高质量的内容生产。2015 年继续追加对 Paticle 公司投入，强化内容分发与兴趣推荐能力与自身优势形成互补，增强用户变现能力，拉动广告收入上涨。

互联网金融

移动支付、P2P 金融成为 2015 年互联网行业的热门搜索词，互联网巨头基本都完成了各自移动支付的产品建设，如支付宝、微信支付、百度钱包、京东钱包等，实现了移动互联网生态建设的重要一步。互联网金融也借助移动互联网实现野蛮生长，但是“e 租宝事件”后，用户对互联网金融的狂热有所降低，互联网金融领域的政策监管也需进一步强化。

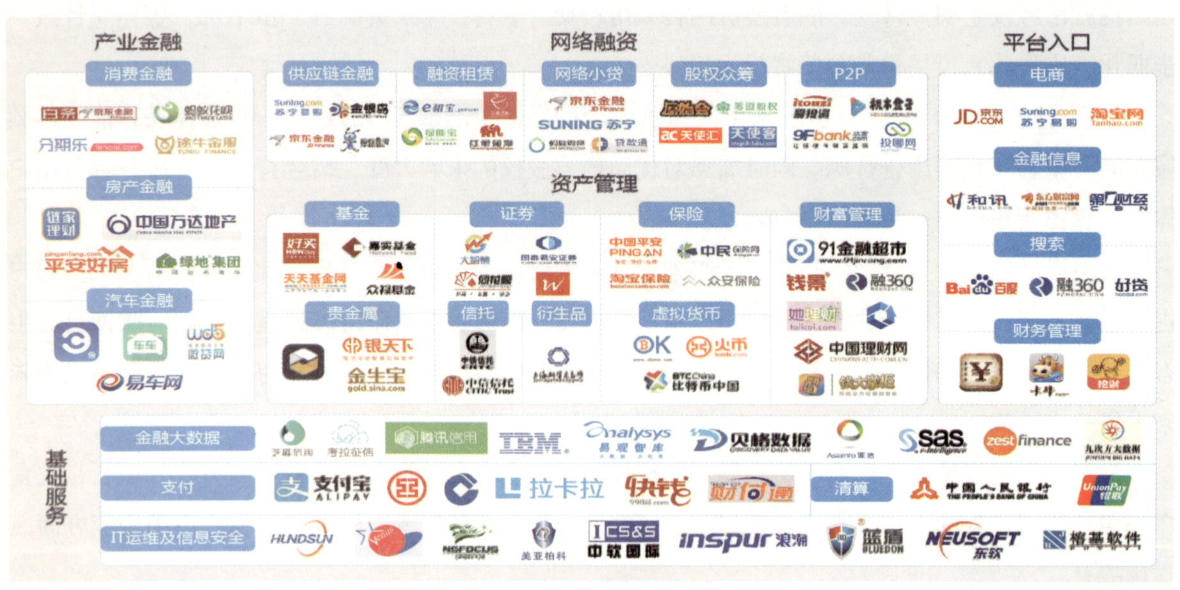

© Analysys 易观 www.analysys.cn

图 22 2015 年中国互联网金融市场生态图谱

第三方支付

从中国第三方支付市场整体发展趋势来看，经过了十几年的发展壮大，第三方支付市场已成为互联网金融领域最为成熟的行业，并作为基础服务广泛应用于各行业。目前，第三方支付市场已形成由支付宝、中国银联、财付通三大巨头占主导的市场竞争格局。

Analysys 易观分析认为，中国第三方支付市场目前处于应用成熟期。

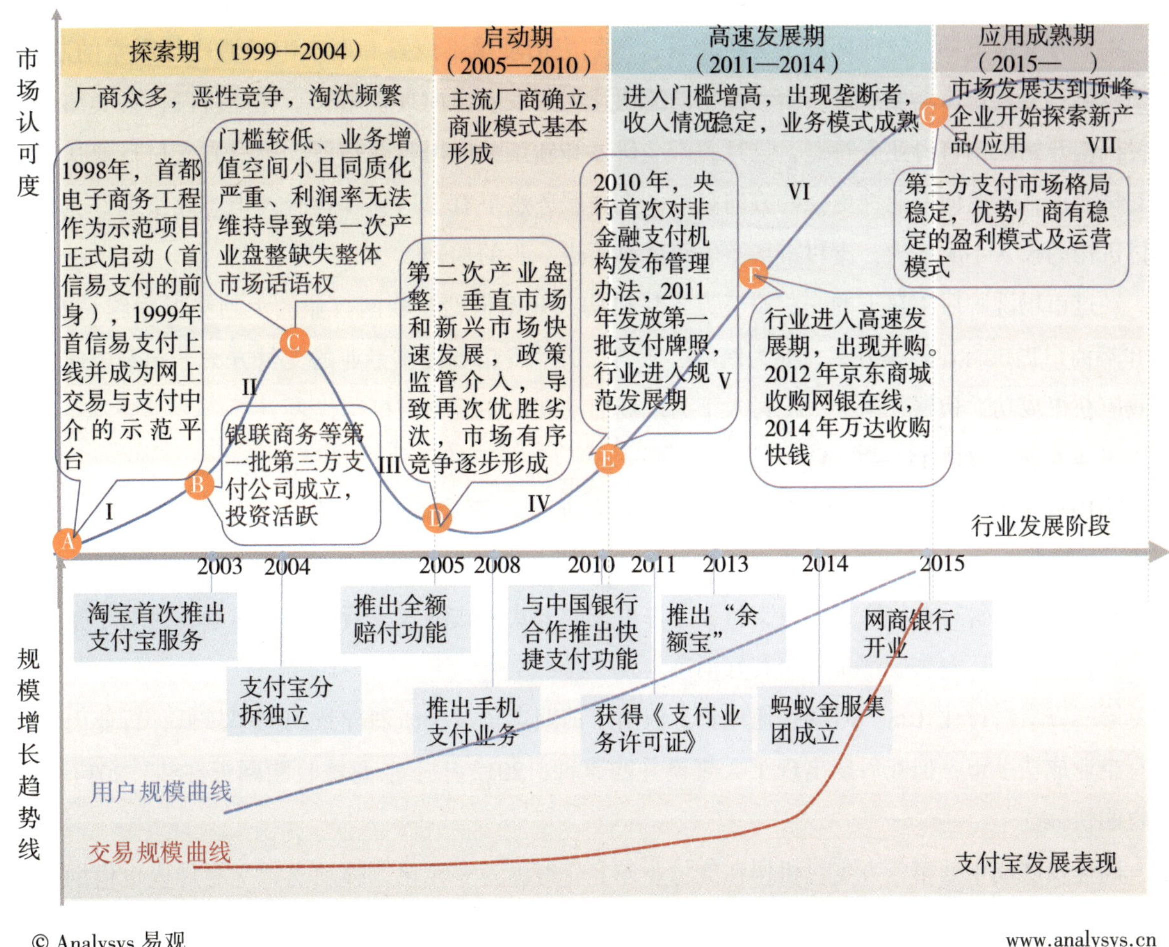

图 23 2015 年中国第三方支付市场 AMC 模型

探索期（1999—2004）

1998 年 11 月 12 日，由北京市政府与中国人民银行、信息产业部、国家内贸局等中央部委共同发起的首都电子商务工程正式启动，确定首都电子商城（首信易支付的前身）为网上交易与支付中介的示范平台。首信易支付自 1999 年 3 月开始运行，是中国首家实现跨银行、跨地域提供多种银行卡在线交易的网上支付服务平台。2002 年 3 月，银联正式成立，这既是国内唯一一家银行卡跨行交易清算机构，也是国家工程。2003 年，支付宝成立，以解决淘宝买家与卖家之间的信任关系，

2003 年网银在线成立。

探索前期支付机构所起作用类似于商户和银行之间连接的“中转站”，服务方式略显被动。在探索期阶段，第三方支付行业更多的是为了解决银行间、银行与商户之间存在的现实问题。2004 年，中国银联开始实施国际化发展战略，在国内则重点发展线下收单业务，在客观上给第三方支付机构线上业务的发展提供了机会。第三方支付机构通过与各商业银行进行系统直连，为电商、游戏等企业客户提供网银网关、账户余额等支付服务。由于在此期间互联网在我国普及程度不高，技术发展上遇到瓶颈，以及行业政策不完善等因素，行业资本遇冷，探索期发展到一个小高峰后，行业开始第一次盘整。

市场启动期（2005—2010）

第三方支付市场经过前期的迅速扩张后，遇到应用环境不成熟和资本市场遇冷等因素的制约，这使得第三方支付市场发展必须由资源驱动的快速无序发展走向理性增长。在此阶段，各类第三方支付机构开始根据自身业务特点，进行新产品研发和新细分应用行业拓展。第三方支付行业从单纯的支付通道，开始向专业性更强的方向拓展，支付服务水平有了进一步提升。由于政策利好，各家支付机构的投入不断增大，支付市场竞争程度有了进一步的加剧。

经过市场洗牌后生存下的一些第三方支付机构，开始借助互联网行业的大趋势抓紧跑马圈地，为 B 端商户提供行业解决方案，如为航空、旅游、游戏等市场提供专业的支付方案，并希望通过规模效应获得成功，快钱、易宝、汇付天下为市场启动期的主要支付机构代表。

高速发展期（2011—2014）

2010 年 6 月，中国人民银行针对第三方支付行业发布了《非金融机构支付服务管理办法》，又简称“2 号令”；2010 年 12 月，人民银行发布了《非金融机构支付服务管理办法实施细则》。办法规定，第三方支付行业将通过发放支付业务许可证的方式正式纳入央行的监管体系，这对于整个第三方支付行业的厂商来说都是一个利好消息。

第三方支付行业在这一时期快速成长，但由于前期竞争过于激烈导致利润率较低，行业内仍然没有企业成功上市，但在后期出现了大规模并购事件，2012 年京东商城收购网银在线，2014 年万达收购快钱。

高速发展期中的第三方支付机构在支付业务上变得更为多元化，移动支付交易规模也借助移动互联网的发展开始迅速扩张，此外一些支付公司也开始借助支付功能拓展增值服务，例如一些支付公司提供如“支付+金融”的增值服务。

此阶段支付机构的主要服务方式已经被用户认可，市场稳定增长，第三方支付机构陆续获得第三方支付牌照，市场进入门槛提高，此外，推动产业和企业发展的关键因素开始转为满足用户需求。领先机构的业务创新和拓展更加注重用户需求，通过对个人用户和潜在细分市场需求的充分挖掘进行产品创新和产品完善。随着第三方支付牌照的发放，一些领先的第三方支付企业也开始从单纯地追求市场规模转向同时追求市场规模和利润两个指标。

应用成熟期（2015—　）

2015 年 7 月 18 日，人民银行等十部门发布《关于促进互联网金融健康发展的指导意见》，其中除对互联网金融提出监管以外，也将第三方支付行业纳入互联网金融范畴。2015 年 7 月 31 日，《非银行支付机构网络支付业务管理办法》（征求意见稿）发布，明确了第三方支付行业的定位，鼓励支付机构发展通道业务，促进金融行业规范化。

至此，第三方支付行业经过十几年的发展，支付市场和技术均已非常成熟，第三方支付行业整体进入发展成熟期。伴随移动互联网高速发展，支付机构将战场转向线下，第三方移动支付市场规模正在高速增长中。

Analysys 易观分析认为，2015 年第三方支付市场有以下几点值得关注：

第三方支付机构布局移动支付，“场景”成为关键词。2014 到 2015 年，移动支付市场交易规模增长迅猛，其中布局场景是第三方支付机构的重要举措。继 2014 年支付宝和财付通双方对高频的线下打车场景展开补贴战后，2015 年春节期间双方又开始展开“红包大战”，一系列活动培养了用户移动支付的习惯，此外，支付宝和财付通利用用户规模优势，借助 O2O 的繁荣开始不断拓展商超、餐饮等线下场景。

支付增值服务更加创新化、定制化。随着第三方支付行业的成熟，很多支付机构开始基于支付业务提供创新的增值服务。2015 年《非银行支付机构网络支付业务管理办法》（征求意见稿）发布，明确第三方支付定位，鼓励支付机构发展通道业务。一些计划通过账户开展金融业务的第三方支付机构开始将业务战略回归至支付通道上，同时在支付增值服务上进行更为定制化的创新。未来，对于第三方支付公司来讲，创新定制化的增值服务仍将是值得努力发展和挖掘的。

个人征信借大数据起航。随着第三方支付的发展，基于第三方支付账户累积的交易数据让许多支付机构看到了新的价值。2015 年 1 月 5 日，央行印发《关于做好个人征信业务准备工作的通知》，要求芝麻信用管理有限公司、腾讯征信有限公司、拉卡拉征信等八家机构做好个人征信业务的准备工作，准备时间为六个月。截至年底，个人征信牌照仍未发放。个人征信业务是拥有个人用户大量数据的支付机构大力拓展的方向，征信行业将迎来“互联网+征信”时代。

对个人用户而言

随着互联网的快速发展，人们已经习惯使用第三方支付工具进行消费活动。个人用户对于不断增长的一站式服务需求刺激了第三方支付机构借助支付账户提供更多的服务，一些以 C 端用户为主的支付机构已经基于账户在客户端上提供金融、政务、营销等服务。与此同时，支付机构还可以收集用户使用数据并进行加工处理，应用于征信、营销、客户管理等。随着移动互联网时代的爆发，基于移动端的支付工具使支付与场景结合得更加紧密，未来第三方支付机构对于个人用户而言将不仅仅是提供支付服务的工具，而且成为用户全方位生活服务必备工具。

对行业客户而言

第三方支付机构特有的产品创新和便捷服务，满足了大量中小企业和零散卖家的支付需求，它通过服务于电子商务、航空票务、金融理财等行业，解决了包括网上交易、零售支付存在的问题，满足了企业小额高频的资金清结算需求。随着行业客户的不断成长，支付机构不再为行业客户提供单纯的支付服务，开始为行业提供企业信息流及资金流管理的整体解决方案。Analysys 易观分析认为，未来第三方支付机构将为行业客户提供更为定制化的、整合多种服务的行业解决方案。

对市场投资者而言

第三方支付市场发展已进入成熟期，投资热潮阶段已经过去。近年随着企业对于支付数据的重视，一些企业开始自建支付业务体系或通过收购支付机构获得支付业务。随着央行对第三方支付行业监管更加严格，Analysys 易观分析认为，资本对于第三方支付行业的投资将更为谨慎，拥有场景及用户的企业或将得到融资。此外，并购事件将变得更加频繁，一些大型的第三方支付机构或将上市。

市场典型企业——支付宝

聚焦到第三方支付行业的典型机构支付宝，Analysys 易观分析认为，支付宝是最早进入市场的第三方支付机构，经过多年发展已成为第三方支付行业的领头羊。随着在线互联网向移动互联网快速转移，支付宝也迅速布局移动端并在移动支付市场抢占优势地位。

支付宝 2003 年最初上线主要针对淘宝上购物的信用问题，即解决网购用户的需求，推出“担保交易”的模式。2004 年，支付宝从淘宝分拆出来，成为独立的支付平台。初期支付宝仅有单一客户阿里系电商，此后开始切入网游、航空机票、B2C 等网络化较高的外部市场，支付宝独立支付平台的属性也逐渐被外界接受。2008 年 10 月，支付宝正式进入公共事业性缴费市场，并且与卓越亚马逊、京东商场、红孩子等独立 B2C 展开合作，在年底，支付宝推出 WAP 版开始布局移动支付领域。2009 年支付宝继续拓展应用行业，1 月与携程达成合作，2 月与芒果网达成合作。7 月份支付宝宣称用户达到 2 亿人，支付宝开始呈现强者恒强的走势。

2010 年，支付宝启动“聚生活”战略，即建设无形的开放平台，从“缴费服务”到“整合生活资源”进行战略转型，支付宝开始进入高速发展期。2011 年，支付宝获得央行颁发的首批第三方支付牌照，第三方支付市场开始规范竞争，支付宝则凭借自身优势继续进行业务深耕。2011 年 11 月 11 日，“光棍节”当天支付宝交易额突破了 33.6 亿元人民币，完成 3369 万笔交易。电商造节成功的同时也推动了第三方支付市场的快速发展。2012 年 5 月，支付宝获得基金第三方支付牌照，并开始将业务向金融行业倾斜。2013 年 6 月，支付宝推出余额宝，使得支付宝在金融业上得到创新突破。2014 年 9 月，“网商银行”获中国银监会批复，10 月蚂蚁金服集团正式宣告成立，支付宝成为蚂蚁金服旗下重要的部门。2015 年 1 月芝麻信用上线，4 月启动“互联网+城市服务战略”，7 月发布最大变革的支付宝 9.0 版本，支付宝开始向全方位的金融服务平台转型。

据 Analysys 易观发布的《2016—2018 年中国第三方支付市场趋势预测专题报告》显示，中国第三方互联网在线支付市场保持相对稳定的增速，2015 年同比上涨 55%，涨幅比 2014 年高 4.4 个百分点。预计未来 3 年，第三方互联网在线支付市场交易规模涨幅将有所放缓，2018 年中国第三方互联网在线支付市场交易规模或将达到 33.51 万亿元人民币。

2015 年，中国第三方移动支付市场继续保持较高的增长速度，全年市场交易规模达到 16.36 万亿元人民币，同比上涨 104.2%，预计至 2018 年，中国第三方移动支付市场规模将达到 52.11 万亿元人民币。

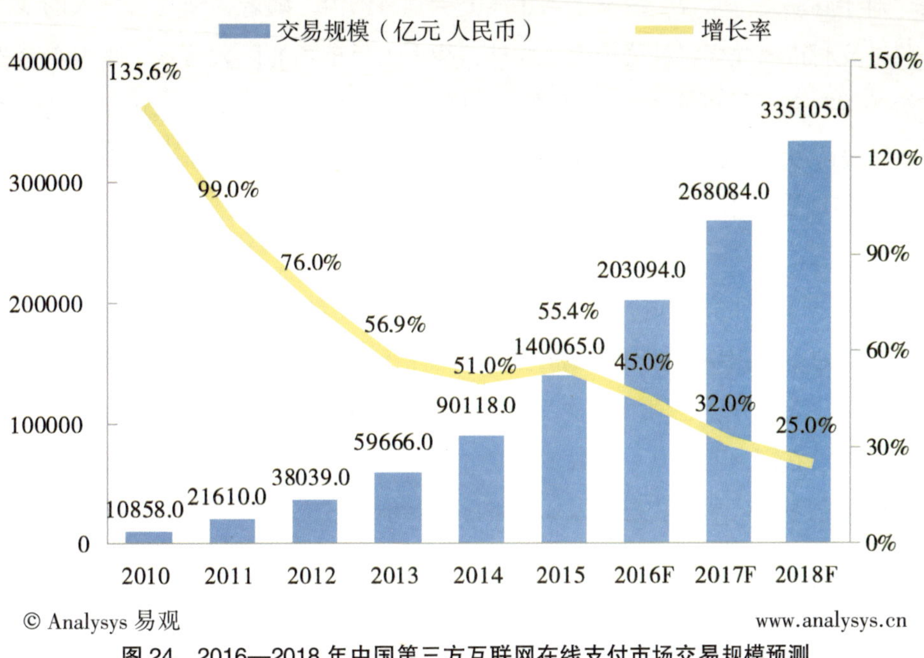

图 24　2016—2018 年中国第三方互联网在线支付市场交易规模预测

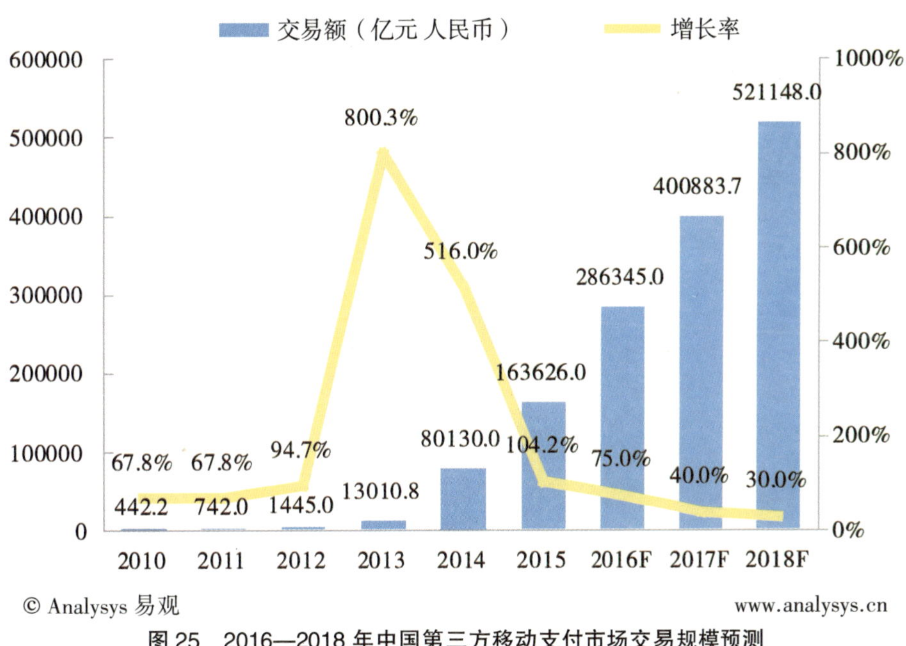

图 25　2016—2018 年中国第三方移动支付市场交易规模预测

Analysys 易观分析认为，未来第三方支付市场将呈现以下趋势特点：

1. 互联网在线支付市场进入成熟期，未来市场规模增速趋于平缓，市场格局保持稳定。互联网在线支付市场经过多年发展已较为成熟，增幅逐步放缓，市场规模进入稳定增长状态。此外，互联网在线市场竞争格局也将保持相对稳定，支付宝、财付通、中国银联仍将占据第三方互联网在线支付交易规模市场份额前三名。

2. 移动支付市场规模将继续保持爆发式增长，市场将有更多的参与者加入，但对于整体竞争格局影响不大。对于移动支付来说，线下市场比线上更富有潜力。随着移动支付接入的线下消费场景变得丰富，移动支付市场规模将继续扩大。此外，线下支付市场的巨大前景正吸引着众多商家不断涌入，除传统的第三方支付机构相继入场外，手机厂商、通信运营商、传统商业银行也在努力布局。Analysys易观认为，由于支付宝、微信支付有大量的活跃用户，且经过两年多对用户习惯的培养，未来第三方移动支付市场仍由支付宝和财付通占据主导地位，其他支付机构分食剩余市场份额。

3. 基于交易数据展开征信增值服务将成为支付机构发力方向。支付具有金融、数据双重属性，第三方支付机构经过多年积累已拥有大量的数据资源，这些数据经过处理的分析结果有相当价值，例如提供精准营销、客户管理、信用评级等增值服务。Analysys易观认为，支付机构基于数据提供的增值服务业务尚处在探索期，其中征信服务的前景更为可观，预计2016年芝麻信用、腾讯征信等首批试点个人征信服务公司将获得个人征信牌照，其他第三方支付机构如万达快钱、京东金融等也将陆续入场。

根据Analysys易观近期发布的《2015年中国第三方互联网在线支付市场实力矩阵专题研究报告》，对2014至2016年主要第三方互联网在线支付厂商在实力矩阵中所处的位置以及现有资源和创新能力的变化情况做如下解读。

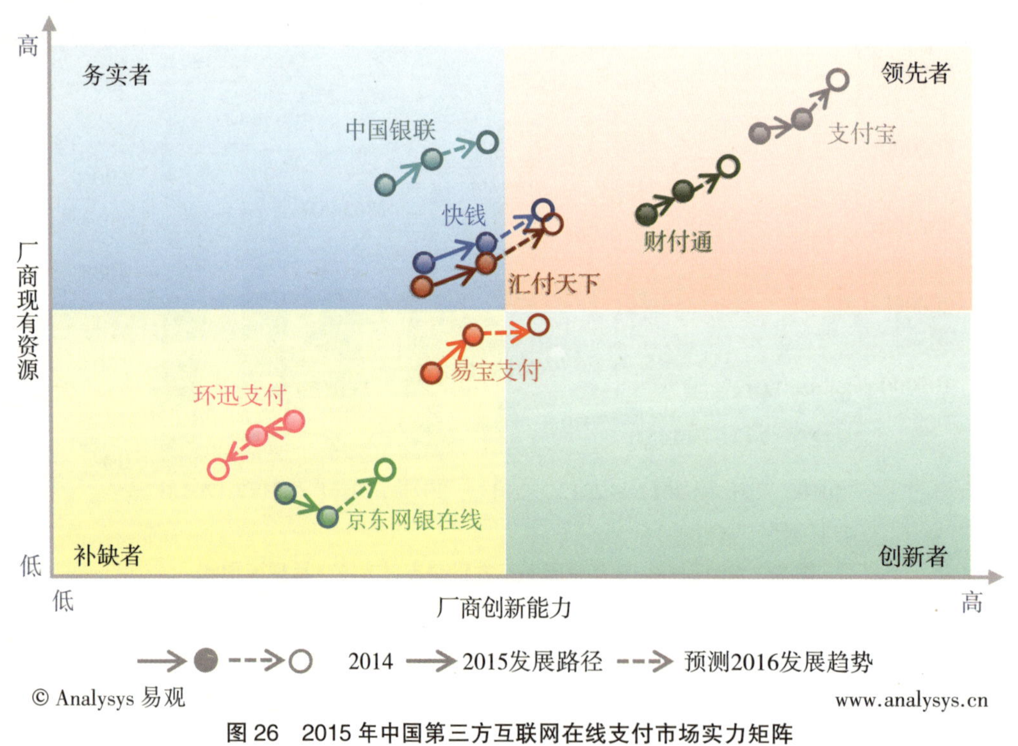

图26　2015年中国第三方互联网在线支付市场实力矩阵

- **领先者象限分析**

领先者在商业模式创新或产品/服务创新性上拥有较强的独特性，同时具有很好的系统执行力，能够把创新性提供给市场并获取较高的市场认可。

2015 年中国第三方互联网在线支付市场领先者：支付宝、财付通

➢ 新进入者：无

➢ 新退出者：无

随着中国第三方互联网在线支付市场已进入成熟期，第三方互联网在线支付已成为网络基础服务，在中国互联网用户的渗透率已达到较高水平，拥有用户优势的支付宝和财付通牢牢占据领先象限。

经过多年的发展，支付宝的在线支付解决方案已被大多数用户认可，特别是借助阿里系的“淘宝”、“天猫”两大电商平台，2015 年支付宝继续保持第三方互联网在线支付市场领先地位。此外，跨境支付业务已成为支付宝互联网支付领域的新方向，支付宝已在海外许多国家如美国、新加坡、韩国、英国等设立分支机构，在当地开展国际支付业务。预计 2016 年，支付宝将继续稳占第三方互联网在线支付市场领先地位。

2015 年，财付通在第三方互联网在线支付市场上增长稳定。财付通在资源实力、品牌知名度、用户规模上都拥有明显优势，内部技术、创新力也较强，预计 2016 年财付通将在领先象限的上行。

• **创新者象限分析**

创新者在产品/技术上的投入很大，并在商业模式、技术或者产品服务的创新性上有独特的优势。但是由于种种原因没有得到很好的市场表现。

2015 年中国第三方互联网在线支付市场创新者：无

➢ 新进入者：无

➢ 新退出者：无

• **务实者象限分析**

务实者拥有丰富的资源，执行能力较强，但是创新优势不明显。

2015 年中国第三方互联网在线支付市场务实者：中国银联、快钱、汇付天下

➢ 新进入者：无

➢ 新退出者：无

中国银联布局网络支付较晚，但借助其拥有的金融资源优势发展较为迅速。目前“银联在线支付”接入银行已突破 240 家，覆盖所有全国性银行、大多数区域银行和主要外资银行，在数量上位居行业首位。2015 年，中国银联继续位于务实者象限，预计 2016 年中国银联将在创新上有所突破，接近领先者象限。

快钱于 2014 年 12 月被万达收购，成为万达金融布局中的核心部门。2015 年，一直定位于 B 端商户的快钱开始借助万达庞大的线下资源与支付宝、财付通争夺 C 端市场。2015 年 5 月，双方合作推出第一款产品“稳赚一号”，快钱借此获得大量 C 端用户。预计 2016 年，快钱将继续得到万达的有力支持，从务实者变为领先者。

2015 年，借助互联网金融的繁荣，汇付天下为新金融企业打造包括支付、账户、数据、运营等一站式解决方案。此外，汇付天下也在为传统机构创新模式转型提供账户和支付等基础建设，如 2015 年 7 月和天交所达成合作。预计 2016 年，汇付天下将继续在融资、财富管理等金融领域深入

探索，进入领先者象限。

补缺者象限分析

补缺者的创新能力和市场占有率都不高，对于产业格局的影响较小。

2015 年中国第三方互联网在线支付市场补缺者：易宝支付、环迅支付、京东网银在线

- 新进入者：无
- 新退出者：无

易宝支付在 2015 年继续深耕行业并提供专业解决方案，除夯实原有航旅、游戏等行业优势外，易宝支付在金融、营销等领域也有所突破。2015 年，易宝支付创新及营销能力较强，品牌建设受到市场认可，预计 2016 年易宝支付将进入创新者象限。

环迅支付较早从事第三方支付业务，近年品牌建设及营销能力有所下滑，预计 2016 年将在补缺者领域继续下滑。

2012 年，京东收购网银在线，并于 2013 年重新上线。经过两年多内部整合，京东网银在线已构建了包含在线支付、移动支付、快捷支付等在内的全产品支付体系。随着京东集团对金融业务重视度的提高，预计 2016 年京东网银在线将获得更多的资源，在补缺者象限上行。

根据 Analysys 易观近期发布的《2015 年中国第三方移动支付市场实力矩阵专题研究报告》，对 2014 至 2016 年主要第三方移动支付厂商在实力矩阵中所处的位置以及现有资源和创新能力的变化情况做如下解读。

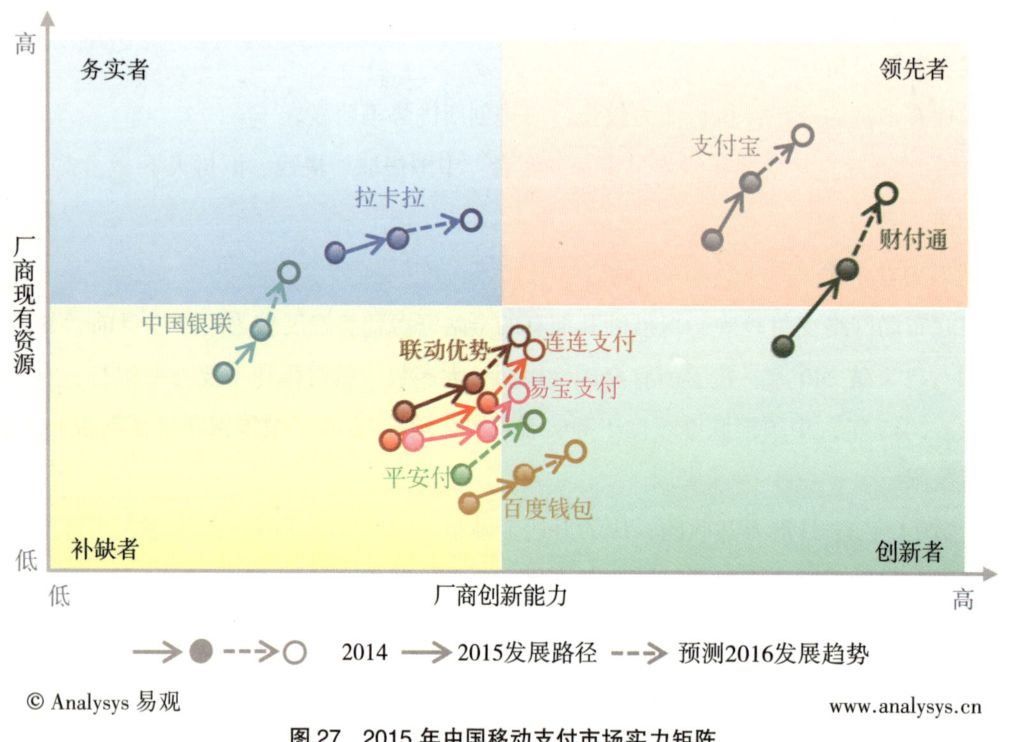

图 27　2015 年中国移动支付市场实力矩阵

• 领先者象限分析

领先者在商业模式创新或产品/服务创新性上拥有较强的独特性，同时具有很好的系统执行力，能够把创新性提供给市场并获取较高的市场认可。

2015 年中国移动支付市场领先者：支付宝、财付通

➢ 新进入者：财付通

➢ 新退出者：无

2015 年，移动支付市场竞争异常激烈，支付宝、微信支付等支付机构通过不断拓展支付场景来抢占市场先机；中国银联则通过和手机厂商如 Apple、Samsung 等合作来推广 NFC。预计 2016 年移动支付市场将竞争更加激烈。

2015 年年初，支付宝与微信支付通过对打车场景的大力补贴培养了大量移动支付用户。此后，支付宝继续拓展场景，从便利店及餐饮入手，之后商超、酒店等签约入驻，获得了大量高频场景。2015 年，支付宝在资本实力、渠道资源及用户资源上有着领先优势，预计 2016 年支付宝将在领先者象限上行，继续保持领先优势。

2015 年，财付通首次进入中国第三方移动支付市场领先者象限。2015 年年初，财付通借助新年“微信红包”这一创新社交支付产品迅速扩大了其在移动支付市场的份额，此外，借助腾讯 QQ 拥有的用户优势，手机 QQ 红包在 2015 年新年也很快获得市场认可。财付通在品牌资源及用户规模上拥有强大的优势，并且有较强的创新能力，预计 2016 年财付通将继续在移动支付市场保持领先地位。

• 创新者象限分析

创新者在产品/技术上的投入很大，并在商业模式、技术或者产品服务的创新性上有独特的优势，但是由于种种原因没有得到很好的市场表现。

2015 年中国移动支付市场创新者：百度钱包

➢ 新进入者：百度钱包

➢ 新退出者：财付通

“百度钱包”是百度公司的支付业务产品，2014 年进入公众视线。2015 年，百度钱包开始扩张，借助百度外卖、百度糯米、去哪儿等多个 O2O 场景迅速扩大市场规模。根据百度 2015 年 Q3 财报披露，截至 9 月底百度钱包激活账户已达到 4500 万。百度钱包拥有强大的资本实力、渠道资源及用户资源，预计 2016 年百度钱包将继续在创新者象限稳步上升。

• 务实者象限分析

务实者拥有丰富的资源，执行能力较强，但是创新优势不明显。

2015 年中国移动支付市场务实者：拉卡拉

➢ 新进入者：无

➢ 新退出者：无

拉卡拉于 2015 年 6 月获得上亿元融资，这为拉卡拉提供了雄厚的资本实力。在拉卡拉的支付板块中，可以细分为便民金融、商户收单、创新支付和跨境支付这四条线，其中便民和收单为拉卡

拉平台上聚集近 1 亿个人用户和超过 400 万合作商户，创新支付和跨境支付这两条路则顺应时代的发展趋势作为拉卡拉支付业务有力的补充，预计 2016 年拉卡拉将继续在产品创新上有所突破。

- **补缺者象限分析**

补缺者的创新能力和市场占有率都不高，对于产业格局的影响较小。

2015 年中国移动支付市场补缺者：中国银联、联动优势、连连支付、易宝支付、平安付

➢ 新进入者：平安付

➢ 新退出者：无

受制于体制的局限性，中国银联在互联网在线市场和移动支付市场都发力较晚，但中国银联在资本、渠道方面具有绝对优势。目前中国银联接入的银行已突破 240 家，在数量上位于第三方支付行业首位，此外中国银联在跨境支付领域也进入较早。2015 年年底，中国银联与 Apple、Samsung 展开合作，预计 2016 年在移动支付市场上将有所突破进入务实者象限。

联动优势由中国移动、中国银联在 2003 年 8 月联合发起成立。联动优势从创立至今在资本资源及渠道资源上拥有一定的优势。2015 年 11 月，经国家外汇管理局北京外汇管理部批准，联动优势获得开展支付机构跨境电子商务外汇支付试点业务的许可，拟发力跨境支付市场。预计 2016 年联动优势在品牌推广、技术创新上面将有所突破进入创新者象限。

连连支付于 2014 年年底开始开展移动支付业务，公司资源、渠道、品牌等方面投入较多，发展迅速，已在移动支付市场上占据一席之位。预计 2016 年连连支付将继续在资源投入、品牌推广、技术创新上面做出努力，进入创新者象限。

易宝支付在中国第三方互联网在线支付市场有一定知名度，随着中国第三方移动支付市场的爆发，易宝支付也开始重点发力移动支付市场。2015 年年底，易宝支付的移动支付战略初显成效，在互联网金融、O2O 电商领域都有所突破。易宝支付创新及营销能力较强，品牌建设受到市场认可，预计 2016 年易宝支付将进入创新者象限。

平安付进入公众视线较晚，是平安 2013 年通过收购控股深圳壹卡会后获得的支付业务。平安付的产品“壹钱包”于 2014 年进入市场，很快受到用户的青睐。预计 2016 年平安付在资源上和创新力上都会有较大提升，进入创新者象限。

P2P 网贷

P2P 网络借贷作为互联网金融重要的组成部分，依靠快速、高效的互联网技术以及对于传统融资模式的变革，通过改善现阶段融资需求与财富管理不匹配的现状，实现了自身的快速发展，Analysys 易观预计未来 P2P 网络借贷市场仍将获得较高的关注，但由于监管力度加大，行业规范性的加强，在未来 1—2 年，其增速将放缓。

根据 Analysys 易观发布的《2015 年中国 P2P 网贷市场 AMC 专题研究报告》，易观对中国 P2P 网贷市场做如下解读：

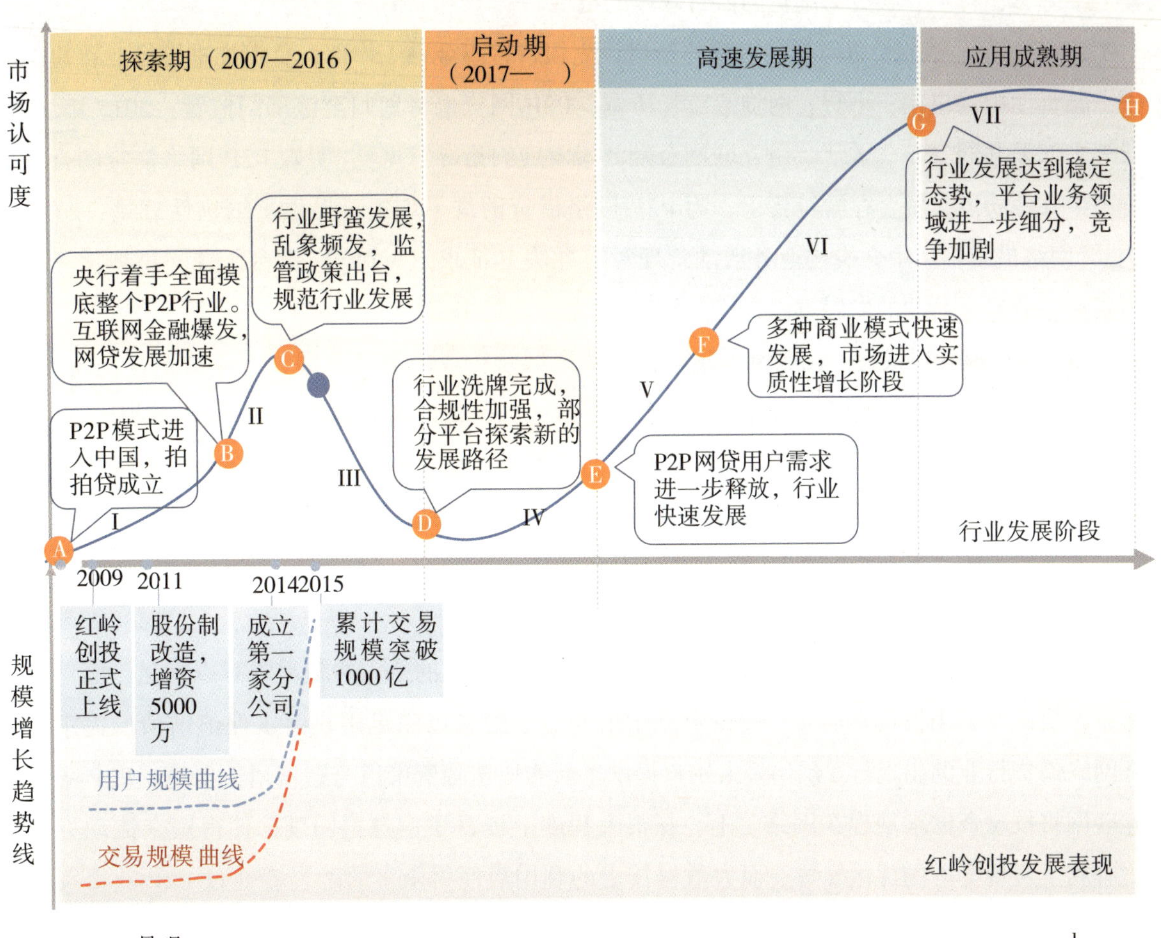

图 28　2015 年中国 P2P 网络借贷市场 AMC 模型

结合上图所示，Analysys 易观把中国 P2P 网贷市场的发展周期分为四个阶段，即：探索期、启动期、高速发展期和应用成熟期，目前中国 P2P 网贷市场正处于探索期。由于网络技术不断完善以及中国中小微企业融资难题的持续，P2P 网络借贷成为融资渠道的一个有益补充，而伴随着行业的规范和发展，也在发挥着越来越重要的作用。

探索期（2007—2016）

伴随着 P2P 网络借贷模式在海外市场的兴起，加之国内中小微企业融资困境，2007 年，拍拍贷成立，成为中国第一家 P2P 网络借贷平台，直至 2013 年互联金融概念兴起，P2P 网络借贷才开始迅速发展，并逐渐得到市场认可，影响力不断提升。特别是 2015 年，李克强总理在政府报告中首次提出“互联网+”概念，作为互联网+先行者的互联网金融更是成为最为火爆的新业态。作为互联网金融重要组成部分的 P2P 网络借贷同样发展迅猛，伴随着行业参与者也在不断增多，行业交易规模得以不断攀升。与此同时，部分 P2P 网络借贷平台也开始得到资本方认可，上市公司、风投资本的身影不时出现。激烈竞争之下，行业细分加剧，细分模式开始涌现，部分平台开启平台化转型之路。

伴随着行业的蓬勃发展，行业乱象也开始涌现。经侦介入、自融、诈骗事件不时发生给行业发展蒙上了阴影，行业呼唤更为细化的监管政策的出现。

2015 年 1 月，银监会进行机构调整，新增设立银行普惠金融工作部，负责推进银行业普惠金融工作，融资性担保机构、小贷、网贷的监管协调，P2P 网贷也将划归至该部门监管；2015 年 7 月，央行等十部委共同发布《关于促进互联网金融健康发展的指导意见》，明确 P2P 网络借贷的合法性地位，中介性质以及资金存管等要求，为 P2P 网络借贷的进一步规范提供了纲领性意见；2015 年 12 月，《网络借贷信息中介机构业务活动管理暂行办法（征求意见稿）》出台，进一步细化了行业监管要求，明确了行业的发展方向。

Analysys 易观分析认为，行业风险集聚，已逐渐影响行业的健康发展，行业规范性亟待加强，而监管之下行业将面临更为严格的监管环境，其蝴蝶效应将促进行业规范性的进一步提升，行业整合加速。未来平台运营的规范性将成为考验平台持续性的重要依据，监管规范下创新将成为竞争的突破点之一，此外，伴随行业竞争加剧，同质化竞争之下，模式细分下的竞争将更为普遍，垂直细分市场或将成为不少平台突围方向。

对个人用户而言

在中国，传统的融资渠道缺乏与融资效率低下，使得多数的个人融资需求难以满足，而对于社会富裕阶层以及中小投资者而言，较少财富增值渠道已经难以满足用户财富保值增值的需求。而 P2P 网络借贷行业的出现与发展给个人用户提供了新的快速融资渠道与财富增值渠道，P2P 平台通过互联网将投融资需求展现在网络之上，在很大程度上提升了信息透明度，使得资金流动更为迅速，有利于实现资源的优化配置。而大数据技术的利用也使得众多的融资者通过 P2P 获得资金支持，对于传统的信用评估手段也起到了有益的补充。

对企业用户而言

融资难一直是困扰中国中小微企业发展的难题之一，由于缺乏抵质押物品以及规范的财务报表，使得该类企业难以满足传统金融机构的贷款需求，P2P 网络借贷则通过技术手段与传统信用评估结合的方式满足中小微企业的融资需求，从而起到促进企业发展目的。不少 P2P 平台还通过切入行业，立足垂直细分市场的方式，对于该行业需求深度挖掘，并设计相应产品满足该类行业中企业融资需求，并实现对于风险的把控，对于提升企业融资效率具有较大提升作用。

对市场投资者而言

随着行业平台数量不断增多，经营模式不断丰富，相匹配的经营环境特别是监管政策的出台，对于行业步入规范化发展阶段具有积极的作用。然而，由于 2014—2015 年行业的快速发展，不良的竞争之下也产生了不少问题平台，伴随着监管细则的明确，预计在 2016 年将产生一波行业洗牌，之后行业规范大大得到加强，监管机构、市场以及用户对于行业的认可将大大加强，这也将成为市场投资者大规模介入的最佳时机。

市场典型企业——红岭创投：

聚焦到 P2P 网络借贷市场典型企业红岭创投，Analysys 易观分析认为，红岭创投作为较早进入市场的 P2P 网络借贷平台，通过线下风控与线上引流结合以及与市场迥异的大标模式获得快速发展，市场交易规模节节攀升，在发展的过程中，逐渐开启了综合化理财平台的转型道路。

2009年3月，红岭创投网站正式上线运营，2011年4月完成股份制改革，并于9月份增资至5000万元人民币。2013年首创推出净值借贷标产品、可转让型企业债等产品，2014年6月第一家分公司成立，线下业务获得进一步拓展，通过其大标模式获得了快速发展，并建立风险准备金保障机制，免除投资人后顾之忧。同年，成交金额快速突破100亿元人民币。在发展过程中，其大标模式也是饱受争议，但红岭创投通过“广州四家纸业公司”1亿元、“安徽4号标”7000万等几次大标的违约赔付事件获得了投资者的广泛认可，也获得快速发展的时机，2015年年底，平台累计成交量达到1092.35亿元。2015年，红岭创投也开始平台化转型，建立“金融超市”，销售保险、基金等金融产品。伴随着监管细则对于贷款金额、线下业务等要求的明确，红岭创投或将面临进一步的业务改革。

根据Analysys易观发布的《中国P2P网络借贷市场趋势预测报告2016—2018》数据显示，在2015年，中国P2P网络借贷市场交易规模较2014年增长331.6%，而受监管细则出台影响以及各级监管机构对于P2P网络借贷平台准入的限制，预计2016年中国P2P网络借贷市场交易规模增速将放缓，交易规模数达到14451.5亿元人民币。

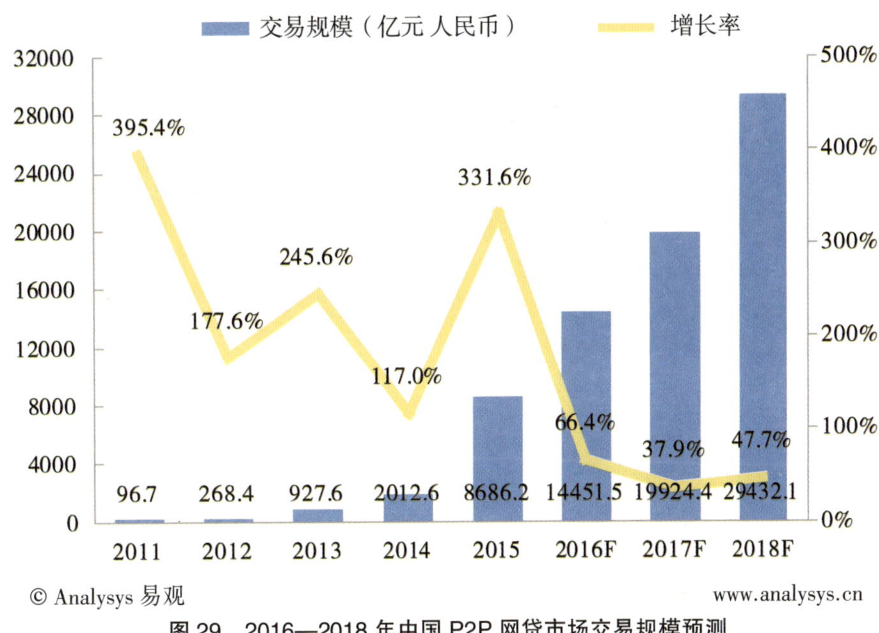

图29　2016—2018年中国P2P网贷市场交易规模预测

Analysys易观分析认为，在2016年中国P2P网络借贷市场将呈现以下趋势：

1. 行业发展趋于理性

P2P网络借贷行业经历了行业野蛮发展时期，行业呼唤更为规范的发展环境，加之行业监管细则的出台，一方面备案制的实施留存了较大的发展空间，另一方面负面清单的形成也规范了行业的发展路径，对于行业的规范、有序、创新发展利好作用明显。而在此形势下，行业也急需一个过渡时期，来缓和、巩固以及规范自身的发展模式与未来路径，未来一段时间，行业发展将趋于理性。

2. 细分化趋势明显

行业监管细则的初步下发，对于行业负面清单管理以及线下业务、小额贷款的明确，以及行业透明度的提升，营销客群的界定，都起到了正向推动作用，在风险自担原则之下，投资者投资更为理性，行业竞争更趋于市场化。项目风险管控好的平台更易受到投资人的青睐。而目前线上风控难以把控、线下业务成本较高，风控能力短时间难以提升之下，平台将业务领域进行细分以获取优质资产，降低对于自身风控能力的要求。

3. 行业洗牌来临，不良资产危机或将爆发

伴随行业监管的来临，对于平台禁止性行为的确认以及相关配套控制措施的制定，在促进行业规范的同时，也将加大对于行业筛选的力度，行业洗牌期的来临将淘汰多数的不合规以及竞争能力差的网贷平台。而行业近两年来的爆发式增长，众多新进入者的涌入，为拓展业务规模对于平台项目的审核疏于管理，在信贷风险滞后性的影响下，未来一段时间或将进入不良资产爆发的高峰时期。

2015 年，中国 P2P 网络借贷市场总体规模仍在快速攀升，但风险高企的现状引发人们关注的同时，也加剧了监管机构对于行业规范的重视，监管细则正式出台在即的情况下，行业洗牌即将来临。厂商方面，在加强营销活动的同时，开始挖掘更为优质资产端以应对行业风险现状，对于资产端的竞争更为激烈，部分网络借贷平台也开始平台化转型以及进行市场细分来增强市场竞争力。Analysys 易观通过实力矩阵对中国 P2P 网络借贷市场中的部分参与方做如下解读。

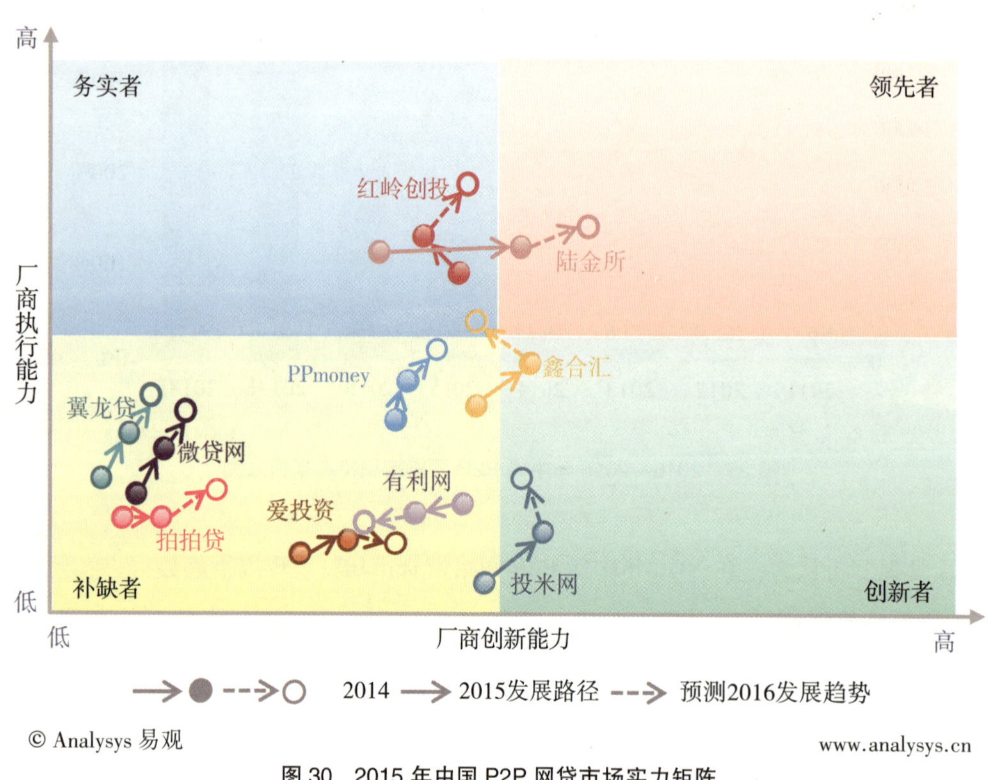

图 30　2015 年中国 P2P 网贷市场实力矩阵

领先者象限分析

领先者在业务模式或产品/服务等创新性上拥有较强的独特性，同时具有较好的系统执行力，能够把创新性提供给市场并获取较高的市场认可。

2015年中国P2P网络借贷市场领先者：陆金所

- 新进入者：陆金所
- 新退出者：暂无

陆金所于2011年9月在上海注册成立，旗下网络投融资平台2012年3月正式上线运营，是中国平安集团打造的平台。初期依托平安集团的强大实力和业务支持，以及行业多年的综合金融经验，得到广泛投资者的认可，获得快速发展。

作为成立初衷为金融资产交易平台的陆金所，在机构投资者和个人投资者交易方面均有不俗的成绩，2015年年初，陆金所通过出售小比例股权，引进30亿元人民币战略投资资金以及去担保化、去平安化的风潮获得进一步发展，陆金所逐渐纯化为开放的金融资产交易信息服务平台，启动平台化转型，发布开放平台战略3.0，陆金所已经陆续推出了P2P“人民公社”、基金平台、跨境交易平台等多个领域的开放平台。随着开放平台战略的推进，平台投资选择更加多样，功能更加丰富，且竞争壁垒也得以逐步构建。预计2016年仍将保持在领先者象限。

务实者象限分析

务实者评价拥有丰富的资源，执行能力较强，但是创新优势不明显。

2015年中国P2P网络借贷市场务实者：红岭创投

- 新进入者：暂无
- 新退出者：陆金所

红岭创投成立于2009年，初期借助大标模式迅速扩大，其成交额始终领先同行，并长期占据P2P网贷行业成交额榜首。为避免大标模式下的风控难题，主要通过线下业务的不断拓展，以线下风险控制降低平台风险。

2015年，红岭创投连续坏账使得投资者对于P2P大标模式产生怀疑，但由于平台承诺兜底，对于平台交易影响较小。10月，红岭创投董事长周世平更是自爆平台坏账率在2%—3%，核销坏账总额预计近5亿元人民币，修炼“内功”成为红领创投2015年的主旋律。从红岭创投布局来看，平台化转型迹象明显，未来或走金融超市模式。预计2016年仍将以提升自己风控水平为主，保持在务实者象限。

创新者象限分析

创新者在产品/技术上的投入很大，并在商业模式、技术或者产品服务的创新性上有独特的优势，但是由于种种原因市场表现有待提高。

2015年中国P2P网络借贷市场创新者：鑫合汇、投米网

- 新进入者：鑫合汇、投米网
- 新退出者：暂无

鑫合汇于2013年12月成立，注册资本5000万元人民币，是以P2B（个人到企业或机构）为模式的新型互联网投融平台，为各类个人、机构及企业投资者提供投资及理财产品，为企业及个人提供直接融资服务，为金融机构或类金融机构提供各类基于收益权转让和直接融资撮合服务。鑫合汇隶属于中新力合控股集团互联网金融板块，是中新力合控股集团旗下全资子公司。通过基于中新

力合集团在中小企业金融服务中积累的多年金融实践经验，运用先进的 IT 技术，创建企业地图，搭建工作平台，构织信用网络。凭借资产端的优势，在 P2P 网贷市场中表现不俗。在当下，优质资产端成为竞争资源的形势下，实现业务赶超将成鑫合汇主要目标，预计 2016 年将进入务实者象限。

补缺者象限分析

2015 年中国 P2P 网络借贷市场补缺者：翼龙贷、PPmoney、微贷网、拍拍贷、爱投资、有利网

- 新进入者：翼龙贷
- 新退出者：暂无

翼龙贷成立于 2007 年，是国内首倡“同城 O2O”模式的网络借贷平台。目前已在全国 200 个城市设立运营中心，覆盖超过 1000 个区县。

翼龙贷借款端主要面向“三农”人群，将互联网金融服务带到全国各地县乡镇村，覆盖到了传统金融服务体系的薄弱环节，在弥补农村区域融资服务方面做出了贡献。2014 年获得联想控股 10 亿元人民币的战略投资，为翼龙贷带来资本、品牌、管理和关键人才等诸多助力。然而，由于大规模的线下布局对于平台资金压力、业务经营考验较大，同时，加盟商制度下，如何实现加盟商对于风控的有效把控也是平台应该思考的问题，预计 2016 年翼龙贷仍将位于补缺者象限。

生活信息服务

招　聘

2015 年，中国互联网招聘市场较为活跃，虽然市场份额仍然掌握在前程无忧和智联招聘两大厂商手里，但其余厂商份额正在扩大，新产品、创新产品层出不穷。以蓝领招聘为代表的赶集、58 同城的合并，使得中国互联网招聘市场格局有望产生新变化。

2015 年，互联网招聘市场较为活跃且颇得资本的青睐，招聘市场除了 58、赶集的合并及对中华英才网的收购，更有拉勾等垂直招聘厂商的产品持续创新，且移动端正在暗涌新势力，新产品不断出现。

以蓝领招聘为代表的赶集、58 同城的合并，使得中国互联网招聘市场格局有望产生新变化。自合并以来，针对招聘业务，推出多种新产品，斗米兼职、赶集微招聘、速聘等，不仅有针对兼职的，还有针对企业用户的。58 同城收购中华英才网，这更进一步拓宽了 58 赶集的招聘企业资源，也填补了白领及校园全职招聘的空白。除分类信息网站，垂直招聘网站也有一系列的创新举动，都在试图改变现有传统招聘模式，期望在提升用户体验和提高招聘效率上有新的突破。2015 年，拉勾网新上线两款产品，拉勾 Plus 和拉勾一拍，为企业和求职者提供精准的双向选择招聘求职服务，同

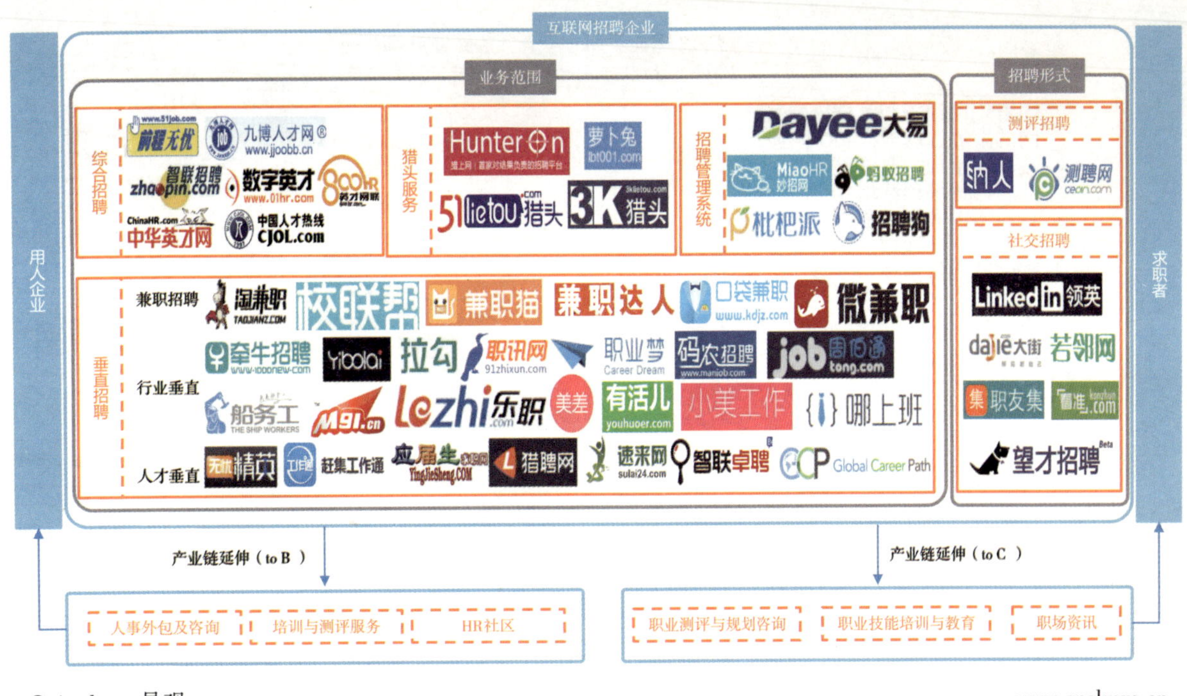

图 31　2015 年中国互联网招聘市场生态图谱

时为从业时间长且年薪高的互联网从业者提供高端服务。猎聘网在产品方面也有诸多创新，推出 APP 猎聘同道，试图通过拓宽人脉社交为高端人才提供更多价值机会，同时创新推出“面试快”产品，将招聘行业从信息模式直接带入交易模式。

Analysys 易观分析认为，中国互联网招聘市场目前处于应用成熟期。

探索期（1997—2007）

招聘行业是最早被互联网化的领域之一，早在 20 世纪 90 年代中后期，招聘网站就已经出现。随着互联网的发展、中国经济的发展，就业人员流动现象增加，互联网招聘渗透率逐渐升高，针对不同人群、不同行业、不同地域的招聘网站大量涌现。

市场启动期（2008—2009）

2008 至 2009 年年初，受全球金融危机的影响，经济下滑导致招聘行业一度萧条，前程无忧等代表厂商的营收规模大幅度下滑，传统纸质招聘的下滑速度更是大于网络招聘，一些招聘网站也在此时未能承受重创而退出市场。

高速发展期（2009—2013）

2009 年下半年开始，经济逐渐复苏，互联网的快速发展及金融危机时期企业对于招聘成本低廉的需求，使得在线招聘市场发展环境及前景开始向好。2010 年起，中国经济的快速增长，企业用人需求的上涨，互联网的快速普及，使得互联网招聘市场进入高速发展期，市场竞争格局基本形成。

应用成熟期（2014 年至今）

此时，互联网招聘市场处于相对稳定成熟的发展阶段，但是互联网招聘模式依然较为传统，多为广告模式，招聘信息不对称、虚假信息盛行、招聘求职效率低等一些诟病多年存在。市场格局亦

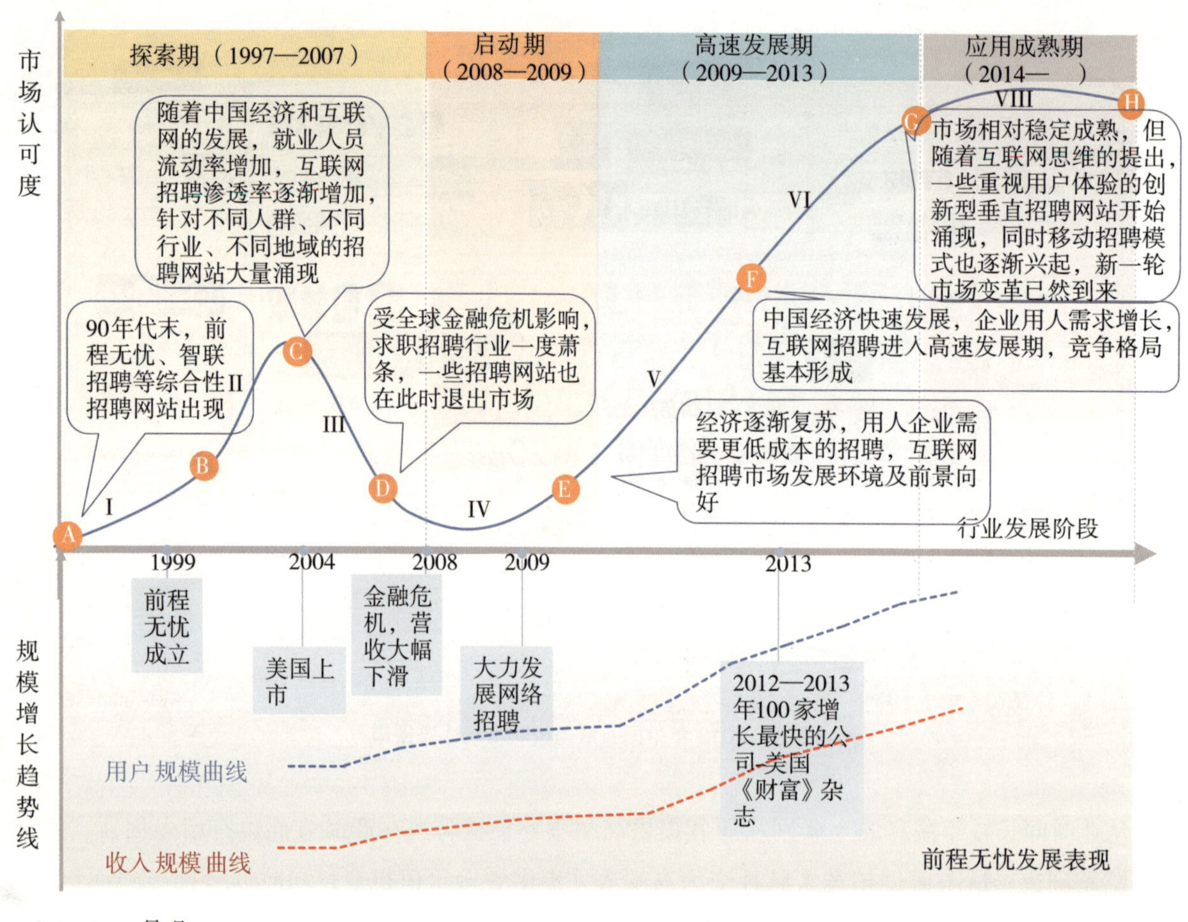

图 32　2015 年中国互联网招聘市场 AMC 模型

多年稳定，急需新鲜血液。随着互联网思维的提出，一些重视用户体验的创新型垂直细分招聘网站及应用开始涌现，试图分食传统互联网招聘市场。移动互联网的发展，使得互联网招聘市场移动端开发亦在不断前行，用户的痛点及诉求和新技术的不断驱动正在催生新一轮的市场变革。

中国互联网招聘市场经历 2008—2009 年金融危机的洗礼后，市场竞争格局多年保持前程无忧、智联招聘等老牌招聘网站独霸市场的局面。随着中国经济的发展和用工需求的转变以及移动互联网时代的到来，互联网招聘市场新一轮变革正在悄然发生。虽然市场份额仍然主要掌握在老牌招聘厂商手里，但其余厂商份额正在扩大，创新产品层出不穷。蓝领招聘、猎头招聘、垂直领域人才招聘、兼职招聘、社交招聘、职场点评分享等针对不同人群、不同方式的细分垂直招聘正在百花齐放。如何为用户提供全新高效的招聘求职体验，是互联网招聘市场新一轮变革的主题。

对个人用户而言

当今，互联网已经是个人用户求职最主要的渠道，多年不变的市场格局，也积攒了众多用户痛点，互联网招聘产品正在围绕提高用户求职招聘体验进行升级，众多产品已经将社交、点评分享、职场行业分析等功能融为一体，带给用户全新的求职体验。对于个人用户在求职过程中一直处于相对弱势的局面，互联网招聘市场创新产品也制定了一系列规则来平衡企业与求职者的地位。大数据技术在互联网招聘过程中将发挥越来越重要的作用，通过数据分析精准向用户投递职位，使得招聘求职过程中个人用户不再是被动等待者。

对企业用户而言

提升招聘效率是互联网招聘市场首要升级的关键之一，传统综合招聘平台是利用信息不对称来服务于企业用户，简历未能精准投放，导致企业用户在招人过程中效率相对较低。近几年出现的创新型细分招聘厂商，通过社交、大数据精准推荐等功能，实现了个人用户与企业用户双向选择、求职招聘效率双提升的局面。

对市场投资者而言

2014—2015 年，关于互联网招聘领域的资本市场异常活跃，有众多招聘厂商获得了资本的青睐。纠其根本原因在于互联网招聘渗透率已经达到较高水平，用户长期积累的招聘求职痛点，在移动互联网、大数据等新技术的发展下，创生出新产品和新模式得以提升用户体验。另外，用户在移动互联网发展的带动下，已经“被教育”，互联网招聘过去的中介广告模式已然无法满足其使用体验，招聘行业已经到了非变不可的状态；同时，职业社交、在线教育等众多相关领域也在向招聘领域拓展。加之中国服务业的发展、企业灵活用工趋势的增加等一系列因素，导致资本市场对于招聘领域关注度持续走高，市场投资者对于此领域亦存有较高信心。

市场典型企业——前程无忧

前程无忧是中国最大的人力资源服务供应商，2004 年即在美国上市。Analysys 易观分析认为，前程无忧的发展见证了中国互联网招聘市场的发展历程，从线下招聘业务为主到大力发展网络招聘，再到业务拓展到整个人力资源服务链条，前程无忧多年积累的人才库和企业库，以及品牌与声望，是众多企业招聘中基层员工的首选之一，也是求职者的首选求职平台之一。前程无忧的产品结构主要分为招聘猎头、培训测评、人事外包和咨询三部分。招聘猎头业务涵盖至少 7 种产品服务于企业和不同职业发展生涯的个人用户，网络招聘亦是前程无忧最主要的营收来源，占比 65%左右；培训测评、人事外包和咨询业务已经服务于众多企业，营收占比持续升高。对于个人用户而言，51club 为求职者和 HR 提供了互动交流社区，培训充电、求职攻略、职场资讯等页面为用户提供行业分析、职场干货等内容以增加用户黏性。

Analysys 易观分析认为，前程无忧虽然是中国互联网招聘行业的领军厂商，但是其产品业务形态已经过于老化，铺天盖地的广告页面展示形式已不太符合当前的用户审美，以至于一些附属产品及新增的功能无法清晰地展现在用户面前，社区及职场资讯等产品功能用户活跃度亦较低，广告模式让企业和个人用户的招聘求职体验都不高。前程无忧应对产品业务进行升级，来满足当今用户的招聘求职需求，否则前程无忧的市场份额将会不断被新晋厂商分食，一些优质企业客户也将分流。

根据 Analysys 易观发布的《中国互联网招聘市场趋势预测报告 2016—2018》数据显示，中国互联网招聘市场处于相对稳定的发展局面，整体市场规模将保持稳定增长态势，根据 Analysys 易观的监测，2016 年中国互联网招聘市场规模将达到 46. 1 亿元，与去年相比增长 18. 8%，预计到 2018 年，这一数字将达到 63. 7 亿元。

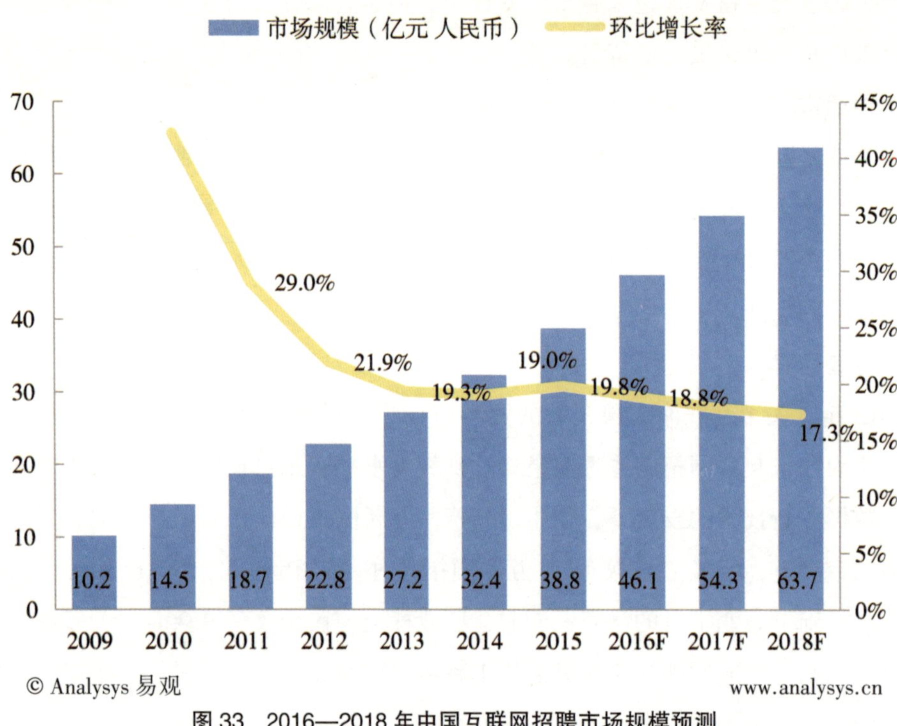

图 33　2016—2018 年中国互联网招聘市场规模预测

2016—2018 年中国互联网招聘市场将呈现以下趋势：

1. 移动互联网招聘市场将呈现火热态势，主要集中在蓝领和兼职等领域。

目前中国互联网招聘市场移动端正在涌现一股新势力，专注垂直招聘，用户群定位明确，或针对蓝领用户、或针对大学生群体，或以点评分享为主，或专注兼职领域。随着移动互联网的进一步发展，移动互联网招聘市场将有更多的新产品出现，特别在蓝领和兼职招聘领域，由于其更换工作的频次高、用工需求大，在这两个方向的新产品将比较集中。这些新产品为中国互联网招聘市场注入新鲜血液，推动行业持续发展。

2. 互联网将继续向人力资源服务市场渗透，将继续整合市场。

如今，互联网招聘市场已经渗透到人力资源服务市场产业链的多个环节，包括提供招聘猎头服务、职业测评、培训教育、人事外包及咨询等。随着中国企业的发展，对人事管理的重视程度将持续加大，人力资源服务市场潜力巨大，互联网招聘市场将继续渗透，且互联网将整合人力资源市场，使得资源利用达到最大化，服务效率达到最大化。

3. 大数据技术将优化改善互联网招聘市场，提高用户招聘求职体验，有望将生活服务与之串联。

目前，互联网招聘市场招聘效率低的现象普遍存在，未来几年，大数据技术将被充分利用，通过对求职者简历和企业用工需求等进行分析，精准推送职位及应聘人员，提高求职招聘效率，且通过简历数据可分析用户精准画像，特别在蓝领招聘领域，蓝领招聘有望成为生活服务的入口。

根据 Analysys 易观近期发布的《2015 年中国互联网招聘市场实力矩阵专题研究报告》，

Analysys 易观对 2014—2016 年中国在线招聘市场厂商在实力矩阵中所处的位置以及执行能力和创新能力的变化情况做如下解读：

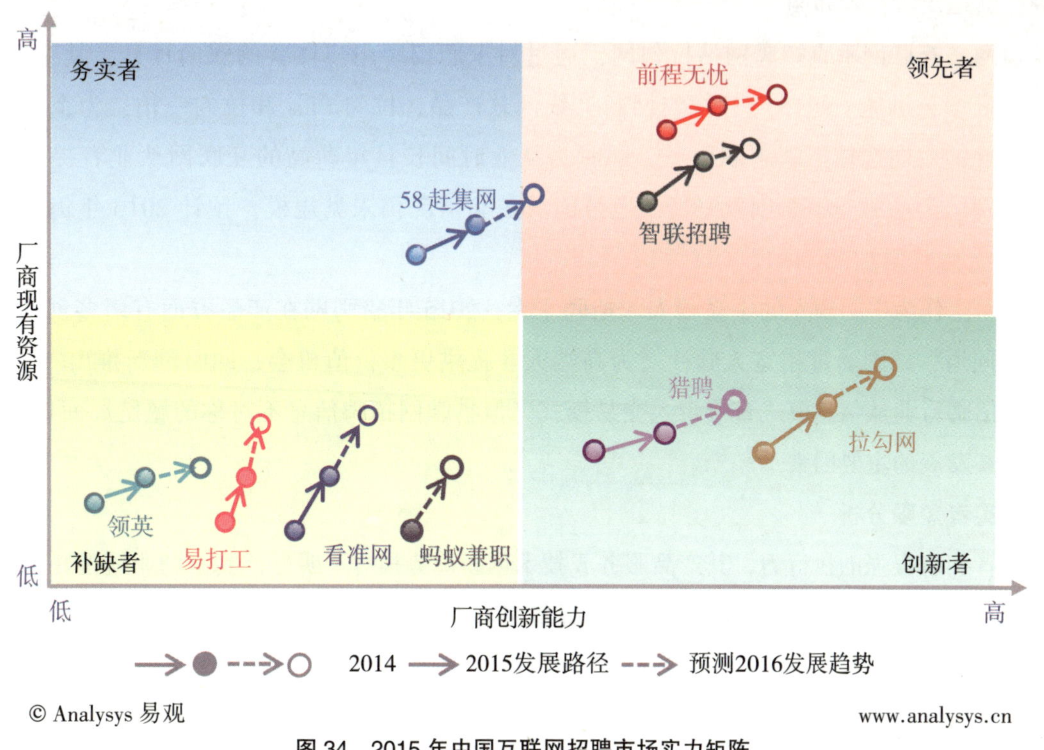

图 34　2015 年中国互联网招聘市场实力矩阵

- **领先者象限分析**

领先者在执行能力及创新能力都具有很大的优势，新技术创新和市场培育方面的投入得到很好的回报。

2015 年中国互联网招聘市场领先者：前程无忧、智联招聘

➢ 新进入者：无

➢ 新退出者：无

前程无忧：2015 年，前程无忧独立雇主数量稳步增长，其仍然是众多优质企业招聘初中级员工的首选平台之一。同时，由于职位资源丰富，也是众多用户求职的首选网站。2015 年 8 月，前程无忧收购应届生求职网，为其校园招聘再添力量。前程无忧作为综合性人力资源服务平台，虽然其发展相对稳定保守，但凭借多年的运营积累，业务布局的完整性，企业人才资源的庞大丰富，其领先者地位仍无法动摇。

智联招聘：智联招聘自上市以来，积极向职业发展平台方向转型，力求覆盖求职者整个职业生涯，将着重发展职业教育及人才测评领域。2015 年 10 月，智联招聘成立东莞分公司，进一步拓宽南方市场。智联招聘的战略转型，亦将巩固其在中国互联网招聘市场的领先者地位。

- **创新者象限分析**

创新者的业务创新能力非常强，但是由于种种原因，其市场占有率并不高，其创新投入并没有得到市场相对应的回报。

2015 年中国互联网招聘市场创新者象限：拉勾网、猎聘网

➢ 新进入者：无

➢ 新退出者：若邻网

拉勾网：互联网垂直招聘网站拉勾网，通过对求职招聘用户体验的双向提升，其企业数量、求职者数量增长迅速。2015 年，拉勾网新上线两款产品，拉勾 Plus 和拉勾一拍，为企业和求职者提供精准的双向选择招聘求职服务，同时为从业时间长且年薪高的互联网从业者提供高端服务。拉勾网的产品服务不断创新完善，但目前其盈利情况仍未见规模，预计 2016 年仍然处于创新者象限。

猎聘网：作为中国领先的中高端人才招聘平台，2015 年猎聘网在产品方面有诸多创新，推出 APP 猎聘同道，试图通过拓宽人脉社交为高端人才提供更多价值机会；同时创新推出“面试快”产品，将招聘行业从信息模式直接带入交易模式。但猎聘网招聘信息不对称的尴尬局面仍然存在，这是制约其发展的主要因素。

• **务实者象限分析**

务实者拥有很强的执行力，其产品服务或技术创新优势相对不明显，其市场业绩很好。

2015 年中国互联网招聘市场务实者：58 赶集网

➢ 新进入者：无

➢ 新退出者：无

58 赶集网：赶集与 58 同城的合并，使得中国互联网招聘市场格局产生新变化。自合并以来，针对招聘业务，其推出多种新产品，如斗米兼职、赶集微招聘、速聘等，凭借着长期积累的庞大用户群，通过不断的产品丰富和对中华英才网的收购，未来 58 赶集招聘业务有望走进领先者象限。

• **补缺者象限分析**

补缺者的业务创新能力和市场占有率都不高。

2015 年中国互联网招聘市场补缺者：领英、易打工、蚂蚁兼职、看准网

➢ 新进入者：领英、易打工、蚂蚁兼职、看准网

➢ 新退出者：周伯通招聘

领英：作为全球领先的职业社交网站，自开辟中国市场以来，一方面为了迎合中国大部分用户的互联网习惯，努力进行“中国式”的改造，一方面仍然艰难保守着其严肃的职业社交气质，处境较为尴尬。丰富的职场精英用户是其最大的资源，但面对中国市场，仍然需要继续探索，找到中国用户的兴趣点。

易打工：易打工是中国移动与人力资源部共同合作上线的求职 APP，主要用户是城市外来打工者，产品业务覆盖打工者职业生涯的不同阶段，包括岗位信息、技能培训、职业规划、就业指导等。同时拥有社交功能，方便工友之间进行交流。由于拥有官方背景，更容易获得外来打工者用户的信赖，且服务对象基数庞大，因此进入补缺者象限。

蚂蚁兼职：一款为大学生找兼职的 APP，兼职的主要群体是学生，学生亦是移动互联网用户的

主要群体。蚂蚁兼职拥有的互评信用体系，为大学生创造安全可靠的兼职环境，同时集合交友、创业、培训等功能，目前处于补缺者象限。

看准网：看准网是企业点评、雇主品牌展示和员工分享的平台，通过 UGC 的形式，点评分享企业薪资、面试等敏感话题，其前身“分智网”曾经是中国提供工资信息较为全面的网站。UGC 内容丰富，目前用户活跃度高，因此进入补缺者象限。

婚　恋

互联网的发展使人们的生活越来越便捷，也使个人社交圈不断缩小。婚恋交友网站的发展，让工作没有时间、社交圈窄的单身未婚人群有了“脱单”机会，因而得到快速发展。但移动端免费社交应用的兴起给婚恋网站线上收入带来了巨大冲击。为了应对变化的市场，互联网婚恋交友厂商做出了多种尝试，如积极改进产品、取消线上沟通费用等，同时通过加速建设线下红娘店与提高单店收入扩大盈利。

随着线上婚恋会员人数的增多，庞大的用户资料库成了婚恋交友厂商们重要的资源，借助这些线上资源，一方面婚恋交友厂商 O2O 线下红娘婚介业务得到迅速扩张，另一方面与金融理财、影视家装等领域的跨界合作，向产业链纵横延伸的步伐也开始加快。婚恋交友厂商已逐渐找到升级整个产业的发展方向。继首家婚恋厂商登陆国内资本市场后，具有领先地位的两大巨头也宣布合并共谋产业发展。

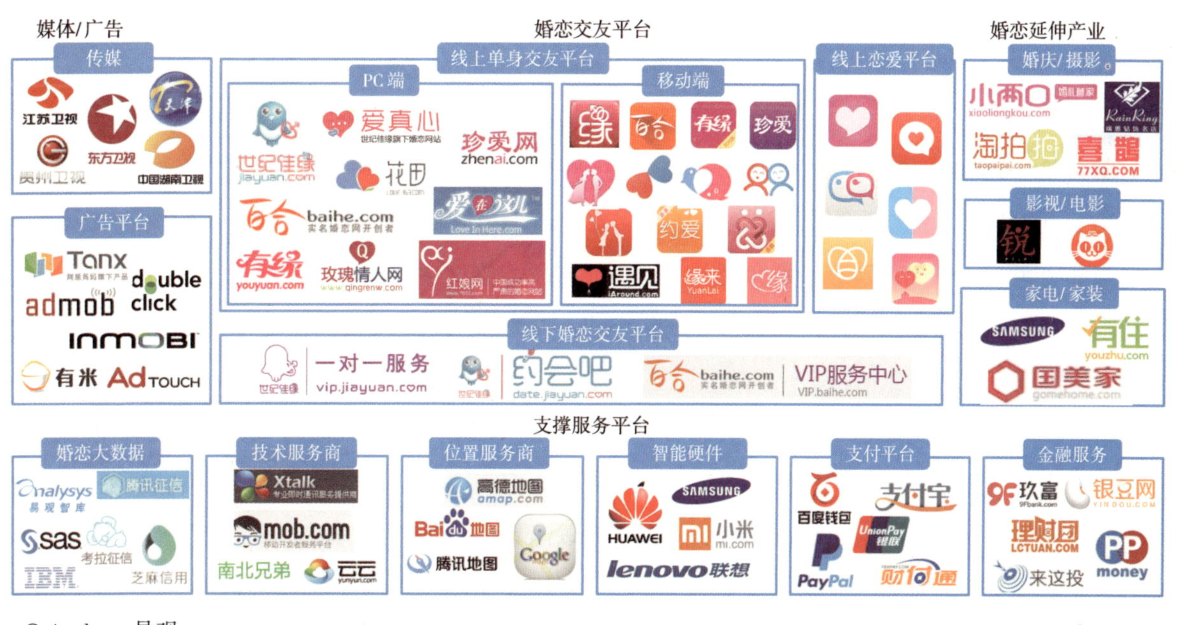

图 35　2015 年中国互联网婚恋交友市场生态图谱

Analysys 易观分析认为，中国互联网婚恋交友市场经过十多年发展，目前处于高速发展阶段。

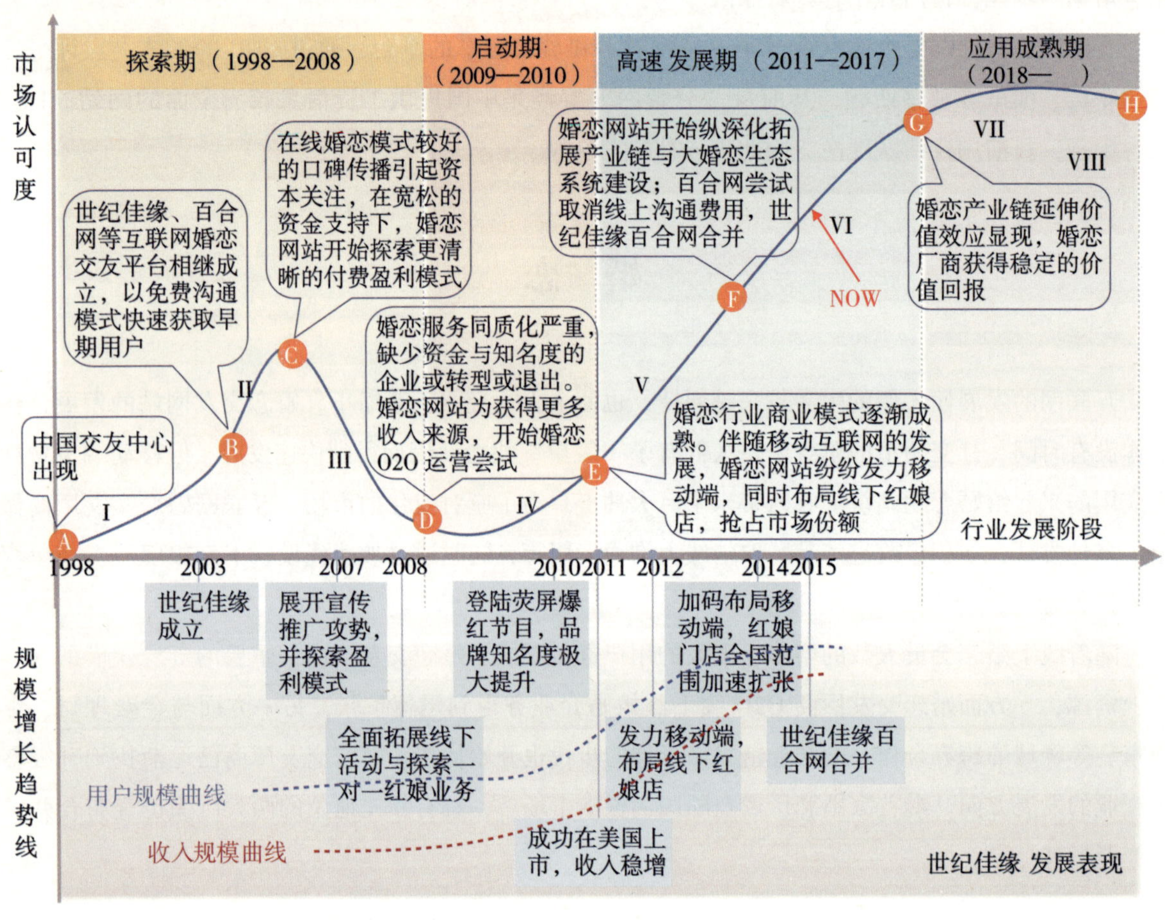

图 36 2015 年中国互联网婚恋交友市场 AMC 模型

探索期（1998—2008）

20 世纪 90 年代中国互联网泡沫催生婚恋交友产业信息化进程，在 PC 端技术的快速发展和个人电脑开始普及的时代背景下，婚恋交友开始将征友征婚信息从线下转移到线上，以打破传统婚恋交友服务的地域局限性。1998 年，珍爱网的前身——中国交友中心的出现，标志着以互联网为媒介的网上婚恋交友进入探索阶段。

随着互联网婚恋交友逐步兴起，尝试网络征婚的用户也迅速增加，而后大量互联网婚恋交友服务提供者相继进入市场，为快速获得早期用户，推行免费沟通婚恋交友模式。厂商数量的快速增加加剧了行业内同质化竞争，婚恋网站会员诚信问题逐渐暴露。2007 年开始，百合网、世纪佳缘先后采用了公安部身份验证系统，在线婚恋的信用环境逐步建立。2008 年金融危机到来，为尽快创造收入维持生存，世纪佳缘、百合网等主流婚恋交友网站先后开始收费。

市场启动期（2009—2010）

付费沟通在商业模式上取得了巨大成功，也给婚恋网站带来了可观的价值回报。2009 年，出于支付、隐私、效率、人工牵线的考虑，拥有用户资源优势的百合网在两年的线下实体店探索实践后，在上海设立第一家线下会员服务中心，正式开始婚恋O2O运营尝试。2010年，世纪佳缘先后登陆荧屏爆红节目《天天向上》与《非诚勿扰》，发力娱乐化影视营销，提升品牌曝光率与知名度，婚恋网站广告宣传推广的营销模式正式拉开帷幕。而伴随移动互联网的发展，有缘网从移动端草根用户的婚恋交友需求切入，取得了移动端婚恋交友市场、WAP领域的先发优势。

高速发展期（2011—2017）

2011年，世纪佳缘在美国纳斯达克成功上市，标志着在线婚恋交友服务模式与商业模式逐渐成熟。2012年下半年，世纪佳缘发力移动端，且开始布局线下红娘店，线上线下结合发展模式成为厂商布局重点。2014年，伴随移动互联网的迅猛发展及用户、社交向移动端迁移趋势，婚恋交友用户移动端登录次数占比不断增长。移动端规模流量的提升使婚恋网站看到了货币化效果，纷纷加力布局，并投入大量资金改善产品及用户体验，快速抢占市场份额。在移动端拥有先发优势的有缘网也继续深耕移动端产品，加速将功能机的用户迁移到智能机端，同时培养用户付费习惯。期间，世纪佳缘、百合网线下红娘服务中心与珍爱网的直营店建设也在全国范围内加速推进。

2014年开始，婚恋网站开始了纵深化拓展产业链与大婚恋生态系统的建设，将婚介服务向婚恋、婚庆，甚至金融理财、影视传媒、家装等领域延伸。在线服务方面，2015年百合网取消在线沟通费用，是对整个婚恋产业固有盈利模式的一种颠覆与尝试。2015年年底，百合网登陆新三板，而后世纪佳缘百合宣布合并，两个品牌在市场份额盈利能力与资本层面形成优势互补，对婚恋产品创新、用户体验改进、客户服务、新业务拓展、婚恋生态圈的建设均能起到更好的推动作用。互联网婚恋交友行业迎来新的竞争格局。

应用成熟期（2018—　）

为提供更好的用户交流体验，婚恋网站阻断沟通的付费模式会逐渐松动，多样化的增值服务将成为婚恋网站线上的主要收入来源。同时，婚恋产业链延伸价值效应显现，婚恋厂商获得稳定的价值回报，用户生命周期得以有效延长。婚恋生态也将逐渐步入线上扩大影响，线下获得收益回报的时代。品牌知名度和口碑价值将成为核心竞争力，婚恋行业竞争格局会进一步集中。

对个人用户而言

随着年轻人群流动性的加大及生活节奏加快带来的社交圈的收窄，在线婚恋交友模式逐步受到适婚用户认可。同时大数据支持厂商通过精准分析用户个性、生活习惯、价值观、兴趣爱好的契合度，从而更高效地为用户推荐速配的交往对象，在线婚恋交友价值提升。

而伴随移动互联网的发展，婚恋交友移动端活跃用户数与访问时长增长趋势也日趋明显，移动端体验得到有效提升，用户付费习惯也在逐步形成。Analysys易观分析认为，移动端多样化增值服务将成为未来婚恋厂商线上的主要收入来源，移动端婚恋交友社群、开放式的交流环境也会逐渐形成并为用户提供更好的沟通体验。个人身份真实性与诚信交友环境建设除了更严格的实名审核机制配合外，还将通过引入熟人、半熟人圈子的评价、推荐机制完善。目前主流婚恋网站已开始了信用评估认证的引入与熟人圈类的产品设计。

而对个人隐私有要求的用户，通过婚恋厂商庞大的线上会员资料库，在线下红娘实体店中红娘的帮助下，也能尽快找到中意的交往对象。线上与线下结合的价值被婚恋厂商深度挖掘。而伴随婚恋厂商对婚恋生态圈的建设，用户获得的服务还将向更多生活领域延展。

对行业客户而言

互联网婚恋交友用户生命周期较短，婚恋厂商庞大的线上流量需要更广泛的变现渠道以获得更大的增值，行业客户与婚恋厂商深层次合作导流用户，可以实现双方资源共享、互惠互利。婚恋网站相对更真实性的资料来源对于用户群精准的行业客户来说，更是宝贵的信息资源。

Analysys易观分析认为，目前行业客户与婚恋网站的合作，大多还只停留在渠道、用户导流层面，更深层次的用户转化还有待挖掘。建立婚恋生态圈中行业客户与婚恋目标人群的需求强关联，实现用户消费平滑过渡还需进一步创新。

对投资方而言

目前互联网婚恋行业竞争激烈，婚恋产品本身同质化、用户群重合度较高。即便是市场份额最高的世纪佳缘，也仅占据婚恋市场不到30%的份额。更多的移动社交领域产品在不断分流婚恋小众市场的用户价值。另一方面，婚恋厂商每年广告宣传需要耗费大量营销与推广费用，拓展线下市场也需要庞大的资金，过度竞争无疑是对行业资源的浪费，而强强联合、优势互补的方式能给投资方带来更大的利益期望值，包括品牌价值增强、市值提高、行业绝对领先优势，以及盈利能力的进一步提升。

市场典型企业——世纪佳缘

聚焦到互联网婚恋交友行业的典型企业世纪佳缘，Analysys易观分析认为，世纪佳缘作为互联网婚恋行业持续保持领先优势的厂商，在互联网婚恋市场探索盈利模式、优化移动端产品提高用户体验、推动婚恋交友线下一对一红娘服务的扩张上有领导型作用。

世纪佳缘成立于2003年，定位于真实互联网婚恋交友平台，初期靠创始人的友人口碑传播而快速建立知名度，直至2005年获得首笔天使投资后开始正规运营扩张。2007年，在两轮巨额投资带来的宽松资金环境下，世纪佳缘开始了宣传推广攻势，并尝试探索清晰的盈利模式，很快确立了婚恋网站包括首页会员展示、付费搜索排行、按效果付费的邮票服务、广告盈利在内的主要盈利模式。在线业务快速增长的同时，2008年世纪佳缘开始全面拓展线下活动与探索一对一红娘业务，婚恋网站收入结构更为多元化。2010年，世纪佳缘登陆《天天向上》等荧屏爆红节目，品牌曝光率与知名度获得极大提升，网站注册与活跃用户数也快速跃居行业第一。

2011年，世纪佳缘登陆纳斯达克，成为国内首家独立上市婚恋网站，世纪佳缘平台影响力得以进一步提升，也标志着互联网婚恋网站的商业与盈利模式得到市场认可。2012年下半年，世纪佳缘发力移动端，且开始布局线下红娘店，线上线下结合的发展模式成为婚恋厂商布局重点。2013年起，世纪佳缘开始大力推进公司主营业务从PC端向移动端转移，且在移动端进行多品牌化战略布局。2014年起，公司加码布局移动端，除了将移动端产品的“信件”模式改为“聊天”外，还在之后上线“缘分圈”，使用户分享得以实现。2014年起，世纪佳缘的一对一红娘门店也在全国范围内加速扩张。2015年，世纪佳缘将业务重点转移至提高用户体验与改善盈利上，包括通过优化产品提高线上ARPU收入，通过众包模式发展新的兼职红娘群体获得红娘业务增值等。作为行业领先者，世纪佳缘在婚介领域不断深耕发展也有效实现了婚恋用户向金融理财领域的导流和价值挖掘。

2015年年底，世纪佳缘与百合网宣布合并，两个品牌在市场份额盈利能力与资本层面形成优势互补，对婚恋产品创新、用户体验改进、客户服务、新业务拓展、婚恋生态圈的建设均能起到更好的推动作用。互联网婚恋交友行业将迎来新的竞争格局。

根据Analysys易观发布数据显示，2015年中国互联网婚恋交友市场规模达到27.0亿元人民币，环比增长21.1%。受移动端社交产品增多，以及婚恋生态系统建设逐步推进的影响，预计互联网婚恋产业未来仍将维持稳定增长但增速放缓。

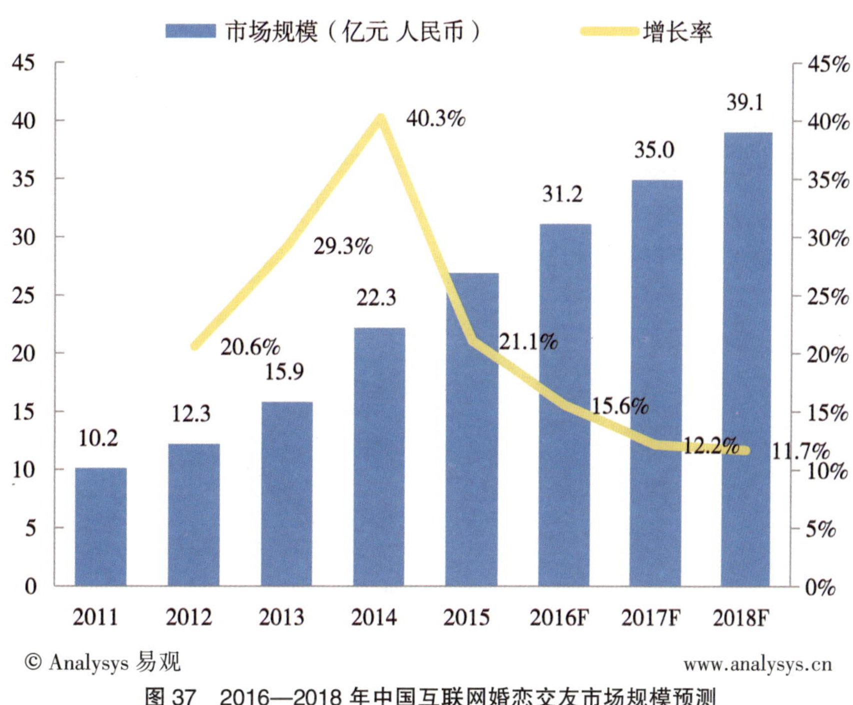

图37　2016—2018年中国互联网婚恋交友市场规模预测

Analysys易观分析认为，2016—2018年中国互联网婚恋交友市场将呈现以下趋势：

1. 在线婚恋交友业务重心继续放在改善移动端用户体验上

移动互联网的快速发展，使得婚恋交友用户使用线上婚恋服务的时间也逐渐从PC端向移动端转移。然而大量免费移动端社交应用的出现，开始逐步压缩婚恋交友厂商的线上利益。随着婚恋交友厂商发力移动端，婚恋交友用户移动端使用黏性和深度有所改善。预计未来，在线婚恋交友厂商的业务重心仍将在继续改善移动端产品设计与提升用户体验上。

2. 线下红娘店扩张速度放缓，提升单店销售额与挖掘红娘业务潜力成发力重点

2014年以来，依托庞大的线上用户数据库，互联网婚恋交友厂商O2O线下红娘店强劲扩张。截至2015年，主流互联网婚恋交友厂商累计线下红娘店数目已超过200家。预计2016年，线下红娘店扩张速度将有所放缓。规范与调整现有门店、关闭未盈利门店以及提升单店销售额会是发力重点，包括大力发展兼职红娘，深入挖掘红娘业务边际收益等。

3. 婚恋生态系统渐具雏形，婚恋产业进入线上要影响、线下要利润时代

2015年，以世纪佳缘、百合网为代表的各大互联网婚恋交友厂商纷纷加大了跨界合作拓展新市场的力度，包括合作推广婚恋理财产品，向恋爱领域延伸投资，甚至是触及影视传媒、家装、婚纱摄影、婚庆领域。伴随更多跨界合作全面展开，婚恋生态系统也渐具雏形。预计未来有了收益或融资支撑后，婚恋线上付费沟通模式也会逐渐放开，整个婚恋产业将会进入线上通过用户规模扩大影响力，线下通过红娘店、婚恋生态系统争取更多利润的时代。

4. 主流互联网婚恋交友厂商陆续登陆国内资本市场

继百合网登陆新三板后，友缘股份等其他主流互联网婚恋交友厂商也会相继快速上市。为尽快回归国内资本市场、减少内耗及谋求更快更大的发展，2015 年世纪佳缘在百合网上市不久，便选择与其合并；友缘股份也向创业板递交了股权转让协议书，可以预见加速融资、推进产业生态建设，未来互联网婚恋交友厂商登陆国内资本市场将成趋势。

中国互联网婚恋交友市场经过十多年发展，PC 端市场格局已基本稳定，移动端创新厂商不断涌现，通过差异化服务寻求自身位置。Analysys 易观对 2014 至 2016 年主要互联网婚恋交友厂商在实力矩阵中所处的位置以及执行能力和创新能力的变化情况做如下解读。

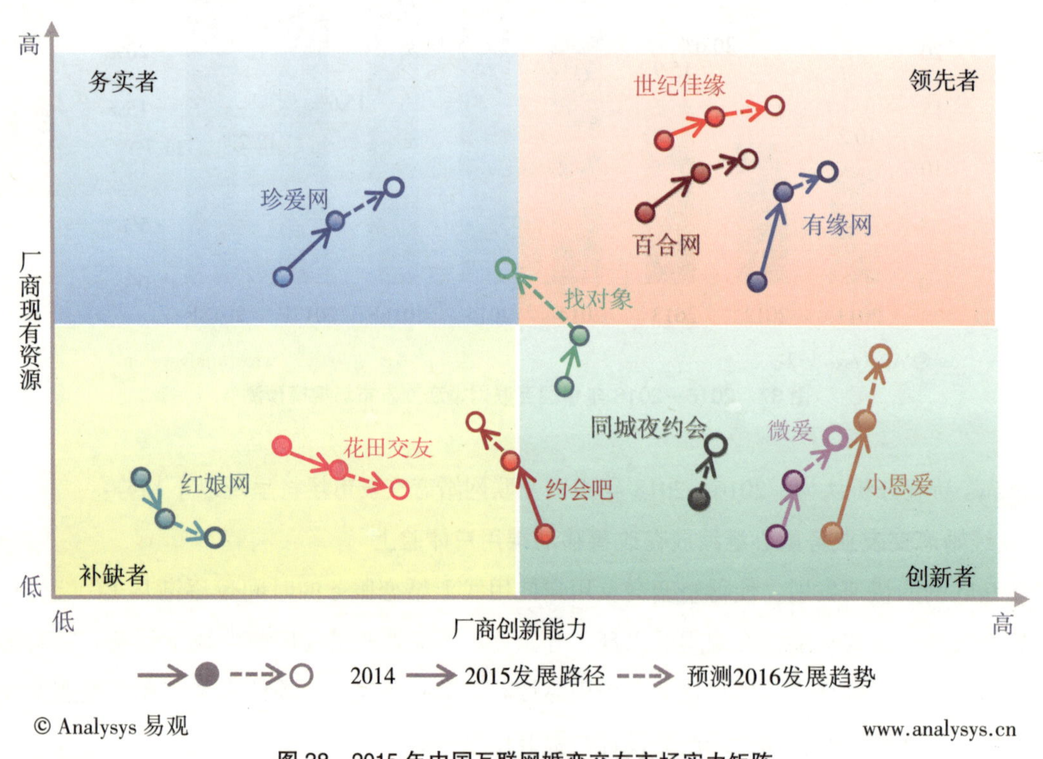

图 38 2015 年中国互联网婚恋交友市场实力矩阵

• 领先者象限分析

领先者在商业模式创新或产品/服务创新性上拥有较强的独特性，同时具有很好的系统执行力，能够把创新性提供给市场并获取较高的市场认可。

2015 年中国互联网婚恋交友市场领先者：世纪佳缘、百合网、有缘网

➢ 新进入者：无

➢ 新退出者：无

随着中国互联网婚恋交友市场格局进一步走向集中，资本开始逐渐成为主导整个婚恋产业未来格局的关键。在经历了前期无论是营销投入或是策略转变累计用户的阶段后，位于领先者的世纪佳缘和百合网将在2016年重点布局，继续在产品创新与生态圈建设上耕耘，扩大自有资源、改善盈利，同时为国内资本市场投资人带来业绩。

世纪佳缘在2015年除了继续规模有序地扩张线下红娘实体店的业务外，还先后上线了婚恋服务的TV版、缘分圈，调整了线上业务收入，并引入了众包模式的红娘经纪人项目，这意味着世纪佳缘的业务重心已明确至专注用户、产品、研发以及改善盈利上。预计在2016年，专注、坚守核心婚介业务的世纪佳缘，将继续保持这种高度稳健的发展势头，在领先者象限继续上行。

百合网在2015年更多地围绕婚恋进行生态圈建设，在金融理财、影视、家装等多个领域进行了跨界合作，包括年初与融资易、银客网、来这投合作金融业务以寻求新业务增长，又于4月上线“国美家”频道，导流用户至互联网家装平台。2015年5月，百合网还获得3家上市公司及若干券商、私募基金参与的15亿人民币融资，并宣布线上沟通免费，为生态圈建设累积用户。预计在2016年，背负短期亏损压力的百合网将继续放弃短期利润，并通过更广泛的跨界合作完善生态圈建设闭环，以维护行业领先者的地位。

有缘网因为移动端先发优势并定位于草根用户而获得了较大的用户群，这也使它成为第三家进入领先者象限的厂商。通过对产品的不断优化、改良及创新，并凭借移动互联网化浪潮的推进，有缘网在2015年也获得了稳定的增长。预计在2016年，创新能力不容小觑的有缘网将继续专注移动端核心婚介服务，并通过与生活服务平台、金融机构等特定平台合作来实现更大程度的流量变现，以继续夯实在领先者象限的地位。

- **创新者象限分析**

创新者在产品/技术上的投入很大，并在商业模式、技术或者产品服务的创新性上有独特的优势，但是由于种种原因没有得到很好的市场表现。

2015年中国互联网婚恋交友市场创新者：找对象、同城夜约会、小恩爱、微爱

➢ 新进入者：同城夜约会

➢ 新退出者：约会吧

找对象在移动端拥有较高的活跃用户数及使用黏性，但受限于移动端较低的ARPU值，在移动端流量还无法拥有更多变现渠道时，找对象的市场份额无法获得有效增长，预计2016年无法找到更多创新方式但现有资源在有效增长的找对象将从创新者象限进入务实者象限中。

同城夜约会通过同城约会交友吸引用户并提升用户黏性，在2015年也进入了创新者象限中，预计2016年将继续在创新者象限中深入发展。

小恩爱与微爱从婚恋交友中的情侣恋爱方面另辟蹊径，在婚恋交友市场中找到了自己的位置，并且2015年在用户规模、产品创新等多方面保持了良好的发展趋势，预计2016年两家厂商将继续以创新模式深入在创新者象限中。

- **务实者象限分析**

务实者拥有丰富的资源，执行能力较强，但是创新优势不明显。

2015 年中国互联网婚恋交友市场务实者：珍爱网

➢ 新进入者：无

➢ 新退出者：无

珍爱网作为最早进入中国互联网婚恋交友领域的厂商，通过网络筛选、电话红娘并结合线下红娘直营店的运营模式打通婚恋交友闭环，但模式、创新却稍显滞后，以致错过了早期占领互联网婚恋交友市场的机会。2015 年珍爱网将线下直营店的扩张作为战略重点，在全国范围铺开建设，以保证一线城市深耕细作，二线城市强势进驻。预计在 2016 年，珍爱网将继续深耕能带来更高 ARPU 值的婚恋 O2O 落地环节，加速线下红娘直营店的铺设，以务实者的姿态继续保持在务实者象限中。

• 补缺者象限分析

2015 年中国互联网婚恋交友市场补缺者：红娘网、花田交友、约会吧

➢ 新进入者：约会吧

➢ 新退出者：无

几乎与百合网同一时间段成立的红娘网在发展上就不如百合网顺利了，无论是资源、营销，抑或是产品、模式创新，红娘网均无力与之抗衡，只能以追随者的姿态停留在补缺者象限中。红娘网的服务多限制在 PC 端，随着移动互联网的发展以及未来互联网婚恋交友市场的进一步整合，预计红娘网还会在 2016 年继续在补缺者象限中下滑。

作为网易多年同城交友摸索经验的成果延伸，网易旗下的花田交友以免费和社交化的社区模式为婚恋用户创造恋爱交友环境，并依靠网易强大的媒体传播、品牌影响和对互联网产品的营销、运营经验，积累了大批活跃用户。不过移动端产品的需求和体验毕竟不同于 PC 端，加之免费沟通的模式也无法帮助花田获得更多的利润与市场，如果花田下一步不逐步开展线下业务或寻找更多业务增长，预计其在 2016 年还将继续在补缺者象限中下行。

约会吧是有缘网在移动端的另一款同城交友产品，在技术、产品设计、营销推广与用户体验上均略逊于同类产品，这导致了约会吧业务增长的迟缓。预计在 2016 年，约会吧在资源、创新及运营推广突破上会更为困难，因而会下滑至补缺者象限。

外　卖

2015 年，中国互联网餐饮外卖市场竞争异常激烈，在资本的助力下为了抢占市场争夺用户，各大厂商纷纷展开大力度补贴。上半年在高额补贴刺激下，大量用户开始使用互联网餐饮外卖服务，市场需求在短时间内被激发出来，行业规模迅速做大。但维持长期大力度的补贴对厂商的资金消耗太大，同时也造就了用户对补贴的高敏感性，难以建立用户忠诚度，所以从 2015 年下半年开始各大厂商均逐步降低补贴力度，希望通过完善送餐物流、提高餐饮品质等方式来提升用户消费体验，从而培养用户忠诚度，降低用户对补贴的敏感性。从互联网外卖行业的长远发展来看，补贴只是外

卖厂商短期内快速培养用户消费习惯的手段，未来的竞争还需着眼于给用户提供差异化的优质服务。

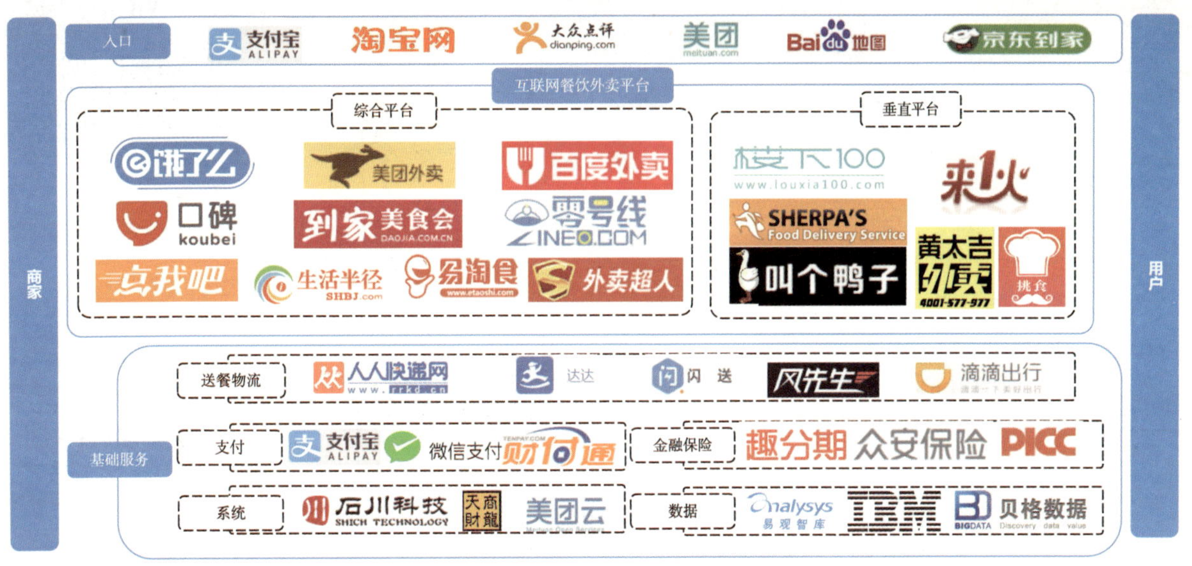

© Analysys 易观　　www.analysys.cn

图 39　2015 年中国互联网餐饮外卖市场生态图谱

Analysys 易观把中国互联网餐饮外卖市场的发展周期分为四个阶段，即探索期、市场启动期、高速发展期和应用成熟期。目前，中国互联网餐饮外卖市场处于高速发展期。中国互联网餐饮外卖市场发展周期过程如下：

探索期（1999—2013）

互联网餐饮外卖是随着互联网的逐渐普及而出现的，并且互联网的发展带动了网络零售的发展，互联网背景下的“宅经济”、“懒人经济”日益凸显，这为互联网餐饮外卖市场发展带来契机。厂商开始尝试通过网络渠道销售外卖，进行网络外卖点餐的尝试，紧接着外卖平台也纷纷上线。1999 年 Sherpa's 在上海成立；2009 年饿了么上线；2010 年到家美食会上线；2012 年零号线上线；2013 年美团外卖上线等。

启动期（2014—2015）

探索期的发展带来了新的一轮市场机会，互联网巨头们也纷纷把握时机涌入餐饮外卖市场。美团发展美团外卖，阿里发力组建淘点点（现口碑外卖），百度成立百度外卖。新的玩家加入市场，各互联网餐饮外卖平台开始采用不同的发展模式积极进行扩张，餐饮外卖互联网化加速，资本开始密切关注这一领域，资本投融资活动十分频繁。

高速发展期（2016—　）

目前外卖业务覆盖城市数量超过 300 个，随着用户规模的不断扩大，交易规模保持着稳定增长态势，互联网餐饮外卖市场盈利模式逐渐清晰，并且餐饮外卖市场资源进一步集中，餐饮外卖行业基本格局形成。

现阶段，外卖市场仍主要集中在一二线城市，随着外卖厂商不断扩展中小城市，同时深入不同

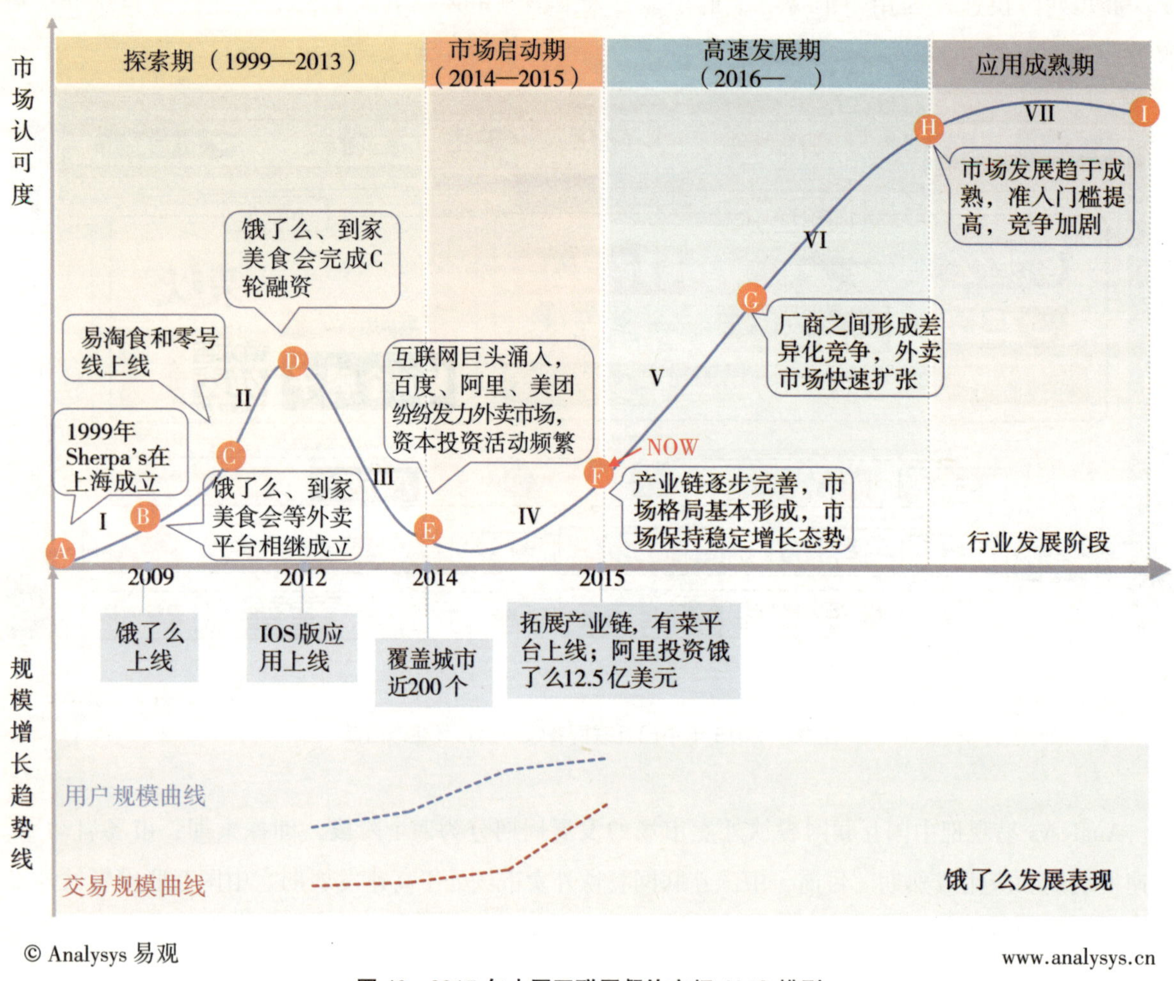

图 40 2015 年中国互联网餐饮市场 AMC 模型

人群需求，外卖用户规模将持续扩大。面对巨大的市场空间，资本对外卖行业持续看好，在资本的支撑下外卖市场开始快速扩张。2016 年，中国互联网餐饮外卖市场进入高速发展期。

应用成熟期

进入应用成熟期后，餐饮外卖市场趋于成熟，准入门槛提高，商业模式以及行业服务纵深化成熟发展，各大厂商纷纷凸显核心竞争力，行业竞争加剧。

对个人用户而言

目前互联网餐饮外卖市场竞争激烈，为了抢占市场各大厂商加大贴补力度，在高额补贴下，用户开始使用互联网餐饮外卖服务，市场潜力被激发。但这种形式造成了用户对补贴的高敏感性。Analysys 易观分析认为，补贴难以培育用户的忠诚度，说服用户来自己平台消费最直接的还是外卖服务及品质的优劣。外卖的整个流程可以简化为用户下单、商户制作以及配送。在这三个环节中严格把控外卖餐品质量、加强商户管理、提升用户体验将更有利于互联网餐饮外卖的可持续健康发展。

对线下商户而言

目前在互联网餐饮外卖市场覆盖的城市，商户基本都选择入驻外卖厂商平台。互联网餐饮外卖平台使得线下商户不仅提高了自身的信息化水平、订单处理效率，更提高了其互联网意识，这将不断提升整个外卖行业的互联网化程度。而通过对商户的信息化改造，将改变目前商户系统混乱的局面，更有利于线上和线下资源的有机融合，促进行业的快速发展。但值得一提的是，食品质量安全一直是用户最为敏感的话题，构建食品安全标准体系，多维度保证食品质量与安全，为用户安全就餐提供保证，将是互联网餐饮外卖行业的必然发展趋势。

对市场投资者而言

整个2015年，互联网餐饮外卖市场资本运作频繁，投融资不断上演，餐饮外卖市场不断受到资本的肯定也推动着行业的快速发展。互联网餐饮外卖作为高频低消费市场，根据Analysys易观监测数据显示，在2015年互联网餐饮外卖交易规模达457亿元人民币，同比增长201.1%，并在未来5年内仍将维持高速增长的态势。市场的巨大潜力使得资本也纷纷抢占这一风口。但从另一角度看，随着行业高速发展，巨头之间的竞争越发激烈，资本更热衷于从行业巨头入局，对于二三梯队的厂商是抱着非常谨慎的态度。

市场典型企业——饿了么

互联网餐饮外卖行业的典型企业饿了么，Analysys易观分析认为，其是国内较早的在线外卖订餐平台，在推动互联网餐饮外卖行业发展、延伸外卖服务品类、拓展产业链发展上有领导性作用。目前，互联网餐饮外卖行业资源进一步集中，有着充足资金的饿了么将继续保持着上升发展态势。

饿了么于2009年4月上线，主要意在为线下商户提供基于互联网技术的一体化运营解决方案，建立完善的外卖商业生态体系，搭建外卖物流配送网络。饿了么主要收入来源为商户入驻平台费和增值服务费。

目前饿了么已覆盖全国300多个城市，在完成了主要市场的城市覆盖之后，饿了么已暂缓城市拓展的步伐。在城市数量基本维持不变的情况下，饿了么通过深挖现有城市，一方面横向往生鲜、药品等周边品类拓展，丰富产品形态；另一方面持续强化上游IT系统的对接和下游物流配送服务的构建。同时，继续生态版图的扩展，饿了么的蜂鸟系统帮助其合作商户和配送员大幅提升了配送效率，目前蜂鸟系统日处理订单量已经超过80万单。2015年10月，饿了么正式发布了其已经运营了三个月的食材供应链采购平台“有菜”。

根据Analysys易观发布的《中国互联网餐饮外卖市场趋势预测2016—2018》显示，2015年中国互联网餐饮外卖市场规模将达到458亿元人民币，同比增长201.7%。目前餐饮外卖的互联网渗透率仍然较低，随着送餐物流的不断完善、技术进步、城市扩展等因素驱动，预计互联网餐饮外卖市场在未来5年内仍将维持高速增长的态势，预计2018年中国互联网餐饮外卖市场交易规模将达到2455亿元人民币。

Analysys易观分析认为，2016—2018年中国互联网餐饮外卖将呈现以下趋势：

1. 生活社区市场潜能逐步释放，份额占比有望与白领市场看齐

目前在中国互联网餐饮外卖市场中占据主要份额的仍然是白领商务市场和学生校园市场，而生活社区市场整体规模较小，行业空间有待进一步挖掘。但是随着厂商业务规划的不断深入，生活社

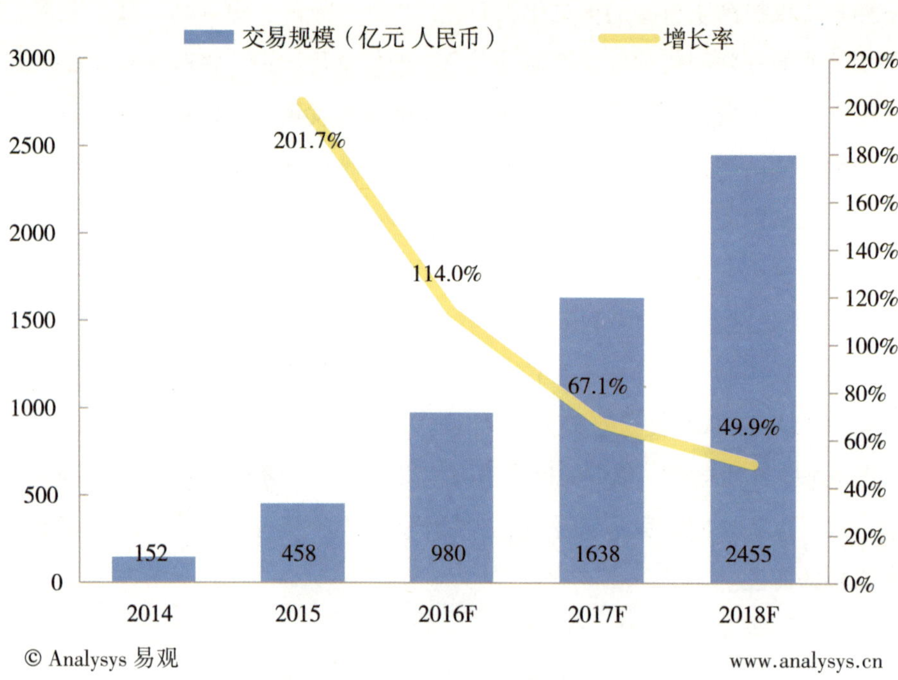

图 41　2016—2018 年中国互联网餐饮外卖市场交易规模预测

区必将成为外卖厂商下一个重点拓展的细分市场。相比白领和学生用户，社区消费场景下用户对正餐消费需求旺盛，消费支出更高，同时对服务和菜品质量要求严苛，但对补贴敏感性较低，所以需要外卖厂商一方面加强中高端餐饮商户的引入，另一方面持续提升服务能力。生活社区的外卖消费需求不弱于白领商务市场，所以未来生活社区在外卖整体市场的份额占比有望与白领商务市场看齐。

2. 继续完善送餐物流系统，保障送餐及时性

送餐及时性是影响外卖用户消费体验的一个重要因素，而随着外卖单量的快速提升，依靠餐厅自送已经很难保障送餐及时性，所以为了确保送餐体验，各大外卖平台都开始自建送餐物流系统。2015 年各大外卖平台都在送餐物流商投入大量的资金和人力，通过自营+代理+众包相结合的方式不断完善送餐物流系统，目前包括饿了么、美团外卖和百度外卖等在内的主要外卖平台，其自配送订单占比都在快速提升。而送餐物流系统也成为外卖厂商的一个重要竞争壁垒，不仅支撑起现有的餐饮外卖业务，同时也是外卖厂商拓展延伸外送业务的一个重要载体。

3. 横向拓展周边品类，由外卖平台升级为综合外送平台

餐饮外卖是一个高频的刚需业务，用户活跃度较高，随着用户规模的不断扩大，外卖平台积累了丰富的流量资源，而横向往餐饮外卖的周边品类做拓展不仅可以提高流量的利用率，还可以实现由单一垂直业务向综合平台的升级。目前各大主流外卖厂商都开始不断地延展品类版图，在餐饮以外开通了生鲜、商超、鲜花、药品等外送品类。此外由于餐饮外卖的配送时间相对集中，所以引入更多品类可以填补配送团队在用餐闲时的业务空缺，提升产出效率。

4. 进入产业链上游，拓展食材供应市场

为了给用户提供丰富的外卖选择，外卖平台不断在线下拓展商户资源，目前各大外卖平台的合作商户数量都达到了数十万的量级，而其中大部分都是中小商户。对于中小餐饮商户来说，食材采购也是长期困扰他们的巨大难题，因为本身需求量不大，所以很难实现规模化的批量采购，采购成本较高。而外卖平台掌握着大量的用户消费数据，对合作餐饮商户的真实运营情况也了如指掌，掌握商户对不同食材的动态需求，这些都为外卖平台拓展食材供应市场提供了足够的数据支持。通过聚合平台上大量中小商户的采购需求，实现规模化集中采购，帮助商户降低采购成本，同时借助外卖平台的配送系统可以有效提升食材的配送周转效率，减少商户工作量。进入上游食材供应市场，不仅可以帮助外卖平台获取更多营收来源，完善其生态布局，也可以提升商户满意度，稳固双方合作关系。

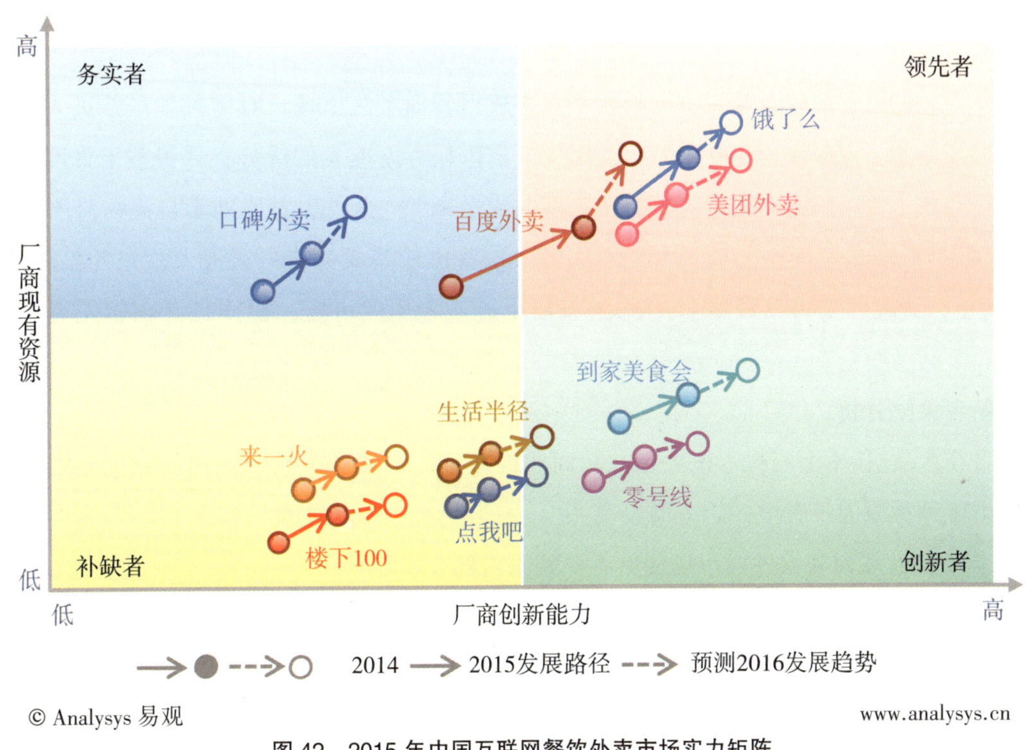

图 42　2015 年中国互联网餐饮外卖市场实力矩阵

Analysys 易观对 2014 至 2016 年主要餐饮外卖厂商在实力矩阵中所处的位置以及现有资源和创新能力的变化情况做如下解读。

- **领先者象限分析**

领先者在商业模式创新或产品/服务创新性上拥有较强的独特性，同时具有很好的系统执行力，能够把创新性提供给市场并获取较高的市场认可。

2015 年中国互联网餐饮外卖市场领先者：饿了么、美团外卖、百度外卖

➢ 新进入者：百度外卖

➢ 新退出者：无

目前中国互联网餐饮外卖市场消费用户仍然主要集中在一二线城市，而饿了么和美团外卖目前覆盖城市数量都超过 250 个，百度外卖也覆盖近 100 个城市，所以在完成了主要市场的城市覆盖之后，各大外卖厂商已暂缓城市拓展的步伐。

饿了么 2015 年的战略是“拿高校，拿白领，自配送”，在校园和商务办公区市场联合腾讯、京东拓展流量入口。搭建物流也是饿了么的布局重点，自主研发“帕拉丁”调度系统和“风行者”订单管理 APP，以此来提升自配送速度，服务质量极大提高。此外，饿了么研发的蜂鸟系统帮助其合作商户和配送员大幅提升了配送效率。预计 2016 年，饿了么将继续深耕市场，并将努力打通供应端资源，继续保持在领先者象限。

美团外卖是美团在外卖业务上的延伸和发展。借助美团在团购领域打下的基础，拥有较高的品牌知名度和大量合作商户，积累了较大的用户量，形成了较好的平台。2015 年，美团外卖新增便利店、水果蔬菜、甜点饮品等入口，扩展品类，满足消费者正餐之外的更多需求，从而提升用户黏度。为了弥补物流短板，美团外卖采用第三方加盟的方式强化物流建设。预计 2016 年，美团将进一步拓展城市覆盖，扩展服务及品类，保持在领先者象限。

百度外卖通过自营加整合第三方的外卖平台主攻白领商务区市场。百度外卖虽然进入外卖市场较晚，但扩张迅速，覆盖接近 100 个城市。百度外卖依托百度搜索的优势，并得益于百度旗下其他业务如百度地图、百度糯米的支持，具备了更多的流量来源。此外，百度外卖自建物流团队“百度骑士”，保证外卖配送速度，形成平台竞争优势。这些也使其成为第三家进入领先者象限的厂商。预计 2016 年，百度外卖将在百度 O2O 总体策略下进一步拓展市场，稳固自己在领先者象限中的地位。

- **创新者象限分析**

创新者在产品/技术上的投入很大，并在商业模式、技术或者产品服务的创新性上有独特的优势。但是由于种种原因没有很好的市场表现。

2015 年中国互联网餐饮外卖市场创新者：到家美食会、零号线

➢ 新进入者：无

➢ 新退出者：无

到家美食会自建物流团队，主要为中高端餐饮品牌和知名连锁品牌提供外送服务和订餐平台。到家美食会发展模式较重，扩张节奏慢，失去了扩展市场份额的先机。预计 2016 年，到家美食会将继续停留在创新者象限中。

零号线主要服务于城市白领。为用户提供当地美食、超市商品的在线订购、实时配送服务。截至 2015 年底，零号线依旧保持覆盖 12 座城市，预计 2016 年，零号线仍旧维持在创新者象限里。

- **务实者象限分析**

务实者拥有丰富的资源，执行能力较强，但是创新优势不明显。

2015 年中国互联网餐饮外卖市场务实者：口碑外卖

➢ 新进入者：无

➢ 新退出者：百度外卖

作为阿里巴巴在移动端最为核心的两大利器，“支付宝” 和 “手机淘宝” 也在首页推出了口碑外卖的入口，虽然有阿里的流量入口强大依托，但口碑外卖发展相对缓慢，错过了早期占领餐饮外卖市场的机会。预计 2016 年，口碑外卖将凭借固有优势继续拓展市场，并在务实者象限巩固

地位。

• **补缺者象限分析**

2015 年中国互联网餐饮外卖市场补缺者：生活半径、点我吧、来一火、楼下 100

➤ 新进入者：无

➤ 新退出者：无

2015 年下半年，生活半径得到口碑外卖 3 亿投资。生活半径一直专注于物流配送和配送的品类扩张，从外卖切入，拓展到便利店、水果、蔬菜、鲜花、蛋糕等其他品类。预计 2016 年，在口碑外卖的加码之下，生活半径将会向着创新者象限上升。

点我吧在完成由阿里系口碑网络投资的 C 轮融资后，大力发展孵化项目即时物流平台“点我达”，而紧随其后，创新工场对其 C 轮进行了追加注资。预计 2016 年，点我吧在资金的支持下，将持续致力于构建线下的本地生活网络及一站式解决用户对商品和服务上门的需求，点我吧将会向着创新者象限上升。

来一火定位为专业的火锅外送平台，与线下火锅品牌合作，目前，其收入主要为交易佣金、配送费以及销售第三方商品的利润，有发展的市场空间。预计 2016 年来一火将继续保持在补缺者象限。

在 A 轮融资完成后，楼下 100 加速开设城市分站，并设立物流平台。此前楼下 100 走的是“重”到底的模式，但现在，至少在物流上，也开始“轻重结合”，预计 2016 年将继续在补缺者象限中缓慢上升。

出　行

经过了数年的发展，互联网专车已成为中国移动互联网用户的常用出行方式之一。2016 年，中国互联网专车市场已进入高速发展期，用户增长率将保持平稳，并在高速扩张的同时继续深化用户体验。

此外，Analysys 易观分析认为，中国互联网出行市场已经进入高速发展期，并向平台化发展。

探索期（2006—2014）

市场两大主题：业务创新和竞争升级。业务创新：前期的服务内容主要为传统的汽车租赁、专车、代驾等业务，后期逐渐出现了可以实现闲置资源优化配置的拼车等业务，服务不断创新和升级；竞争升级：探索期不断有强势新进入者，市场进入跑马圈地阶段，企业纷纷通过加大补贴力度拓展市场。

启动期（2014—2015）

2014 年开始，政府对互联网出行的监管逐渐加强，市场运行逐渐规范化，市场进入启动期；2015 年行业整合加剧，部分细分行业实现寡头格局，互联网巨头开始进行平台化布局，市场处于高速发展期前夕。

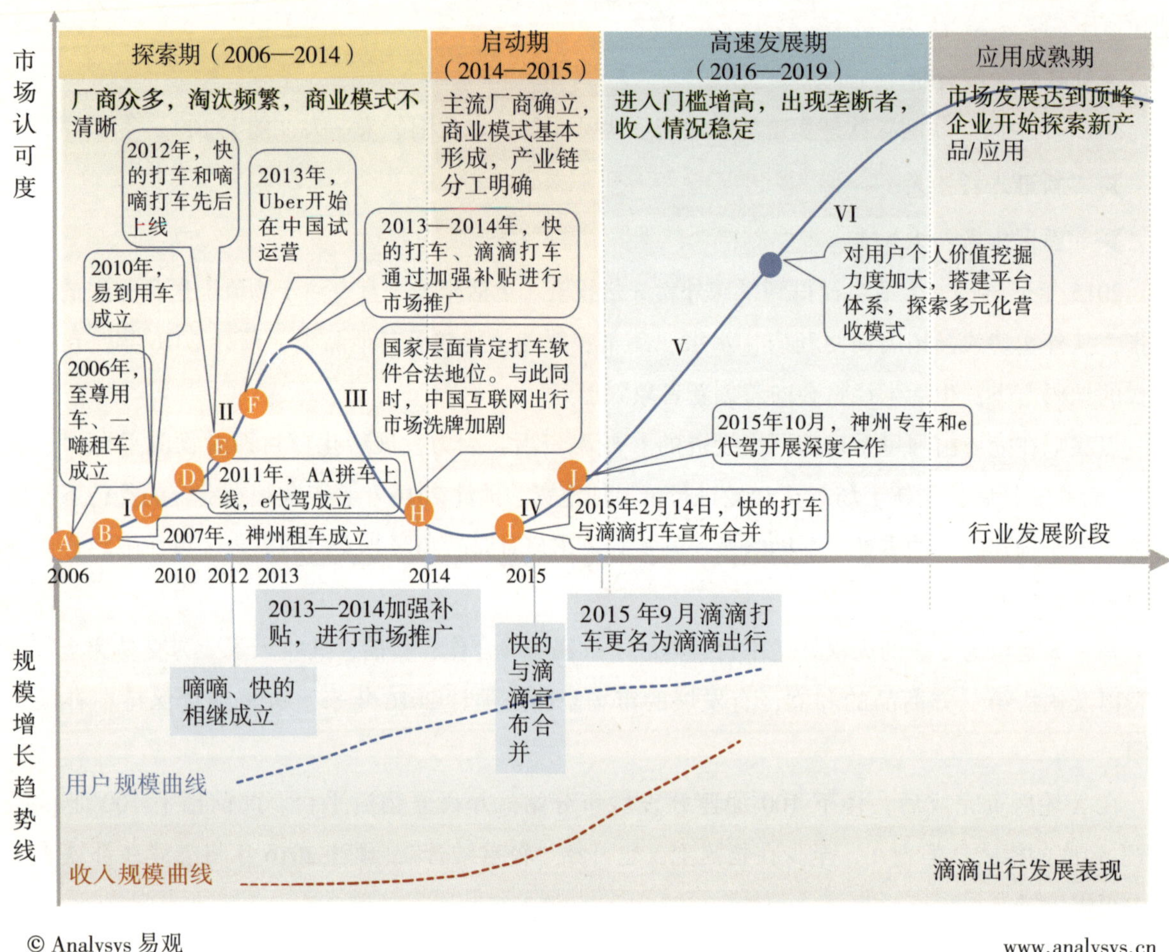

图 43 2015 年中国互联网出行市场 AMC 模型

高速发展期（2016—2019）

高速发展期标志着中国互联网出行服务将开始向平台化发展，独立互联网出行服务的流量将主要来自拥有海量活跃用户和使用场景的平台化/渠道级应用。

对个人用户而言

2015 年 10 月 14 日，滴滴出行表示，首批“滴滴车站”已在北京和上海两地上线，未来将推广到全国其他城市，同时滴滴车站也将接入腾讯地图，对地理位置进行标注。随后，2015 年 11 月 4 日，优步中国宣布将与百度合作，在全国范围内升级优步站牌，将在百度地图中加入优步站牌的地理位置信息。2015 年 11 月，神州专车启动火凤凰计划。通过强化既有要求和建立监督机制，全面加强服务及深化品质管理。

Analysys 易观研究发现，“互联网+城市交通”中用户体验最差的环节在于乘客和司机的线下对接。在此之前，滴滴出行曾经推出过虚拟车站（推荐上车点）。而实体车站则可以帮助乘客在对周边环境不熟悉时更方便地与司机沟通上车地点，实现快速上下车，提升用户体验。Analysys 易观分析认为，实体车站的落地、监督机制的强化代表着中国专车服务商已开始针对性地对用户体验进行纵向深化。

对行业客户而言

2015 年 11 月 9 日，交通运输部对《关于深化改革进一步推进出租汽车行业健康发展的指导意见（征求意见稿）》和《网络预约出租汽车经营服务管理暂行办法（征求意见稿）》的公开意见征集正式结束，意味着这两项政策进入最后的完善阶段。在意见汇总中，私家车准入限制最受到关注。Analysys 易观研究发现，目前中国 6 家主要专车企业中，仅有神州专车、首期约车、AA 租车三家为纯 B2C 专车模式，滴滴出行、优步和易道用车均为 P2P/B2C 混合专车模式。若未来专车行业的私家车准入限制设置过高，则意味着对政策风险的抵御能力较强的 B2C 专车模式将在未来获得更大先机。

中国拼车市场从 2014 年爆发至今，大量企业已经在激烈竞争中退出市场，寡头竞争格局已经形成。拼车的商业模式较为单一，进入门槛较低，这导致了大量企业进入后快速扩张，但并未在短时间内形成成熟的商业模式，最终因资金链问题离场。Analysys 易观分析认为，在中国拼车市场进入寡头竞争阶段后，生态建设将成为拼车服务商未来的主要发展方向。拼车将继续在“共享经济+城市交通”中占据重要位置。

随着互联网出租车的竞争结束，互联网专车和互联网拼车的市场格局逐步稳定，互联网代驾、互联网大巴和互联网汽车租赁将在明年迎来激烈竞争，并继续洗牌。与此同时，新的互联网出行领域将被继续挖掘，并在未来一年中得到发展。可以看到的是，目前互联网出行也开始与其他领域进行深度合作与融合，传统企业的试水也促进了相应领域的发展。Analysys 易观预测，在 2016 年，平台化出行服务将继续扩张新的出行版图，并将继续带动目标领域洗牌。

对资本市场而言

目前，中国互联网出行市场形成了综合出行平台与细分出行领域企业对抗的局面。综合出行平台依靠强大的资源优势、成熟的商业模式，在自身覆盖的细分领域的竞争中占据了较多的市场份额。对资本市场而言，将更多地关注未被深度挖掘的互联网出行相关领域，比如加油、汽车金融等车主服务。

市场典型企业——滴滴出行

目前滴滴出行除了在互联网出租车、专车领域继续深度挖掘以外，在拼车、代驾、大巴等领域亦开始发力。预计今年年底到明年年初，滴滴出行将建成整个城市交通 O2O 生态体系，并覆盖所有城市出行场景。

2012 年嘀嘀打车上线，推出互联网出租车业务。获得多轮融资后，2014 年，嘀嘀打车宣布更名为滴滴打车，推出为高端商务出行人群提供优质服务的专车业务，并与微信支付、手机 QQ 开启合作，简化支付方式。2015 年 2 月，滴滴打车与快的打车实现战略合并。一个月后，滴滴快的发布了互联网专车安全与服务标准，包括车辆和司机准入门槛、技术监控手段、保险与现行赔付保障制度等，全面统一滴滴专车与一号专车的安全与服务机制。这一标准填补了互联网专车行业安全管理标准的空白，亦间接提升了专车行业的准入门槛，使专车行业从此拥有了类似其他行业的准入、监控、售后、赔付标准与机制。同时，这一标准的发布也标志着滴滴快的已经正式将运营重心转移至专车服务，同时向友商展示其市场领先地位。同年，滴滴出行陆续推出代驾、巴士、顺风车等业务。经过了一年的发展与扩张，滴滴出行旗下专车服务已经在中国市场占据了较大的市场体量，并从最初的单一领域扩张成为完整的城市交通 O2O 生态平台。滴滴顺风车作为滴滴出行旗下一个细分产品线已经拥有了较大的用户体量，其车主资源和乘客资源已经在滴滴出行生态圈中形成完美循环。未来滴滴出行将基于包括滴滴顺风车在内的出行细分产品继续打造城市交通生态圈，并拓展变现模式。

根据 Analysys 易观发布的数据显示，预计在 2016 年，中国互联网专车交易规模将达 559.3 亿元人民币，较 2015 年增长 50.9%。预计在 2018 年，中国互联网专车交易规模将达 813.8 亿元人民币。

根据 Analysys 易观发布的数据显示，2015 年全年，中国互联网专车交易规模为 370.6 亿元人民币。中国互联网专车交易规模在 2015 年第四季度相比 2015 年第一季度增长两倍多，中国互联网专车市场在 2015 年得到飞速发展。

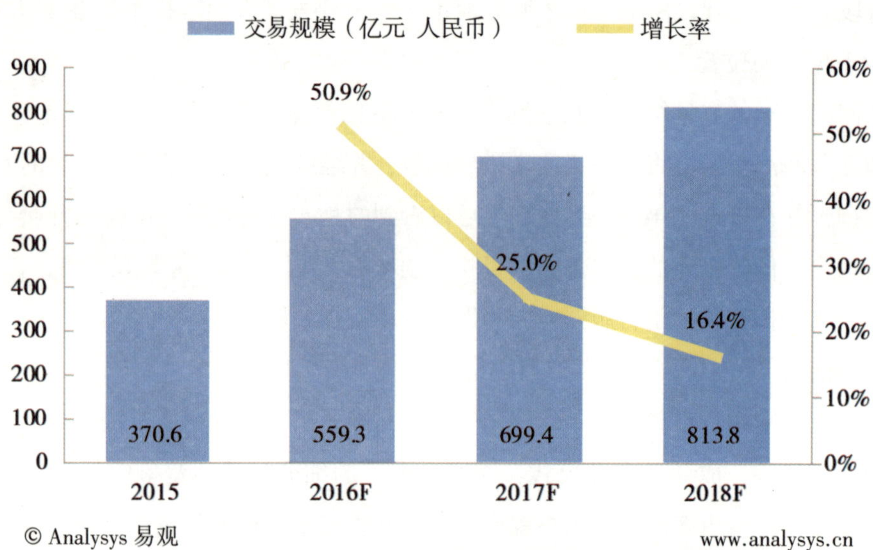

图 44　2016—2018 年中国互联网专车市场交易规模预测

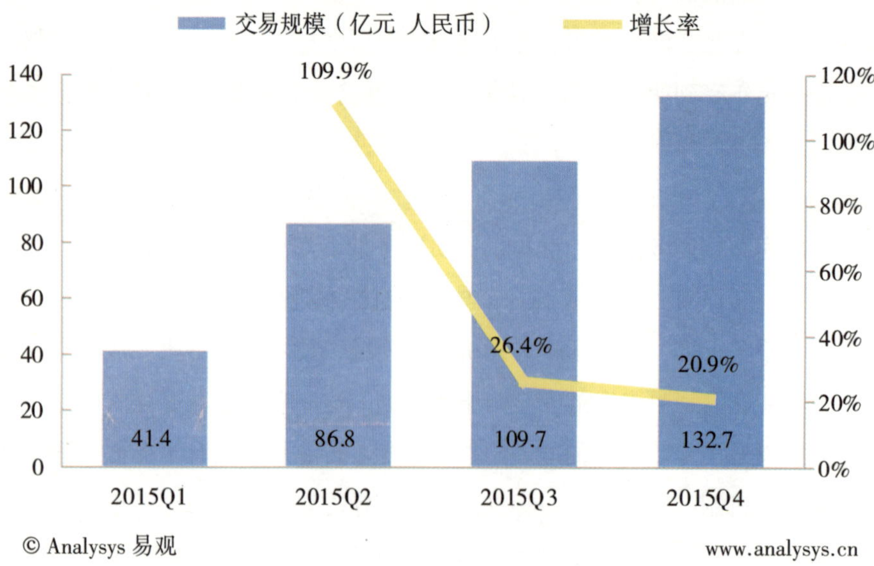

图 45　2015Q1—Q4 中国互联网专车市场交易规模

根据 Analysys 易观发布的数据显示，2015 年第四季度，中国互联网专车服务订单量前三名分别为滴滴专车、优步和神州专车。2015 年全年中国互联网专车市场竞争仍然激烈，当前的竞争态势将在 2016 年继续延续，服务质量将成为 2016 年中国互联网专车市场竞争的焦点。

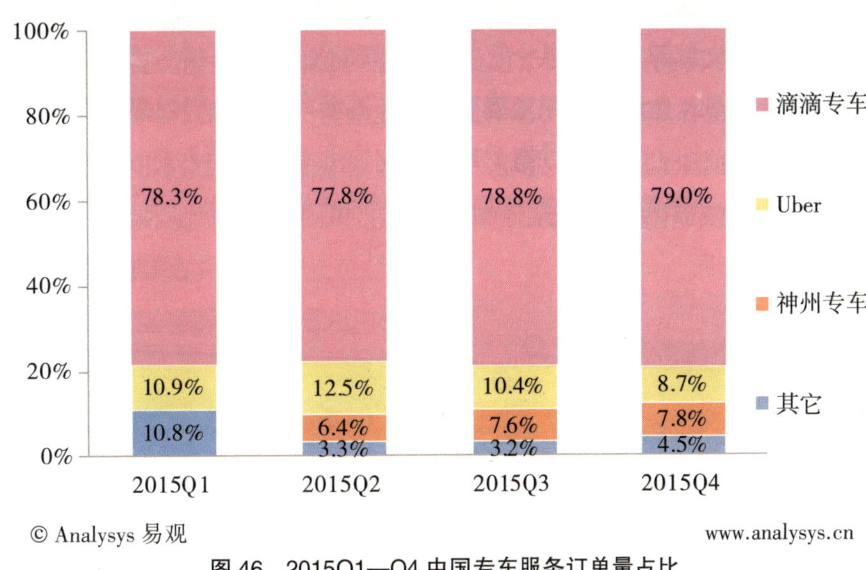

图 46 2015Q1—Q4 中国专车服务订单量占比

Analysys 易观分析认为，在 2016 年中国互联网专车市场将呈现以下趋势：

1. 用户体验纵向深化

经过了数年的发展，互联网专车已成为中国移动互联网用户的常用出行方式之一。当前中国各大主流互联网专车服务商经过了长期的高速扩张，在市场体量上已经有了长足的进步，但服务与体量之间仍然存在断层。2015 年，中国主流专车服务提供商纷纷上线了实体车站、虚拟号码等服务差异化产品。Analysys 易观预测，未来中国主流互联网专车服务商将继续在原有基础上强化服务质量，以优质的服务保证其服务下活跃用户数的稳定增长。

2. 服务覆盖向三四线城市扩张

除了继续提升用户体验以外，中国主流互联网专车服务商亦将开始继续挖掘新的市场机会。2016 年年初，滴滴出行将旗下专车服务覆盖城市扩展至 400 个，而优步则计划在 2016 年覆盖 100 个中国城市。Analysys 易观研究发现，虽然一二线城市是目前中国互联网专车服务的主要订单贡献区域，但三四线城市仍然潜力较大。Analysys 易观预测，未来中国主流互联网专车服务商将继续挖掘三四线城市的互联网出行潜力，并为中国特色的季节性人口迁徙做出贡献。

根据 Analysys 易观近期发布的《2015 年中国互联网出行市场实力矩阵专题研究报告》，易观对 2014 至 2016 年主要互联网出行服务企业在实力矩阵中所处的位置以及执行能力和创新能力的变化情况做如下解读。

- **领先者象限分析**

领先者在商业模式创新或产品/服务创新性上拥有较强的独特性，同时具有很好的系统执行力，

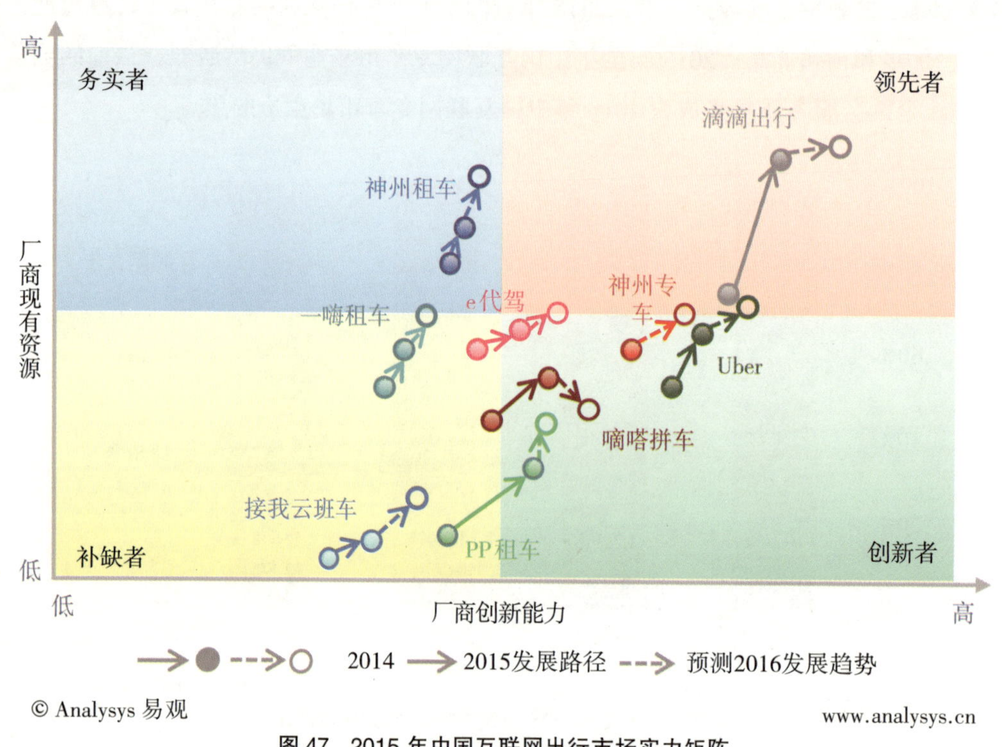

图 47　2015 年中国互联网出行市场实力矩阵

能够把创新性提供给市场并获取较高的市场认可。

2015 年中国互联网出行市场领先者：滴滴出行

➢ 新进入者：无

➢ 新退出者：无

2015 年 2 月 14 日，滴滴打车和快的打车宣布合并，并于半年后更名为滴滴出行。经过了一年的发展与扩张，滴滴出行旗下互联网出租车和专车服务已经在中国市场占据了较大的市场体量，并从最初的单一领域扩张成为完整城市交通 O2O 生态平台。目前滴滴出行除了在互联网出租车、专车领域继续深度挖掘以外，在拼车、代驾、大巴、试驾、城市物流等领域亦开始试水和发力。其滴滴车站的部署在未来也能够继续服务于滴滴出行旗下其他产品线，并通过对附近商圈及线下服务资源的整合，打造以出行为入口辐射全行业 O2O 的用户资源变现模式。预计滴滴出行在 2016 年将继续在领先者象限中深入。

• 创新者象限分析

创新者在产品/技术上的投入很大，并在商业模式、技术或者产品服务的创新性上有独特的优势。但是由于种种原因没有得到很好的市场表现。

2015 年中国互联网出行市场创新者：优步、神州专车、e 代驾、嘀嗒拼车、PP 租车

➢ 新进入者：无

➢ 新退出者：无

2015 年，优步接受来自百度的投资及相关资源，其在中国的业务扩张获得加速。随着当前执法机构对 P2P 专车的持续关注和相关政策即将上线，主营 P2P 专车的优步已在中国设立分公司以解

决相关政策问题及进行下一步扩张。Analysys 易观研究预测，优步在 2016 年将加速扩张区域覆盖，并进入领先者象限。

2015 年 1 月，神州专车正式上线。与滴滴快的、优步主营 P2P 专车不同，神州专车的 B2C 专车模式其政策风险相对较小。神州专车在 B2C 专车领域的扩张手段较为激进，短时间内占据了一定的市场份额，并超越数名竞争对手。神州专车目前所有车辆来源均来自神州租车，并由第三方劳务公司统一招募、培训和管理全职专业驾驶员，为神州专车服务。神州专车的这一模式让车辆与司机来源得到统一，其服务亦达到较高的标准化程度，进而使其用户黏性保持在较高水平。Analysys 易观研究认为，神州专车凭借其 B2C 模式，对政策风险的抵御能力较强，这或将让神州专车在政策实际落地之时获得更大先机。预计神州专车在 2016 年将继续在创新者象限中深入，并逼近领先者象限。

e 代驾在 2015 年面临来自滴滴出行代驾业务的挑战，其自身拓展速度亦开始加快。在维持原有代驾业务的基础上，e 代驾开始与神州专车合作，扩张会员体系，并推出全新的服务品牌"e 车管家"，进军汽车后服务市场。预计 2016 年 e 代驾将进入领先者象限。

嘀嗒拼车在 2015 年通过持续创新保持业务稳步增长，其于 2015 年推出的"1+1"拼车模式尚属国内首例，进一步提升了单位车辆运力。但受限于拼车业务模式，体量始终维持在较低水平，其微创新带来的用户扩张亦较为有限。预计 2016 年嘀嗒拼车将继续停留在领先者象限中。

PP 租车于 2014 年进入中国运营，在 P2P 租车领域获得较大市场份额，并持续保持增长。但受限于 P2P 租车业务模式，体量始终维持在较低水平。从全国范围来看，目前尚难与 B2C 租车企业相抗衡。预计 2016 年 PP 租车将继续在创新者象限中保持稳定增长。

- **务实者象限分析**

务实者拥有丰富的资源，执行能力较强，但是创新优势不明显。

2015 年中国互联网出行市场务实者：神州租车

➢ 新进入者：无

➢ 新退出者：无

神州租车作为中国老牌互联网租车服务提供商，始终立足于互联网租车领域，并在中国互联网租车市场常年占据首位。但当前互联网租车领域陷入发展瓶颈，新盈利增长点尚未得到充分发掘。预计 2016 年神州租车将继续巩固务实者象限地位。

- **补缺者象限分析**

2015 年中国互联网出行市场补缺者：一嗨租车、接我云班车

➢ 新进入者：无

➢ 新退出者：无

一嗨租车作为中国老牌互联网租车服务提供商，其业务模式与神州租车高度相似，但扩张能力有限。目前一嗨租车业务重点放在用户体验优化，预计 2016 年一嗨租车将逼近务实者象限。

接我云班车于 2015 年 9 月获得阿里 pre-A 轮战略投资，其互联网巴士业务在国内亦占据较高市场份额。但受限于自身较重的互联网巴士业务，其扩张速度尚存瓶颈。预计 2016 年接我云班车将继续在补缺者象限中保持稳定增长。

在线旅游

在线旅游

随着中国居民收入的逐步提高和对旅游休闲的重视程度大幅增加，居民对旅游出行的需求迅速增长。近年来，移动互联网发展方兴未艾，移动互联网确保用户随时随地使用在线旅游服务，极大拓展了在线旅游市场空间，成为在线旅游市场发展的强刺激因素。Analysys 易观分析认为，在线旅游移动端市场近年来高速发展，推动资本热情和业内不断创新，2015 年是在线度假旅游快速发展的关键年，在线旅游标准品市场经过资本整合、竞合发展后基本格局初定。未来整体在线旅游发展的亮点将集中体现在在线度假以及主要厂商对上下游资源的深度整合中，预计 2016 年中国在线度假市场将进入高速发展期。

图 48　2015 年中国在线旅游产业生态图谱

Analysys 易观分析认为，中国在线旅游市场目前处于高速发展阶段。

探索期（1997—2003）

20 世纪 90 年代中国旅游产业开始信息化进程，一批传统旅行社开始探索在线销售旅游产品。1997 至 1999 年，华夏旅游网、中青旅在线（现更名为“遨游网”）、携程旅行网和艺龙旅行网等中国主要在线旅游网站相继成立，拉开了中国进行在线旅游产品代理的发展序幕。在这一发展阶

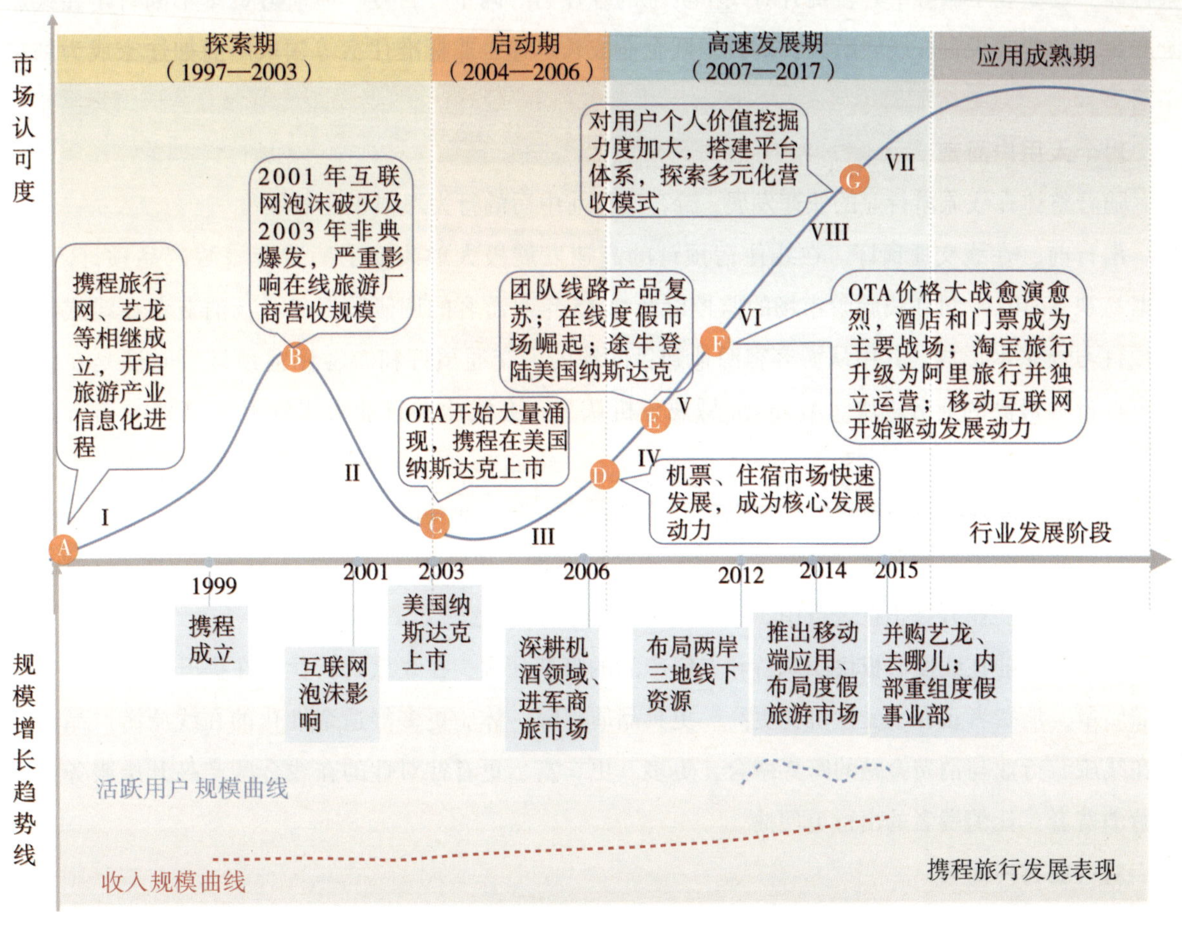

　www.analysys.cn

图 49　2015 年中国在线旅游市场 AMC 模型

段，在线旅游主要为用户提供旅游资讯、机票预订和酒店预订业务，酒店预订代理是主要收入来源。2001 年，互联网泡沫的破灭淘汰了一批业务同质化的小厂商，2003 年非典肆虐对在线旅游产业形成较大打击，在线旅游产业陷入短期低谷，2003 年下半年开始复苏，携程在纳斯达克上市。

市场启动期（2004—2006）

2004 年，在线旅游市场进一步复苏，艺龙在纳斯达克上市。由于技术发展，旅游产品在线代理进入标准化阶段，在线机票销售平台已较为成熟，机票代理发展迅速，成为在线旅游厂商主要收入来源。同程、去哪儿、酷讯、芒果旅行等在线旅游网站相继诞生，在线旅游市场形成包含机票、酒店、门票等在线预订 OTA 业务和平台类业务共存的多元化业务结构。

高速发展期（2007—2017）

2007 年至今，在线旅游市场处于高速发展期。大量资本涌入在线旅游市场，推动细分市场创新和行业整合。标准品（机票、酒店预订）市场趋于成熟，并诞生了如航班管家、飞常准等聚焦移动端的机票厂商。巨头格局通过市场竞争、股权转换基本形成，在线旅游市场竞争热点集中表现为在非标准产品市场（在线度假市场）的竞争。领先在线旅游厂商通过融合线上线下资源不断提高市场份额和整体产业渗透率。携程、途牛、同程等厂商都在致力于整合线下产业链资源，通过收购传统旅行社、建立线下服务中心，提升对线下资源的掌控力。阿里、百度、海航等资本不断肯定在线旅游产业，自营或投资在线旅游厂；垂直领域企业成长迅速，非标准住宿等领域厂商如途家成为新独角兽。

对个人用户而言

随着整体在线旅游行业的快速发展，游客出行前中后的行为习惯正在被颠覆。

出行前，在线交通预订、在线住宿预订的高速发展极大地改变了消费者旅游产品预订习惯。根据易观 Analysys 对在线旅游市场的监控以及 2015 年对游客的调研数据显示，消费者在线旅游产品预订习惯基本形成。其中从游客客源地到目的地的大交通预订和游客住宿预订暂时还是在线旅游市场份额最高的业务板块。Analysys 易观分析认为，在线旅游行业大大提升了消费者出行预订效率。

出行前，随在线度假板块的迅速崛起，消费者能更轻易地获取海量度假旅游产品信息。旅行产品信息量的进一步丰富拓展了游客选择旅游产品的范围，出境游等产品成为触手可及的出行选项，整体在线旅游产业升级正在进行中。

出行中，随在线度假板块团队游和专线产品的日渐壮大，在线旅游行业正在提升整体旅游行业产品质量，消费者正在享受性价比更高、更具品质保障、体验更多舒适个性化的在线旅游产品。随着在线旅游行业与消费金融的跨界融合，更多、更丰富、更有针对性的在线金融产品开始服务在线旅游消费者，让消费者的出行更便捷。

对行业客户而言

随着移动互联网和信息化技术对在线旅游市场的渗透率逐渐增高，产业链上下游行业客户正在获得在线旅游发展红利。传统旅行社正在依托在线旅游分销平台等更新各自的“互联网+”进程，并通过互联网大大提升整体产业链的生产运营效率。

随着在线旅游行业的持续快速发展，社会认可程度和用户习惯逐渐培育养成，在线旅游行业正在通过资本、技术、运营等多种方式进行创新发展。行业客户正在逐渐垂直化和主题化，通过对细分市场的准确定位和对消费者体验的定制设计，在线旅游行业客户正在借助互联网平台为消费者提供更多、更具个性化的旅游产品。

对投资者而言

在线旅游行业在高速发展的同时，主要的行业业务大板块正在进入寡头竞争时代，平台型厂商投资红利期基本关闭。随着交通预订和住宿预订的逐渐成熟以及在线度假业务板块的快速发展，投资者更多地将视野聚焦在在线度假型厂商。Analysys 易观分析认为，未来 1—3 年，在线旅游行业的投资将在在线度假板块充分发酵，更多聚焦在线度假，能够为消费者提供创新和个性化体验的厂商将得到青睐；另外在线旅游厂商也将通过投资方式最大限度地重构传统旅游行业的产业格局，并对整体工作效率进行加速。

市场典型企业——携程

聚焦到在线旅游行业的典型企业携程，Analysys 易观分析认为，携程作为较早进入市场的厂商，在在线旅游市场探索产品内容、打造行业生态、推动行业产品优质化以及良性竞争上有领导作用。

在行业消费升级的情况下，发展战略以资本整合为主，正在成为在线旅游行业的大家长。

携程成立于1999年，定位于在线旅行产品分销平台，通过对机票和酒店资源的打磨，迅速成为中国在线旅游企业的领头羊，并在2003年成功登陆美国纳斯达克。此后，携程以领先者的姿态深耕在线机票和酒店领域，并于2006年进军在线商旅市场。2012年，在中国互联网环境急速发展阶段，携程着眼于对线上资源的深度渗透，通过收购、合并传统旅行社，实现其业务版图的快速扩张。随着移动互联网技术的发展，2014年携程推出5款针对不同用户的手机客户端。同年，在线度假旅游市场崛起，携程与各大OTA为抢夺入口开展价格大战。价格战提升了多款在线旅游市场的产品的社会认可度，并激发了公众出行的潜在需求，为此后2015年的在线旅游产业升级夯实了基础。2015年，携程引领在线旅游行业进入资本并购年，通过并购艺龙、去哪儿进一步扩大行业占有率和话语权，通过内部重组度假事业部推动出境游、目的地产品、邮轮产品等热销产品市场的持续增长。

根据Analysys易观发布的《中国在线旅游市场趋势预测报告2016—2018》数据显示，中国在线旅游市场交易规模未来几年将保持稳定增长，2016年将达到6663亿元人民币，环比增长40.66%，预计到2017年市场交易规模将达到8955亿元人民币。

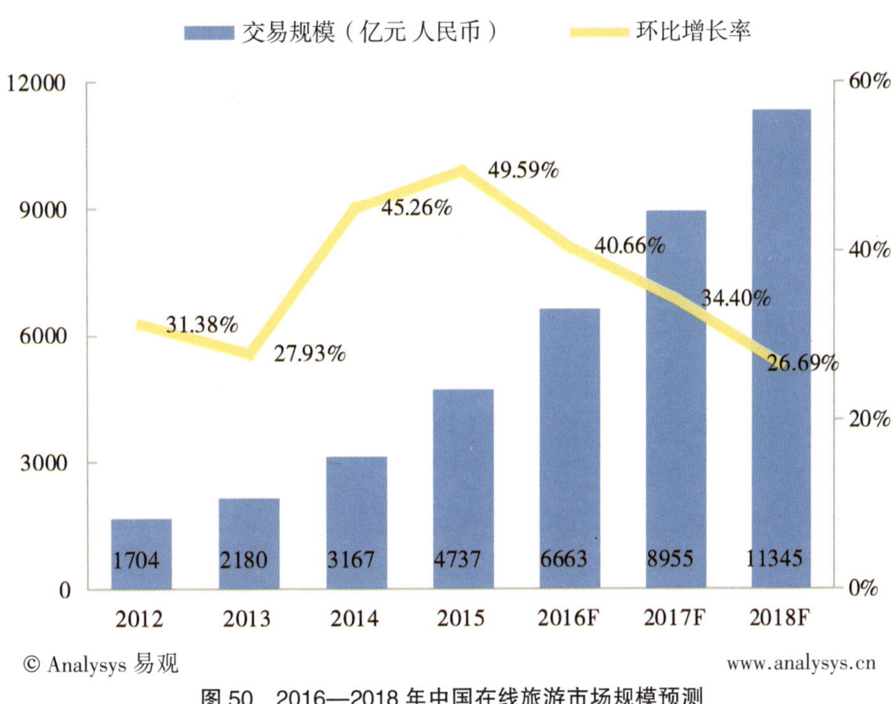

图50 2016—2018年中国在线旅游市场规模预测

Analysys易观分析认为，在2016至2018年中国在线旅游市场将呈现以下趋势：

1. 在线度假旅游市场持续升温，非标准产品将成为市场亮点

2015年，国内主要航司开启零佣金时代；携程入主艺龙、与去哪儿换股之后，标准品市场（机票+酒店）即将进入更优化的竞争环节；在线旅游标准化产品基本定局，将稳步增长。在线度假产品因产品供应链长、涉及渠道和服务商众多而整合力度较大。随着中国在线旅游市场需求的不断升级、移动互联网技术和库存管理信息化水平的持续升高，在线度假旅游市场的壁垒逐渐降低，市场参与者正在针对产品进行持续创新。在线度假品类方面，出境游、周边游以及游学、蜜月游等主题游快速发展，非标准产品将成为 2016 年发展最大亮点。

2. 资本整合持续发力，优化 O2O 竞争格局

线上线下资本通过整合重组正在重塑在线旅游行业的产业格局。继百度与携程换股入股携程、阿里大力运营阿里旅行等之后，BAT 在在线旅游行业的布局不断深入，2016 年整合成果可期。随着线下巨头万达、海航等传统资本不断渗透，2016 年，在线旅游行业将通过整合上游资源、拓展线下渠道等方式进一步优化产业 O2O 竞争格局。线上巨头携程持续加快资本层面对行业的整合步伐，进一步扩大在线旅游领域话语权，避免行业恶性竞争，提升在线旅游产品品质，鼓励创新产品研发。

另外，主要在线度假厂商正在推动线上产品线下体验的提升，途牛、同程等厂商正在核心客源城市建立地面游客服务中心体系，进一步提升在线旅游产品尤其是高客单价产品的整体服务水平和交易质量。

3. 创新跨界发展，构建在线旅游生态体系

在线旅游产业天然与多个产业链接，涉及用户吃住行游购娱等多环节，具备强跨界基因。2015 年在巨头的引领下，在线旅游纷纷实践跨界初探。2016 年，围绕金融、娱乐、教育等方面在线旅游行业势将构建以征信体系，旅游微贷，在线旅游+综艺，在线旅游+互动娱乐，在线旅游+教育（游学、亲子游等）等为核心构成的在线旅游生态体系。

根据 Analysys 易观近期发布的《2015 年中国在线旅游市场实力矩阵专题研究报告》，Analysys 易观对 2014 至 2016 年主要在线旅游厂商在实力矩阵中所处的位置以及执行能力和创新能力的变化情况做如下解读。

• 领先者象限分析

领先者在商业模式创新或产品/服务创新性上拥有较强的独特性，同时具有很好的系统执行力，能够把创新性提供给市场并获取较高的市场认可。

2015 年中国在线旅游市场领先者：携程、去哪儿、阿里去啊

➢ 新进入者：阿里去啊

➢ 新退出者：无

携程近年来在旅游业通过连续投资收购加强产业渗透，投资标的包括线上渠道商和线下资源运营商及服务商。2015 年携程最主要投资标的为艺龙和去哪儿，艺龙和去哪儿作为携程长期竞争对手，加入携程体系后奠定了携程系作为在线旅游企业的绝对领先地位，在线交通和住宿预订两个市场体现尤为明显。通过投资收购艺龙和去哪儿，携程加强了渠道端控制，增强了对产业上游厂商的议价能力，在度假旅游市场，也拥有更多资源和能力进行线上线下整合，通过自身完善的在线度假旅游业务体系与线下资源紧密结合，不断提升用户体验，具备较强的核心竞争力。

去哪儿 2015 年在机票预订市场和住宿预订市场增速突出，通过在无线端的先发布局及技术优

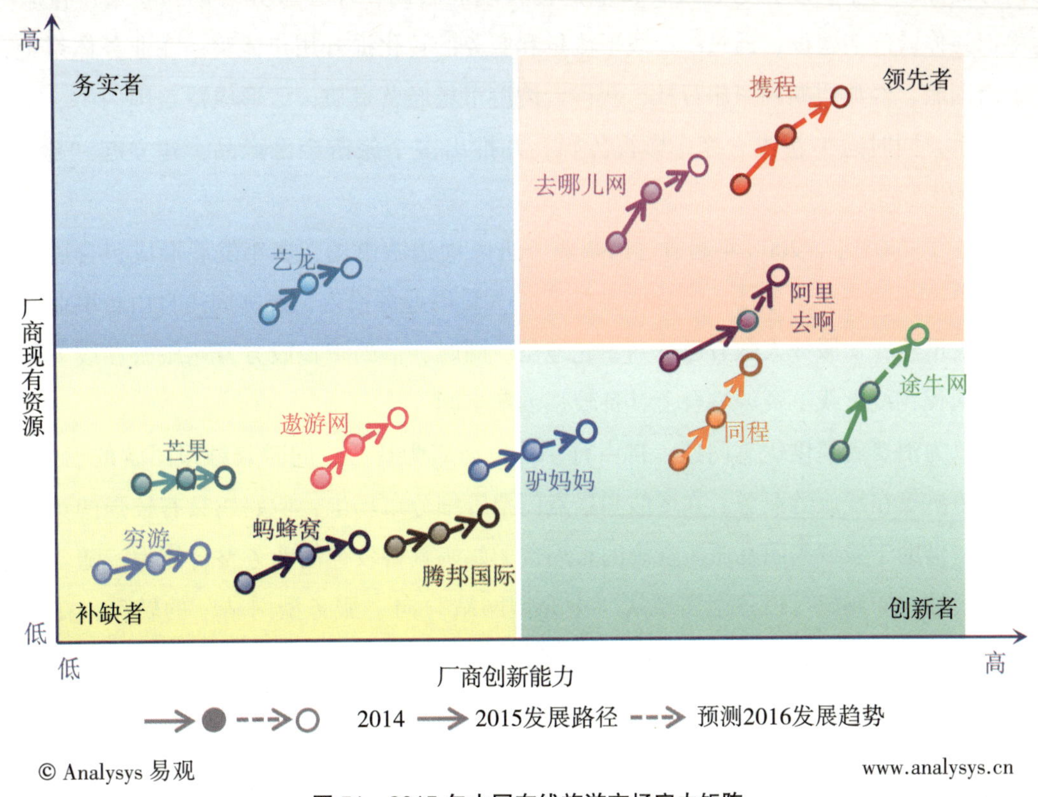

图 51　2015 年中国在线旅游市场实力矩阵

势，以及巨额市场推广投入，去哪儿用户规模和交易规模仅次于携程，并不断逼近携程。同时在住宿预订市场，去哪儿 2015 年成立目的地事业部，加强酒店直签业务，有效提高收入规模，但整体市场投入远高于收入，在 2015 年资本市场降温的背景下，去哪儿融资面临难题，通过和携程合并，去哪儿可以通过垂直搜索技术优势，不断加强在标准化旅游商品上的领先优势。

阿里去啊成立于 2014 年，前身是淘宝旅行。阿里去啊继承淘宝网的电商基因，为各类旅游厂商提供在线营销和交易平台。作为电商平台，阿里去啊拥有大量旅游产品/服务供应商，在地域覆盖、产品丰富度等方面具备优势，同时在机票和酒店预订交易规模上具备领先优势。2015 年阿里巴巴集团成立蚂蚁金服，并推出芝麻信用体系，阿里去啊与蚂蚁金服开展合作，结合个人信用为用户提供更加简化和便捷的旅游服务，提升旅游体验，在创新能力上表现突出。

- **创新者象限分析**

创新者在产品/技术上的投入很大，并在商业模式、技术或者产品服务的创新性上有独特的优势，但是由于种种原因没有得到很好的市场表现。

2015 年中国在线旅游市场创新者：途牛、同程、驴妈妈

➢ 新进入者：驴妈妈

➢ 新退出者：无

途牛创立于 2006 年 10 月，2014 年 5 月在纳斯达克上市，主要为用户提供度假旅游产品服务和销售。在出境游市场上，途牛通过加强目的地服务，拓展目的地成团模式，增强出境游服务能力，采用“机票+地接”模式增强个性化服务；在国内市场上，一方面增加出发地投入，发展区域公

司，另一方面加强直采力度，通过改善供应链提升利润空间，加强服务效率和质量；在服务方式上，途牛加强体验门店建设，通过线上线下流量和服务的转化提升用户体验；在业务体系上，途牛收购了中山国旅、经典假期两家旅行社，获得台湾游市场经营资质，已形成覆盖国内游、境外游的完整业务体系，同时途牛新成立途牛影视传媒，并推出多个旅游金融产品，建立起“旅游+互联网+金融”的生态圈。

同程成立于2005年，2008年起通过门票业务进入周边游市场，多年发展形成包含周边游、国内中长线和出境游的完整业务体系。2015年同程加大景酒业务投入，成立周边自由行事业部；在邮轮产品上发展迅速，从服务人数看已达到领先地位。同时，借助于控股方万达旅游在线下旅行社的广泛布局，同程在线上线下资源整合上具备较强创新空间。

驴妈妈以为消费者提供优惠门票、自由行、特色酒店为核心，同时兼顾跟团游的巴士自由行、长线游、出境游等在线旅游业务。在度假和景点门票等细分市场上，驴妈妈具有较强的竞争力，发展空间较大。借助于景域集团在旅游资源的布局，驴妈妈具备较强的业务整合能力，随着自助旅游人群的急速增加，驴妈妈可以逐渐实现从“中介型网站”向“服务型网站”的转型，在景域集团体系下，形成线上线下体验一体化的旅游O2O平台。

- **务实者象限分析**

务实者拥有丰富的资源，执行能力较强，但是创新优势不明显。

2015年中国在线旅游市场务实者：艺龙

➢ 新进入者：无

➢ 新退出者：无

艺龙是国内最早一批进入在线旅游市场的厂商之一，主要提供酒店预订业务。艺龙业务聚焦于在线酒店预订，具备较高的服务水平和服务效率。但唯酒店业务的业务模式会对艺龙未来发展空间带来较大不确定性，酒店预订业务竞争壁垒较低，在服务质量上，各厂商均有优势和短板，在酒店覆盖面上，其他线下执行力较强的竞争厂商易于跟单，短期可以大幅提高酒店覆盖面，艺龙面临较大的竞争压力。2015年，携程通过获得Expedia在艺龙的全部股份，成为艺龙控股股东。艺龙作为携程系的组成部分，竞争压力骤减，可以聚焦于在线酒店预订市场，通过不断优化服务体验，形成有特色的酒店在线预订平台。

- **补缺者象限分析**

2015年中国在线旅游市场补缺者：遨游网、芒果网、腾邦国际、蚂蜂窝、穷游网

➢ 新进入者：蚂蜂窝、穷游网

➢ 新退出者：无

遨游网和芒果网均是传统旅行社的在线旅游平台，分别借助于中青旅集团和港中旅线下资源，进行旅游O2O业务布局。作为传统旅行社集团信息化战略的重要环节，遨游网和芒果网能够获得集团高额的资金和资源投入，但在线上运营上，传统旅行社在线平台仍未能形成差异化特色，业务模式和服务水平较携程、途牛等存在差距，受大型在线旅游厂商的挤压效应明显。

腾邦国际是首家在国内上市的在线旅游厂商。腾邦国际是第一批进入票务代理行业的厂商之

一，主要竞争优势在于在线预订平台的技术实力。从发展初期，腾邦国际就采用以在线预订为主的轻资产模式，没有呼叫平台的巨额成本，盈利能力较强。近年来通过收购或并购机票代理平台、线下旅行社、差旅管理平台和欣欣旅游等，腾邦国际开始介入度假旅游市场，业务体系逐渐多元化，但整体品牌推广力度和认知度仍然较低。

蚂蜂窝和穷游网主要业务是旅游 UGC，通过多年运营积累大量活跃用户和用户数据。随着大数据技术投入实际应用，蚂蜂窝和穷游等旅游 UGC 网站开始将海量数据结构化，并进行个性化抓取，通过精准匹配为用户推荐旅游产品，有效增强变现能力，形成特色化的旅游产品交易业务。

互联网医疗健康

医　疗

© Analysys 易观　　　　www.analysys.cn

图 52　2015 年中国互联网医疗市场生态图谱

Analysys 易观分析认为，中国互联网医疗市场目前处于启动阶段。

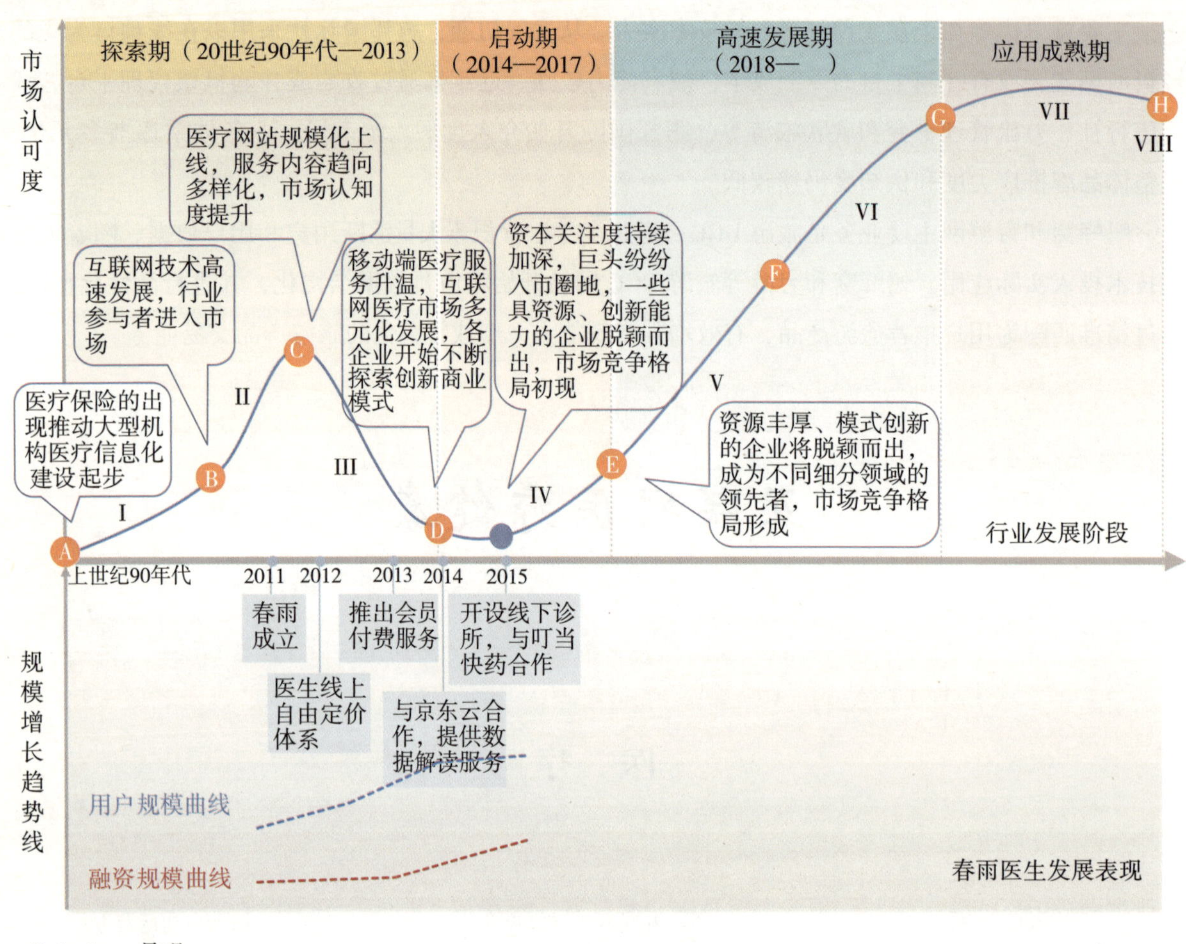

图 53 2015 年中国互联网医疗市场 AMC 模型

- **探索期（20 世纪 90 年代—2013）**

从 20 世纪 90 年代开始，医疗保险的出现，推动了医疗信息化建设，互联网医疗由此成为政府扶持的重点行业。2000 年，通过医疗信息化建设的初见成效，加上互联网技术获得长足发展后走向成熟，一些初创互联网医疗企业进入市场，成为继医疗信息化后又一推动医疗互联网化进程的驱动形式。早期的互联网医疗产品以医疗健康门户网站为主，自 2010 年起，线上咨询服务出现，并逐渐形成一定的市场认知度。同期，在移动互联网快速发展的背景下，一些移动医疗服务随之兴起。2013 年，互联网医疗企业数量逐渐规模化，产品、服务趋向多样化，各企业不断进行创新商业模式的探索。

- **市场启动期（2014—2017）**

2014 年，互联网医疗进入启动期。资本市场对互联网医疗的关注度大大加深，巨头企业借势纷纷进入市场，以腾讯入股挂号网、丁香园为代表的投融资事件成为全年互联网医疗领域的焦点。同时，互联网医疗呈现出问诊、挂号、自诊自查、疾病管理等多个垂直细分领域共同发展的形势。2015 年，以春雨医生为代表的互联网医疗企业将业务拓展至线下，通过投资并购、自建或合作的方式开展线下诊所业务，并力求与线上业务形成无缝对接，逐步建立医疗生态闭环。平安好医生等互联网医疗企业还通过投资、合作的方式打通“医疗+药品+保险支付”的服务体系，从而助力其商业模式的创新，实现盈利。预计到2017年，互联网医疗市场将在产品服务、商业模式不断创新的基础上获得飞跃式变革，资源丰厚、模式创新的企业将脱颖而出，成为不同细分领域的领先者，市场竞争格局在逐渐形成。

- **高速发展期（2018—　）**

预计从2018年开始，互联网医疗行业进入高速发展期，互联网医疗的市场需求逐渐增大，用户渗透率逐渐增加，产业链上游的医疗机构、药品流通企业、软硬件方案商等纷纷在市场立足，成为产业链重要环节。其中，互联网医疗企业加速发展O2O医疗业务刺激了用户规模的快速增长，促使其盈利模式的逐渐清晰化，从而市场规模也得以高速增长。

- **应用成熟期**

在应用成熟期，互联网医疗市场发展将趋于成熟，市场进入门槛提高，市场竞争也逐渐加剧。从产业链角度来看，互联网医疗产业链完善，实现了在PC及移动端上的O2O医疗服务的无缝对接。商业模式上，大数据应用、数据变现能力提升，成为互联网医疗的核心竞争力；用户付费意愿提升，促使行业商业模式成熟化。

对个人用户而言

中国互联网医疗产品垂直细分趋势明显，对用户的不同医疗需求进行强针对性的解决方案服务。目前，用户集中度较高的垂直细分互联网医疗服务包括问诊、挂号、疾病管理。问诊主要包含以春雨医生、好大夫在线为代表的诊前咨询，以杏仁医生、一呼医生为代表的诊后康复指导。挂号主要以医疗机构资源为基础，帮助用户解决挂号难、医患信息不对称等问题。疾病管理主要以慢病为主要定位范围，针对糖尿病、高血压、肿瘤等人群，提供身体数据记录、医生指导、患者交流、用药提醒等服务。Analysys易观分析认为，由于互联网医疗服务具有较高局限性和政策制约，导致用户的医疗需求难以满足，用户信任度建立缓慢，用户的付费意愿不高，个人用户付费的盈利方式发展空间小。

对企业用户而言

中国互联网医疗市场为医疗机构、药品生产企业、保险公司在不同方向提供发展基础。一些具有相对高流量的互联网医疗企业通过用户线上问诊、挂号、病例等数据库存储，为医疗机构提供低成本的精准营销服务；帮助药品生产企业提升药品生产的精准度，根据市场需求灵活调整药品生产规模，达到高效生产、节省成本、增加收入的效果；为保险公司不同的医疗健康保险产品设计提供数据依据，提升保险产品精准市场投放。Analysys易观分析认为，中国互联网医疗市场的盈利模式尚不清晰，已成为继政策之后又一阻碍市场发展的主要因素，未来通过企业用户付费的盈利将逐渐主流化，而数据资源雄厚的互联网医疗企业在企业端的盈利空间较大。

对投资者而言

中国互联网医疗市场呈现出的细化垂直服务成为投资焦点，可以看出资本市场逐渐将企业的价值点从模式创新转移至服务体验上。其中，预约挂号、垂直慢病管理的互联网医疗企业表现突出。以微医集团、就医160为代表的预约挂号企业，在各自业务资源、产品定位、市场战略上有着独到优势，都致力于解决用户在就医过程中的不同痛点，逐渐成为细分领域中的领先者。掌上糖医、掌控糖尿病作为细化慢病管理企业中的融资代表，以差异化的产品服务，将糖尿病患者日常身体数据监测作为实现个性化康复解决方案的核心，突出服务的专业度，促进用户连续性使用习惯的形成，为未来精准化营销、用户体验优化提供基础，因而受到资本界的青睐。

市场典型企业——春雨医生

2015 年，春雨通过与移动医疗生态链中的不同环节建立合作，获得了自身产品的创新突破，构建了“线上咨询+线下就医+保险报销的移动健康管理体系”。其中，春雨通过与实体医院合作，布局其线下诊所业务，这一合作将春雨的问诊服务拓展到线下，帮助其服务回归到医疗本质，也为合作医院带来了诊疗技术、患者流量和医疗收入的提升。保险方面，春雨先后与中英人寿、人保财险建立合作，打造春雨健康险，从而接入就医商保报销服务。其中，春雨与人保财险合作将尝试根据人保财险客户群体特点及层级，提供基于线上健康咨询、春雨诊所、权威医疗机构及春雨国际的分级诊疗体系服务，从而支持人保财险进行健康服务型保险产品创新。

春雨于 2011 年成立，作为中国最早的移动医疗企业之一，春雨在成立之时便推出其掌上医生 APP，致力于利用移动互联网拉近患者与医生的距离，实现对患者有效的健康管理。2012 年，春雨推出博士诊所咨询服务，并提供医生线上自由定价体系，探索盈利模式。2013 年，春雨推出育儿医生 APP，涉足母婴健康领域，同期新版春雨掌上医生 APP 开设会员服务，开启其 C 端盈利模式的尝试。2014 年，春雨掌上医生更名春雨医生，加入“空中诊所”服务功能，并与京东云合作，为可穿戴设备提供数据解读服务；同期，春雨完成了 C 轮千万美元的融资。2015 年，春雨与线下药店合作开设线下诊所，实现了业务布局的突破，其中场所、医疗设备和医保资质由合作医院负责，春雨则负责制定标准和管理流程，通过网络调配医生资源。总体看，春雨已构建以综合问诊平台为主，垂直人群、垂直服务细分的问诊咨询为辅，医疗、健康管理相融合的产品生态。

根据 Analysys 易观监测数据显示，2015 年中国移动医疗市场规模将达到 48.8 亿元人民币，较 2014 年增长 62%。预计 2018 年中国移动医疗市场规模接近 300 亿元人民币，2016 至 2018 年的年均复合增长率超过 60%。

Analysys 易观分析认为，2015 年中国移动医疗市场发展主要包括以下几点：

1. 国家相关政策促进和保障市场的健康发展

2015 年，卫纪委公布了医师多点执业条件，允许临床、口腔和中医类别医师多点执业。明确多点执业的医师应当具有中级及以上专业技术职务任职资格。医生多点执业解决医生的自由执业问题，为移动医疗市场医疗资源的开放和丰富提供保障。9 月，国务院办公厅推出推进分级诊疗制度建设的指导意见，提出了 2020 年全国内分级诊疗制度基本建立，2017 年基本实现大病不出县的明确目标。意见要求在全国 100 个城市及福建、安徽、青海、江苏四省全面进行分级诊疗，逐步建立基层首诊、双向转诊、急慢分治、上下联动的分级诊疗制度。意见的出台为医疗信息化企业、互联网企业、移动医疗企业提供了发展空间。

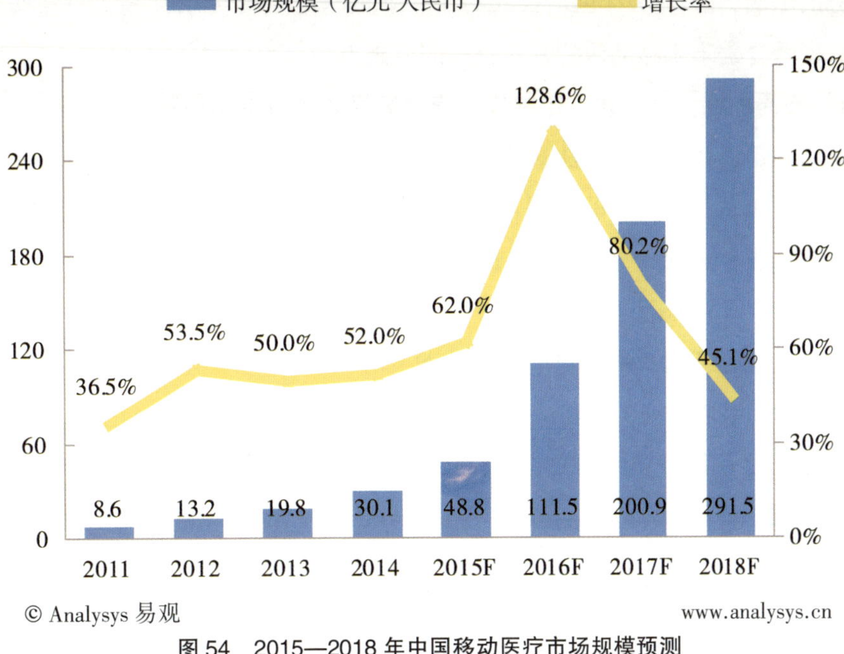

图 54　2015—2018 年中国移动医疗市场规模预测

2. 移动医疗市场实现垂直细分多元化发展，企业不断进行业务创新

中国移动医疗市场已进入启动期，在资本市场持续关注加剧的背景下，市场呈现出问诊、挂号、自诊自查、疾病管理等多个垂直细分领域共同发展的形势。以春雨医生为代表的移动医疗企业将业务拓展至线下，通过投资并购、自建或合作的方式开展线下诊所业务，并力求与线上业务形成无缝对接，逐步建立医疗生态闭环。平安好医生等移动医疗企业还通过投资、合作的方式打通“医疗+药品+保险支付”的服务体系，从而助力其商业模式的创新，实现盈利。

3. 移动医疗盈利模式尚不清晰，仍在不断探索中

2015 年，移动医疗市场出现了商业健康保险、线下诊所收费、药品销售等不同的盈利点，但都还处于市场探索阶段。保险是医疗服务重要的支付方，在国家政策推动下，商业健康保险与移动医疗的距离逐渐缩短。目前，春雨医生、平安好医生、微医等移动医疗企业纷纷以合作、自营等方式推出不同的商业健康保险，然而中国商业保险市场份额仍处于较低水平，商保所带来的盈利还需要较长的探索时间。线下诊所的付费服务成为又一盈利模式的创新实践，春雨医生、丁香园分别以合作、自营的方式开设了线下诊所，回归传统付费诊疗模式，而医保支付痛点成为这种盈利模式的主要阻碍。还有一些企业，例如微医通过投资医药电商企业，进行“医+药”生态闭环的构建，从而谋求变现，而处方药禁止网售的政策环境给他们带来了一定的变现压力。

Analysys 易观分析认为，中国移动医疗市场未来发展可以关注以下几点：

1. 患者端产品趋向 O2O 模式发展

基于医疗服务的特殊性，线上医疗服务终归需要落到线下，方可实现移动医疗的价值。2015 年，已有一些企业开始了线下服务布局的实践，例如春雨医生设立线下诊所、平安好医生启动“万家诊所”计划、微医集团与华数集团共同打造 O2O 医疗平台、丁香园自营线下诊所。这些企业的医疗业务布局都是在解决患者就医痛点基础上建立的，成为市场中典型的创新案例，从而促进了主流移动医疗趋势的形成。医疗 O2O 创新模式对于企业的医疗资源要求甚高，打通线上线下医疗资源，实现资源紧密融合是未来移动医疗领先企业的突破点。

2. “医+药”布局加剧，一站式、定制化医疗健康服务成为主要创新方向

医疗服务与药品销售具有强相关性，同时服务相辅相成，因而构建“医+药”生态成为移动医疗企业短期内实现创新商业化发展的有利方向，通过对不同患者的看病及用药数据的检测与积累，未来移动医疗企业将逐步实现一站式、定制化的医疗服务，优化用户体验，增强用户黏性。2015 年，少数移动医疗企业开启医药电商业务的布局，例如微医集团收购金象网布局医药 B2C 业务、平安好医生联手华氏大药房打造一站式快捷购药体验、春雨医生与叮当快药共建 O2O 生态闭环。未来，移动医疗企业的药事服务布局还将逐渐清晰、多元化。

3. 微信渠道促进社区医疗圈的建立，实现社区医疗人员与居民健康的紧密连接

目前，面向 C 端的移动医疗产品、服务不再以 APP 为主渠道，微信渠道的兴起为移动医疗企业提供了流量入口，成为提升品牌影响力的支撑平台。基于微信的强社交属性，一些移动医疗企业创立微信社区医疗圈，以区域、科室等不同主题划分群组，分配专业医生进行在线咨询、患者互动，从而挖掘潜在用户、提升用户活跃度、提升知名度。

4. 细化慢病管理服务逐渐成主流布局

在中国，慢病已成为居民健康的头号杀手。慢病的最大特点是患病时间长，患者往往需要持续照护、长期服药、高频复检，且患者的主动参与程度、自我管理能力及依从性会极大影响疾病发展。因此，患者需要合理的慢病管理模式来帮助他们完成治疗方案、加强自我管理，而长期和密切的监护及管理并不适宜由集中化的医院来提供，这为移动医疗企业提供了强大的发展机遇。移动医疗降低了慢病管理的成本，能够帮助患者改善慢病预后、减少并发症的发病几率、节省医疗开支，为医保降低成本。目前市场上已出现以糖尿病、高血压为代表的细化慢病管理产品，但用户活跃度较低、流失率较高。未来随着巨头、移动医疗企业介入，细化慢病管理服务将逐渐主流化，用户认知度不断提升，服务质量有待经受市场考验。

根据 Analysys 易观近期发布的《2015 年中国互联网医疗市场实力矩阵专题研究报告》，Analysys 易观对 2014 至 2016 年主要互联网医疗企业在实力矩阵中所处的位置以及现有资源和创新能力的变化情况做如下解读。

- **领先者象限分析**

领先者在商业模式创新或产品、服务创新性上拥有较强的独特性，同时具有很好的系统执行力，能够把创新性提供给市场并获取较高的市场认可。

2015 年中国互联网医疗市场领先者：春雨医生、平安好医生、丁香园、微医

➢ 新进入者：无

➢ 新退出者：无

随着“互联网+医疗”的日益高涨，互联网医疗开始以不同垂直领域挖掘不同患者需求，市场出现问诊、挂号、疾病管理、自诊自查、医疗学术等细分领域。而互联网医疗市场的领先企业在经

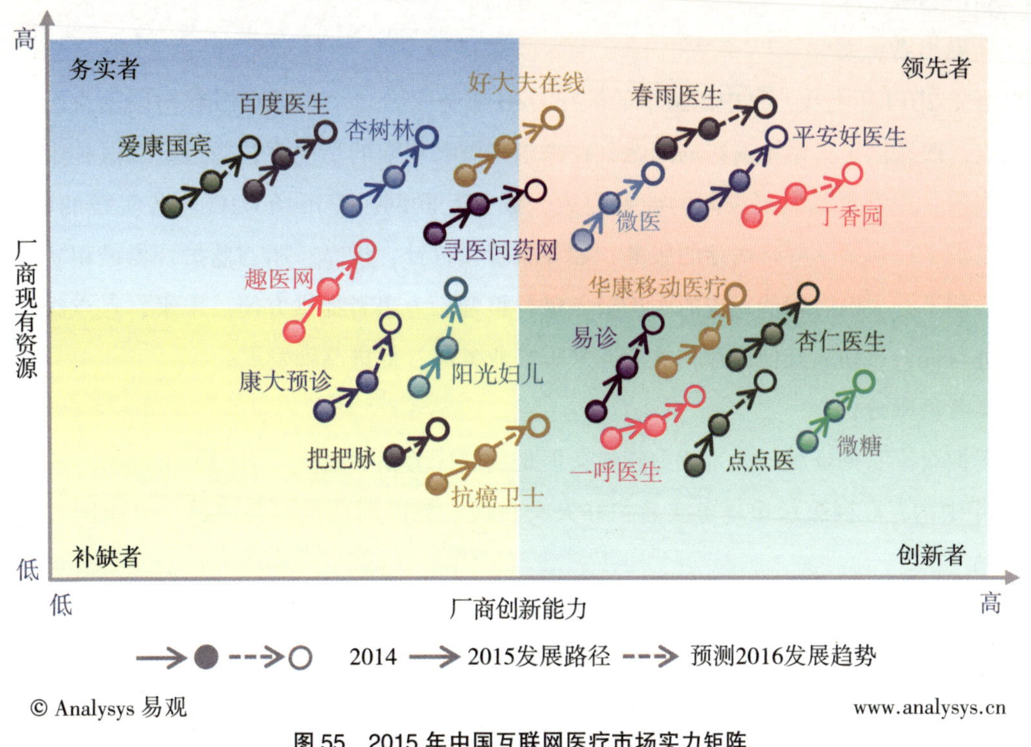

图 55　2015 年中国互联网医疗市场实力矩阵

历前期高成本产品、服务研发与运营阶段后，在 2015 年进行不同方向的业务结合，比如医疗与药品电商、金融产品的结合，以及医疗 O2O 的升温，在不断提升用户体验的同时，继续在产品创新与生态闭环布局上实践。

春雨医生于 2014 年完成 C 轮融资，同期与好药师网上药店进行合作，成为较早开展“医疗+药品”服务的企业。2015 年，春雨医生尝试布局线下“春雨诊所”业务，将线上问诊与线下诊所服务相互融合，更好地解决患者问题，提供私人医生服务；同时，春雨医生与中英人寿建立合作关系，接入就医商业保险报销业务，逐步建立“线上咨询—线下就医—保险报销—药品配送”的移动诊疗生态系统。

平安集团旗下平安好医生通过短短一年的发展，快速跻身领先者行列，主要归功于其拥有平安集团优质的用户群，以及自营的专业医疗团队，形成易管控的家庭医生与专科医生的在线诊疗服务体系。在盈利模式上，平安好医生推出一站式健康管理打包服务——健康卡，包括健康体检、基因检测、家庭医生及名医预约四大服务，打通健康管理流程中的了解、管理以及保障三个环节。2015 年，中国平安先后入股掌上微糖、药给力，在问诊业务的基础上，开发慢病管理、医药 O2O 业务，从而促进其未来互联网医疗健康生态闭环的构建。

- **创新者象限分析**

创新者在产品/技术上的投入很大，并在商业模式、技术或者产品服务的创新性上有独特的优势。但是由于种种原因没有得到很好的市场表现。

2015 年中国互联网医疗市场创新者：杏仁医生、华康移动医疗、易诊、点点医、微糖、一呼医生

➢ 新进入者：无

➢ 新退出者：无

点点医于 2014 年上线，是中国最早的医疗 O2O 服务平台之一。点点医起初以垂直医生点评平台为切入点，改善医患关系不对称的问题，在考虑到盈利局限的情况下，通过升级医护上门服务来创新服务内容，探索更具发展空间的商业模式，成为互联网医疗市场 O2O 业务实践的典型代表。点点医的医护上门包括一些轻医疗的服务，如导尿管、打针、按摩、胎心监护、器械租赁等轻医疗服务，将一些不必去医院就能完成的医护服务进行整合，为患者提供方便。未来，点点医还需在医疗资源上进行提升，切入其他医疗相关业务来丰富业务链，促进品牌发展。

• 务实者象限分析

务实者拥有丰富的资源，执行能力较强，但是创新优势不明显。

2015 年中国互联网医疗市场务实者：好大夫在线、寻医问药网、杏树林、爱康国宾、百度医生、趣医网

➢ 新进入者：趣医网

➢ 新退出者：无

趣医网致力于为患者提供一站式移动就医服务，移动端趣医院成为其主要产品之一，涵盖预约挂号、报告查询、支付、住院管理等全流程就医服务。在 2014 至 2015 年期间完成两轮融资，B 轮为百度领投，双方将共同探索医疗领域的创新服务模式。2015 年趣医网与 1 药网达成战略合作，将共同实现就诊、配药到送药的医疗 O2O 闭环。未来，趣医网将发展重心放在其核心产品“医院+”上，支持开放式接入第三方服务，为医疗机构向移动互联网服务模式转型提供便捷服务。从趣医网的 C 端业务看，顺应市场的发展方向，但过于同质化，短期内较难脱颖而出；而在 B 端业务上具备一定创新性，将帮助其拓展商业模式。

• 补缺者象限分析

补缺者的业务创新力、市场占有率不高，有待明确市场定位或转型。

2015 年中国互联网医疗市场补缺者：阳光妇儿、康大预诊、抗癌卫士、把把脉

➢ 新进入者：无

➢ 新退出者：趣医网

把把脉于 2015 年上线，专注于打造中医垂直健康服务平台，并在“双 11”期间上线“把脉街”电商频道，快速展开商业模式的实践。从把把脉的主营业务看，在线咨询、医生预约及医疗资讯都过于同质化，无法与具资源优势的企业进行竞争；另一方面，由于互联网药品交易服务受国家政策监管和制约，把把脉试水电商的创新尝试并不具可持续发展性，无法与拥有互联网药品交易资质的企业，以及拥有丰富线下药店合作资源的平台企业在电商品类上进行对抗。未来还需在做好产品、服务、用户体验的前提下进行合理盈利模式的探索。

医药健康

Analysys 易观分析认为，中国医药 B2C 市场目前处于启动阶段。

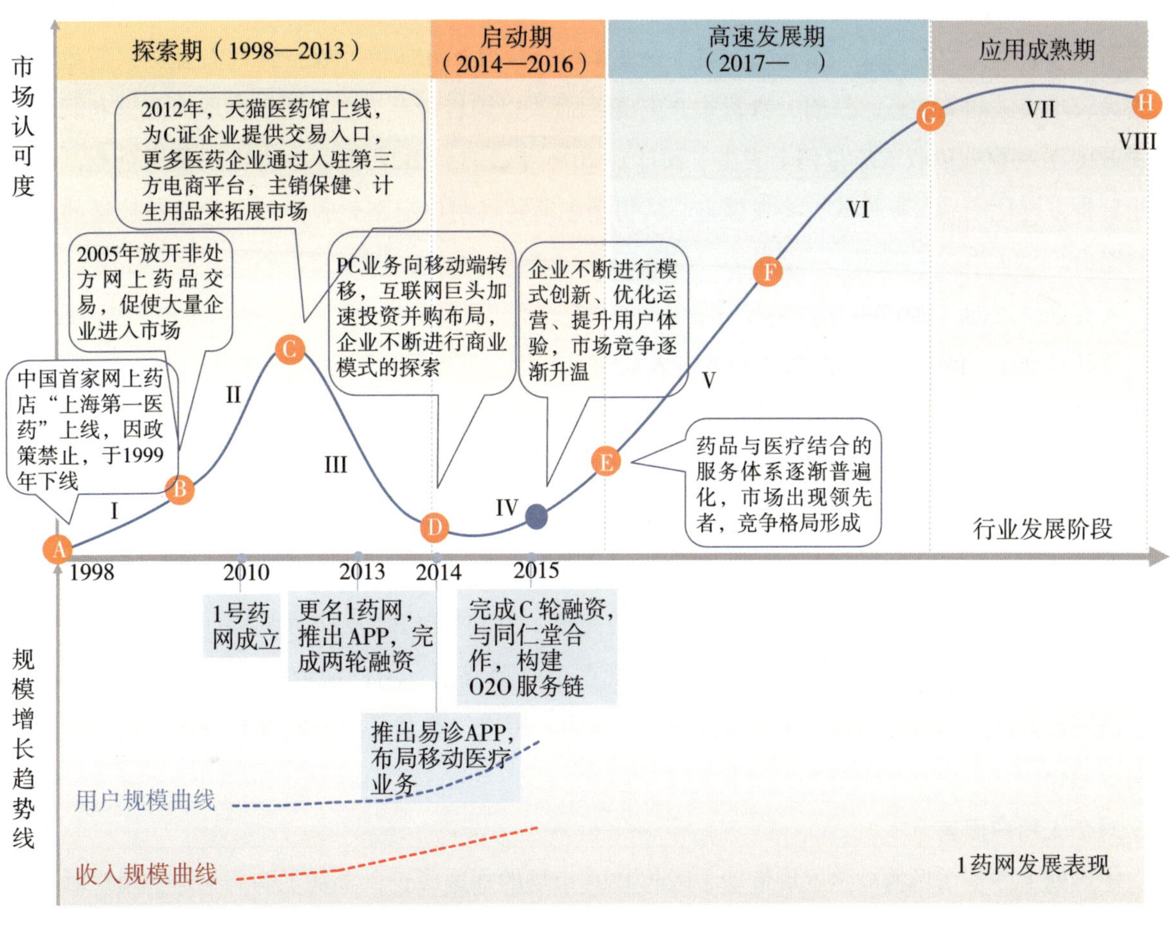

图 56　2015 年中国医药 B2C 市场 AMC 模型

• 探索期（1998—2013）

受政策制约，医药 B2C 市场探索期发展速度缓慢。1998 年，中国首家网上药店“上海第一医药”上线，因政策禁止，于 1999 年下线；2005 年，国家放开非处方网上药品交易，促使大量厂商进入市场；2012 年，天猫医药馆上线，为 C 证厂商提供交易入口，更多医药企业通过入驻第三方电商平台，主销保健、计生用品来拓展市场。探索期医药 B2C 企业主要以争取流量、赚取差价收益为主要特征，依靠产品种类、微利竞争，用户转换率低下。

• 市场启动期（2014—2016）

2014 年，市场进入启动期，国家相关政策尝试放开、用户网上购药意识不断增强，促进企业通过规模运营优化、服务创新提升用户忠实度，行业的资本关注度也有所提升。国家出台《互联网食品药品经营监督管理办法（征求意见稿）》，征求放开处方药的网上销售，鼓励了更多医药、互联网医疗、大健康企业开始通过投资并购的方式加速布局医药电商，许多传统药企也借势进行互联网化。2015 年，阿里健康反向收购天猫医药，形成以阿里健康、1 号店为代表的平台式 B2C，以 1 药网、康爱多网上药店为代表的自营式 B2C 主流企业集团。同期，以叮当快药、药给力为代表的医药 O2O 企业规模逐渐增加，再加上百度直达号、京东到家、饿了么等陆续切入送药服务，使医药 O2O 快速发展，成为行业新兴服务模式。随着巨头凭借投资并购布局医药 B2C 业务不断升级，市场集中度逐渐加深，主流商业模式探索开始。对于企业来说，获得 C 证即可开展自营 B2C 业务，而盈利模式成为较难突破的关键点。目前，自营式 B2C 盈利模式以销售价差为主，可以攫取产业链利润；平台式 B2C 盈利模式以收取流量佣金为主。预计到 2016 年，自营 B2C 企业中将出现领先企业，领先企业具备多样化产品服务模式，将发展重心从售药逐渐转移用户定制化服务上，并具备较强的政策应对能力。

• 高速发展期（2017— ）

预计从 2017 年开始，医药 B2C 行业进入高速发展期，互联网、移动互联网用户对医药 B2C 行业的需求逐渐增大。网上药店依靠提供健康解决方案进行供应链整合，各企业间开始实施差异化战略，移动端医药布局逐渐完善，盈利模式清晰化，投资热潮凸显。

• 应用成熟期

在应用成熟期，医药 B2C 行业经营模式将趋于成熟，市场进入门槛有所提高，行业内部竞争也逐渐加剧。从产业链角度来看，医药 B2C 产业链完善，实现了在 PC 及移动端上的 O2O 医药服务的无缝对接。商业模式来看，大数据应用不断实现在企业端营销、用户端健康解决方案的商业化进程，从而提升网上药店的数据变现能力及核心竞争力；用户付费意愿的不断提升促使行业商业模式趋向成熟化。

对个人用户而言

中国网上零售市场的成熟发展带动了医药 B2C 市场的加速成长，丰富了购药渠道，用户对于网上购药的认知与需求度在逐渐提升。目前，用户线上购药渠道主要包括天猫医药、1 号店、八百方为代表的平台购药渠道，以 1 药网、康爱多、健一网为代表的自营购药渠道，以问药、叮当快药、药给力为代表的送药上门渠道。从用户购买习惯来看，医药 O2O 模式的应用使购药用户逐渐向移动端迁移，移动网购习惯的形成为用户移动端购药提供有力支撑。

然而，影响用户网上购药的主要门槛就在于用户信任度建立的缺乏。药品及相关保健品作为特殊品类涉及到用户的身体健康，用户对于该类产品更偏向于通过医院、规范的线下连锁药店来购买。医药 B2C 企业除了将药品信息详细展示，还配合药师在线指导、药师上门等个性化的售前与售后服务，定期邀请知名医生在线分享来提升服务的专业度，优化用户体验，逐步培养用户的信任感和黏性。Analysys 易观分析认为，未来在个人用户高信任度建立的基础上，医药 B2C 企业试图不断将其原驻用户拓展成家庭用户，带动更多用药群体成为优质用户。

对企业用户而言

药品生产企业、药品零售企业促成了中国医药 B2C 企业供应链的核心资源与优势。一些医药

B2C 企业通过挖掘生态链上游企业的痛点，优化资金回流设置，为企业用户提供精准营销、优化运营支持，实现医药 B2C 生态链的和谐发展。以 1 药网为代表的自营医药 B2C 企业开始加大 B2B 业务的布局，推出“方块 1”，力求为药品生产企业及药品零售企业提供一站式在线交易服务，优化药品渠道流通供应链，从而提升其 SKU 的丰富度，逐渐形成供应链优势。医药 O2O 模式的代表企业问药将主营业务放在企业用户，为药品生产企业提供低成本、高效率的品牌营销服务，提升企业铺市率，帮助药店与制药企业建立联系，中小连锁、单体享受低价进货。Analysys 易观分析认为，在众多医药 B2C 企业争夺个人用户的市场中，挖掘企业用户需求，丰富企业端业务分支将壮大医药 B2C 企业在内部运营、外部竞争上的实力，促进商业模式的创新与新机遇的探索。

对投资者而言

受政策约束的影响，投资者对医药 B2C 市场选择保持观望，关注度逐渐放在市场准入门槛相对低的医药 O2O 产品，并将“医+药”业务融合潜力作为该市场的投资热点。2015 年，1 药网、金象网、七乐康成为资本市场追捧的企业代表。1 药网作为中国首家完成 C 轮融资的医药 B2C 企业，已实现“医+药”业务的连接与融合，与同仁堂的合作更是加速了其在中医药 O2O 服务模式上的探索与实践，对市场创新发展起到推动作用。金象网再被微医集团收购后，实现了微医集团核心医疗业务的升级与创新，通过微医的流量竞争力与品牌优势，逐渐提升了运营能力，填补用户诊后康复服务空缺。七乐康也在 2015 年年底完成了 B 轮的融资，不久便推出“大白云诊”，正式切入移动医疗业务，在原有医药 B2C 业务上加入线上问诊的延伸服务，逐渐完善“医+药”的业务生态圈。另外，医药 O2O 代表企业快方送药在 2015 年经历两轮融资，成为 2015 年的融资黑马。

市场典型企业——1 药网

2015 年，1 药网在“医+药”业务、销售渠道、创新模式、用户积累上表现突出，成为市场典型企业。Analysys 易观分析认为，1 药网在平台 B2C 企业势力强大、自营医药 B2C 竞争加剧的冲击下，通过对自营销售渠道的不断拓展、加大移动端运营力度、产品融入医疗业务、探索“医+药”O2O 组合服务、开辟平台 B2B 市场等创新战略的实践，加速自身发展，打破价格战的恶性竞争壁垒，以个性化健康服务逐步建立稳健的市场竞争优势。

1 药网于 2010 年成立，隶属岗岭集团，定位为一站式综合性网上药店，品类覆盖药品、家用医疗器械、隐形眼镜、个人护理、营养保健品、体检套餐等。2013 年，顺应中国移动网购市场的高速发展，1 药网率先推出移动 APP，涉足移动医药 B2C 业务，不断优化用户购药体验。在此期间，1 药网快速完成两轮数千万元人民币的融资。2014 年是 1 药网试水移动医疗业务的开端，推出的易诊 APP 主打线上医疗健康咨询服务，从而形成以易诊为入口、以药品为切入点，专注慢病管理的业务线。2015 年，1 药网不断升级自营“医+药”服务体系。网上药店聚集 5 万余 SKU，151 位药师在线提供药事服务，前端药品精准推荐提升用户购买意愿、后端订单管理系统确保高效运营。在战略合作上，1 药网通过接入同仁堂的线下资源，尝试构建中医药 O2O 一站式服务。这一合作将提升 1 药网线上中医服务能力，逐步实现中医问诊、下单购药、中药配送/自提的中医药 O2O 一站式闭环。

根据 Analysys 易观监测数据显示，2015 年中国医药 B2C 市场规模将达到 134.1 亿元人民币，较 2014 年增长 75.7%。预计 2018 年中国医药 B2C 市场规模达到 657.4 亿元人民币，2016 至 2018 年的年均复合增长率达到 56.7%。

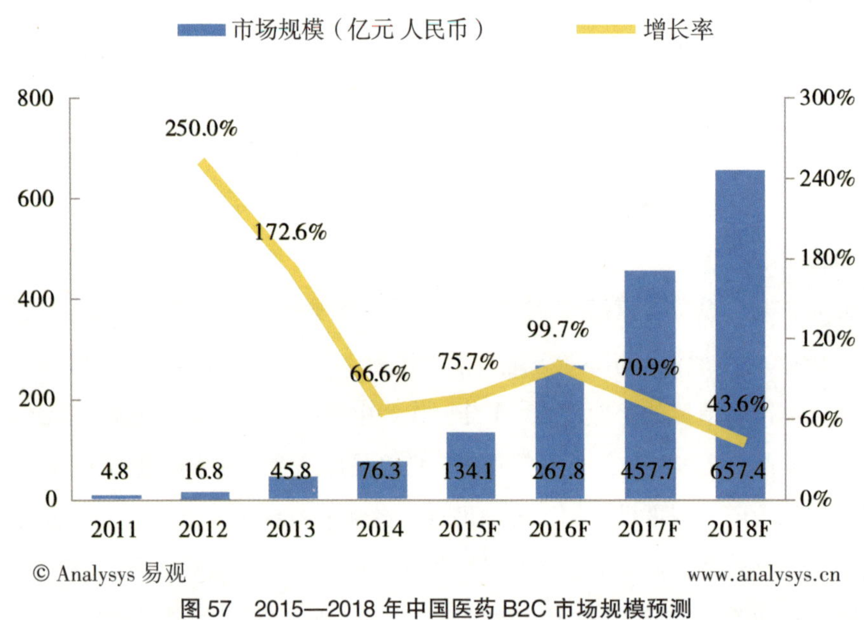

图 57　2015—2018 年中国医药 B2C 市场规模预测

Analysys 易观分析认为，2015 年中国医药 B2C 市场发展主要包括以下几点：

1. 中国平台、自营医药 B2C 主流企业形成，医药 O2O 企业兴起

2015 年，中国医药 B2C 市场已进入启动期，在国家政策尚未完全放开的背景下，市场形成以阿里健康、1 号店为代表的平台式 B2C，以 1 药网、康爱多网上药店为代表的自营式 B2C 主流企业集团。同期，以叮当快药、药给力为代表的医药 O2O 企业规模逐渐增加，再加上百度直达号、京东到家、饿了么等陆续切入送药服务，使医药 O2O 快速发展，成为行业新兴服务模式。

2. 中国医药 B2C 企业移动端渠道布局迅速，用户渗透力有待提升

在中国移动互联网高速发展的背景下，2015 年中国医药 B2C 企业加速移动端的多渠道布局，其中自营医药 B2C 企业表现最为突出。以 1 药网、康爱多为代表的自营医药 B2C 企业已实现自建 APP、WAP，入驻天猫医药、微信、京东等第三方移动平台的多移动渠道拓展。然而，中国用户的药品网购习惯尚未形成，整体用户渗透率还处于较低水平，医药 B2C 还需不断优化用户体验、拓展延伸服务来提升用户留存、培养用户黏性。

3. 中国医药 B2C 企业拓展医疗服务，“医+药”业务布局升级

中国医药 B2C 市场参与者多样化，一些企业率先通过自建、投融资、合作开辟不同细分的移动医疗业务，促进“医+药”业务布局升级。2015 年，阿里健康构建“未来医院”与天猫医药的“医+药”活力生态圈；岗岭集团旗下 1 药网实现了以易诊为入口、以药品为切入点的“医+药”业务流；微医集团通过收购金象网来植入医药电商元素，完善一站式移动便捷就医流程；叮当快药通过与春雨医生合作，切入专业在线健康咨询和用药指导服务。

Analysys 易观分析认为，中国医药 B2C 市场未来发展可以关注以下几点：

1. 政策放开推动市场发展潜力释放

国家一直未放开处方药网售的管制是医药电商市场发展最主要的制约因素，近几年国家通过发布相关文件来逐渐改善医药电商市场的政策环境，2013 年十八届三中全会通过并发布了《中共中央关于全面深化改革若干重大问题的决定》，文件明确指出：取消医疗机构“以药补医”模式；2014 年国家食药监总局发布了《互联网食品药品经营监督管理办法（征求意见稿)》，将为医药电商的未来发展创造更大的空间；2015 年国务院发布了《国务院关于大力发展电子商务加快培育经济新动力的意见》，明确强调完善互联网食品药品经营监督管理，推动医药电子商务发展。医疗机构执行零差率等政策将促使包括网上药店在内的医院外渠道销售规模潜力的提高。

2. 市场领先者推动创新盈利模式清晰化

对于企业来说，获得 C 证即可开展自营 B2C 业务，而盈利模式成为较难突破的关键点。目前，自营式 B2C 盈利模式以销售价差为主，可以攫取产业链利润；平台式 B2C 盈利模式以收取流量佣金为主。预计到 2016 年，自营 B2C 企业中将出现领先企业，领先企业具备多样化产品服务模式，将发展重心从售药逐渐转移到用户定制化服务上，依靠提供健康解决方案进行供应链整合，实施差异化战略，不断完善移动端医药布局，创新盈利模式逐渐清晰化。

3. 医药 B2C 企业结合 O2O 运营

未来医药电商 O2O 运营的最佳模式是与 B2C 业务结合，对于自身网上药店已经具备一定营销基础和销售基础的药品零售企业来讲，应当尽量平衡经营重心，在保持网上药店既有优势的基础上，寻求线上与线下渠道的相互融合途径，通过网上药店带动实体门店的销售。而对于网上药店运营基础较为薄弱的药品零售企业来讲，目前经营的重心仍应放置于实体门店，保证生存的基础，将网上药店作为辅助手段激发实体药店的潜力。同时通过实体药店的“交易中心”及“体验中心”的职能，改善网上药店最后一公里的体验，从而推动网上药店成长。

4. 医药 B2C、B2B 双模式运营仍待经受市场考验

在医药 B2C 竞争加剧的背景下，一些医药 B2C 企业开始进入 B2B 市场，以开展 B 端业务谋求差异化发展，探索与工业企业间的业务流和资金流，抢占医药电商市场一席之地。然而，目前，中国医药、上海医药和华润医药 3 家国企背景的医药企业瓜分了大部分市场，而且医药 B2B 电商区域性强，难以满足跨地区的采购需求，在商业模式不成熟的情况下也难以与传统企业抗衡。基于中国医药市场较为封闭、受国家政策制约，医药 B2C 与 B2B 双模式运营虽具创新性，但短期内将发展缓慢，需经受市场考验。

根据 Analysys 易观近期发布的《2015 年中国医药电商市场实力矩阵专题研究报告》，Analysys 易观对 2014 至 2016 年主要医药电商企业在实力矩阵中所处的位置以及现有资源和创新能力的变化情况做如下解读。

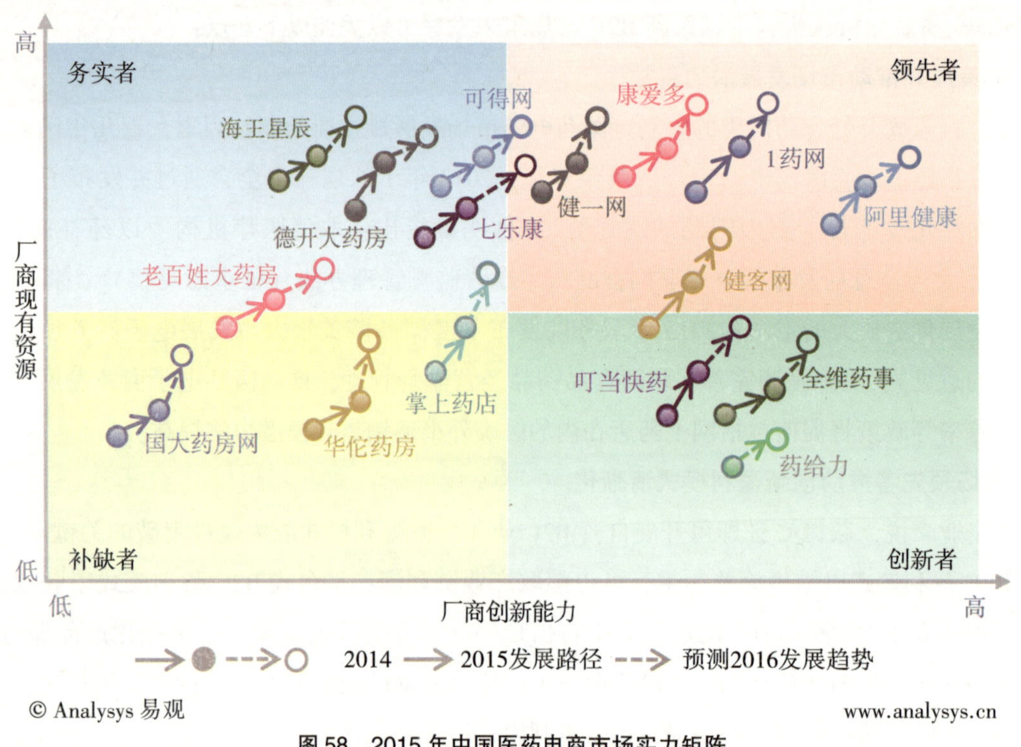

图 58　2015 年中国医药电商市场实力矩阵

- **领先者象限分析**

领先者在商业模式创新或产品、服务创新性上拥有较强的独特性，同时具有很好的系统执行力，能够把创新性提供给市场并获取较高的市场认可。

2015 年中国医药电商市场领先者：阿里健康、1 药网、康爱多、健一网、健客网

➢ 新进入者：健客网

➢ 新退出者：无

在国家倡导大力发展医药电商的政策背景下，医药电商的参与者不再局限于获得互联网药品资质的企业，一些医药 O2O 平台也陆续上线，市场出现平台 B2C、自营 B2C 及一些医药 O2O 服务企业。而医药电商市场的领先企业在经历激烈的价格战后，在 2014 至 2015 年进行创新业务的融合，比如试水医疗服务，以及医疗 O2O 的结合，不断在产品创新与生态闭环布局上有所突破。

阿里健康（原名“中信 21 世纪”）于 2014 年获得阿里巴巴战略投资，成为阿里巴巴布局医疗健康的业务的重要举措。阿里健康旗下主要运营云医院平台、阿里健康 APP、药品电子监管体系为用户提供即时、便捷的医药、医疗、健康管理等方面专业服务。其中，阿里健康药品网上零售业务采取“B2C+O2O”的平台模式。2015 年，阿里巴巴转让天猫在线医药业务的营运权给阿里健康，壮大其医药品销售的渠道能力、丰富其供应商资源、实现天猫流量的导入，从而占有中国医药 B2C 市场的最高份额。同年，阿里健康与鱼跃科技宣布建立战略合作关系，双方将在医疗智能设备、医疗影像、医疗医生资源管理、互联网健康服务拓展，开拓市场与客户、信息及医疗产品、阿里健康云医院平台等方面进行合作。未来阿里健康将继续在“未来医院+未来药店”的战略构建中推动市场的创新变革。

1 药网是中国第一批获得国家食品药品监督管理局颁发的《互联网药品交易许可证》的合法网上药店，并通过切入移动医疗健康领域，实现“医疗+药品”的业务全布局。1 药网在 2015 年完成 C 轮融资后加速提升自身实力，成为自营 B2C 企业中的领先者。1 药网创立自己的配送中心，拥有上海、天津、广州三大仓储中心，实现订单的全国覆盖。数据方面，1 药网拥有商务智能体系，为商家提供数据工具，定向的患者属性、患者行为与需求分析服务；拥有 CRM 体系，可直接连接商家系统，为商家提供顾客追踪监测，顾客关系管理运营体系。未来 1 药网将不断探索其移动医疗业务中的可行性盈利模式，加深商业化程度；拓展 B 端医药电商业务，完善医药电商生态闭环。

• 创新者象限分析

创新者在产品/技术上的投入很大，并在商业模式、技术或者产品服务的创新性上有独特的优势，但是由于种种原因没有得到很好的市场表现。

2015 年中国医药电商市场创新者：全维药事、叮当快药、药给力

➢ 新进入者：无

➢ 新退出者：健客网

全维药事是全维科技旗下医药健康服务平台，包括问药—用户版、问药—商户版、药联三系产品及服务，为平台使用者提高执行效益、强化完整的健康服务。全维药事目前的主体业务包括 B 端与 C 端。B 端是为制药企业提供低成本、高效率的品牌营销服务，提升企业铺市率；为线下药店提供运营协助服务，拓展药店销售和服务渠道，提升药事服务专业度，有效管理重点客户，以精准营销提升顾客黏性。C 端是为线上用户提供便捷购药、送药上门、用药指导服务。未来全维药事还将不断加大与线下药店、制药企业的合作力度，丰富其业务覆盖范围，不断优化药店服务，保障顾客安全、信任用药体验。

• 务实者象限分析

务实者拥有丰富的资源，执行能力较强，但是创新优势不明显。

2015 年中国医药电商市场务实者：可得网、七乐康、德开大药房、海王星辰、老百姓大药房

➢ 新进入者：老百姓大药房

➢ 新退出者：无

可得网隶属于上海可得光学科技有限公司，经过 8 年垂直眼镜及相关附件产品网上零售的发展，具备眼镜行业集约采购价格优势、电子商务管理服务经验；拥有由多名视光学专家及高级验光师组成的客服团队，为用户提供专业的配镜及使用指导服务。同时，可得网自主开发眼镜在线模拟试戴系统，打造优质的用户购买体验。2015 年，康恩贝入股可得网，将其眼健康产品与可得网进行业务层面的协同，从而促进双方在产品上的营销拓展。从可得网的销售渠道看，还是围绕 PC 端的自营、第三方平台，移动端主要通过微信进行销售，在用户体验上不及 PC 端的自营平台，未来仍有突破空间。O2O 布局方面，可得网目前线下店服务覆盖仅局限于上海地区，未来可得网还将拓展 O2O 体验店的覆盖力度，从而不断提升渠道创新能力。

• 补缺者象限分析

补缺者的业务创新力、市场占有率不高，有待明确市场定位或转型。

2015 年中国医药电商市场补缺者：掌上药店、国大药房网、华佗药房

- 新进入者：无
- 新退出者：老百姓大药房

国大药房网是国药控股国大复美大药房连锁有限公司后进行的医药 B2C 业务布局。与其他医药 B2C 企业相比，国大药房网的起步较晚，虽依托复美大药房线下门店流量、国药集团第三方物流平台、国大 ERP 系统等优势，但缺乏对互联网、电子商务的经营经验和市场敏感度，在线上布局较为保守、服务滞后、发展缓慢。未来，国大药房网还需要不断提升创新能力，利用好自身优质的线下资源，将线上线下业务进行系统化运营，从而加速抢占市场。

内容消费

网络视频

© Analysys 易观　　www.analysys.cn

图 59　2015 年中国网络视频市场生态图谱

Analysys 易观分析认为，2015 年中国网络视频市场有以下几点值得关注：

1. 移动端贡献率提升，程序化购买获得认可

随着移动互联网渗透率加深，用户向移动端快速迁移使得移动视频用户规模不断扩大，目前主要网络视频厂商移动端流量占比已经超过 50%，且用户覆盖率与时长增长趋势明显，广告主对于移

动视频广告的接受度逐渐提高，程序化购买也吸引了更多愿意为效果付费的广告主。

2. 网生内容数量井喷、质量提升，内容反输传统媒体

2015 年，在基础服务趋于同质化的情况下，各大视频厂商加大对网生内容投入，以期通过网生内容形成平台差异化。在用户自制内容方面，微视频、视频直播等功能降低 UGC 内容制作门槛，收入分成刺激 UGC 内容精品化发展；在网站自制内容方面，网络视频厂商提升网站自制内容开发力度和制作水准，并通过大数据技术精准分析用户偏好，制作方式从联合制作到独立自主制作并反向输出到传统媒体，网站自制内容的出品数量、题材广泛度、制作质量都得到显著提升。

3. 优质内容推动用户付费习惯进一步培养

2015 年爱奇艺、腾讯视频、优酷土豆、搜狐视频等主流视频平台相继通过热门剧目开通会员付费观看功能，通过差异化排播方式带来的用户付费观看商业模式开始受到用户认可。在不断以内容增强对用户吸引力的同时，优秀内容货币化能力在用户付费习惯逐渐形成的背景下得到增强。

4. 视频与其他数字娱乐行业融合加深，基于 IP 构建数字娱乐生态

2015 年，除了在传统视频内容方面的持续布局外，视频与电影、音乐、游戏、文学、动漫、体育等娱乐行业融合程度不断加深，网络视频厂商积极构建更丰富的数字娱乐生态系统，基于优质 IP 的全产业链开发运营力度加强，从上游内容研发、内容制作、内容宣发到中下游的线上播放、衍生品开发、艺人经纪等环节价值挖掘力度加强，聚合多渠道资源，打破对传统视频内容和广告营收的依赖，拓展未来发展空间。

Analysys 易观分析认为，中国网络视频市场目前处于高速发展阶段。

探索期（2000—2008）

随着校园网络中 P2P 直播服务的发展，网络视频初步兴起，而后欧洲杯/超女等全民娱乐事件及恶搞视频的流行带动网络视频在互联网用户中的广泛传播，网络视频开始引起资本注意。2006 年 YouTube 被 Google 高价收购，大量行业参与者进入网络视频市场。

厂商数量的迅速增加加剧了行业内的同质化竞争，引发了大量版权纠纷。2007 年广电总局发布《互联网视频节目服务管理规定》，确立了视频网站经营的牌照制度。2008 年金融危机更带来整体市场环境的低迷。

启动期（2009—2011）

探索期疯狂的发展以及出现的大量问题导致产业链整合开始，偶偶网、mofile 等视频厂商或退出市场或寻求转型。2009 年 CNTV 上线，拥有内容资源的传统电视媒体进军网络视频行业。2010 年百度组建独立视频公司奇艺，网络视频行业竞争加剧。2010 年优酷网在美国纽交所独立上市，标志着网络视频以流量获取广告收入的商业模式正式得到市场认可。同时以乐视为代表的厂商，通过版权分销获得可观的价值回报。视频网站对于版权内容的估值不断攀升，关于内容版权的纠纷也不断升级。

高速发展期（2012—　）

酷 6 网、优酷网、土豆网连续上市标志着网络视频行业主流商业模式逐渐成熟，产业链发展日

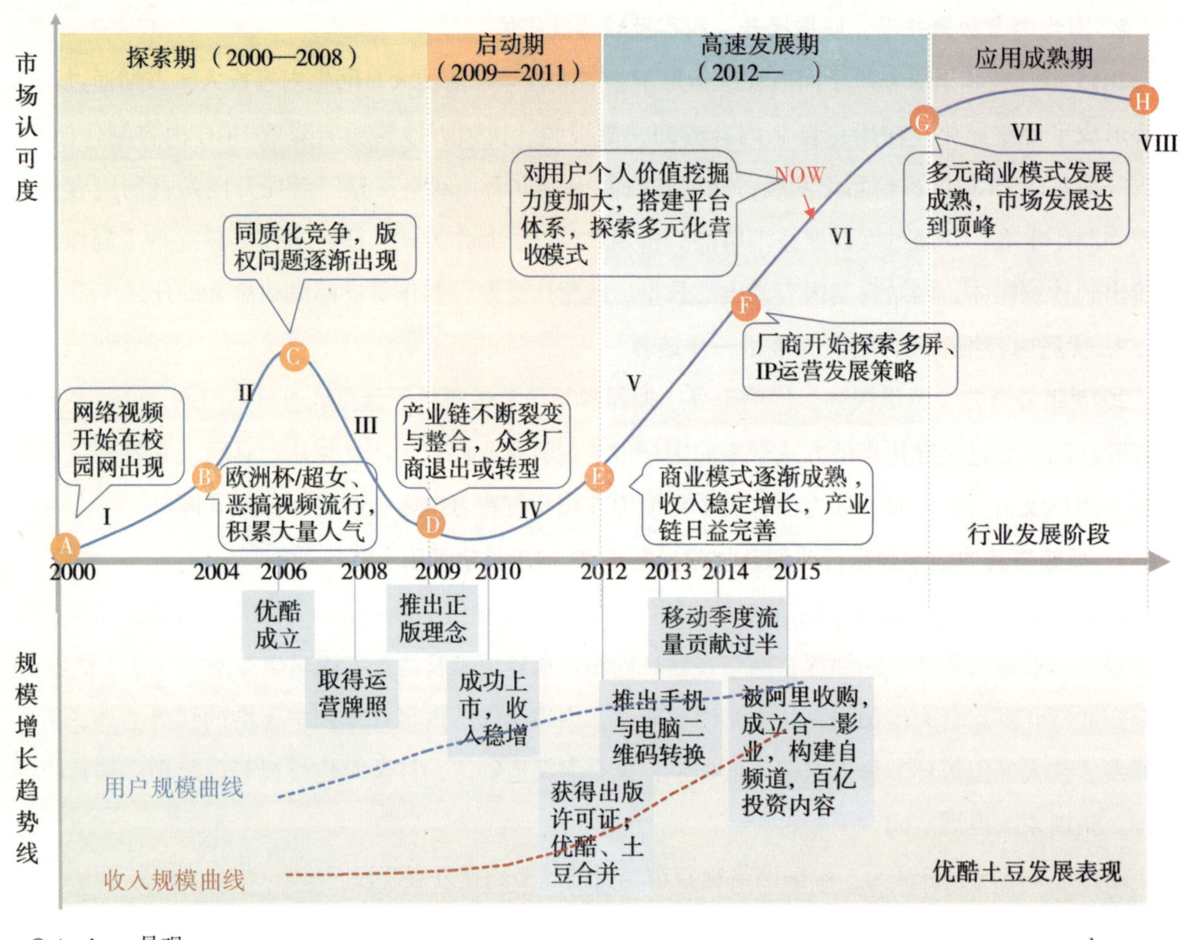

 www.analysys.cn

图 60　2015 年中国网络视频市场 AMC 模型

益完善，行业进入门槛提高。2012 年优酷、土豆宣布合并，用户账号、版权内容、销售体系均打通，双平台差异化竞争形成市场垄断地位。随着互联网的普及和速度的提升，网络视频用户规模、用户黏性均有明显增长，视频内容形式不断丰富，网络视频市场收入保持增长，商业价值得到证明。

在互联网技术和硬件技术的发展下，厂商开始探索多屏发展战略，纷纷展开在手机、电视等终端的布局，而移动互联网的高速发展推动整体网络视频用户规模化增长，综合视频、聚合视频、播放器应用等多种视频应用向用户提供移动视频服务，厂商在移动端流量规模提升带来移动端商业化效果显著。同时厂商在全娱乐产业链上下游纵深化拓展，从播放平台向文化娱乐生态延伸，网络视频行业迎来新的竞争格局。

对个人用户而言

网络视频厂商对版权内容成品的竞争上升到对版权 IP 的资源争夺上，视频网站自制剧数量井喷，大数据技术支持了厂商通过精准分析用户偏好从而更有导向性地制作相应题材内容。同时厂商在制作投入方面力度也大大加强，自制剧内容质量得到显著提升，得到广大网络视频用户的认可。

随着视频厂商通过内容增强对用户的吸引力，以及年轻用户对虚拟服务付费习惯的逐渐形成，通过差异化排播方式带来的用户付费观看商业模式开始受到用户认可。爱奇艺、腾讯视频、优酷土豆、搜狐视频等主流视频平台相继通过热门剧目展开付费观看。Analysys 易观分析认为，目前用户付费的环境已经初步形成，未来网络视频厂商还需要在优质内容和用户体验两方面持续耕耘，让更多视频用户体验到付费带来的价值，形成稳定持久的付费观看行为。

随着视频厂商作为互联网入口平台在互联网用户中的信息传播能力逐渐稳定，以及 IP 资源、用户资源的长期积累，视频网站向产业链上下游的整合速度加快，形成集内容研发、内容制作、内容宣发、线上播放、衍生品开发、艺人经纪等环节为一体的全娱乐产业链。在此过程中，具有资本优势的厂商对有限用户资源、内容资源的竞争能力积累，中小厂商面临较大的生存压力，视频行业呈现集约化、规模化发展趋势，马太效应进一步凸显。在视频厂商向大而全方向发展的同时，专注垂直内容及细分人群的视频平台也迎来发展机遇，垂直领域内容及粉丝价值将被深度挖掘。

对行业客户而言

目前网络视频行业多个厂商移动端流量占比已超过 50%，移动端广告收入规模贡献率大幅提升，IPTV、OTT 视频市场也在积极发展。视频用户观看渠道流转，广告主跨屏营销需求逐渐增长，多屏内容无缝打通、全方位覆盖追踪用户，立体化的营销形式将成为广告主的主流选择。同时随着程序化视频广告投放，移动视频平台加快流量开放，未来将可能实现跨屏程序化购买，针对不同屏幕性质、不同视频观看场景智能化地向用户精准投放相应营销信息以达到最大化的传播效果。

随着用户对视频观看体验的重视，以付费免除广告的发展趋势使得视频网站多元化商业模式不断被探索实践，在此过程中行业客户可以与视频网站深层次合作，创新营销内容及形式，与目标人群建立更广泛更深层次的联系，提升营销效果。

对市场投资者而言

2015 年网络视频市场资本运作频繁，除了优酷土豆、芒果 TV、响巢看看等市场领先厂商获得投资之外，细分市场中出现较多表现突出的参与者引起了资本市场广泛关注，音悦台、哔哩哔哩、AcFun、万合天宜、米未传媒都是其中典型代表。Analysys 易观分析认为，大数据、VR/AR 等技术进步以及视频内容的丰富程度加快网络视频市场变革并带来新的市场机会和商业模式，短视频、视频直播等创新细分市场也有望诞生更多满足用户新型娱乐消费需求的公司，2016 年资本方在网络视频市场将挖掘出大量投资空间。

市场典型企业——优酷土豆

聚焦到网络视频行业的典型企业优酷土豆，Analysys 易观分析认为，优酷土豆作为较早进入市场的厂商，在网络视频市场突破同质化发展、打造广告营销商业模式、推行内容自制上有领导性作用。而且移动端快速发展的情况下，发展战略与竞争对手相比稍显滞后，市场领先优势稍有减弱。

优酷成立于 2006 年，定位于用户视频分享平台，以海量内容快速流畅播放吸引用户并获得多轮融资。在多轮融资带来的资金优势下，购买大量版权内容。2008 年，优酷获得运营牌照，在版权内容和“拍客”口号倡导下的原创内容双重支撑下，优酷在视频网站同质化的竞争中以内容形成有效壁垒获得个人用户，同时其视频营销价值也受到行业用户肯定，优酷作为行业领先者带领网络视频行业在广告营销商业模式上高速发展。2010 年，优酷网登陆纳斯达克，成为国内首家独立上市视频网站，优酷平台影响力得以提升，也标志着网络视频以流量获取广告收入的商业模式正式得到市场认可。在内容方面，优酷推出《嘻哈四重奏》《泡芙小姐》《让梦想飞——中国最牛人》等多形式的自制内容，以推动差异化竞争。在移动化方面，推出无线客户端，为用户带来移动视频体验。2012 年优酷、土豆宣布合并，用户账号、版权内容、销售体系均打通，双平台差异化竞争形成市场垄断地位。随着移动互联网开始高速发展，网络视频平台在移动端开辟新战场，爱奇艺、腾讯视频等市场后入者凭借内容优势、社交化战略、用户体验优化、新盈利模式、生态化系统建设方面探索积极，市场地位提升迅速，在竞争中逐渐缩小与优酷土豆的差距。2015 年，阿里巴巴收购优酷土豆，网络视频竞争格局继续被改变。

根据 Analysys 易观发布的《2016—2018 年中国网络视频市场趋势预测专题研究报告》显示，2015 年中国网络视频市场规模达到 243.1 亿元人民币，相比 2014 年环比增长 43.0%。随着移动端流量贡献率和市场认可度的提升，2015 年移动视频广告市场规模达到 114.7 亿元人民币，相比 2014 年环比增长 144.5%，占整体网络视频市场规模的 47.2%。

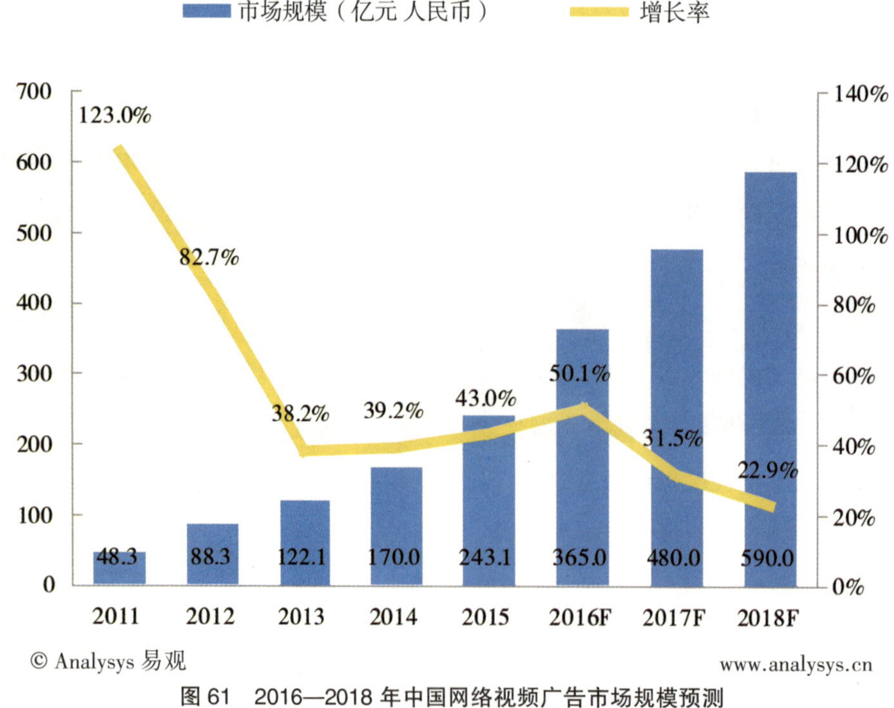

图 61　2016—2018 年中国网络视频广告市场规模预测

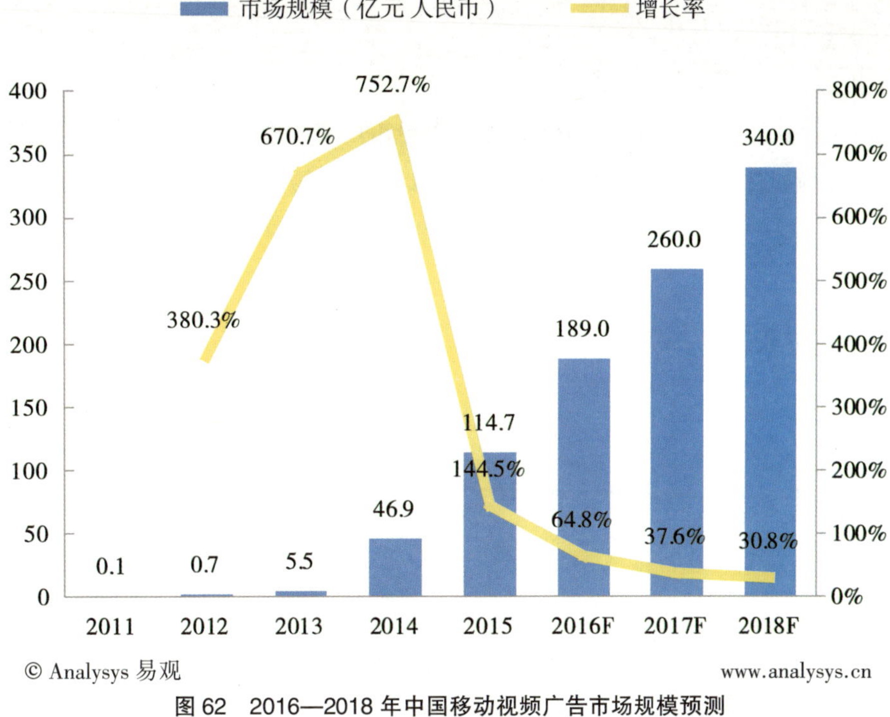

图 62　2016—2018 年中国移动视频广告市场规模预测

Analysys 易观分析认为，未来中国网络视频市场会有如下发展趋势：

1. 移动端成为网络视频市场发展主要驱动力量

更多行业广告主、品牌广告主开始制订移动视频广告投放计划，网络视频市场整体广告收入格局改变，移动端成为网络视频广告市场主要驱动力量。预计到 2018 年移动视频广告规模将达到 340. 0 亿元，占总体规模的 57. 6%，成为网络视频广告市场主要收入来源，移动视频流量已经超越 PC 端视频用户流量，且用户覆盖率与时长增长趋势明显，广告主对移动视频营销认可度提升，移动用户价值将会被更大力度挖掘

2. 未来网生内容将成为重要变现来源

网生内容不仅是视频厂商通过差异化内容形成竞争优势的重要砝码，基于网生内容的深度内容营销受到市场认可，用户付费观看、粉丝经济挖掘、版权分销等丰富的营收变现模式也相继孵化成熟，随着网络视频厂商将网生内容发展提升到战略发展层面，未来网生内容将成为重要的变现来源。

3. 用户观看渠道流转，跨屏营销成主流选择

移动端高速成长，IPTV、OTT 视频市场积极发展的背景下，网络视频用户观看渠道流转，广告主跨屏营销需求逐渐增长，多屏内容无缝打通、全方位覆盖追踪用户，立体化的营销形式将成为广告主的主流选择。同时随着程序化购买技术的优化完善，针对不同屏幕性质、不同视频观看场景，智能化、立体式向用户精准投放相应信息的跨屏营销方案将释放网络视频平台更大的营销价值。

4. 用户流量更深层次转化为商业价值，网络视频进入盈利时代

随着用户付费习惯的固化，网络视频免费时代结束，流量转变为用户。同时视频平台加大在全产业链各环节的探索发展，并向电商、社交等周边产业积极拓展，资源整合能力加强，包括会员付

费、视频电商、付费直播等多元化的用户端盈利模式将不断被探索实践，整体网络视频市场盈利趋势逐渐明朗。

根据 Analysys 易观近期发布的《中国网络视频平台市场实力矩阵 2015》，Analysys 易观对 2014 至 2016 年主要网络视频媒体厂商在实力矩阵中所处位置以及现有资源和创新能力的变化做如下解读。

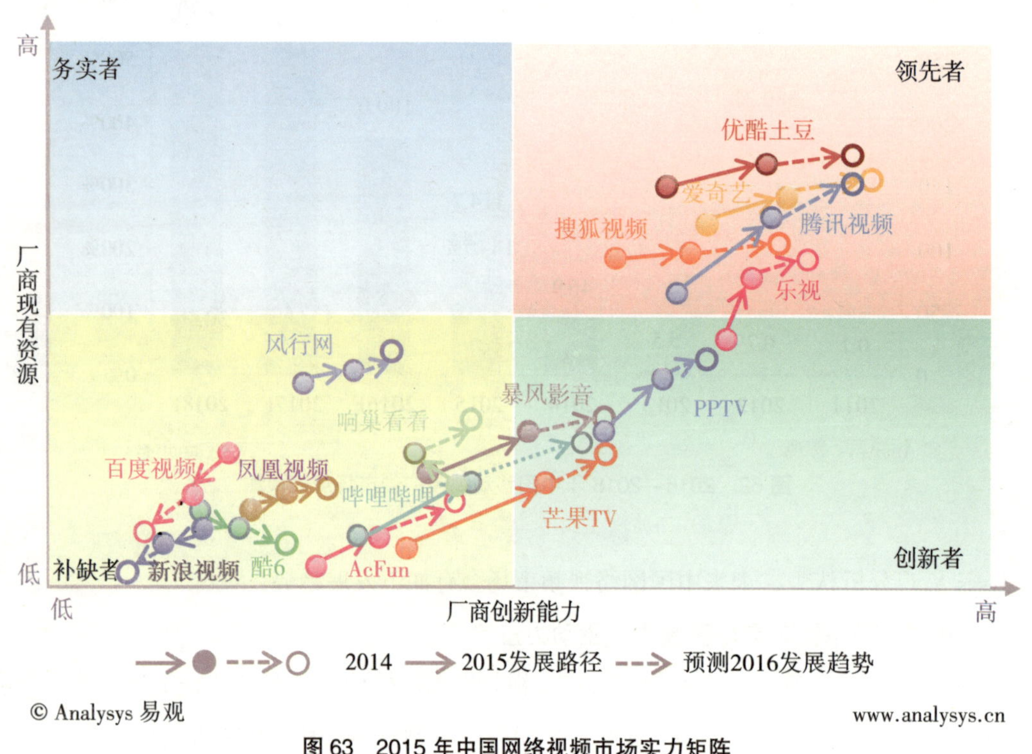

图 63　2015 年中国网络视频市场实力矩阵

- **领先者象限分析**

领先者在商业模式创新或产品/服务创新性上拥有较强的独特性，同时具有很好的系统执行力，能够把创新性提供给市场并获取较高的市场认可。

2015 年中国网络视频市场领先者：优酷土豆、爱奇艺、腾讯视频、搜狐视频、乐视

➢ 新进入者：乐视

➢ 新退出者：无

2015 年，优酷土豆调整内部构架以适应网络视频市场多元化的业务需求，从网络视频平台向文化娱乐生态系统发展。在内容方面扩展海外独家版权内容资源，开放自媒体平台，提升平台内容创作能力以及丰富营收方式。合一影业继续探索项目研发出品与电影营销，充分转化优酷土豆的 IP 资源以及互联网营销资源。“合计划”与垂直生态厂商合作创建开放共赢的大生态系统。移动端建设效果显著，移动端收入占比突破 50%。与阿里巴巴达成最终收购协议，在视频、电商等业务领域协同发展。随着其他网络视频厂商竞争力的提升，优酷土豆资源优势有所下滑。预计 2016 年优酷土豆将通过互联网文化娱乐生态打造增强扩大用户规模，未来将与阿里优势互补形成多元化的盈利模式，综合实力将进一步提升。

2015年，爱奇艺继续以平台大数据优势为依托，构架“超级自制+顶尖版权”的内容布局。自制内容制作水准不断提升影响力扩大，并通过《盗墓笔记》开启了创新的排播方式以及视频服务观看新模式；版权内容方面，爱奇艺围绕版权内容打通游戏、电商等领域，串联起用户泛娱乐产业链中的各个服务环节。技术方面，爱奇艺推出1080p、4K清晰度视频、Dolby音效以及HCDN视频传输技术增强用户使用体验；通过Video out、Video in、Figure out等功能开展用户泛视频服务；与虚拟现实头盔全面兼容，提供多端双屏观看体验，并推出爱奇艺VR手机应用。预计2016年，爱奇艺将继续发力内容，加大在高端垂直内容上的投入，以热门IP版权挖掘粉丝经济价值。

2015年，腾讯视频借助腾讯集团产品矩阵，通过优质内容投入和用户体验优化继续处于市场领先地位。内容方面腾讯视频在高品质化、差异化的策略下，不断引入包括电影、版权剧、自制剧等精品内容，独播、联播版权内容均获得高播放量，与多家版权内容提供方签订长期合作协议充实视频内容资源库，打造“Live Music”在线演唱会直播平台。在自制内容发展方面，腾讯视频联合百家内容提供商启动“惊蛰计划”发力PGC，并推出了各类题材创新、模式创新的自制内容；在营销创新方面，腾讯视频创新推出摇一摇、伴随性广告等互动化、场景化的广告营销形式，通过腾讯DMP实现人群精准投放。随着腾讯视频将在精品内容建设上加大力度、用户互动性的增强以及对用户价值的深入挖掘，2016年腾讯视频市场份额有望继续提升。

2015年，搜狐视频与56网合并成效初显，内容生产力进一步提升，形成自制内容生产的综合性平台，自媒体领域呈现爆发式增长。在版权内容方面，搜狐视频继续高品质差异化战略，集结海外剧、海外综艺、国产剧、综艺、动漫、体育等多个平台的优势资源，形成平台资源优势；产品技术方面，搜狐视频加速全屏幕布局，提升对用户全时段覆盖能力；营销方面，搜狐视频基于搜狐云矩阵多平台的大数据积累与汇聚，整合数据、平台、人群、产品等多维度为一体，并推出慧眼识TA智能投放系统，形成基于竞价、流量、频次的全流程智能购买体系。2016年，搜狐视频预计将通过差异化的内容竞争满足用户、广告主需求，以巩固自己的领先者地位。

2015年，乐视在生态构建方面持续布局，厂商资源不断丰富，形成了跨越互联网及云生态的七大基础生态，进入网络视频平台领先者之列。在内容建设方面，乐视在原有影视内容的基础上，拓展了综艺、体育、音乐、电影的内容矩阵，并通过演唱会、体育、UGC内容等细分内容领域聚拢用户。在应用体系搭建上，乐视云视频平台与更多行业客户形成合作关系，通过后期增值服务持续创造盈利价值。乐视的“平台+内容+终端+应用”的生态模式已经发展相对成熟，预计2016年将继续扩展生态系统外延，以创新带动资源能力的发展。

- **创新者象限分析**

创新者在产品/技术上的投入很大，并在商业模式、技术或者产品服务的创新性上有独特的优势，但是由于种种原因暂未获得更好的市场表现。

2015年中国网络视频市场创新者：PPTV、芒果TV、暴风影音

➢ 新进入者：芒果TV、暴风影音

➢ 新退出者：乐视

2015年，PPTV在内容方面打造出《执念师》《纳妾记》等优质自制剧目；PPTV第一体育独立

拆分，获得西甲联赛 5 年全媒体版权；推出互联网直播演唱会服务，联合苏宁影业投资现象级影片，与旅游卫视合作进军旅游产业。硬件方面，PPOS、PPTV 智能电视、手机、盒子相机温室，逐步完善其他智能家居方面的布局。与苏宁云商的电商资源协同，搭建起硬件、内容、销售三驾马车。2016 年，PPTV 将围绕内容优势针对平台、影视、硬件、O2O 营销及视频云等方面进行差异化布局。

暴风影音在 2015 年登陆 A 股市场后市值攀升迅速，发布暴风魔镜涉足虚拟现实领域，与海尔日日顺、傲风动漫、三诺数码影音成立合资公司进军互联网电视，投资手势科技发展互联网演艺业务。暴风影音 2015 年多举措创新发展，从单一在线视频服务向网络视频、虚拟现实、互联网电视、在线互动直播等多元化业务发展，不断深化“DT 大娱乐”布局，但在内容建设方面相对较弱，2015 年先后被央视国际、乐视网起诉版权内容侵权。预计 2016 年，暴风影音将依靠国际化战略扩大用户规模，打通泛娱乐场景获得更高用户红利。

2015 年，芒果 TV 通过湖南广电自制内容独播、制作网络自制节目、引入广电体系内容资源形成了独特的内容战略，实现电脑、互联网电视、手机、平板全平台多屏合一，推出全新互动广告产品“灵犀”，构筑起包括电脑、手机、PAD、互联网电视、IPTV 的“一云多屏”广告通投系统。作为传统电视媒体互联网化的代表厂商，芒果 TV 在内容、产品、营销尝鲜的创新不容小觑，背靠湖南广电的内容资源和品牌影响力为其下阶段向市场领先集团发展提供重要助力。

- **务实者象限分析**

务实者拥有丰富的资源，执行能力较强，但是创新优势不明显。目前中国网络视频市场内容资源稀缺，用户资源流动性大，市场厂商或通过资源优势或创新优势获得市场地位，故目前市场还不存在资源优势明显而创新优势较弱的厂商。

➢ 新进入者：无

➢ 新退出者：无

- **补缺者象限分析**

2015 年中国网络视频市场补缺者：风行网、响巢看看、哔哩哔哩、AcFun、凤凰视频、酷 6、百度视频、新浪视频

➢ 新进入者：无

➢ 新退出者：芒果 TV、暴风影音

2015 年，风行网在“台网融合”的基础上向互联网电视深化发展，与兆驰股份、东方明珠、海尔和国美以战略和资本入股合作的形式，联合硬件+内容+牌照+渠道+视频运营打造风行互联网电视生态战略，将用户目标从单纯的互联网视频用户转移至家庭娱乐用户。同时，风行网发布“开放平台”战略，为传统媒体提供一站式全案解决服务。在营销方面，风行基于 PC、移动、电视的多屏业务开展全产业链生态营销，在为用户提供跨屏视频服务的同时为广告主提供跨屏投放价值。

迅雷旗下独立视频业务迅雷看看于 2015 年 8 月正式出售给响巢国际，更名为响巢看看。响巢看看原互联网视频服务、新媒体广告营销服务与响巢国际原影视策划、投资、制作发行、艺人经纪等业务协同，形成深入影视产业链上游的互联网视频平台。响巢看看 2016 年期望通过绝对自制、

独播战略、互联网金融和精准营销战略拉动视频平台发展并获得高黏性用户。预计 2016 年，响巢看看将在补缺者象限中略有改善。

哔哩哔哩是垂直网络视频平台的典型代表。2015 年，哔哩哔哩针对“二次元”、“宅”用户进行除了广告营销之外多元化的商业化发展：开展游戏联运、策划主题旅游项目、线下演唱会、版权众筹等，目前游戏联运已经是哔哩哔哩的重要收入来源。预计 2016 年，哔哩哔哩在平台内容、商业模式上会继续加大创新，向创新者领域发展。

AcFun 是网络视频平台中另一重要的垂直型代表。2015 年，AcFun 获得优酷土豆投资，在视频内容上达成共享。除此以外，AcFun 在原创内容建设上加大力度，以泛二次元原创内容为核心形成社区型视频平台吸引用户，并与优酷土豆、奥飞动漫等合作开发二次元全产业链。由于目前 AcFun 整体用户规模较小，预计 2016 年将继续保留在补缺者象限。

凤凰视频背靠凤凰卫视的内容资源，在新闻、财经、纪录片等方向有一定影响力，凤凰新媒体产品矩阵也为之带来用户流量优势和原生广告营销优势，但在产品技术上与同类产品相比并无明显创新。面对网络视频厂商激烈竞争，预计 2016 年凤凰视频将在补缺者象限略微调整。

酷 6 在 2015 年再次被盛大收购股份，并投资魔度网发展秀场互动，但鉴于其在内容、资本、产品技术方面的资源和创新能力不高，预计酷 6 在 2016 年将在补缺者象限中下滑。

百度视频作为聚合类视频代表，结合百度的流量入口优势获得一定市场地位。随着 2015 年移动端入口的多样性、视频平台独播战略的继续和对版权内容保护力度加强，预计 2016 年百度视频将在补缺者象限中继续下滑。

新浪视频作为新浪门户所属频道，其资源与创新能力在 2015 年并未得到改善，且集团资源对新浪视频并无明显倾斜，预计 2016 年将继续在补缺者象限中下滑。

互联网影视

Analysys 易观分析认为，中国电影制发市场目前处于高速发展阶段。

Analysys 易观把中国电影制发市场的发展周期分为四个阶段，即：探索期、市场启动期、高速发展期和应用成熟期。目前中国电影在线票务市场正处于高速发展期。中国电影制发市场发展周期过程如下：1993 年，中国电影市场开始由计划经济向市场经济转型，从此中国电影开始了市场化的艰难探索。受电视媒体的冲击，电影市场萎缩严重。2002 年，院线制改革启动，中国电影市场逐渐复苏。2009 年，华谊兄弟上市，民营电影公司开始借助资本的力量蓬勃兴起。随着城市化进程的加快，影院等基础设施不断完善。中国电影市场随即进入高速发展期。2015 全年电影票房将破 435 亿元人民币，同比增长 47%，按照此增长趋势看，预计到 2017 年，中国电影市场将超过美国市场成为世界第一大电影市场。此后三年由中国主导的优质合拍片将逐渐增多，中国电影工业体系逐渐完善。2020 年后，中国电影将输出海外市场，在全球范围内产生更大的影响力。

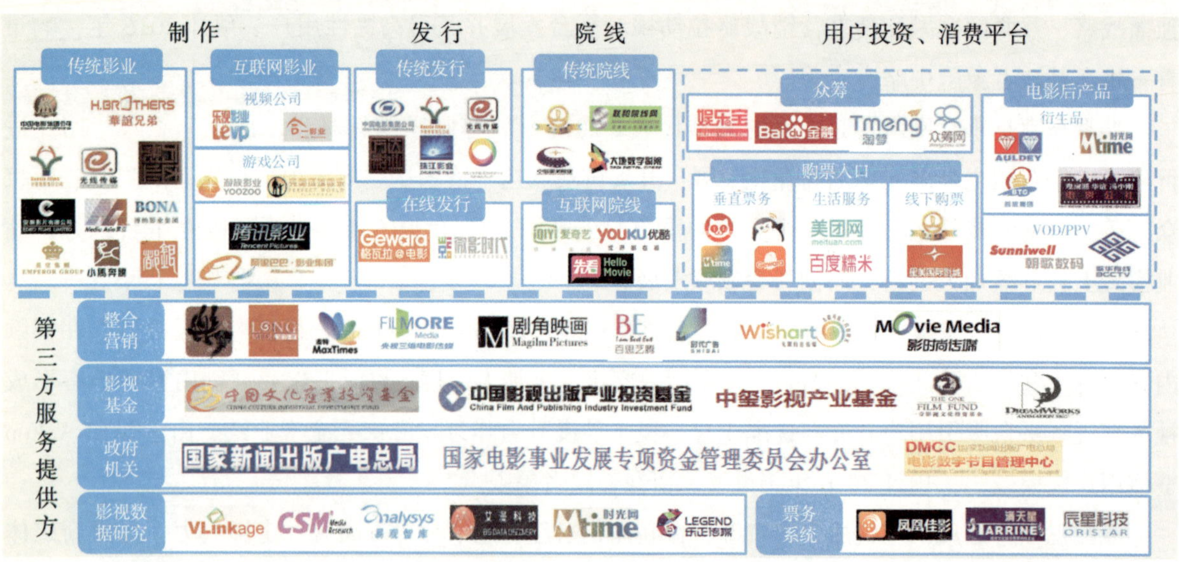

制作
发行
院线
用户投资、消费平台
传统影业
互联网影业
视频公司
游戏公司
传统发行
在线发行
传统院线
互联网院线
众筹
电影后产品
衍生品
购票入口
垂直票务
生活服务
线下购票
VOD/PPV
华谊兄弟
BONA
腾讯影业
Gewara
百度金融
Tmeng
众筹网
美团网
百度糯米
Sunniwell
第三方服务提供方
整合营销
影视基金
政府机关
影视数据研究
票务系统
FILMORE
剧角映画
Wishart
Movie Media
中国影视出版产业投资基金
China Film And Publishing Industry Investment Fund
中玺影视产业基金
国家新闻出版广电总局
国家电影事业发展专项资金管理委员会办公室
DMCC
VLinkage
CSM
Analysys
mtime
LEGEND
凤凰佳影
辰星科技
ORISTAR

© Analysys 易观　　　　www.analysys.cn

图 64　2015 年中国互联网影视产业生态图谱

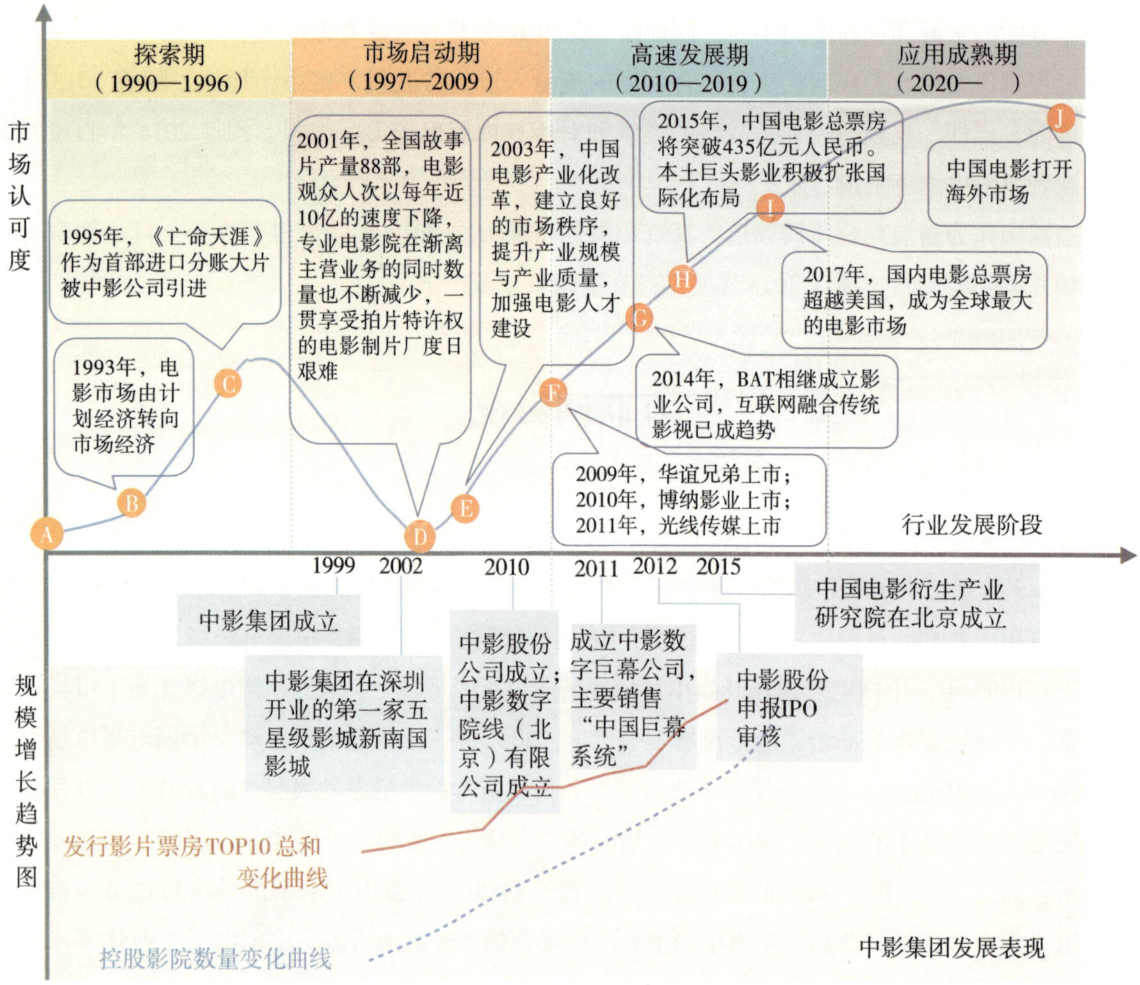

探索期（1990—1996）
市场启动期（1997—2009）
高速发展期（2010—2019）
应用成熟期（2020—　）
市场认可度
1995年，《亡命天涯》作为首部进口分账大片被中影公司引进
1993年，电影市场由计划经济转向市场经济
2001年，全国故事片产量88部，电影观众人次以每年近10亿的速度下降，专业电影院在渐离主营业务的同时数量也不断减少，一贯享受拍片特许权的电影制片厂度日艰难
2003年，中国电影产业化改革，建立良好的市场秩序，提升产业规模与产业质量，加强电影人才建设
2015年，中国电影总票房将突破435亿元人民币。本土巨头影业积极扩张国际化布局
中国电影打开海外市场
2017年，国内电影总票房超越美国，成为全球最大的电影市场
2014年，BAT相继成立影业公司，互联网融合传统影视已成趋势
2009年，华谊兄弟上市；
2010年，博纳影业上市；
2011年，光线传媒上市
行业发展阶段
A B C D E F G H I J
1999 2002 2010 2011 2012 2015
中影集团成立
中影集团在深圳开业的第一家五星级影城新南国影城
中影股份公司成立；中影数字院线（北京）有限公司成立
成立中影数字巨幕公司，主要销售“中国巨幕系统”
中影股份申报IPO审核
中国电影衍生产业研究院在北京成立
规模增长趋势图
发行影片票房TOP10总和变化曲线
控股影院数量变化曲线
中影集团发展表现

© Analysys 易观　　　　www.analysys.cn

图 65　2015 年中国电影制发市场 AMC 模型

从2015年中国电影市场发展状况来看，有以下两大点值得注意：

对行业客户而言

本土影业继续扩张国际化版图。2015年3月，博纳影业携手好莱坞studio8以及索尼电影公司，投资并参与制作李安导演的新片《比利·林恩漫长的中场休息》(这是博纳进军欧美主流电影市场的重要一步)。11月，博纳影业向TSG娱乐投资2.35亿美元，运作的投资主要用于20世纪福斯出品的《独立日2》、《X战警》续集、《猩球崛起》续集等5部主流商业大片的制作，并获得同比例全球票房分账。2015年7月，万达影业投资的美国电影《铁拳》(北美票房为5231.66万美元)在美国上映。同月，阿里影业投资《碟中谍5》，目前已在洛杉矶组建了团队，并与美国派拉蒙影业签署合作协议。还有华谊兄弟和STX的首部合拍片7月在北美上映，目前华谊兄弟在北美已经设立了分公司。12月，乐视影业宣布与好莱坞达成合作《长城》《埃及诸神》《狼图腾》等13大电影项目，并发布了乐视影业倡导的中美合作G2战略。综上所述，这些已经在扩张国际化版图的中国影企，最终目的都是想通过学习海外先进的经验技术带动中国电影工业化体系建设，未来能把好莱坞模式成功运用到国内的公司还不能确定。可以肯定的是，未来能影响中国电影工业化体系建设的影业必将掌控更多的市场话语权和上层资源。

对观影群众而言

票房超10亿元人民币的国产片增多，影市进入门槛会抬高。今年共有5部国产片票房过10亿元人民币，其中《捉妖记》创下国产片票房纪录，达到24.35亿元人民币；《澳门风云2》和《大圣归来》均超过9亿元人民币。不难看出，内地观影需求伴随着不断增长的观影人群基数和人均观影频次得到空前爆发。同时又因为不同阶层和年龄段的观影人群基数在逐渐扩大以及观众审美标准的升级，观众对上映影片的包容性也在增大。以动画电影为例，今年暑期档共上映16部动画电影，其中国产片13部。往年暑期档占据头把交椅的爱情片被动画电影在数量上赶超。动漫IP不仅在被观众接受，同样也被影视公司看重。光线传媒两年内共投资了13家动漫公司，横跨三维/二维动画、漫画、游戏、国外版权等，涵盖从IP源头到作品创作制作再到周边衍生。可见，未来电影市场的竞争是生态和产业链的竞争，市场的进入门槛已经抬高。

市场典型企业——中影集团

中影集团发行的影片票房市场份额排名一直稳居第一，其核心竞争力在于：中影具有国内唯一的进口片引进权，和华夏具有进口片的发行权，基本上是垄断行为。中影的行业地位及其国企的身份带来的优势是民营企业难以抗衡的。不过，中影在上游环节的投资、自身IP开发、O2O发行等方面比较薄弱。

2002年，中影第一家五星级影城新南国影城在深圳开业，利用优质的观影体验和服务与其他竞争对手拉开差距，在此过程中逐渐提升自身院线品牌的实力。2010年，中影股份有限公司成立，除了将继承中影集团全部的影视主营业务及相关经营性资产和资质，还将形成影视制片、制作、发行、营销、放映、影视服务等完整的产业链条。2011年，中影数字巨幕（北京）有限公司成立，主要销售“中国巨幕系统”，“中国巨幕”的诞生标志着中国电影放映技术和装备自主知识产权的建立，也填补了国内这一技术领域的空白。2012年年底，中影股份申报IPO审核，为中影扩宽融资渠道做准备。2014 年，中影在京举办 IP 推介会，宣布未来将重点致力于原创项目开发，在开发的过程中强调整合开发。2015 年，中影股份与北京电影学院共同成立中国电影衍生产业研究院。可以看出，最近两年中影集团对自身薄弱之处以及未来有巨大增长空间的业务开始调整和规划。

Analysys 易观分析认为，中国电影在线票务市场目前处于市场启动期。

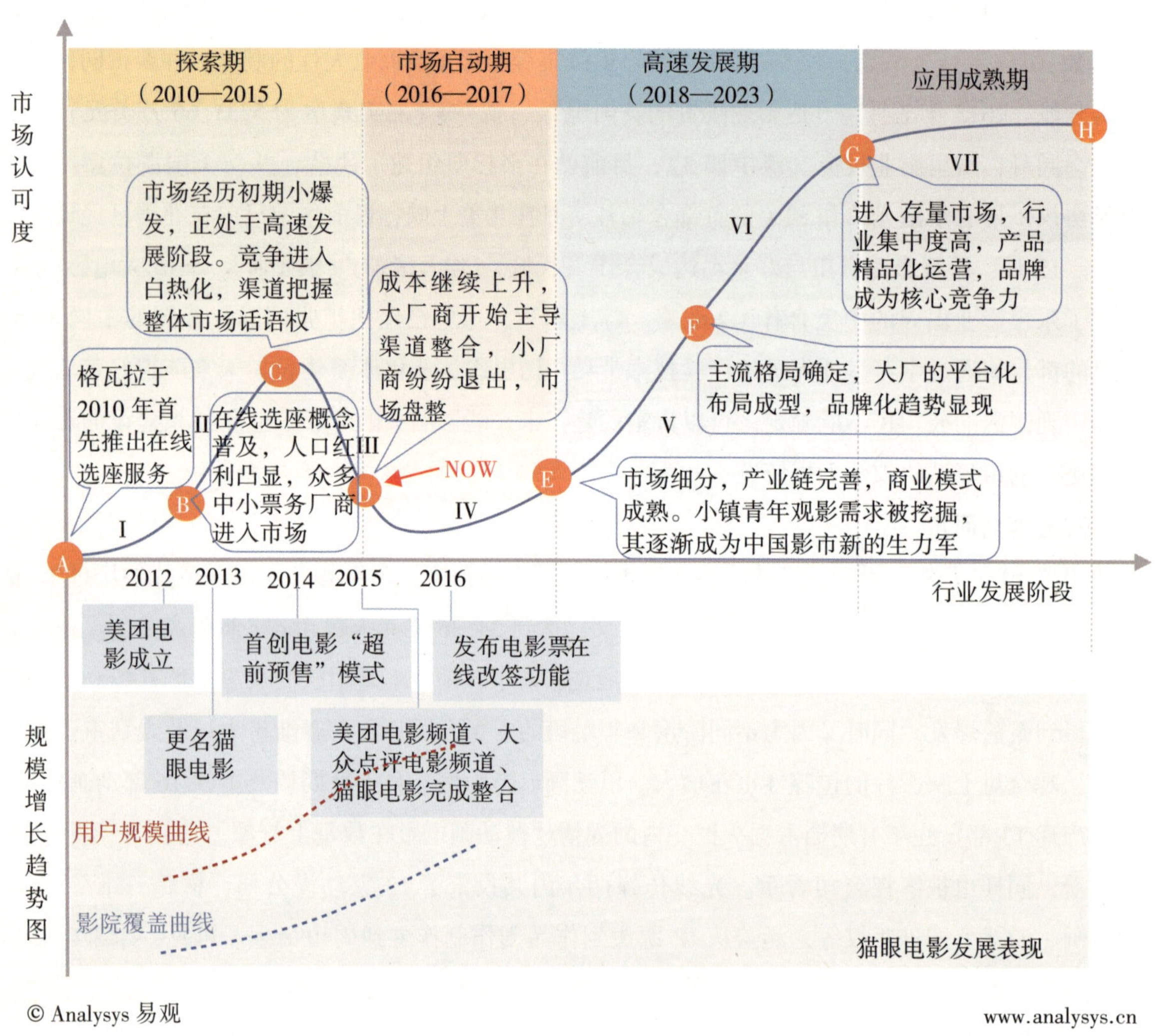

图 66　2015 年中国电影在线票务市场 AMC 模型

Analysys 易观把中国电影在线票务市场的发展周期分为四个阶段，即：探索期、市场启动期、高速发展期和应用成熟期。目前中国电影在线票务市场正处于探索期向启动期发展的过渡阶段。中国电影在线票务发展周期过程如下：

探索期（2010—2015）

格瓦拉在 2010 年率先推出“在线选座”服务，该模式在智能硬件普及和观众人口红利的因素下，迅速发展并助力电影市场扩充，但也带来票务平台竞争基本同质化。不过这一阶段商业模式创新布局出现在部分厂商中，渠道也逐渐把握整体电影市场话语权。

启动期（2016—2017）

2015 年 12 月，微票儿与格瓦拉电影合并，紧接着猫眼电影与美团电影频道、大众点评电影频道完成整合，这些事件说明大厂商已经开始主导渠道整合，市场开始盘整，未来小厂商覆盖的C端市场被不断蚕食，逐渐发展为以企业团单为主，部分小厂商退出。另外，由于在一二线城市，在线选座模式发展接近饱和，而三至五线城市的部分年轻人群因为学习和工作原因被分散到一二线城市，所以剩余的观众还需要继续发掘和引导为主，未来在三至五线城市的发展会变得较为缓慢。

发展期（2018—2023）

2018年将进入发展期，在线电影票务市场主流格局确定，全产业链布局开始有效运转，衍生品及线上发行等业务得到实质性发展。同时，由于三至五线城市的观众观影需求在启动期内被不断发掘，影院覆盖城市逐渐增多，硬件设备提供的观影效果更加出色，小镇青年将成为中国电影继续稳定增长的重要力量。

成熟期（2023—　）

2023年之后，中国电影在线票务进入存量市场，行业服务纵深化，品牌成为核心竞争力，行业格局已经稳定。

从2015年中国电影在线票务市场发展状况来看，有以下两大点值得注意：

对行业而言

线上化率增长放缓。根据易观发布的2015年第一季度至第三季度《中国电影出票渠道竞争格局》显示，中国电影票务线上化率分别为63.42%、69.18%及75.38%，线上化率的环比增长情况分别为14.06%、9.08%及8.96%。从数据上看，中国电影票务线上化率增速出现连续放缓，这意味着选座模式带给中国电影票房增长的助力作用将进入消退期，但选座模式在三五线城市仍然会继续渗透。

对企业而言

票务平台业务多元化。2015年，票务厂商开始酝酿或者已经开始布局新的领域形成新的商业模式，除购票业务以及参与影片出品和发行业务之外，票务厂商逐渐向演出和体育等文娱类票务覆盖；增加收入渠道，扩大影视IP变现价值的衍生品业务；成立或者投资上游影视公司，涉及内容制作环节等。另外，以往以“价格战”为主要竞争手段的票务厂商正在各自打磨新的运营方式，朝着向多元化运营和多场景化入口的方向迈进，行业处于迈入第二阶段的初期阶段。

对个人用户而言

最近一两年，电影在线票务行业发展迅猛与长期的票价补贴有很大关系。目前在线票务渠道开始整合，未来将形成2—3家巨头共存格局。届时，行业资源集中度较高，票务厂商可能不会再进行大规模的票务补贴，对于已经适应购票有补贴的用户来说也许会造成流失。

市场典型企业——猫眼电影

聚焦到电影在线票务行业的典型企业猫眼电影，Analysys易观分析认为，猫眼电影进入市场较晚，但在推动电影在线票务行业发展、打造影片线上发行商业模式、精准营销上有领导性作用。随着微票儿与格瓦拉合并，百度糯米200亿元人民币投入，电影在线票务市场资源集中趋势越发明显，猫眼电影的市场份额和地位均有所下降。

猫眼电影前身是美团电影，于2012年2月推出，2013年1月更名为“猫眼电影”。猫眼电影定位为电影互联网平台，主要服务包括媒体内容、在线购票、用户互动社交、电影衍生品销售等，前期凭借美团网用户基础和票价补贴在一二线城市迅速崛起，后在美团网强大的线下组织能力助推下，逐渐覆盖更多的二三线城市影院和用户。2014 年 9 月，猫眼电影联合《心花路放》开创了“预售”概念，助力影片斩获 11.67 亿元人民币票房（预售票房约为 1 亿元人民币），成为国庆档票房冠军，影片最后登上 2014 年国产电影票房榜首。猫眼电影由此成为首家介入电影出品、宣发领域的电影电商平台。2015 年 7 月，猫眼电影独立成为美团网旗下全资子公司猫眼文化传媒有限公司。此举将使得猫眼电影业务更具灵活性和自主性，有助于猫眼电影和电影文化产业上下游企业合作，并增强电影综合服务平台的建设与发展。2015 年 9 月，星美院线与猫眼终止合作，院线与电商之争浮出水面。此事件最终演化成为票务平台低姿态联手院线抢占市场的局面。2015 年 12 月，包括美团电影频道、大众点评电影频道、猫眼电影在内的美团点评电影业务，将全部整合在猫眼电影公司内整体运作。影片的出品、发行、营销以及与各大院线、地方影院的合作，都将统一以猫眼电影为主对接展开，“新美大”在电影产业中的资源价值和业务优势将进一步显现。

根据 Analysys 易观发布的《中国电影市场趋势预测报告 2015—2018》数据显示，2015 年中国电影市场总票房预计达到 439.75 亿元人民币，同比增长 48.4%。国内银幕已接近 3.1 万块，影院数量超过 6200 家，观影人次增长到 11.4 亿。按照预测的增长速度，可以预见的是，到 2017 年中国的市场总额就会超过北美地区。

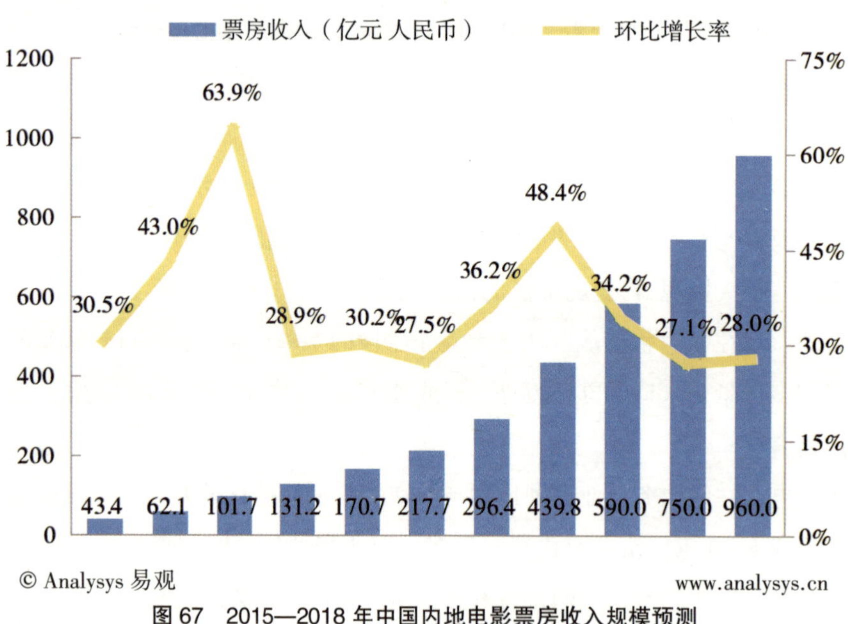

图 67　2015—2018 年中国内地电影票房收入规模预测

中国电影市场目前处于高速发展期，2015 年中国电影总票房预计达到 439.75 亿元人民币，同比增长 48.4%，为 2011 年以来的最快增长。2015 年票房过亿的影片已经超过 70 部。

Analysys 易观分析认为，未来电影市场发展也将有如下趋势：

1. “互联网+电影”概念更加落地

2014 年，以 BAT 为代表的互联网公司纷纷进军电影行业，用“互联网思维”对电影产业进行互联网化改造，提升了电影产业的运作效率。2015 年，“互联网+电影”概念更加落地，众筹、粉丝经济、产品思维、电子商务、视频网站等互联网商业模式与电影产业更紧密嫁接，重塑电影产业链，对中国电影工业体系的成熟起到重要作用。

2. 三至五线城市观众观影需求的挖掘和文化消费概念的培养

可以预见，由于一二线城市的观影人群覆盖接近饱和，接下来只能考虑提升其观影频次，而三五线城市的电影受众目前还处于覆盖率较低的第一阶段，还有很多的潜在观影受众可以去发掘其观影需求。另外，以小镇青年为主的三五线城市观众对文化消费的观念还需要培养，尽快缩短与一二线城市观众的差距，未来随着影院覆盖和购票渠道逐渐向三至五线城市发力，三至五线城市发展将成为中国电影产业发展的重要力量。

3. 影院升级硬件配置和软件系统，智慧型影院成为行业标配

BAT 进入电影行业，不仅仅切入内容环节，而是要覆盖全产业链。目前阿里影业和微影时代均推出帮助影院智能化、智慧化改造的服务。其次，对影院来说，主要是建成自有的会员体系、售票渠道及营销平台，方便影院自主管理，在会员服务和活动营销上也有可依据的观众标签数据进行辅导，通过工具化的运营提升效率，可以根据影院与会员用户实现随时沟通、互动、营销等信息的快速触达，信息回馈分析后进行精准化排片，使得电影资源利用效率最大化。对于用户，由于影院提倡的自助服务，便于观众自行处理观影前所有流程，也能参加由影院推出的各种服务，提升用户对影院的黏性。

根据 Analysys 易观近期发布的《2015 年中国电影制发市场实力矩阵专题研究报告》，Analysys 易观对 2014 至 2016 年主要电影制发厂商在实力矩阵中所处的位置以及厂商现有资源和创新能力的变化情况做如下解读。

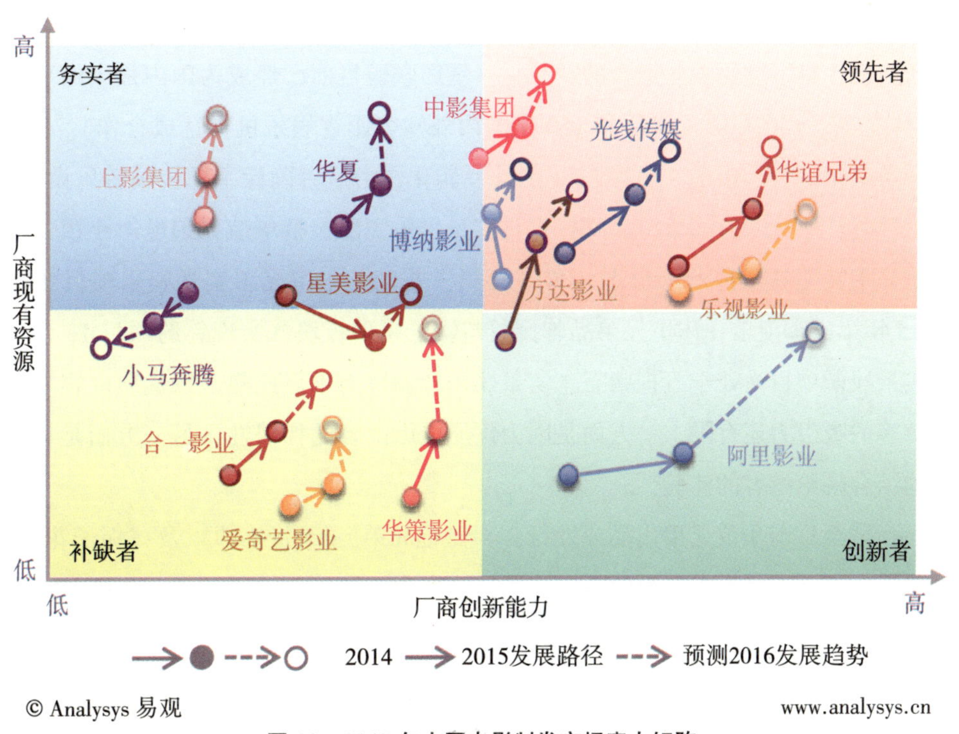

图 68　2015 年中国电影制发市场实力矩阵

• **领先者象限分析**

领先者在商业模式创新或产品/服务创新性上拥有较强的独特性，同时具有很好的系统执行力，能够把创新性提供给市场并获取较高的市场认可。

2015 年中国电影制发市场领先者：中影、华谊兄弟、乐视影业、光线影业、博纳影业、万达影业

➢ 新进入者：万达影业

➢ 新退出者：无

中影集团是中国成立时间最长、产业链最为健全的国有电影公司。今年的发展重点除了引进片发行之外，还在衍生品方面加码。2015 年 4 月，中影股份与华纳兄弟影业在电影衍生品项目签约合作。双方宣布中影股份将以电影《小飞侠：幻梦启航》为开端，在中国大陆地区影院及在线商店销售华纳出品影片衍生产品。此次合作是中影股份进军电影衍生产品行业的开端。10 月，中影股份与北京电影学院共建的中国电影衍生产业研究院正式成立，该研究院将开设全日制本科专业电影衍生品设计专业，中影股份与电影学院将以产学研深度结合的模式，着力推进中国电影衍生产业的发展。同样是 10 月，中影影家电影衍生品专营店在电影学院校园内开业。综上所述，今年中影的亮点在于开始尝试衍生品业务，并且正式开启了中影专有品牌的电影衍生产品专营店进驻高校校园、零距离面向大学生消费群体的运营模式。

2015 年，华谊兄弟业务成绩“回暖”，三大业务板块发展稳健。从今年华谊兄弟业务发展和资本动作来看，重点落在完善经营模式及持续国际化扩张。1. 国际化扩张。今年 3 月，华谊兄弟在美全资控股的项目公司拟与美国一家电影公司签署合作协议，将联合投资、拍摄、发行不少于 18 部合作影片；3 月 25 日，华谊兄弟宣布与韩国 Showbox 公司签署了战略合作协议，将联手在 3 年内打造 6 部以上中韩合拍片，接连的海外布局将有助于提升华谊电影的全球竞争力。2. 互联网娱乐。华谊创新挂牌新三板，旗下主要粉丝运营的产品——星影联盟目前已经成为国内最大的星粉互动平台（与 400 位合作艺人、150 部影视作品和 150 家国内外知名影视娱乐机构达成合作）。3. 实景娱乐。华谊兄弟投资圣威特科技，布局“电影 IP—实景”转化，由后者确保主题公园游乐设备的开发等，扩充华谊实景娱乐产业链。目前华谊品牌授权与实景娱乐主要包括华谊兄弟电影小镇、华谊兄弟电影世界和华谊兄弟文化城三种产品形态。2015 年第三季度，华谊兄弟实景娱乐项目新签约两个项目，截至 2015 年第三季度末，华谊兄弟品牌授权与实景娱乐板块共实现签约项目 13 个。但目前国内超半数的实景娱乐项目尚处于亏损状态，实景娱乐产业链尚不算成熟，以优质内容为运作核心的实景娱乐对游客的吸引力还有限，一方面是因为优质电影内容的稀缺性，另一方面是特色内容与当地人文环境的结合带给游客的体验。

作品方面，截至目前华谊兄弟出品或发行《奔跑吧兄弟》《天将雄师》及《栀子花开》等 14 部电影，共创造了约 23.46 亿元人民币的票房成绩，第四季度将有《老炮儿》《寻龙诀》等两部主要影片上映。

今年，光线影业将发展重点转向电影业务，不断扩展电影产业链和完善内容布局。2015 年 10 月，光线成立彩条屋影业动漫集团，欲加强其在动漫游戏领域的竞争实力，并宣布《大圣闹天宫》

《龙之谷》等22个动漫计划和《星游记》《大鱼·海棠》等数十款游戏计划。据悉，光线两年内共投资了13家动漫公司，包括十月文化、蓝弧文化、玄机科技等，13家公司横跨三维/二维动画、漫画、游戏、国外版权等，涵盖从IP源头到作品创作制作再到周边衍生。可见，动漫板块将是光线未来内容层面的重要补充，联动游戏业务，开发优质IP，为公司带来更多盈利的可能。

作品方面，截至目前光线影业共出品或发行10部电影，现票房33.85亿元人民币。《港囧》累计票房16.1亿元人民币，3季度已确认9.4亿元人民币票房对应的分账收入，其余部分将在4季度确认。4季度将有《寻龙诀》《恶棍天使》等5部影片上映。

2015年11月，乐视影业宣布与好莱坞达成合作《长城》《埃及诸神》《狼图腾》等13大电影项目，意味着乐视“北洛硅”战略开始落地。“乐视之夜”上，同时发布了乐视影业倡导的中美合作G2战略，该战略对外称将中国电影市场、电影故事资源与好莱坞相结合，欲带动中国电影工业化体系建设，但是目前来看国内已有多家影业在深入国际化战略，未来能把好莱坞模式成功运用到国内的公司还不能确定。可以肯定的是，未来能影响中国电影工业化体系建设的影业必将掌控更多的市场话语权和上层资源。

作品方面，截至目前乐视影业共出品或发行13部电影，共创造了约19.83亿元人民币的票房成绩，较为亮眼的有陆川加盟乐视影业后首部作品《九层妖塔》(6.8亿元人民币)、综艺大电影《爸爸去哪儿2》(2.2亿元人民币)、粉丝系列电影《小时代4：灵魂尽头》(4.88亿元人民币)。尤其是《小时代》系列，3年4部电影，乐视影业这个项目的投资回报率大概是1∶10。《小时代》系列最早被定位为粉丝电影，作品内容和传达的价值观始终充满争议，但是乐视影业投入并完成这部系列电影，也见证到了乐视影业的勇于创新和尝试，特别是在电影商品属性方面的观念、方法的进步确实由乐视影业实践并引领。

2015年3月，博纳影业携手好莱坞studio8以及索尼电影公司，投资并参与制作李安导演的新片《比利·林恩漫长的中场休息》。这是博纳影业集团进军欧美主流电影市场的重要一步。11月，博纳影业又向TSG娱乐投资2.35亿美元，运作的投资主要用于20世纪福斯出品的《独立日2》、《X战警》续集、《猩球崛起》续集等5部主流商业大片的制作，并获得同比例全球票房分账，标志着博纳影业集团正式进入好莱坞电影工业的核心环节，也提升博纳影业集团的国际影响力。

作品方面，截至目前，博纳影业参与出品或发行11部电影，这些影片共创造了约23.08亿元人民币的票房成绩，和去年12部电影，累计获得内地票房26亿元人民币相比，今年全年的总票房成绩应该仅稍微胜出。今年推出的作品中，《澳门风云2》《杀破狼2》和《烈日灼心》票房表现亮眼。《澳门风云》是博纳近些年少数的参与制作和发行的系列电影，该系列第三部将于2016年春节档上映，在前两部影片的口碑基础下，第三部作品票房成绩应该不会差。综上所述，2015年博纳最大亮点是国际化合作的拓展，但是其创新程度不够。

万达影业依托于万达的资源已经形成影视投资、制作、发行、放映及衍生品全产业链业务。2015年4月，万达影业携手众筹宝推出《赤道》首映礼众筹活动，这是万达影业首次以众筹形式举办首映礼。2015年7月，万达影业投资的美国电影《铁拳》(北美票房为5231.66万美元)在美国上映。对于万达影业来说，《铁拳》为万达与好莱坞的合作开了一个好头，也是个学习好莱坞制片经验的难得机会。

作品方面，截止到目前万达影业参与出品或发行 8 部电影，实现票房 42.48 亿元人民币。票房成绩实现猛涨主要是因为由万达影业参与投资制作的《夏洛特烦恼》和《煎饼侠》合力贡献 26.01 亿元人民币。4 季度万达影业将有重量级的《寻龙诀》和《唐人街·探案》上映，预计今年万达影业总票房成绩将超过 60 亿元人民币。

• 创新者象限分析

创新者在产品/技术上的投入很大，并在商业模式、技术或者产品服务的创新性上有独特的优势。但是由于种种原因没有得到很好的市场表现。

2015 年中国电影制发市场创新者：阿里影业

➢ 新进入者：无

➢ 新退出者：万达影业

今年 6 月，阿里影业正式宣布完成收购粤科软件。8 月，阿里影业旗下的粤科软件推出凤凰佳影“电影云”渗入线下影院。11 月，阿里巴巴集团把旗下的淘宝电影票和娱乐宝两项业务注入阿里影业。一系列动作的背后，显示阿里“互联网+电影”的生态初具规模，阿里影业已经成为覆盖电影全产业链的互联网电影公司。今年的发展重点有如下 3 点：1. 衍生品方面，阿里影业凭借娱乐宝的粉丝营销能力，以及背后阿里巴巴集团的电商体系，拥有优势。2. 线上票务方面，在众多在线票务平台中，淘宝电影已经成为一股不可忽视的力量，而该平台正是阿里影业布局线上票务、实现互联网营销的有力武器，此外粤科软件也能让阿里影业的在线票务如虎添翼。3. 国际化拓展方面，阿里影业在成立之初就致力于进军国际电影市场，据公开资料显示，阿里影业目前已在洛杉矶组建了团队，并与美国派拉蒙影业签署合作协议，直接投资好莱坞大片，而《碟中谍 5：神秘国度》则是阿里影业国际化的开端。

综上所述，现在阿里影业发展已经基本进入了平稳期。内容这一块还是相对薄弱，截至目前，阿里影业主投的项目包括王家卫监制的《摆渡人》、张一白监制的《三生三世十里桃花》。随着阿里集团对影业品牌资源注入，及对内容的逐渐深入开发，再加上未来与好莱坞合作的多部电影取得的国际影响力，预计在 2015 年将向创新者象限靠近。

务实者象限分析

务实者凭借拥有丰富的资源，执行能力较强，但是创新优势不明显。务实者可以继续通过良好的市场运作对领先者进行挑战，但是在业务创新非常关键的情况下，会出现后劲不足的情况。

2015 年中国电影制发市场务实者：华夏、上影

➢ 新进入者：

➢ 新退出者：星美影业

作为除中影之外，享受分账片引进权的国有电影公司，华夏 2015 年的收入来源仍是以发行引进片为主，联合中影发行《侏罗纪世界》《蚁人》等影片。国产影片方面，参与发行《钟馗伏魔：雪妖魔灵》《左耳》《烈日灼心》等影片。但总体而言，华夏业务发展亮点欠缺，凭借发行引进片作为主要业务，一直稳定在务实者象限。

• **补缺者象限分析**

补缺者的业务创新能力和市场占有率都不高，所以补缺者对于产业格局的影响不大。但是受限于自身规模的发展，补缺者很难保持稳定状态，一旦从补缺者队伍中脱颖而出，将会成为另外 3 类厂商或者投资者的并购/投资对象。

2015 年中国电影制发市场补缺者：星美影业、爱奇艺影业、合一影业、小马奔腾

➢ 新进入者：小马奔腾

➢ 新退出者：无

2015 年，合一影业联合出品和发行了《解救吾先生》《栀子花开》《捉妖记》等 20 部电影。2016 年将发力包括自制栏目、大电影、线下活动、整合产品在内的四大类 20 余个子项目。孵化自优酷土豆平台的网络剧超级 IP《报告老板》《天才 J》将在 2016 年开启大电影制作。另外，《机器之血》《操控者》《匹夫的逆袭》《那片星空那片海》《梦想还是要有的，万一实现了呢》《教师日记》等电影也将于 2016 年先后开机。这些大制作将和以《星映话》等为代表的自制节目一起，全面覆盖 19—39 岁的主流消费人群。

此外，合一影业成立后，青年导演的扶植计划亦被作为其一项重要的战略布局持续发力。从“多屏电影 99”、“UP2015”，到 2015 年推出的“MN9 计划”，合一影业通过帮扶青年电影人，从而可以参与到早期的优秀 IP 发掘中，然后把优质 IP 孵化成网络乃至院线大电影，实现低成本大回报。

依托爱奇艺、百度的资源及数据优势，前期爱奇艺影业主要是做电影投资和电影宣传推广。截至目前，爱奇艺影业联合出品和宣传了《冲锋车》《王朝的女人·杨贵妃》《破风》等 10 部电影，但是整体影片票房成绩一般。其次，爱奇艺影业成立之初对外宣称的具备区别于传统影视公司的第四大职能——互联网经营（包括电影众筹、大数据挖掘、研究等工作，此外，还将涉及电影票的预售以及电影电商等衍生服务），并没有在 2015 年得以过多地落地体现。

今年 10 月，爱奇艺影业与 China 3D 在优质 IP 开发、电影投资，版权合作、宣传发行、游戏衍生等多领域展开合作，并计划合拍 8—12 部影片。由此可见，本次合作虽然合作范围涉及多个环节，但是仍是坚持“电影投资、内容为先”的打法，创新度不够。

根据 Analysys 易观近期发布的《2015 年中国电影在线票务市场实力矩阵专题研究报告》，Analysys 易观对 2014 至 2016 年主要电影在线票务厂商在实力矩阵中所处的位置以及执行、运营能力和创新能力的变化情况做如下解读。

• **领先者象限分析**

领先者在商业模式创新或产品/服务创新性上拥有较强的独特性，同时具有很好的系统执行力，能利用现有资源打造强劲市场以获取较高的市场份额。

2015 年中国电影在线票务市场领先者：猫眼电影、微票儿、格瓦拉电影、百度糯米、大众点评

➢ 新进入者：百度糯米、大众点评

➢ 新退出者：无

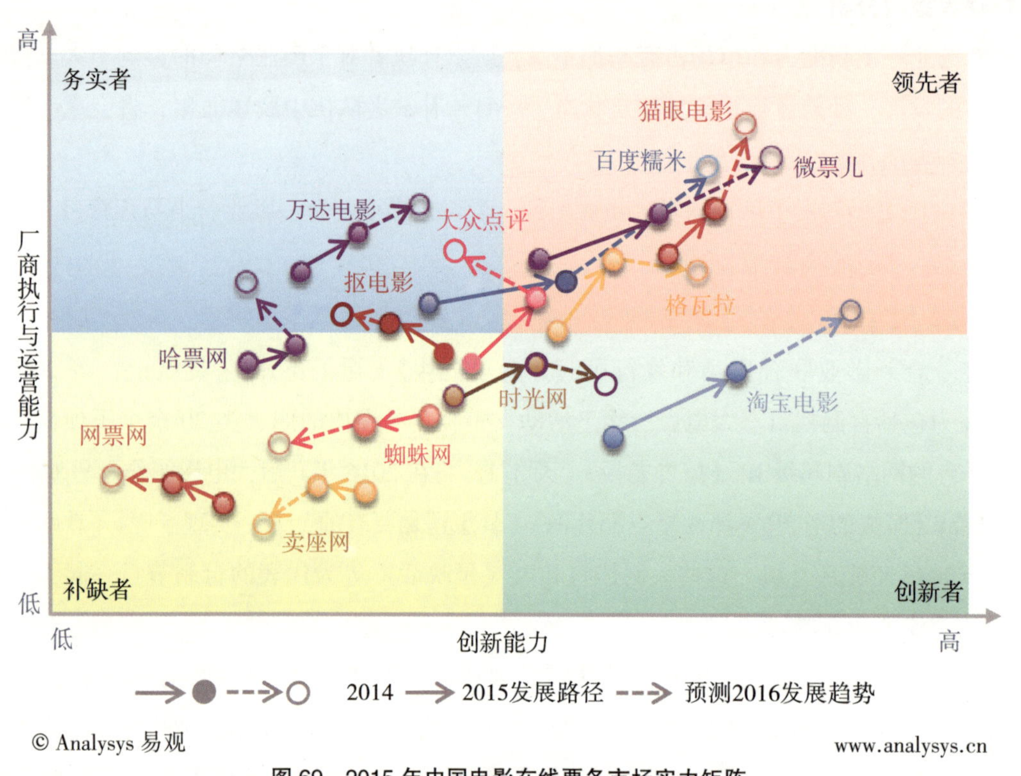

图 69　2015 年中国电影在线票务市场实力矩阵

随着电影购票应用在一二线城市用户中渗透率已达较高水平，三四线城市用户的观影频次依然较低，再加上三四线城市用户存在多种购票方式，所以电影线上购票的用户数量很难再出现爆发性增长，在线选座对中国电影票房的助力作用也正逐渐消退。

凭借微信和 QQ 两大强势导流渠道及微信朋友圈文娱类广告独家代理的身份，微票儿 2015 年发展迅速。今年 9 月，微影时代与诺亚财富及歌斐资产共同成立初始规模为 20 亿元人民币的文化产业投资基金，对电影、演出、体育等领域展开投资，覆盖内容上游。其他业务方面，微影时代参与了《少年班》《西游记之大圣归来》及《九层妖塔》等影片的出品和发行工作，提升了微影时代品牌影响力和盈利能力，帮助其进入领先者象限。

2015 年，百度对外宣称将对百度糯米投入 200 亿元人民币，优先重点发展高频次的餐饮和电影票业务，平台资源得以提升。随后百度糯米与星美国际影院达成合作，创新性地推出联名卡模式，凭借联名卡注册福利和长期的电影购票补贴，再加上手机百度、百度地图等搜索、地理入口的导流，下半年百度糯米电影用户增长迅速，进入领先者象限。

大众点评网在 2014 年正式进军电影票业务，2015 年春节档大众点评网参与《澳门风云 2》联合发行，以把平台上其他吃喝玩乐用户转化为电影用户的方式帮助片方做票房增量市场。今年，大众点评网依然在深耕这种做电影票房增量的模式，并参与发行《匆匆那年》《煎饼侠》等多部电影，成功进入领先者象限。

- **创新者象限分析**

创新者在产品/技术上的投入很大，并在商业模式、技术或者产品服务的创新性上有独特的优势。但是由于种种原因没有得到很好的市场表现。

2015 年中国电影在线票务市场创新者：淘宝电影、时光网

➢ 新进入者：时光网

➢ 新退出者：无

2015 年 8 月，阿里影业旗下粤科软件联合首都电影院，推出首家智能影院。该影院可以完全实现“无票化”，且对在淘宝电影购票的用户支持“退/换票”服务。淘宝电影于 2014 年成立，目前已是阿里影业旗下重要的出票渠道，凭借支付宝内嵌“淘宝电影”入口为其导流，淘宝电影成长快速。但是其不具备先发优势，目前猫眼、格瓦拉等票务平台占据较大的市场份额，且存在持续票价补贴的百度糯米新晋平台的竞争，淘宝电影仍然处于创新者领域，预计 2016 年跨入领先者象限。

作为影评、影讯起家的时光网，2015 年主要发展方向为衍生品业务。今年 7 月，万达院线与时光网达成电影衍生品合作。随后不久，万达院线战略投资 Mtime 时光网 20%股权，双方全面展开电影电商 O2O 业务合作。对于时光网来说，电影票业务市场在一二线城市已经逐渐饱和，而三四线城市却增长乏力，时光网要想在电影票业务突围难度很大。另外，时光网多年来聚集了很多电影深度粉丝，且与多家好莱坞顶级电影公司达成版权合作，在正版授权版权和用户基础具备优势。综上所述，时光网业内合作能力和业务创新能力突出，但是衍生品业务发展还需时间证明，预计 2016 年继续在创新者象限。

• 务实者象限分析

务实者拥有丰富的资源，执行能力较强，但是创新优势不明显。务实者可以继续通过良好的市场运作对领先者进行挑战，但是在业务创新非常关键的情况下，会出现后劲不足的情况。

2015 年中国电影在线票务市场务实者：万达电影、抠电影

➢ 新进入者：抠电影

➢ 新退出者：百度糯米

万达电影是基于万达院线电影票业务的移动购票应用，近几年，万达院线的线上出票占比逐年增高，在背后集团资源的支持下，增势稳定。另外，从 2015 年表现来看，万达电影精确把握住多次电影市场爆款爆发，借势发展能力强。暑期档，万达电影与《捉妖记》《煎饼侠》等现象级影片合作，同时也为自身品牌推广起到助力作用。万达电影的发展路径为通过产业联盟，联合创新者（时光网）挑战领先者。预计 2016 年，万达电影将继续在务实者象限深耕。

• 补缺者象限分析

补缺者的业务创新能力和市场占有率都不高，所以补缺者对于产业格局的影响不大。但是受限于自身规模的发展，补缺者很难保持稳定状态，一旦从补缺者队伍中脱颖而出，将会成为另外 3 类厂商或者投资者的并购/投资对象。

2015 年中国电影在线票务市场补缺者：蜘蛛网、网票网、卖座网

➢ 新进入者：无

➢ 新退出者：时光网、抠电影

网票网成立于 2005 年，是国内首家全国性的电影票网上选座购买平台。多年来，网票网在客

户定位方面逐渐形成差异化，积累了众多行政事业和国企等单位客户资源，主打团体购票业务。2015 年 7 月，光线传媒成功受让北京捷通无限科技有限公司（网票网）68.55%的股权，作价 1.31 亿元人民币。网票网资本实力得以增强。预计 2016 年业务发展平稳，将继续在补缺者象限发展。

移动音乐

随移动互联网的高速发展，集个性主页设置、分享、评论、电台以及周边活动等诸多丰富功能的移动音乐应用出现。经历音乐版权整顿和行业内部资源整合洗礼的中国移动音乐市场迎来高速发展契机。目前，网络巨头的音乐布局已清晰成形，阿里巴巴通过收购虾米音乐和天天动听组建阿里音乐，力邀高晓松、宋柯、何炅加盟，一手抓唱片公司的音乐版权，一手发力音乐人的培养与经营；腾讯则通过独家版权战略提升曲库规模，并基于社交产品群和庞大的用户数量，开展演唱会的在线直播和数字专辑发售；百度音乐在版权争夺中掉队，走入与太合音乐联姻的尴尬境地。在音乐领域深耕多年的音乐平台酷狗酷我则与海洋音乐抱团，对峙网络巨头对音乐市场的争夺。经历行业整顿和资源整合的移动音乐市场逐渐形成以 KAT 为主导（酷狗 & 酷我、阿里、腾讯）的阵营以及百度、网易等其他厂商围攻的市场格局。

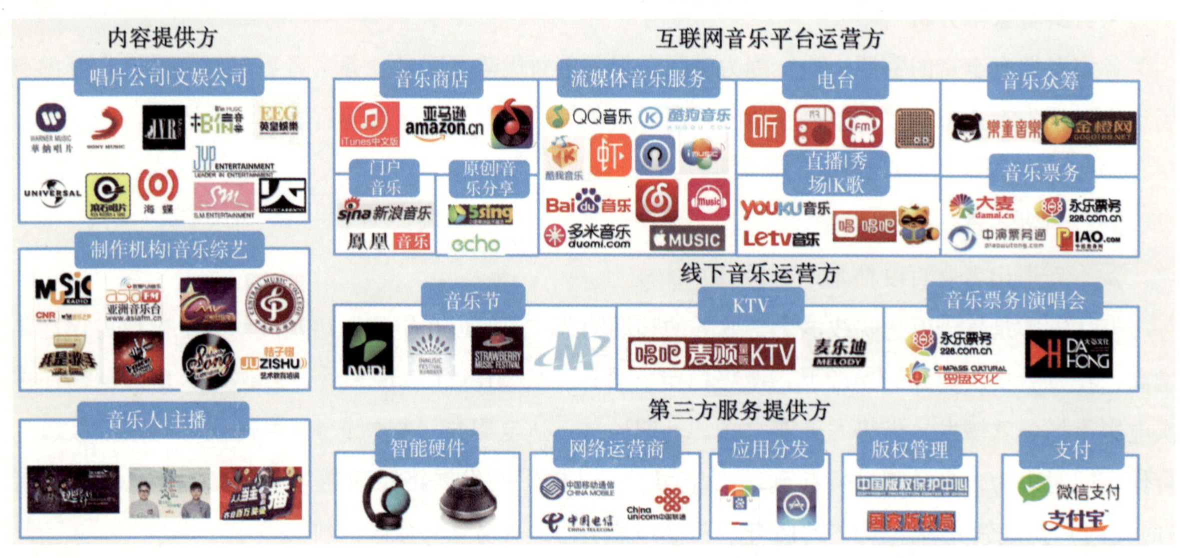

图 70　2015 年中国移动音乐产业生态图谱

Analysys 易观分析认为，现阶段的中国移动音乐市场处于高速发展阶段。

Analysys 易观基于 AMC 模型对中国移动音乐市场成熟度进行了精准画像。根据移动音乐的用户规模、产业收入规模等多个维度的表现，Analysys 易观认为目前中国移动音乐市场处于正版音乐布局产业生态，模式创新拓展多元价值的高速发展期。现就中国移动音乐市场发展阶段做下述分析：

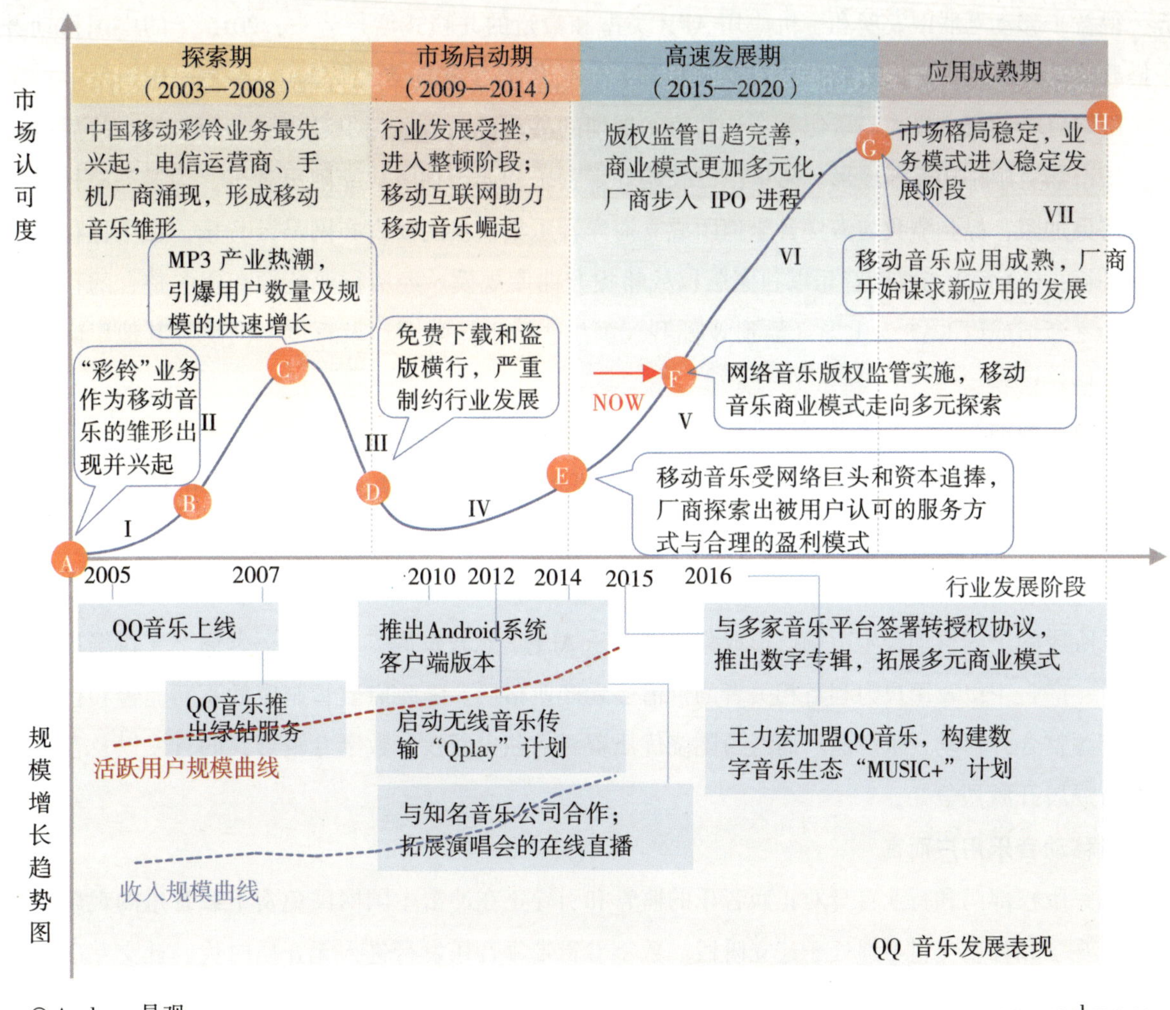

图 71 2015 年中国移动音乐市场 AMC 模型

探索期（2003—2008）

"彩铃"作为增加手机用户通信流量的增值业务出现，成为移动音乐的雏形。中国移动自 2003 年推出个性化"彩铃"业务，用户数量和收入增长可观。通信运营商通过彩信、彩铃、手机下载等业务模式改变唱片公司的销售模式，通信运营商的无线增值业务救活了经营惨淡的唱片公司。

苹果公司于 2003 年创立了 iTunes 在线音乐商店，将播放器和正版音乐"捆绑"销售。苹果公司音乐播放产品 iPod 引领国内 MP3 产业热潮，音乐载体从黑胶、卡带、CD 到 MP3 的改变，迎合并培养了用户移动场景收听音乐的习惯，移动音乐用户规模快速增长。

市场启动期（2009—2014）

网络搜索引擎的出现使得网络盗版音乐迅速蔓延，免费下载和盗版横行严重制约行业发展。以免费和分享为主题的网络音乐下载促成了用户根深蒂固的使用习惯，移动音乐产业发展举步维艰。国家版权保护部门相继开展打击网络侵权盗版的"剑网行动"并加强对网络音乐的知识产权保护。随版权保护政策的推出及音乐市场整顿，版权状况逐渐改善，移动音乐产业发展进入市场启动期。

高速发展期（2015—2020）

随宽带网络技术日趋成熟以及网络提速降费政策的实施，中国移动互联网呈现高速蓬勃发展态势。得益于移动互联网发展和手机应用 APP 类型和数量的井喷式增长势头，2015 年的中国移动音乐搭载移动互联网的东风走向高速发展阶段。

网络巨头的资本投入与资源整合让高速发展期的移动音乐市场竞争激烈，经历版权大战后的移动音乐市场竞争格局逐渐成形。阿里巴巴收购虾米音乐和天天动听成立阿里音乐，力邀高晓松、宋柯、何炅加盟；酷狗酷我与海洋音乐抱团成立海洋音乐集团；网易发布网易云音乐，在个性化社交方面耕耘；QQ 音乐与百度音乐以独家版权战略提升曲库规模。经历行业整顿和资源整合的移动音乐市场逐渐形成以 KAT 为主导（酷狗 & 酷我、阿里、腾讯）阵营以及百度、网易等其他厂商围攻的市场格局。

应用成熟期

2021 年之后，中国移动音乐市场同质化竞争严重，政策、资本倒逼移动音乐市场重构行业壁垒，品牌或成为核心竞争力，厂商纷纷做出业务转型或拓展的战略布局。

对移动音乐厂商而言

现阶段的中国移动音乐市场已形成集移动音乐 APP、版权资源方、网络运营商、支付渠道、终端设备、广告主以及用户为利益相关者的价值多元产业格局。随政府监管制度的不断完善和行业内部的资源整合，移动音乐产业厂商纷纷围绕优质资源的独家版权、数字专辑形式的首发以及音乐生态的布局展开激烈争夺。

对移动音乐用户而言

国家版权部门和行业自身对正版音乐的监管和引导正在冲击中国网民免费下载音乐的观念，网民付费观念和移动支付习惯处于建立阶段。数字专辑带领音乐发行进入无介质时代，社交互动、在线直播等诸多平台特色功能也在不断涌现，移动音乐的智能硬件研发正在满足移动音乐用户的多场景使用需求。

对市场投资者而言

2015 年的移动音乐市场投资并购比较活跃，以网络巨头为首的投融资事件接连上演。移动音乐产业备受资本市场关注，市场投资者的青睐与资本注入推动移动音乐产业的快速发展。根据 Analysys 易观监测数据显示，2015 年的中国移动音乐市场市场规模达 61.4 亿元人民币，同比增长 42.5%，并在未来 3 年内保持高速增长势头。移动互联网带给音乐产业的重塑与变革力量，催生了数字专辑、音乐会在线直播等新模式。网络巨头的行业布局以及资本市场的资源整合让移动音乐市场的竞争越发激烈。

市场典型企业——QQ 音乐

QQ 音乐是移动音乐市场的典型厂商，Analysys 易观分析认为，QQ 音乐凭借极具前瞻性的行业布局和合理的版权采买机制，在用户覆盖和曲库量级上占据绝对优势。QQ 音乐围绕“音乐版权”，凭借成熟的商业机制、产品渠道和广泛的用户覆盖，基于版权和用户两个核心节点构筑移动音乐生态圈。

QQ 音乐成立于 2005 年，是腾讯公司推出的网络音乐平台。2007 年，QQ 音乐推出绿钻服务，支持桌面歌词、明星演艺及空间分享等功能；2008 年，QQ 音乐推出线下歌友会及网络赛事活动；

2009 年，QQ 音乐面向所有 QQ 用户推出音乐包月服务绿钻贵族，并结合音乐推出了空间 MV 秀、MV 分享等周边绿钻特权，全面提高绿钻贵族的视听享受；2011 年，QQ 音乐支持不同社交平台间的音乐分享；2012 年，推出售票演出项目“QQ 音乐尊享音乐会”；2014 年，QQ 音乐与华纳、索尼等多家音乐公司拓展音乐版权合作，拓展优质音乐资源并尝试华晨宇“火星”演唱会的在线直播；2015 年，国家版权局音乐平台上的内容进行整顿，QQ 音乐与多家音乐平台签署授权协议，推动正版化发展；2016 年，王力宏加盟 QQ 音乐，腾讯开启数字音乐生态圈“MUSIC+”构建计划。

QQ 音乐积极布局数字音乐正版化建设，与华纳、索尼、YG、JVR、英皇、华谊、福茂、少城时代等 200 余家唱片公司签订独家版权合作，并与《中国好歌曲》《中国梦之声》《最美和声》等标杆性电视音乐栏目达成独家合作。QQ 音乐创新音乐专辑发售的数字专辑，依托歌迷和强势粉丝的利益转化和输血模式，成功发售了周杰伦、张学友、周笔畅、BIGBANG 等歌手的数字专辑。QQ 音乐的数字音乐生态圈“MUSIC+”计划是以“互联网+”和版权为基础，融合版权购买、转授权、数字专辑、社交传播、付费收听下载、电商发售、O2O 演出等多种商业模式为一体的综合生态模式。

Analysys 易观预测，2015 年，中国移动音乐市场的整体规模将达到 61.4 亿元，较 2014 年同比增长 42.5%；2016 年将达到 86.8 亿元，囿于移动音乐用户数增长势头不再强劲，收入规模同比增长率有所放缓，较 2015 年同比增长 41.4%；2017 年将突破 100 亿，达到 115.6 亿元，较 2016 年同比增长 33.2%；预计 2018 年的中国移动音乐市场规模将高达 156 亿元。

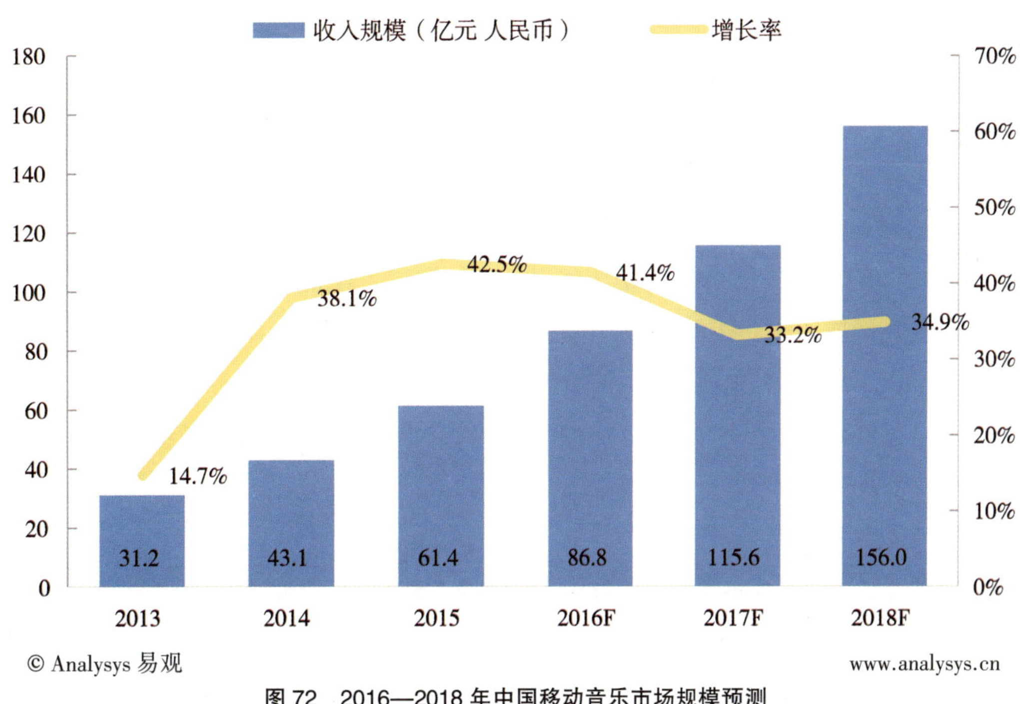

图 72　2016—2018 年中国移动音乐市场规模预测

通过中国移动音乐整体市场发展趋势来看，版权内容争夺和商业模式创新成为移动音乐市场的核心议题。未来移动音乐市场发展将有如下趋势：

1. 优质内容付费收听及下载

版权不清晰或盗版内容的下架带来了音乐平台的免费+付费模式。各家音乐平台纷纷开通优质内容付费下载以及针对会员用户的付费音乐包服务。优质内容的付费收听及下载标志着中国移动音乐已迈入版权规范化阶段。但囿于用户在 PC 互联网时代建立的免费下载及收听观念，用户的付费消费习惯尚处于培养与建立阶段。现阶段各音乐平台均开启了付费音乐的包月及包年服务，高质量无损音乐、在线听歌免流量、免广告、演唱会近距离接触明星等音乐特权设置是推行优质内容付费收听及下载的重要措施，通过付费获取优质音乐服务的观念逐渐被越来越多的用户所接受。

2. 数字专辑承载音乐发售新模式

随网络信息技术的飞速发展，音乐传输由依托胶片、卡带、CD 等物理载体进入数字格式存储形式的无介质时代。数字专辑，是指没有实体 CD，通过授权网站下载正版音乐的形式。QQ 音乐率先在音乐平台发售数字专辑，依托平台用户中的强势粉丝玩火数字专辑并取得可观收益。数字专辑接盘音乐市场，越来越多的音乐人将专辑发售重心转向数字专辑。展望未来，数字专辑作为移动音乐的承载将成为音乐发售的新模式。

3. 优质音乐资源的版权争夺

音乐版权市场的规范化由巨头竞购独家版权开启，QQ 音乐、百度音乐、虾米音乐、天天动听等 BAT 巨头皆大力争取独家版权，通过自制影音节目，与唱片公司或电视节目结盟等方式争抢独家。QQ 音乐目前与国内外超过 200 家唱片公司达成版权合作，购买的独家版权包括 YG Entertainment、华纳、索尼、杰威尔、华谊、英皇等多家知名音乐公司，并拥有国内知名音乐综艺节目《中国好歌曲》《中国梦之声》《最美和声》等的音频版权；阿里音乐旗下天天动听和虾米音乐有滚石唱片、相信音乐、华研唱片等独家版权，通过入股韩国文娱 S. M 公司，从 QQ 音乐手中夺得音乐综艺节目《我是歌手 4》的音频合作版权。传统唱片公司的版权资源已被巨头平台瓜分殆尽，以优质音乐综艺节目为代表的版权争夺愈演愈烈。

4. 音乐人的培养经营与粉丝经济

网络音乐人的培养与包装是移动音乐平台构建平台差异化的策略选择。QQ 音乐围绕明星艺人推出“巨星定制”计划，专注明星音乐人背后的粉丝经济。阿里音乐力邀高晓松、宋柯加盟，鼓励扶持原创音乐作品，表明其对独立音乐人的培养计划。传统音乐行业的赢利点是依靠唱片销量，成名歌手以做演唱会和各种商演获得收益。移动音乐时代，腾讯公司社交产品的增值服务以及阿里集团的电商模式嫁接移动音乐均可获得粉丝经济的变现。

5. 在线演艺成新增长点

在线音乐直播互动模式被越来越多的音乐平台尝试。2014 年，QQ 音乐推出华晨宇演唱会的在线付费直播，QQ 音乐打通多终端，拥有门票的用户可在 PC、Pad、手机等多终端观看演唱会直播，直播过程中，用户可借助抢沙发、献花、弹幕、隔空遥控等方式进行互动。酷狗旗下繁星直播网则是音乐嫁接在线演艺的专属平台，腾讯也投资了秀场平台呱呱视频，预计未来，在线演艺将成为移动音乐的新增长点。

根据 Analysys 易观发布的《2015 年数字音乐市场实力矩阵专题研究报告》显示，Analysys 易观对 2014 至 2016 年主要数字音乐渠道商在实力矩阵中所处的位置以及执行能力和创新能力的变化情况做如下解读。

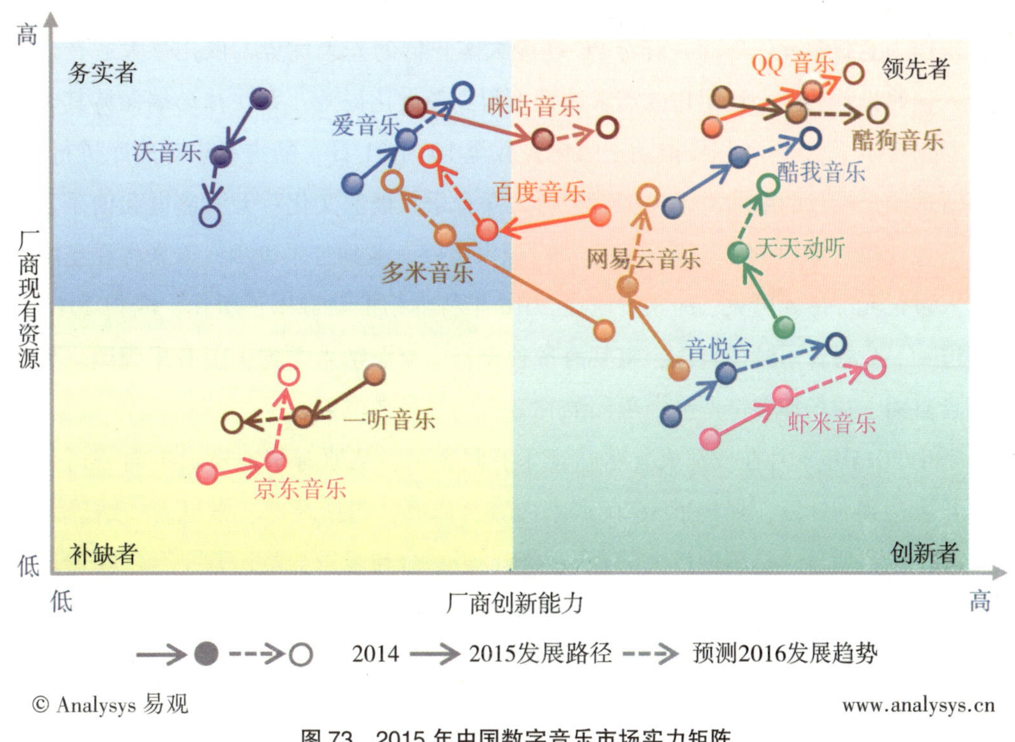

图 73　2015 年中国数字音乐市场实力矩阵

- **领先者象限分析**

领先者在商业模式创新或产品/服务创新性上拥有较强的独特性，同时具有很好的系统执行力，能够把创新性提供给市场并获取较高的市场认可。

2015 年中国数字音乐市场领先者：QQ 音乐、酷狗音乐、酷我音乐、咪咕音乐、天天动听、网易云音乐

➢ 新进入者：天天动听、网易云音乐、咪咕音乐

➢ 新退出者：百度音乐

2015 年，数字音乐用户呈现稳中上升的趋势，主要源于智能终端的普及，特别是移动互联网的高速发展，手机听音乐已成为移动互联网用户最喜爱的休闲娱乐应用之一，并满足用户对多场景收听和碎片化收听的需求。据统计，移动音乐在中国移动互联网用户中渗透率已超过 50%，但由于移动端的音乐下载付费、无 Wi-Fi 环境下播放所带来的高流量花费，仍有部分用户驻守 PC 端。未来仍会呈现 PC 和移动端并存收听音乐的趋势。位于领先者的几家巨头将在 2016 年版权合作的基础上，加大差异化内容布局，并在商业模式方面将有更多的创新点。

QQ 音乐于 2015 年更多地围绕布局数字音乐版权的生态圈，拥有音乐类电视节目以及知名国内外唱片公司的独家版权，并扮演分销商的角色，与网易云音乐、海洋音乐和多米音乐等达成合作分销版权，并基于“绿钻”的消费模式，实现用户付费下载。而数字专辑是 QQ 音乐 2015 年力推的

一种模式，率先在国内推出数字音乐专辑，依托歌迷和强势粉丝的利益转化和输血模式已形成系列成功案例，先后推出周杰伦、周笔畅、BigBang、黄子韬、韩庚等艺人的数字专辑，销量可观。预计在 2016 年，QQ 音乐将在对音乐正版化布局的同时，继续提升 QQ 音乐的功能与用户体验，以巩固自己的领先者位置。

酷狗音乐作为老牌的音乐厂商，有着 PC 端庞大客户群的先天优势，依托强大的音乐库、音乐标签化及个人偏好推荐功能，让用户的需求满意度得到最大化提升，并在移动端保持其领先用户规模的优势。酷狗音乐于 2015 年积极推动正版化，截至 10 月 31 日，酷狗音乐对曲库进行严格自审，已成功全面清理未经授权的歌曲。平台拥有来自海洋音乐、极韵文化、天浩盛世和伯乐爱乐等集团的音乐版权，并获得《蒙面歌王》音乐选秀节目独家版权。酷狗音乐表示，未来将在正版化音乐曲库上每年投入过亿元。由此可见，酷狗音乐在 2016 年将继续推动音乐正版化，酷狗 2016 与国内高级别音乐频道——央视音乐频道合作，将其海量独家音乐资源纳入酷狗正版音乐版图。另外，推出电台、演唱会直播、秀场等多个产品以巩固酷狗音乐的领先者位置。

咪咕音乐于 2015 年 1 月在成都成立咪咕音乐有限公司，从原有基地模式走向公司化运营。拥有正版歌曲数量达到 300 万，聚集了 1600 多家内容合作方，包括环球、索尼、华纳等大型唱片公司，新歌及首发优势明显，是国内最大的音乐内容销售平台和音乐会员运营平台。在保证版权的同时，咪咕音乐着力产品创新、营销创新、平台创新和服务创新，积极探索版权运营、会员服务、线上演艺、家庭音乐、声音经纪等新兴领域，每年有上百场落地歌友会和大型年度盛典活动。从 2015 年下半年开始，以每周 1 场的频次对线下演艺活动进行互联网线上直播，以 O2O 的方式联动线上线下。2016 年，咪咕音乐旗下“咪咕和 TA 的朋友”、“咪咕音乐现场”、“咪咕汇”三大演艺品牌将继续发力，进一步整合行业优质演艺资源并通过咪咕音乐官网、咪咕音乐客户端等平台进行全方位实时直播，为用户的音乐生活带来全方位的优质体验。在线听歌、下载歌曲、订购彩铃以及开通会员等功能和业务，咪咕独立音乐人平台也是其重要的发展方向。因此，咪咕音乐依托中移动的平台，和强大的正版内容优势，将进入领先者位置。

- **务实者象限分析**

务实者拥有丰富的资源，执行能力较强，但是技术/产品本身的创新优势不明显。

2015 年中国数字音乐市场务实者：爱音乐、百度音乐、多米音乐、沃音乐

➢ 新进入者：百度音乐、多米音乐

➢ 新退出者：咪咕音乐

百度音乐作为老牌数字音乐厂商，依靠百度搜索入口积累了早期的用户。但也多次遭到唱片公司和互联网音乐平台起诉，索赔高额费用。2015 年，国家版权局“剑网 2015”将音乐作为重点治理领域，以及发布《关于责令网络音乐服务商停止未经授权传播音乐作品的通知》，未经授权的歌曲将全部下架，百度音乐由于早期没有收集足够多版权的隐患暴露了出来，又对音乐版权推进不积极，错过了继续占领数字音乐市场领先的机会。在 2015 年年底百度音乐与太合联姻后，不仅解决了盗版的问题，而且还有助于利用太合在版权、音乐人方面的资源优势，虽然百度音乐搜索鼎盛时期已过，但可依托太合音乐和百度的资源巩固务实者象限地位。

多米音乐隶属A8新媒体集团，是以“音乐云”为核心，跨终端于一体的专业数字音乐服务提供商。通过与各家CP及终端厂商的合作，曲库来自于环球、海蝶、SM、JYP、陈家瑛工作室、KT MUSIC、CJ E&M、孔雀唱片、力行网际、龙乐文化、天娱传媒等唱片公司，为用户提供高品质音乐。2015年，多米音乐举办亚洲榜样行动，打通线上线下演出活动，助力偶像升级为榜样，开创电视、互联网和线下O2O新娱乐营销方式，吸引粉丝观看。未来，多米将与咪咕文化合作，尝试明星IP和粉丝经济的深度开发，在音乐之外，围绕视频、阅读、游戏和动漫，着力更多层面资源的线上线下捆绑与整合。另外，多米计划进行重组，在新三板挂牌申请，预计在2016年3月底完成。因此，多米音乐未来将通过提高核心资源来巩固务实者象限地位。

• **创新者象限分析**

创新者在产品/技术上的投入很大，并在商业模式、技术或者产品服务的创新性上有独特的优势。但是由于种种原因没有得到很好的市场表现。创新者迫切需要获取研发投入的产出，将会大力改变整个产业的格局。

2015年中国数字音乐市场创新者：虾米音乐、音悦台

➢ 新进入者：无

➢ 新退出者：天天动听、网易云音乐、多米音乐

阿里音乐正式组建于2015年3月，旗下两款音乐产品天天动听和虾米音乐仍在整合阶段，市场表现也不尽如人意。自从7月15日高晓松和宋柯正式宣布加入阿里音乐分别担任董事长、CEO，12月底何炅也正式入职阿里音乐，担任CCO（首席内容官），阿里音乐开始向综艺节目的方向，进入音乐资源的交换和共享以实现利益的最大化。而虾米音乐主打UGC内容，搭建“音乐人平台”，将音乐人版权作品放在网站上下载，收益100%归音乐人、唱片公司所有。另外，通过举办C2B歌迷发起演唱会，采用线下线上同步方式进行直播，来吸引用户观看。阿里音乐维护音乐正版版权，已将版权不清晰的歌曲全部下架，虾米音乐也受到很大影响，不过，虾米音乐将“阿里音乐人”作为未来重要发展方向，打通一条从资金投入到唱片制作发行，从巡演资助到微代言的音乐产业链。虾米音乐在创新者、版权内容、渠道资源和资金支持方面竞争压力很大，但虾米音乐在与同行的竞争中体现出自己的特点和优势，依然保持其在创新者象限地位。

• **补缺者象限分析**

补缺者对于产业格局的影响不大。但是这是自身规模的发展，补缺者很难保持稳定状态，一旦从补缺者队伍中脱颖而出，将会成为另外3类厂商或者投资者的并购/投资对象。

2015年中国数字音乐市场补缺者：京东音乐、一听音乐

➢ 新进入者：无

➢ 新退出者：无

京东音乐依靠京东电商强大的品牌影响力，全部正版资源优势，来自索尼、华谊、恒大等数十家音乐公司，超过19万首古典音乐和有声读物、儿童音乐等特色栏目，提供音乐下载、铃声下载、彩铃业务，也吸引了特定小众人群。但由于其版权合作形式有限，全部以正版古典音乐资源为主，主流音乐艺人曲库较少，这导致了京东音乐既难以吸引客户，也无法提高用户黏性。预计京东音乐在2016年将继续在补缺者象限。

移动阅读

中国移动阅读市场目前处于高速发展期阶段，2015 年中国移动阅读市场规模预计达到 101.0 亿元人民币，同比增长 14.3%，较前两年增长有所放缓。主要源于三大电信运营商为了提升业务增长，陆续将娱乐业务转型实现公司化模式的改革，但又需要应对强大的互联网公司这样的竞争对手，造成了近两年业务规模增长缓慢。因此，除了三大电信运营商在需要业务模式创新外，还需要大大提升用户体验来稳固用户的忠诚度和付费率。

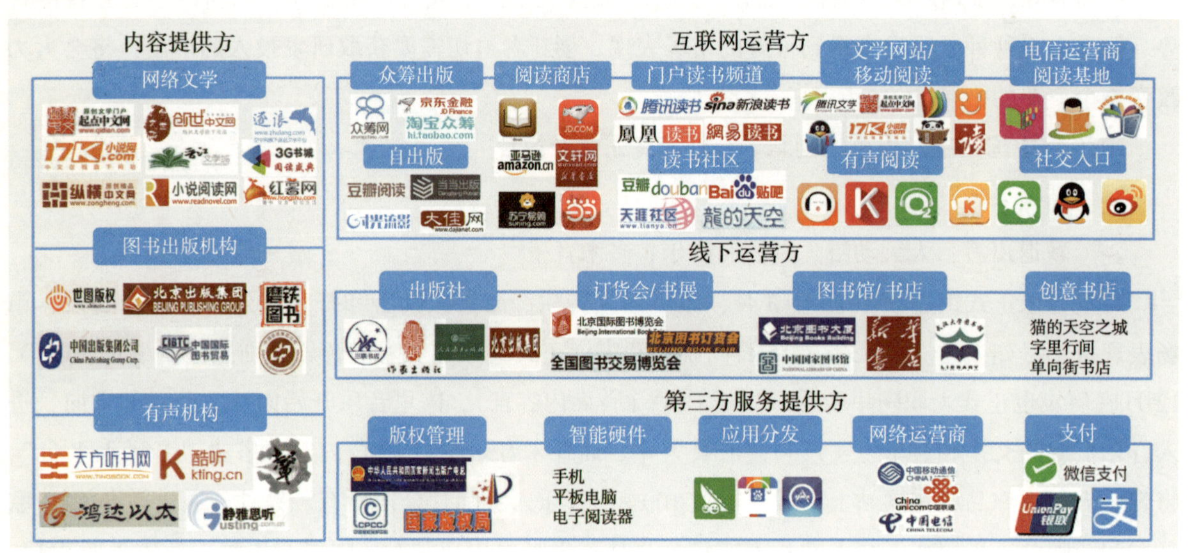

图 74　2015 年中国移动阅读产业生态图谱

Analysys 易观分析认为，中国移动阅读市场行业目前处于高速发展期。

Analysys 易观把中国移动阅读市场的发展周期分为四个阶段，即：探索期、市场启动期、高速发展期和应用成熟期。目前中国移动阅读市场正处于高速发展期阶段。中国移动阅读市场发展周期过程如下：

探索期（2003—2005）

第一阶段以电信运营商中国移动的阅读业务发展为代表。随着移动梦网看小说、手机报诞生，以及大量的免费 WAP 网站蓬勃发展，移动阅读雏形出现，并引爆阅读用户快速增长。在这一阶段盗版、内容低俗等问题凸显，提供用户免费阅读仅依靠微弱的广告收入生存的厂商雪上加霜。

市场启动期（2006—2010）

从 2008 到 2010 年，三大运营商阅读基地陆续成立，还有像掌阅 iReader 这样的移动阅读器上线，除电信运营商外，其他阅读企业的盈利模式并不清晰，造血能力弱，由于盗版、利益分配不均等问题引起大批阅读网站倒闭，行业整合开始，大量厂商纷纷退市，少数厂商坚持探索商业模式，

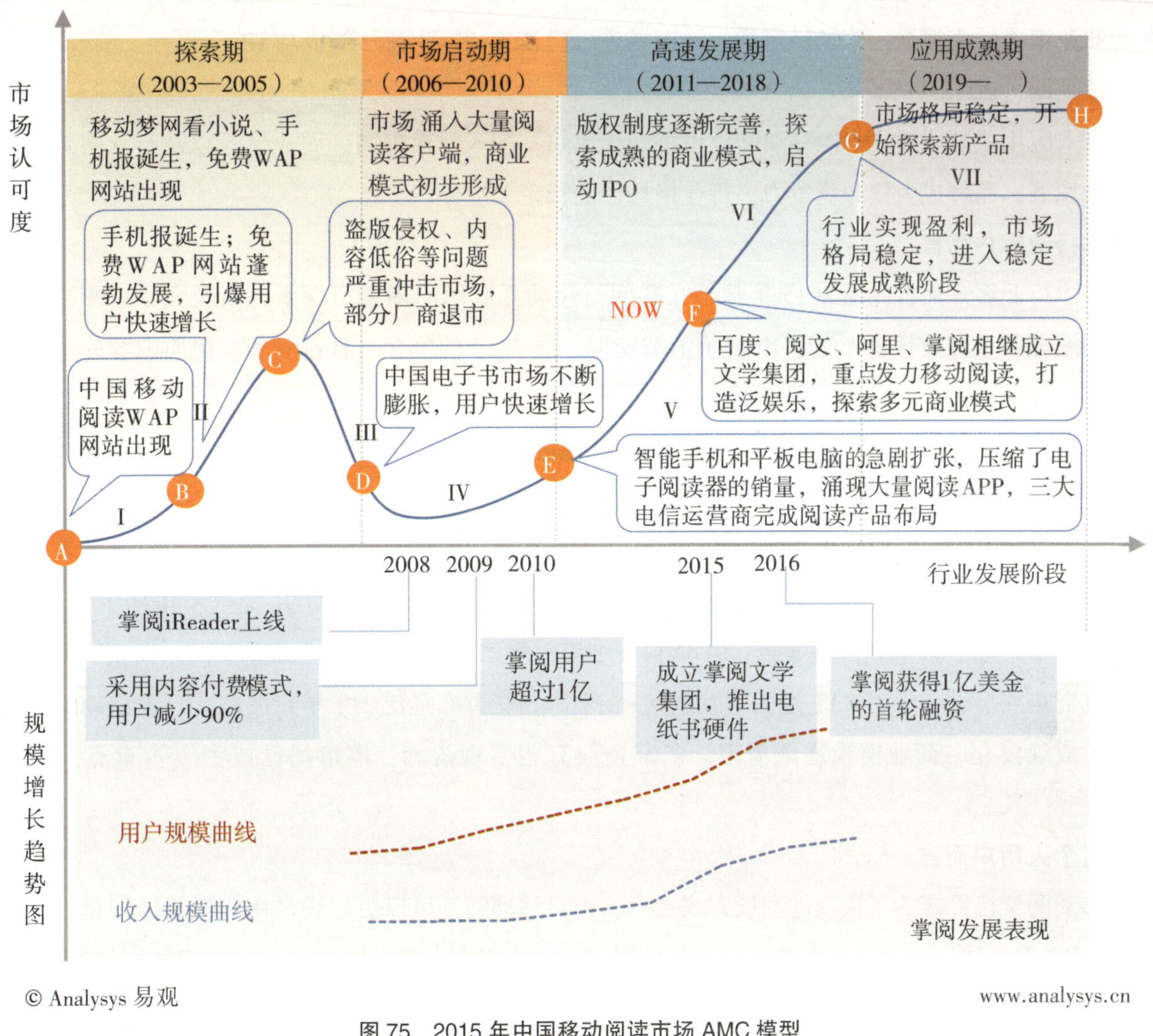

图 75　2015 年中国移动阅读市场 AMC 模型

坚持用户付费的模式。在这一时期，涌入了大批网络小说写手促进网络文学迅速发展，电子书也被用户接受，电子阅读器在国内开始销售，电子书市场也在不断膨胀，因此，阅读企业在这些因素的刺激下，很快拥有了大量的阅读粉丝，用户付费模式也初步建立，移动阅读产业链逐渐成形。

高速发展期（2011—2018）

2010 年，电子书阅读器市场成功突破百万台，出货量约占全球总量的16%，仅次于美国。电子阅读器引领了内容获取的新模式，成为传统文本购买和再用模式的补充。但很快因为产品功能同质化严重，产品标准不统一，市场竞争激烈，利润空间被压榨，直接导致资源浪费，并引发著作权侵权等其他不当行为，电子阅读器销量严重下滑。由于大屏幕智能手机和平板电脑等其他移动阅读设备的普及，也使得电子书阅读器的生存环境受到了外在力量的严重挤压，随着苹果 iOS 和 Android 操作系统的智能手机陆续面世，市场上开始出现了阅读客户端，可以满足用户在 3G/4G 或 Wi-Fi 环境下阅读电子书，这也助推了移动阅读市场高速发展。

近两年电信运营商也由各自的移动阅读基地转型为私有化，并完成了产品的布局，加入到移动互联网公司的竞争中。百度、阅文、阿里和掌阅都已经成立了文学集团，加大内容产出的同时，加大移动端的投入，为打造泛娱乐产业链奠定基础。并经过长期探索，未来将找到合理的盈利模式，在新商业模式的支撑下，市场稳定增长，市场进入门槛提高，主流厂商成功 IPO。

成熟期（2019— ）

进入应用成熟期后，中国移动阅读市场趋于成熟，准入门槛提高，商业模式以及行业服务纵深化成熟发展，品牌成为核心竞争力，行业格局已经稳定。

对行业客户而言

对于行业客户而言，在 2015 年基于互联网与移动互联网的多渠道探索，以及文学、影视、游戏、动漫等各平台被打通，文学 IP 的价值被挖掘，优质 IP 的争夺也日益激烈。优质内容的生产尤为重要，移动阅读企业也在布局上游的内容生产，为了打造泛娱乐全产业链，也在联合游戏、电影、动漫、综艺等文化产业，共同推动着 IP 粉丝经济的发展。

对投资者而言

资本市场及投资人对于移动阅读的认可度正在提高。目前移动阅读客户端市场竞争已进入白热化，各厂商都在投入最大的资源进行圈地。从 2013 年年底起，百度收购 91 无线，包括了 91 手机助手、安卓市场、91 移动开放平台、91 熊猫看书等；腾讯 50 亿元收购盛大文学，并成立了阅文集团等投资热点事件，说明 BAT 进入"互联网+文学"市场并布局泛娱乐平台战略。目前移动阅读市场已形成规模化，商业模式逐渐清晰，多家企业有望实现盈利，该市场已成为资本重点关注的市场。

对个人用户而言

移动阅读已经成为了大众的阅读方式之一，由于移动阅读可以更好满足用户对于碎片化场景的需求，PC 端的阅读方式已经不能满足这部分用户的阅读需求。然而随着阅读的方式和主体的改变，阅读题材也在悄然改变着，90 后和 00 后成为阅读的主力军，以男性用户居多，大多数用户喜爱在晚上尤其是睡前阅读，除了网络小说外，数字出版读物也越来越受用户喜爱。随着版权保护力度的加强，以及精品内容数量增加，用户付费数量也将有所提升。

市场典型企业——掌阅科技

聚焦到移动阅读行业的典型企业掌阅科技，Analysys 易观分析认为，掌阅 iReader 进入市场较早，对推动移动阅读行业发展、打造正版化阅读和付费阅读的商业模式有领导性作用。随着掌阅文学的成立，也宣布围绕网络文学、出版、影视、游戏、动漫、有声等泛娱乐领域，计划投以 10 亿元。从掌阅 iReader 在用户和收入规模的快速增长，说明其在移动阅读市场资源集中优势越发明显。

根据 Analysys 易观发布的《中国移动阅读市场趋势预测报告 2016—2018》数据显示，2015 年中国移动阅读市场规模预计达到 101.0 亿元人民币，同比增长 14.3%，较前两年增长有所放缓。主要源于三大电信运营商为了提升业务增长，陆续将娱乐业务转型实现公司化模式的改革，但又需要应对强大的互联网公司这样的竞争对手，造成了近两年业务规模增长缓慢。因此，除了三大电信运营商在需要业务模式创新外，还需要大大提升用户体验来稳固用户的忠诚度和付费率。按照易观预测的行业增长速度，可以预见的是，未来3年中国移动阅读市场规模增长幅度比较平稳，至2018年，这一数字将达到166.0亿元人民币，届时用户付费阅读习惯将逐渐养成，也会探索出更多元的商业模式。

图76 2016—2018年中国移动阅读市场规模预测

Analysys易观分析认为，未来移动阅读市场发展将有如下趋势：

1. 阅读企业加速资源整合，网络文学将成为转型升级的重要基础

近两年，百度文学、阅文集团、阿里文学和掌阅文学陆续成立，并加速整合集团资源，无论是通过收并购的方式还是通过建立自己的网络文学网站，培养优秀的作家和作品出炉，都以期在未来内容产业的竞争中获得优势地位，打造泛娱乐成为阅读企业们的终极战略方向。在2015年基于互联网与移动互联网的多渠道探索，以及文学、影视、游戏、动漫等各平台被打通，文学IP的价值被挖掘，优质IP的争夺也日益激烈。例如阅文集团拥有海量原创内容，推出中国原创文学风云榜可以将平台内更多有开发价值的IP被市场认可，也更是为国内IP开发提供重要参考标准。移动阅读企业不再一味地依靠用户付费阅读来实现盈利，而是不断拓展更多元的商业模式，网络文学将成为转型升级的重要基础，除了内容直接产生价值之外，其IP拥有多样化的版权衍生和二次价值变现也在被尝试，将文学IP作为中心汇聚而成的用户群或者粉丝群，成为从线上到线下贯穿整个泛娱乐产业链的原生力量，通过粉丝的引流，形成整个粉丝经济的商业生态。

2. 精品内容成为移动阅读厂商的核心竞争力

随着IP的爆发，移动阅读市场的竞争格局有所变化，内容引入的成本越来越高，优质内容也因为IP的影响力而对读者的吸引力成倍增加，内容成本投入不足的部分老牌厂商开始出现增长乏力甚至下滑的趋势。内容资源建设对于厂商之间的竞争显得越来越重要，可能会成为未来市场竞争的决胜因素。现阶段以“优质内容”作为各大移动阅读平台护城河进行比拼已经成为趋势，与过去较为单薄的作品分类和特定的用户群体不同，现阶段各大平台追求并上架大而全类别、能覆盖全年龄段的优质内容。平台作品的优质化，对聚拢粉丝用户、增强平台黏性产生直接影响，对后期稳固“收费阅读”盈利模式有铺垫作用。另外，目前互娱市场IP价值被大量发掘，围绕IP改编进行多维产品化也将是众多平台未来发展的主要着力点。可以说，精品内容已经成为移动阅读厂商核心竞争力。

3. 90 后、00 后将成为驱动移动阅读市场发展的主力军，垂直细分阅读应用有前景

90 后、00 后是一群从小就生长于互联网环境下的互联网原住民，对网络极其依赖，这给移动互联网带来巨大的机会，尤其是在移动互联网人口红利消失的情况下。90 后是一群娱乐至上主义和“宅”需求的年轻人，并且对自己喜爱的事物有很强的付费意愿，比如打赏、购买周边产品。因此，90 后也成为推动移动阅读市场健康发展的驱动主力军。00 后是一群更愿意尝试新鲜的、符合长尾效应的应用，除了学习类应用之外，对游戏、音乐、动漫和文学等文化娱乐有明显的偏好，并且大多数阅读时间集中在晚上。在当今移动阅读 APP 越做越重的情况下，网络小说、出版读物、动漫、杂志期刊、资讯应有尽有，已经不能很好满足这部分需求的用户，因此，一些直接可以满足他们对二次元、宅文化等爱好的垂直娱乐应用更能够提高使用的忠诚度，也有望成为移动阅读市场增长的机会点。

根据 Analysys 易观发布的《2015 年移动阅读市场实力矩阵专题研究报告》显示，Analysys 易观对 2014 至 2016 年主要移动阅读渠道商（移动阅读渠道商是指以原创文学和传统文学电子读物为主的书城类移动阅读应用企业）在实力矩阵中所处的位置以及现有资源和创新能力的变化情况做如下解读。

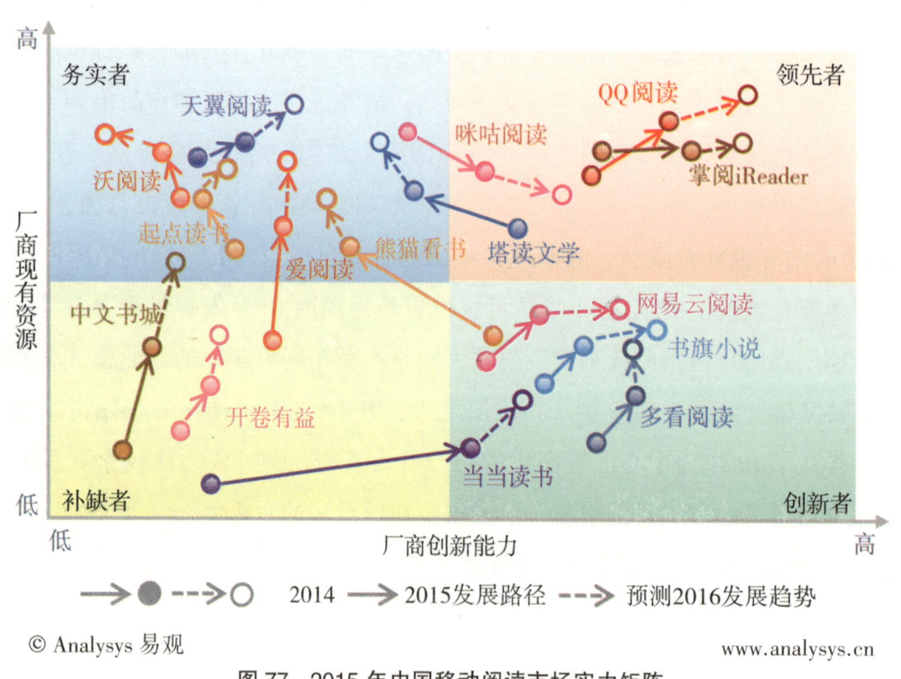

图 77　2015 年中国移动阅读市场实力矩阵

• 领先者象限分析

领先者在商业模式创新或产品/服务创新性上拥有较强的独特性，同时具有很好的系统执行力，能够把创新性提供给市场并获取较高的市场认可。

2015 年中国移动阅读市场领先者：QQ 阅读、掌阅 iReader、咪咕阅读

新进入者：咪咕阅读

新退出者：塔读文学

阅文集团在2015年的战略包括推出中国原创文学风云榜，是将作家明星化、IP价值化运作的一个重要标志，并且大力投入市场资源进行推广，媒体曝光就超过了8000多篇/次，得到了中央电视台、新华社等超过百家重要媒体报道关注。经过深入运营和市场推广，原创文学作家已经可以像娱乐明星一样成为商业活动嘉宾、产品代言人、综艺节目明星、各大媒体新闻报道的主角，阅文在用巨大的粉丝号召力证明自身的商业价值，也大大提升了阅文集团的品牌影响力。在渠道的拓展方面，阅文集团充分发挥自身的内容优势，将旗下全量签约作品投放至小米公司旗下的“多看阅读”中，通过与优质渠道的互补融合，强强联手加快拓展正版数字阅读市场，自合作后，多看阅读最高日销售实现了高达8倍增长，共同推进阅文的“全民阅读”战略布局。QQ阅读作为阅文集团旗下最重要的移动阅读产品，打通了集团内外资源，陆续接入近1000万部内容，并对产品进行改版升级，努力打造一个向社交概念靠拢的阅读产品，旨在通过海量优质内容和自身资源抢占移动端用户。在2015年，无论是集团资源上给予QQ阅读的大力支持，还是在自身产品的创新上都取得了很大的突破，预计2016年，QQ阅读将继续拓展更多元的商业模式，继续保持在领先者象限。

掌阅iReader是目前移动阅读行业用户规模最大的服务提供商。2015年起，掌阅iReader重点发力品牌推广，通过“汪涵”代言和联合冠名电视节目等合作方式助于掌阅快速提升自身品牌知名度。掌阅文学也进军网络原创文学领域，开始进行游戏、影视方面的合作。另外推出的掌阅电纸书硬件产品，构成内容铺陈的双渠道，一方面提高掌阅的行业竞争优势，有助于加深用户碎片化阅读习惯，另一方面依靠硬件概念提升企业的估值。并于近期，掌阅完成近1亿美元规模的首轮融资，投资方为国金投资与奥飞动漫，此次投资有助于公司布局文学领域优质IP资源，就IP衍生内容进行布局，依靠自身和投资方拥有的大量的粉丝群体，为彼此之间的业务合作增添了更多的交互作用。预计2016年，掌阅iReader将继续发力IP资源，继续保持在领先者象限。

• 务实者象限分析

务实者拥有丰富的资源，执行能力较强，但是技术/产品本身的创新优势不明显。

2015年中国移动阅读市场务实者：塔读文学、天翼阅读、熊猫看书、爱阅读、起点读书、沃阅读

新进入者：塔读文学、爱阅读、熊猫看书

新退出者：咪咕阅读

塔读文学成立于2010年，作为一家老牌阅读厂商，早期就积累了一大批安卓用户。塔读文学在文学内容引进与输出方面，与包括咪咕阅读、天翼阅读、腾讯文学、新浪文学、掌阅文学等多家阅读平台达成合作，今年还与阿里文学携手，达成战略合作伙伴关系，也是塔读文学在版权输出方面的又一重大举措，为其渠道分发能力方面加分。在终端入口建立方面，塔读文学目前已与三星、华为、中兴、HTC、联想等国内外各大手机厂商保持深度合作，进一步打通产业链上下游的资源共享，与全球顶级技术研发平台、资源渠道、业内优质内容提供商等多领域实现产业共赢。由于2015年塔读文学从集团资源方面得到的支持力度有限，内容规模和产品创新方面所得到的提升不明显，退出领先者。不过，凭借塔读文学多年积累的海量用户和优质原创内容，在原创IP衍生方面还有

很大发展空间，可以探索更多元的商业模式，未来将在务实者象限继续发展。

- **创新者象限分析**

创新者在产品/技术上的投入很大，并在商业模式、技术或者产品服务的创新性上有独特的优势，但是由于种种原因没有得到很好的市场表现。创新者迫切需要获取研发投入的产出，将会大力改变整个产业的格局。

2015 年中国移动阅读市场创新者：网易云阅读、书旗小说、当当读书、多看阅读

新进入者：当当读书

新退出者：熊猫看书

阿里文学在 2015 年刚刚成立，旗下拥有书旗小说、淘宝阅读、UC 浏览器、神马搜索、PP 助手、天猫图书六大入口，书旗小说作为阿里文学主要的移动客户端入口，早期依靠免费阅读获取了海量用户，但版权问题一直困扰书旗的发展。阿里文学在 2015 年宣布推出“光合计划”，表示要打造开放合作的 IP 衍生模式，因为传统网络文学依赖长篇小说付费的商业模式已经不足以支撑网络文学的发展，以 IP 为核心的新网络文学商业模式是大势所趋。因此，为了减少合作伙伴的顾虑，阿里文学提出了 IP 联合培养计划和 IP 联合开发计划，在内容生产的初期，就让合作伙伴一起介入，大大减少了恶意抬高版权的可能。未来阿里文学还会进行 IP 的小说创作、游戏改编、电视剧和电影制作等，书旗小说也将在内容资源和产品创新方面重点发力，2016 年将继续保持在创新者象限。

当当读书虽然不是国内起步最早的读书类 APP，但依托当当网作为国内图书销售领域的老大，当当读书接入 40 万册的电子书，并利用当当电商渠道优势很快占有了一定的市场份额。在 2015 年当当读书开始试水社区，在 5.0 版本中加入社区和社交的元素，推出频道、书吧、赠书、社交聊天、等级积分等全新互动板块及纸书购买功能，用户可以看到周鸿祎、苏岑、丁一晨等人气作家推荐的书单，并与他们进行互动，产品的创新为其赢得一批忠实用户。另外，当当数字业务将不断进行业态升级，从图书社区电商升级为内容社群电商，搭建集场景化购书、精致阅读、大数据分析、IP 开发为一体的数字业态生态圈，并利用当当大数据可以通过用户标签等方式为用户挖掘好书，进行精准推荐，也是当当读书在产品和技术上的独特创新优势，预计在 2016 年将继续保持创新者象限。

- **补缺者象限分析**

补缺者对于产业格局的影响不大。但是这是自身规模的发展，补缺者很难保持稳定状态，一旦从补缺者队伍中脱颖而出，将会成为另外 3 类厂商或者投资者的并购/投资对象。

2015 年中国移动阅读市场补缺者：开卷有益、中文书城

新进入者：无

新退出者：爱阅读

中文书城定位移动阅读市场，依靠中文在线数字出版集团的百万量级内容资源，自上线以来已经在内容规模、产品体验上赶超了部分老牌竞品，在市场上拥有了一定的品牌知名度和用户份额。不过，由于中文在线的分发能力较强，造成中文书城内容独特性不明显，还需要寻求更多的产品差异化才能拉开与竞争对手的差距，提高用户规模还有很大空间，目前对移动阅读产业格局的影响不大。中文书城在移动端发展得到了集团的重点支持，在 2016 年将继续加快品牌化发展，从内容规

模、产品体验、渠道推广三个方面加大投入力度，抢占更多的移动阅读市场份额。未来中文书城还需在做好产品、服务、用户体验的前提下进行合理盈利模式的探索，有望进军务实者领域。

互联网体育

互联网体育

体育市场不再仅是传统巨头企业战场，以阿里巴巴、乐视等为代表的互联网企业参与其中，围绕体育产业不断有新的互联网化融合发展布局，开启了各个环节互联网+的模式，未来，对体育用户价值的不断深挖，将促使互联网+体育市场不断迎来新的发展机遇。在传统体育跨领域联动程度不高的情况下，互联网的大数据运用将可构建全新的产业链运营、生态化的发展思路，也为行业发展带来巨大的想象空间。Analysys 易观研究发现，现阶段已经形成互联网化布局的体育在线服务市场中，商品制售环节的数字化商品生产制造市场尚处探索期，B2C 及 C2C 服务市场主要由大型综合电商平台主导，处于高速发展期的市场且格局已然相对稳定；健身服务市场环节以 O2O 模式展开，目前处于探索期；赛事环节的在线直播和在线票务分别处于市场启动期和应用成熟期；在线周边娱乐服务市场包括在线游戏、在线影视、在线文学等围绕 IP 运营展开的服务市场，目前也处于高速发展期。

Analysys 易观分析认为，中国互联网体育市场经过十多年发展，目前处于市场启动阶段。

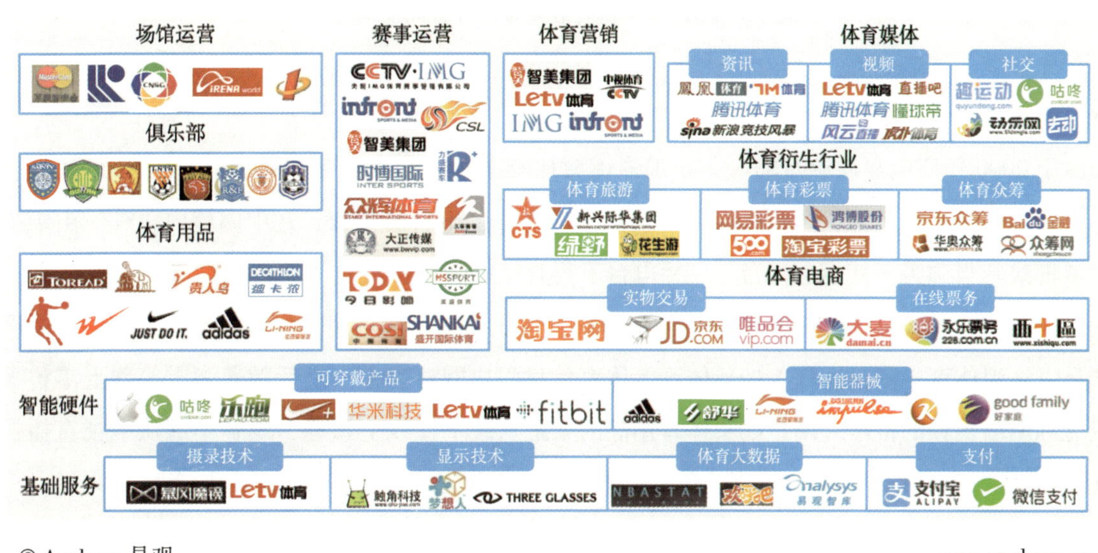

图 78　2015 年中国互联网体育产业生态图谱

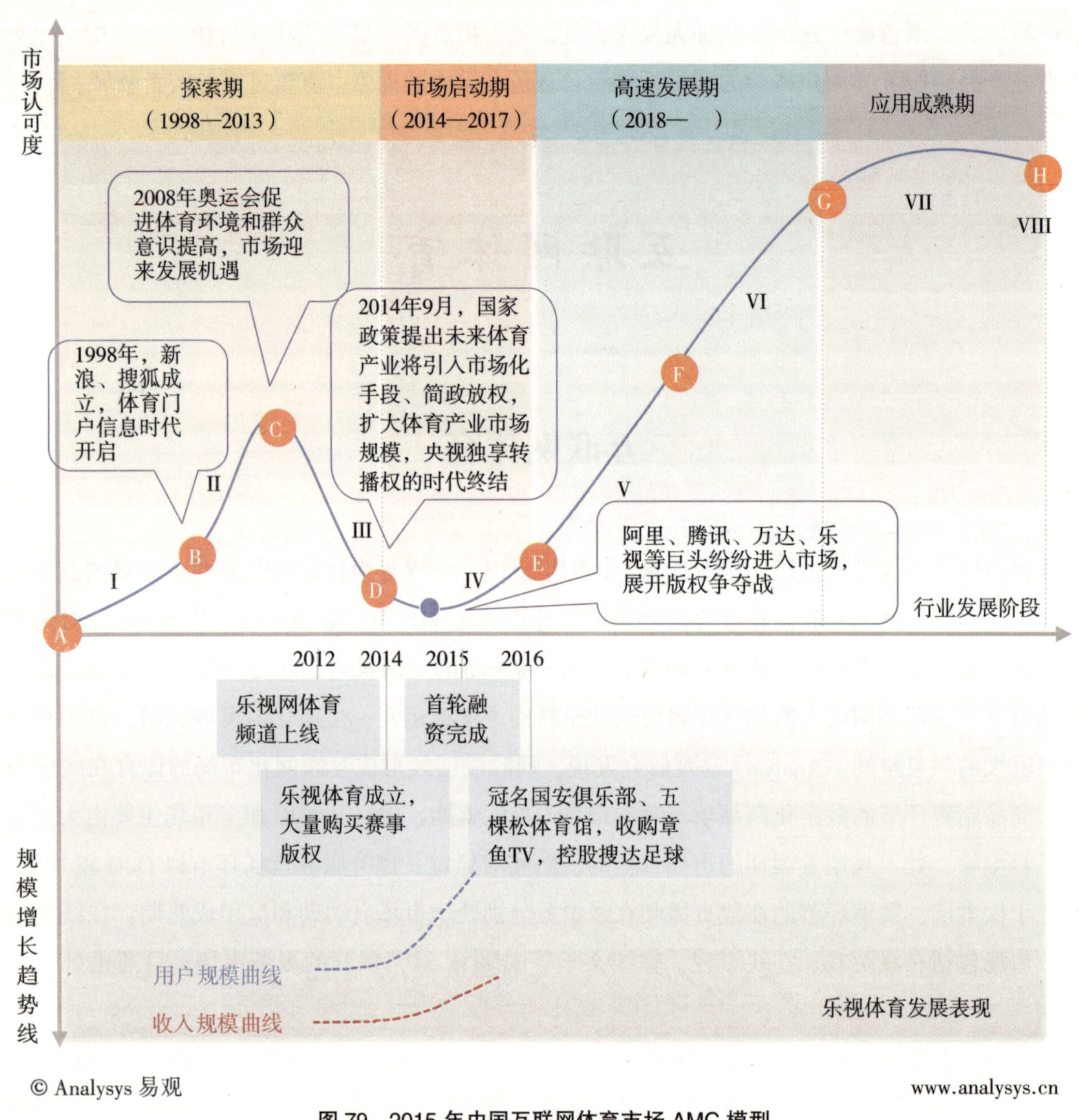

图 79　2015 年中国互联网体育市场 AMC 模型

探索期（1998—2013）

由于 2000 年广电总局颁布的《关于加强体育比赛电视报道和转播管理工作的通知》规定，重大体育赛事，包括奥运会亚运会世界杯（及其预选赛）的电视转播权，在中国境内，统一由中央电视台负责谈判与购买，其他电视台、广播电台不得直接购买，因此这个阶段央视在转播权方面一家独大。2008 年北京奥运会促进中国体育环境和群众意识提高，市场迎来发展机遇。早期的互联网体育产品以新浪体育、腾讯体育、搜狐体育等体育信息门户网站为主。之后随着淘宝等网上零售平台的成立和网络视频的推广，用户购买体育用品的渠道从线下往线上渗透，观赛渠道从电视直播扩大到在线转播。2012 年之后，在移动互联网快速发展的背景之下，一些移动体育服务随之兴起。

启动期（2014—2017）

早期政策造成的央视长期垄断地位使得国内体育转播版权价值被低估。2014 年 9 月，国家政策提出未来体育产业将引入市场化手段、简政放权，扩大体育产业市场规模，央视独享转播权的时代终结。随着赛事审批权和转播权放开，国内版权运营空间扩大。网络媒体、地方电视台以及民营资本参与竞争，版权价格也从行政定价回归市场定价。2015 年 10 月，体奥动力以 5 年 80 亿打败央视及其他竞争者拿下中超版权，使得赛事整体商业价值大幅提升，也标志着体育版权市场正式开始市场化、规范化。

高速发展期（2018— ）

互联网公司的战略布局逐渐落地，创新的服务模式逐渐激活体育场馆业、体育运营和营销业以及体育衍生行业等产业链条，形成多样的商业模式，市场得以稳定增长，进入门槛提高。产品应用逐渐成熟，产业链分工明确，厂商实现盈利，主流厂商成功 IPO。

对用户而言

在中国体育市场，用户的需求类型多样，包括基本的设备需求、健身的功能需求、竞技赛事观赏的娱乐需求。而随着互联网化进程加速，体育产业开始嫁接互联网基因，体育产品逐渐智能化，满足用户在智能服饰、智能器械、智能场馆以及可穿戴设备等方面的需求。体育在线服务市场也逐渐打开，出现包括在线票务、网络赛事直播、体育社交、运动记录等更多细分服务领域，用户未来的需求将得到更大程度的满足。

对行业而言

目前国内体育产业仍处于初期阶段，赛事转播权长期垄断的局面才刚刚打破，完全市场化还需要时间。2015 年体育产业动作频频，但大多的资本布局都集中在上游的内容资源端，交易层面的体育消费还未打开。对于行业参与者来说，除了争夺赛事 IP 抢占先机之外，如何消化掉中超、NBA 等天价赛事 IP 和恒大淘宝俱乐部等优质内容源进而实现变现是接下来的首要任务。目前国内体育传媒公司还处于初期发展阶段，专业能力的建立须待时日。

对投资者而言

市场化改革红利、居民消费水平升级、用户需求高涨以及互联网巨头的入场将促进中国体育产业迎来黄金十年，5 万亿的市场规模亟待深入挖掘。当前体育服务仅贡献体育产业产值不到 20%，相比美国的 57%来说还有很大的提升空间。由于体育产业具备很高的准入门槛，因此拥有资本实力和掌握顶层体育资源的企业有望率先突围，赛事运营、场馆运营、体育营销以及大众健身领域将是投资热点。另外，2015 年已有十几只体育产业发展基金纷纷设立，接下来将会陆续投入应用，产融结合、产融互动也会是未来的关键词。2015 年 11 月 6 日，恒大淘宝在新三板挂牌上市，成为国内首个登陆资本市场的足球俱乐部 ，这对于中国体育产业具有标杆意义。未来如果整个资本运作成功进行，那么将很有可能产生辐射反应，激活体育产业链的上游资源方，带动其他俱乐部走向资本市场。

市场典型企业——乐视体育

2012 年 8 月，乐视网体育频道上线。2014 年 3 月，乐视体育作为独立的公司从乐视网分离出来，从赛事版权切入，拥有包括英超、欧冠、德甲、NFL、NCAA、F1 等 200 多个版权，由单一的视频媒体网站的业务形态逐渐发展为基于“赛事运营+内容平台+智能化+增值服务”的垂直生态。2016 年伊始，乐视体育的布局动作进一步加强，购买 MLB 赛事的独家媒体权益，除了为 MLB 球迷搭建线上社区、售卖衍生产品之外，还将进行衍生 IP 的开发；冠名五棵松体育馆为乐视体育生态中心，并且 1 亿元人民币冠名北京国安俱乐部，增强品牌传播力；控股搜达足球，经营数据业务；收购体育直播平台章鱼 TV，进一步补充 UGC 直播模式。资本方面，乐视体育于 2015 年 5 月完成首轮 8 亿融资，估值达 28 亿美元，A 轮由万达投资领投，A+轮由云锋基金领投，东方汇富和普思投资等 7 家机构和个人跟投。据称日前已完成 10 亿 B 轮融资，仅半年左右的时间，估值将达到 40 亿美元。从战略到资本，可以看到，对于乐视体育来说，赛事资源是生态发展的前提，而资本的支持将助力这一目标的实现。

网络游戏

从中国网络游戏整体市场发展趋势来看，经过了多年的发展，中国网络游戏市场已经进入成熟期，市场规模的上升逐渐稳定，网络游戏产业规模增速放缓。相比前几年的爆发式增长，2015 年部分游戏公司缩减规模，裁员现象频出。

图 80　2015 年中国网络游戏产业生态图谱

客户端游戏市场保持平稳态势，市场规模基本滞涨，市场已经日趋饱和。由于竞争者的减少以及市场的逐渐成熟，企业也选择了稳健的经营策略，新游戏推出节奏减慢。受研发成本提升的影响，新产品数量降低，质量提高。此外，客户端游戏改编的移动游戏在市场上取得成功，部分端游厂商逐渐将更多业务布局到移动游戏市场，端游的业务以获取核心用户、树立企业品牌为主要目标。

网页游戏方面，受到移动游戏市场的挤压，市场规模增长率进一步下降。页游获取用户的方式更加多样化，广告依然是主要的导量形式，在影视、小说、游戏加速联动下，明星代言、IP 改编的用户导入也越来越多地被采用。但过度依靠流量的发展模式导致网页游戏投入过高，高成本的运营模式提高了行业的进入门槛，也增加了风险，众多中小网页游戏企业转型移动游戏，整个网页游戏市场格局固化。

2015 年移动游戏市场规模大幅超过页游，已经接近端游，预计 2016 年市场规模将超过端游。移动游戏的生命周期和可拓展性非常有限，产品产出量巨大，但经过了 2014 年的爆发，伴随着人口红利的削弱，移动游戏市场已经从单纯的获取流量，向深入挖掘用户价值转化。随着流量购买价格上涨，游戏产品主要依靠 IP 优势、精品化和细分化路线取得成功，产品质量提升使得研发为主的游戏企业掌握了更高的话语权，移动游戏的主要市场份额被大厂商占据，中小厂商数量锐减，面临压力。

Analysys 易观预计在 2016 年，中国网络游戏市场的整体规模将继续保持稳健增长，达到 1463 亿元人民币，较 2015 年增长 7.4%；2017 年将达到 1510.7 亿元人民币，较之 2016 年增长 3.3%；2018 年达到 1515.9 亿元人民币，较 2017 年增长 0.3%。

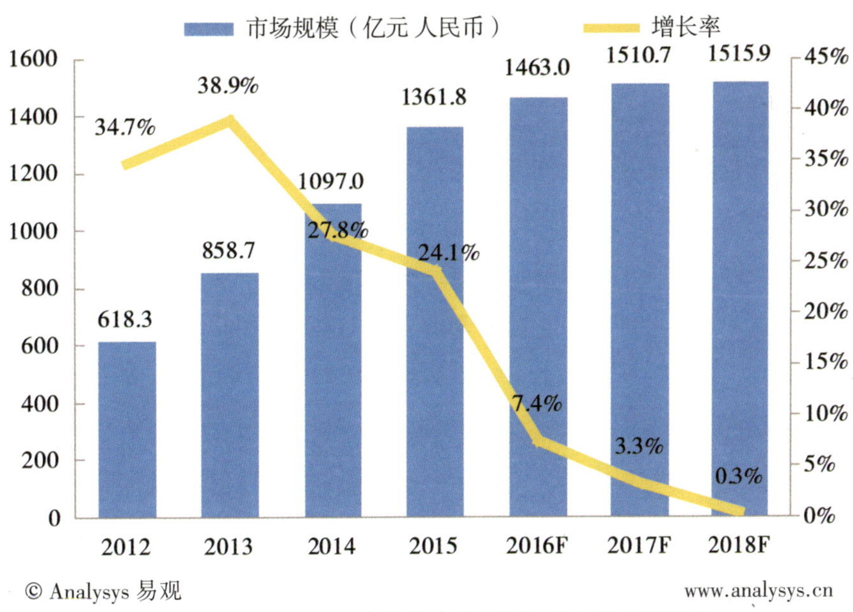

图 81　2016—2018 年中国广义网络游戏市场规模预测

预计在 2016 年，中国客户端游戏市场规模将达到 583.05 亿元人民币，较 2015 年增长 0.1%；2017 年将达到 581.36 亿元人民币，较 2016 年减少 0.3%；预计 2018 年将达到 578.9 亿元人民币，较上一年度减少 0.4%。客户端网络游戏市场陷入滞涨。

网页游戏方面，预计 2016 年的市场规模将达到 239.95 亿元人民币，较 2015 年增长 1%；2017 年将达到 239.34 亿元人民币，较上一年度减少 0.3%；2018 年将达 236.95 亿元人民币，较 2017 年下降 1%。网页游戏市场规模呈现出萎缩态势。

移动游戏方面，预计 2016 年的市场规模将达到 640 亿元人民币，较上一年度增长 18.1%；2017 年将达 690 亿元人民币，较 2016 年增长 7.8%；2018 年市场规模将达到 700 亿元人民币，较上一年度增长 1.4%。未来三年，移动游戏市场增速将继续放缓。

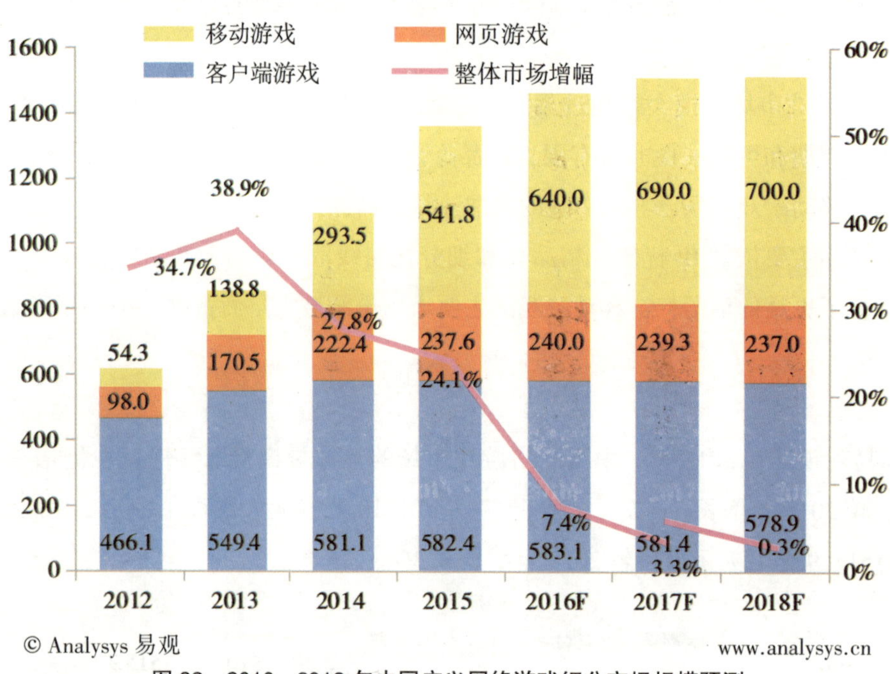

图 82　2016—2018 年中国广义网络游戏细分市场规模预测

未来中国网络游戏市场发展将出现如下趋势：

1. 电竞市场继续繁荣，移动电竞市场快速增长

受益于监管环境向好、直播平台融资、游戏厂商投入等利好因素，中国电子竞技市场出现繁荣发展景象。随着移动电竞产品的增多、移动电竞玩法的优化、赛事以及直播平台的发展，移动电竞市场迎来爆发，市场规模将快速扩大。当下中国移动游戏市场增速放缓，电子竞技成为意欲突围的手游厂商撬动行业破局的关键点。未来，将有更多的移动电竞产品出现，并纳入赛事体系，成为厂商进行市场推广和玩家运营的重要方式。资本和厂商将成为关键主导力量，推动移动电竞市场的快速增长。

2. PC 游戏 IP 加速转化为手游产品

2015 年因《梦幻西游》手游大获成功，行业掀起将 PC 游戏改编为手游的热潮，《热血传奇》《大话西游》《CF》等经典 PC 游戏被搬至移动平台。PC 网络游戏市场规模滞涨，促使大量 PC 游戏厂商转型移动游戏；现有端、页游 IP 所积累的海量玩家群成为这些厂商进入手游领域的捷径。目前市面上顶级 PC 游戏 IP 尚未被完全挖掘，随着 IP 成为畅销榜头部游戏的标配，游戏厂商将加速 PC 游戏 IP 向手游产品的转化，以在激烈的市场竞争中立足。

3. 影游联动等泛娱乐运作更为流行

采用影游联动的《花千骨》引爆了 2015 年的电视剧及手游行业暑期档，为影视、游戏的异业合作模式提供范例。粉丝群庞大的热门 IP，影视和游戏作品质量过硬，采用同时上线、互推互动的

运营模式，都成为影游联动的核心要素，并将被更多厂商采用。但是，泛娱乐运作对 IP 类型有较高要求，需要前期大量筹划以及各领域厂商的紧密合作，对厂商来讲依然存在较大的投入风险。

4. 终端厂商手游渠道崛起

虽然数量众多，中国移动游戏安卓渠道的市场集中度正逐步提高，且被互联网巨头把控。以硬核联盟和小米互娱为代表的终端厂商渠道崛起，未来市场份额将快速增长，一是由于国产安卓智能终端市场占有率日趋扩大，二是因为终端厂商意识到手游对其业务变现的重要作用，开始以互联网化的思路经营各自的游戏中心，并依托自身优势，在流量来源上与其他手游渠道形成差异，成为游戏 CP 最为重视的渠道之一。

5. 虚拟现实（VR）游戏成新增长点

大量资金和技术巨头的竞相涌入，推动 VR 产业急速升温；VR 技术和硬件设备的快速发展为 VR 游戏的创生提供良好土壤。作为 VR 技术最重要的商业应用领域，VR 游戏市场的爆发被寄予厚望。2015 年年底，腾讯在 VR 硬件及平台上的布局，表明国内游戏领头羊也开始布局新兴的 VR 游戏市场，向行业释放出利好消息。随着国内 VR 设备的量产，以及更多 VR 游戏内容的出现，VR 游戏将在未来两年成为游戏行业新的增长点。

电子竞技

Analysys 易观分析认为，在 2016 年中国电子竞技市场将呈现以下趋势：

1. 电竞行业走向专业化、规范化

国内电子竞技产业正逐步得到玩家、政府、企业及资本的普遍认可，随着更多游戏企业、资本的进入，以及电竞行业联盟的成立，整体电竞市场正在走向专业化和规范化。一方面，电竞赛事数

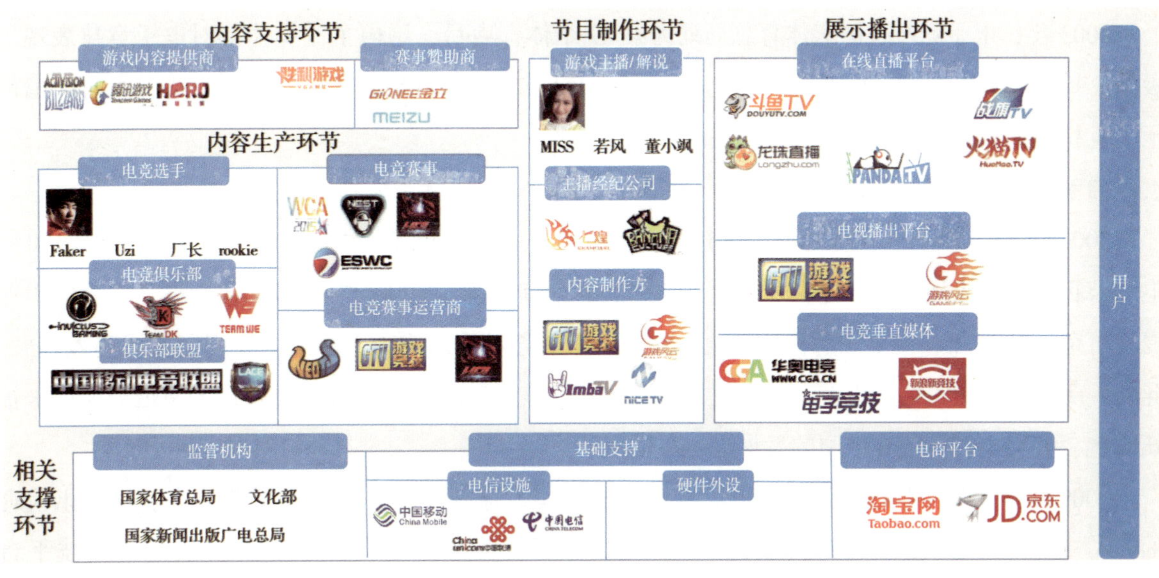

© Analysys 易观　　www.analysys.cn

图 83　2015 年中国电子竞技产业生态图谱

量及奖金池的提升，推动电竞选手的职业化发展，产业链环节的细分，也给相关企业更多专业化发展的空间；另一方面，国家体育总局以及地方政府对电竞行业的支持和参与，行业联盟对于市场规则的共同制定，都使得电竞市场更加规范化。

2. 移动电竞迎来高速发展期

中国移动游戏市场经过几年的爆发式增长，市场规模已经接近端游市场的体量，且随着市场细分的深入，包括休闲、FPS、MOBA、TCG 等类型在内的拥有较好竞技性基因的产品，依靠强大的用户基础，通过电竞化运作，将实现更大的价值变现。2015 年被称为移动游戏电竞元年，大量相关的行业联盟、赛事、项目不断涌现，资本热炒现象明显。随着行业的不断发展与成熟，尤其在移动游戏行业激烈竞争的背景下，竞争力较弱的企业会相继被淘汰出市场，同时一部分电竞企业将找到与资本的结合点。行业的热炒状态将在 2016 年结束，迎来较为平稳的高速发展期。

3. 游戏直播平台对优质内容更加倚赖

2014 年以来，游戏直播平台融资密集，资本推动市场火爆。在资本的刺激下，大量新兴的游戏直播平台涌现，并针对部分知名主播展开争夺。由于游戏直播平台的带宽、主播等成本极高，且目前变现方式较为单一，亏损已成为游戏直播平台的常态。未来随着游戏直播平台内容生产机制更加成熟，主播 UGC 及平台 PGC 比例更加平衡，草根主播培养机制逐渐完善，直播内容主题更加多元，游戏直播平台将对商业模式做出更多探索，而基于优质内容的变现将成为重点。

Analysys 易观分析认为，中国电子竞技市场目前处于高速发展阶段。

探索期（1998—2003）

2003 年之前，中国电子竞技市场处于探索期，电子竞技的概念开始引入国内，因受到 WCG、CPL 和 ESWC 等国际赛事的影响，国内电竞产业开始起步，韩国成熟的电子竞技商业化运作成为中国电竞产业发展的重要借鉴。

2003 年，电子竞技被国家体育总局列为第 99 个体育项目，国内主流媒体都对电子竞技表现了极大支持，很多卫视均开设了游戏和电竞相关的节目，如 CCTV5 的电子竞技世界等，彼时，国内电子竞技市场拥有相当多的资源，发展前景一片光明。

启动期（2004—2013）

2004 年 4 月 12 日，广电总局一纸禁令，发布了《关于禁止播出电脑网络游戏类节目的通知》，电竞节目全部被停播，资本方也蜂拥撤离，中国电竞市场骤然变冷，电竞俱乐部和电竞选手的生存岌岌可危。2008 年，受金融危机的影响，国内多家电竞俱乐部倒闭，中国电竞产业发展陷入谷底。此外，受到社会舆论的压力，电子竞技被贴上“玩物丧志”的标签，并通过媒体的报道长期以来被妖魔化，使得电竞产业在中国的发展进一步受阻。

2009 年，起步于韩国的世界电子竞技大赛（WCG）来到中国，在中国成都举办，而腾讯代理的 CF、DNF 等网络游戏也正式成为 WCG 的比赛项目。2010 年，腾讯推出腾讯游戏竞技平台（TGA），涵盖了旗下多款竞技网游。随着网络游戏在全球范围内的流行，电竞赛事项目网游化发展趋势明显。2011 年，《英雄联盟》正式成为 WCG 比赛项目，并逐渐成为中国电竞市场的核心产品。

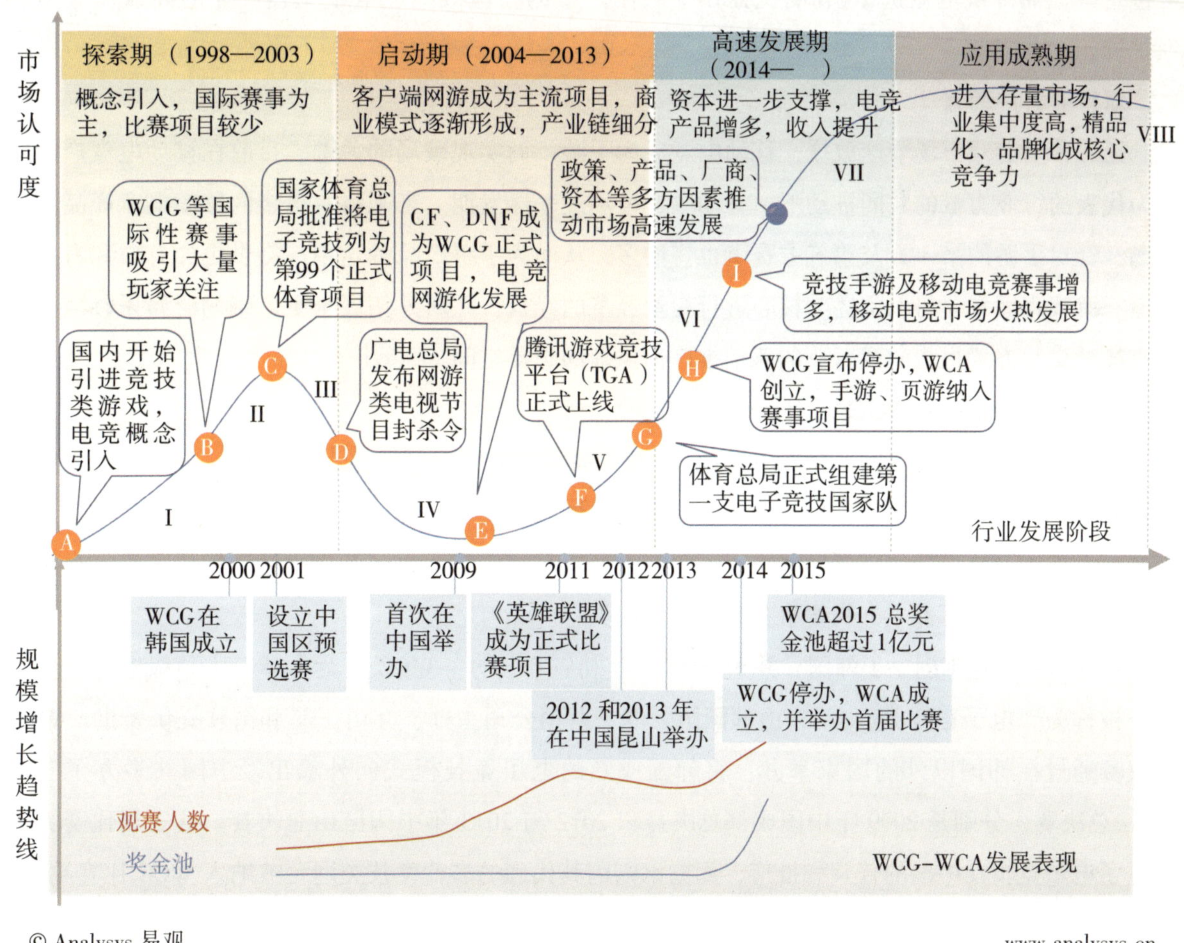

图 84　2015 年中国电子竞技市场 AMC 模型

2013 年年底，体育总局正式组建第一支电子竞技国家队，监管政策开始转好。

高速发展期（2014—　）

2014 年年初，WCG 宣布官方考虑世界趋势及商业环境等因素，将不再举办相关比赛。同年，由银川市政府主办的 WCA 成立并举办首届赛事，成为传承 WCG 的全球性第三方综合赛事。WCA 将时下流行的竞技页游和手游纳入比赛项目，并设立高额奖金，观赛人次得到极大提升。与此同时，受政策、资本、厂商、产品、赛事等多方因素的利好影响，国内电竞市场进入快速发展通道，直播平台也在资本的推动下加强营销力度，市场热度快速提升。

未来两到三年，随着移动电竞产品增多，以及资本市场的进一步支撑，中国电子竞技市场将保持高速发展。相关厂商也将探索创新型的商业模式，整体市场收入将有所提升。

对个人用户而言

以玩家之间对抗为核心基础的竞技类游戏一向受到中国玩家的欢迎，电子竞技产业的发展给普通玩家提供了大量竞技类产品，以及具有观赏性的赛事；同时为职业选手提供了收入不菲的职业发展空间。电子竞技产业在细分化、职业化发展的过程中，通过电竞游戏、职业战队、赛事制作、周边衍生等庞大的产业链，与网络游戏产业相辅相成，将大量游戏玩家转化为电竞爱好者甚至付费者。而围绕电竞选手/知名主播在个人用户中的粉丝效应，电子竞技产业的商业模式也得到扩展。

对行业客户而言

随着移动游戏市场增速放缓，移动电竞成为手游厂商实现破局的关键。目前在移动电竞产业联盟为代表的行业力量的共同推动下，移动电竞市场迎来爆发期。未来将有更多的移动电竞产品推向市场，针对手游的第一方及第三方赛事也将增多，从而为手游产品触达用户提供更加有效和直接的渠道。游戏直播平台将以主播为核心进行粉丝经济的经营，并对外拓展至更广阔的泛娱乐领域，视频直播的交互方式也为游戏行业的营销推广提供新的想象空间。

市场典型企业——WCG

聚焦到电子竞技行业的典型赛事 WCG 以及接替者 WCA，Analysys 易观分析认为，赛事是电子竞技产业中非常重要的环节，也是推动整体市场发展的主要动力之一。影响力和可持续性是考量赛事的两大指标，从目前的市场发展来看，第三方赛事具有较强的权威和中立性，依托自身平台及品牌价值，将与游戏厂商主办的赛事在较长时间内共存。

WCG 在 2010 年创立于韩国，并于 2014 年年初宣布停办。WCG 作为全球三大顶级电竞赛事之一，被称为“电子竞技奥运会”，由韩国国际电子营销公司主办，并由三星和微软提供赞助。WCG 总决赛通过在韩国以外的国家举办，将韩国成熟的电子竞技模式向外输出。中国共举办了三届 WCG 总决赛，分别是 2009 年中国成都总决赛和 2012 与 2013 年中国昆山总决赛。这三场比赛大大促进了电子竞技在中国的普及和推广，而腾讯则因其代理的多款竞技类网游被纳入 WCG 比赛项目，从中获益颇丰。

WCG 的停办主要是由于赞助商三星调整战略，电竞赛事的赞助商模式的弊端也显露无遗。2014 年，WCA 的成立填补了 WCG 停办后的空白，并得到银川市政府的支持，成为电竞赛事在中国的新里程碑。2015 年的 WCA 首次将页游、手游纳入比赛项目，并设立 1 亿元的奖金池，吸引了 140 支战队、900 名选手参赛，通过 TV+视频网站+直播平台的全渠道覆盖，实现了超过 1 亿人次的观看。WCA 作为第三方综合赛事的代表，与游戏厂商主办的第一方赛事形成竞合关系。在商业模式上，第三方赛事面临着过度依赖赞助商模式的问题，需要在未来的发展中探索更多变现途径。

根据 Analysys 易观近期发布的《2015 年中国游戏直播平台市场实力矩阵专题研究报告》，Analysys 易观对 2014 至 2016 年主要游戏直播平台厂商在实力矩阵中所处的位置，以及各自执行能力和创新能力的变化情况做如下解读。

- **领先者象限分析**

领先者在产品/服务创新性或商业模式创新上拥有较强的独特性，同时具有很好的系统执行力，能够把创新性提供给市场并获取较高的市场认可。

2015 年，中国游戏直播平台市场领先者：虎牙直播、斗鱼 TV、龙珠直播

➢ 新进入者：无

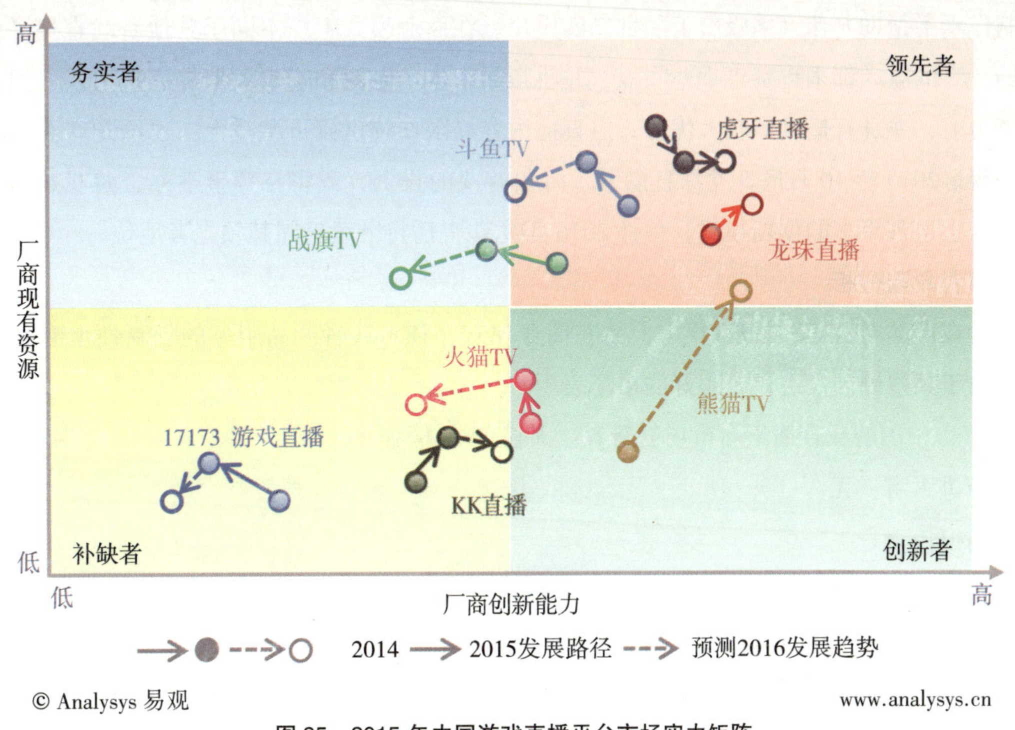

图 85　2015 年中国游戏直播平台市场实力矩阵

➤ 新退出者：战旗 TV

虎牙直播的前身是 YY 游戏直播业务，于 2014 年第四季度被剥离出来成立独立品牌，并从客户端转向网页端。由于起步较早，再加上 YY 平台大量的游戏用户基础，虎牙直播在 2014 年取得较高市场份额。2015 年，YY 向虎牙直播投入 7 亿元人民币，用于硬件的升级扩容以及品牌推广、生态搭建和运营活动等，这其中，虎牙重金签下了多位知名主播，还与多名娱乐明星展开合作。在 2015 年的主播争夺战中，虎牙直播依靠巨额投入基本维持了在用户规模、主播资源方面的优势，同时在平台创新运营能力上有所提升。在盈利模式上虎牙直播延续 YY 的秀场模式，基本完全依赖主播收入分成。2015 年虎牙预估达 4 亿元人民币的亏损，可能会令 YY 调整其砸钱战略，而虎牙在未来的商业模式创新上尚未有更多计划。预计 2016 年，虎牙直播将继续留在领先者象限，但是其执行能力和创新能力均将有所下滑。

斗鱼 TV 前身是 2013 年 2 月成立的 Acfun 生放送直播，于 2014 年初正式更名为斗鱼 TV。斗鱼背后的资本方是奥飞动漫和红杉资本。依托前期重金签约的人气主播，斗鱼在游戏直播平台领域已获得一定的用户基础，并初步建立起品牌优势，但同时在 2015 年也遭遇了多次竞争对手的挖角，损失惨重。斗鱼 TV 在流量变现业务上的步伐较快，广告和游戏联运业务均已小有规模，这帮助斗鱼在 2015 年激烈的竞争中市场份额有所提升。但是，斗鱼在除主播之外的自制视频以及独家赛事资源上实力较弱，抢夺主播耗费大量资金，而其未来的融资渠道以及更好的变现模式都将成为困扰斗鱼发展的问题。因而在 2016 年，斗鱼 TV 的创新能力和执行能力都将有所下降，从领先者象限进入务实者象限。

龙珠直播隶属于 PLU 游戏娱乐传媒，于 2015 年 2 月正式上线。由于腾讯是 PLU 的投资方，龙珠直播则顺利获得了腾讯游戏旗下多项电竞赛事的承办权以及独家直播权。独家的赛事资源和专业的节目制作水平帮助龙珠直播吸引了一批忠实用户。在商业模式上，不同于其他游戏直播平台，龙珠直播约一半的收入都来自赛事举办收入，并将拓展广告、电商和赛事竞猜等变现模式，因而在创新运营能力上，龙珠直播具有较大优势。但直播内容局限在腾讯旗下游戏上，也给龙珠获取更多用户造成障碍。2015 年 10 月底，龙珠直播引入游久游戏的投资，或将在赛事举办、游戏媒体、游戏直播等业务上出现更多的创新模式。预计 2016 年龙珠直播将继续巩固其领先者地位。

- **创新者象限分析**

创新者在产品/技术上的投入很大，并在商业模式、技术或者产品服务的创新性上有独特的优势。但是由于某些原因没有得到很好的市场表现。

2015 年，中国游戏直播平台市场创新者：火猫 TV、熊猫 TV

➢ 新进入者：无

➢ 新退出者：无

火猫 TV 上线于 2014 年 10 月，正值斗鱼 TV 和战旗 TV 在大力招揽主播之时。火猫 TV 依托 MarsTV 和完美世界的赛事资源，拥有 DOTA2 亚洲杯邀请赛、TI4/TI5 中国区预选赛等多项 DOTA2 相关电竞赛事的直播权，与版权方完美世界以及游戏赛事媒体 MarsTV 的合作，使得火猫 TV 在运营模式上具有一定的创新性。但由于目前游戏直播内容还是以《英雄联盟》为主，DOTA2 的关注人数相对较少，而且火猫 TV 并未参与主播争夺战，导致平台上知名主播很少，活跃用户数较低，也使得火猫 TV 正逐渐被边缘化。但 2015 年底火猫 TV 获得合一集团的千万美金 A 轮融资，或将使其 2016 年的发展有所转机。

熊猫 TV 成立于 2015 年 9 月初，同年 10 月正式上线，由王思聪担任公司 CEO。熊猫 TV 的定位不仅限于游戏直播，而是通过直播平台，将王思聪及万达旗下拥有的电竞战队、艺人、乐视体育、万达院线等资源利用起来，连接游戏、娱乐、体育等产业打造电竞生态。熊猫 TV 成立之初就从竞争对手处挖来多名人气主播，并高薪签约娱乐明星，招揽专业人才，强大的行业资源和资本支持给予熊猫 TV 迅速获取用户和市场份额的能力。而遍布泛娱乐产业链的各种优质资源也使得熊猫 TV 具有更强的商业模式创新能力。预计熊猫 TV 的市场份额将在 2016 年大幅提高，从创新者象限跃进领先者象限。

- **务实者象限分析**

务实者拥有丰富的资源，执行能力较强，但是创新优势不明显。

2015 年，中国游戏直播平台市场务实者：战旗 TV

➢ 新进入者：战旗 TV

➢ 新退出者：无

战旗 TV 成立于 2014 年 1 月，同年 5 月上线，隶属于浙报传媒全资子公司边锋网络。浙报传媒给予战旗 TV 相当大的资金支持，因而在 2014 及 2015 年，战旗凭借签约知名主播，引进游戏风云、GTV 的节目，赞助多家电竞俱乐部，采购游戏赛事的独家、首播权等方式，加强自身内容资源布局，获取了一定的市场份额。目前来看，战旗 TV 的特色内容资源主要是边锋旗下的三国杀等游戏以及电竞明星真人秀 LyingMan，但平台的盈利模式尚不清晰。但在极度烧钱的行业背景下，浙报传媒也会对游戏直播业务的投入产出比进行重新评估，而不会一味地投入。预计在 2016 年战旗 TV 将继续保持在务实者象限。

• **补缺者象限分析**

补缺者在现有资源和创新能力上均不占优势，由于创新优势较弱，再加上执行能力不强，在市场竞争中处于劣势地位。

2015 年，中国游戏直播平台市场务实者：KK 直播、17173 游戏直播

➢ 新进入者：无

➢ 新退出者：无

KK 直播是 2014 年底从 KK 唱响中独立出来的游戏直播产品，原本游戏只是 KK 唱响中的一个专区。KK 直播依托 KK 品牌所聚拢的几千万用户，以及与游久直播中心、游侠直播等外部平台的流量合作，获取了少量市场份额。KK 直播在玩家互动功能上具有较强独特性，此外 KK 直播签约了《梦三国》希望战队的成员，但独家内容资源的欠缺以及资金实力的不足依然制约着 KK 直播的发展，预计 2016 年 KK 直播将停留在补缺者象限。

17173 游戏直播成立于 2013 年 11 月，是一个视频和直播资讯平台，除了少量自有平台的直播视频外，还有大量直播内容来自战旗、斗鱼、虎牙和火猫平台。严格来讲，17173 游戏直播并不是纯粹的游戏直播平台，更多表现出的是其媒体属性，并没有形成自身独特的内容优势，而通过聚合其他直播平台的内容，为用户提供直播服务。这种模式的创新能力以及变现能力均较弱，而且面临着一定的版权风险。

根据 Analysys 易观近期发布的《2015 年中国移动游戏电竞厂商实力矩阵专题研究报告》，Analysys 易观对 2014 至 2016 年主要移动游戏电竞厂商在实力矩阵中所处的位置，以及各自执行能力和创新能力的变化情况做如下解读。

• **领先者象限分析**

领先者在产品/服务创新性或商业模式创新上拥有较强的独特性，同时具有很好的系统执行力，能够把创新性提供给市场并获取较高的市场认可。

2015 年，中国移动电竞厂商市场领先者：腾讯游戏、英雄互娱、网易游戏

➢ 新进入者：英雄互娱

➢ 新退出者：无

腾讯游戏于 2003 年进入游戏市场，凭借海量社交产品用户，已成为国内游戏市场的领头羊。在 PC 端电竞领域，腾讯游戏依靠《英雄联盟》《地下城与勇士》《穿越火线》《QQ 飞车》等一批经典端游产品，形成了兼顾重度和休闲项目的多层次赛事体系。移动电竞方面，2014 年开始举办的 TGA 移动游戏大奖赛，以及 2015 年推出的 QGC 全民竞技大赛是目前腾讯两大移动电竞赛事，囊括了多款自研产品，覆盖用户广泛。通过对斗鱼 TV 和龙珠直播两家直播平台的投资，腾讯在赛事播出渠道上也具有较多布局。电竞产品研发运营能力以及强大的用户触及能力，是腾讯游戏成为移动电竞厂商领先者的关键因素。预计 2016 年，腾讯游戏将继续保持在移动电竞领域的领先者行列。

英雄互娱作为 2015 年新成立的公司，是首家基于移动电竞概念登陆新三板的企业，其核心资

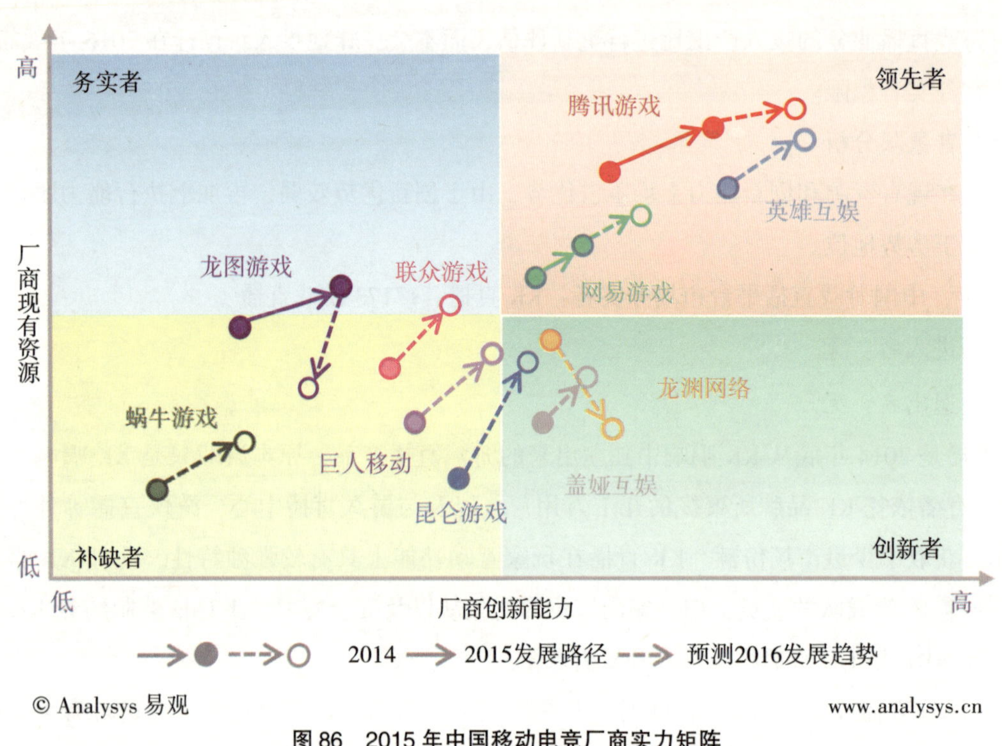

图 86　2015 年中国移动电竞厂商实力矩阵

源主要包括产品、赛事以及行业联盟。产品方面，英雄互娱自研及代理了多款电竞产品，包括《全民枪战》《天天炫舞》《像三国》《时空召唤》等产品，覆盖 FPS、音舞、TCG、MOBA 等类型。赛事方面，英雄互娱举办的"HPL-英雄联赛"拥有常规性的全国线上赛及线下赛，比赛项目已由最初的自有产品拓展至其他研发商的产品，并将在港澳台、北美、东南亚、韩国等海内外国家和地区进行赛事落地，形成全球化的移动电竞赛事平台。行业联盟方面，其主导成立的中国移动电竞联盟成员涵盖了整个移动电竞生态链，对于推动行业标准的制定具有重要意义。英雄互娱在移动电竞市场具有先发优势，自身定位清晰，并引领行业厂商进行资源互换和合作，随着赛事及产品的发展，预计 2016 年英雄互娱将扩大其领先者优势。

网易游戏目前的电竞产品以自研手游《乱斗西游》以及代理手游《炉石传说》为主。其中《乱斗西游》作为一款融合了 RPG 和 MOBA 玩法的产品，在上线之后实现了较好的玩家积累和商业变现。该产品已入选 IET 比赛项目，再加上自有的单项赛事——《乱斗西游 2》超级联赛，网易在《乱斗西游》的电竞化运营上逐步深入。《炉石传说》作为暴雪黄金系列赛的重要项目，在中国具有广泛的用户基础。依托暴雪的赛事举办经验和品牌号召力，网易得以在移动电竞领域取得较高份额。而未来凭借较强的游戏研发运营能力，以及暴雪的金字招牌，网易将继续留在领先者象限。

- **创新者象限分析**

创新者在产品/技术上的投入很大，并在商业模式、技术或者产品服务的创新性上有独特的优势，但是由于某些原因没有得到很好的市场表现。

2015 年，中国移动电竞厂商市场创新者：盖娅互娱、龙渊网络

- 新进入者：盖娅互娱、龙渊网络
- 新退出者：无

盖娅互娱和龙渊网络均为 MOBA 手游《自由之战》的发行商。该游戏已成为 MOBA 电竞手游的标杆，拥有超过 2000 万注册用户，并入选 WCA2015 和 NEST2015 正式比赛项目。在电竞赛事举办方面，2015 年龙渊网络的动作更为高调，包括与研发商上海逗屋、TT 语音联合举办了自由之战官方联赛。而盖娅互娱则是在 iOS 版本中推行赛季制运营模式，以赛季为单位对玩家积分进行排位，且伴随着每个赛季的开启，游戏还将发布新的游戏内容，该模式具有一定创新性。

2015 年 9 月，盖娅互娱宣布收购《自由之战》研发商上海逗屋，未来该产品将成为盖娅互娱研运一体的产品，从而也使得盖娅互娱将掌握《自由之战》电竞化运作的主导权。预计盖娅互娱在 2016 年的资源及能力均有小幅提升，而龙渊网络的现有资源将有所下降，依然留在创新者象限。

- **务实者象限分析**

务实者拥有丰富的资源，执行能力较强，但是创新优势不明显。

2015 年，中国移动电竞厂商市场务实者：龙图游戏

➢ 新进入者：龙图游戏

➢ 新退出者：无

龙图游戏凭借一款卡牌手游《刀塔传奇》成为 2014 年最大的黑马发行商。DOTA 元素再加上微操作的玩法创新，使得该游戏成为现象级产品，并入选 WCA2014、NEST2015 等第三方赛事的比赛项目。由于《刀塔传奇》的对抗性操作体验较为初级，随着产品进入成熟期，用户流失现象严重，且由于侵权问题遭到苹果下架，也使得《刀塔传奇》作为一款电竞手游日渐衰落。龙图游戏未来能否有新的手游产品接续尚不确定。预计 2016 年，龙图游戏将从务实者象限落入补缺者象限。

- **补缺者象限分析**

补缺者在现有资源和创新能力上均不占优势，由于创新优势较弱，再加上执行能力不强，在市场竞争中处于劣势地位。

2015 年，中国移动电竞厂商市场补缺者：联众游戏、巨人移动、昆仑游戏、蜗牛游戏

➢ 新进入者：联众游戏、巨人移动、昆仑游戏、蜗牛游戏

➢ 新退出者：龙图游戏

联众游戏专注于棋牌游戏细分市场，早在 2007 年就曾与中国移动联合举办手机棋牌大赛。棋牌游戏玩法相对固定，创新及变化较小，但用户基数大、年龄跨度广、运营成本低等特点，也成为其进行长期赛事化运作的基础。联众游戏连续三年参与举办了世界扑克巡回赛（WPT），并在 2015 年 6 月以 3500 万美元的价格全资收购了 WPT。WPT 在全球 150 多个国家和地区的播出渠道将为联众游戏的全球化棋牌竞技业务提供有力支持，预计 2016 年联众游戏将从补缺者象限升至务实者象限。

巨人移动成立于 2014 年，是老牌端游厂商巨人网络旗下的全资子公司。巨人游戏此前积累了丰富的市场、商务以及渠道推广资源，从而使巨人移动在手游发行领域拥有一定的经验和资源积累。巨人移动进入移动电竞领域始于其 2015 年代理 MOBA 手游《虚荣》，并举办了首届《虚荣》中国邀请赛。作为新晋市场参与者，巨人移动目前旗下电竞产品数量较少，且赛事运作经验较为匮乏，处于市场补缺者地位。但随着未来《虚荣》在国内市场逐步打开，巨人移动的资源及能力将得

到提升。

昆仑游戏于 2015 年 10 月加入中国移动电竞联盟，目前主要围绕其在 2015 年底公测的《梦三国》手游开展移动电竞业务。该手游传承了《梦三国》端游 MMO+MOBA 复合式玩法，平衡性及竞技性均表现较好。《梦三国》手游在明星代言上不遗余力，且专属赛事“梦联赛”也已加入“HPL-英雄联赛”，并由前央视名嘴段暄担纲游戏解说。过硬的产品品质，与英雄互娱的赛事合作，以及中国移动电竞联盟的大量资源，或将助力昆仑游戏在 2016 年进入创新者象限。

蜗牛游戏具有明显的 RPG 和 ARPG 重度游戏研发基因，在从 PC 端和主机端向移动端转移的过程中，其研发优势也通过《太极熊猫》的成功得到体现。目前蜗牛游戏旗下的手游产品大多具有较为复杂和重度的操作玩法，如 MOBA 游戏《九阳神功》等，但在电竞赛事方面目前尚有空白，因而处于补缺者位置。随着未来移动电竞市场更加火热，蜗牛游戏或将对其产品进行电竞化运作，市场资源及创新能力均将有所提升。

移动游戏

Analysys 易观分析认为，中国移动游戏市场目前处于高速发展阶段。

探索期（2009—2012）

2009—2010 年中国移动游戏市场由于智能终端尚未普及，市场处于孕育期。2011—2012 年中国智能机用户规模剧增，移动游戏用户规模也随之增长，中国移动游戏市场处于从非智能终端转向智能终端平台的阶段，移动游戏产业结构发生变化。以《愤怒的小鸟》《水果忍者》为代表的海外游戏引入中国市场，市场迎来小高潮，移动游戏创业厂商大量涌现，但行业内游戏品质参差不齐，产业链不完善，商业模式不清晰，中国移动游戏市场尚处于探索期。

启动期（2013—2014）

随着中国移动游戏市场的快速发展，大量资本和创业团队涌入市场，中国移动游戏市场在 2013 和 2014 年备受资本市场青睐，并购频繁，PE 倍数普遍高达 15 倍左右。随着市场竞争进入白热化，研发和推广运营成本也逐渐提高。由于移动游戏的产品特性，移动游戏依赖于游戏平台和渠道，平台的集中度相对较高，开发者数量较为分散，在平台对接中渠道把握主要话语权。大量产品无力进行推广和发行，在这一过程中专注于发行的厂商出现，成为中国移动游戏市场中的重要产业环节和推动力量，其中以资金雄厚的大厂商为主要参与者，行业集中逐渐成型，市场进入盘整期。

高速发展期（2015— ）

经过 2014 年的爆发后，2015 年移动游戏市场开始趋于理性增长。随着研发、运营成本不断提升，资本热度降低，大批中小团队死亡，移动游戏产出量未减，厂商囤积大量 IP。移动游戏行业进入寡头化，腾讯、网易等大厂商主宰移动游戏市场，移动游戏进入门槛提高，主流格局逐渐确立。

对个人用户而言

随着网络环境的提高以及 Android 手机更为亲民的价格，使得大屏幕、高配置、便捷操作方式

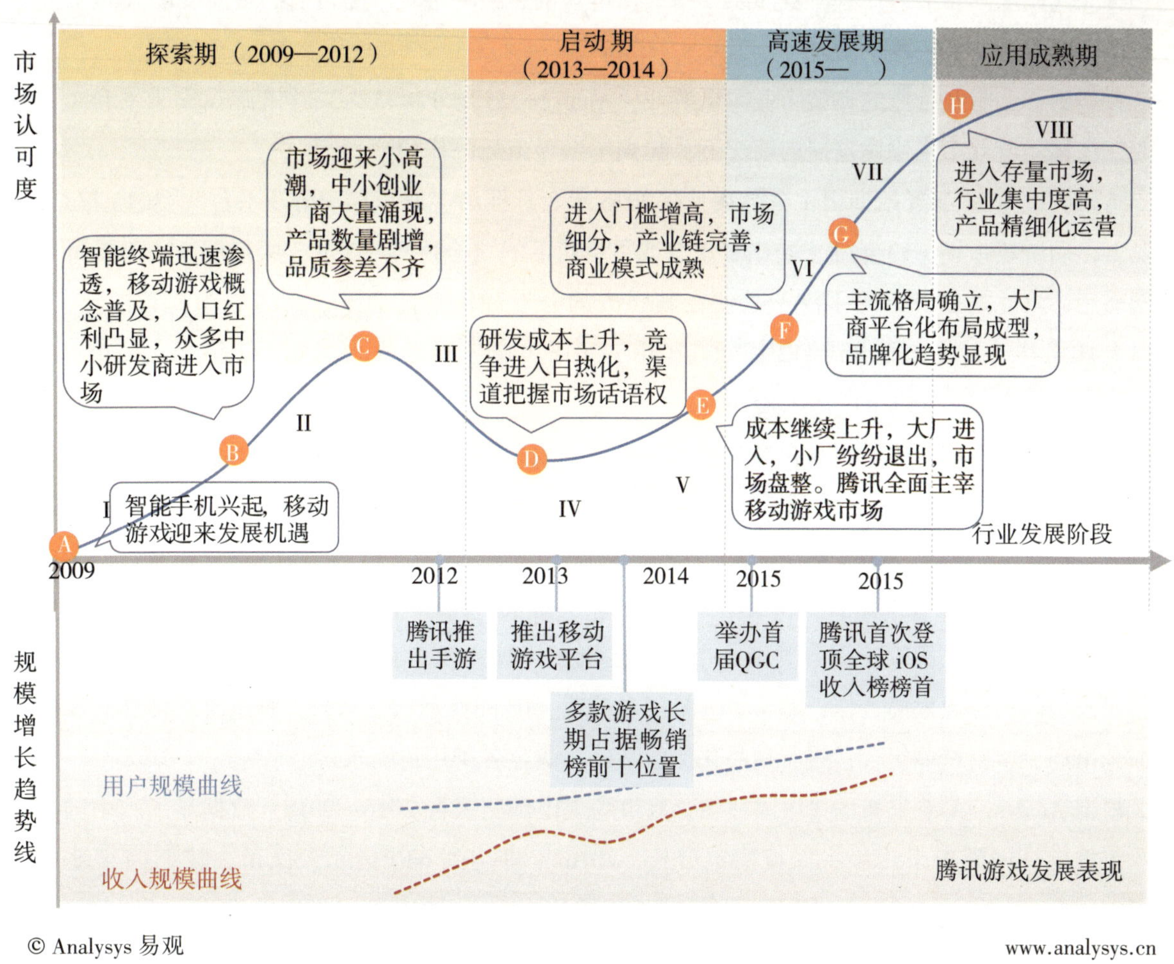

图 87　2015 年中国移动游戏市场 AMC 模型

的智能机发展模式非常适合移动游戏的高速成长，用户逐渐养成了在手机上玩游戏的习惯。以免费增值服务模式为主导的移动游戏商业模式日渐成熟，加快了游戏在玩家群体中的传播，并促成用户后续付费习惯的养成。随着游戏产品类型逐渐丰富，产品质量提高，进一步满足了各个玩家群体的游戏需求，使得传统客户端及网页游戏用户在移动游戏上投入的时间越来越多，付费水平也大大提高。

对行业客户而言

2015 年，人口红利减弱，但移动游戏产出量未减。2015 年，重度游戏、IP 泛娱乐化、市场细分三大动态趋势愈加明显，推进了整个移动游戏市场变革。其次，移动游戏巨头厂商布局，拉动了市场规模，体现在端游巨头进入移动游戏市场，移动游戏企业借助资本力量快速扩张，以及移动游戏企业快速融资，纷纷借势上市国内新三板。研发、发行市场集中度提升，中小厂商面临更严峻的洗牌。

在产品方面，卡牌热度褪去趋势更加明显，产品向细分化、重度化发展。重度化后的趋势就是电竞，2015 年移动电竞赛事出现，王思聪与英雄互娱成立了中国移动电竞联盟，王思聪的加入更令移动电竞迅速火爆。

深度挖掘用户价值，提升游戏品质，精细化运营成为移动游戏厂商目前的主要发展方向。

市场典型企业——腾讯游戏

聚焦到移动游戏行业的典型企业腾讯游戏，Analysys 易观分析认为，腾讯游戏作为平台型研发厂商，在移动游戏市场快速发展的情况下，起到了引导市场的作用。

腾讯游戏 2012 年开始推出手机游戏，在 2013 年 8 月推出“腾讯移动游戏平台”。2013 年 Q4 开始发力移动游戏市场，13 年年末腾讯移动游戏平台旗下的《全民英雄》iOS 版仅用 8 小时就冲进畅销榜前三，自此之后腾讯的手游产品便在其强大的分发和运营能力下，纷纷成为榜首的座上宾。2014 年腾讯移动游戏收入达到 112 亿元人民币，2015 年前三季度收入达到 142 亿元人民币，2015 年 8 月腾讯首次登顶全球 iOS 收入榜榜首。

在产品类型方面，腾讯因其在社交领域的明显优势，依托微信、手机 QQ、手机 QQ 空间等平台，2014 年年初从休闲轻度类型游戏开始试水，在轻度游戏市场占领了较大份额后，制定了以“精品产业链”为核心的腾讯移动游戏平台发展策略。2014 年上半年，以休闲游戏和回合制卡牌游戏为主，2014 年下半年开始着重发展动作类和策略类游戏，2015 年则大力布局 MOBA、FPS 为代表的移动电竞类游戏，积极挖掘各类细分市场。在研发代理方面，腾讯游戏沿袭了在端游领域的强势，积极与国内外研发商合作，签下了大量知名游戏、IP 的代理权。未来，腾讯游戏将继续深挖手游细分市场，丰富产品组合，进行精品化运营策略，满足各类用户需求。

根据 Analysys 易观发布的《中国移动游戏市场规模预测报告 2016—2018》数据显示，中国移动游戏市场交易规模未来几年将保持稳定增长，2016 年将达到 640 亿元人民币，较上一年度增长 18.1%；2017 年将达 690 亿元人民币，较 2016 年增长 7.8%；2018 年市场规模将达到 700 亿元人民币，较上一年度增长 1.4%。未来三年，移动游戏市场增速将继续放缓。

根据 Analysys 易观近期发布的《2015 年中国移动游戏市场实力矩阵专题研究报告》，Analysys 易观对 2014 至 2016 年主要移动游戏厂商在实力矩阵中所处的位置以及执行能力和创新能力的变化情况做如下解读。

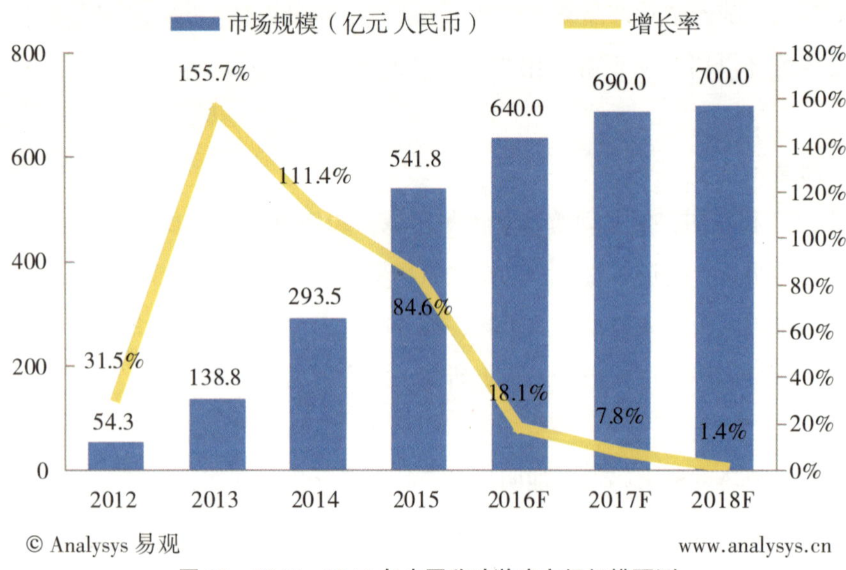

图 88 2016—2018 年中国移动游戏市场规模预测

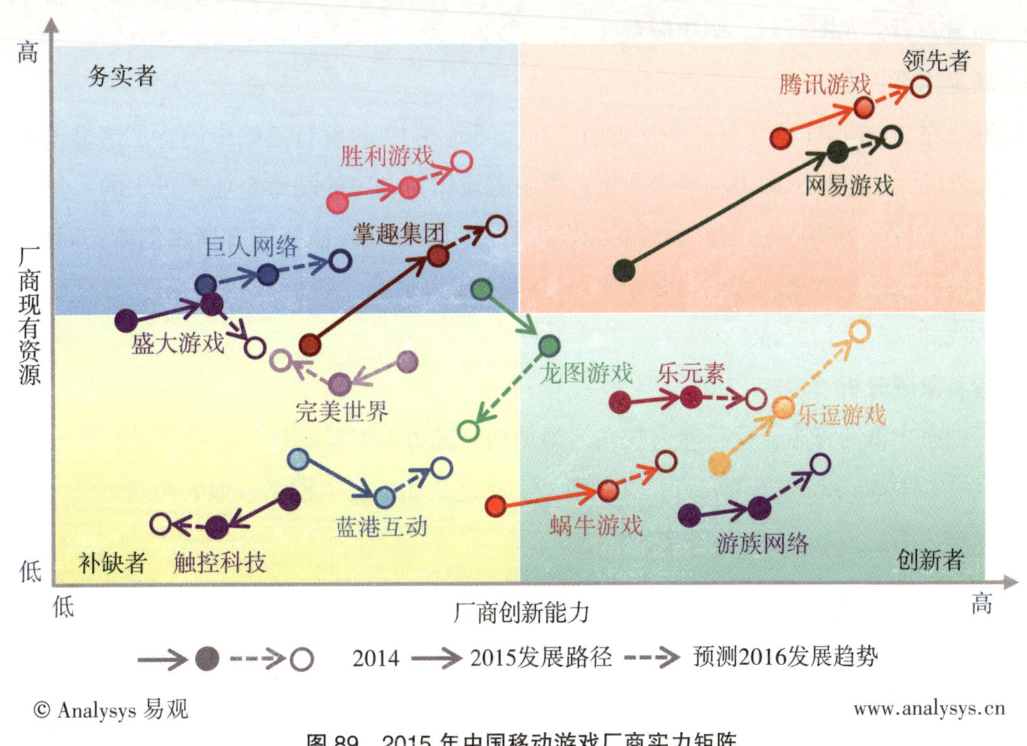

图 89　2015 年中国移动游戏厂商实力矩阵

• **领先者象限分析**

领先者在商业模式创新或产品/服务创新性上拥有较强的独特性，同时具有很好的系统执行力，能够把创新性提供给市场并获取较高的市场认可。

2015 年中国移动游戏市场领先者：腾讯游戏、网易游戏

➢ 新进入者：无

➢ 新退出者：无

2015 年无疑是这两家端游时代的巨头在移动游戏市场继续开疆拓土的一年，二者合力占据中国过半的市场份额，模式创新、产品创新、玩法创新，无论是在自研还是在代理方面，二者都成为行业的风向标与引领者。

腾讯游戏在过去的一年连续发布多款产品，既作为内容提供商又作为发行、平台角色出现，依靠手 Q 与微信的强势流量，多款产品取得优异流水收益，同时在多个细分市场中，成为细分市场的代表与引领。

2015 年是网易游戏集中爆发的一年，其在端游时代积累的多个 IP，成功转化为强势的移动游戏产品，包括《梦幻西游》《大话西游》在内的众多产品均取得了优异的成绩，而《乱斗西游》等产品的创新，开创了新的细分市场，奠定了网易游戏领先者的行业位置。

• **创新者象限分析**

创新者在产品/技术上的投入很大，并在商业模式、技术或者产品服务的创新性上有独特的优势。但是由于种种原因没有得到很好的市场表现。

2015 年，中国移动游戏市场创新者：龙图游戏、乐元素、乐逗游戏、蜗牛游戏、游族网络

➢ 新进入者：龙图游戏、蜗牛游戏

➢ 新退出者：无

乐逗游戏在 2015 年连续发布了多款成功产品，同时在 IP 的发行策略中进行了诸多创新，同时坚持引进海外的大作进行中国市场的本地化；蜗牛游戏作为老牌的端游企业，过去的一年将多款积累多年的优质端游 IP 成功移植为移动游戏，发行的多款产品在玩法方面有诸多创新；同样作为 PC 时代重要的游戏企业，游族网络也将多个页游产品转换为手游，利用 IP 的联动、跨终端的运营引领了移动游戏的新的发行思路。

• 务实者象限分析

务实者拥有丰富的资源，执行能力较强，但是创新优势不明显。

2015 年中国移动游戏市场务实者：胜利游戏、掌趣集团、巨人网络、盛大游戏

➢ 新进入者：掌趣集团、盛大游戏

➢ 新退出者：龙图游戏

2015 年中国移动游戏市场持续增长，行业发展初期积累起先发优势的企业持续放大企业价值，而务实者象限中的企业，无一不是在 2015 年取得了良好游戏收益的企业。胜利游戏作为发行商的典型代表，过去的一年中依托前期积累的丰富的优质 IP 资源，发行了包括《功夫少林》《新仙剑奇侠传》等 IP 产品；而掌趣集团在今年依靠《不良人》《拳皇》等自研产品取得了较高流水，而通过收购天马时空团队，获得了较强的研发能力，同时也依靠《全民奇迹 MU》这样的产品，为掌趣带来了数十亿的流水收入。巨人网络与盛大游戏在端游时代均是国内 TOP6 的巨头，虽然进入移动游戏的时代并不早，但是均在过去的一年通过自身丰富的产品经验、多年积累的 IP、强大的发行团队获得了良好的市场效果，也成为端游企业全面进军移动游戏的一个缩影。

• 补缺者象限分析

2015 年中国移动游戏市场补缺者：完美世界、蓝港互动、触控科技

➢ 新进入者：无

➢ 新退出者：掌趣集团、盛大游戏、蜗牛游戏

身处补缺者的企业在 2015 年均面临不同的内外部问题，致使能力抑或资源有重大缺失，而上述的三家企业过去一年中，或没有新产品推出，或产品的整体表现难以支撑其自身体量，均不同程度地影响了企业的发展。未来的发展态势，一方面考验其产品能力，另一方面也需要企业理顺内外部分资源与问题，进而走向健康发展的象限。

根据 Analysys 易观近期发布的《2015 年中国移动游戏运营平台实力矩阵专题研究报告》，Analysys 易观对 2014 至 2016 年主要移动游戏运营平台在实力矩阵中所处的位置，以及各自执行能力和创新能力的变化情况做如下解读。

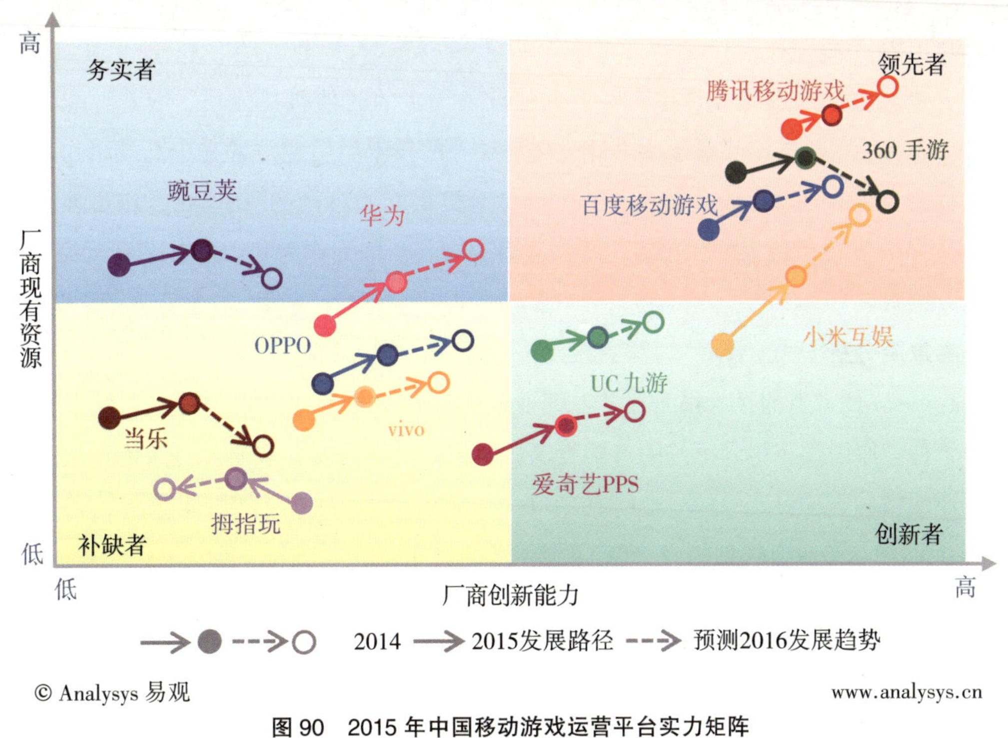

图 90　2015 年中国移动游戏运营平台实力矩阵

• 领先者象限分析

领先者在商业模式创新或产品/服务创新性上拥有较强的独特性，同时具有很好的系统执行力，能够把创新性提供给市场并获取较高的市场认可。

2015 年中国移动游戏市场领先者：腾讯移动游戏、360 手游、百度移动游戏、小米互娱

➢ 新进入者：小米互娱

➢ 新退出者：无

腾讯游戏作为自成一体的生态平台，其在研发、代理发行、渠道建设等方面自成体系，2015 年腾讯游戏对旗下安卓应用商店——应用宝进行了大量品牌推广和宣传，月度用户覆盖率居行业第一，收入增长迅速。

百度移动游戏继续巩固自身“搜索引擎+应用商店+媒体社区”的多核分发体系，玩家覆盖率及收入水平持续提升，依然处于行业领先者的位置。

360 手机助手依靠安全卫士的用户崛起，在 2013 至 2015 年上半年一直是国内最强的手游分发渠道，但随着腾讯、硬核渠道的夹击，2015 年下半年玩家覆盖率下滑，呈现出流量逐渐饱和，游戏平台业务营收增长放缓的态势。

小米互娱在 2015 年玩家份额不断提升，业绩增长明显，2016 年将推出“小米广告平台”，整体的分发能力在 2016 年会更上一层楼。

• 务实者象限分析

务实者拥有丰富的资源，执行能力较强，但是技术/产品本身的创新优势不明显。

2015 年中国移动游戏市场务实者：豌豆荚 、华为

➢ 新进入者：华为

➢ 新退出者：无

华为于 1978 年成立，是一家以生产销售通信设备为主的通信科技公司。随着智能手机市场的不断发展，华为智能手机的出货量逐年上升，凭借过硬的技术品质定位冲击中高端机市场。手机作为终端渠道存在天然的分发优势，华为通过在华为手机上配置自己的 APP 商店和预装游戏进行用户导量。2015 年分发渠道最大的变化就是硬核联盟的崛起，华为作为其中占有率最大的渠道，分发能力表现十分抢眼。

• **创新者象限分析**

创新者在产品/技术上的投入很大，并在商业模式、技术或者产品服务的创新性上有独特的优势，但是由于种种原因没有得到很好的市场表现。创新者迫切需要获取研发投入的产出，将会大力改变整个产业的格局。

2015 年中国移动游戏市场创新者：UC 九游、爱奇艺 PPS

➢ 新进入者：爱奇艺 PPS

➢ 新退出者：小米互娱

UC 九游渠道的用户质量相对较高，存量也还算可观，且在中重度游戏分发上具有优势。但在领先渠道的挤压下，UC 九游的用户会持续萎缩，其属性更偏向于手游媒体；但鉴于重度游戏全面主宰手游市场，UC 九游的营收在明年还将保持增长。

爱奇艺和 PPS 于 2013 年合并，隶属于百度旗下的视频内容网站。PPS 游戏平台 2008 年就开始做游戏运营，从页游时代到手游爆发式增长的这两年，PPS 游戏平台取得了不错的成绩。2015 年爱奇艺以影视发行作为推动游戏发行的方式，获得了巨大的用户流量和业绩。

• **补缺者象限分析**

补缺者对于产业格局的影响不大。但是这是自身规模的发展，补缺者很难保持稳定状态，一旦从补缺者队伍中脱颖而出，将会成为另外 3 类厂商或者投资者的并购/投资对象。

2015 年中国移动游戏市场补缺者：OPPO、vivo、当乐、拇指玩

➢ 新进入者：无

➢ 新退出者：华为、爱奇艺 PPS

OPPO 和 vivo 为硬核联盟的组成成员，市场占比率低于华为。OPPO 的可可游戏中心 2014 年用户规模突破 5000 万，vivo 平台也已经覆盖 5000 万用户。OPPO 和 vivo 都以“音乐手机”起源，主打年轻、时尚化的用户群体市场，游戏用户的转化率相对较高。

当乐自 2004 年成立起，一直专注于中重度手机游戏下载与运营，成立十年来见证了中国手机游戏从冷到热的巨大转变，也依靠其较强的媒体和社交属性，积累了一大批高质量手游用户。但在以互联网巨头把持的手游分发渠道市场中，更强调媒体属性的当乐的市场份额日趋下降。

基础应用与服务

搜 索

2015 年，中国搜索引擎市场格局总体维持稳定，目前市场环境下总体维持由百度、360 好搜、搜狗三大巨头占据行业主导地位的竞争格局。在高度成熟市场环境下，各家搜索引擎运营商除了优化现有流量体系的经营外，将越来越多的精力投入到技术层面和应用层面需求的深度挖掘中，希望借此寻求差异化发展路线，把握住新的市场增长点。

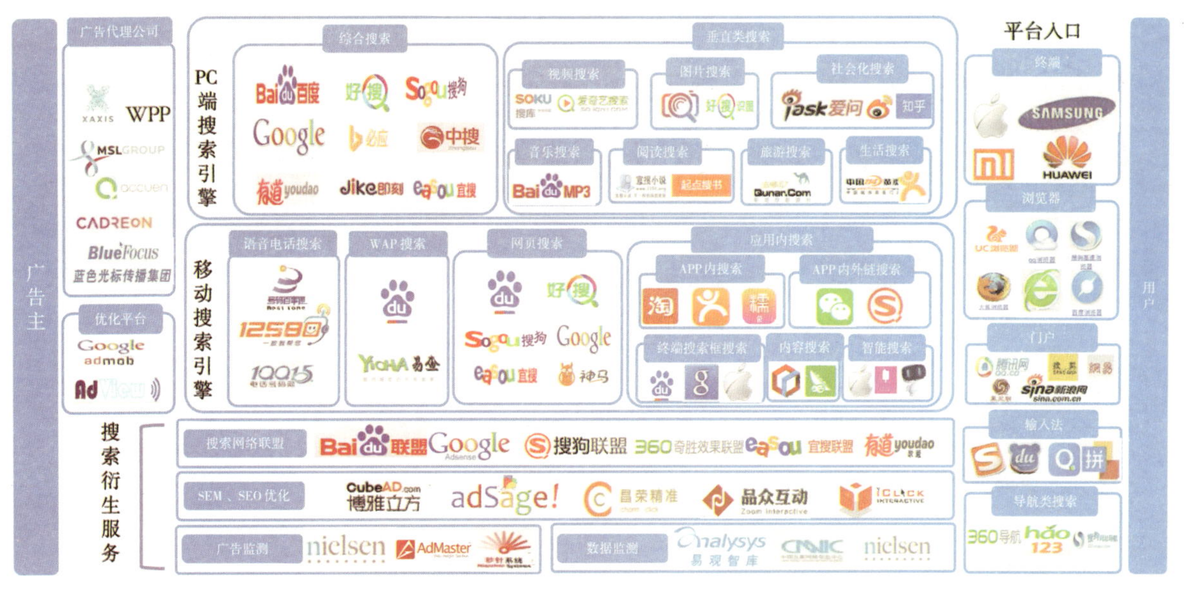

© Analysys 易观 www.analysys.cn

图 91　2015 年中国搜索引擎产业生态图谱

2015 年，中国搜索引擎迎来发展关键期，综合搜索和移动端网页搜索市场营收趋稳，市场格局稳定，已进入市场成熟期；垂直搜索全面爆发，携程与去哪儿的战略整合加速旅游搜索领域发展节奏；电商搜索商业模式清晰；视频多厂商联动搜索渐成气候；阅读、音乐、资讯搜索将迎来高速发展；APP 内搜索及 APP 内链接外部资源的搜索模式，将更加考验厂商资源整合力度；美团、大众点评、百度糯米等生活搜索兼并收购还将进一步整合，随着用户的积累量级增加，积极探索商业变现盈利模式；智能机终端搜索框用户使用习惯尚在培育，二到五年将迎来发展期，智能语音、人机交互等智能搜索模式将成未来主流。

2015 年，社会化搜索迎来爆发，微信与搜狗搜索进入全面融合发展期，由内容、服务的检索，随着知乎搜索服务纳入搜狗体系，搜狗在社会化搜索领域已形成差异化发展优势；微博热搜榜渐成热点事件人气指数、关注度风向标；从收入规模曲线与行业发展曲线交叉来看，社会化搜索处于安全投资期，2016 年社会化搜索资本流动将更加频繁，行业投资和并购将大量涌现。

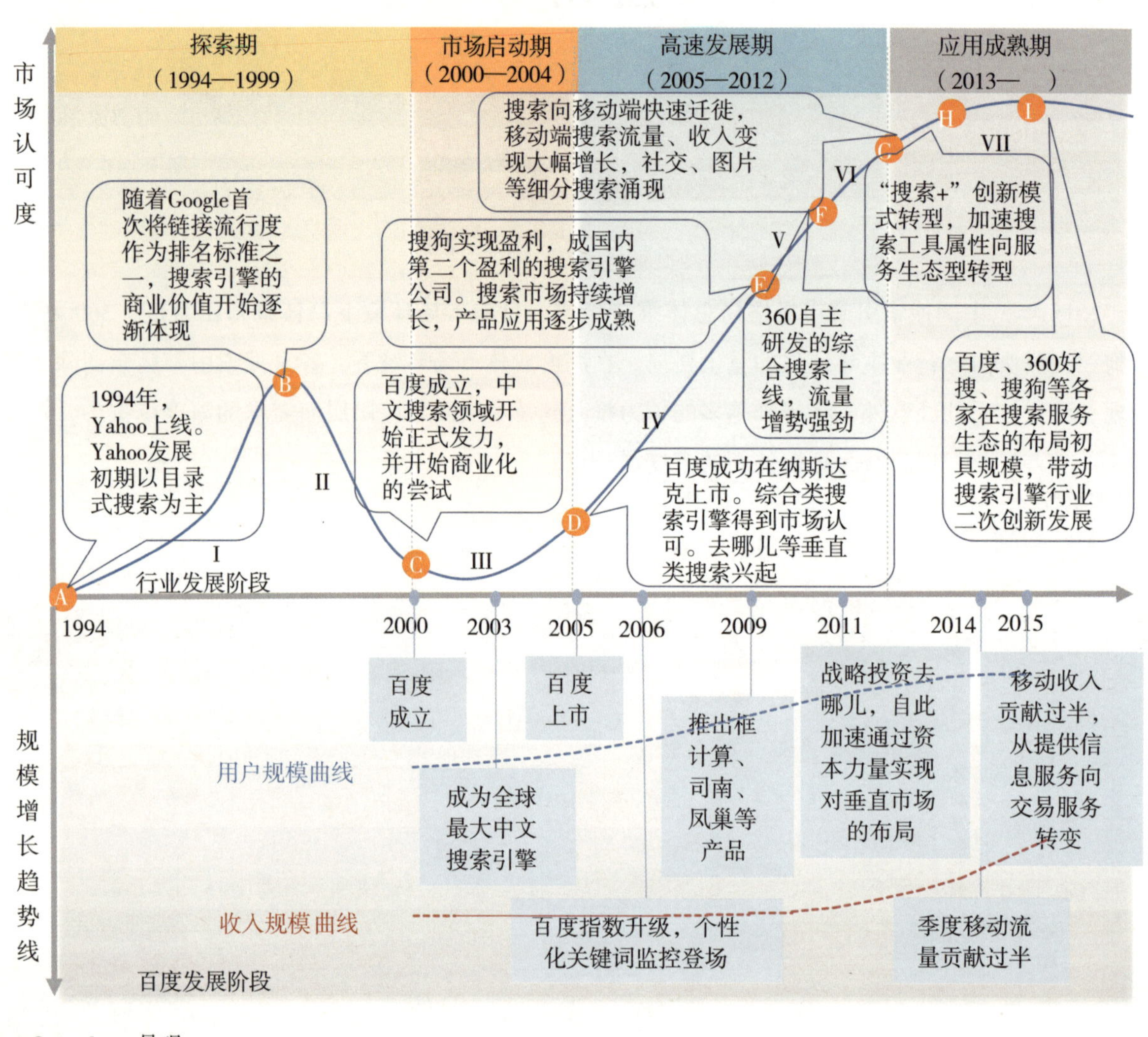

图 92　2015 年中国搜索引擎市场 AMC 模型

探索期（1994—1998）

与海外市场相比，我国搜索引擎市场起步较晚，市场前期是以海外的搜索引擎服务提供商提供的中文搜索服务为主，并未实现大规模的发展。

第一阶段以 Yahoo 的发展为代表。这一时期是 Yahoo 发展的初期，以目录式搜索为主，网站站主通过向 Yahoo 提交网址，便可出现在 Yahoo 的搜索目录上，目录排名按照英文字母顺序进行排列，排序逻辑与黄页逻辑基本一致。在收录方面也相对容易，只要网站主的网页关键词使用达到一定密度就能够排列在搜索引擎上。在这一阶段，中国搜索引擎产业尚未进入到商业化阶段，并未形成以搜索引擎为核心的商业模式及盈利模式。

第二阶段以 Google 的发展为代表。随着 Google 首次将链接流行度作为排名标准之一，搜索引擎的商业价值开始逐渐体现，但同时由于用户带宽的相对受限，日益增多的广告内容严重影响了用户体验，成为搜索引擎向前发展的巨大阻碍。此后，Google 通过网页设计及搜索优化提升了搜索引擎的服务质量，市场认可度飞速提升。

市场启动期（2000—2004）

2000 年，百度的成立标志着中文搜索领域开始正式发力。结合硅谷的搜索引擎精英、北京的优秀人才，百度在中文关键字搜索领域正式开始商业化的尝试，在其发展初期，百度主要为新浪、网易等门户网站提供站内搜索的技术服务。

伴随着互联网市场的进一步发展壮大，越来越多的网络媒体及服务不断涌现，互联网信息的进一步丰富，以及搜索企业自身成长的需求，导致搜索引擎由技术服务的后台模式向前台转换。2002 年，以百度为代表的搜索引擎门户脱颖而出，独立的搜索引擎企业通过免费为用户提供搜索服务，以聚集人气，进而向广告主提供搜索广告营销服务而获取商业利益。2003 年，搜索技术服务推广至各大门户，中国搜索引擎市场的主要搜索服务提供上包括呈现出百度、Google 与 Yahoo 三足鼎立的局面。

高速发展期（2005—2012）

2005 年，百度成功在纳斯达克上市，综合类搜索引擎的市场规模不断壮大，得到市场认可。同年，去哪儿网上线，致力于为中国旅游消费者提供全面、准确的旅游信息服务，标志着垂直类搜索的兴起。

用户移动端的迁徙，移动端搜索入口价值显现，移动端搜索的流量占比持续走高，各搜索引擎运营商移动端应收变现提速，垂直搜索领域的差异化发展趋势将愈发明显，旅游搜索、社交搜索、图片搜索、问答搜索、电商导购搜索等迎来发展期。

应用成熟期（2013— ）

时至 2013 年，中国搜索引擎市场进入应用成熟期，搜索外延延展，边界日益模糊，并逐渐由满足用户需求的工具类属性过渡到服务类属性，搜索的价值核心将由信息向服务延伸，随着数据维度的丰富、用户一站式需求的演变，搜索引擎服务商亦开始从人与信息的服务，转向人与服务的延伸，搜索服务从信息向交易转化。

未来的盈利空间将不仅仅是营销服务收入，将有更多的开拓空间，如百度以搜索孵化 O2O 业务通过构建信息流、资金流、物流的生态进行内部资源高效整合，以搜索和地图贯通信息流，以百度钱包打通线上线下资金流，以百度外卖为基点构建同城物流体系，建立百度灵活柔性的搜索服务生态；360 好搜的搜索生态战略布局以线上手机生活助手开拓本地生活 O2O 领域，将 360 的安全服务从线上延展到线下，同时，深耕智能硬件领域，与运营商、手机厂商紧密合作，搭建综合性 O2O 服务平台；搜狗加速移动端本地化营销服务应用的链接，力图打造高效 O2O 服务，并持续在垂直搜索领域发力，搭建“社交化+移动端+本地化”搜索的生态模式。各运营商的搜索渠道逐渐向线下服务资源沉淀，搜索引擎行业将迎来二次创新发展。

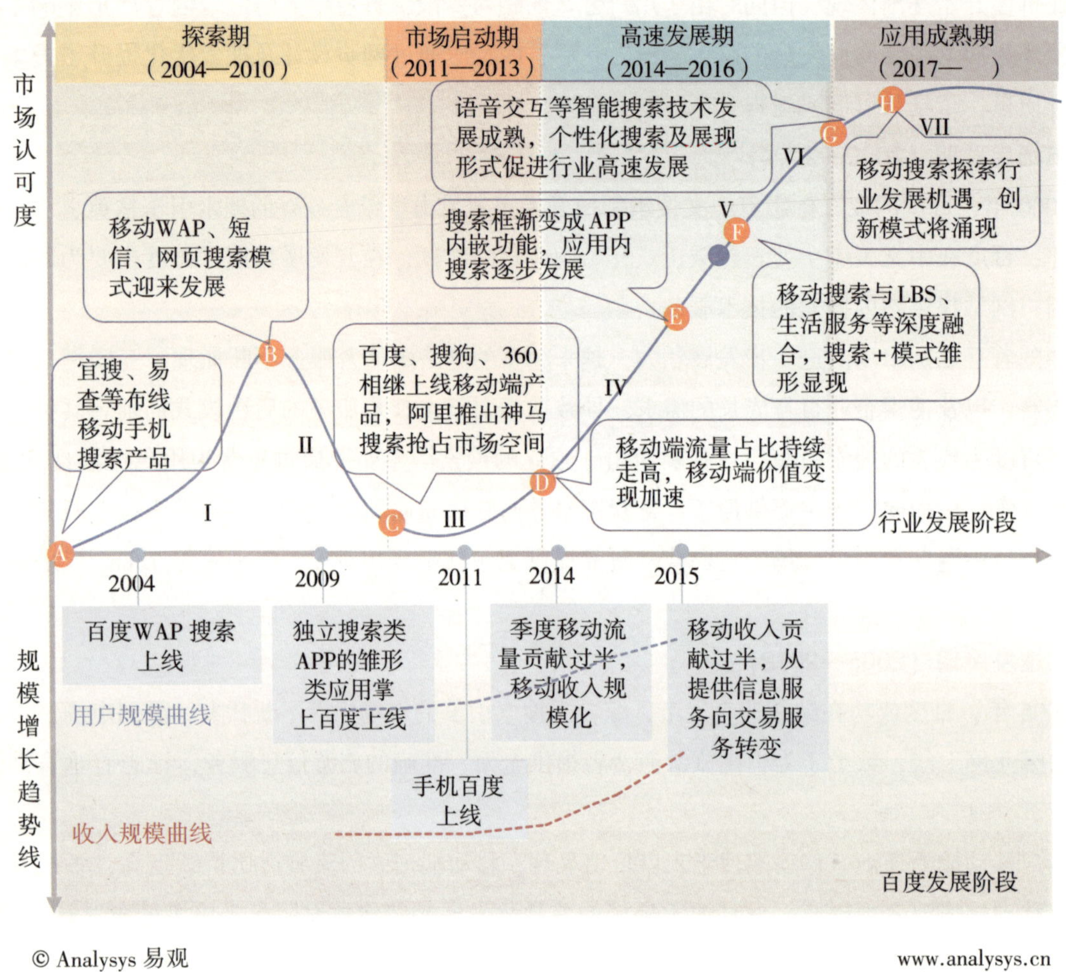

图 93　2015 年中国移动搜索引擎市场 AMC 模型

探索期（2004—2010）

2014 年，宜搜、易查等中文移动搜索服务提供商面世，研发为手机用户提供免费无线搜索服务，短信搜索大幅普及，随着手机逐步地智能化，手机网络功能完善，用户通过手机上网，依托浏览器网页进行搜索，WAP 网页得以快速发展，伴随 iOS、安卓等手机操作系统发展，移动搜索信息检索功能丰富，部分 PC 端搜索引擎厂商开始着力布局移动搜索引擎发展。

市场启动期（2011—2013）

互联网市场移动化的迁徙，促进移动端搜索的快速发展，百度、搜狗移动端应用和浏览器相继布线，阿里整合一搜与 UC 联合发布神马搜索，移动端搜索请求量和流量持续走高，用户搜索体验提升，移动端商业模式日渐清晰，移动广告联盟相继涌现，购物搜索以及旅游搜索等商务搜索由于其巨大的用户需求及相对明确的商业价值而脱颖而出，并逐渐向一站式交易平台发展。

高速发展期（2014—2016）

“移动搜索+”模式雏形显现，移动搜索逐步向多行业、多领域渗透，搜索框逐步变成 APP 应用内嵌的功能模块之一，并且，基于地理位置的搜索服务检索和用户个性化需求、兴趣点信息推荐模式快速发展，搜索平台载体日益丰富。厂商方面，百度加速连接服务战略落地，移动搜索与本地生活深度融合，逐步向提供服务模式转型；搜狗与腾讯系的基于微信、QQ、新闻、QQ 浏览器等合作模式得以全面发展。

应用成熟期（2017— ）

智能搜索及搜索引擎创新用户交互模式迅猛发展，未来语音交互及个性化搜索结果展现将成主流，移动搜索与各领域的融合更加深入，移动搜索市场成熟，流量及收入稳步增长，各搜索引擎运营商基于移动搜索衍生服务和创新服务模式将进行积极探索，力图实现移动搜索行业二次发展。

Analysys 易观分析认为，未来搜索引擎市场将呈现如下发展趋势：

移动搜索的商业化进程将全面展开，2015 年随着各家用户及产品的逐渐完善，如百度深化糯米、外卖、去哪儿的电商布局，搜狗搜索凭借微信的独家资源展开的社交搜索战略、神马搜索可以嫁接到阿里网购数据库，各自凭借用户覆盖优势将一同拉动移动搜索规模的持续增长。

应用内搜索渐成气候，移动端 APP 自成信息载体，内置搜索框已成 APP 标配功能之一。基于手机终端前置搜索框、智能语音搜索等多应用内容调取的搜索方式，将打破信息孤岛，更加考验搜索引擎运营商的技术能力，各厂商加大对应用内搜索研发的投入，以期实现应用内搜索行为的有效识别。

垂直搜索未来将更加多元化，目前行业搜索、购物搜索以及旅游搜索等垂直搜索由于其巨大的用户需求及相对明确的商业价值而脱颖而出，并逐渐向一站式交易平台发展。未来随着各垂直领域的发展，垂直搜索将更加多元化。

搜索结果呈现将更加差异化、个性化。搜索引擎搜索结果内容的同质化以及其与用户初衷的偏差成为互联网用户使用搜索引擎应用时经常遇到的问题，搜索内容的人性化、个性化成为用户选择搜索引擎产品的重要影响因素，更多的搜索展现形式将被尝试，用户搜索习惯也将随之被改变。随着数据挖掘、处理技术的不断发展，搜索引擎有能力将用户创造的相对独立性、碎片化的内容与用户的个体轨迹联系起来，以此根据用户输入的关键字，向用户呈现用户个人偏好的相关信息。

对个人用户而言

随着搜索引擎在中国市场的耕耘，用户通过搜索可以获得丰富和广泛的信息，同时对搜索的交互及结果显示能够更加地趣味性和多元化，目前，各厂商通过搜索引擎创新技术和大数据的运用，整合多方资源，缩短个人用户的搜索路径和用户需求到服务的满足，在用户的搜索需求服务的同时，为用户提供个性化和趣味性的搜索交互结果，用户的搜索体验得以提升，未来，用户搜索的形式、搜索结果显示将更加多元。

对行业客户而言

一方面，广告主对于搜索引擎的营销效果经过长时间的投放已经有较为明确的认知与认可，搜索作为用户的联网获取信息的基础应用之一，其将仍保持为品牌类广告主与效果类广告主的投放渠道；另一方面，基于搜索技术的发展及创新应用推动行业不断变革升级，并且在搜索服务的拓展，愈发考验搜索服务商的综合资源能力，搜索框渐成为应用的基础功能之一。

对资本方而言

2015 年，搜索引擎向服务型企业转型，基于用户需求跨界整合互联网及传统企业线下餐饮、医疗、旅游、金融等资源，打造更加完备的搜索生态，吸引资本市场的注目，未来资本推动下的搜索新业务模式亦将大量涌现。同时，中国搜索引擎在搜索行业垂直差异化的发展，一些满足特定人群的搜索需求的产品及服务，为用户提供的服务更加地垂直化，这一类搜索企业将吸引资本方的注资。

市场典型企业——百度

聚焦到搜索引擎行业的典型企业百度，Analysys 易观分析认为，作为中文搜索引擎领域的领先者，百度在完善基于关键词广告的商业模式、开拓搜索引擎营收新业务等方面发挥着领导性作用。在移动互联网高速发展的大环境下，百度向移动端的战略转型已收获成效，2015 年，百度收入超过一半由移动端贡献。

百度成立于 2000 年，起初定位于提供专业的中文互联网信息检索服务，并在核心产品搜索引擎的基础上发展成为一个大型的综合性信息服务平台。凭借对搜索技术的专注投入和对中文用户使用习惯的深度洞察，百度不断打磨搜索引擎产品，在 2003 年一举成为全球最大的中文搜索引擎，开始在中国搜索引擎市场中占据优势地位。百度搜索引擎上线不久后就确立了关键字广告竞价排名的商业模式，加之百度搜索引擎在市场中用户渗透率的不断提升，百度营收规模实现迅速增长。相应地，百度的商业价值也得到了资本市场的认可。百度于 2005 年在美股纳斯达克上市，在当时创下了美股首日最高涨幅的纪录，百度的平台影响力得到进一步提升。2009 年，百度做出重大举措，将竞价排名的核心业务全面切换到全新的凤巢系统上，用以解决原有竞价排名体系存在的自然搜索结果受干扰、片面的“价高者得”不利于中小广告主投放等问题。

随着移动互联网的兴起，搜索需求呈现出新的变化，搜索行为的场景化、服务化的发展趋势越来越明显。百度在优化既有产品功能的同时，开始以投资并购手段来补齐、强化旗下的产品线与服务体系。2011 年，百度以 3.05 亿美元入股去哪儿网，补齐在线旅行搜索领域的短板。2013 年，百度收购 91 无线，将前者的核心产品 91 助手吸收后变更为旗下的百度手机助手，从而掌握了移动端的重要入口——应用分发渠道，进而巩固百度在移动互联网的流量入口地位。进入移动互联网时代后，盛行的 APP 产品形态成为新的流量入口，百度在桌面互联网时代背靠搜索引擎建立的入口优势被大大削弱。核心业务关键字广告业务的营收增长放缓，竞价排名机制导致商业化与用户体验的博弈等现实问题的存在，促使百度谋求转型，积极探索新的业务领域。2015 年，百度将转型突破重点放在了 O2O 领域，一方面宣布将向百度糯米投入 200 亿元，全面布局 O2O 生活服务市场，强化 O2O 自营业务能力；另一方面通过资本手段换股掌控携程、投资 e 袋洗、中粮我买网等细分垂直领域的成熟平台，壮大百度系的 O2O 生态。可以预见，百度的战略转型将带动整个搜索引擎市场进入新的发展阶段，服务生态成为行业的重要发力方向。

根据 Analysys 易观发布的《2016—2018 年中国搜索引擎运营商市场趋势预测专题报告》显示，在 2015 年，中国搜索引擎运营商市场保持了较为高速的发展，2015 年搜索引擎运营商市场规模为 770.0 亿元人民币，至 2018 年，搜索引擎运营商市场规模将达到 1275.9 亿元人民币。

图 94 2016—2018 年中国搜索引擎运营商市场规模预测

Analysys 易观分析认为，未来搜索引擎运营商市场将呈现以下趋势特点：

1. 入口概念外延，搜索引擎向新兴业务领域延展触角

虚拟现实、无人驾驶、物联网等前沿技术领域近年来在商业化普及上取得突破性进展，以虚拟现实头盔、无人机、智能家居为代表的一系列面向大众用户的消费级硬件产品的纷纷上市，在完成消费者教育的同时使相关市场走向活跃，行业生态也在逐渐形成。新型硬件产品的出现，对搜索引擎而言意味着新的契机——信息整合需求有了新的物理平台来承载，入口概念的外延进一步扩大。在搜索引擎错失移动互联网入口优势的前车之鉴指引下，搜索引擎运营商将以解决信息整合需求为依托，积极探索新兴业务领域，达到抢占入口优势的目的。

2. 补齐服务生态短板，搜索引擎实现“连接人与服务”

移动互联网兴起后，搜索引擎在桌面互联网时代形成的“连接人与信息”的发展策略逐渐走入困境。在处理移动端场景化的用户搜索行为时，搜索引擎仅仅提供搜索结果展示的做法远远不能满足用户搜索行为背后所蕴含的特定服务需求。用户通常从搜索引擎得到信息反馈后纷纷转向其他应用或产品来满足服务需求。因而，“连接人与服务”已成为搜索引擎现阶段发展中的迫切诉求。各家搜索引擎运营商将积极完善与搜索行为链条后端密切相关的服务体系搭建，加强对用户搜索行为各环节的掌控，为以搜索引擎为核心的生态系统带来用户沉淀。

从技术层面来看，语音搜索、APP 内搜索等移动场景下的功能，在搜索结果匹配度、使用体验等方面还有进一步提升的空间。对搜索产品功能的打磨离不开人工智能、机器学习等底层驱动技术的支持，搜索引擎运营商还将进一步扩大研发投入。从应用层面来看，缩短搜索行为的操作路径，与搜索使用场景的深度整合，接入各类垂直服务资源，构建服务型导向的新搜索引擎的发展思路已成为各家搜索引擎运营商的共识。而搜索引擎也将在固有的“流量入口”属性外，被搜索引擎运营商赋予更多不同定位的角色。

根据 Analysys 易观近期发布的《2015 年中国搜索引擎 & 无线搜索市场实力矩阵专题研究报告》，易观对 2014—2016 年中国搜索引擎 & 无线搜索市场厂商在实力矩阵中所处的位置以及执行能力和创新能力的变化情况做如下解读：

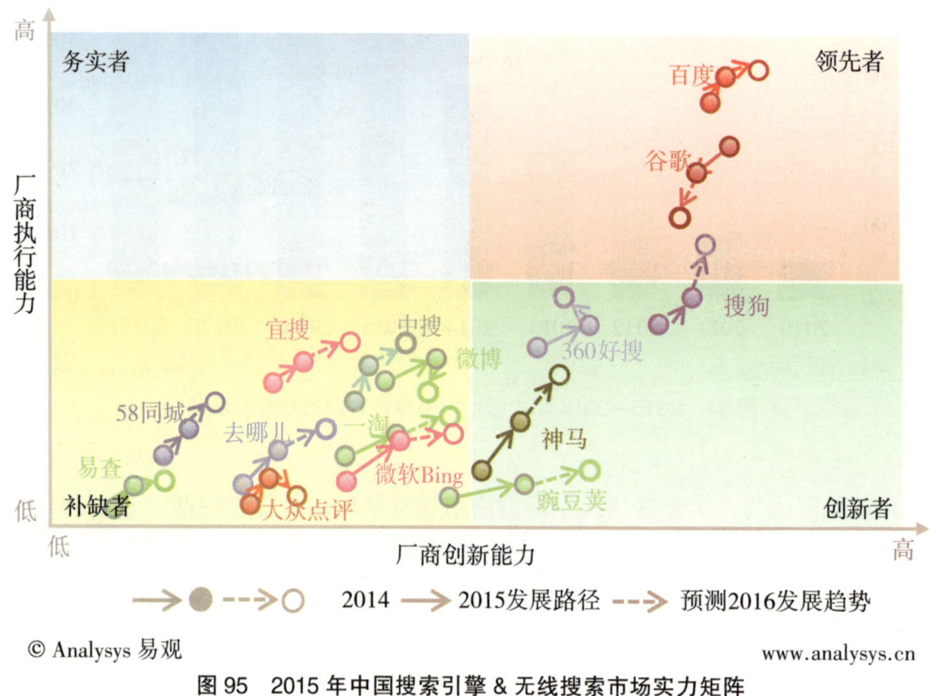

图 95 2015 年中国搜索引擎 & 无线搜索市场实力矩阵

综合以上厂商执行能力和创新能力的评估，目前市场内的领先者包括百度和谷歌中国，创新者包括搜狗、360 好搜、神马、豌豆荚。

领先者象限分析

领先者在商业模式创新或产品/服务创新性上拥有较强的独特性，同时具有很好的系统执行力，能够把创新性提供给市场并获取较高的市场认可。

2015 年，百度搜索引擎战略从需求分发延展到需求满足，“连接人与服务” 重在服务端，缩短用户需求分发变现的路径，开拓了搜索需求应答到需求满足的更为广阔的市场，通过百度直达号、糯米、外卖、去哪儿数款产品耦合电商服务生态，在垂直类生活服务餐饮、外卖、送货、娱乐、在线旅游等领域发力，与百度地图、百度钱包打通形成簇群化产品体系，弥补百度本地化服务和支付的短板，并整合搜索、地图、应用分发三大流量入口，经过多点资本投、并、购举措，完善搜索后需求的服务生态场景，促进搜索需求在服务生态场景的应用，未来，百度将持续完善线上线下联动的生态场景闭环且循环搭建，进一步实现“连接人与服务” 的愿景。

谷歌以搜索为圆点，向搜索上下游延展业务，向上游的扩张表现在对内容产业的扩张，下游的扩张表现为向终端设备渗透，如智能手机、智能眼镜、无人驾驶汽车，并加大对太空探索等领域的技术研发储备，逐渐形成“内容+搜索+设备+未来技术” 的产业模式。谷歌高管多次表达了重返中国市场的意愿，一方面谷歌借助与华为合作设计新款 Nexus，另一方面战略投资中国语音搜索引擎创新公司，以期为战略突破点重返中国市场。

创新者象限分析

创新者在技术、数据、产品/服务方面具有绝对的优势，在市场当中，凭借产品/服务等方面的创新成为垂直领域或垂直搜索方式上的佼佼者。

2015 年，搜狗开拓本地化营销服务，加速搜索引擎与腾讯社交体系的融合，加大移动互联网领域的深度学习技术、语音识别技术、图像处理技术等的研发投入和市场推广力度，提升用户覆盖面和场景应用，搭建“社交化+移动端+本地化”搜索的生态模式。随着搜狐和腾讯全系平台资源的持续推动，搜狗用户规模效应将继续提升，力争在搜索引擎转型发展期赢得先机，未来将具有更大的市场竞争力。

360 好搜聚焦“连接生活”战略，以 360 好搜为核心，并与各方合作建立开放服务聚合平台，以线上手机生活助手开拓本地生活 O2O 领域，将 360 的安全服务从线上延展到线下，同时，深耕智能硬件领域，与运营商、手机厂商紧密合作，进行“O2O 智慧家”的生态战略部署，搭建综合性 O2O 服务平台。

豌豆荚基于应用内搜索的生态体系搭建，抢占移动互联网入口级应用市场，通过应用内搜索技术协议，对已接入豌豆荚的应用实现跨应用检索，为用户提供下载之外的增值服务，此举意在打破移动端应用信息围栏界限，实现多应用内信息服务的有效调取和流通，满足用户在移动端信息的便捷获取。

补缺者象限分析

补缺者衡量的是运营商在资源和能力方面达到相对合理的匹配。在补缺者象限中的搜索引擎运营商，多数是在垂直领域深耕细作的代表，他们通过垂直领域切入市场，在未来或有很强的增长潜力。

宜搜科技发布“娱乐发现引擎”，并推出上网助手、宜搜小说、看片神器、非常新闻四大产品。“娱乐发现引擎”是基于用户对娱乐 APP 的需求以及对用户搜索行为分析的基础上研发的，能很好地识别用户的个人化特征和搜索习惯，并且可以为用户提供定制化的搜索结果。

中搜基于第三代搜索引擎平台，构筑行业搜索业务及全新行业应用服务，并结合自身优势推出的垂直领域搜索产品，在用户服务方面，一方面能够服务于个人用户的搜索需求，另一方面，也将更多地服务于企业用户，在供应、求购、资讯等内容的搜索需求上，帮助企业搭建商桥。

2015 年，搜索引擎各运营商加速用户在搜索线上线下场景化应用的布局，以用户端需求服务满足多点布局移动互联网用户入口级应用和服务，缩短用户需求变现路径，搜索引擎与其他领域的融合服务将进一步加速，搜索渠道逐渐向线下服务资源沉淀，搜索引擎转型发展将迎来关键期，同时，各家搜索引擎运营商将逐步形成差异化发展道路。

移动社交

中国网络社交是互联网社会化时代的典型产物，也是互联网服务提供商与用户身份发生变化的典型代表产品。整体而言，中国网络社交的发展主要经历了如下阶段：在互联网发展早期，主要以论坛 BBS 形式为主，这阶段的主要特征是内容为王；而随着以 MSN、QQ 为代表的即时通讯应用的出现，用户开始习惯使用网络渠道沟通交流，真正建立起网络化社会关系。随后博客、微博等社交媒体争相涌现，通过文字、图片、视频分享等多样化的形式、不同的定位功能满足不同人群的社交需要，分享沟通交流成为此阶段的主要特征。同时，自 2003 年起，随着移动互联网的不断快速发展，促进了传统的社交通讯模式向移动端的迁徙，移动社交即时通讯市场出现。在此过程中，针对不同人群、不同功能模式，出现以微信、陌陌、YY 为代表的产品，基于社交关系、垂直需求挖掘等优势获得市场空间。

© Analysys 易观　　www.analysys.cn

图 96　2015 年中国网络社交市场生态图谱

Analysys 易观研究发现，2015 年中国网络社交市场有以下几点值得注意：

1. 细分社交平台进一步丰富

针对不同场景、不同垂直人群、不同信息承载方式的细分社交平台进一步丰富发展，市场新进入厂商深入延展用户细分需求进行差异化尝试，商务、婚恋、孕婴育儿等细分市场厂商形成较为稳定的商业模式，图片社交、短视频社交、运动健身、问答社区等市场厂商受到用户广泛关注，处于快速发展阶段。

2. 网络社交工具性加强，成为互联网基础

在目前所有网络细分服务中，网络社交用户渗透率最高，社交已成为互联网用户最基本的需求。一方面网络社交平台以社交为中心，延伸向物联网、线下生活服务、线上互动娱乐、电商等用户使用场景，构建丰富的生态系统；另一方面，一些工具性或服务型平台引入社交概念，充实原有的平台功能，将平台与用户、用户与用户之间较为松散的关系加强，形成用户壁垒。总之，社交逐步成为互联网、移动互联网发展的基础、底层应用。

3. 信息流广告助力商业化速度加快

社交媒体活跃用户规模以及用户关系链带来的传播优势为信息流广告发展提供基础，而移动端屏幕限制以及大量可量化的用户数据使得移动社交成为信息流广告爆发的关键。微博、微信、陌陌等纷纷推出信息流广告产品，并通过 RTB 系统实现实时程序化售卖。

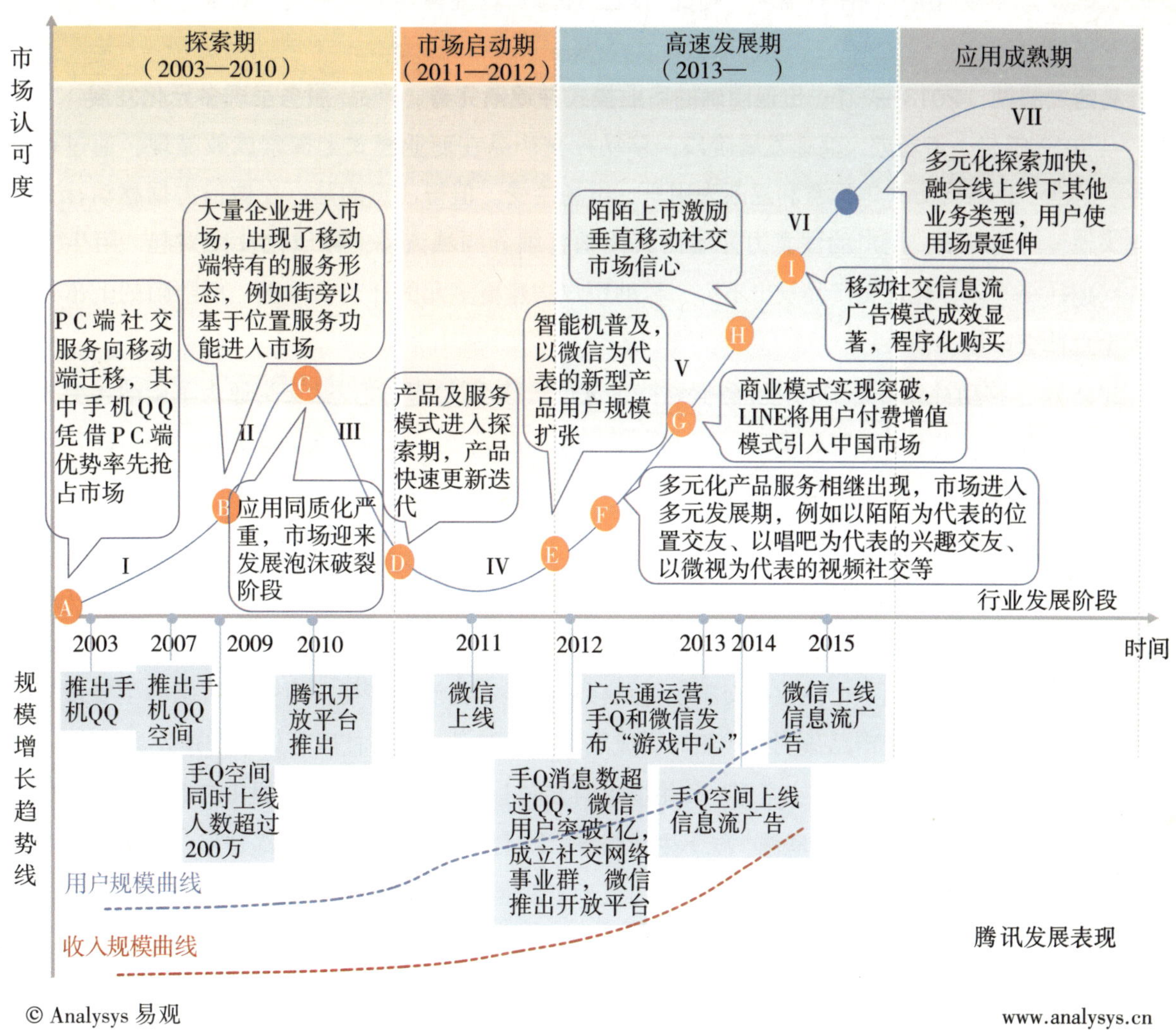

图 97　2015 年中国移动社交市场 AMC 模型

Analysys 易观分析认为，目前移动社交市场已进入高速发展阶段，发展历程具体分析如下：

探索期（2003—2010）：移动社交市场出现，厂商大量进入，淘汰频繁，商业模式不清晰

腾讯 QQ 凭借在 PC 端用户积累，初步实现用户的迁徙，并随着带触控屏智能手机的出现，在产品界面、功能上进行创新。与此同时，厂商开始进行针对移动用户和移动终端特征的产品/服务的市场探索：YY 语音针对游戏用户设计多人语音群聊；米聊推出通过手机网络进行语音对讲、信息沟通、收发图片。此外，除基于语音功能的探索之外，首次出现了利用位置服务功能的社交产品，如街旁等等。但此阶段，移动社交即时通讯应用的商业模式并不清晰，在大量的同质化发展下，使众多移动社交通讯应用大量退出，市场进入去泡沫化阶段。

市场启动期（2011—2012）：新型模式的厂商出现，移动社交成为用户的刚性需求，市场进入洗牌阶段

大量的移动社交即时通讯开始退出，移动社交即时通讯市场开始进入新产品和服务的探索期，其中 2011 年 1 月，微信正式发布，发力基于通讯录好友的即时通讯市场，这种模式不仅满足了用户的社交化需求，同时将通讯服务很好地结合在一起，社交与通讯并重的模式正式出现，移动社交即时通讯成为了移动用户的刚性需求，在此阶段，经过一轮洗牌淘汰，主流厂商确定，并保持了长远的发展能力。

高速发展期（2013— ）：出现明确的商业模式并逐渐完善，产品/服务呈现多元化发展

自 2012 年起，市场进入高速发展阶段，移动社交产品在商业模式上探索成效显现，通过增值服务、游戏、广告等方式进行营利逐渐为用户、市场接受。值得注意的是，在微信占据移动社交市场龙头地位的情况下，用户的注意力开始向其他垂直细分领域流动，异质化社交兴起，陌生人社交、兴趣社交等差异化社交产品层出不穷，帮助用户构建更多元的社交关系链，而陌陌的上市也激励了垂直社交市场的信心。

2015 年，移动社交市场多元化业务探索持续进行，移动社交厂商以社交沟通为基础纳入更多用户服务，融合线上线下多种服务类型，用户使用场景不断拓展，同时实现内容与社交的双向促进，加快流量变现过程。

对个人用户而言

进入 2015 年，垂直移动社交产品进一步丰富。随着移动终端的快速迭代发展以及流量资费的下调，多媒体移动社交应用使用成本降低，以 in、小咖秀等为代表的图片社交、视频社交产品获得广泛用户关注，迎合了用户个性化社交需求以及移动端碎片化使用特征；商务、婚恋、孕婴育儿等针对垂直人群的移动社交产品盈利模式相对更成熟，运动健身、问答社区等处于快速发展阶段。

同时，其他移动社交产品在丰富用户使用场景的方向上不断创新，以此拓展用户群、增强用户黏性并获得更多元的营收结构，物联网、线下生活服务、线上互动娱乐、电商等都是移动社交产品基于社交向更广泛的服务场景进军的方向，并由此形成了多重维度的用户数据，用户关系网络更加复合。

对行业用户而言

社交媒体活跃用户规模以及用户关系链带来的传播优势为信息流广告发展提供基础，而移动端屏幕限制以及大量可量化的用户数据使得移动社交成为信息流广告爆发的关键。微博、微信、陌陌等纷纷推出信息流广告产品，并通过 RTB 系统实现实时程序化售卖。

对资本投资者而言

随着移动互联网成熟度不断提高，移动社交作为高用户渗透率高用户黏性的应用类型，2015 年以其为流量导入基础的广告营销、O2O、电子商务、内容消费等商业生态不断壮大，商业价值在创新技术驱动下不断被释放。由市场领先的平台化社交厂商带来的商业化思路也带动了尚在发展初期的细分厂商商业化进程，细分厂商投资潜力继续升级。

市场典型企业——腾讯

聚焦到移动社交市场典型企业腾讯，Analysys 易观分析认为，腾讯以 QQ、QQ 空间为代表的社交产品矩阵在 PC 端发展相对成熟以及用户规模优势，帮助其顺利完成向移动端的产品复制和用户迁移，及时把握移动互联网行业增长带来的机遇抢占市场先机，并带领其他网络社交厂商进入移动端市场。在满足用户基本移动社交沟通需求的基础上，腾讯基于自身社交产品能力推出移动端社交产品微信，通过 QQ 用户导入以及快速版本迭代打败移动即时通讯先入者“米聊”，用户规模持续扩大，与手机QQ一起奠定腾讯移动互联网入口优势。2012年，腾讯组建社交网络事业群，整合即时通讯平台与社区平台，形成更具规模效应的移动社交网络平台。2012年4月，微信也推出开放平台，腾讯利用自身社交产品连接一起的版图再次拓张。之后“游戏中心”、“信息流广告”的上线提速移动社交市场商业化模式的完善，在移动社交市场的领导者地位再次彰显和巩固。

根据Analysys易观发布的《2016—2018年中国网络社交市场趋势预测专题研究报告》显示，2015年中国社会化媒体市场广告及营销收入达到175.1亿元人民币，预计到2018年整体市场规模将达到483.0亿元。

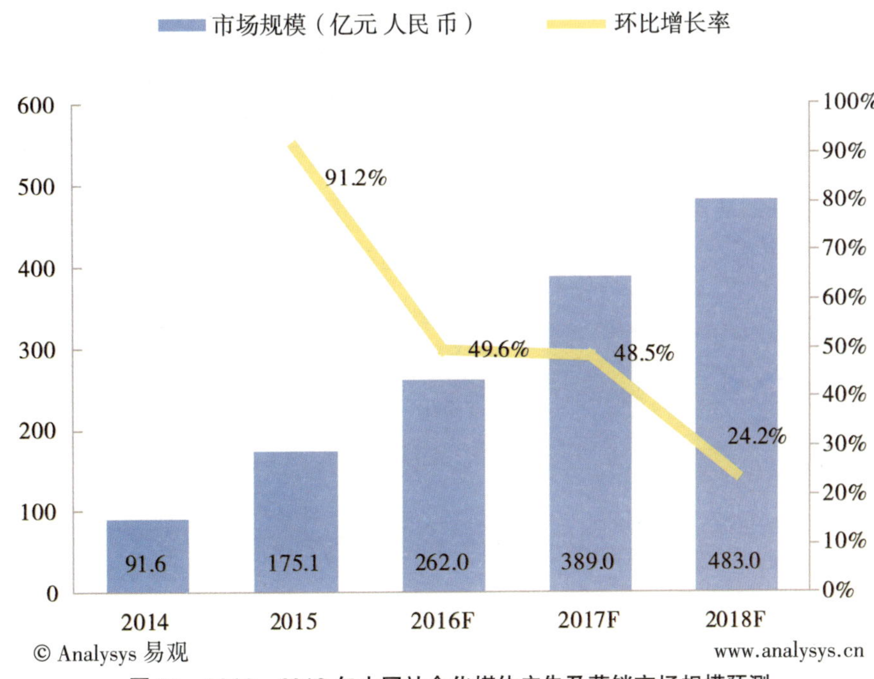

图98 2016—2018年中国社会化媒体广告及营销市场规模预测

Analysys易观分析认为，未来中国网络社交市场发展将会有以下趋势：

1. 移动化势头不减

移动持续高速发展势头，社交在移动端获得了高速发展，并且增长趋势还将持续。而在积累了大量的用户数据与市场资源后，移动社交商业化进程加快，以社交作为移动互联网流量入口发展连接其他互联网服务或线下服务业态，营收来源多样结构趋于稳定，获得更广阔的发展机会和条件。

2. 多媒体内容生产消费能力更强

随着网络基础设施建设的趋于完善、多样化智能终端的大量普及，用户在网络社交沟通中的成本不断降低，对于音频、图片、视频等多媒体信息内容的接受度和消化能力增强。微信、微博等代表性综合社交平台增加图片平台、视频播放等功能并借此获得较高用户活跃度为市场中其他平台开放此类功能提供之类借鉴意义。同时，以音频、图片、视频等为主要信息承载媒介的社交平台也获得广泛用户关注。未来网络社交平台内容生产和内容消费方面的多媒体化趋势愈发明显，不仅获得用户认可，还会带来更多样化的广告营销服务形式。

3. 针对“网生一代”需求，挖掘更大价值

90后、95后、00后用户将成为未来网络社交平台中坚力量，年轻用户随着网络高速发展而成长，用于表达自我、分享讨论，追求个性化，对于虚拟服务、娱乐消费有更高的接受能力。对于广告主来说，“网生一代”是未来的主人，热衷消费娱乐，有更高的价值挖掘空间。对于网络社交平台来说，他们有更分化的诉求和使用习惯，未来对于“网生一代”的需求挖掘将会越来越细致，既要吸引年轻用户，也要吸引愿意为年轻用户买单的广告主。

4. 信息流广告将成网络社交市场重要收入来源

相比其他广告形式，基于目标用户群精准投放的信息流广告以其原生属性更契合网络社交，尤其是移动社交的形式出现在用户面前，在最大化保证用户体验的同时实现广告触达，并通过用户社交关系链形成二次传播，对于用户、广告主、平台各有裨益。未来随着信息流广告的不断丰富和完善，更多的社交平台推出信息流广告服务，用户和市场认可度提升，未来将成为社交平台广告营销服务的主流形式，并成为网络社交市场重要的收入来源。

根据 Analysys 易观近期发布的《2015 年中国网络社交市场实力矩阵专题研究报告》，对 2014 至 2016 年主要网络社交平台在实力矩阵中所处位置以及现有资源和创新能力的变化做如下解读。

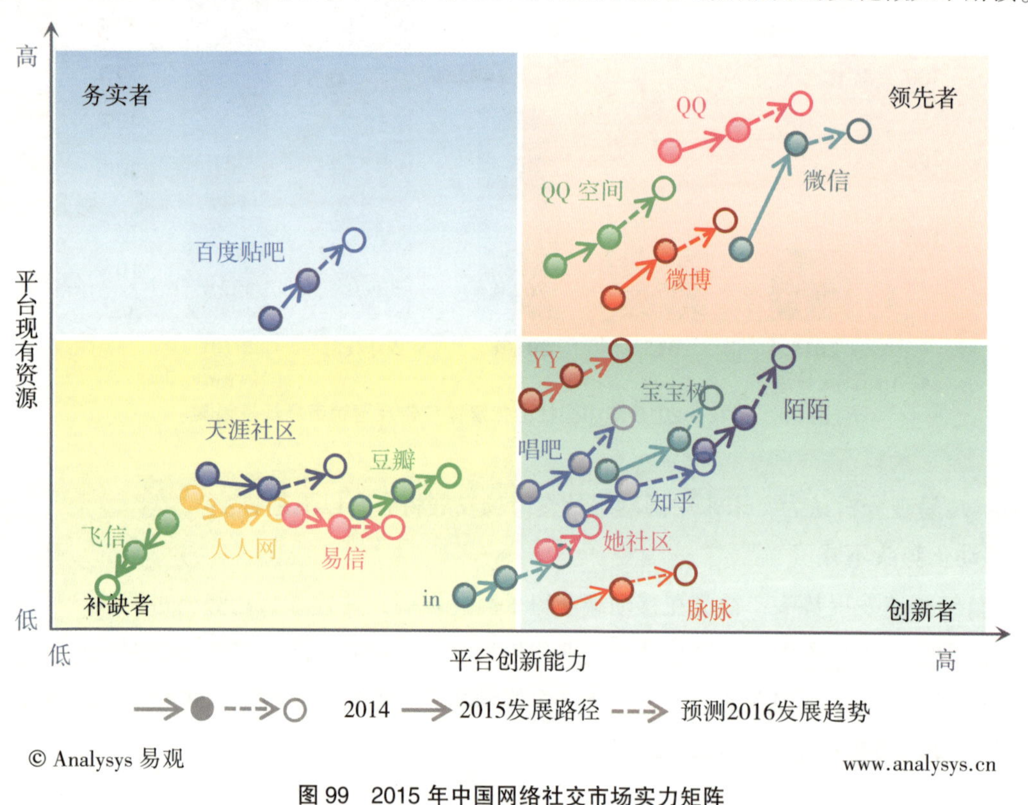

图 99　2015 年中国网络社交市场实力矩阵

领先者象限分析

领先者具有庞大的用户规模，且商业价值得到初步认可，同时在创新能力方面具备“用户体验完善”、“商业模式创新”、“显著市场营销能力”三个特点。

2015 年中国网络社交市场领先者：QQ、微信、微博、QQ 空间

- 新进入者：无
- 新退出者：无

2015年，QQ保持了在网络社交市场的整体优势，活跃用户规模、市场规模都保持领先地位。2015年，QQ通过兴趣部落、智慧校园、公众号等举措加强了用户黏性，通过移动端产品创新以及QQ移动社群生态战略加强了对年轻用户的吸引能力。此外，Q+、QQ物联等开放平台战略结合QQ的用户资源以及第三方合作伙伴，拓展更丰富的用户使用场景，巩固QQ作为互联网用户的入口功能。

2015年微信在移动互联网用户中的渗透率持续加强，“智慧城市”服务版图不断拓展，发布微信行业解决方案，帮助传统行业形成线上线下闭环。微信公众平台开通原创、评论、打赏功能，并制定收入分成制度鼓励内容创作，提升微信用户参与程度。在海外市场拓展方面，微信通过加强与其他应用的推广合作提升海外用户量覆盖，微信支付支持海外护照绑卡、跨境支付。商业化方面，在已有的游戏、表情付费之外，定向信息流广告基于微信用户大数据，在保证用户体验同时实现精准广告触达，市场规模显著提升，并实现用户与商业价值的双赢。

2015年，微博活跃用户规模稳定增长，作为社交媒体平台以去中心化战略继续扶植多个垂直行业自媒体，并以收入分成刺激原创内容产生，以优质内容维持用户活跃的社交关系。从微博财报数据显示，2015年9月自媒体的发博量比2014年12月提升64%，阅读量超过百万的作者数量上升39%，内容平台价值提升。此外，微博推出一系列社会化营销解决方案，基于微博社交关系网络和大数据分析帮助企业实现粉丝转化。预计2016年，微博在商业化及营销服务方面都会有更多创新动作，整体实力会进一步增强。

2015年，QQ空间通过强调照片上传、个性化装扮等功能抓住年轻用户，发布多个手机版本强化移动端属性。在商业方面尝试跨界营销，与多部面向年轻受众的电影合作，以举办线上首映发布会、开通线上购票通道等方式介入电影营销宣发。随着更多垂直化、娱乐化的社交平台出现，QQ空间还需加大创新稳定用户流量、增强用户活跃度。

务实者象限分析

务实者拥有丰富的用户资源，较强的执行能力，但在创新能力方面优势不明显。

2015年中国网络社交市场务实者：百度贴吧

- 新进入者：无
- 新退出者：无

百度贴吧依靠百度搜索带来大规模长尾流量，打造兴趣社群生态，以主题互动形式形成较高用户黏性。与百度新知、百度知道、百度文库等产品协同产生大量原创内容资源及用户数据资源。2015年，百度贴吧与韩国SBS合作，开展韩国娱乐粉丝营销，针对粉丝提供产品和服务。推出贴吧合伙人模式，利用合伙人在垂直领域资源，为细分贴吧用户提供针对性服务，挖掘行业用户价值。随着移动端垂直社交发展迅速，百度贴吧需要加快移动端转型和产品创新，以应对移动互联网碎片化的冲击。

创新者象限分析

创新者在用户结构上定位比较精细，在商业模式、技术或者产品服务创新方面较为积极并具有一定的独创性。

2015年中国网络社交市场创新者：陌陌、YY、宝宝树、知乎、她社区、唱吧、脉脉

➢ 新进入者：她社区、唱吧

➢ 新退出者：无

2015年，陌陌从基于LBS的陌生人社交向泛陌生人兴趣社交转型。在产品创新方面不断升级版本扩展用户关系维度，丰富用户属性数据。在商业化方向上积极发展，与阿里巴巴、58同城合作推动移动营销业务收入增长；推出到店通业务发展生活服务O2O；上线信息流广告尝试精准化投放，并引入RTB系统提高有效千人成本；以陌陌现场切入在线音乐直播市场。预计2016年陌陌将在创新者象限通过产品创新获得更有利竞争地位。

2015年，YY将旗下多条业务线打通，融合游戏、通讯、音乐、视频、教育五大产业，成立互动娱乐事业部，从单一媒体形态到综合性开放平台转型，向用户提供带有社交属性的泛娱乐生态，业务线用户互相渗透，持续产生内容并消费内容，为整个平台带来稳定的用户资源。

2015年，宝宝树在母婴社区基础上继续发展电商业务，从纯社区平台向“社区、工具、电商”复合式地发展跨越。在移动端，“快乐孕期”改名为“宝宝树孕育”，从孕期产品转向整个孕育周期，从母婴社区向母婴垂直电商发展。预计2016年，宝宝树在资源积累上将有较大提高，随着二胎政策的落实，用户群也将进一步扩大，未来发展向好。

知乎在优质用户、UGC资源积累上有较大优势，未来商业发展空间显著。产品方面，知乎修改信息流算法，完善内容信息呈现方式；上线友善度积分系统维护社区氛围。移动端知乎推出读读日报，通过用户采编的形式，向用户提供更多的互联网内容。商业化方面，2015年知乎引入原生广告，并通过内容出版实现内容变现。2015年知乎获得搜狗、腾讯战略投资，预计2016年知乎与腾讯社交网络协同获得更广泛的流量入口，并结合搜狗的搜索技术资源为用户提供更好的使用体验。

2015年6月，女性私密社区她社区独立上线，以女性用户为切入点，帮助用户建立不同的圈子，并提供虚拟造型服务，在短时间内获取了活跃用户规模大幅增长，根据Analysys易观千帆监测数据，到2015年9月她社区活跃用户规模为199.04万人。在产品创新方面，她社区以私密社交满足了女性用户既看重隐私又热爱分享的特质，以用户行为画像为基础引导用户加入兴趣圈子并生产UGC内容，依靠技术算法和运营为用户提供个性化定制内容，形成强内容弱关系的女性社交平台，成为细分社交平台典型代表。

2015年，唱吧推出“唱吧直播间”关联应用，以视频形式直播线上、线下活动；采用“众筹+加盟”模式实现线下KTV实体店扩张发展；进入硬件领域，首度发布了三款硬件产品，即唱吧麦克风、充电宝和麦克风支架。围绕K歌这一娱乐方式，唱吧抓住用户需求不断拓展商业化方向，预计2016年唱吧线上、线下双双发力，资源能力有望得到进一步提升。

2015年，脉脉在产品方面上线动态红包、任务红包、人脉点评等创新功能，帮助用户解决职场相关问题以及更高效率地获得高质量人脉关系。商业化发展继续，在广告、会员付费之外陆续推出付费咨询、付费经纪人、人脉办事等多种付费项目，从职场社交平台向职场人服务平台方向延伸。

补缺者象限分析

补缺者衡量的是平台在资源和能力方面达到相对合理的匹配。在补缺者象限中的网络社交平

台，多数是在垂直领域深耕细作的代表，他们通过垂直领域切入市场，在未来或有很强的增长潜力。

2015 年中国网络社交市场补缺者：in、豆瓣、易信、天涯社区、人人网、飞信

- 新进入者：无
- 新退出者：唱吧

2015 年，in 以图片为信息传播方式在移动社交市场快速发展，切合移动端碎片化、娱乐化的用户需求，加上贴纸、标签等形式加强用户互动，获得用户与品牌主认可，预计 2016 年将有望进入创新者象限。

2015 年，豆瓣音乐成立“偏北音乐文化有限公司”，以平台上的独立音乐人资源优势形成版权音乐生产、制作、宣发的产业链；豆瓣阅读推出“学生服务”，为学生、教师等提供经验分享、互动讨论等服务；女性摄影服务平台“一拍一”，针对平台上女性用户提供线下摄影服务。在移动产品方面，豆瓣 APP 上线了“小事”功能，社交的属性在移动端得到强化。预计 2016 年，豆瓣会有更多业务创新，用户黏性进一步加强。

2015 年，易信推出“生活缴费”、“挂号”、“红包”、“聊天群”等功能，满足用户不同场景下的社交需求。网易游戏也为易信增加用户黏性提供发展帮助。在智能硬件方面，网易推出青果摄像机与易信平台接入。预计 2016 年，在结合网易和电信的资源优势的情况下，易信会通过产品创新向用户提供更好的使用体验，未来在补缺者领域会有更有利地位。然而移动通信社交产品同质化严重，易信目前没有足够的产品优势抵消用户社交关系转移成本。

2015 年，天涯社区在新三板上市，面临新的社交平台以及移动互联网的冲击，天涯用户资源优势不在，在移动互联网发展转型的大潮中动作过慢丧失先机。2015 年 10 月，天涯成立 IP 运营公司，基于平台的原创内容优势开展数字出版、付费阅读、版权运营、出版与影视众筹业务。但面对新的社交平台以及移动互联网的冲击，在自身资本能力较弱的情况下，天涯未来发展有待观望。

根据财报披露数据，2015 年人人网的整体用户规模和盈利能力都继续下滑，虽然移动端产品向图片社交转型，但并未获得用户明显认可。人人网在用户忠诚度培养、新用户获取上都未获得明显成功，未来预计将在补缺者象限继续下滑。

随着新社交通讯应用的出现、移动流量费用的下调以及飞信在移动集团业务位置边缘化，整体用户规模下滑，未来预计将在补缺者象限继续下滑。

应用分发

Analysys 易观分析认为，目前中国互联网应用分发市场已经进入应用成熟期。

探索期（2008—2010）

苹果公司在 2008 年 7 月正式推出应用程序商店“APP Store”，无论是从盈利方面还是影响力方面都取得了巨大的成功。2009 年是中国手机应用商店市场的起步年，三大电信运营商纷纷进入市

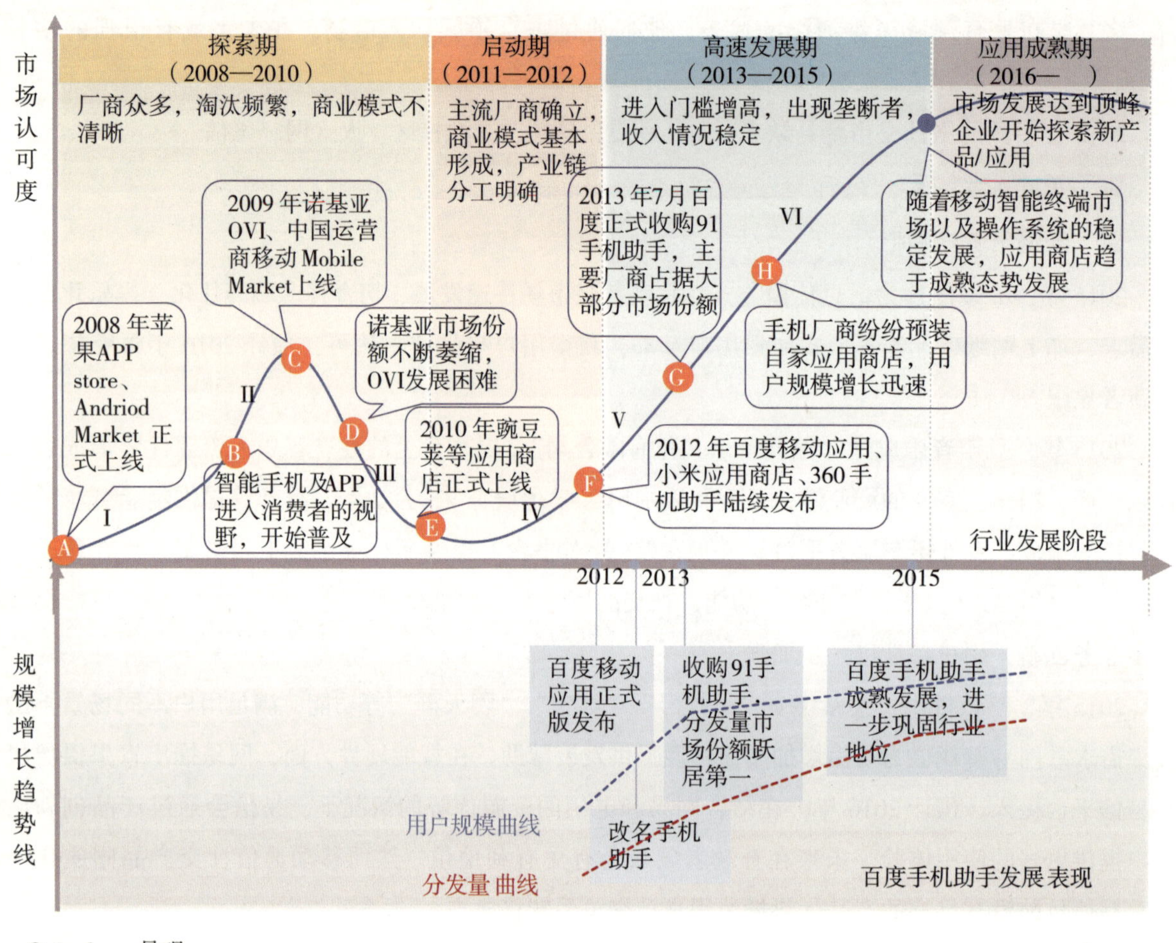

 www.analysys.cn

图 100 2015 年中国互联网应用分发市场 AMC 模型

场，诺基亚 OVI Store、Mobile Market 等开通中国区业务，但随着诺基亚等厂商市场份额的萎缩，部分应用商店发展困难。

市场启动期（2011—2012）

随着 iOS、Android 等智能手机快速流通，中国手机应用商店市场迎来了市场的快速启动期。2010 年年底，豌豆荚等第三方厂商都开始构建自己的在线应用平台。2012 年，互联网巨头纷纷推出自己在手机助手领域的最新产品：百度移动应用、360 手机助手、小米应用商店，在市场出现手机安全、应用下载安装为一体的应用分发平台。应用商店的发展离不开中国 3G 网络以及移动终端智能机的普及和渗透，也是移动互联网不可缺少的组成部分。

高速发展期（2013—2015）

2013 年，百度以创纪录的价格收购 91 无线，知名手机厂商也纷纷推广自家应用商店，伴随着成熟的商业模式，市场处于高速发展的阶段。同时移动互联网入口之争愈发激烈，应用商店市场正在加速进入巨头时代。百度、360 与腾讯成为应用分发渠道的三巨头，手机厂商依靠预装的优势，也成为市场的重要组成部分，而第三方势力单一的团队生存空间进一步被挤压。

应用成熟期（2016— ）

2016 年，随着智能终端市场操作系统平稳发展，应用商店市场进入应用成熟期，市场格局将相对稳定，百度、360、腾讯与众手机厂商占据大部分市场份额。随着移动互联网的发展，越来越多的O2O应用为用户提供更为便利的服务，应用商店也在不约而同地探索如何与服务相结合。当应用商店打通应用间的壁垒，将内容及服务直接呈现给用户，预示着应用商店将彻底变革现有的内容及服务分发模式，有望变为新的超级APP，打造移动入口，为用户带来更优质更丰富的体验。同时随之而来各厂商将在市场份额、产品创新等方面的竞争会愈加明显。

对个人用户而言

激烈竞争的应用分发市场，给应用商店厂商带来了巨大的压力，为了获得更大的市场份额，厂商们想尽办法提高用户体验，无论是应用商店本身的使用，还是商店内APP的数量及质量，主流应用商店均得到了用户的认可，部分应用商店还提供免流量下载等功能，为用户提供了更多的便利。

对开发者而言

移动互联网经过多年的发展，APP的种类和数量越来越多，面对海量的移动互联网用户，应用的开发者们都想要获得更高的关注度和更多的用户，而在应用分发领域马太效应十分明显，排名靠前的应用商店占据大部分市场份额，这些应用商店内的广告位和推广资源也随之水涨船高，开发者需合理利用应用商店的推广资源，以较少的成本达到最好的推广效果。

对资本市场而言

当前中国应用分发市场处于市场成熟发展阶段，互联网巨头及手机厂商占据市场大部分份额，应用商店间的比拼也上升至集团公司层面，应用分发市场对于投资者而言已缺乏吸引力。

市场典型企业——百度手机助手

聚焦到应用商店行业的典型企业百度，Analysys易观分析认为，百度手机助手作为较早进入市场的厂商，自身快速发展的同时，通过对竞争对手91手机助手的收购，成为市场第一。

百度移动应用发布于2012年，定位于应用分发。2013年，改名为百度手机助手，直接与360手机助手等厂商展开竞争，同年以创纪录的19亿美元收购91手机助手，合并后分发量市场份额跃居市场第一，同时开创“移动搜索、应用商店”双核分发模式，将广泛的搜索需求与应用分发进行精准对接，提升低频“中长尾应用”的分发量。2014年，百度手机助手依托百度自身的大数据分析能力，将“人气指数”作为用户下载APP的重要参考，同时根据用户使用习惯做个性化应用推荐。2015年，百度手机助手探索通过APP内容的破壳和前置，从应用分发延伸至“连接人与服务”，通过在应用商店领域的诸多创新，百度手机助手进一步巩固行业第一的地位。

根据Analysys易观预测数据显示，2016年中国移动应用分发市场用户规模将达到7.2亿人，较2015年增长6.9%。预计到2018年，中国移动应用分发市场用户规模将达到8.0亿人。

Analysys易观分析认为，目前整个应用分发市场已进入成熟期，主要表现在以下几个方面：

1. 增长进一步放缓

目前应用分发市场用户的增速已降至9.8%，Analysys易观分析预测，未来三年应用分发市场整体增速或降至8%以下。过去应用分发依托人口红利实现了高增长，随着智能手机渗透率达到较

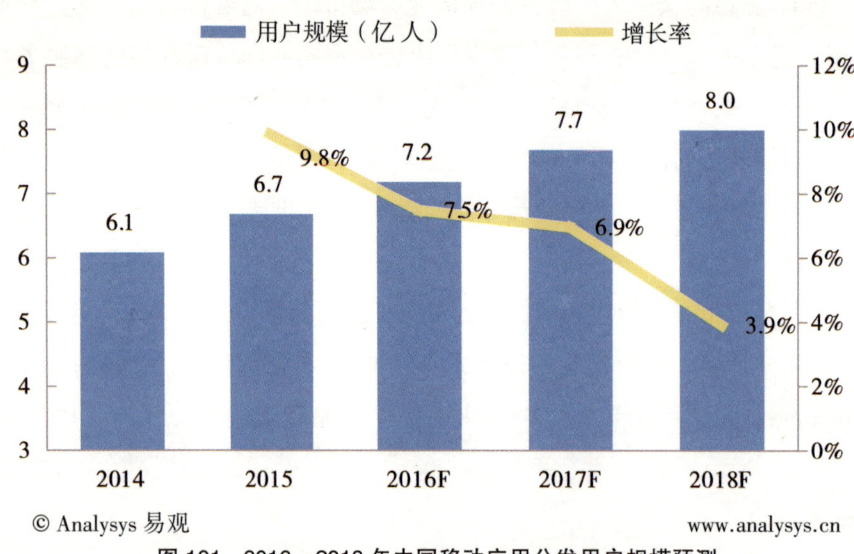

图 101　2016—2018 年中国移动应用分发用户规模预测

高水平，未来应用分发用户规模趋于稳定。

2. 探索分发新模式

随着应用的数量越来越多，内容及服务越来越丰富，传统的分发模式已经不能很好地满足用户的需求，大数据分发、社交分发、APP 破壳等新型分发模式陆续出现，未来还将出现更多的分发模式，让用户更精准更方便地获得应用及应用内的服务、内容。

根据 Analysys 易观近期发布的《2015 年中国应用分发市场实力矩阵专题研究报告》，Analysys 易观对 2014 至 2016 年应用分发厂商在实力矩阵中所处的位置以及现有资源和创新能力的变化情况做如下解读。

- **领先者象限分析**

领先者在商业模式创新或产品/服务创新性上拥有较强的独特性，同时具有很好的系统执行力，能够把创新性提供给市场并获取较高的市场认可。

2015 年中国应用分发市场领先者：百度、360、腾讯、小米、豌豆荚

➢ 新进入者：无

➢ 新退出者：无

应用商店市场目前处于成熟发展阶段，手机应用商店是中国手机网民应用下载最常用的渠道。2015 年，百度将 91 助手合并入百度手机助手，继续强化百度手机助手的品牌优势及规模优势，产品布局完善，平台优势明显，同时百度保持在搜索领域的绝对优势，也为应用分发提供了大量的流量资源。百度手机助手新版本探索通过 APP 内容的破壳和前置，加速“连接人与服务”，有望改变现有的分发模式。预计 2016 年，百度继续处于领先者象限。

360 在移动互联网领域布局较早，其最开始借助 360 安全卫士迅速占领移动互联网入口，后来面对百度、腾讯、小米等竞争对手的竞争，其市场份额逐渐下滑，但分发量、产品体验等仍处于领先者象限，2015 年上半年提出战略转型，推出“360 生活助手”瞄准 O2O 生活服务平台，在产品创

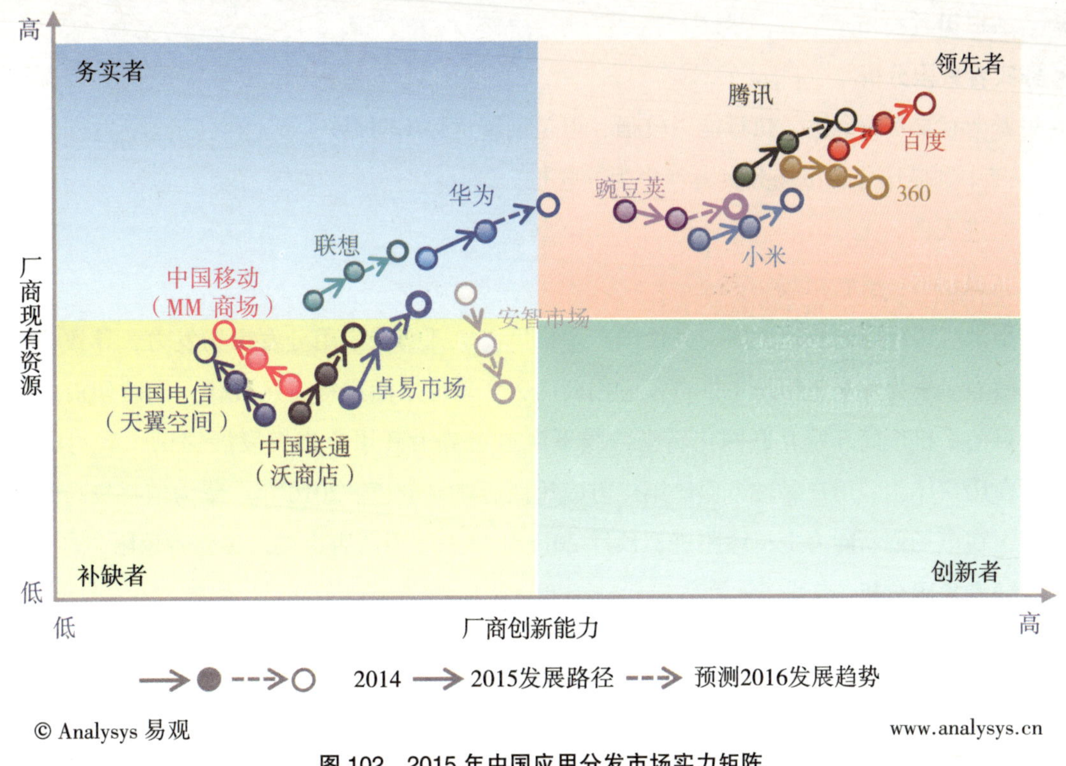

图 102　2015 年中国应用分发市场实力矩阵

新上更进一步，同时手机安全、手机浏览器、搜索引擎等途径也为用户提供应用下载渠道，360 在应用分发市场中继续保持极强的市场竞争力。

腾讯近几年发力应用分发领域，依靠应用宝、微信、手机 QQ、手机浏览器等多个热门 APP，进行游戏和应用的分发，市场表现增长明显。2015 年，应用宝发布 6.0 版本启动“应用+”战略，现阶段通过应用内容外显帮助用户预览 APP 的内容，提供体验式分发。依靠继续的产品创新及腾讯强大的移动端资源，2016 年腾讯将继续处于领先者象限。

豌豆荚作为行业内为数不多独立发展的第三方应用商店厂商，在市场上有与诸多巨头及手机厂商的竞争，公司实力方面有所落后，但凭借先发优势及品牌形象，依旧拥有较大的用户规模，2015 年推出“一览”功能，基于应用内搜索技术，志在打破 APP 信息孤岛，把散落在手机已有 APP 内的文章、图片和视频都抓取并串联起来，在同一个页面中以卡片流的形式展示给用户，产品创新理念新颖。

2015 年，小米手机的出货量持续增长，依靠小米手机及 MIUI 庞大的用户规模，小米应用商店的用户规模也得到大幅度提升，同时小米对于应用商店的重视度也越来越高，产品体验及 APP 覆盖度也越来越好，随着小米生态的发展，未来小米应用商店将继续处于领先者象限，并保持较快增长。

- **创新者象限分析**

创新者在产品/技术上的投入很大，并在商业模式、技术或者产品服务的创新性上有独特的优势。但是由于种种原因目前没有得到很好的市场表现。

2015 年中国应用分发市场创新者：无

➢ 新进入者：无

➢ 新退出者：无

• **务实者象限分析**

务实者拥有丰富的资源，执行能力较强，但是创新优势不明显。

2015 年中国应用分发市场务实者：华为、联想

➢ 新进入者：无

➢ 新退出者：安智市场

由于小米应用商店的快速发展，其他国产手机厂商也开始在应用分发市场发力，导致该市场的竞争更加激烈。华为及联想纷纷主推自家应用商店，在软件层面进行持续优化，同时积极提高应用覆盖率。目前手机厂商开始互联网化转型，线下渠道优势为其用户规模发展提供了有力的资源支持，但是在用户体验、用户黏性方面比第三方应用商店略显逊色。2016 年，华为依托较高的手机市场保有量，在市场创新能力上持续跟进，预计 2016 年华为应用商店将进入领先者象限。

• **补缺者象限分析**

2015 年中国应用分发市场补缺者：卓易市场、中国移动、中国电信、中国联通、安智市场

➢ 新进入者：安智市场

➢ 新退出者：无

卓易市场依靠 FreemeOS 较多的用户基数，自发布以来用户规模增长迅速，产品端更新迭代迅速，用户体验较好，但应用商店发展时间较短，与其他知名应用商店尚有一定的差距，随着 OS 端持续推广，产品端持续优化，预计 2016 年卓易将进入务实者象限。

安智市场作为独立第三方应用商店，受到手机厂商及互联网巨头的挤压，市场表现方面下滑较多，2015 年由务实者象限下降为补缺者象限。

国内运营商应用商店上线时间较早，但受限于公司重视度及体制问题，整体发展情况不如互联网巨头及手机厂商，但目前线上分发激烈度增加，线上分发日益拥挤，价格上升，精准性下降，相反，线下蓝海的优势却日益显著，毕竟随着线上价格的走高，线下价格劣势开始被稀释，同时线下更为精准，运营商应用商店拥有线上线下融合发展的优势，市场执行能力上将保持持续增长，预计未来运营商应用商店将进入务实者象限。而联通沃商店在手机、电视两端发力，产品创新优势明显，同时在谋求业务全面布局上增强了资本运作灵活度，快速形成小沃生态链，目前生态链企业覆盖家庭娱乐、iOS 营销、游戏发行、行业媒体等领域，这些企业与沃商店业务互补，可以形成产业合力，整体来看联通沃商店的发展未来领先于其他两家运营商应用商店。

手机浏览器

手机浏览器作为移动互联网第一用户入口，已经成为用户一站式的应用平台，当前用户需求不断增加，平台化、个性化的趋势发展正在加速形成。Analysys 易观分析认为，目前第三方手机浏览器市场已经进入产业成熟期，市场格局基本稳定，未来市场的增长势能将会衰减，市场参与者普遍

都在围绕着内容资源展开竞争。

Analysys 易观分析认为，中国第三方手机浏览器市场经过多年发展，目前处于市场成熟期。

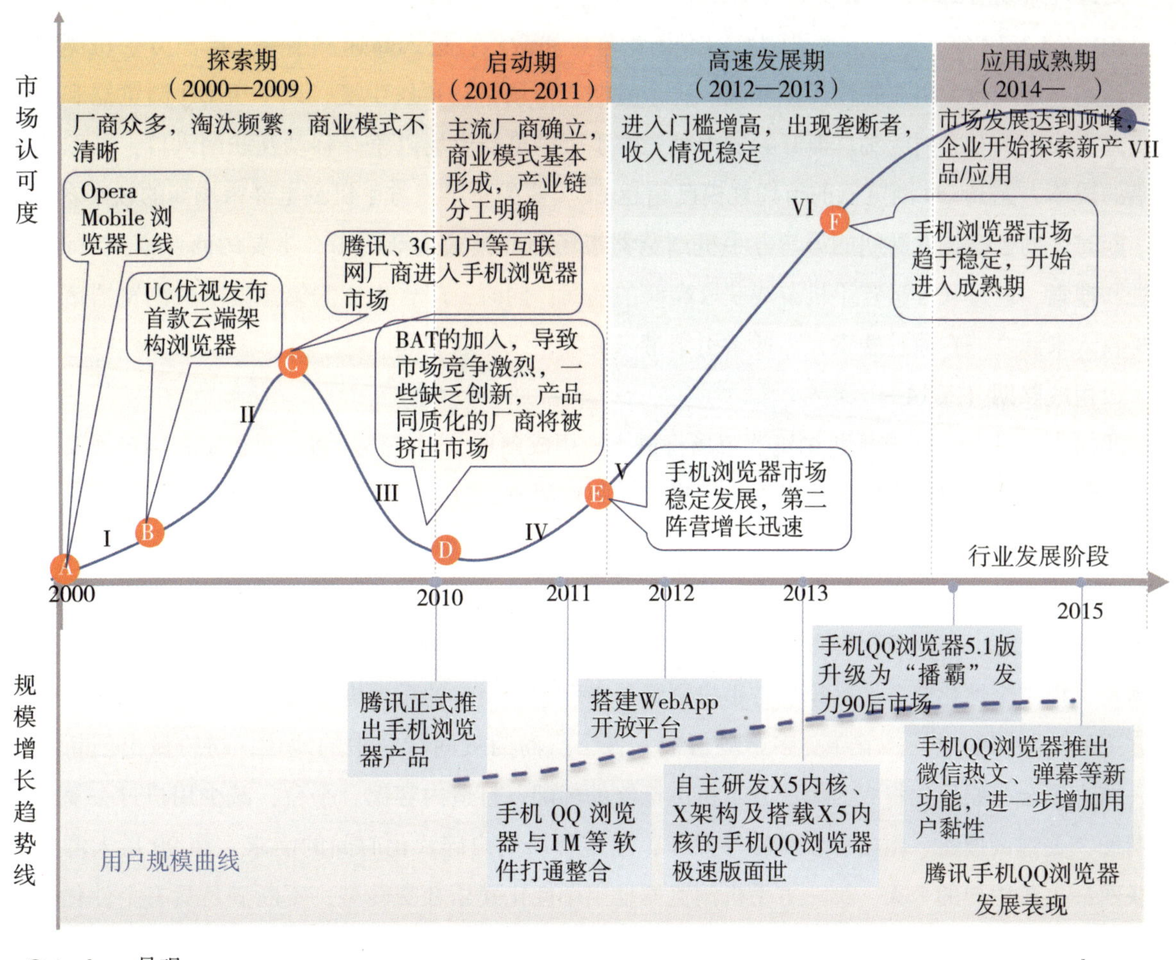

图 103　2015 年中国第三方手机浏览器市场 AMC 模型

探索期（2000—2009）

2000 年，中国手机第三方手机浏览器市场处于市场探索初期，以 Opera 和 UC 为代表的厂商发布第三方手机浏览器产品，进入手机浏览器市场。当时的移动网络以 2G 为主，带宽低资费高，智能手机系统以塞班为主，终端性能较低，UC 浏览器以节省流量、运行速度为核心竞争力，短时间内积累了大量用户，迅速成为市场的霸主。在探索期，第三方手机浏览器厂商采用面向用户免费的策略，以此抢占用户市场，这个时期主要竞争的焦点在于争夺用户，商业模式并不清晰。

市场启动期（2010—2011）

2010 和 2011 年，随着 3G 网络和 Android 手机的逐渐普及，第三方手机浏览器成为了应用、游戏、内容分发的入口级应用，众多互联网厂商加入到市场竞争中来，如腾讯旗下的 QQ 浏览器加强了其在第三方手机浏览器市场的资源投入，迅速扩大用户规模占领市场，打破了 UC 一家独大的市场格局，市场向多元化发展。

市场启动期，厂商除了继续跑马圈地之外，也开始商业模式的探索，试图构建基于浏览器入口的生态体系。例如，建立基于第三方手机浏览器的游戏运营平台，以及应用分发平台；基于二维码的 O2O 商业模式探索；基于浏览器的移动支付等。

高速发展期（2012—2013）

2012 到 2013 年，第三方手机浏览器市场竞争愈加激烈，进入高速发展期，第三方手机浏览器用户达到一定规模，用户黏性逐步养成。这个时期，市场格局再次生变，以手机 QQ 浏览器和百度第三方为代表的互联网巨头厂商开始发力第三方手机浏览器市场以争夺移动互联网入口，并取得了不错的成绩，尤其 QQ 浏览器的市场规模已超越 UC，成为了第三方手机浏览器市场新的领军者。

同时，处于高速发展期的第三方手机浏览器市场商业模式逐渐清晰，主要的商业模式有游戏、广告和搜索，通过联合运营手机游戏获取高额的利润；同时，广告也成为第三方手机浏览器市场的重要收入来源之一；通过搜索，为搜索引擎带来流量，以获取利润。

应用成熟期（2014— ）

2014 年，中国第三方手机浏览器市场将进入应用成熟期，市场格局将相对稳定，用户规模持续增长，但随着市场渗透率的逐步提高，用户增速将逐渐放缓。

2015 年，中国第三方手机浏览器受到原生 APP 的冲击，促使市场竞争更为激烈，垂直细分领域追逐个性化竞争，是未来第三方手机浏览器的生存之道。第三方手机浏览器厂商均在积极寻找自己的差异化优势，在同质化严重的中国第三方手机浏览器市场中脱颖而出，提升用户体验，增强用户黏性。提供个性化服务，是第三方手机浏览器吸引年轻用户的重要竞争力，这样更有利于保持第三方手机浏览器的地位，争夺更多市场份额。各个厂商为巩固行业中的地位，纷纷做出创新及转型。内容聚合与娱乐化将成为第三方手机浏览器的标配。打造内容聚合平台，减少用户过去复杂的输网址、关键词搜索、网站多步跳转等操作，适应移动用户碎片化时间的需求。在 90 后人群成为互联网最主流用户的今天，第三方手机浏览器推出个性化娱乐社交转型，不断满足具有个性化需求的 90 后年轻群体。

对于个人用户而言

随着第三方手机浏览器厂商作为互联网入口平台在市场中逐渐稳定，以及用户资源的长期积累，第三方手机浏览器向产业链上下游的整合速度加快，形成集内容聚合、轻应用、搜索、广告等环节为一体的产业链。在此过程中，具有资本优势的厂商对用户资源、内容资源的竞争能力积累，中小厂商面临较大的生存压力，手机浏览器行业呈平台化、个性化发展趋势，对于个人用户将对第三方手机浏览器操作更加娴熟，迅速提升其良好的用户体验。

对于渠道商而言

第三方手机浏览器通过渠道提供商，例如应用宝、豌豆荚等推广自己的产品，帮助手机 QQ 浏览器简化升级程序，有助于提高用户更新软件的意愿。其次，与运营商合作，通过为电信运营商的定制机提供第三方手机浏览器预装服务以及相应的技术服务，例如手机 QQ 浏览器与中国移动合作，将其产品预装到定制机中。另外，手机 QQ 浏览器可以和腾讯自身的其他业务深度融合发展，如 QQ、微信、QQ 空间、腾讯视频、QQ 阅读、手机管家等，起到相互促进带动的作用。

对于资本市场而言

当前中国第三方手机浏览器处于市场成熟发展阶段，BAT 三家公司的市场格局处于三足鼎立阶段。

其他中国第三方手机浏览器厂商难以突破重围，投资者对中国第三方手机浏览器市场持冷静态度。

市场典型企业——手机 QQ 浏览器

腾讯于 2010 年推出手机 QQ 浏览器，凭借产品和技术的创新、细分市场的营销落地及社交体系的资源优势转换，以及腾讯的品牌和影响力，使得手机 QQ 浏览器迅速扩大用户规模占领市场，目前，手机 QQ 浏览器处于第三方手机浏览器市场领先地位。

手机 QQ 浏览器通过与腾讯旗下其他移动产品（QQ、微信、QQ 空间、腾讯新闻等）的有效整合，使得用户在手机 QQ 浏览器浏览到的内容能够简便地分享到社交圈子，而 QQ 一号通的登录方式，不仅省去了用户“新注册”的繁琐操作，更打通了各产品间的接口，跨屏穿越、微云收藏等多平台、多应用的互通不仅为用户带来了实用的功能，更通过腾讯 APP 群的力量增强用户黏性。技术上追求浏览器的速度及稳定性的提升，产品定位年轻化。正是因为手机 QQ 浏览器对于自身功能、用户群体的准确定位，加上品牌形象代言人等对于市场的推广力度，使得手机 QQ 浏览器这一款个体产品所聚集的用户影响到了整个 APP 群。产品之间的共存共进体系，使得手机 QQ 浏览器保持了如今的领先地位。

根据 Analysys 易观发布的数据显示，在 2015 年中国第三方手机浏览器用户覆盖数达到 5.2 亿人，同比 2014 年上涨 13.0%。预计到 2018 年整体用户规模将达到 6.6 亿人。

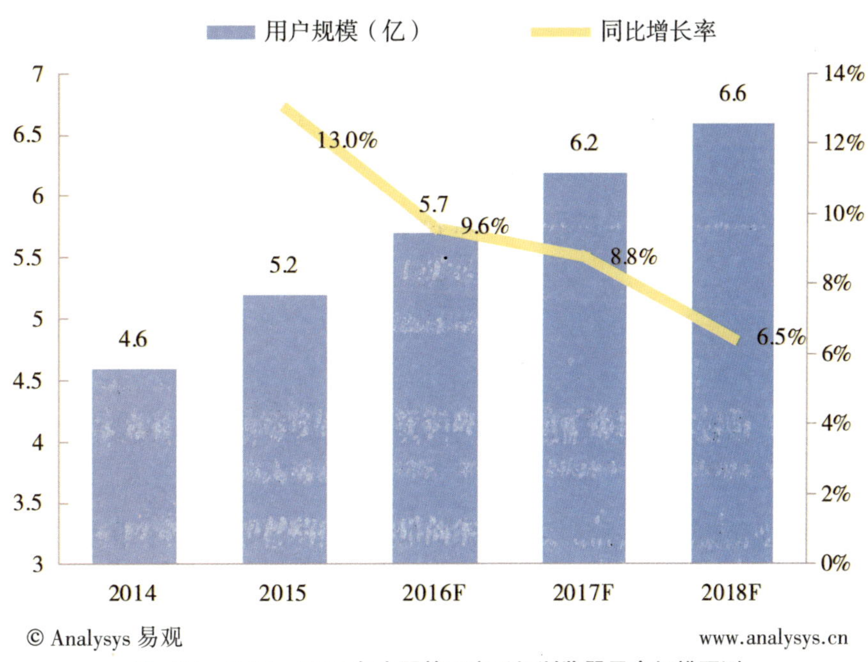

图 104 2015—2017 年中国第三方手机浏览器用户规模预测

Analysys 易观分析认为，在 2016 年中国第三方手机浏览器市场将呈现以下趋势：

1. 产品将从个性化、垂直化方向深度发展

由于手机浏览器具备移动互联网入口级地位，产品同质化较为严重，为了更好地争夺用户资源，因此个性化、垂直化发展成为未来发展的必然趋势。同时厂商为了维持手机浏览器产品的用户黏性，分别增加了微信热文、弹幕等内容来保证用户留存率。预计浏览器厂商未来将针对用户需求以及市场情形进行不同程度的转型。

2. 手机浏览器厂商借助大数据分析来提升用户体验

手机浏览器作为工具应用也是其他第三方应用的入口，因此对应用商店必然产生分流。经过近两年的革新，浏览器开始提供更多元服务，手机浏览器厂商可借助于用户回传的大数据，针对用户偏好进行推送，从而提升用户体验。

位置服务

作为当前移动互联网用户出行的常用工具，手机地图已成为基于地图导航的 O2O 领域最基本的应用工具和用户入口。同时由于中国手机地图市场已进入应用成熟期，用户增长率方面将会有所下滑。

Analysys 易观分析认为，整个中国地图导航市场目前处于应用成熟期。在经历了多年的发展和数次大型收购后，中国互联网巨头已经基本完成了从地图数据到 O2O 的全产业链布局。

探索期（2001—2010）

随着北京移动率先推出基于移动梦网卡的位置服务，以及高德和四维图新的相继成立，中国地图导航市场进入探索期。至 2008 年，GPS 手机逐渐普及，硬件的完善使得大量厂商迅速进入地图导航市场。2009 年，高德推出高德地图后，百度和腾讯紧随其后，推出地图业务。

启动期（2011）

搜狗正式推出 Android 和 iOS 版手机地图。中国手机地图市场主流厂商基本确立。

高速发展期（2012—2013）

随着中国智能手机渗透率逐年提升，手机地图已经成为了移动互联网用户出行必不可少的工具。中国各大主流手机地图均能够提供基础的定位、路线查询、路径导航、路况等功能，同质化现象严重。在此背景下，百度与高德均宣布导航等基础服务免费，大众开始探索新的商业模式。

应用成熟期（2014— ）

经过了一系列的投资、收购，主流厂商开始布局地图上游市场，同时，拓展基于位置服务的生活服务成为了手机地图新的发展方向。

对个人用户而言

在手机地图基础功能同质化的今天，基础功能的继续优化将成为保持其活跃用户增长的重要因素，若是基础功能存在较多误差势必带来活跃用户的流失，而用户也将向基础功能更加成熟的服务转移。

为探索新的盈利模式，主流厂商开始布局手机地图生活服务 O2O 生态，得益于前期市场培养，移动互联网用户已经习惯于将手机地图作为生活服务入口，并充分使用位置服务+生活服务带来的便利。

随着车联网发展到一定阶段，在充分竞争的市场格局下，车联网产品的首要目标是提高用户体

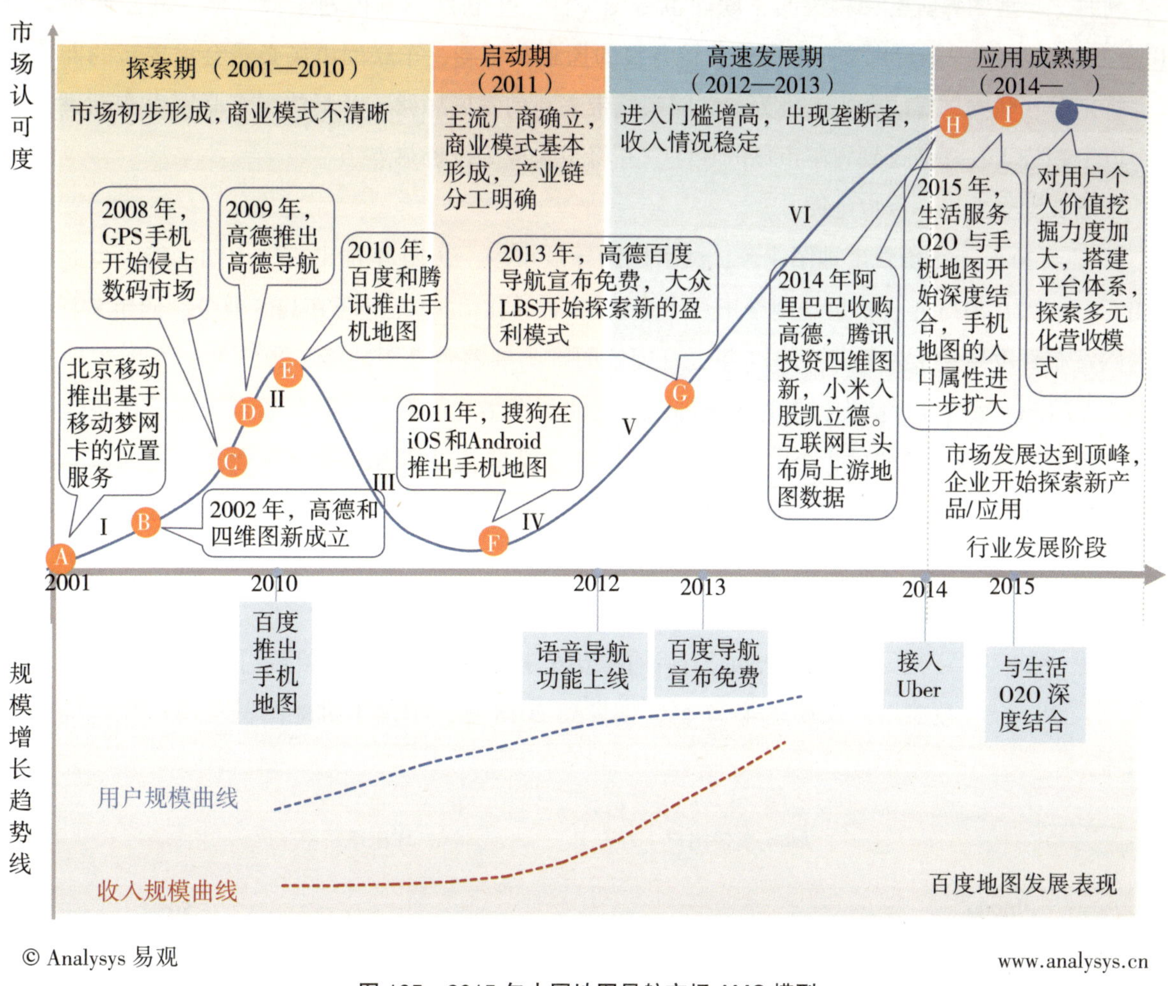

图 105　2015 年中国地图导航市场 AMC 模型

验，提高用户满意度，从而提升企业品牌价值，在这一趋势下，车联网核心将是围绕如何满足用户的个性化需求，以及如何提升服务品质，因此在产品形态上，最终的产品和服务也应该是由用户主动选择的。

对行业客户而言

手机地图作为一个强场景化应用，能够为基于位置场景的生活服务带来大量用户流量。对提供生活服务与车主服务的第三方企业而言，将旗下服务植入手机地图应用，能够为其增加大量活跃用户，并最终实现变现。目前，多家手机地图企业已布局生活服务，将其作为手机地图的典型变现渠道进行强化。未来各家手机地图企业将继续拓展地理位置+生活服务，手机地图的入口属性将进一步扩大。

对资本市场而言

目前，手机地图导航市场已经进入发展成熟期。以地图为入口，以生活服务变现的盈利模式已经基本确立并日趋完善。资本市场对于手机地图导航本身关注度降低，而对于以地图导航为入口的生活服务 O2O 细分领域关注度提高，比如停车、加油、交通出行等。随着人们生活水平的提高，生活服务细分领域将不断增加，产出更多投资热点。

同时，与地图导航密切相关的车联网也备受关注。车联网市场仍处于整合期，其商业模式以2B为主，2C为辅。随着未来车联网产业链各级的探索和创新，车联网市场必然会出现新的商业模式。特别是互联网厂商的介入，将为车联网领域带来新的发展思路，并最终向车联网生态圈进行演进。以上趋势正在逐渐受到资本市场的关注，并将很快成为投资热点。

市场典型企业——百度地图

百度于2005年推出百度地图业务，试水地图导航市场，2010年推出三维地图功能，由此正式推出百度地图。2013年，百度地图推出百度全景地图，同时，宣布升级其LBS业务。同年8月，百度地图宣布百度导航永久免费。2014年，百度地图推出港澳台地图功能。2015年，全面布局O2O领域。Analysys易观分析认为，作为较早进入手机地图市场的厂商，百度依靠自身资源优势连续对多个生活服务O2O领域的优秀企业进行投资，同时在某些关键服务开展自营业务，进而依靠其海量用户资源实现变现。如近期的去哪儿与携程宣布合并，意味着百度系OTA阵营正式形成，未来双方在整合在线旅游市场的过程中，百度系基础移动端服务将发挥关键作用，能量进一步释放。

根据Analysys易观发布的数据显示，预计在2016年，中国手机地图覆盖用户规模将比2015年环比增长28.7%，覆盖用户规模达4.57亿。预计到2018年，中国手机地图覆盖用户规模将达到6.42亿。

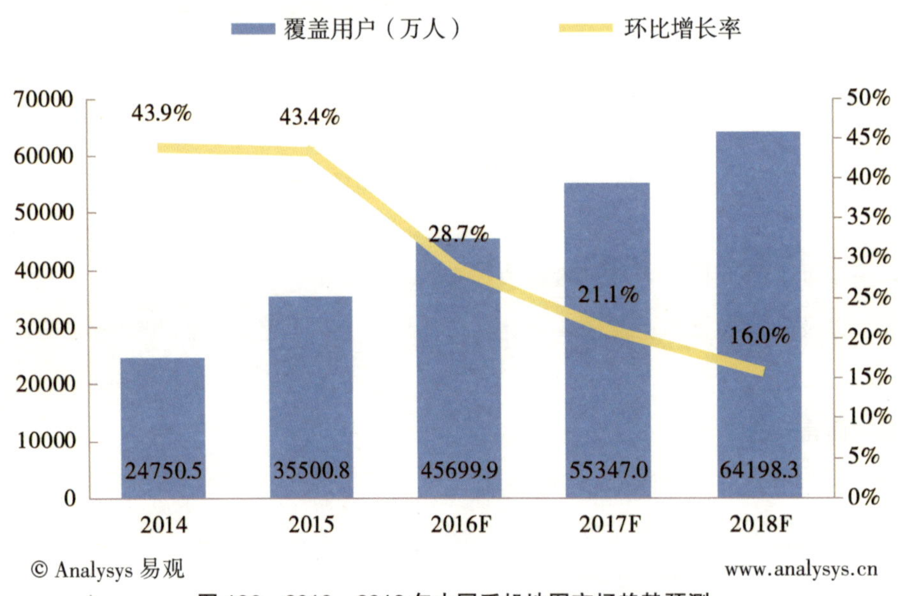

图106　2016—2018年中国手机地图市场趋势预测

Analysys易观分析认为，在2016年中国手机地图市场将呈现以下趋势：

1. 手机地图基础功能将继续强化

随着中国智能手机渗透率逐年提升，手机地图已经成为了移动互联网用户出行必不可少的工具。当前中国各大主流手机地图均能够提供基础的定位、路线查询、路径导航、路况等功能，同质化现象严重，这些基础功能更多是在POI准确度与导航路线规划准确度间存在差异。Analysys易观分析认为，在手机地图基础功能同质化的今天，基础功能的继续优化将成为保持其活跃用户增长的重要因素，若是基础功能存在较多误差势必带来活跃用户的流失，而用户也将向基础功能更加成熟的服务转移。Analysys 易观预测，未来手机地图基础功能将继续在原有基础上得到强化，以优质的基础服务保证其服务下活跃用户数的稳定。

2. 生活服务已成为手机地图新的发展方向

除了继续提升基础功能以外，拓展基于位置服务的生活服务已经成为了手机地图新的发展方向。基于位置服务的生活服务不仅能够为用户在出行过程中提供一站式的顺畅体验，亦能够实现将海量的手机地图活跃用户变现。Analysys 易观分析认为，得益于前期市场培养，移动互联网用户已经习惯于将手机地图作为生活服务入口，并充分使用位置服务+生活服务带来的便利。Analysys 易观预测，未来各家手机地图企业将继续拓展地理位置+生活服务，将企业生态中的生活服务 O2O 作为手机地图的典型变现渠道进行强化。随着生活服务 O2O 与手机地图的深度结合与场景化运营的探索，手机地图的入口属性将进一步扩大。

根据 Analysys 易观近期发布的《2015 年手机地图导航实力矩阵专题研究报告》，易观对 2014 至 2016 年主要手机地图导航厂商在实力矩阵中所处的位置以及执行能力和创新能力的变化情况做如下解读。

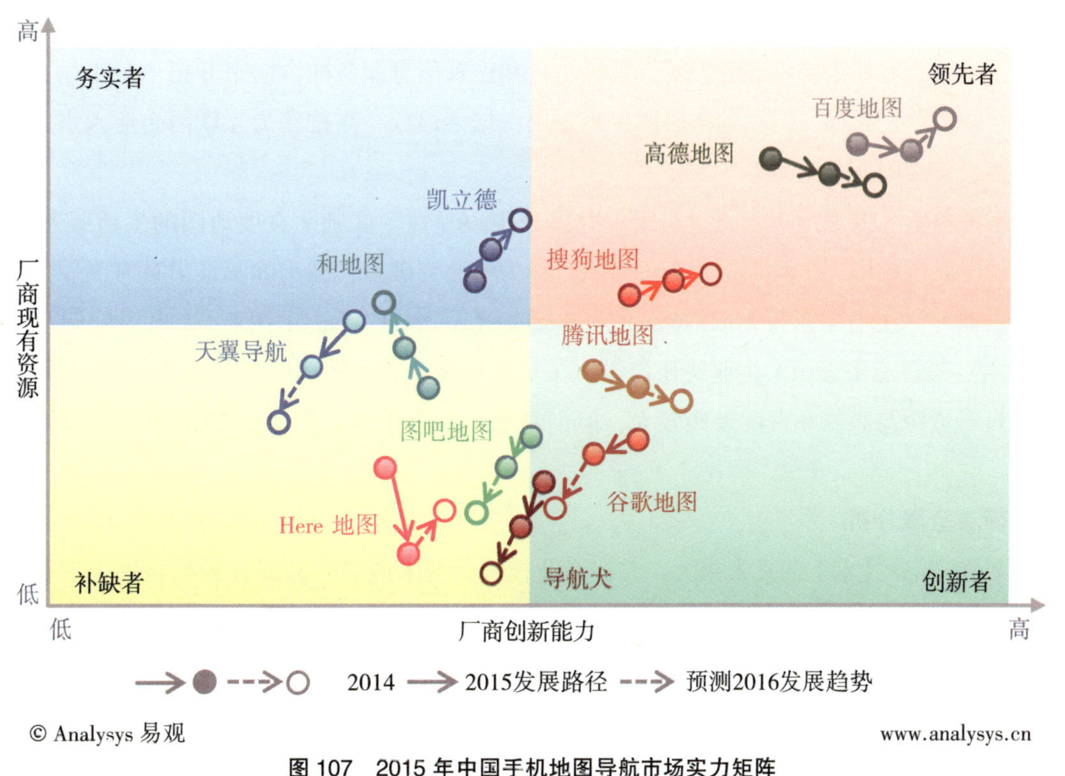

图 107 2015 年中国手机地图导航市场实力矩阵

- **领先者象限分析**

领先者在商业模式创新或产品/服务创新性上拥有较强的独特性，同时具有很好的系统执行力，能够把创新性提供给市场并获取较高的市场认可。

2015 年中国手机地图导航市场领先者：百度地图、高德地图、搜狗地图

➢ 新进入者：无

➢ 新退出者：无

随着中国手机地图导航应用在中国移动互联网用户中渗透率已达到较高水平，手机地图导航的用户数量很难再出现爆发性增长。未来位于领先者象限的手机地图企业将继续拓展地理位置+生活服务，将企业生态中的生活服务 O2O 作为手机地图的典型变现渠道进行强化。随着生活服务 O2O 与手机地图的深度结合与场景化运营的探索，手机地图的入口属性将进一步扩大。

百度于 2015 年更多地围绕手机地图进行生活服务 O2O 生态布局。从中国主流手机地图生活服务 O2O 生态布局可以看出，目前百度布局了最多的生活服务 O2O 领域，其中超过半数的生活服务 O2O 为百度自营。在位置服务+生活服务领域，百度较早地发现了手机地图的强入口属性和强场景属性，以及生活服务 O2O 的战略价值。基于以上原因，百度依靠自身资源优势连续对多个生活服务 O2O 领域的优秀企业进行投资，同时在某些关键服务开展自营业务，进而依靠其海量用户资源实现变现。预计在 2016 年，百度将继续围绕手机地图进行生活服务 O2O 生态布局，以巩固自己的领先者位置。

高德于 2014 年 4 月被阿里巴巴收购，并随后表示将三年不盈利，专注于用户、产品、研发。高德在获得了阿里巴巴的支持后，其运营重心已放在产品方向，原本的 O2O 布局已经暂停。2015 年 11 月 2 日，高德宣布正式推出汽车业务，下一阶段将重点发展汽车板块，发力车联网。预计未来，高德汽车将会专注于应用服务领域，延续出行和位置信息服务的方向来开拓增量市场，以互联网化导航打造车联网产品。但目前车联网中车企仍占据话语权，高德作为互联网企业入水车联网行业变数较多，仍需时间观察。

搜狗地图擅长不断通过微创新吸引用户并提升用户黏性。区别于百度地图的生活服务 O2O 战略和高德的车联网战略，搜狗自始至终仍将出行作为核心突破点。搜狗除了推出自有品牌的糖猫儿童智能手表以外，还与苹果（Apple Watch）、Google（Android Wear 中国版）、出门问问（Ticwear 和 TicWatch）等智能手表相关企业展开合作，在基于智能手表的地图服务及语音交互上形成积累。虽然搜狗自身资源与高德和百度差距较大，但创新能力不容小觑，预计在 2016 年将继续深入领先者象限。

• 创新者象限分析

创新者在产品/技术上的投入很大，并在商业模式、技术或者产品服务的创新性上有独特的优势。但是由于种种原因没有得到很好的市场表现。

2015 年中国手机地图导航市场创新者：腾讯地图、谷歌地图

➢ 新进入者：无

➢ 新退出者：图吧地图

腾讯地图虽然拥有完整的街景测绘团队，但在目前却受限于集团整体策略，在营销、资源、技术、创新等多方面都处于停滞不前的状态，已经失去了继续扩展市场份额的机会，预计 2016 年，腾讯地图将继续停留在创新者象限中。

• 务实者象限分析

务实者拥有丰富的资源，执行能力较强，但是创新优势不明显。

2015 年中国手机地图导航市场务实者：凯立德

➢ 新进入者：无

➢ 新退出者：无

凯立德作为老牌导航厂商，一直立足于车载导航市场，但自有产品移动互联网化缓慢，错失了于早期占领移动互联网市场的机会。目前，凯立德正在大力发展车联网、汽车智能硬件、移动互联网业务，但仍处于研发或市场拓展阶段。预计 2016 年凯立德将继续巩固务实者象限地位。

• 补缺者象限分析

2015 年中国手机地图导航市场补缺者：和地图、天翼导航、图吧地图、导航犬、Here 地图

➢ 新进入者：图吧地图

➢ 新退出者：无

受困于中国移动本身的局限性，和地图在技术与创新上难以与其他产品竞争。但借助于自身庞大的预装渠道和营销资源，中国移动在 2015 年对和地图进行大规模推广，并取得了一定成绩。预计和地图将于 2016 年进入务实者象限。

由于中国电信的传统思维和天翼导航在中国电信产品线中的地位，天翼导航从技术和设计上均难以与同类产品竞争，同时其传统收费模式也难以与现在的免费模式抗衡，这导致了天翼导航既难以吸引客户，也无法保持用户黏性。预计天翼导航在 2016 年将继续在补缺者象限中下滑。

图吧地图的资源、执行能力与创新能力在 2015 年没有得到任何改善，维持现有运营环境将十分艰难，并已下滑至补缺者象限。

导航犬的执行能力与创新能力依然没有在 2015 年得到改善，预计 2016 年将继续在补缺者象限中下滑。

Here 地图于 2015 年被奔驰、宝马和奥迪联手以 28 亿欧元收购。随着车联网及无人驾驶技术的发展，汽车企业已经成为各大地图商的主要客户来源。而高精度地图又是无人驾驶技术最重要的核心技术。Here 地图已经具备这样的核心技术。但鉴于 Here 地图在中国市场基本不进行营销推广与渠道扩张，且产品本地化程度不高，因此 Here 地图在 2015 年将继续维持在补缺者象限中。

手机安全

手机安全作为移动互联网重要的基础入口，随着当前用户网络安全需求的不断增加，整个手机安全市场规模正不断扩大。Analysys 易观分析认为，目前手机安全市场已经进入产业成熟期，市场格局基本稳定，未来市场将呈现稳定增长趋势。

Analysys 易观分析认为，中国手机安全市场目前处于应用成熟阶段。

探索期（2007—2009）

早期的手机安全应用主要以针对 Symbian 系统的产品为主。此时网秦杀毒、防盗卫士等 PC 安

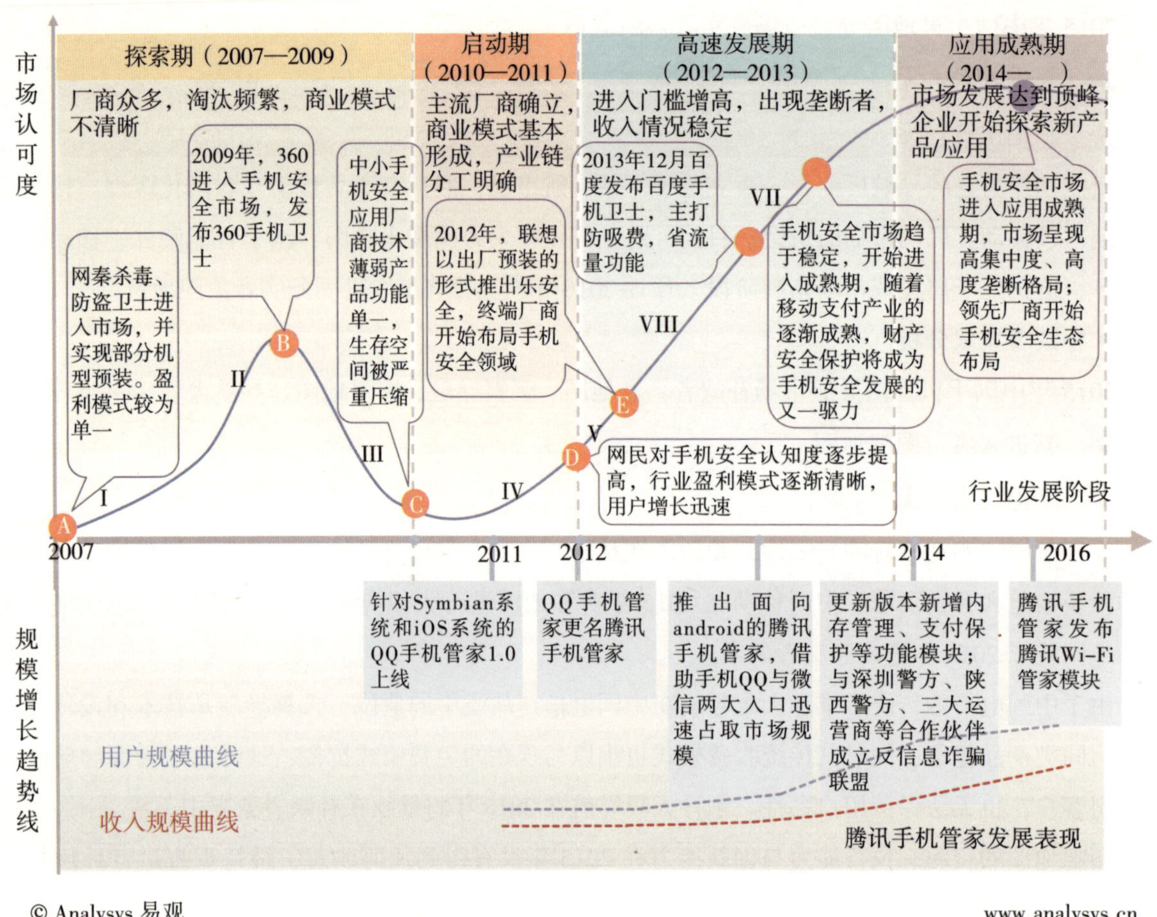

图 108　2015 年中国手机安全市场 AMC 模型

全软件厂商进入手机安全领域，并实现部分机型预装。该阶段 3G 网络逐渐普及，手机安全问题开始凸显，各第三方安全应用厂商相继发布手机安全产品，但盈利模式较为单一。2009 年 360 进入手机安全市场，发布 360 手机卫士产品，凭借其优质产品实力、强大的 PC 端渠道和多年积累的品牌认知度，迅速获得大部分市场份额，压缩了众多中小手机安全应用生存发展空间。

启动期（2010—2011）

随着移动互联网的高速发展和移动安全技术的革新升级，更多的第三方安全应用企业纷纷进入手机安全市场，参与市场竞争，抢占市场份额，并探索新的商业模式，把安全应用作为入口之一。该阶段包括腾讯手机管家在内的更多企业开始进入该领域。2010 年，腾讯与 360 之间的 3Q 大战使互联网厂商和终端厂商认识到手机安全应用入口的重要性和市场的发展空间，为手机安全市场进入高速发展期进行了铺垫。

高速发展期（2012—2013 ）

随着网民对手机安全认知度逐步提高，手机安全用户规模增长迅速。同时，手机安全盈利模式开始清晰，主要为广告、增值服务运营及第三方合作分成等，企业开始注重产业链协作，更加开放发展。2013 年，百度发布百度手机卫士，凭借其优秀的入口优势，百度手机卫士迅速成长，成为仅次于 360 手机卫士和腾讯手机管家的手机安全应用。此阶段终端厂商也开始通过手机预装的方式推出自己的手机安全应用，例如联想的乐安全、小米的安全中心等应用开始被用户广泛使用。市场集中度进一步提升，小型第三方手机安全应用的市场空间逐步被压缩。

应用成熟期（2014—　）

该阶段手机安全市场趋于稳定，开始步入成熟期。360手机助手、腾讯手机管家和百度手机卫士三大手机安全应用厂商占去超过80%的市场规模，呈现集中化市场格局。三大厂商之间的竞争由用户规模之争向产品差异化和网络安全生态布局的方向发展。随着移动支付产业的逐步发展成熟，财产安全保护也将成为手机安全发展的又一驱动力。

对个人用户而言

随着移动支付的兴起，用户对网络安全的需求也更强，手机安全厂商纷纷发力移动支付安全保护，与政府和运营商信息互通，为用户创造了一个安全的上网环境，得到广大移动网络用户的认可。除了原有的病毒查杀、流量监控、软件管理等功能，厂商还引入了人脸识别、Wi-Fi接入等创新功能，丰富了手机安全应用的功能，为用户带来更多功能选择。

随着手机安全应用作为基础互联网入口，通过用户信息、用户资源的长期积累，手机安全应用在产业链上下游的整合速度加快，逐步形成应用开发商、应用分发渠道、政府部门、用户等环节为一体的网络安全产业链。在此过程中，具有资源优势和用户优势的厂商快速形成竞争壁垒，中小厂商面临较大的生存压力。手机安全市场呈现集约化、规模化发展趋势。

对行业客户而言

目前，移动支付市场的持续增长已经成为手机安全市场发展的主要驱动力，各手机安全厂商都围绕用户关心的支付安全这个核心问题展开新一轮逐鹿。保障用户的移动支付安全，除了在技术上保障包括终端厂商、运营商、应用商店和开发者等全产业链安全外，手机安全厂商还在积极布局移动安全生态圈。

手机安全厂商为手机终端厂商提供手机安全软件预装服务。手机终端厂商是手机安全软件的业务载体，同时掌握手机安全软件的用户渠道，预装到手机中的手机安全厂商需要对终端厂商支付相应的预装推广费用。具有技术实力的终端厂商通过预装其自有手机安全应用，保障了其一定数量的市场份额。不具备自主研发安全应用能力的终端厂商也纷纷加强与其他第三方手机应用的合作，加强移动终端的网络安全。应用市场作为手机安全软件的推广渠道，用户通过应用商店可免费下载相关应用，电子市场为手机安全软件厂商推广安全产品，并收取相应的推广费；同时，电子市场为确保应用商店内各种应用的安全，需要手机安全软件厂商提供安全监测服务，并获取相应的监测费用。手机安全厂商与银行或第三方支付厂商进行合作，为银行或第三方支付厂商提供安全及流量保护服务，从而获得相关的服务提成以产生收入。手机安全厂商与电信运营商进行合作，为运营商用户提供安全及流量保护服务，从而获得运营商相关的服务提成以产生收入。手机安全厂商还在移动网络和语音电话等方面提供服务，例如号码标记等。公安部门等政府机构与手机安全厂商合作，利用手机安全厂商的问题号码、问题信息标记数据库，打击不法分子的网络诈骗、病毒入侵等妨害公民信息安全、财产安全的行为，与安全应用厂商共建文明健康网络环境。

随着用户对网络安全和手机安全应用体验的重视，针对用户的保护，诈骗信息、病毒侵害的查筛的网络安全防护方式不断被探索实践，在此过程中行业客户可以与手机安全厂商深层次合作，创新手机安全内容及形式，与目标人群建立更广泛更深层次的联系，打造优质网络环境。

对资本方而言

当前中国手机安全市场已进入成熟期，360、腾讯占据绝大部分的市场份额，市场集中度高，新进入者难以有所突破，且手机安全的业务已经基本完成全用户覆盖，市场基本饱和，手机安全领域的资本回报率较低，资本方对手机安全市场的投资热情并不高。

市场典型企业——腾讯手机管家

聚焦到手机安全行业的典型企业腾讯手机管家，Analysys 易观分析认为，腾讯手机管家虽然较晚才进入市场，但是在手机安全市场突破同质化发展、打造网络安全生态方面有领导性作用。

自 2010 年腾讯与 360 之间的 PC 机“3Q 大战”爆发后，腾讯开始重视安全应用这一重要入口，加速安全应用的研发和布局。腾讯手机管家前身为 QQ 手机管家，其 2011 年推出面向 Symbian 系统和 iOS 系统的手机安全应用，随着 Android 系统市场份额的爆发增长，腾讯推出面向 Android 系统的手机安全应用版本，加入微信保护、支付保护、内存管理等创新性应用。依托 QQ 和微信庞大的用户量，腾讯手机管家在推出两年时间内便取得了极大的市场份额。借助腾讯的资金优势，腾讯手机助手通过请当红明星代言的营销方式，在年轻用户市场获得了较大的市场关注度。

在安全生态布局方面，腾讯手机管家与应用分发渠道合作，为终端厂商提供安全模块，打造安全生态。基于其自建的活跃号码库，与警方、运营商共同发起反信息诈骗联盟，将安全防护的战场由用户手机端转向产生欺诈行为的上游犯罪集团，营造安全上网环境。

根据 Analysys 易观发布的数据显示，在 2015 年中国手机安全用户覆盖数达到 4.88 亿人，同比 2014 年上涨 18.2%。预计到 2018 年整体用户规模将达到 5.51 亿人。

Analysys 易观分析认为，在 2016 年中国手机安全市场将呈现以下趋势：

1. 产品用户体验和产品功能深度发展

由于手机安全具备移动互联网入口级地位，产品同质化较为严重，为了更好地争夺用户资源，用户体验和产品功能的深度发展，例如增加个性化服务、减少卡顿等，将成为未来发展的必然趋势。移动支付的高速发展也将使支付安全保护成为手机安全应用厂商的重点发展发力点。预计手机安全厂商未来将针对用户需求以及市场情形进行不同程度的转型。

2. 加强与产业链各环节的合作，建立网络安全生态

随着安全病毒的大规模爆发，单一的安全服务已经不能满足用户的需求。手机安全厂商将着力构建一站式安全服务，具体体现在终端+运营商+安全软件商+渠道商+平台商，把控好从生产到用户使用及使用过程中每一个环节的安全服务，因此移动安全厂商之间的竞争将布局在整个移动安全生态圈中，否则将面临被淘汰的命运。

Analysys 易观预计，未来国内手机安全厂商的竞争将从技术竞争和商业模式竞争步入移动安全生态圈的竞争。打造整个移动安全生态圈的厂商将获得用户青睐，并在新一轮竞争中脱颖而出。

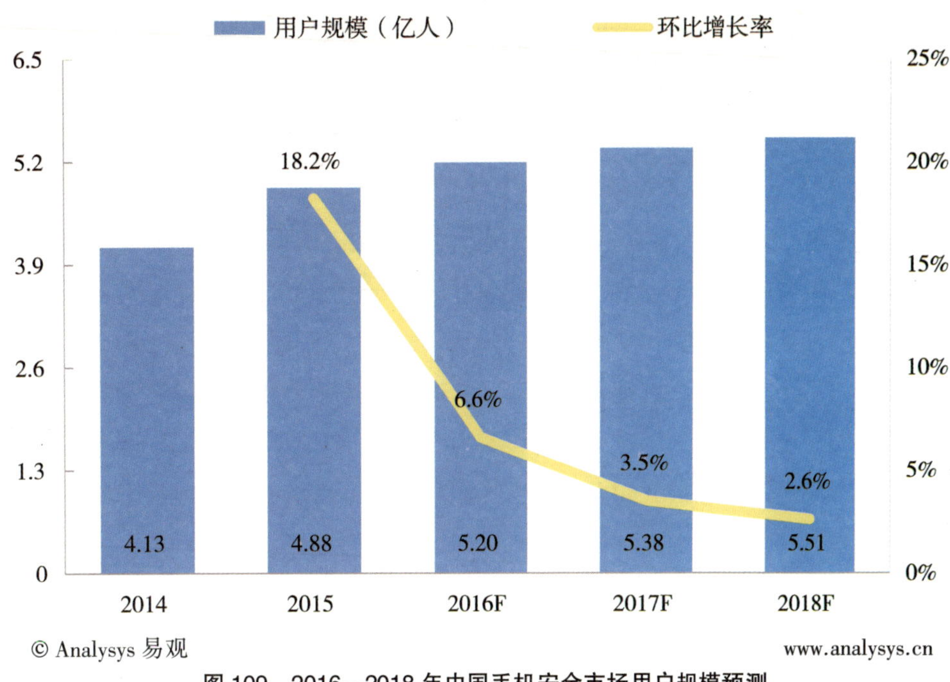

图 109　2016—2018 年中国手机安全市场用户规模预测

根据 Analysys 易观发布的《2015 年中国手机安全市场实力矩阵专题研究报告》显示，Analysys 易观对 2014 至 2016 年主要手机安全厂商在实力矩阵中所处位置的变化做了如下解读。

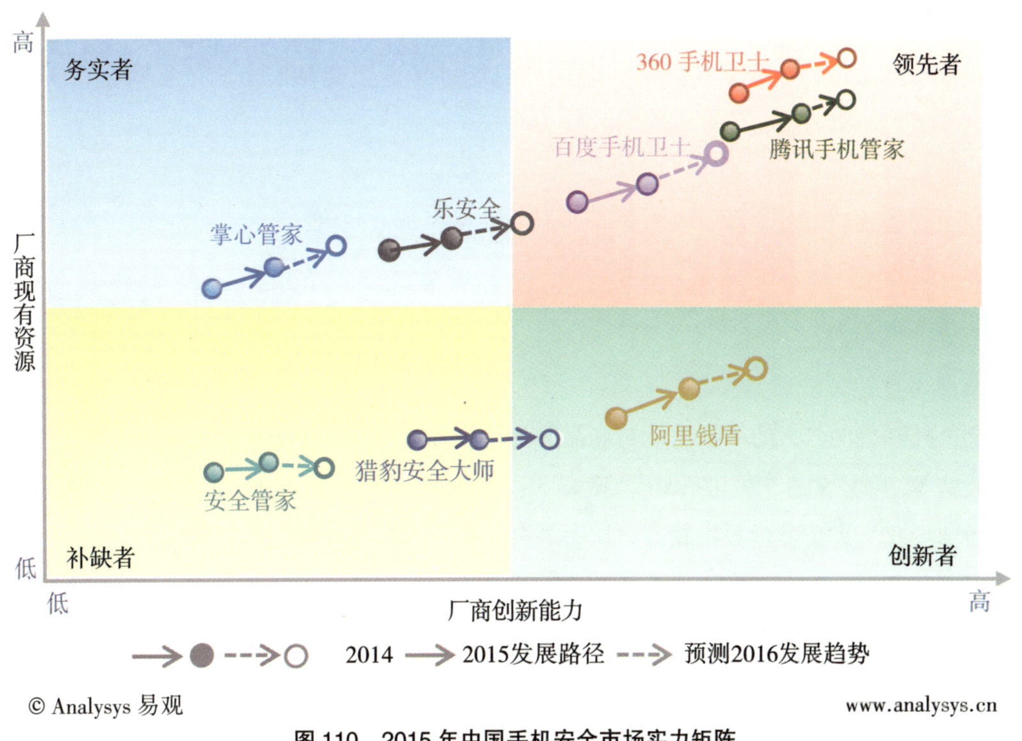

图 110　2015 年中国手机安全市场实力矩阵

- **领先者象限分析**

领先者在产品/服务创新性上拥有较强的独特性，同时具有很好的系统执行力，能够把创新性提供给市场并获取较高的市场认可。手机安全市场目前处于成熟发展阶段。

2015 年中国手机安全市场领先者：360 手机卫士、腾讯手机管家、百度手机卫士

➢ 新进入者：无

➢ 新退出者：无

360 手机卫士拥有先发优势，市场认知度与用户基数较高，有助于其手机安全软件的发展。360 手机卫士的商业模式较为成熟，通过各产品相互引导用户流量，最终通过广告和游戏产生盈利。腾讯手机管家依托于腾讯公司的产品和品牌优势，借助手机 QQ 与微信两个超级入口，腾讯手机管家用户数量快速扩张。另外，腾讯手机管家拥有较强的产品研发能力和产品创新能力，建立移动安全实验室，安全生态布局较为完善，具有一定竞争实力。百度品牌的用户认知度及公信力高，百度安全卫士通过一系列市场推广迅速扩大知名度，引导用户平稳升级，新用户增长迅速。同时百度安全卫士产品研发能力强，自主反病毒引擎屡次获得国际评测机构好评。

• **创新者象限分析**

创新者在产品/技术上的投入很大，并在商业模式、技术或者产品服务的创新性上有独特的优势。但是由于种种原因目前没有得到很好的市场表现。

2015 年中国手机安全市场创新者：阿里钱盾

➢ 新进入者：无

➢ 新退出者：无

阿里钱盾依托阿里品牌及生态圈优势，着力于打造从用户到合作伙伴再到开发者的移动安全生态圈。另外，阿里钱盾主要用于保护移动端用户的支付与资金交易安全，依托淘宝、天猫和支付宝、余额宝等庞大用户和品牌优势，产品前景较好。

• **务实者象限分析**

务实者拥有丰富的资源，执行能力较强，但是创新优势不明显。

2015 年中国手机安全市场务实者：掌心管家、乐安全

➢ 新进入者：无

➢ 新退出者：无

乐安全依托联想的较大的手机出货量和品牌影响力，具有一定市场规模。乐安全主打保护用户隐私和防吸费等功能，基于首创的 API 拦截技术，从底层主动拦截各种安全威胁，实时监控与拦截系统中的敏感操作，避免各类吸费软件、广告软件乃至木马病毒等窃取用户隐私及吸费。依托其稳健增长的用户规模和创新产品功能，乐安全预计将在 2016 年进入领先者区域。掌心管家为中兴手机旗下手机安全应用，依托中兴手机出货量，其在用户规模上也有一定优势，位于务实者象限。

• **补缺者象限分析**

2015 年中国手机安全市场补缺者：安全管家、猎豹安全大师

➢ 新进入者：无

➢ 新退出者：无

近年来 BAT 和终端厂商纷纷发力手机安全领域，第三方手机安全应用厂商的市场份额不断被压

缩。随着手机安全市场的逐步成熟，补缺者象限厂商积极施行差异化战略，以期在新的市场和领域获得市场认同。安全管家是北京安管佳科技有限公司2009年推出的一款手机安全软件。猎豹安全大师为金山网络旗下手机安全应用，其在网络安全领域具有一定的技术积累，预期未来将向创新者方向发展。作为第三方手机安全应用，其进入市场时间较晚，既无较强的品牌优势亦无终端厂商资源，市场份额不具有竞争力，深耕网络安全领域多年的第三方手机安全厂商可以在技术创新等方面有所建树，向创新者象限发展。

易观预计，未来国内手机安全厂商的竞争将从技术竞争和商业模式竞争步入移动安全生态圈的竞争。根据用户移动支付场景打造整个移动安全生态圈的厂商将获得用户青睐并在新一轮竞争中脱颖而出，因此移动安全生态圈的竞争将重塑手机安全市场的竞争格局。

智能终端

智能手机

Analysys易观分析认为，中国智能手机市场经过多年发展，目前处于市场成熟期。

探索期（2008—2009）

智能手机于21世纪初出现，因为价格和易用性问题，用户群更多局限于需要移动办公的商务人士。直到几年后，新一代智能手机操作系统Android和iOS的出现，智能手机才被广大消费者所接受。而开源的Android则直接推动了中国智能手机产业的崛起。随着Android操作系统的进入，中国智能手机市场正式从探索期快速发展。

启动期（2010）

2010年，中国智能手机市场迎来井喷式发展的一年。随着移动互联网的迅速普及，智能手机的商务、娱乐等应用功能越来越被消费者认可，用户关注度再度攀升。同时，智能手机作为手机市场新的利润增长点，操作系统之间的对决进一步升级，各大厂商之间的争夺也更加激烈，占据关注优势的国外品牌在很大程度上左右着智能机市场的发展方向。其中，苹果在智能手机市场的风生水起尤为值得关注，如何平衡市场份额及利润成为值得各大厂商思考的问题。受其他操作系统产品影响，诺基亚用户关注比例持续下滑；HTC、摩托罗拉借力Android，上升势头迅猛。

高速发展期（2011—2013）

依托中国3G业务的发展，移动手机市场近几年来发展火爆并全面智能化。中国的智能手机占据手机市场的比重也越来越大，功能机正在被智能手机逐步替代。中国的智能手机品牌繁多，三星、苹果占据着中国智能手机的大部分市场份额，由于智能手机发展迅速，正借智能手机的普及大

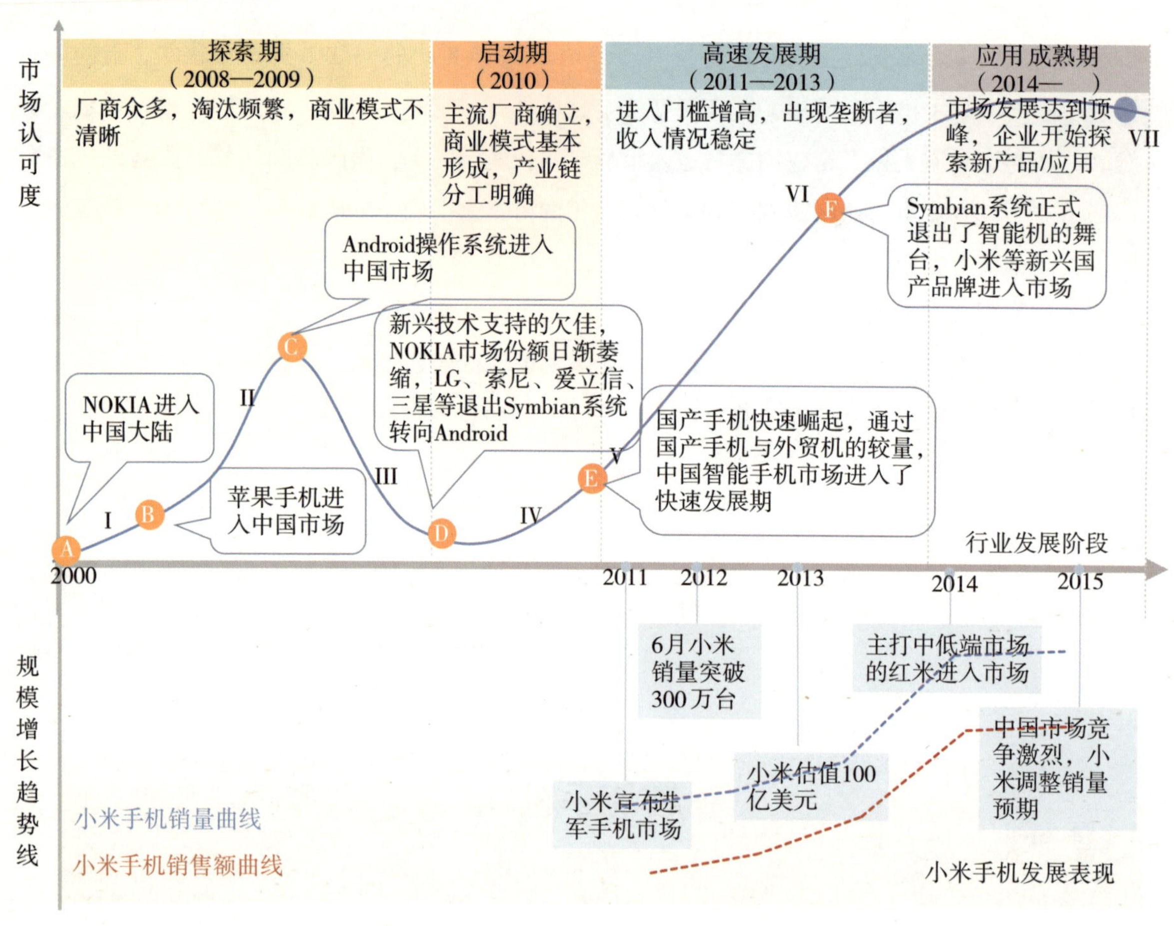

图 111　2015 年中国智能手机市场 AMC 模型

潮而重新发力。华为、中兴、联想、OPPO、金立、酷派等纷纷迎来新一轮春天，小米、魅族等新兴品牌崛起，使得国产智能手机占据着一部分市场份额。中国本土品牌手机的爆发证明了它们的能量，华为、小米、中兴等品牌在市场上占据了不错的份额。

在高速发展期间，国产品牌面临两大问题：一是国内品牌以低端产品为主，没有形成强势品牌，国内的联想、夏新、华为等智能手机价格偏低，和诺基亚、三星、摩托罗拉等品牌相比属于低端产品，主要是原件、芯片和核心技术研发方面落后于这些品牌，考虑到国内很多手机品牌进入智能手机时间不长，研发能力相对落后，这个问题会随着国内品牌的不断发展而得到解决；二是盗版问题是智能手机行业面临的重要问题，盗版问题一直是困扰我国手机行业的难题，山寨机、仿真机等大量出现不但损害了行业的正常发展，也给消费者带来不利的隐患。

市场成熟期（2014— ）

随着 4G 商用和硬件成本降低，中国智能手机产业迎来市场成熟期，国产品牌市场份额进一步扩大，以华为、小米为代表的国产手机企业强势崛起，出货量迅猛增长，品牌认知度显著提升。同时，由于运营商渠道调整，电商及公开渠道比重加大，产品“同质化”现象加剧，“价格战”日趋激烈。中国本土智能手机企业在产品研发和市场营销投入加大，凭借价格和渠道优势，在产品销量和市场份额上，与国外品牌差距进一步缩小。同时，消费者对于华为、小米等国产品牌认知度明显提升。在三大运营商4G先后投入商用后，中国智能手机市场随之步入“4G时代”。从市场表现来看，今年以来，4G制式智能手机销量稳步提升，正逐步取代3G成为市场主流。从产品层面来看，华为、中兴、酷派等企业都已经将研发和营销重心转向4G。由于缺少突破性的技术应用，中国智能手机市场产品“同质化”现象明显,“价格战”进一步加剧。国内手机企业重心开始逐步向中高端市场倾斜。

Analysys易观分析认为，目前中国智能手机市场已处于市场成熟期，中国各大智能手机厂商均已积累了相当的技术与市场资源，与国际智能手机品牌在市场上平分秋色，中低端档位智能机市场基本被国产智能机占领，新进入者已经难以获得市场地位。

对于个人智能手机用户而言

随着硬件价格的逐步压低，消费者可以购买性价较高的智能手机，目前已进入第二轮智能机换机时期，这一阶段用户往往会进行消费升级，个性化、定制化发展并且优化其服务已经成为能够凝聚用户的关键，大数据时代，部分厂商已经开始针对用户回传数据进行分析，针对用户偏好等方面进行机型设计，从而能够提升用户体验。

对于手机厂商而言

在中国智能手机厂商蚕食国际智能手机厂商份额的同时，其内部竞争亦愈加激烈，尤其在营销层面。自小米在中国开创“互联网营销”之先河，并获得成功后，其他中国中国智能手机厂商开始争先效仿。将更多资源用于营销而非产品，已经成为了中国智能手机厂商常态。

尽管中国智能手机市场已达到市场成熟期，但随着未来中国4G的高速发展和先进技术的创新，中国智能手机市场格局将被扭转。当前中国智能手机线上线下销售格局基本成7：3的比例，在电商模式崛起的今天，线下渠道仍成主流，即使是开创了电商销售模式的小米，也在线下寻求突破。随着互联网化加深，诸多专攻线下渠道的传统厂商分流出电商品牌，例如大神、奇酷、乐视、ZUK、荣耀等，从而实现线上线下齐头并进的销售模式，为其在中国智能机的红海中赢得更佳的销量。

对于投资者而言

手机行业在更新换代上的速度，已经超过了像电脑、相机等众多数码产品。整个手机市场也从拼参数时代向用户体验时代递进。智能手机的红海奋战，使投资者更加沉着冷静，手机厂商研发个性化、人性化、工艺化等较为强劲具有竞争力的手机，将是引起投资者关注的关键。

市场典型企业——小米手机

随着中国智能手机市场逐渐成熟，中国智能手机品牌将在中国市场继续扩大份额，并积极推进平台化与国际化。目前国产手机盈利困难，继续打价格战的逻辑难以为继，但现阶段国内的消费已经升级，手机用户的消费趋势逐步走向高端，企业为了要维持其品牌在消费者心中的位置也在不断尝试中高端机型的研发。因此，为保证低端机器的销售量，国内手机品牌需要向市场空间更大的新兴市场进行拓展。2015年，许多国产品牌均向海外市场拓展，小米、OPPO、联想、金立等向印度这样的新兴市场发力，在中国智能手机市场接近饱和和智能手机产品利润越来越低的大环境下，寻找新的利润增长点和平台化战略也将成为中国智能手机厂商在产品研发以外的重要工作。

根据 Analysy 易观数据显示，预计 2016 年中国智能手机销量将达到 4.58 亿，较 2015 年增长 3.8%。预计 2018 年中国智能手机销量将在 4.73 亿左右，整体增长速率呈现出下降趋势。

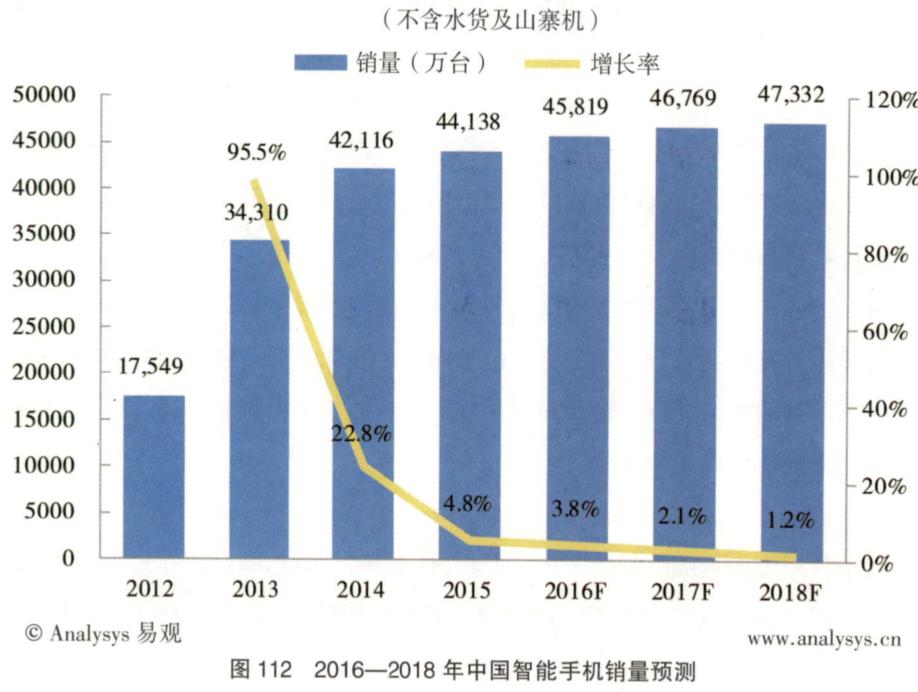

图 112　2016—2018 年中国智能手机销量预测

目前智能手机已进入到产业发展的成熟期，市场品牌格局相对稳定，2015 年整体智能手机市场超过 80%的是国产手机，2015 年智能手机市场虽然销量仍保持增长，但是增速明显下降。

Analysys 易观认为未来智能手机市场的发展将有以下两方面：

1. 持续创新的产品设计

在互联网营销大规模爆发之前，中国智能手机厂商长期依赖运营商补贴与渠道，在千元价位左右开展价格战，利润被大幅挤压，随之带来的便是产品同质化严重。当中国智能手机厂商开启互联网营销模式，并且在产品硬件配置无法互相拉开差距时，更具创新的功能与设计则成为了产品制胜关键。在加强产品设计的基础上，许多厂商也开始尝试通过提高产品售价和服务，打造高端产品，如华为 Mate 系列和联想 VIBE 系列。厂商通过打造高端产品线，既能够展现其技术与设计实力，同时又能够树立高端品牌形象，这将成为未来提升品牌价值的关键。

2. 提升产业链配套能力

中国智能手机厂商一般采用来自高通、联发科或英伟达的硬件方案，这导致了其产能受制于上游硬件厂商。历史上曾经多次出现因为上游芯片厂商产能不足而导致智能手机厂商难以满足市场需求的情况。当前中国智能手机厂商仅有华为拥有自己的海思平台，因此提升其自身产业链配套能力将成为中国智能手机厂商在未来占领市场先机的关键。

阻碍智能手机市场发展的因素之一是智能手机市场本身产品已缺乏新意，目前为了应对市场竞争，各家厂商的产品更新周期都在缩短，快速迭代虽然在同一品牌内能带来技术提升，但是品牌之间横向比较很难见到差异化创新，导致硬件产品之间竞争趋同。

根据 Analysys 易观近期发布的《2015 年中国智能手机市场实力矩阵》，Analysys 易观对 2014 至 2016 年主要智能手机厂商在实力矩阵中所处的位置以及执行能力和创新能力的变化情况做如下解读。

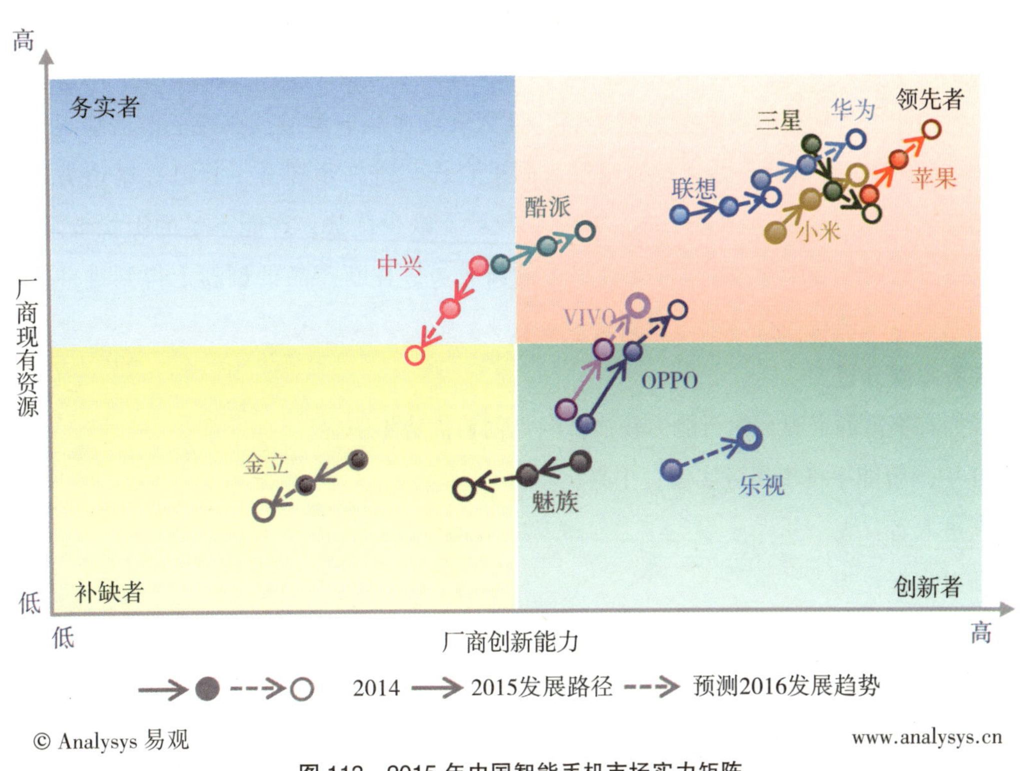

图 113　2015 年中国智能手机市场实力矩阵

• **领先者象限分析**

领先者在商业模式创新或产品/服务创新性上拥有较强的独特性，同时具有很好的系统执行力，能够把创新性提供给市场并获取较高的市场认可。

2015 年中国智能手机市场领先者：苹果、三星、华为、小米、联想、酷派

➢ 新进入者：酷派

➢ 新退出者：无

华为与小米经过 2015 年一年的发展，进一步巩固了在智能手机市场的地位，华为依靠“荣耀”系列品牌，小米依托红米系列为自己成功打开了中低端消费者市场，市场份额与品牌价值都在不断提升，2015 年华为在中高端手机市场表现出色，在专利资源上华为所具有的优势十分明显。三星在中国智能手机市场受到国产手机与苹果的双重打压，市场份额有所滑落。苹果则通过发布大屏 iPhone 手机以及自有的优质软件生态服务保持着市场的领先地位。酷派通过互联网化转型，延伸品牌为其进一步争夺领先的市场地位。

• **创新者象限分析**

创新者在产品/技术上的投入很大，并在商业模式、技术或者产品服务的创新性上有独特的优势。但是由于种种原因没有得到很好的市场表现。

2015 年中国智能手机市场创新者：OPPO、vivo、乐视、魅族

➢ 新进入者：乐视

➢ 新退出者：无

创新者市场中 OPPO、vivo 等依然保持着快速增长，在产能不断提升的同时，其产品销量已经能够进入到中国市场的第一梯队，无论是品牌认可度还是对于渠道的把控，OPPO、vivo 都具备了资深的能力，由于二者均是数据细分领域产品，且竞争点在线下渠道，在线上渠道缺乏产品布局，因此 OPPO、vivo 处在创新者阵营。魅族通过与阿里合作，进一步提升了自己在渠道方面的资源。但同样由于魅族并非 IT 行业起家的公司，在专利数量上缺少优势，产能不足的困扰也限制了其业务的快速发展。乐视是 2015 年中国智能机市场的新成员，在新产品的创新上得到进一步的突破，但是品牌影响力以及销量等有待进一步提高。

• **务实者象限分析**

务实者拥有丰富的资源，执行能力较强，但是创新优势不明显。

2015 年中国智能手机市场务实者：中兴

➢ 新进入者：无

➢ 新退出者：无

中兴长期与运营商渠道深度合作，且缺乏产品创新，在市场中难以体现出自有品牌价值，但是摆脱运营商渠道的旗下品牌努比亚又定位于中高端用户，使其品牌难以覆盖到更广泛的千元机市场，难以得到用户广泛认可，市场规模相比 2014 年呈现下降趋势。

• **补缺者象限分析**

2015 年中国智能手机市场补缺者：金立

➢ 新进入者：无

➢ 新退出者：无

2015 年，随着 4G 网络的快速渗透以及国产智能机的创新崛起，中国智能机市场竞争异常激烈。目前为了应对市场竞争，各家厂商的产品更新周期都在缩短，快速迭代虽然在同一品牌内能带来技术提升，部分国产品牌在技术创新以及品牌推广上略显薄弱。若无创新的产品形态以及商业模式，难以在市场中立足。

智能可穿戴设备

随着电子元件向小型化演进和电池密度提高，智能可穿戴设备的整体用户体验和普及度亦得到进一步提升。从当前政策、经济、社会和技术因素来看，整体宏观环境对于中国智能可穿戴设备市

场的发展将保持数年的红利期。虽然目前市场仍处于早期阶段，但未来潜力巨大。而大数据和云服务是智能可穿戴未来发展的重要方向。

Analysys 易观分析认为，中国智能可穿戴市场目前处于启动期阶段。

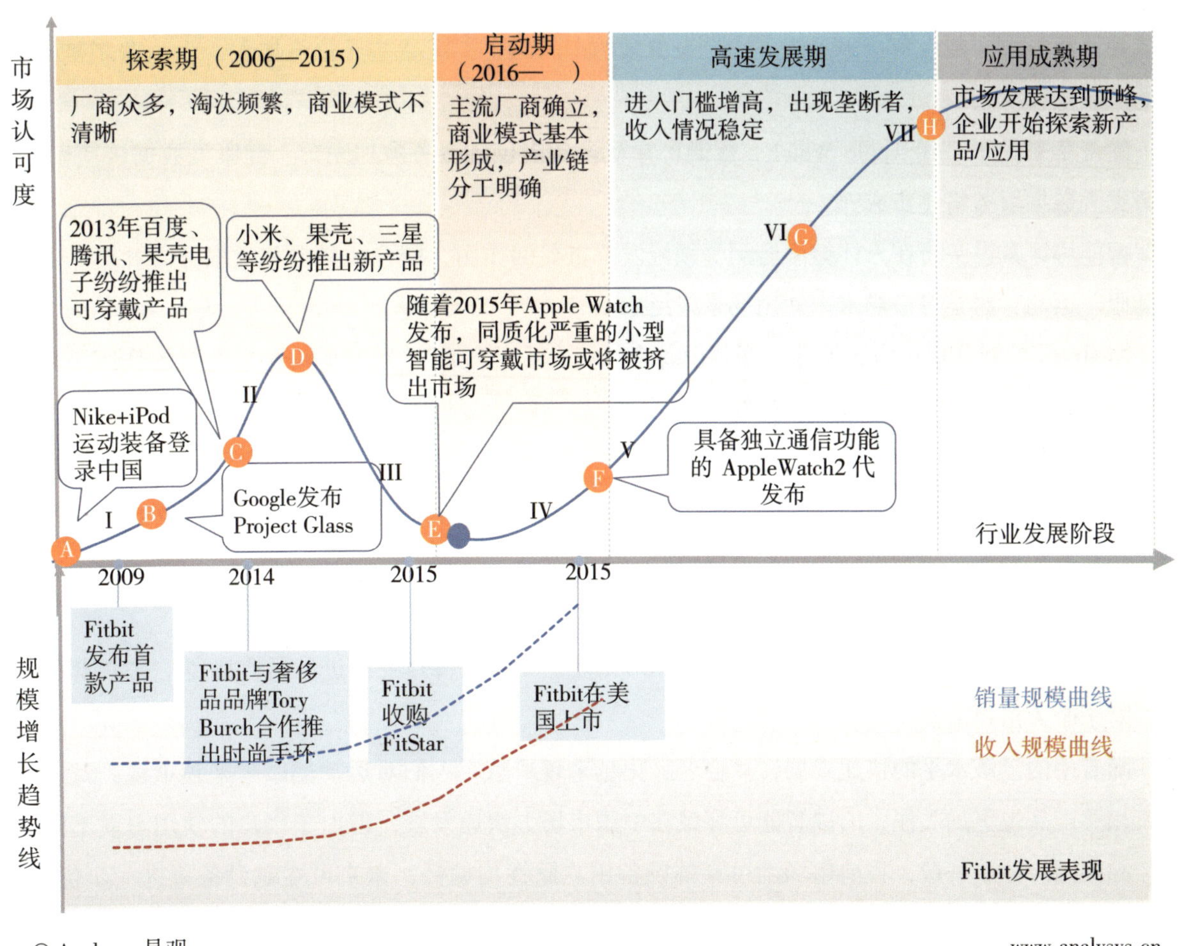

图 114　2015 年中国智能可穿戴市场 AMC 模型

Analysys 易观把中国可智能穿戴市场的发展周期分为四个阶段，即探索期、市场启动期、高速发展期和应用成熟期。发展周期过程如下：

探索期（2006—2015）

2007 年，Nike+iPod 运动装备正式登陆中国市场，意味着运动数字化设备首次进入中国普通消费者视野。同年，Fitbit 发布首款智能可穿戴的追踪设备，到 2012 年 Google 发布 Project Glass 计划预示着智能可穿戴设备时代的即将到来。2014 年是智能可穿戴设备真正爆发的元年，软硬件方面 Google 发布了专为智能可穿戴设备设计的操作系统 Android Wear 和 MOTO 360 智能手表，Microsoft 发布了 Microsoft Band，Apple 发布了 Apple Watch；生态系统方面，Google、Microsoft 和 Apple 都在健康大数据和云服务领域发布了平台，分别是 Google Fit、Microsoft Health 和 Apple Healthkit。

智能可穿戴将在人体健康监测等领域发挥重要的作用，配合大数据和云服务，此类产品会在健康、运动、医学等市场未来使用场景广泛。根据 Analysys 易观分析，中国智能可穿戴设备市场在

2013 年的市场规模为 9 亿，2014 年的规模为 22 亿人民币；在 2015 年，市场规模达到 125.8 亿人民币。

市场启动期（2016— ）

健康大数据服务逐步成熟，产品差异化加大。2015 年，Apple Watch 的推出吸引越来越多的消费者关注智能可穿戴设备，更多的关注带来更多的产品诞生，产品差异化将加大，为消费者带来更多的产品选择。

随着苹果发布 2 代 Apple Watch，智能可穿戴设备提供的服务愈加完善，健康类数据快速增长，健康类大数据服务将逐步成熟。

智能可穿戴设备将在人体健康监测等领域发挥重要的作用，配合大数据和云服务，此类产品会在健康、运动、医学等市场未来使用场景广泛。

Analysys 易观分析认为，智能可穿戴设备未来将在人体健康监测等领域发挥重要的作用，配合大数据和云服务，此类产品未来会在健康、运动、医学等市场广泛使用。

高速发展期

商业模式逐渐完善，产品/服务呈现多元化发展；基于健康大数据的产品和第三方服务紧密整合，产品更加细分。智能硬件类产品将被消费市场接受。

应用成熟期

智能硬件市场发展趋于成熟，市场格局相对稳定。智能硬件行业将进入门槛提高、竞争加剧。

对于个人用户而言

随着中国经济水平的快速发展，社会老龄化越来越严重，人们对运动健康越来越重视，对运动健康相关产品也更加关注，所以智能可穿戴在中国市场上快速发展，但由于用户的使用习惯不同以及产品的用户体验一般，目前市场上可穿戴设备用户黏性均偏低，未来可穿戴设备将进一步优化，通过智能腕带设备获取用户只是第一步，在获得用户后，将搜集用户使用过程中产生的相关数据到云端，并对此健康大数据进行分析解读，以提供个性化的健康服务，为用户提供持续性的增值服务。提高用户体验才是可持续发展的商业模式；而云服务平台，以及健康大数据的分析则是该商业模式背后的关键。

对于企业而言

目前的智能可穿戴设备厂商，主要还依靠销售硬件产品来获取利润，少数厂商已经在尝试从大数据的角度为用户提供增值服务来获取利润。这类增值服务，主要是通过设备收集用户的数据到云端，再通过对大数据的处理分析，为用户提供有价值的建议和服务，持续地获得收益。随着产品的不断发展和数据量的迅速积累，智能可穿戴设备厂商可通过与医院、健身场所、商业保险等第三方机构合作，共享健康大数据，从而为用户提供医疗保健、运动健身、医疗保险等方面的更多增值服务，这将是智能可穿戴设备市场未来主要的商业模式。

对于投资者而言

经历 2014 年的投资热潮后，2015 年智能可穿戴领域的投资相对平淡，普遍认为目前的消费级市场还处在早期阶段，市场上的产品大多未能抓住用户的刚需，没有真正击中用户的痛点，产品间同质化也较为严重，但在整体市场快速增长的大环境下，资本还将持续关注及投入，具有独特产品特征、解决用户痛点的公司将更受资本的青睐。

市场典型企业——Fitbit

Fitbit 于 2009 年发布上市第一款可穿戴设备，于 2015 年 6 月 19 日正式登陆纽交所挂牌上市，成为第一家上市的可穿戴设备公司。Fitbit 作为美国最早一批智能穿戴商业化企业，聚焦运动健康细分市场，并围绕运动健康继续垂直细分。比如运动心率结合，运动睡眠结合。在当前整个产业链技术条件下，功能越少，产品问题更容易控制和解决，性能也相对容易提高和保障。Analysys 易观分析认为，Fitbit 的成功依托于最早将传统计步器用互联网思维进行改造，这种硬件+软件的模式重新定义了传统计步器。Fitbit 具体的做法是：减少功能，这样产品问题更容易控制和解决；先盈利，Fitbit 是 2014 年最赚钱的智能手环公司；聚焦运动健康细分市场；采集用户数据，进行数据挖掘和大数据分析，形成数据价值。基于以上四点，Fitbit 成为了世界上第一家智能可穿戴设备公司。随着 Apple Watch 强势进入智能腕带领域，以及小米等公司对普通消费者市场的挤压，未来 Fitbit 有两条出路：做深度垂直市场，扮演教练指导角色，形成技术壁垒；深入专业应用领域，继续研发医疗可穿戴类产品。

根据 Analysys 易观的分析，得益于市场上日渐增多的智能可穿戴设备，以及其在消费者中的日渐普及，中国智能可穿戴设备市场在 2015 年的规模为 125. 8 亿元人民币。2015 年，Apple Watch 在中国的上市极大地带动了整个智能可穿戴设备市场规模。在 2018 年，市场规模增速有所回落，但预计市场规模依然会接近 400 亿元人民币。

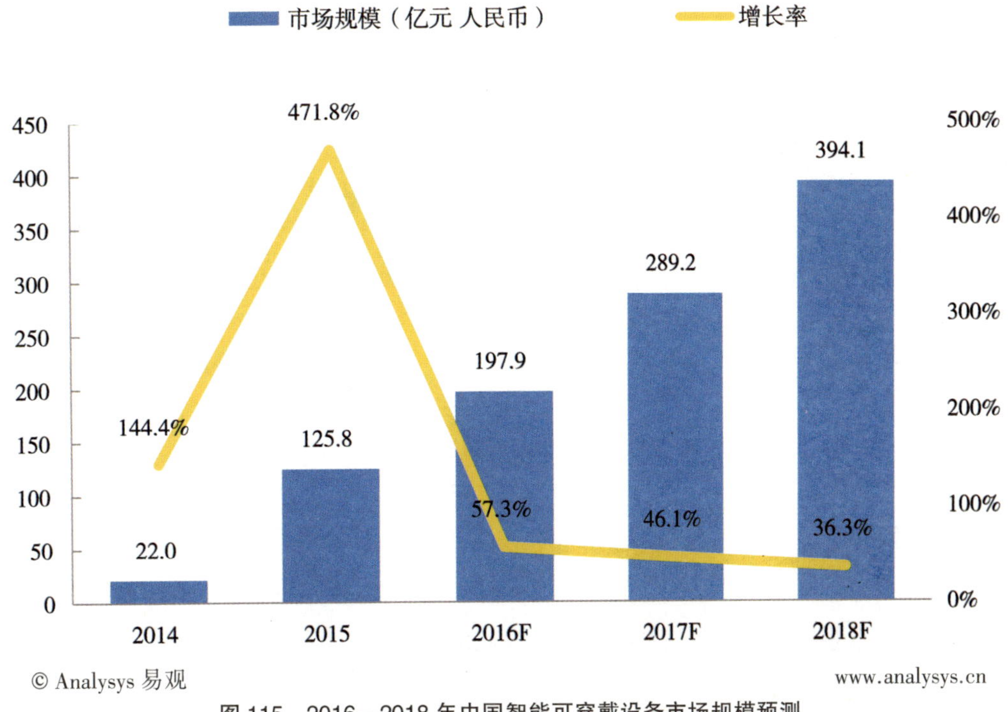

图 115　2016—2018 年中国智能可穿戴设备市场规模预测

Analysys 易观分析认为，在 2016 年中国智能可穿戴设备市场将呈现以下趋势：

1. 健康大数据服务逐步成熟，产品差异化加大

随着未来苹果发布 2 代 Apple Watch，智能可穿戴设备提供的服务愈加完善，健康类数据快速增长，健康类大数据服务将逐步成熟。智能可穿戴设备将在人体健康监测等领域发挥重要的作用，配合大数据和云服务，此类产品会在健康、运动、医学等市场未来使用场景广泛。

2. 人机交互成为重点突破方向

2015 年，可穿戴设备呈爆发增长，各大硬件厂商纷纷推出新品，但是市场上主流产品还是通过设备或手机进行触摸交互，未能给用户带来良好的用户体验，预计 2016 年将重点发展人机交互技术，充分实现人机无缝连接，释放双手，在语音交互、体感交互、触觉交互、眼球追踪交互等方面取得创新突破。

2015 年即将结束，Analysys 易观对 2014 至 2016 年主要智能可穿戴设备厂商在实力矩阵中所处的位置，以及现有资源和创新能力的变化情况做如下解读。

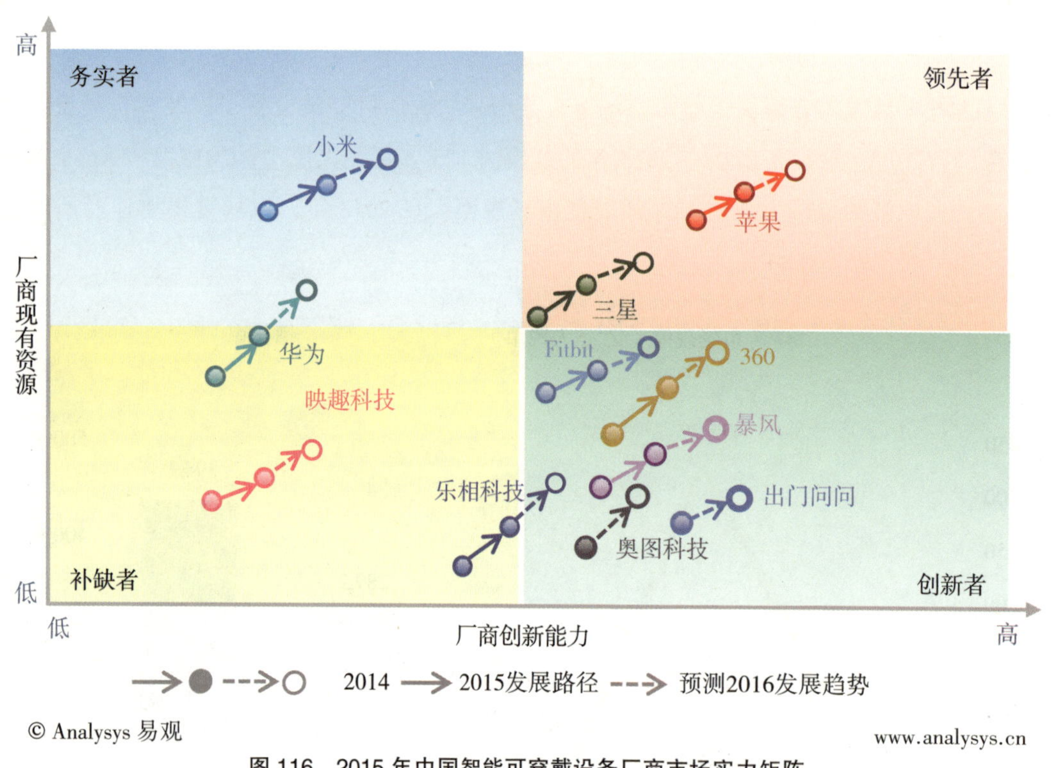

图 116　2015 年中国智能可穿戴设备厂商市场实力矩阵

• 领先者象限分析

领先者在技术创新能力、产品创新能力、商业模式创新能力方面拥有较强的独特性，同时具有良好的运营能力，能够快速地把产品推向市场，并获取较高的市场认可。

2015 年中国智能可穿戴设备市场领先者：苹果、三星

➢ 新进入者：无

➢ 新退出者：无

2015 年，苹果的 Apple Watch 正式发售，全年在中国的销售超过 100 万台，依托于苹果完善的应用生态体系，Apple Watch 自发布起应用数量快速增长。整体来看，得益于苹果在消费电子领域的品牌号召力，无论是硬件销售还是应用开发，苹果在 2015 年都取得了不错的成绩。市场执行及产品创新苹果均处于行业领先位置。

三星电子具有强大的品牌影响力以及资源优势，具有较强的市场执行能力，同时三星在软件开发、屏幕技术、元器件技术方面都有较深厚的技术积累，未来在智能可穿戴设备的发展过程中，这些都是必不可少的技术环节。依靠资源上的优势及技术上的创新，三星未来将继续处于领先者象限，并持续增长。

• **创新者象限分析**

创新者在产品/技术上的投入很大，并在商业模式、技术或者产品服务的创新性上有独特的优势。但是由于种种原因市场表现不及领先者。

2015 年中国智能可穿戴设备市场创新者：360、暴风、出门问问、奥图科技、Fitbit

➢ 新进入者：无

➢ 新退出者：无

360 作为中国儿童手表行业的领导者，相应产品已开发至第三代，其在系统层、APP、云服务等领域持续投入，同时搭建亲子社区，在用户运营方面有不错的效果。当前儿童类智能硬件产品备受关注，以及 360 在安全领域的品牌影响力，2015 年的销量超过 150 万。预计在 2016 年，360 儿童手表将持续优化产品，保持快速发展。

2015 年年初，暴风魔镜从母公司暴风科技分离出来，成为独立发展的子公司，并获得来自天音控股、爱施德、华谊兄弟的 1000 万美元融资。产品方面，暴风魔镜以快速更新迭代、低价销售的方式推出了四代产品，以达到迅速占领沉浸式 VR 设备市场的目的。同时，暴风魔镜致力于虚拟现实产业链生态的构建，在内容建设、开发者生态建设、产业链合作者建设方面不断发力，预计在 2016 年，暴风魔镜将在提高内容数量与质量、产品体验的同时，不断探索盈利模式，以保持持续发展。

截至目前，出门问问累计获得来自谷歌等企业的 7500 万美元投资，在自主语音识别、语义分析、垂直搜索技术方面有深厚的技术积累，2015 年 9 月，谷歌 Android Wear 与出门问问达成战略合作，在中国由出门问问提供 Android Wear 的语音搜索。同时出门问问于 2015 年 6 月发布了 Ticwatch 智能手表，产品线延伸至硬件端。未来出门问问将继续处于创新者象限。

奥图科技在 2015 年推出了面向消费者的 AR 眼镜，可通过语音操控完成打电话、发短信、拍照、录像、分享朋友圈、导航、AR 增强现实等功能，同时也在研发 VR 设备“炫镜”，在 AR、VR 领域，奥图科技都有着不错的技术积累，但产品面世时间较短，市场销量及品牌影响力均较弱。

Fitbit 于 2009 年发布上市第一款可穿戴设备，并于 2015 年 6 月 19 日正式登陆纽交所挂牌上市，成为第一家上市的可穿戴设备公司，但在国内受限于较高的售价，销售端表现一般，凭借其在智能手环领域多年的技术创新，Fitbit 将继续处于创新者象限。

● **务实者象限分析**

务实者拥有丰富的产业链资源，运营能力较强，但是创新优势不明显。

2015 年中国智能可穿戴设备市场务实者：小米

➢ 新进入者：无

➢ 新退出者：无

小米手环凭借低价以及极强的在线营销能力，成为目前中国智能可穿戴设备销量最高的产品，2015 年的产品销量已突破千万。但目前其在交互设计、产品工艺、大数据服务领域的能力较弱。未来小米如果能在产品与技术创新方面做出相应提升，则有望进入领先者象限。

● **补缺者象限分析**

补缺者的创新能力和市场占有率都不高，对于产业格局的影响较小。

2015 年中国智能可穿戴设备市场补缺者：华为、乐相科技、映趣科技

➢ 新进入者：无

➢ 新退出者：无

2015 年，乐相科技推出全新的大朋头盔产品，以其良好的使用体验获得了不错的市场口碑；旗下 3D 播播虚拟现实内容聚合软件，拥有丰富的影视内容、游戏资源，具备兼容多个 VR 设备、手机设备的特点。这使得乐相科技作为黑马，成为 2015 年领先者象限的新进入者。2016 年，硬件创新和消费内容将是决定乐相科技市场位置的重要因素。

华为作为国内知名的消费电子品牌，今年推出了华为 Watch，但产品发布时间较短，其产品与其他智能手表差异性也不高，整体市场表现一般，未来依托华为的技术实力及销售能力，华为将逐步进入务实者象限。

映趣科技作为本土智能手表厂商，是第一批搭载 TencentOS 的智能手表，适配了微信和 QQ 的系统平台，映趣科技还与其他企业合作，为用户提供脂肪肝管理、基因检测等服务，但同样产品差异化不高，同时受限于品牌知名度和企业资源，映趣科技目前处于补缺者象限。

新一代信息技术

云计算

Analysys 易观研究认为，2015 年中国云计算市场呈现以下特征：

1. 云计算整体市场迅速扩张，厂商通过搭建云生态将更好地整合市场资源；

2. 满足不同垂直行业的行业云解决方案逐渐完善，进一步提升云计算的部署效率；

3. 云计算企业级 SaaS 服务市场大热，具体细分行业获得不同程度的发展；
4. 云计算相关新技术发展迅速，新技术的应用极大地丰富了云计算的使用场景。

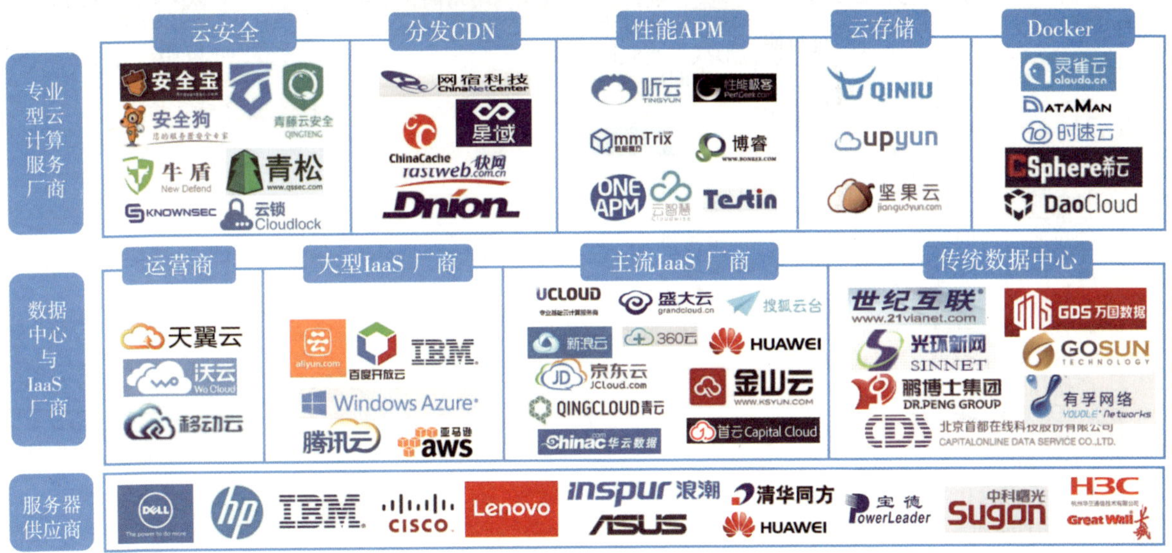

© Analysys 易观　　　　www.analysys.cn

图 117　2015 年中国云计算产业生态图谱

Analysys 易观分析认为，中国云计算 SaaS HR 市场仍处于市场探索期。

探索期（2009—2016）

2009 年，SaaS HR 市场进入启动期，以北森、大易、雇得易为代表的厂商开始研发 SaaS HR 产品，第一批 SaaS HR 产品在 2010 年开始进入市场，随着中国人力资源成本不断地上升，企业对于人才招聘、人才测评、人才管理等人力资源管理的需要不断提升，中国人力资源行业快速发展，SaaS HR 市场也实现了快速的发展。

由于人力资源管理包含的内容十分丰富，因此人力资源管理软件所涉及的功能模块也相对复杂。SaaS HR 厂商基于自身的产品经验以及目标客户，形成了差异化比较明显的产品体系与商业模式。北森依托于多年的人才测评与人才管理经验，形成了针对大型企业客户的 SaaS 产品，同时通过建立用户成功团队，保障企业用户的产品使用效果，提升用户满意度与忠诚度。大易偏重于对于公司高端人才的招聘，雇得易则拥有对于企业、猎头等多个渠道的招聘解决方案。

随着云计算、大数据、机器学习等新技术不断发展，国内厂商开始尝试将新技术应用于 SaaS HR 产品，通过新技术研发新的功能，同时提升产品使用体验。以 e 成为代表的新兴厂商能够通过新技术为企业用户提供更加智能的招聘服务。

企业级 SaaS 服务向着平台化发展，HR 也成为其中一个入口，理才网通过免费的产品战略，迅速获取了大量企业用户，并于近期上线了财务云 dayCW，未来也将上线其他 SaaS 细分领域服务，以 HR 为切入点打造统一的 SaaS 移动办公平台。而随着市场进一步发展，SaaS HR 厂商数量会进一步增加，市场竞争将逐渐加剧，迫于 SaaS HR 产品研发、市场推广的资金压力与激烈的市场竞争，SaaS HR 市场将会进入市场启动期。

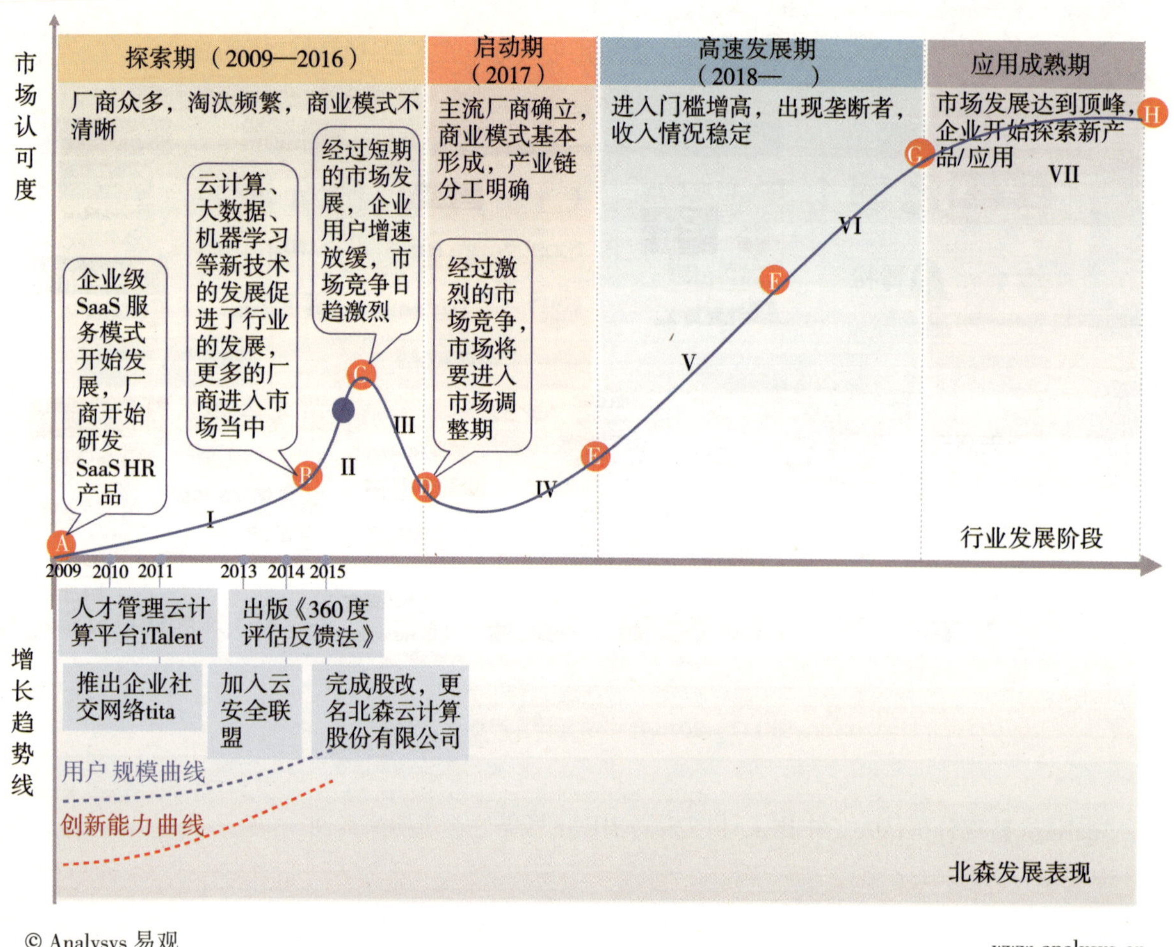

www.analysys.cn

图 118　2015 年中国 SaaS HR 市场 AMC 模型

市场启动期（2017）

在市场启动时期，主流厂商将会形成成熟的商业模式，基于不同的市场定位，推出差异化产品策略；主流厂商的产品功能会逐渐完善，市场对于 SaaS HR 产品的市场认可度会有一定程度的提升，而随着市场启动期的结束，市场将会迎来高速的发展。

高速发展期（2018— ）

SaaS HR 市场进入高速发展期之后，差异化的产品将能够满足不同类型的企业用户，企业对于 SaaS HR 产品的市场认可度将迅速上升，企业用户数量会迅速上升，市场中也将会形成企业级 SaaS 办公平台，整体市场也将会出现跨界的合作，SaaS HR 产品将替代一部分传统人力资源管理软件。

对于 SaaS HR 厂商而言

由于 SaaS HR 市场仍处于市场探索期，因此需要企业根据自身经验与优势选择适合的发展战略，其中包括目标客户的选取、产品功能的定位、团队的建设、产品的推广、资金的投入等诸多方面，并且随着外部环境的不断变化，及时调整自身的市场战略，通过切实解决目标客户的人力资源管理问题来实现长期的发展。在新技术投入方面，厂商需要结合产品的功能定位，选择适当的技术进行研发，兼顾新技术研发成本与产品使用体验；随着企业级服务产业链的逐渐完善，与专业技术提供商进行合作开发可能是一个不错的选择。

对于企业用户而言

SaaS HR 市场的发展对于企业用户的影响是多方面的。随着国内人力成本的上升，人力资源管理将在企业中扮演更加重要的角色，而 SaaS HR 产品的不断完善让企业有了新的选择。使用 SaaS HR 产品比传统的人力资源管理软件将支出更少的成本。中小企业可以通过选择免费的产品来实现企业人力资源的管理，提高企业的信息化管理能力。随着未来企业级 SaaS 办公平台的发展，企业将打破内部信息孤岛，通过一套 SaaS 服务就能够实现企业的内外部管理，极大地提升企业的运行效率。

对投资者而言

虽然中国企业级 SaaS HR 市场仍处于市场探索期，但从 2014 年开始，SaaS HR 市场已经获得了资本的重点关注：2014 年末，e 成获得千万美元融资，2015 年，大易获得 8000 万元人民币 A 轮融资，北森获得 1.1 亿元人民币 C 轮融资，理才网获得 2 亿元人民币 A 轮融资。由于 SaaS HR 产品的专业化程度较高，产品差异化明显，投资者对 SaaS HR 厂商的投资更多的是对于产品与商业模式的投资，投资者可以根据不同细分市场、不同商业模式的前景，选择相应的投资标的，未来 SaaS HR 拥有广阔的市场机会。

市场典型企业——北森

2002 年，北森成立，第一套针对大学生的职业规划测评研发成功；2003 年，北森推出了“基于互联网应用”的测评产品；2006 年，推出了第一套基于“胜任力模型”的测评产品；2009 年，成立了人才管理咨询服务部，提供人才测评与人才管理整合解决方案；2010 年，构建国内人才管理云计算平台，完成人才测评到人才管理的战略转型；2011 年，北森正式推出企业社交网络 tita；2013 年，北森推出《360 度评估反馈法》加速人才培养发展；2014 年，北森入驻云安全联盟，将从三方面强化安全体系，北森完成股改，并更名为北森云计算股份有限公司。北森从人才测评出发，不断完善自身产品体系，针对大型的企业客户，推出了招聘云、绩效云、继任云、测评云、调查云、核心人力云、工作计划等功能模块，帮助企业实现一体化的人才管理。目前，北森已经向新三板提交了上市申请，有望成为国内第一家 SaaS HR 细分领域的上市公司。

Analysys 易观分析认为，SaaS OA 市场目前处于高速发展阶段。

探索期（2005—2010）

随着国外 SaaS 服务模式的兴起，国内出现了早期的 SaaS OA 厂商，推出了 SaaS OA 产品，而随着产品不断完善，市场进入缓慢发展阶段。而随着企业对于 SaaS OA 产品的市场认可度提升，市场出现了短期的快速发展。由于产品同质化严重、企业付费意识较差等原因，SaaS OA 市场发展遇到了瓶颈。在市场竞争与经营压力的驱使下，厂商开始尝试不同的商业模式，今目标选择在 2010 年实行永久免费，同时上线了“主线”功能。

市场启动期（2011—2014）

随着企业级 SaaS 市场不断发展以及云计算技术逐渐成熟，更多的厂商进入 SaaS OA 市场，产品种类进一步丰富。老牌的软件厂商金蝶推出了 SaaS OA 产品——云之家，其他的老牌厂商如全程、

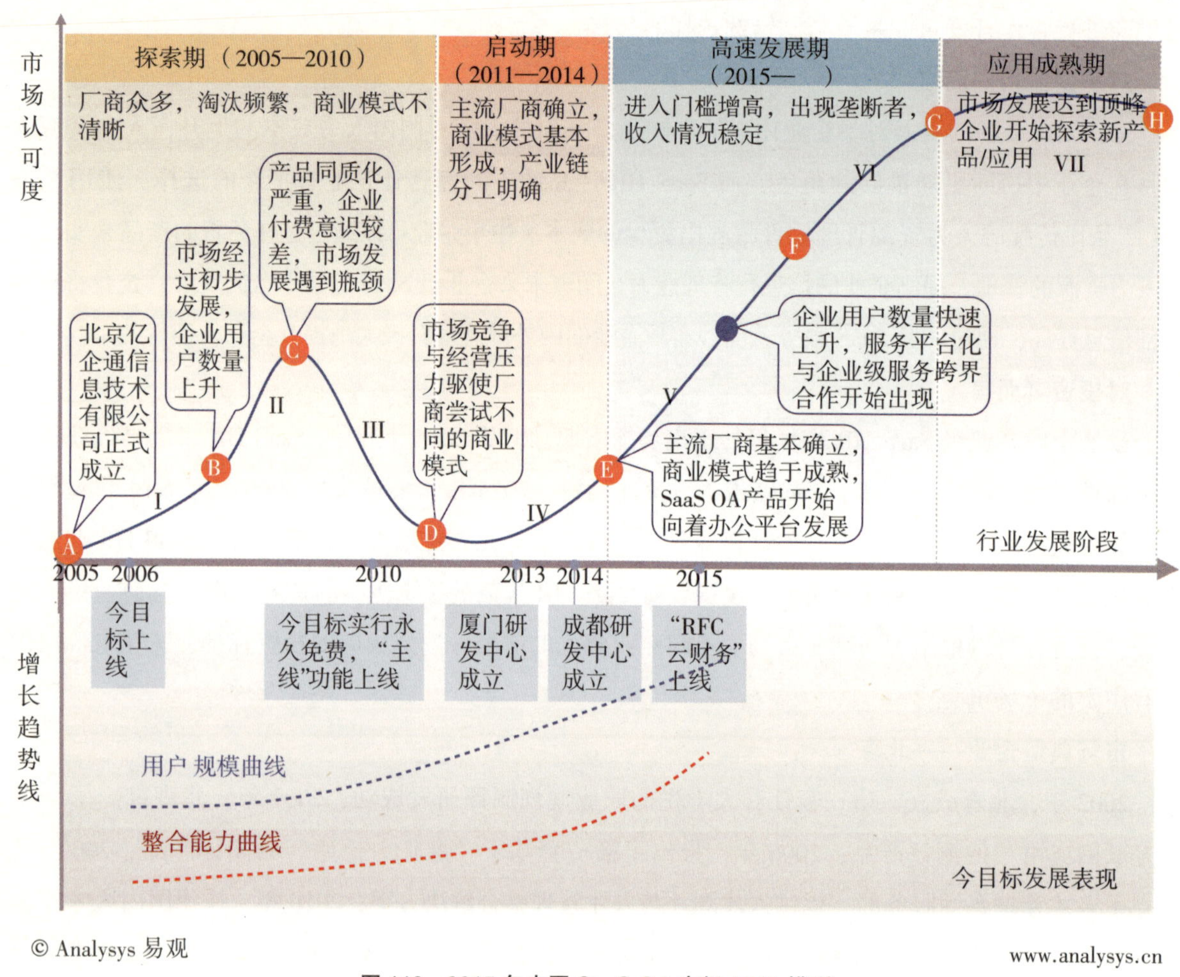

图 119　2015 年中国 SaaS OA 市场 AMC 模型

致远、泛微也开始推出 SaaS OA 产品，同时市场也出现了一批以企明岛、Worktile 为代表的新兴 SaaS OA 厂商。依托低价或者免费的产品策略，实现了用户数量的较快增长。

高速发展期（2015— ）

进入 2015 年之后，国内经济发展放缓，粗放型的经济增长方式遇到瓶颈，消费级市场发展遇到瓶颈，资本市场在企业级市场也投入了更多的关注。“互联网+”上升为国家战略，传统企业开始向互联网转型，企业开始更加关注内部的信息化管理问题。由于 SaaS OA 较低的使用成本，大量的企业选择使用 SaaS OA 产品来提升公司运营的效率，在市场进入高速发展期之后，企业用户数量快速增长，SaaS OA 产品的市场认可度快速上升。

随着用户数量的快速增长，SaaS OA 厂商积累了海量的用户，SaaS OA 也向着办公平台的方向发展，通过搭建办公平台来实现办公一体化成为 SaaS OA 的发展趋势，今目标上线了财务云的模块，老牌厂商泛微与阿里钉钉达成战略合作，金蝶提出“云之家开放平台战略”，云之家与金山 WPS、滴滴出行、Agora、盈世等厂商共同构建企业互联网服务生态，在移动工作领域开展合作，通过产品、技术能力与资源、行业经验相融合，帮助中国企业向移动互联网转型。

对厂商而言

随着 SaaS OA 市场高速发展，企业用户的数量快速上升，迅速增加的用户将带来更多的基础设施支出，而免费的产品策略无法为企业带来收入，因此厂商需要依托海量的企业用户拓展新的商业模式。今目标通过免费的基础服务搭建办公平台，高级功能收费分成的方式实现营收；云之家通过跨界合作的方式搭建企业级服务生态。而随着企业用户数量的快速增加，将会产生海量的数据，SaaS OA 厂商可以通过大数据技术加以利用，比如根据企业运营情况设计金融征信产品等，厂商可以通过对于新技术的应用在高速增长的市场中找到更多的市场机会。

面对高速发展的企业级 SaaS 市场，SaaS OA 移动办公平台化的发展战略将会面对更加激烈的市场竞争。除了以 SaaS OA 为功能切入的厂商外，还包括以企业 IM 功能切入市场的阿里与腾讯，从 CRM 功能切入市场的纷享销客，以 HR 功能切入市场的 dayHR 等，而随着企业级移动办公平台的发展，会有更多的企业加入市场竞争之中，市场竞争将日趋激烈，厂商的资源整合能力将成为厂商发展的关键因素。

对企业而言

使用 SaaS OA 产品能够降低企业的费用支出。与传统的 OA 软件相比，SaaS OA 产品的使用成本较低，传统 OA 软件采购需要花费较高的价格，并且需要招聘 IT 人员对系统进行管理与运维，对于系统的升级与改造还会产生更多的后续支出。与之相对应的是，主流的 SaaS OA 产品均采用的是免费的商业模式。金蝶云之家产品免费，今目标基础功能免费，高级功能按需付费，企明岛与 Worktile 根据用户的规模，制定了免费与收费两种模式，产品的运维与迭代不会收取费用，厂商会根据市场反馈不断升级产品。

使用 SaaS OA 产品有利于企业内部数据流通。SaaS OA 产品向着移动办公平台发展，SaaS OA 成为移动办公的主要入口之一，通过依托 SaaS OA 搭建的办公平台，未来能够为企业提供更多类型的服务，而统一的工作平台能够帮助企业整合不同系统之间的数据，消除数据孤岛，帮助企业实现内部数据的流通。

SaaS OA 产品将为企业带来更加综合的服务，金蝶提出的“云之家开放平台战略”能够为企业提供更加多元化的服务，随着国内企业级市场不断发展，企业级市场将出现更多这样的跨界合作，SaaS OA 也将成为连接企业内外部的重要工具。

对于投资者而言

SaaS OA 市场处于高速发展期，市场主要参与者包括已经上市的传统软件厂商与创业型的厂商，由于 SaaS OA 市场会成为一个移动办公平台的重要入口，投资者可以根据厂商的用户数量以及用户黏性来选择投资标的，除此之外，投资者在看好相应办公平台之后，可以选择平台本身以及主要功能模块提供商进行投资，对 SaaS OA 产品的投资将是对移动办公平台的投资。

市场典型企业——今目标

2005 年 12 月，北京亿企通信息技术有限公司正式成立；2006 年，今目标正式上线；2010 年，今目标实行永久免费，“主线”功能上线；2013 年，今目标厦门研发中心成立；2014 年，今目标成都研发中心成立；2015 年，“RFC 云财务”功能上线。2006 到 2010 年之间，今目标进行了非常多的市场探索，从 2010 年起，今目标通过主线功能免费的模式吸引了大量的企业用户，随着市场的发展，企业用户数量持续保持着高速的增长，今目标办公平台也上线了更加丰富的功能。除此之外，今目标还上线了商机平台、智能硬件、目标学院和实施服务，围绕着企业级服务市场，依托于海量的企业用户，今目标将在未来快速发展企业级 SaaS 市场占据一席之地。

Analysys 易观分析认为，中国云计算 SaaS 智能客服市场目前处于市场探索期。

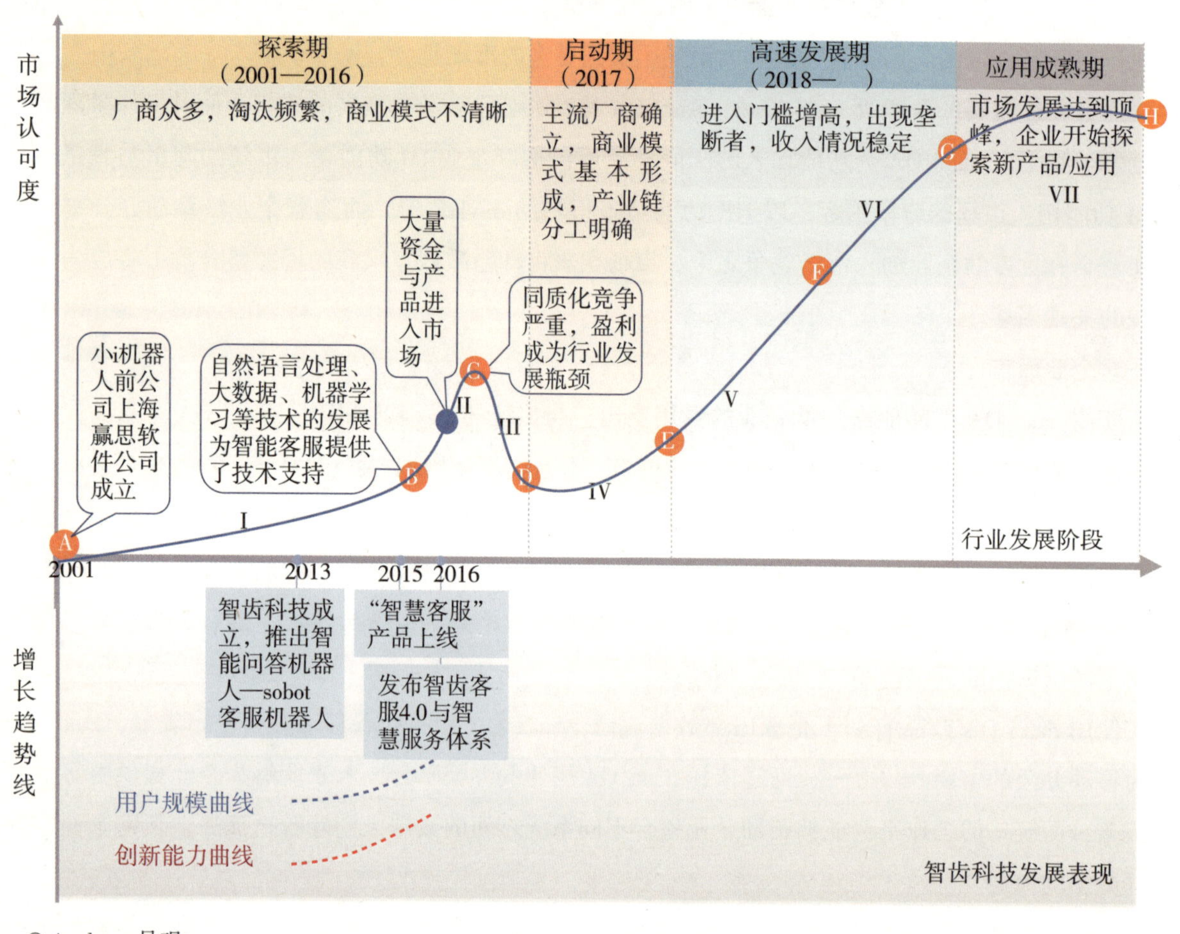

图 120 2015 年中国 SaaS 智能客服市场 AMC 模型

探索期（2001—2016）

国内智能客服市场已经发展了较长的时间，其中小 i 机器人是中国智能客服的先行者。2001 年，小 i 机器人前公司上海赢思软件公司成立，随着互联网与移动互联网的发展，小 i 机器人为 MSN、QQ、政府机构、传统制造企业、电信运营商、电子商务、银行等机构提供客服机器人产品，在积累数据的同时不断提升技术能力，并且将服务拓展到海外。小 i 机器人的产品策略是为大型企业提供定制化服务的方式，小 i 机器人虽然进行了非常多的商业探索，但是由于人力成本、技术能力、企业营收等原因，智能客服市场并没有实现全面的发展。

随着时间的推移，市场环境发生了一定的改变，SaaS 智能客服行业发展出现了转机：

1. 互联网与移动互联网快速发展，客服面临着桌面网站、手机网站、微信、微博、QQ、邮件等不同渠道的反馈信息，这为客服工作的开展造成了极大的困难，整合不同时间、不同渠道客户反馈信息的智能客服平台成为客服行业发展的需要。

2. 云计算、大数据、自然语言处理、机器学习等新新技术在智能客服行业的应用提升了产品的服务能力，在技术上支撑了智能客服行业产品功能层面的发展。

3. 中外传统节日、双 11 购物节等越来越多的集中性购物行为给人工客服带来了巨大的工作压力，通过智能客服机器人能够实现 7×24 小时的客户服务，并且与人工客服相结合，能够很大程度提升客服的工作效率，降低客服人员的工作压力。

4. 近几年中国人力资源成本快速上升，通过使用智能客服能够降低企业的人工成本，通过智能客服系统，还可以提供一定的数据分析功能，帮助客服人员更有针对性地进行客户服务，提高工作效率与客户满意度。

面对这样的发展机遇，市场中涌现了一批诸如智齿科技、逸创云客服、美洽、环信、智网达、Udesk、爱客服、云问、七鱼等一大批 SaaS 智能客服厂商，从不同的产品角度切入了 SaaS 智能客服市场，而随着市场继续发展，SaaS 智能客服将面对目标客户的选择、收费与免费、产品同质化等一系列问题，面对激烈的市场竞争，市场也将进入调整阶段。

市场启动期（2017）

中国云计算 SaaS 智能客服的市场渗透率仍旧较低，由于自然语言处理、大数据、机器学习等技术仍旧不够成熟，导致产品的使用体验仍具有较大的提升空间，高端人才不足、人力成本与产品推广成本使厂商需要相对充足的资金，因此在市场启动期厂商需要建立成熟的商业模式，同时实现数据资源与核心技术的积累，提升产品的服务能力。

高速发展期（2018— ）

随着国内相关技术不断的成熟，开发成本将不断下降，智能客服产品成熟度与用户体验会逐渐提升。主要厂商通过运营会积累丰富的客户资源与数据资源，产品也会拥有自身核心竞争力，基于不同行业需求会逐渐形成相应的语言库，智能客服的定向服务能力会获得提升，客户对于 SaaS 智能客服的产品认可度会迅速提升。人工客服与智能客服的结合仍是主要的服务方式，智能客服将扮演更为重要的角色，整体市场会获得高速的发展。

对厂商而言

随着“互联网+”上升为国家战略，越来越多传统企业开始向互联网转型，企业级 SaaS 软件能够帮助传统企业更好进行信息化管理，SaaS 智能客服作为细分市场之一，市场机会巨大。与此同时，中国的人力资源成本逐渐上升，如何提升客服人员的工作效率，减少人力成本的支出成为企业关注的重点。云计算、大数据、机器学习、语音识别、自然语言处理等新技术的发展为智能客服产品提供了技术上的支持，客服作为互联网环境下的劳动密集型产业，厂商通过提供 SaaS 智能客服产品重构传统客服行业拥有广阔的市场机会，在未来的市场发展过程中，厂商需要更好地打磨自身的产品，通过对新技术的持续投入降低产品的部署成本，丰富产品的功能，提升产品的使用体验。

对企业而言

通过使用 SaaS 智能客服产品能够综合提升企业的客户服务能力。智能客服机器人能够提供 7×24 小时的服务，打破了客户服务的时间限制；智能客服机器人能够应对短期的高并发，打破了客户服务的人数限制；SaaS 智能客服能够整合不同客户端不同时间段客户对企业的反馈，提升企业的信息整合能力；使用 SaaS 智能客服机器人能够降低人工客服的压力，同时节省企业的客服人员支出；SaaS 智能客服能够提供数据分析服务，帮助企业考核客服人员，为人工客服提供精准的数据分析，提升服务质量；通过使用 SaaS 智能客服产品能够提升企业客户服务效率，同时能够极大地提升客户满意度。

对投资者而言

国外 SaaS 智能客服的成功已经向投资者展示了巨大的行业潜力，在中国传统企业互联网化的大趋势下，依托于新技术的智能客服产品将极大提升企业客户服务效率，降低客服人力资源成本。目前中国 SaaS 智能客服市场处于市场探索期，主要产品仍在快速迭代，主要厂商的融资集中于 A 轮、B 轮，市场潜力仍未全部释放，在这个时期，投资者可以根据主要厂商的商业模式、技术能力、产品功能体验以及创新能力等选择投资标的进行长期投资。总体来讲，对 SaaS 智能客服行业看好的前提下对技术与产品进行投资。

市场典型企业——智齿科技

2013 年 8 月，智齿科技成立，推出了智齿问答机器人产品 Sobot 客服机器人，2015 年 6 月，推出了国内首款“智慧客服”产品，将机器人客服与人工客服进行融合，2015 年 12 月，发布智齿客服 4.0，增加了工单的功能。在智齿科技产品的研发过程中，一直致力于将大数据、自然语言处理、机器学习等新技术不断地融合于产品之中，不断增强产品的使用体验。随着产品的不断成熟，智齿科技用户数量实现了快速的增长，随着研发团队人员的扩展，厂商自身的产品创新能力得到了极大的提升。

根据 Analysys 易观近期发布的《2015 年中国云计算 SaaS HR 市场实力矩阵》，Analysys 易观对 2014 至 2016 年主要云计算 SaaS HR 厂商在实力矩阵中所处的位置以及厂商现有资源和创新能力的变化情况做如下解读。

- **领先者象限分析**

领先者在商业模式创新或产品/服务创新性上拥有较强的独特性，同时具有很好的系统执行力，能够把创新性提供给市场并获取较高的市场认可。

2015 年中国云计算 SaaS HR 市场领先者：北森

➢ 新进入者：无

➢ 新退出者：无

北森是中国云计算 SaaS HR 人才管理软件服务供应商的代表，拥有国内唯一覆盖人才测评、招聘管理、绩效管理、继任与发展、360 度评估反馈、员工调查、核心人力等业务的一体化人才管理软件平台 iTalent，北森的大客户战略能够保证北森稳定的营收，并且能够保证北森的续费率保持在非常高的水平，而通过北森自身的 PaaS 平台，又能够解决传统项目交付时间过长的短板，而在 2015 年，“北京北森测评技术有限公司”正式更名为“北京北森云计算股份有限公司”，借助最新上线的商业智能平台，BTI（Beisen Talent Insights）可以深入挖掘这些人才大数据，进行人才全生命周期的分析与预测。通过对于云技术和大数据技术的利用，能够让北森在未来的 SaaS HR 市场中

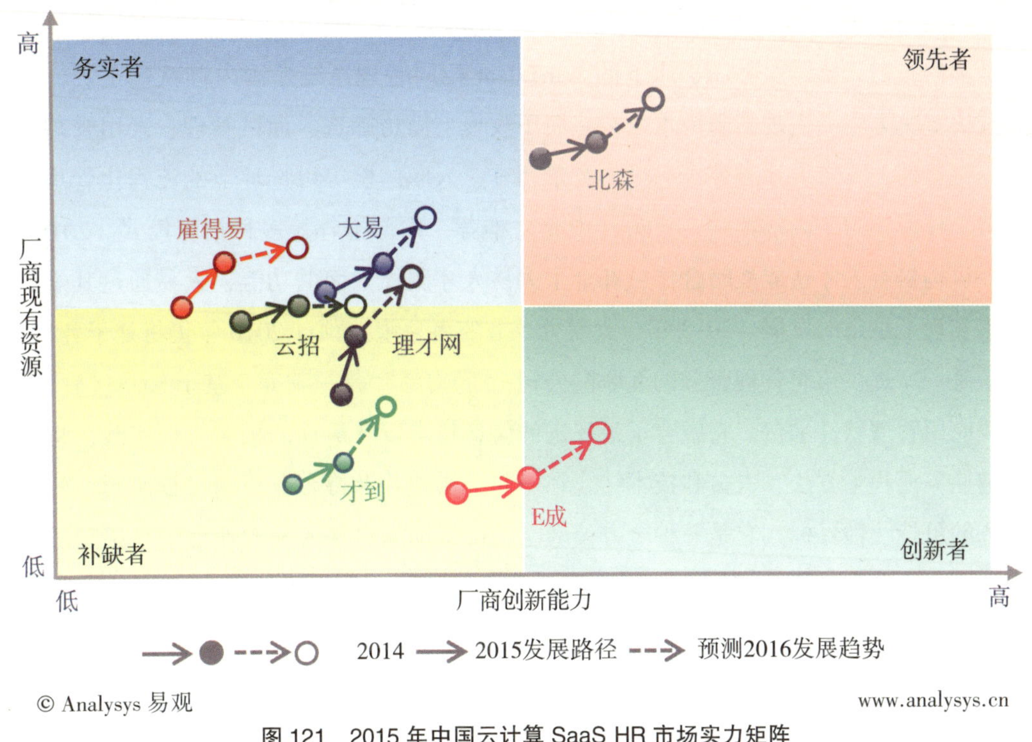

图 121　2015 年中国云计算 SaaS HR 市场实力矩阵

保持更强的市场竞争力，而预计北森在 2016 年仍然将处于领先者象限。

• **创新者象限分析**

创新者在产品/技术上的投入很大，并在商业模式、技术或者产品服务的创新性上有独特的优势。但是由于种种原因没有得到很好的市场表现。

2015 年中国云计算 SaaS HR 市场创新者：e 成

➢ 新进入者：e 成

➢ 新退出者：无

e 成是国内首家基于职场大数据的人才推荐系统，基于海量的数据分析，利用 60 多个维度算法实现推荐匹配，筛选出企业适合的人选，取代 HR 大部分的人才 search 与沟通工作。根据 HR 行为，打造可视化的人员素质模型，帮助 HR 智能筛选人才；而面向职场人士，能够基于海量数据的 BI 分析，利用 80 多个维度算法实现推荐匹配，对求职者简历进行语义分析，对合适机会进行推荐，对 offer 可能性进行评估、对职场发展进行预测。2015 年 11 月 9 日，2015 年中国大数据公司年度排行榜榜单中，e 成（上海逸橙信息科技有限公司）荣获人才招聘行业（数据系统）领域排名第一，e 成在 SaaS HR 产品发展中对于新技术的应用极大地提升了整体效率，并于 2015 年进入创新者象限，预计 2016 年仍将处于创新者象限。

• **务实者象限分析**

务实者拥有丰富的资源，执行能力较强，但是创新优势不明显。

2015 年中国云计算 SaaS HR 市场务实者：大易、雇得易、云招

➢ 新进入者：云招

➢ 新退出者：无

大易是国内知名云招聘服务商，旗下的 WinTalent 招聘管理系统是国内首款基于云计算模式的在线招聘选拔解决方案。实现招聘需求发布、简历收集、简历筛选、面试管理、录用管理五大必备环节的流程化管理，支持人才测评、笔试、背景调查、入职体检等可选环节的流程化管理。同时支持社会招聘、校园招聘、内部招聘、猎头（中介）推荐、内部推荐等多种招聘模式。2015 年 5 月，大易与测评机构倍智人才达成战略合作，补全了大易人才测评方面的功能，大易通过其全面、优秀的服务积累实现了稳定的发展。2015 年，大易处于务实者象限，预计 2016 年仍将处于务实者象限。

雇得易是一家提供招聘管理服务的互联网公司，“雇得易”是一款完全基于 SaaS（软件即服务）架构的在线应用管理软件平台。它融合了最先进的信息技术以及最佳的招聘管理实践，将各种招聘活动，关键业务流程、方法、人员和技术结合在一起，实现并保持企业招聘过程协同、效率优化以及产品业务的可持续性目标。它是一种全方位战略，可帮助您更深入和专业地了解招聘过程，以便公司建立长期人才获取与招募的战略。2015 年，结合母公司八爪集团的猎头 O2O（猎必得）和猎头创客空间（云猎空间），以及传统线下猎头业务四位一体的招聘 O2O 公司，形成了一个闭环的小而美的生态系统，而这正是雇得易稳定发展的动力。2015 年，雇得易处于务实者象限，预计 2016 年仍将处于务实者象限。

云招科技（北京）有限公司是一家专注于为客户提供基于云计算的在线招聘管理解决方案（OurATS）的服务提供商，OurATS 能够帮助公司实现整合招聘渠道、充分利用和共享人才资源、透明规范的流程管理、招聘团队协作、实时深入的数据统计分析，从而缩短招聘周期、降低工作强度、提高招聘成效，2015 年 11 月 9 日，2015 年中国大数据公司年度排行榜榜单中，E 成（上海逸橙信息科技有限公司）荣获人才招聘行业（数据系统）领域排名第三，云招科技 2015 年从补缺者象限进入务实者象限，预计 2016 年将仍处于务实者象限。

• 补缺者象限分析

2015 年中国云计算 SaaS HR 市场补缺者：理才网、才到

➢ 新进入者：无

➢ 新退出者：e 成

理才网的 dayHR 平台集成了企业 HR 内部管理系统、外包服务订单管理系统、外部福利采购、交易平台、HR 社区、移动应用等模块，平台系统间可实现无缝对接及数据回流，为企业提供基于 SaaS 的一站式 O2O 人力资源管理解决方案。2015 年，理才网获得复星昆仲、软银中国 A 轮 2 亿元人民币投资，并且与拉勾网一起开展了全球人才招聘大会，为产品的研发提供良好的人才储备；通过免费的产品策略，理才网实现了用户数量快速增长，并且也开始加强自身的渠道建设。2015 年，理才网处于补缺者象限，预计 2016 年将进入务实者象限。

才到是一家 HR+IT 技术平台公司，为人才、企业员工、企业 HR、企业及人力资源服务机构提供极致的用户体验与最优的成本效率的人力资源服务生态系统平台。2015 年 3 月，入驻上海徐汇漕河泾国际孵化器，经验丰富的团队能够支持业务的快速开展。2015 年，才到处于补缺者象限，预计 2016 年仍将处于补缺者象限。

根据 Analysys 易观近期发布的《2015 年中国云计算 SaaS OA 市场实力矩阵》，Analysys 易观对 2014 至 2016 年主要云计算 SaaS OA 厂商在实力矩阵中所处的位置以及厂商现有资源和创新能力的变化情况做如下解读。

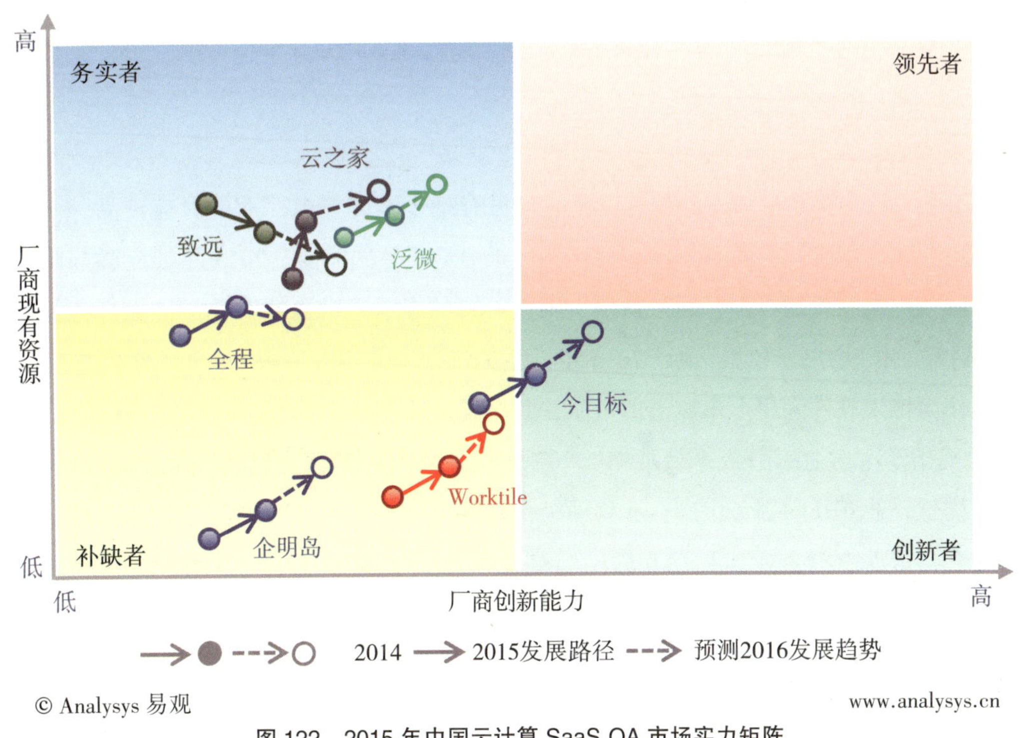

图 122　2015 年中国云计算 SaaS OA 市场实力矩阵

• 领先者象限分析

领先者在商业模式创新或产品/服务创新性上拥有较强的独特性，同时具有很好的系统执行力，能够把创新性提供给市场并获取较高的市场认可。

2015 年中国云计算 SaaS OA 市场领先者：无

➢ 新进入者：无

➢ 新退出者：无

• 创新者象限分析

创新者在产品/技术上的投入很大，并在商业模式、技术或者产品服务的创新性上有独特的优势。但是由于种种原因没有得到很好的市场表现。

2015 年中国云计算 SaaS OA 市场创新者：今目标

➢ 新进入者：今目标

➢ 新退出者：无

今目标经过多年的产品运营和免费的商业模式，已经积累了数量众多的企业用户，今目标通过开放平台接入第三方开发的业务应用，然后任用户挑选，与第三方开发商进行收入分成的方式解决了自身盈利模式的问题，2015 年今目标与 Google 进行合作，搭建了连接全球的商机平台，帮助企业推广自身品牌及服务。通过与优秀的合作伙伴合作，今目标能够完善自身平台的服务范围和能力，提升自身的产品价值。2015 年，今目标离开市场补缺者象限，进入创新者象限，预计 2016 年今目标仍将处于创新者象限。

• 务实者象限分析

务实者拥有丰富的资源，执行能力较强，但是创新优势不明显。

2015 年中国云计算 SaaS OA 市场务实者：泛微、云之家、致远

➢ 新进入者：无

➢ 新退出者：无

泛微在 OA 领域拥有非常丰富的积累，泛微自身有基于不同规模厂商的对应产品，而多年深耕于 OA 领域使得泛微能够真正理解不同垂直行业对于 OA 产品的需要。2015 年，泛微与阿里钉钉的战略合作有利于泛微品牌的推广，通过微信、阿里钉钉的集成平台也能够让泛微更好地帮助企业实现以 OA 为后端的移动办公平台，预计 2016 年泛微仍将处于务实者象限。

云之家作为传统软件大厂金蝶旗下的产品，是金蝶对于移动办公生态发展的关键所在，2015 年 11 月，金蝶提出了“云之家开放平台战略”，并与金山 WPS、滴滴出行、Agora、盈世等知名厂商合作，共同构建企业互联网服务生态，在移动工作领域开展合作，通过产品、技术能力与资源、行业经验相融合，帮助中国企业向移动互联网转型，预计 2016 年，云之家将实现业务的快速增长，并将继续处于务实者象限。

致远经过多年产品积累，已经建立了针对不同垂直行业的 OA 产品解决方案，2015 年中国企业级市场高速发展，致远推出特许经营的合作伙伴合作模式，加强了自身渠道销售能力，并将产品着力于中国广大的小微企业，提升小微企业的信息化管理能力，预计 2016 年致远将继续处于务实者象限。

• 补缺者象限分析

2015 年中国云计算 SaaS OA 市场补缺者：全程、企明岛、Worktile

➢ 新进入者：无

➢ 新退出者：今目标

全程 OA 是中国老牌的定制化 OA 品牌，多年的产品服务经验使得全程 OA 积累了丰富的产品经验和客户资源，为了应对新的市场变化，全程推出了 24om 云办公平台，能够为企业提供完整的企业办公服，预计 2016 年全程将继续处于补缺者象限。

企明岛专注于推动企业知识管理与社会化协作实践，坚持“Social+Mobile+Business”的产品特性与“企业业务+互联网实践”相结合的设计理念。以知识管理、社交平台、协同办公、知识门户和内部沟通五个应用场景的企业业务为核心业务，结合移动端、微信企业号和服务号等多平台互联模式，通过软件产品授权+针对性定制服务，满足客户差异化需求。预计企明岛 2016 年仍将继续处于补缺者象限。

Worktile 在 2014 年年底决定将自身的服务免费，2015 年 7 月 Worktile 推出了即时通讯产品“纷云”，提供一个连接人、信息、数据和沟通的协作平台来解决企业内部及企业之间的协作与沟通问题，未来的 Worktile 优秀的产品与客户运营使得产品的自我宣传能力非常强，未来将通过增值服务收费的模式实现自身盈利，预计 2016 年 Worktile 仍将处于补缺者象限。

根据 Analysys 易观近期发布的《2015 年中国云计算 SaaS 智能客服市场实力矩阵》，Analysys 易观对 2014 至 2016 年主要云计算 SaaS 智能客服厂商在实力矩阵中所处的位置以及厂商现有资源和创新能力的变化情况做如下解读。

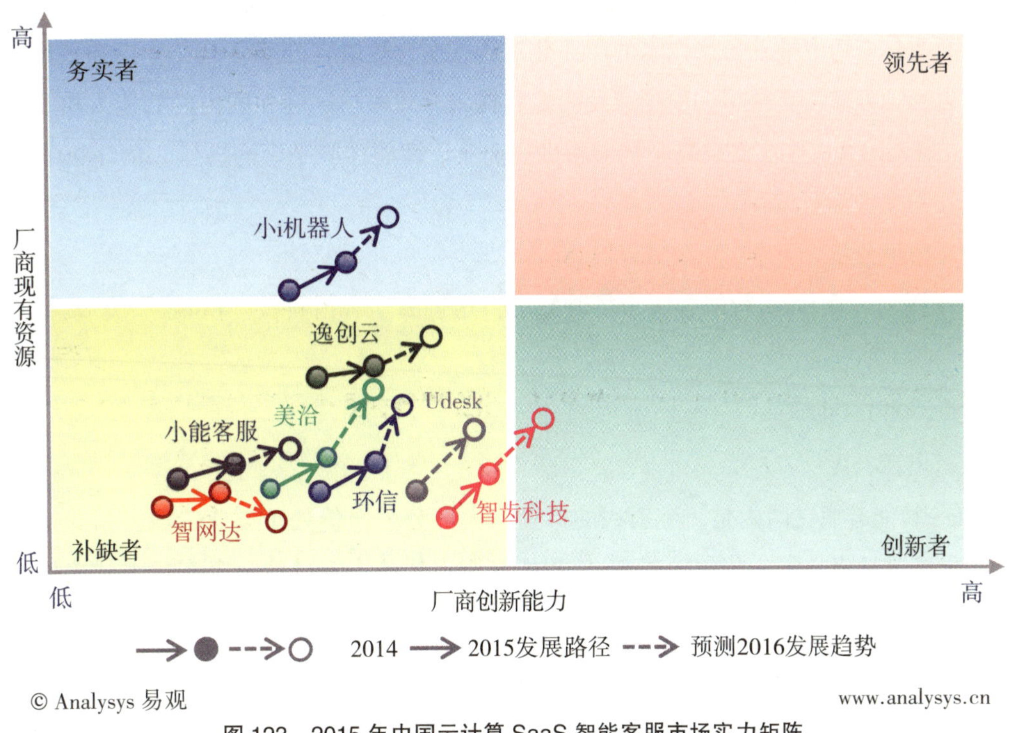

图 123　2015 年中国云计算 SaaS 智能客服市场实力矩阵

- **领先者象限分析**

领先者在商业模式创新或产品/服务创新性上拥有较强的独特性，同时具有很好的系统执行力，能够把创新性提供给市场并获取较高的市场认可。

由于中国 SaaS 智能客服市场起步较晚，市场渗透率低，行业中的厂商积累较少，多数厂商仍处于创业初期，因此 SaaS 智能客服市场还没有出现明显的市场领先者。

2015 年中国云计算 SaaS 智能客服市场领先者：无

➢ 新进入者：无

➢ 新退出者：无

- **创新者象限分析**

创新者在产品/技术上的投入很大，并在商业模式、技术或者产品服务的创新性上有独特的优势，但是由于种种原因没有得到很好的市场表现。

2015 年中国云计算 SaaS 智能客服市场创新者：无

➢ 新进入者：无

➢ 新退出者：无

- **务实者象限分析**

务实者拥有丰富的资源，执行能力较强，但是创新优势不明显。

2015 年中国云计算 SaaS 智能客服市场务实者：小 i 机器人

➢ 新进入者：无

➢ 新退出者：无

作为中国早期的智能机器人云服务平台，小 i 机器人专注于智能机器人核心交互技术的研发，并在大量的商业化应用中推动了该技术的产业化进程。在自然语言处理、语义分析和理解、知识工程和智能大数据等方面，获得了多项国家发明专利授权，并参与国际和国内的智能人机交互标准建设，而小 i 机器人的智能客服解决方案能够帮助企业实现智能客服平台的搭建，预计 2016 年小 i 机器人仍将处于务实者象限。

• **补缺者象限分析**

2015 年中国云计算 SaaS 智能客服市场补缺者：逸创云、智齿科技、Udesk、美洽、小能客服、智网达

➢ 新进入者：Udesk

➢ 新退出者：无

由于 SaaS 智能客服在国内是一个新兴的产业，大部分公司仍处于创业阶段，因此行业中主要的参与者均处于补缺者象限，相信随着 SaaS 智能客服市场的不断成熟，会有越来越多的企业进入其他三个象限之中。

逸创云客服专注 SaaS 模式客户服务领域产品，将各种支持渠道的客户请求统一用一种方式在一个地方进行管理和响应，同时很方便地嵌入企业的网站、APP 等，提升企业的客户服务质量和效率，逸创云客服已于 2015 年 4 月底获得了唯猎资本 1500 万元人民币的投资；逸创云客服能够把各个渠道来源的客户问题请求与对话汇聚在一个地方，用统一的方式来响应和管理，集成邮件、电话语音、Kchat 在线交谈、微博、微信、网页/移动表单、API 接口、移动 SDK 等客户支持渠道，提供更高效的沟通环境，并且帮助企业掌控客户满意度、客户服务动态、展示全渠道客服概况，统计分析深入挖掘客户服务数据，方便企业掌控客户服务团队绩效，优化和改善客户支持服务。预计 2016 年，逸创云客服能够实现稳定发展，并仍将处于补缺者象限。

智齿科技于 2014 年 11 月上线了 SaaS 智能客服平台，可通过手机网站、桌面网站、微信、微博、移动 SDK、二维码等方式接入客服，将机器人客服和人工客服整合到一起，用户可以让机器人客服识别处理 60%到 80%的重复性问题，并且通过引入机器学习的功能让客服逐渐增加自身的处理能力，当机器人客服无法处理时会将整理好的问题提交到人工客服，节省了企业用户的客服成本，预计在 2016 年，随着智能客服智慧化程度的不断提升，智齿科技将获得快速的发展，并且将进入创新者象限。

Udesk 智能客服平台于 2014 年年底上线，致力于打造一个即时、高效、前沿的智能客服平台，用一个通用的平台连接包括电话、在线客服、手机 APP、微博、微信、邮箱、网页表单在内的所有渠道，通过全面的渠道覆盖、多样化的沟通方式、完善的工单管理系统，从根本上助力企业节支降本，提高客户满意度，在 2015 年 11 月，Udesk 也发布了基于自然语言理解语义检索、多渠道知识服务和大规模知识库建构等技术的智能机器人：在功能上，拥有人性化问答、智能化学习、细致化

用户管理、个性化配置、全方位实时监控、深度数据分析挖掘、多渠道管理系统和定制拓展接口八大功能模块，智能机器人将丰富 Udesk 原有的产品功能，为企业提供更为完善的服务。Udesk 于 2015 年 4 月获得 DCM 投资的 300 万美元 A 轮融资，并于四个月后获得君联资本领投，DCM 跟投的 3000 万元人民币的 A+轮融资，预计在 2016 年 Udesk 会获得快速发展，并仍将处于补缺者象限。

环信移动客服是基于 IM 产品研发出的一套新的产品体系，在市场层面，环信通过多年 IM 产品服务经验，已经拥有了非常强大的信息处理能力，并且赢得了市场中企业的认可，通过环形自身积累的用户资源和品牌影响力，能够快速地推广自身的移动客服产品；在产品功能层面，通过欢迎词、轨迹跟踪、自动回复、富媒体消息交付、常见问题及自动回复、极简集成、移动端能力极致优化等功能，提升企业服务水平，通过功能强大的客服工作台，提升客服代表工作效率，让企业与客户的沟通更顺畅；通过实时监控，历史抽查，KPI 考核构成全方位质检，为客户人员的考核提供历史依据，通过精准的用户画像来提升客服的营销成功率，并且提供开放的 API 接口，使得环信移动客服能够很好地兼容企业其他类型服务，大大提升了产品的兼容性。预计 2016 年，环信移动客服将处于补缺者象限中领先的位置。

美洽是一个为企业提供整合多渠道信息并进行实时在线客服服务的平台。可通过移动 APP、手机网站、桌面网站、微信、微博、二维码等方式接入；同时为商家提供客服人员信息管理、工作统计、客户对话数据分析等功能。2015 年 10 月，美洽宣布完成 500 万美元 A 轮融资，由晨兴创投领投，Infinity Venture Partners 跟投，预计 2016 年美洽会获得稳健的发展，并仍将处于补缺者象限。

小能客服是一款智能客服平台，小能客服能够统一接待来自 Web 网站、移动网站、微信、APP、电话、表单、邮件等渠道的客户问题，并整合同一客户在不同渠道的碎片化行为，更好地理解客户意图，支持客服人员通过移动终端应答客户问题，并且具备呼叫中心功能，方便电话沟通，并且具有丰富的知识库，能够实现智能应答；能够根据顾客等级、访问深度、关键购买行为、停留时长等参数实时运算，找到最佳顾客；集成工单功能，无缝衔接 CRM，并且利用大数据技术，挖掘用户的购买行为，进行精准营销。小能客服于 2014 年获得了软银赛富投资的千万美元 A 轮融资，预计在 2016 年小能客服仍将处于补缺者象限。

智网达是台湾宏达电子（HTC）旗下的控股公司，其中包括智能客服解决方案，通过线上智慧服务与机器人 APP 提供全面的服务资讯，进行业务推荐，通过汇集用户问题、用户习惯、用户行为等信息，建立完善的知识库，提供一个包括知识库、智能服务、机器人应用程序、舆情监控等服务的智能客服平台，预计 2016 年智网达仍将处于补缺者象限。

根据 Analysys 易观近期发布的《2015 年中国云计算 SaaS CRM 市场实力矩阵》，Analysys 易观对 2014 至 2016 年主要云计算 SaaS CRM 厂商在实力矩阵中所处的位置以及厂商现有资源和创新能力的变化情况做如下解读。

• 领先者象限分析

领先者在商业模式创新或产品/服务创新性上拥有较强的独特性，同时具有很好的系统执行力，能够把创新性提供给市场并获取较高的市场认可。

2015 年中国云计算 SaaS CRM 市场领先者：红圈营销、销售易、纷享销客

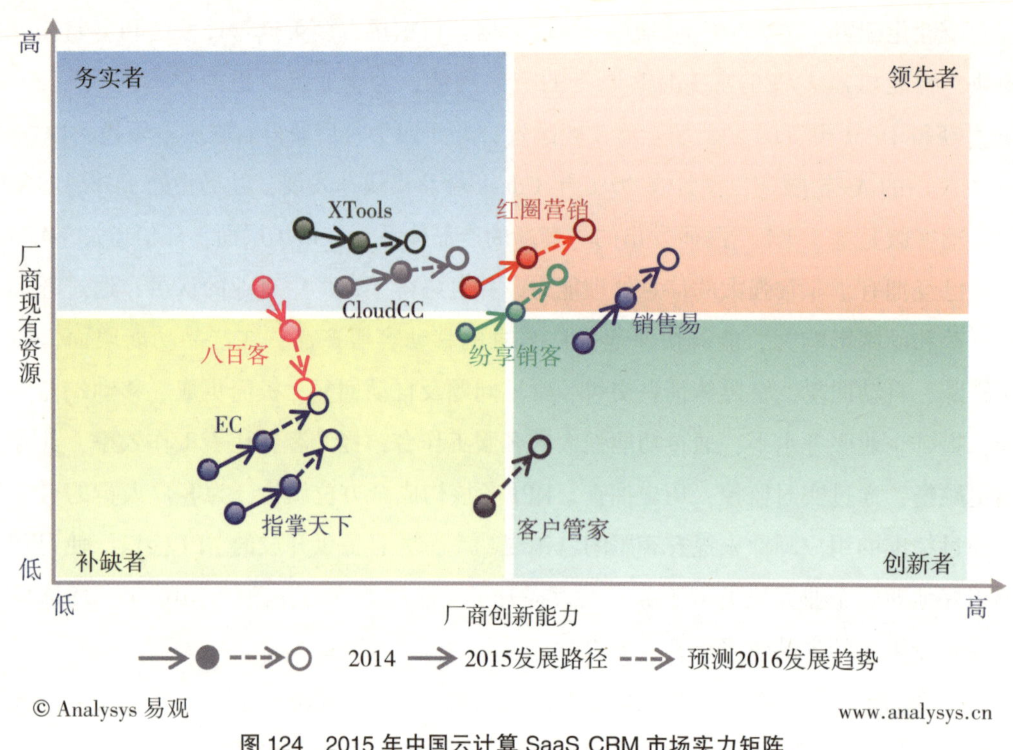

图 124　2015 年中国云计算 SaaS CRM 市场实力矩阵

- 新进入者：红圈营销、销售易、纷享销客
- 新退出者：无

红圈营销致力于解决传统企业的移动销售管理问题，红圈营销提供了通用化版本以及农牧、快消、医疗三个定制化版本，多年对于传统垂直行业销售特点的研究能够使红圈营销抓住用户的痛点。在 2015 年，红圈营销与阿里钉钉建立了战略合作关系，能够为红圈营销带来更多的客户资源，红圈营销已经于 2015 年 11 月在中国新三板上市，成为国内 SaaS 移动销售管理行业的第一股。红圈营销在 2016 年预计将仍处于领先者象限。

销售易的产品专业度非常高，完善的功能模块能够支撑大中型企业复杂组织流程的销售过程管理，拥有产品成功团队保障产品的售后实施，为企业用户提供专业的服务。2015 年，销售易打造了首届“销售节”庆典，推出了“销售不易”话剧，并且在多种渠道投放了广告，提升了品牌知名度。2015 年 10 月，美国 SugarCRM 前高级研发总监周然（Ryan Zhou）先生正式加入销售易，担任公司 CTO，从高端人才的层面保障自身产品的专业性。2015 年，销售易离开创新者象限进入领先者象限，预计在 2016 年也仍将处于领先者象限。

纷享销客在 2015 年通过新闻发布会、机场高铁广告投放、下线活动推广等方式，以非常短的时间获得了行业和媒体的关注，高速增长的用户数量，以 CRM 的产品方向切入企业级市场，纷享销客希望通过自身的产品作为连接企业内外部的纽带，通过合作共赢的方式搭建企业工作平台，并推出了面向分销市场的纷享百川和基于企业宣传的微营销服务。预计 2016 年，纷享销客能够继续处于领先者象限。

• 创新者象限分析

创新者在产品/技术上的投入很大，并在商业模式、技术或者产品服务的创新性上有独特的优势，但是由于种种原因没有得到很好的市场表现。

2015 年中国云计算 SaaS CRM 市场创新者：无

➢ 新进入者：无

➢ 新退出者：销售易

• 务实者象限分析

务实者拥有丰富的资源，执行能力较强，但是创新优势不明显。

2015 年中国云计算 SaaS CRM 市场务实者：CloudCC、XTools

➢ 新进入者：无

➢ 新退出者：红圈营销、八百客

CloudCC 是神州云动旗下专注提供云平台和云应用的云计算服务品牌。产品拥有强大的随需再定制功能，能够满足企业不同发展时期的需要，多年服务于国内外顶尖企业的 CloudCC 能够提供专业的服务，从 2014 年开始在各地建立分支机构，提升其整体的服务能力，为客户带来更为优质的服务，稳健的发展策略能够让 CloudCC 在 2016 年继续保持在务实者象限。

XTools 作为老牌 CRM 厂商，于 2012 年转型移动 CRM，为企业用户提供多元化的移动办公服务，形成“应用+云服务”的整体 CRM 解决方案，多年的积累让 XTools 能够满足不同垂直行业的需要，XTools 也在积极探索未来 SaaS CRM 的发展趋势，比如在 2015 年与智能手表 Pebble 的合作。预计 2016 年，XTools 仍然能够通过稳定可靠的服务，继续处于务实者象限。

• 补缺者象限分析

2015 年中国云计算 SaaS CRM 市场补缺者：EC、客户管家、指掌天下、八百客

➢ 新进入者：客户管家、八百客

➢ 新退出者：纷享销客

EC 是深圳市六度人和科技有限公司独立开发的一款连接客户的智能销售平台，通过 QQ、微信、电话、邮件等沟通工具，帮助企业与客户紧密相连，根据客户属性进行精准营销，让企业不断获得生意机会。2014 年，EC 与全国 25 家核心代理商建立合作关系；2015 年，获得用友 B 轮战略投资和联创永宣与赛富亚洲基金 B+轮联合投资。预计 2016 年会实现稳健的发展，并将继续处于补缺者象限。

客户管家是畅捷通于 2015 年针对小微企业移动 CRM 管理需求推出的服务软件，面向销售人员的设计逻辑增强了产品的使用体验，利用云计算、移动互联网、社交网络三大新技术为产品提供了更好的技术支撑，通过打通畅捷通自身产品的规划也将为客户管家的发展带来更多的发展机会，预计客户管家会在 2016 年进入创新者象限。

指掌天下是老牌 CRM 厂商任我行旗下的移动销售管理软件，通过在 CRM 领域多年的积累加上基于微信企业号和公众号的功能，能够让产品连接企业内部管理与外部营销，帮助企业变革为营销型企业，增强销售人员销售能力，通过利用任我行自身的客户资源能够让指掌天下获得稳定的发展，预计指掌天下在 2016 年将继续处于补缺者象限。

八百客是中国早期 SaaS CRM 厂商，通过提供 PaaS 平台的方式实现了针对企业的项目型定制化

服务，由于传统的部署与开发模式的限制，八百客在向云端转化和移动终端的转化上具有较大的阻碍，加上创业型 SaaS CRM 厂商发展迅速，市场竞争激烈，使八百客从务实者象限移动至补缺者象限。

根据 analysys 易观近期发布的《2015 年中国云计算 IaaS 市场实力矩阵》，Analysys 易观对 2014 至 2016 年主要云计算 IaaS 厂商在实力矩阵中所处的位置以及厂商现有资源和创新能力的变化情况做如下解读。

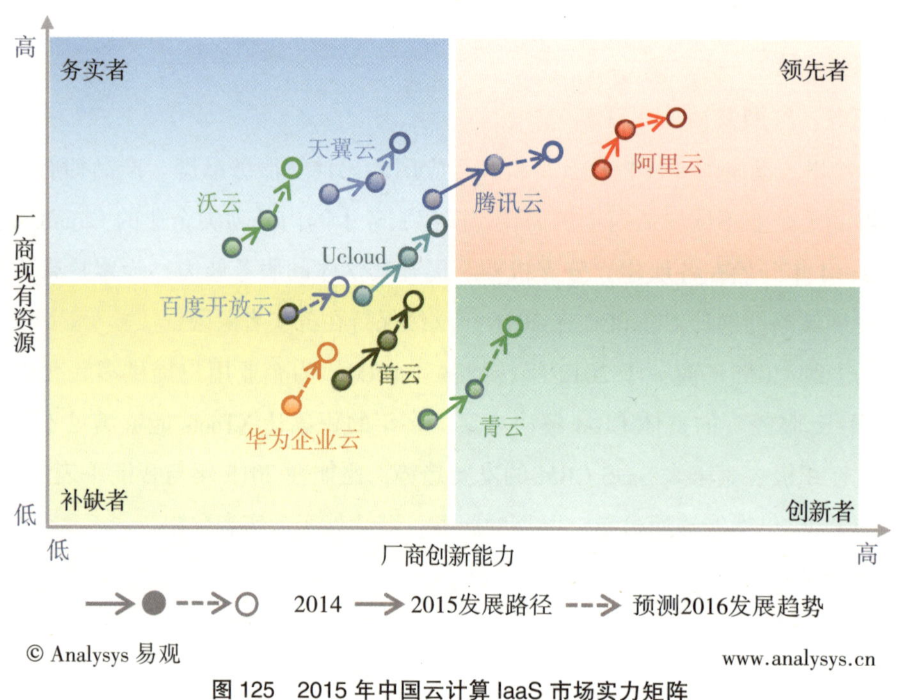

图 125　2015 年中国云计算 IaaS 市场实力矩阵

- **领先者象限分析**

领先者在商业模式创新或产品/服务创新性上拥有较强的独特性，同时具有很好的系统执行力，能够把创新性提供给市场并获取较高的市场认可。

2015 年中国云计算 IaaS 市场领先者：阿里云、腾讯云

➢ 新进入者：无

➢ 新退出者：无

随着中国云计算 IaaS 市场进入高速发展时期，资源与技术将成为决定 IaaS 厂商未来发展的关键，位于领先者的阿里云与腾讯云均在资源层面和技术层面拥有雄厚的积累，并且均能够提供针对不同垂直行业的行业云解决方案，并且通过搭建云生态来整合行业资源，为用户提供更为稳定、全面的服务。

阿里云 2014 年在产品开发、服务输出与生态系统建设层面进展明显，阿里云的服务领域不断拓展，电子商务、数字娱乐、金融服务、医疗健康、气象、政府管理等领域成为阿里云发展的重点，随着 2014 年阿里巴巴集团上市，阿里云也获得了集团更多的资源支持；进入 2015 年，阿里云连续 3 个季度的营收分别为 3.88 亿元人民币、4.85 亿元人民币、6.49 亿元人民币，同比去年同期

分别增长 84%、106%、128%，与此同时，阿里巴巴集团未来将投入 60 亿元人民币来支持阿里云国际业务拓展，云计算、大数据领域基础和前瞻技术的研发，以及 DT 生态体系的建设。预计在 2016 年，阿里云仍将保持高速发展，并且继续处于领先者象限。

腾讯云于 2014 年召开了全球合作伙伴大会，并提出了面向传统行业“连接百万企业”计划，与合作伙伴一起帮助传统企业实现云化的转型。2015 年，腾讯云提出“云+计划”，宣布将发展 2000 家云计算生态服务商，其中包括 500 家核心合作伙伴，合作伙伴最高可获 90%的业务分成，以及政策支持、市场教育、培训服务、技术保障等四大支持，并且承诺在未来的 5 年内投资 100 亿元人民币，与合作伙伴一起，搭建腾讯云生态，而与国外甲骨文的战略合作，也将补齐腾讯企业级服务的业务线。预计在 2016 年，腾讯云的“云+计划”将逐步落地，腾讯云也会获得高速发展，而腾讯云也将继续处于领先者象限。

- **创新者象限分析**

创新者在产品/技术上的投入很大，并在商业模式、技术或者产品服务的创新性上有独特的优势。但是由于种种原因没有得到很好的市场表现。

2015 年中国云计算 IaaS 市场创新者：青云

➢ 新进入者：青云

➢ 新退出者：无

青云作为一家技术型创业公司，能够实现所有资源秒级响应并按秒计费，通过云端 SDN 实现了私有化网络（VPC），并且通过 P2P 机器人社区协作确保故障无害，保障系统无限水平扩展，在 2014 年，青云通过领先的云计算技术，为企业提供高性能的 IaaS 服务，进入 2015 年之后，青云加强了自身的骨干网与数据中心建设，发布了一系列包括分布式 I/O 块存储系统、大数据平台高速部署、超融合一体化设备、PaaS 层服务等众多行业领先的服务，并且青云逐渐加强云生态的搭建，通过开展合作伙伴计划为企业提供更为完善的服务，同时通过与合作伙伴的合作能够扩大青云的产品覆盖范围，同时也提升合作伙伴的服务能力并降低成本，对于新技术不断的追求与合作伙伴计划将帮助青云实现快速发展。2015 年，青云进入创新者象限，预计 2016 年将仍处于创新者象限。

- **务实者象限分析**

务实者拥有丰富的资源，执行能力较强，但是创新优势不明显。

2015 年中国云计算 IaaS 市场务实者：天翼云、沃云、Ucloud

➢ 新进入者：百度云

➢ 新退出者：无

天翼云作为中国电信旗下的云计算分公司，公司依托于自身丰富的政府资源和网络带宽资源，建立了数量庞大的数据中心，通过“8+2+X”和数据中心互联专网（DCI）等资源布局，实现云网融合和统一调度，进而保障用户在全国范围内都能享受到一致服务，并且在 2015 年推出了中国电信大数据“星图”、“鲲鹏”等系列产品，为行业企业提供精确挖掘、统计分析和大数据能力等数据产品及服务，丰富的基础设施资源与大数据平台服务使天翼云能够在 2016 年仍然处于务实者象限。

沃云作为中国联通旗下的云计算业务品牌，依托于中国联通的数据中心资源和网络带宽资源，具备非常强的基础设施能力，通过与华为发布沃云 SDN 网络平台，为企业在云上的企业部署提供稳定、高效、优质、低价的云计算服务。与此同时，沃云正在招募渠道合作伙伴，通过与合作伙伴的合作，逐步扩大自身的服务范围，预计沃云在 2016 年仍将处于务实者象限。

Ucloud 是国内第三方基础云计算服务提供商，长期专注于移动互联网领域，以专注、专业、中立的态度在云服务领域获得了良好的口碑和“可信云”、“公安部信息系统安全等级保护测评”等多项权威认证。2014 年，Ucloud 获得贝塔斯曼和君联资本领投、DCM 跟投的 B 轮 5000 万美元融资；2015 年，又获得由君联资本领投，VMS Legend Investment Fund I、DCM、贝塔斯曼、光信资本跟投的近亿美元的投资，通过自身完整的产品线、与合作伙伴共同搭建的 U 市场、创业孵化器、与全球领先的 OpenStack 厂商 Mirantis 成立合资公司的方式为企业用户提供全面的服务。预计 2016 年，Ucloud 将处于务实者象限相对领先的位置。

- **补缺者象限分析**

2015 年中国云计算 IaaS 市场补缺者：首云、华为企业云 、百度开放云

➢ 新进入者：首云、华为企业云

➢ 新退出者：青云

首云是首都在线推出的云计算服务新品牌，依托于首都在线全球 14 个高性能云数据中心资源与网络带宽资源。2015 年，首都在线推出了全球一体化 GIC 云计算平台，搭建了全球互联的 GPN 网络，为中国跨境电商、互联网教育、游戏等众多海外业务的开展提供了一个良好的平台，首云独特的服务填补了中国云计算服务的空缺。预计 2016 年，首云仍将处于补缺者象限的优势位置。

华为企业云作为 2015 年最新推出的云计算服务，作为传统 ICT 行业的领先者，华为企业云能够为客户提供众多垂直行业的解决方案，其对上不做应用、对下不碰数据的“被集成”战略能够帮助华为企业云获得更为广泛的合作。预计 2016 年，华为企业云仍将处于补缺者象限。

百度开放云作为 2015 年推向市场的云计算业务，虽然入局云计算业务较短，但是百度多年的技术积累使得百度开放云的业务一经推出就具备了非常完善的功能模块，随着百度积累的技术逐渐应用于云计算上，百度开放云的用户数量将快速上升，预计百度开放云将在 2016 年从补缺者象限移动到务实者象限。

第五部分

厂商分析

洪波涌起，正是踏行时，2015 年的互联网行业备受瞩目，从社会大众到机关政府，都在这股改造升级的浪潮中奔袭前行。石破天惊一声喝响，资本涌入声势浩荡，企业并合浮沉落定，万众创业犹如春笋，虽满硝烟，却显细分势好，虽历“寒冬”，仍有“独角兽”存，共享与智能的愿景，让这场变革回归理性。大网之下，变幻风云，所有人皆未迟到，互联网的定义才刚开始形成。本部分，易观以 2015 年为时间点，对于在产业内所覆盖与关注的各细分领域的厂商进行了简要分析。

电子商务

B2B

阿里巴巴

阿里巴巴 B2B 业务是集团的旗舰业务，以会员服务、供应商服务和培训、贷款服务为主，其中诚信通、网销宝、应用服务、物流服务是供应商服务的主体。近年来，电子商务 B2B 产业处于转型增长的时期：各厂商或将线上平台与线下产业园相融合，加大垂直电商 B2B 的竞争；或通过供应链金融创新，推动信息平台向服务平台与交易平台转型。尽管如此，阿里 B2B 的市场领导地位仍然不可撼动。根据易观季度监测数据，2015 年第三季度阿里巴巴 B2B 业务的营业收入达 24.01 亿人民币，阿里巴巴中国于该季度实现营收约 10.46 亿人民币，同比增长 32%；阿里巴巴国际于该季度实现营收约 13.55 亿人民币，同比增长 13%。对比其他国内上市 B2B 平台，阿里巴巴 B2B 业务增长速度仍处于领先水平。

阿里巴巴在纽约上市已过一周年，在过去的一年，阿里巴巴日趋完善，展现出强大的活力和良好的趋势。根据阿里巴巴 CEO 张勇的公开信，截至 2015 年 3 月 31 日，有 3.5 亿活跃买家光顾阿里巴巴的零售交易市场。同时在移动端阿里巴巴也取得了惊人的成绩和进展——2.89 亿月度活跃用户，全年约一万亿的 GMV 来自移动端，阿里巴巴已经成为了名副其实的第一大移动互联网经济。同时，阿里巴巴六年前投入建设的云计算平台在今年已经大放光彩，目前已拥有百万级的企业用户。另外由阿里巴巴投资的菜鸟物流也在很好地满足了交易市场的物流需求。2015 年，阿里巴巴启动了三大核心战略——国际化战略、农村战略、大数据云计算战略。

从整个布局来看，1688 到淘宝、到天猫、到聚划算，阿里希望端到端建立一个完整的电子商务产业链，从生产制造到批发零售这么一条龙的服务，一个闭环的电子商务生态链。整个 1688 批发主要偏向流通领域与加工制造，面对采购则偏向工厂服务领域。通过集采等方式为更多的中小企业与大型的采购企业达成对接，使之参与到整个供应链建设中。以商会友形式为商人建构一个信息沟通交流的平台，信息互通成为阿里的标准。

2015 年，在成立了智能生活事业部和阿里汽车事业部后，目前阿里巴巴集团一共有 27 个事业部，形成了纵线服务体系与横向支撑体系的格局。B2B 等各纵线的自主性与竞争性在年内得到加强，横向资源的支撑与协同能力如果得到集团保障，如与阿里金融、阿里云、阿里妈妈等加强协同创新，阿里巴巴 B2B 在产业内的相对支配地位将进一步得到稳固。同时，阿里 B2B 也面临推动 PC 向无线服务的转型，用户与服务的无线迁移是阿里在未来持续成功的关键之一。

易观分析

阿里凭借电子商务市场的先入优势，积累了大量的用户流量，建立起从营销到支付到增值服务的完整电商生态系统，完成了B2B、B2C、中小企业管理的电子商务全方位布局。专注于国内贸易的同时积极拓展海外市场，并且在企业发展过程中培育出了大批技术和管理人才，形成了具备坚定执行力的企业文化。同时，多年经营和推广，建立起较高的信誉度和知名度。

但是，随着企业规模的扩大，出现了商务平台庞大而杂乱，信息的质量不高的问题，转为付费效果逐渐恶化，盈利模式出现转型困难。同时，严峻的经济环境给中小企业带来的劳动成本压力，对B2B商业模式造成挑战。在信息获取门槛变低的现状下，阿里不仅面临来自于交易类B2B企业的竞争与垂直品类平台的竞争，也面临越来越多的供应商自建网站的竞争。另外，由于信息服务同质化严重，几大电商平台的客户高度重叠，客户对于阿里巴巴的忠诚度难以上升至较高水平。

为避免精益客户流失，阿里已经开始通过行业细分，提升自身的服务能力，并借同金融企业向电子商务的更深层次发展。同时政府对阿里的一系列扶持政策以及阿里上市带来的强大资金流入，将带给阿里更大的创造可能性。

一、基础信息

1.1.1 公司全称：阿里巴巴（中国）电子商务公司

1.1.2 上市时间：2014年9月19日

1.1.3 企业性质：股份制

1.2 组织信息

1.2.1 管理层

马云　执行主席

蔡崇信　执行副主席

陆兆禧　首席执行官

二、业务信息

2.1 产品及服务信息

1688、淘宝、支付宝、支付宝钱包、诚信通、阿里妈妈、一淘网、阿里云、聚划算、天猫、中国万网 Vendio 及 Auctiva、阿里金融以及菜鸟网络等

2.2 覆盖范围

2.2.1 行业：电子商务B2B及服务

2.2.2 主要客户：全国大小型商户和购买需求者

2.3 收入结构：国际交易市场和中国交易市场的付费会员以及增值服务，国际交易市场又占大部分比重，总收入一半以上

三、综合信息

3.1 发展定位：全球电子商务平台

3.2重要合作伙伴及供应商：新浪、国际旅游岛、海尔、联合利华、苏宁云商、麦德龙、杭州市政府、河北省政府、中国电信、中国联通、义乌中国小商品城、深圳市政府

慧聪网

慧聪网通过线上的标王、买卖通、采购通等帮助买家卖家速配，同时通过线下洽谈会、交易会、会展等促进业界沟通，线上线下相结合，营销效果显著。根据慧聪网发布的2015年第三季度业绩报告，慧聪网2015年第一至三季度销售总收入为6.7亿元人民币，同比下滑约7.9%，净利润约5129.4万元，较去年同期下滑约68.1%。并占据一至三季度中国电子商务B2B市场4.14%的份额，同比下滑15.85%。慧聪网给中小企业创造了生存与发展的机遇。慧聪网买家服务则主要趋向于支撑买家服务，同时慧聪网为企业提供线上采购洽谈会、线下采购见面会、展会采购峰会等多样的采购服务。

自2015年年初起，B2B平台加快革新为综合B2B服务供应商。此外，B2B平台公司所提供之服务亦截然不同。慧聪网已自2013年起重新整顿业务布局，构建其独特之B2B生态系统，包括建立互联网交易平台——“慧付宝”及持续增强用户体验；互联网金融方面，从借力于第三方之配套互联网金融产品，到与神州数码控股有限公司合资成立小额贷款融资公司服务客户。3月18日，慧聪网收购ZOL中关村在线，可看出慧聪网正着力于B2B的升级和转型，重新回到IT行业。于7月22日，慧聪网收购内蒙古呼和浩特金谷农村商业银行股份有限公司2.49%之股份。凭借慧付宝、小额贷款融资公司及与金谷农村商业银行之战略合作，慧聪网向互联网金融之安全扩张将产生混合效应并持续发酵，最终促进B2B交易，有助于建立B2B 2.0分部。

易观分析

慧聪拥有着电商B2B市场的先入优势，以内贸业务为核心，综合了60多个行业，能为客户提供最为细分的咨询。客户基本为商人或专业人员，对企业的采购或决策有重要决定作用，同时拥有较高的消费能力。在营销方面，慧聪拥有专业的广告服务和超低的广告成本，帮助客户以最小的的投入获得最专业的广告服务。联盟网站5000余家，同时与各大搜索引擎形成互动，将自身打造成为强大的推广平台。慧聪网在B2B行业逐渐与其他平台产生差异化，虽然主要收入来自于线上，但是通过线下的活动提升了用户的体验，间接刺激了互联网产品的收入。在线下进行活动成本较高，短期内难以获得收入。从长期来看，对培育用户以及提升用户体验有着积极的意义，但成本较高。

慧聪的市场管理混乱，与其他B2B企业（如阿里）的客户重合度高，受自身服务品牌及服务经验的制约，客户忠诚度较低，慧聪在这些方向缺乏创新能力，在挖掘服务与规范商业模式过程中可能遇到阻力。慧聪在开拓线上至线下业务模式的基础上，向客户继续提供具有较高市场营销价值的产品及服务，这不仅展现其差异化，这也是在B2B行业整体发展放缓的大背景下慧聪仍能保持快速发展的关键。

一、基础信息

1.1 基本信息

1.1.1 公司全称：慧聪网有限公司

1.1.2 成立时间：1992 年

1.1.3 总部地点：海淀区大钟寺东路 9 号京仪科技大厦 B 座 2 层

1.1.4 上市时间：2003 年 12 月香港上市

1.1.5 企业性质：有限责任公司（自然人投资或控股）

1.1.6 资本信息：注册资金 3600 万

1.1.7 联系方式

网址：http：//www. hc360. com/

邮箱：ir@ hc360. com

1.2 组织信息

1.2.1 人员规模：在 12 个城市拥有分公司，服务团队约 3054 人

1.2.2 管理层

郭江　首席执行官

二、业务信息

2.1 产品及服务信息

买卖通、行业专属服务、慧聪发发、慧付宝

2.2 覆盖范围

2.2.1 行业：化工、电子、家居、建材、服装、汽车配件、家电、机械工业等

2.2.2 主要客户：全国各行业的企业

2.2.3 业务区域：辐射全国

2.3 收入结构：慧聪在 2015 年前三个季度互联网服务占据全部销售收入的 77.65%，工商业目录及黄页目录占 1.92%，会议及其他服务占 14.52%，防伪产品及服务占 5.80%

三、综合信息

3.1 发展定位：凭借专业的信息服务与先进的互联网技术，为中小型企业搭建可靠的供需平台，提供全面的商务解决方案

3.2 重要合作伙伴及供应商：招商加盟、去哪儿网、赶集网、军事、世界工厂网、中国供应商、法捷网，以及百度、谷歌、搜狗、搜搜、360 搜索等搜索引擎

中国制造网

中国制造网自 1998 年成立以来专注服务于中国中小企业的全球贸易领域，在国际营销、产品推广方面聚集了一定优势，经过十多年的竞争和发展，已成为国内第三方 B2B 电子商务平台中的有力竞争者。与阿里巴巴等平台不同的是，中国制造网旨在推广中国企业，为中国供应商提供信息发布和收集的服务，已成为全球采购商采购中国产品的重要渠道之一，并且目前仍保持着较高成长率

的态势。其基本服务——中国产品目录，涵盖了 26 个大类、1600 个子类、多达一百万种以上的中国产品数据，为全球采购商寻求中国产品提供了重要途径。

根据易观年度监测数据，2015 年前三季度中国制造网的营业总收入为 3.52 亿元人民币，同比下降 10.66%，占据中国电子商务 B2B 市场 2.18% 的市场份额。2014 年 5 月，中国制造网荣获"2014 年度中国电子商务最佳跨境电商企业"。

易观分析

中国制造网的品牌形象特征明显，"面向全球专注地推广中国产品"，所拥有的强大的认证供应商服务，为国内企业产品打入海外市场增加了筹码。由于中国制造网严重依赖国际市场，易受国际经济波动影响，抗风险能力差。目前世界范围的经济危机以及人民币升值都冲击到客户企业的出口市场。另外，在国内，来自于同类综合 B2B 企业的竞争加剧，且自身平台内产品的同质化严重，削弱了中国制造网的综合竞争力。内外贸服务收入失衡，使得中国制造网盈利模式单一，难以创造更高利润。

中国制造网在外贸进出口综合服务方面做出了很大的尝试和突破，包括传统的外贸基础服务以及海外跨境贸易服务，中国制造网已经在国外设有仓储，并为企业提供当地的运营和物流等服务。同时，中国制造网推出了新的采购管理平台——百卓采购平台，为采购方提供一站式的采购方案。未来，跨境电商的利好发展将为中国制造网提供更好的外部发展条件。

但是正因为国际市场范围的经济疲软，给平台承接更多高端制造转移提供了机会。借此机会，中国制造网可以进行产业链的升级改造，进行模式转型。

一、基础信息

1.1 基本信息

1.1.1 公司全称：焦点科技开发有限公司中国制造网内贸站

1.1.2 成立时间：1998 年 2 月

1.1.3 总部地点：南京

1.1.4 上市时间：2009 年 12 月 9 日焦点科技股份有限公司在深圳 A 股正式挂牌上市

1.1.5 企业性质：股份制

1.1.6 联系方式

网址：http：//cn.made-in-china.com/

电话：025-66775089

地址：江苏省南京高新技术产业开发区星火路 9 号软件大厦 A 座

1.2 组织信息

1.2.1 管理层

沈锦华　总裁、董事长

二、业务信息

2.1 主要产品与服务信息

主要产品：

中国制造网内贸站——立足内贸领域，致力于为大陆中小企业构建交流渠道

中国制造网繁体站——内贸站繁体版

中国制造网国际站——面向全球，向国外客户推广中国企业

服务信息：

作为采购商：通过关键词搜索或通过中国产品目录查找产品，联系供应商；在商情板搜索销售商情并联系供应商；发布采购商情，将采购信息加入商情板；采用收费的贸易服务，有效开展同中国产品供应商之间的贸易往来

作为供应商：将产品和公司信息加入中国产品目录实现信息推广；通过商情板，搜索全球买家及其采购需求；采用推广服务，提高产品曝光率

作为海外供应商：将产品和公司信息加入商情板；通过商情板搜索全球买家及其采购需求；有机会使用中国制造网的推广服务——横幅，有效推广产品和企业品牌

2.2 覆盖范围

2.2.1 行业：电子商务 B2B 搜索运营商

2.2.2 主要客户：国内中小企业、国外企业

2.2.3 业务区域：全球业务

2.3 收入结构：收入主要来自两方面：其一是会员费，包括金牌认证供应商、银牌认证供应商、高级会员和实名会员四个层级，每个层级享受其不同质量的服务；其二是增值服务费，如企业推广的服务费用、广告费、全面配合中国进出口需求的全面性贸易服务费用等

三、综合信息

3.1 发展定位：立足内贸领域，致力于为国内中小企业构建交流渠道，帮助供应商和采购商建立联系、挖掘国内市场商业机会

3.2 重要合作伙伴及供应商：瑞士通用公证行、上海跨国采购发展有限公司、平台百卓采购网、中国检验认证有限公司、台塑、台湾文笔国际股份有限公司、慧泽保险网、财客、中国建材网、途牛旅游网、钢材网、万维家电网、中国旅游信息网、c114 中国通信网、百度、谷歌、搜狗、搜搜、360 搜索等

环球资源网

环球资源是一家领先业界的多渠道 B2B 媒体公司，致力于促进大中华地区的对外贸易。公司的核心业务是通过一系列媒体，包括环球资源网站、印刷及电子杂志、采购资讯报告、“买家专场采购会”及贸易展览会，促进亚洲各国的出口贸易。

根据易观监测数据显示，2015 年第三季度，公司营业收入为 4480 万美元，同比上升 5.41%，占中国电子商务 B2B 市场 4.95%的市场份额，同比下降 10.33%。公司完成一项发行人要约收购，

有关的要约收购于2015年6月26日启动，并已经于美国纽约时间2015年7月27日午夜12时完成。公司以每股7.50美元的现金价格收购6666666股环球资源已发行普通股。2015年7月6日，环球资源签订了一份物业转让意向书，出售位于深圳国际商会中心50楼的投资物业，总售价约为2170万美元。环球资源举办的“第十五届中国（深圳）国际品牌服装服饰交易会”于7月在深圳举行。并且推出五个全新的垂直化行业网站，包括时尚配饰及鞋类、时装及面料、礼品及赠品、五金产品及家居用品。

易观分析

环球资源网拥有超过100万名国际买家，当中包括95家来自全球百强零售商，他们使用环球资源提供的服务了解供应商及产品的资料，以便在复杂的供应市场进行高效采购。另一方面，供应商借助环球资源提供的整合出口推广服务，提升公司形象、获得销售查询，赢得来自逾240个国家及地区的买家订单。长期经营的经验，使环球资源网非常了解西方客户的习惯，从而积累起广泛的西方客户资源。由于能够提供线上线下整合服务，因此线下资源也非常丰富。但外贸出身使得环球资源所提供服务及网站的用户体验不太符合中国客户的习惯，并难以实现本土化。较高的资费门槛也挡住了大量的中小企业客户，因此，现有服务模式和盈利模式缺乏创新与突破。

在逐渐恶劣的中国外贸环境下，环球资源网还面临着大型综合外贸平台和现有小额外贸批发平台的挑战。但是环球资源网拥有大量的专业买家及行业资源，通过网站的优化整合及推广，可以为尤其是国内客户提供便捷高效高质的内外贸服务，机会点在于如何通过网站的优化整合推广，从而吸引更多用户。

一、基础信息

1.1 基本信息

1.1.1 公司全称：环球资源

1.1.2 成立时间：1970年由贸易杂志起家

1.1.3 总部地点：深圳市益田路与福华三路交汇处深圳国际商会中心36楼

1.1.4 上市时间：2000年美国纳斯达克

1.1.5 企业性质：外资

1.1.6 资本信息：注册资本5000万元人民币

1.1.7 联系方式

网址：http：//corporate. china. globalsources. com/

电话：0755-88282888

传真：0755-88282588

1.2 组织信息

1.2.1 管理层：

韩礼士　执行董事长

二、业务信息

2.1 产品及服务信息

2.1.1 环球资源贸易网站、环球资源贸易杂志、环球资源贸易展会、环球资源买家专场采购会、环球资源专业出口系列培训、环球资源专用供应商目录

2.2 覆盖范围

2.2.1 行业：电子商务国际贸易 B2B

2.2.2 主要客户：国际买家零售商、大中华地区的对外贸易企业

2.2.3 业务区域：全球

2.3 收入结构：网站业务占据 73.28%，展会平台与其他服务也占据 26.72%

三、综合信息

3.1 发展定位：以适当资讯，在适当时机，通过适当渠道，连接全球买家及供应商

3.2 重要合作伙伴及供应商

●中国（深圳）国际品牌服装服饰交易会

●环球资源是 Agentrics 在亚洲的唯一合作伙伴，为其成员提供直接采购渠道，拓展在亚洲的采购活动

●BiMBA（北大国际 MBA）环球资源与北京大学合作，联合为中国经理人推出世界级的出口培训课程。该课程帮助中国经理人掌握最新的国际营销工具和技能，从而增强中国出口的竞争实力

●环球资源与必维国际检验集团（纽约泛欧证券交易所/巴黎，交易代码：BVI）合作，为环球资源社群成员提供认证服务

●环球资源与中欧国际工商学院联合举办出口营销管理课程。该课程专为中国出口企业的高级管理人员设计

●环球资源（NASDAQ：GSOL）与 United Business Media 的合资公司 eMedia Asia Ltd 与 Penton Media, Inc. 组成战略性联盟，联合推出《电子系统设计》(*Electronic Design-China*) 杂志，即 Penton 出版的顶级电子类杂志 *Electronic Design* 的简体中文版。这本全新的杂志将为 40000 名中国大陆的设计工程师及工程经理提供有关电子系统设计技术和应用方法的最新资讯

●环球资源与 UBM Electronics 创办合资企业 eMedia Asia

●环球资源与 Dun & Bradstreet 合作产品与解决方案

我国电子商务 B2B 行业企业名录节选如下表：

表 4　电子商务市场 B2B 行业企业名录节选

<table>
<tr><td>阿里巴巴</td><td rowspan="4">简要分析见前述
数据分析及详细分析
见易观企业库</td></tr>
<tr><td>慧聪网</td></tr>
<tr><td>中国制造网</td></tr>
<tr><td>环球资源网</td></tr>
</table>

（续表）

敦煌网	数据分析及详细分析 见易观企业库
马可波罗网	
海虹医药网	
国联资源网	
金银岛	
万国商业网	
生意宝	
兰亭集势	详细分析见易观企业库
四海商舟	详细分析见易观企业库
中国网库	详细分析见易观企业库
网盛生意宝	详细分析见易观企业库
铭万中国	详细分析见易观企业库
建行善融商务	详细分析见易观企业库
锦程物流网	详细分析见易观企业库
沱沱网	详细分析见易观企业库
焦点科技	详细分析见易观企业库
易唐网	详细分析见易观企业库
深圳一达通	详细分析见易观企业库
一比多	详细分析见易观企业库
全球五金网	详细分析见易观企业库
东方钢铁网	详细分析见易观企业库
我的钢铁网	详细分析见易观企业库
环球财富网	详细分析见易观企业库
企博网	详细分析见易观企业库
第一食品网	详细分析见易观企业库
鄂尔多斯羊绒网	详细分析见易观企业库
纺织商务网	详细分析见易观企业库
风簸网	详细分析见易观企业库
服装染色网	详细分析见易观企业库
工艺礼品网	详细分析见易观企业库
工艺品交易网	详细分析见易观企业库
好孩儿玩具网	详细分析见易观企业库
华夏礼品网	详细分析见易观企业库
慧聪服装网	详细分析见易观企业库
慧聪家电网	详细分析见易观企业库
慧聪礼品网	详细分析见易观企业库

（续表）

慧聪食品工业网	详细分析见易观企业库
家电圈	详细分析见易观企业库
家居在线	详细分析见易观企业库
金贝网	详细分析见易观企业库
酒代理网	详细分析见易观企业库
酒市网	详细分析见易观企业库
全球纺织品	详细分析见易观企业库
全球内衣交易网	详细分析见易观企业库
全球箱包网	详细分析见易观企业库
食品产业网	详细分析见易观企业库
食品机械网	详细分析见易观企业库
食品品牌网	详细分析见易观企业库
食品商机网	详细分析见易观企业库
食品商务网	详细分析见易观企业库
世界服装鞋帽网	详细分析见易观企业库
世界家具时报网	详细分析见易观企业库
世界鞋网	详细分析见易观企业库
童装加盟榜	详细分析见易观企业库
玩具巴巴	详细分析见易观企业库
玩具谷	详细分析见易观企业库
玩具基地网	详细分析见易观企业库
未来在线网	详细分析见易观企业库
温州电器网	详细分析见易观企业库
亚太家居网	详细分析见易观企业库
医护服饰网	详细分析见易观企业库
义乌市场网	详细分析见易观企业库
义乌小商品批发网	详细分析见易观企业库
有机食品信息网	详细分析见易观企业库
真玩具网	详细分析见易观企业库
中国冰淇淋网	详细分析见易观企业库
中国厨房设备网	详细分析见易观企业库
中国第一服装网	详细分析见易观企业库
中国纺织面料网	详细分析见易观企业库
中国纺织品网	详细分析见易观企业库
中国纺织商务网	详细分析见易观企业库
中国服饰网	详细分析见易观企业库

（续表）

中国服装辅料网	详细分析见易观企业库
中国服装批发网	详细分析见易观企业库
中国服装网	详细分析见易观企业库
中国海产网	详细分析见易观企业库
中国海洋食品网	详细分析见易观企业库
中国家具行业网	详细分析见易观企业库
中国家具网	详细分析见易观企业库
中国家装家居网	详细分析见易观企业库
中国酒网	详细分析见易观企业库
中国旧衣服装网	详细分析见易观企业库
中国轻工业网	详细分析见易观企业库
中国日用品网	详细分析见易观企业库
中国食品产业网	详细分析见易观企业库
中国食品模具网	详细分析见易观企业库
中国食品饮料网	详细分析见易观企业库
中国丝绸网	详细分析见易观企业库
中国玩具网	详细分析见易观企业库
中国鲜花礼品网	详细分析见易观企业库
中国香料网	详细分析见易观企业库
中国游乐设备信息网	详细分析见易观企业库
中国枣网	详细分析见易观企业库
中国装饰网	详细分析见易观企业库
中华厨卫网	详细分析见易观企业库
中华古典家具网	详细分析见易观企业库
中华茗茶网	详细分析见易观企业库
中华珠宝网	详细分析见易观企业库
中外玩具网	详细分析见易观企业库
中鞋网	详细分析见易观企业库
中国库存网	详细分析见易观企业库
中国化工机械网	详细分析见易观企业库
中国化工仪器网	详细分析见易观企业库
中国化工资讯网	详细分析见易观企业库
中国机械设备网	详细分析见易观企业库
中国科学仪器网	详细分析见易观企业库
中国农业仪器网	详细分析见易观企业库
中国汽车零配件网	详细分析见易观企业库

（续表）

中国汽车配件网	详细分析见易观企业库
中国汽摩配件网	详细分析见易观企业库
中国汽配城	详细分析见易观企业库
中国塑胶网	详细分析见易观企业库
中国塑料网	详细分析见易观企业库
中国万维化工网	详细分析见易观企业库
中国五金商机网	详细分析见易观企业库
中国五金网	详细分析见易观企业库
中国吸塑网	详细分析见易观企业库
中国仪器搜索网	详细分析见易观企业库
中国仪器网	详细分析见易观企业库
中国仪器仪表网	详细分析见易观企业库
中国仪器之家	详细分析见易观企业库
中国印刷包装网	详细分析见易观企业库
中国印刷产品网	详细分析见易观企业库
中国印刷网	详细分析见易观企业库
中国纸箱网	详细分析见易观企业库
中国轴承网	详细分析见易观企业库
中华标准件网	详细分析见易观企业库
中华工控网	详细分析见易观企业库
中华汽配网	详细分析见易观企业库
中华塑料网	详细分析见易观企业库
中外印机网	详细分析见易观企业库
中原汽配网	详细分析见易观企业库
千汇网	详细分析见易观企业库
518 汇成网	详细分析见易观企业库
不锈钢水箱网	详细分析见易观企业库
中国发电机网	详细分析见易观企业库
凡宇资讯网	详细分析见易观企业库
富宝金属网	详细分析见易观企业库
钢铁价格网	详细分析见易观企业库
光伏网	详细分析见易观企业库
广州苗木网	详细分析见易观企业库
海南黄花梨网	详细分析见易观企业库
好巴巴养殖网	详细分析见易观企业库
河北果蔬网	详细分析见易观企业库

（续表）

红枣网	详细分析见易观企业库
花牛网	详细分析见易观企业库
华夏建材网	详细分析见易观企业库
慧聪建材网	详细分析见易观企业库
建材信息网	详细分析见易观企业库
建材资讯宝	详细分析见易观企业库
建筑建材贸易网	详细分析见易观企业库
金属 114 网	详细分析见易观企业库
九正建材网	详细分析见易观企业库
垃圾处理网	详细分析见易观企业库
绿色建材网	详细分析见易观企业库
能源在线	详细分析见易观企业库
农博网	详细分析见易观企业库
农产品信息网	详细分析见易观企业库
农村养殖网	详细分析见易观企业库
农民网	详细分析见易观企业库
莆商木材网	详细分析见易观企业库
全球花木网	详细分析见易观企业库
全球金属网	详细分析见易观企业库
全球铝业网	详细分析见易观企业库
全球新能源网	详细分析见易观企业库
盛丰建材网	详细分析见易观企业库
世界建材网	详细分析见易观企业库
世界建材总网	详细分析见易观企业库
首聚能源博览网	详细分析见易观企业库
蔬菜网	详细分析见易观企业库
太阳能网	详细分析见易观企业库
天工网	详细分析见易观企业库
土木在线	详细分析见易观企业库
我要油漆网	详细分析见易观企业库
新能源 114	详细分析见易观企业库
冶金行业网	详细分析见易观企业库
亿钢网	详细分析见易观企业库
优倍网	详细分析见易观企业库
长江有色金属网	详细分析见易观企业库
照明信息网	详细分析见易观企业库

（续表）

中部农产品网	详细分析见易观企业库
中硅信息网	详细分析见易观企业库
中国畜牧网	详细分析见易观企业库
中国钢企网	详细分析见易观企业库

网上零售

淘宝

淘宝网是亚太地区较大的网络零售商圈，是在中国深受欢迎的网购零售平台，由阿里巴巴集团在2003年5月10日投资创立，其业务跨越C2C、B2C两大部分。随着淘宝网规模的不断扩大和用户数量的不断增加，淘宝网逐渐演变成一个囊括C2C、B2C、团购、分销、拍卖等多种电子商务模式的综合性零售商圈。目前拥有超过5亿的注册用户数，每天有超过6000万的固定访客，成为世界范围内的电子商务交易平台之一。根据阿里巴巴公布的财报显示，2014年第三季度淘宝成交规模达4380亿元，同比增长15%。

淘宝经过多年的经营，建立起了自己专属的生态圈，在产业链的各个环节都保持了优势地位。淘宝拥有自身的流量入口一淘、交易工具支付宝、众多快递合作伙伴，加之其正紧锣密鼓地投资物流企业、申请快递牌照，已经打通了从营销、支付再到物流的整个产业链条。此外，由于其吸引了大量的用户，在内外部营销、会员管理、网站设计优化、数据商业化等方面存在明显优势。但是，由于淘宝平台模式的天然缺陷，其对供应链的控制能力，以及在供应链响应速度方面及物流方面存在短板。根据2015年“双11”相关数据和新闻显示，物流问题依旧是制约淘宝提高客户满意度的一大阻碍。与此同时，如何提高在线支付的安全性与解决售后服务问题也是淘宝面临的两大难题。

易观分析

淘宝网多年的经营，在其平台上积累了大量商家和消费者。平台上商品种类繁多，凭借支付宝、菜鸟物流等服务领域的布局，已形成了完整的电商生态圈，巨大的用户流量和市场影响力使淘宝网能够长期保持市场领先地位。

但是由于平台准入门槛低，入驻商家鱼龙混杂，商家监管难度大，容易出现不法商贩和不法交易行为，严重影响消费者对淘宝网的用户体验。

与其他电商相比，物流是淘宝网发展的最大短板，虽然去年淘宝在此方面有所作为，但其物流战略布局时间长，推进难度大，短时间内对物流状况的改善有限。另外可加大推进移动端平台销售能力与跨境电子商务。

一、基础信息

1.1 基本信息

1.1.1 公司名称：阿里巴巴集团

1.1.2 成立时间：1999 年（集团）　2003 年 5 月 10 日（淘宝）

1.1.3 总部地点：浙江杭州

1.1.4 上市时间：2014 年 9 月 19 日阿里巴巴在纽约证券交易所上市

1.1.5 企业性质：中外合资

1.1.6 资本信息：注册资本 5000 万元人民币

1.1.7 联系方式

网址：http：//www.taobao.com/

地址：江苏省杭州市余杭区文一西路 969 号西溪园区　311100

电话：集市消费者热线：0571-88158198

集市商家热线：0571-88157858

1.2 组织信息

1.2.1 管理层：

马云　执行主席

蔡崇信　执行副主席

陆兆禧　首席执行官

二、业务信息

2.1 产品及服务

C2C、B2C 综合电子商务平台，拥有最为丰富的包括鞋包、配饰、运动、珠宝、数码、家电、美妆、母婴、家居、食品、百货、汽车等实体商品和大量的虚拟（充值）商品。主要产品有阿里旺旺、淘宝店铺、淘宝指数、快乐淘宝、淘宝基金（2013 年 11 月 1 日上线）、淘点点（2013 年 12 月 20 日推出）

作为第三方平台，有线上交易、7 天无理由退换货、数据统计、物流等众多针对买家与卖家的服务

2.2 覆盖范围

2.2.1 行业：综合互联网 C2C、B2C 交易平台

2.2.2 主要客户：国内外商家和消费者

2.2.3 业务区域：全球

2.3 收入结构：主要收入来源为广告、增值服务，具体收入结构不详

三、综合信息

3.1 发展定位：全面打造综合性线上零售商圈，国内领先的个人交易平台

3.2 重要合作伙伴及供应商：主要合作伙伴有阿里巴巴（中国）、支付宝、搜狐、MSN、雅虎、淘宝联盟、淘拍档。此外淘宝“淘拍档”有百合计划：成员有百胜软件、富润科技、管易软件、又

一城软件、湖畔网络技术、禾唐科技、任我行软件、赛普软件、商通电子商务、飞速网络、商派网络、宏巍信息、万维商联、欢乐逛、派科思诺、网商软景、光云软件、暴风科技、浙江省检验检疫科学技术研究院、网萌网络等

天猫

“天猫”原名淘宝商城，2012 年 1 月 11 日正式更名为“天猫”，是一家国内领先的综合性购物网站。迄今为止，天猫拥有超过 5 万家商户，7 万个品牌，4 亿多买家。通过在商品、服务等方面的优势，为商家和消费者提供一站式线上购物解决方案。2014 年 2 月 19 日，天猫国际正式上线，主要为国内广大消费者提供海外原装进口商品。天猫国际目前拥有来自美国、英国、澳大利亚、新西兰、韩国、日本、台湾地区、香港地区等多个国家和地区的数千品牌，并且在线销售。

随着人们收入水平和生活品位的不断提高，时尚成为越来越多的消费者所关注的对象，为了顺应潮流，天猫把“打造时尚生态圈”作为工作的重心。这是天猫宣布“北京+杭州”双主场战略后，首个季度迎来大幅增长，天猫提供的北京消费数据显示，自 7 月迄今三个月以来，天猫超市北京地区用户数量同比增长近 6 倍，交易额同比增长超过 10 倍，其中移动端交易额同比增长 15 倍。

7 月 23 日，天猫超市在北京宣布启动各项服务升级，并向北京的消费者补贴 10 亿元现金红包；9 月 25 日，天猫电器城携手苏宁，联合数码家电知名品牌热销机型大力促销，现金红包总额超过 10 亿元，并向北京消费者提供当日送装一体化服务。根据已发布财报及其他相关监测数据，2015 年第三季度总 GMV 达到 2750 亿人民币，同比增长 56%。天猫该季度同比增长 990 亿元交易额，相当于京东上个季度全平台的交易额。

易观分析

依托阿里旗下淘宝网多年积累的用户和商户资源，在用户和商品丰富性上占有优势，使其在 B2C 市场长期处于领先的地位。

伴随着天猫国际上线，以及在打造“时尚生态圈”上的一系列动作，天猫将迎来一次巨大的改变，或逐步走高端商品路线，与淘宝网区别开来。

互联网的进一步普及以及 B2C 市场的不断扩大，在亚马逊、腾讯等互联网巨头纷纷落户天猫开设官方旗舰店后对天猫强力打造时尚界地标性网上购物平台提供了优越的条件；天猫针对于自己的弱势部分——3C 品类做出了反应，9 月下旬至国庆期间，家电数码来自移动端的销量同比增长超过 200%，其中手机销量猛增 458%。

但天猫依赖第三方物流，相比目前的京东商城、卓越亚马逊等商家，在物流上表现出发货不及时、物流效率低等问题，对消费者的体验造成不良影响。

天猫在服饰服装品类的交易规模上具有领先优势，但是可看出在市场竞争中天猫商城 GMV 同比增长在不断下降。因此天猫可依靠淘宝初期在农村建立的 4000 个“淘宝村”加强与淘宝的共同合作，拓展拥有巨大消费潜力的农村市场。

一、基础信息

1.1 基本信息

1.1.1 公司全称：阿里巴巴集团（天猫事业部）

1.1.2 成立时间：1999 年（集团） 2008 年 4 月（天猫）

1.1.3 总部地点：香港（国际总部） 杭州（中国总部）

1.1.4 上市时间：2014 年 9 月 19 日阿里巴巴在纽约证券交易所上市

1.1.5 企业性质：股份制

1.1.6 资本信息：中外合资，具体资本不详

1.1.7 联系方式

网址：http：//www.tmall.com/

邮箱：florenceshih@ hk. alibaba-inc. com

地址：浙江省杭州市余杭区文一西路 969 号

电话：4008608608

1.2 组织信息

1.2.1 人员规模：天猫 500 人以上

1.2.2 管理层

马云 执行主席

蔡崇信 执行副主席

陆兆禧 首席执行官

二、业务信息

2.1 产品及服务信息

2.1.1 产品信息

B2C 综合商城，产品囊括汽车、电脑、服饰、家居用品、家装建材等实体商品及网络游戏装备等虚拟商品，拥有品牌街、名鞋馆、网上超市、医药馆、喵鲜生、电器城、淘宝旅行等特色店铺

作为第三方服务平台，其服务有正品保障、天猫智库、线上交易、7 天无理由退换货、数据统计、物流、代运营接入等。2014 年秋季推出“在线看秀”、“边看边买”的全新创新性购物服务

2.2 覆盖范围

2.2.1 行业：综合 B2C 平台

2.2.2 主要客户：国内外全网用户

2.2.3 业务区域：国内及海外

2.3 收入结构：天猫的营业收入主要包括广告、交易分成、商家增值服务三部分，具体比例不详

三、综合信息

3.1 发展定位：网购世界中的第五大道、香榭丽舍大道或者铜锣湾，中国乃至世界 B2C 的新地标

3.2 重要合作伙伴及供应商：拥有包括国内及国外来自美国、英国、日本、澳大利亚、法国、韩国、台湾地区、香港地区等多个国家和地区的 5 万多家商户，7 万多个品牌，包括 Dior、LV、PRADA 等奢侈品牌及安娜苏、Karenmillen、NYR 等海外知名品牌

京东商城

京东商城是以 3C 起步的综合性网购平台，是中国最大的自营式电商企业。目前，京东为消费者提供 13 大类超过 4000 万 SKUs 的丰富商品，品类包括：计算机、手机及其他数码产品、家电、汽车配件、服装与鞋类、奢侈品、家居与家庭用品、化妆品与其他个人护理用品、食品与营养品、书籍、电子图书、音乐、电影与其他媒体产品、母婴用品与玩具、体育与健身器材以及虚拟商品。

京东商城发展初期的供应商资源优势主要集中在 3C 产品，通过降低自身毛利，使得商品价格具有较强竞争力，京东迅速获得大量活跃用户。2010 年，京东凭借平台的优质用户资源，转型百货，进而帮助京东发展了大量新用户。此外，京东不断升级自建物流体系，进一步强化了供应链能力，截至 2014 年 12 月 30 日，京东建立了 7 大物流中心，在全国 39 座城市建立了 118 个仓库，总面积约为 230 万平方米。同时，还在全国 1855 个行政区县拥有 2045 个配送站和 1045 个自提点、自提柜。推出 211 限时达、次日达、夜间配和三小时极速达等一系列专业配送服务。在邮费方面，京东自 2014 年 2 月 27 日起，对自营商品配送费进行调整，针对不同级别的会员实行不同等级的“满免”制度。

截至 2015 年 9 月 30 日，京东在全国 46 个城市已运营 196 个大型仓库，并拥有 4760 个配送站和自提点，自建物流体系覆盖区县数量已增至 2266 个。截至 2015 年 9 月 30 日，京东提供当天送达的“211 限时达”服务和次日达的配送服务覆盖区县数量分别为 135 个和 1044 个。第三季度，超过 85%的自营订单实现当日和次日达配送。京东第三方平台共驻有约 90000 个商家。截至 2015 年 9 月 30 日，京东共有 94615 名正式员工。

根据京东在 2015 年 11 月 16 日发布的第三季度财报，净营收人民币 441 亿元，同比增长 52%。

易观分析

京东拥有中国电商行业最大的仓储设施和较为完善的物流配送体系，能够为平台商家和消费者提供优质的物流配送服务。在 3C 品类上具有较强的优势，丰富的商品品类和正品保证使消费者对京东 3C 品类的信任度较高。随着腾讯入股以及京东腾讯电商总体战略合作协议的签订，腾讯为京东的发展注入了新鲜血液。在与腾讯的合作中，京东通过微信和手机 QQ 渠道触达到了越来越多的移动互联网消费者。

在未来，京东应加深和知名品牌的合作，进一步扩大京东在移动电商领域的领导者地位。相比市场份额更大的天猫，其短板是商品价格和品类丰富度，京东想要在互联网浪潮中分一杯羹，便不能固守电商的城池，应当多元化发展，但多元化发展的同时也应注重自身规模的控制。

一、基础信息

1.1 基本信息

1.1.1 公司全称：北京京东世纪贸易有限公司

1.1.2 成立时间：1998年6月18日

1.1.3 总部地点：北京

1.1.4 上市时间：2014年5月22日美国纳斯达克上市

1.1.5 企业性质：民营企业

1.1.6 资本信息：注册资本1000万

1.1.7 联系方式

网址：http：//www.jd.com/

邮箱：zhouyongyue@jd.com

地址：北京市朝阳区北辰西路8号北辰世纪中心A座　100101

电话：010-58959005

1.2 组织信息

1.2.1 管理层

刘强东　董事会主席、首席执行官

二、业务信息

2.1 产品及服务信息

品类完善的综合商品，包括计算机、手机及其他数码产品、家电、汽车配件、服装与鞋类、奢侈品、家居与家庭用品、化妆品与其他个人护理用品、食品与营养品、书籍、电子图书、音乐、电影与其他媒体产品、母婴用品与玩具、体育与健身器材以及虚拟商品在内的13大类超过4000万SKUs的优质商品。主要产品有京东商超、京东支付和京东云

所提供的服务包括211限时达、次日达、夜间配和三小时极速达，GIS包裹实时追踪、售后100分、快速退换货以及家电上门安装等

2.2 覆盖范围

2.2.1 行业：综合电商平台

2.2.2 主要客户：大众

2.2.3 业务区域：2014年1月京东西北大区正式启动运营，至此京东业务区域遍布全国

2.3 收入结构：京东商城的营收来源主要来自分成、销售返点、增值服务、交易差价等方面，具体结构不详

三、综合信息

3.1 发展定位：京东商城是中国B2C市场最大的3C网购专业平台，是中国电子商务领域最受消费者欢迎和最具影响力的电子商务网站之一。京东坚信，创新是发展的不二法则，唯有京东人不断追求创新、发展方能为消费者持续创造价值

3.2 重要合作伙伴及供应商：ACER宏碁电脑、俄罗斯的DST、老虎基金、九州通医药集团股

份有限公司等。

苏宁云商

苏宁易购是苏宁云商旗下网上购物平台，是建立在苏宁云商长期以来积累的丰富零售经验和采购、物流、售后服务等体系上的，与行业内领先的合作伙伴 IBM 合作开发的新型网站平台。现已覆盖传统家电、3C 电器、日用百货等全品类，居中国 B2C 市场份额前三强。2015 年 8 月 10 日，阿里巴巴集团投资 283 亿元人民币参与苏宁云商的非公开发行，占发行后总股本的 19.99%，成为苏宁云商的第二大股东。苏宁将以 140 亿元人民币认购不超过 2780 万股的阿里新发行股份，双方将打通线上线下，全面提升效率，为中国及全球消费者提供更加完善的商业服务。苏宁将通过阿里的平台，服务更广泛的用户，凭借自身商品经营的优势，大规模发展品质消费、促进品牌消费。

另外，9 月 6 日在一场发布会中，王建林与张近东宣布中国最大的不动产商和零售商——万达和苏宁从此结成紧密型战略合作关系。

2015 年第三季度公司财报披露，苏宁易购 2015 年第三季度营业收入 305.21 亿元，同比增长 7.02%。其中，线上保持了较高的增长，实现自营商品销售收入 245.74 亿元，开放平台实现商品交易规模（指完成收款及配送服务的订单金额，并剔除退货影响）为 67.66 亿元，公司线上平台实体商品交易总规模为 313.40 亿元（含税），同比增长 80.63%。

易观分析

苏宁易购依托苏宁电器、苏宁云商的资源优势，在 3C 家电产品的价格、供应链、售后等方面保持领先地位。苏宁易购的品牌价值也是发展的优势之一。苏宁易购的实体店为其供应链和仓储能力提供了很大的支持。

通过 2015 年苏宁的这一系列动作可以看出苏宁对于全面展开电子商务的决心，苏宁借助中国最大的网络销售平台——阿里巴巴，在扩大线上的同时也升级了线下，并借助阿里的大数据推动 C2B 定制时代的到来，推动中国制造向中国创造的升级发展。而苏宁长期积累的遍布全国的物流资源、门店资源、售后服务资源等都将为阿里平台的商户和用户带来丰富的展示、服务和线上线下融合的创新体验，共同打造双赢局面。

另外，苏宁长期以来以 3C 品类为主的电商形象深入人心，消费者市场一时难以突破，加之京东、亚马逊等其他 B2C 交易平台的威胁，以及国美等其他拥有线下实体店厂商的进入，苏宁易购面临的竞争也异常激烈。

一、基础信息

1.1 基本信息

1.1.1 公司全称：苏宁云商集团股份有限公司

1.1.2 成立时间：1990 年

1.1.3 总部地点：江苏南京

1.1.4 上市时间：2004 年 7 月

1.1.5 企业性质：股份制

1.1.6 资本信息：注册资金 738304.31 万元

1.1.7 联系方式：

网址：http：//www.suning.com/

邮箱：ggzx@cnsuning.com　　b2b@cnsuning.com

地址：江苏省南京市玄武区徐庄软件园苏宁大道 1 号（210000）

电话：4008198198

1.2 组织信息

1.2.1 人员规模：8364 人

1.2.2 管理层

张近东　董事长

二、业务信息

2.1 产品及服务信息：综合，各品类产品

平台开放、在线交易、物流配送、上门安装、品牌推广等双边服务

2.2 覆盖范围

2.2.1 行业：综合电商

2.2.2 主要客户：全网用户

2.2.3 业务区域：国内及海外

2.2.4 收入结构：具体细分结构不详

三、综合信息

3.1 发展定位：力争最大限度赢得 B2C 市场收益，计划到 2020 年实现 3000 亿元的销售规模，成为中国领先的 B2C 平台之一

3.2 重要合作伙伴及供应商：阿里巴巴、万达、IBM、思科、新浪、凡客等

亚马逊中国

亚马逊中国，原名卓越亚马逊，是一家 B2C 电子商务网站，前身为卓越网。2004 年 8 月 19 日，亚马逊公司宣布以 7500 万美元收购雷军和陈年创办的卓越网，将卓越网收归为亚马逊中国全资子公司，使亚马逊全球领先的网上零售专长与卓越网深厚的中国市场经验相结合，进一步提升了客户体验，并促进了中国电子商务的成长。

亚马逊中国汲取了亚马逊集团在 IT 技术及物流配送方面的优势基因，在中国率先推出“定时送货”服务与“夜间送货”服务，提升用户体验。但是亚马逊本土化能力不足，在网站页面设计、网站运营方面不能够贴合中国消费者的使用习惯，在一定程度上制约了亚马逊中国的

发展。

2015 年，亚马逊加强了在跨境电商方面的发展。4 月亚马逊“海外购”商店正式登陆“亚马逊购物”移动 APP，涵盖服饰、鞋靴、母婴、美妆、玩具、电子等海淘热门品类。后来，亚马逊的服务范围扩展到了家具。“双 11”之前亚马逊中国整合了“海外购”、进口直采等全球资源，逾 5 万个国际知名品牌的 500 万种货真价实的“海外正品”将悉数亮相，涵盖了美国、英国、法国、德国、西班牙和意大利在内的 35 个国家及地区。

根据易观数据监测，2014 年全年亚马逊中国交易规模达 239.78 亿元，在网上零售 B2C 市场中的份额为 1.4%。截至 9 月 30 日的 2015 年第三季度财报，报告显示，亚马逊第三季度营业收入额为 254 亿美元，同比增长 23%；净利润为 7900 万美元，去年同期为净亏损 4.37 亿美元。

易观分析

亚马逊界面简洁、统一，方便消费者浏览商品信息，容易与其他大多数国内电商平台产生明显的视觉差异。参加“Z 秒杀”的商品都需要经过严格的审查才能通过。

商品描述较为真实，由于不能对于商品描述进行字体上的修饰使得亚马逊商品介绍页面人为“注水”可能性降低。常年在美国的高信誉评价让亚马逊在商品质量竞争中存在明显优势。

完整的自营物流系统，亚马逊在全国各地设置仓库，加快了配送速度的同时维持了配送质量，提升了消费者的购物体验。

但是，亚马逊偏向于美式的界面导致大多数用户在最初接触亚马逊时会感到明显的不适，这对亚马逊吸引更多消费者来说是一个阻碍。并且在京东、淘宝等其他电商逐步开启跨境购物之后，亚马逊的交易额与市场份额有所下降，在未来亚马逊所面临的竞争压力将继续增加。

一、基础信息

1.1 基本信息

1.1.1 公司全称：亚马逊（中国）公司

1.1.2 成立时间：亚马逊公司初创于 1995 年　卓越亚马逊成立于 2000 年

1.1.3 总部地址：北京市朝阳区东四环中路 56 号楼 5 层

1.1.4 上市时间：1997 年 5 月 15 日

1.1.5 企业性质：外资企业

1.1.6 资质信息：225063.2 万港元

1.1.7 联系方式

网址：http：//www.amazon.cn/（亚马逊中国）

邮箱：cn-cs-smfix@ amazon. com

电话：（1）客服电话：400-810-5666（2）海外用户：86-28-65332666

1. 2 组织信息

1. 2. 1 管理层

道格·葛（Doug Gurr）　亚马逊中国总裁

二、业务信息

2. 1 产品及服务信息

亚马逊（中国）电子商务提供超过 32 大类和超过 2000 万种商品，主要有图书、音乐、影视、手机数码、家电、家居、玩具、健康、美容化妆、钟表首饰、服饰箱包、鞋靴、运动、食品、母婴、户外和休闲等 32 大类产品，2013 年，消费电子产品 Kindle 家族进入中国。2014 年 7 月，亚马逊中国推出三大类别的“广告推广”服务，包括“搜索广告”、“展示广告”和“高端定制广告”

2. 2 覆盖范围

2. 2. 1 行业：综合类电商

2. 2. 2 主要客户：全球消费者

2. 2. 3 业务区域：亚马逊中国拥有业界最大最先进的运营网络之一，目前有 16 个运营中心，分别位于北京（2 个）、苏州（2 个）、广州（2 个）、成都（2 个）、武汉、沈阳、西安、厦门、上海、天津、哈尔滨、南宁，总运营面积超过 70 万平方米。其主要负责厂商收货、仓储、库存管理、订单发货、调拨发货、客户退货、返厂、商品质量安全等。同时，亚马逊中国还拥有自己的配送队伍和客服中心，为消费者提供便捷的配送及售后服务

2. 3 收入结构：具体信息不详

三、综合信息

3. 1 发展定位：以最丰富的选品、最具竞争力的价格、最完备的自建物流和最优的客户体验成为中国消费者的首选的综合网上商场

3. 2 重要合作伙伴及供应商：马可波罗、泡泡网手机频道、中国供应商网、PC HOME 产品中心、海词在线词典、PConline 数码相机频道、91 手机门户网、拉手网、麦考林、我买网、凡客诚品、糯米网、比特网

我国网上零售行业企业名录节选如下表：

表 5　中国网上零售行业企业名录节选

淘宝网	简要分析见前述 数据分析及详细分析 见易观企业库
天猫	
京东商城	
苏宁易购	
亚马逊中国	

（续表）

1号店	数据分析及详细分析见易观企业库
易讯网	
腾讯电商	
当当网	
凡客诚品	
国美在线	
麦考林	
唯品会	
新蛋	
走秀网	
西拓网	
小米商城	
红孩子	
库巴网	
拍拍网	
1号药网	详细分析见易观企业库
99网上书城	详细分析见易观企业库
玛萨玛索	详细分析见易观企业库
银泰百货	详细分析见易观企业库
百联E城	详细分析见易观企业库
王府井百货	详细分析见易观企业库
乐天市场	详细分析见易观企业库
橡果国际	详细分析见易观企业库
本来生活网	详细分析见易观企业库
电果网	详细分析见易观企业库
365鲜果网	详细分析见易观企业库
草莓派化妆品商城	详细分析见易观企业库
春水堂	详细分析见易观企业库
珂兰钻石网	详细分析见易观企业库
乐友	详细分析见易观企业库
第九大道	详细分析见易观企业库
博库网	详细分析见易观企业库
第五大道	详细分析见易观企业库
东方CJ	详细分析见易观企业库
多利农庄	详细分析见易观企业库
高鸿商城	详细分析见易观企业库

（续表）

贡天下	详细分析见易观企业库
购得乐	详细分析见易观企业库
好乐买	详细分析见易观企业库
和茶网	详细分析见易观企业库
胡桃夹子	详细分析见易观企业库
华强北商城	详细分析见易观企业库
佳品网	详细分析见易观企业库
家居就	详细分析见易观企业库
金象网	详细分析见易观企业库
酒美网	详细分析见易观企业库
酒仙网	详细分析见易观企业库
聚美优品	详细分析见易观企业库
聚尚网	详细分析见易观企业库
开心人网上药店	详细分析见易观企业库
酷运动	详细分析见易观企业库
快书包	详细分析见易观企业库
乐蜂网	详细分析见易观企业库
乐淘	详细分析见易观企业库
中国移动	详细分析见易观企业库
中国联通	详细分析见易观企业库
中国电信	详细分析见易观企业库
绿盒子	详细分析见易观企业库
绿森数码	详细分析见易观企业库
买卖宝	详细分析见易观企业库
美乐乐	详细分析见易观企业库
魅达网	详细分析见易观企业库
魅力惠	详细分析见易观企业库
梦露时尚	详细分析见易观企业库
名鞋库	详细分析见易观企业库
母婴之家	详细分析见易观企业库
甫田网	详细分析见易观企业库
七彩谷	详细分析见易观企业库
千腾网	详细分析见易观企业库
俏物悄语	详细分析见易观企业库
屈臣氏	详细分析见易观企业库
趣玩网	详细分析见易观企业库

（续表）

瑞宝仕	详细分析见易观企业库
上海药房网	详细分析见易观企业库
上品折扣	详细分析见易观企业库
尚品网	详细分析见易观企业库
顺丰优选	详细分析见易观企业库
丝芙兰	详细分析见易观企业库
寺库	详细分析见易观企业库
淘鞋网	详细分析见易观企业库
天品网	详细分析见易观企业库
天天果园	详细分析见易观企业库
天天网	详细分析见易观企业库
沱沱工社	详细分析见易观企业库
哇塞网	详细分析见易观企业库
万表网	详细分析见易观企业库
网易商城	详细分析见易观企业库
西街	详细分析见易观企业库
可得眼镜网	详细分析见易观企业库
大童网	详细分析见易观企业库
新七天电器网	详细分析见易观企业库
药房网	详细分析见易观企业库
也买酒	详细分析见易观企业库
依谷网	详细分析见易观企业库
移淘	详细分析见易观企业库
易果网	详细分析见易观企业库
优菜网	详细分析见易观企业库
优集品	详细分析见易观企业库
优雅 100	详细分析见易观企业库
优众网	详细分析见易观企业库
悠品	详细分析见易观企业库
佑一良品	详细分析见易观企业库
珍品网	详细分析见易观企业库
正大天地	详细分析见易观企业库
知我药妆网	详细分析见易观企业库
中粮我买网	详细分析见易观企业库
珠宝网	详细分析见易观企业库
左岸女人	详细分析见易观企业库

（续表）

NALA	详细分析见易观企业库
NO. 5 时尚广场	详细分析见易观企业库
SaSa	详细分析见易观企业库
钻石小鸟	详细分析见易观企业库
周大福	详细分析见易观企业库
周生生	详细分析见易观企业库

电商服务

代运营服务

宝尊电商

宝尊电商成立于2007年年初，是一家为品牌企业和零售商提供包括营销服务、IT服务、客户服务和物流服务等在内的专业的整合式电子商务服务商。宝尊电商提供从前端到后端的全套电商服务，包括网站搭建、更新及托管，IT设施搭建，客户服务，仓储物流服务以及数字营销等。得益于中国电子商务市场的急速扩张，宝尊电商迅速成长为电商服务行业的翘楚，并获得了阿里巴巴集团、汉理资本两轮数千万美元的投资。而与淘宝网的深度合作，使其有能力为品牌和消费者提供更多更好的服务内容。宝尊电商在电商服务市场增长稳健，市场份额处于前列，在行业内具有较大的影响力。作为电商服务商内容，宝尊电商的竞争力主要体现在其成熟完善的电商服务体系与IT技术服务，以及与淘宝网的密切合作上。其提供的一揽子专业整合式服务帮助诸多品牌厂商建立合作关系。随着电子商务市场的稳步推进，传统企业触网加速，电商代营运市场也将得到进一步拓展，上海宝尊作为业界领先的企业有望利用其市场地位获得更多的市场份额。经过多年发展，宝尊电商体量不断增长，目前已经拥有1200余员工，其运营品类也在不断扩张，在去年更是上线了布局B2C的尾货特卖平台“卖客疯”，其主要以移动客户端为阵地，定位品牌尾货特卖。目前电商代营运市场不仅有老牌服务商，也有一批新星崛起，市场竞争仍然激烈。宝尊电商需要提高自身的竞争力，以便能在未来的竞争中保持自己的优势。面对市场变化与竞争，宝尊电商已开始积极参与到产业链全过程运营，将中低层次的服务逐渐剥离外包出去，并更专注于营销和CRM服务、IT系统及服务，以提升自己的核心竞争力。在机遇与危机并存的市场中，宝尊电商想要继续保持自己的优势，应当增强自身的稳定性，注意自身规模的控制，稳步前进。

易观分析

宝尊电商经过多年的发展后，形成了完整而成熟的电商服务体系，并且在营销、CMR服务与IT系统及服务上建立了自己的核心竞争力，在业内拥有良好的口碑。在代营运上执行低价政策使其获得了众多国际大牌客户，但同时导致利润微薄，面对品牌厂商，根据宝尊今年第三季度财报显示，公司净利润为720万美元，同比扭亏，运营状况良好，资金充足。且“卖客疯”购物平台的快速发展与良好收益也标志着宝尊电商成功布局B2C领域。但同时整体行业利润微薄，面对品牌厂商，缺失议价能力。

随着中国电子商务市场规模的不断扩张，电商代营运行业仍有巨大的发展空间，这为宝尊电商的进一步发展提供了巨大空间。随着电商服务行业的渐趋成熟，大量代营运商将会被市场淘汰，而宝尊电商所具备的专业性以及多年积累的企业影响力有利于挖掘更多客户，在市场竞争中将保持一直以来的市场优势，但其在小品牌的推广中缺乏相关的经验。

Analysys易观认为，宝尊电商近年来公司规模的快速扩张，凸显出其在品牌团队管理上的诸多问题。由于品牌客户增长较快，宝尊电商还有品牌推广中专注度不够的问题，其次在享受阿里巴巴丰富资源的同时也使其受制于阿里巴巴，使其损失与京东等电商的合作机会，或将影响其进一步的发展。作为电子商务服务商，宝尊电商虽有诸多品牌合作伙伴，但是品牌商“单飞”的危险仍然存在。

一、基础信息

1.1.1 公司全称：上海宝尊电子商务有限公司

1.1.2 上市时间：2015年5月21日

1.1.3 企业性质：股份制

1.2 组织信息

1.2.1 管理层

仇文彬 首席执行官

二、业务信息

2.1 产品及服务信息

品牌官网系统平台、数据仓库、爱疯客

2.2 覆盖范围

2.2.1 行业：电商代运营、电子商务B2C

2.2.2 主要客户：品牌与零售商和购买需求者

2.3 收入结构：宝尊电商主要收入为电商代销佣金、网络经销、分销分成以及其他收入。具体比例不详

三、综合信息

3.1 发展定位：中国电子商务领域第一大数字服务和电子商务服务商，品牌和零售商在中国电商市场上的首选合作伙伴

3.2 重要合作伙伴及供应商信息：阿里巴巴、淘宝网、天猫商城、雷士照明、飞利浦、伊莱克斯、Nike、Converse、玖熙、Levi's、哈格达斯等

北京古星

北京古星电子商务正式成立于 2005 年，是国内最早电子商务整合服务理念的倡导者和实践者。依托中国电子商务的高速发展，历经 6 年的高速成长，古星电子商务已成为专注于运动品牌与户外品牌的电子商务服务领域的领军企业，公司旗下网店已涵盖全部主流网购平台。北京古星专注于户外、服装领域，为这些品牌提供专业的电子商务服务，其客户包括 Crocs、Vans、Newblance、KAPPa 等国际品牌，也包括安踏、李宁、马克华菲等国内一线品牌。2012 年，北京古星销售额达到 3 亿人民币，并成为天猫商场金牌服务商。北京古星在发展策略上走专一路线，深耕服装、运动、户外品牌的代营运服务外，不涉足其他领域，这种专业性使其成为这一领域最专业的服务商。近年来，北京古星逐渐剥离仓储物流、系统软件业务，转而外包给科捷物流、ShopEx 等合作伙伴，并逐步削弱分销、经销模式，转型为真正意义上的服务商。在市场扩张上。古星坚持稳健的发展策略，专注度比较高。轻量化转型和稳健的发展策略使得古星能够集中精力在其更专业的方面，如设计、运营和营销等，提升了其核心竞争力，同时也避免了大举扩张给其发展带来的不稳定因素。

目前北京古星已经与国内外 12 家知名品牌商达成了合作伙伴关系，并为其提供从策略规划到系统搭建，从互动设计到客服运营，从营销推广到仓储物流的全方位电子商务解决方案。并且开始深入到供应链系统中，这不仅能深化合作关系，还将提升其利润空间。北京古星的轻量化模式不仅减少了资金压力，而且能使企业更专注优势领域，但是其他服务商在设计、运营和营销上追赶的步伐并未放慢，其仍需进一步提升实力，确保自己的优势地位。北京古星目前的品牌合作伙伴较少，并且在盈利上完全依赖代销佣金，与品牌商的维系显得格外重要，在竞争激烈的代营运市场中，其他服务商也在追逐品牌商，而古星目前的品牌合作拓展较慢，这种情况或将影响到其未来发展的稳定性。目前，北京古星在电子商务代营运领域仍具有优势，但想要在代营运市场继续保持自己的优势，在坚持服务商路线的同时也应开拓自己的竞争优势点。

易观分析

北京古星专注于户外、服装领域，具有非常强的专业性，在领域内具有良好口碑。企业基因明显并且在设计、运营和营销上占有优势。其从库存很重的分销商成功转型成为一家提供整体电商解决方案的纯服务公司，使得代营运方式有很强的专业性，同时资金压力小。

就目前而言，北京古星的品牌合作伙伴较少，盈利模式单一。仅关注服务的模式下，竞争力优势点较少，公司战略趋于保守，但与客户黏连度很高。考虑到中国电子商务市场规模仍处于上升期，有利于其进一步扩大市场。随着电商服务行业的进一步洗牌，古星的模式如能大范围推广将会吸引更多的客户。

Analysys 易观认为，北京古星良好的财务状况得益于其专一和稳健的代营运模式，但也使得品牌商在合作中处于强势地位，能否维系好目前的合作关系至关重要。电商代运营领域竞争仍然激烈，能否推出差异化、专业化的电商服务将影响其发展。

一、基础信息

1.1.1 公司全称：北京古星互联电子商务有限公司

1.1.2 成立时间：2005 年

1.1.3 总部地点：北京

1.1.4 资本信息：注册资金 50 万人民币

1.1.5 企业性质：有限责任公司

1.1.6 联系方式

网址：http：//www. galaxeed. com/

邮箱：ziyi. huang@ galaxeed. com

地址：北京市海淀区杏石口路 50 号中间建筑 B 区 112 室

电话：010-62720062

1.2 组织信息

1.2.1 管理层

黄珂 首席执行官

二、业务信息

2.1 产品及服务信息

为服装、户外、运动品牌商提供最专业的代营运服务，提供包括策略咨询、视觉创意、销售管理、营销管理、客服运营、系统搭建、仓库管理在内的一站式服务

2.2 覆盖范围

2.2.1 行业：电子代营运

2.2.2 主要客户：品牌商和零售商

2.3 收入结构：北京古星的主要收入为电商代销佣金

三、综合信息

3.1 发展定位：以品牌代销为主的轻量代营运商。服装、运动、户外品牌商最专业的电子商务服务商

3.2 重要合作伙伴及供应商：阿里巴巴、淘宝网、天猫商场、科捷物流、ShopEx、Cross、鄂尔多斯、KAPPa、Vans、安踏、Timberlad、Northland、马克华菲等

北京兴长信达

北京兴长信达是中国电子商务代运营领域的领军企业。作为中国领先的全程电子商务外包服务商和整合营销解决方案供应商，兴长信达致力于中国电子商务行业的开拓与实践，服务于一流的品牌和零售商，客户包括索尼、HTC、罗技、乐高、A. O 史密斯等众多国内外知名品牌。北京兴长信达提供的全方位电子商务解决方案涉及技术、运营、市场营销、仓储、物流、支付等环节，涵盖电子商务流程的方方面面。随着电子商务市场的急速增长，兴长信达也获得了长足发展，并在 2009 年获得了渣打银行、北京银行和交通银行的资金支持。其后凭借在箱包行业的经验，兴长信达将服

务客户从手机行业拓展至服装、鞋帽等更多行业。兴长信达具备强大的技术研发实力，2006 年 7 月便自主研发推出了 B2C 商城系统 ECSHOP，为传统品牌企业提供全程电子商务服务支持的系统，实现了 B2C 网站前台、WMS、CRM、ERP 等系统的无缝整合。兴长信达涉足代营运领域较早，有丰富的电子商务运营经验，加之具备的强大研发能力，使得兴长信达能够在电子商务市场的爆发中得到快速发展，并得到了一批品牌商的肯定，在业内获得了不错的影响力。但是其发展策略上的保守使得企业难以获得更快的成长，抢占市场份额。目前兴长信达品牌客户仍较少，集中于传统的手机通讯和数码家电领域，保持全品类的发展路线需要其更快地扩张。作为营运商，兴长信达在数据挖掘、处理、分析上具有巨大的优势，借此优势可以进一步深入到供应链中，以获取更多的利润。

易观分析

北京兴长信达强大的技术优势与高标准的服务流程在行业内极具竞争优势，在服务外包的标准化和专业化方面得到了业内的认可和关注，但北京兴长信达作为品牌厂商的服务商，也存在着其议价能力相对较低的问题，公司发展战略趋于保守。

Analysys 易观认为，北京兴长信达公司规模与运营品类增长较快，需要面对高速扩张后团队管理、品牌维护等问题。同时因为小米等厂商直销模式的兴起与自身合作品牌客户销量的萎缩，未来的盈利能力将备受考验，整体增长空间有限。未来需要扩大业务范围的同时提升企业在产业链中的地位。

一、基础信息

1.1.1 公司全称：北京兴长信达科技发展有限公司

1.1.2 成立时间：2006 年 4 月

1.1.3 总部地址：北京

1.1.4 资本信息：注册资金 800 万人民币

1.1.5 企业性质：有限责任公司

1.1.6 联系方式

网址：http：//www. ec3s. com/

邮箱：BD@ ec3s. com ruby. fu@ ec3S. com

电话：010-67778952

1.2 组织信息

1.2.1 管理层

刘磊 董事长、首席执行官

二、业务信息

2.1 产品及服务信息

主要产品：PEC 平台

服务信息：为一流品牌商和零售商提供全程电子商务外包服务和整合营销解决方案，包括代理制商务渠道规划、电子商务网站建设、营销规划、数据分析、商品管理、订单处理、客户管理、仓储、物流配送服务、客户服务/呼叫中心、EPR 系统集成等

2.2 覆盖范围

2.2.1 行业：电子商务代营运商

2.2.2 主要客户：品牌商和零售商

2.3 收入结构：北京兴长信达的主要收入来自电商代运营佣金

三、综合信息

3.1 发展定位：中国电子商务服务业的领跑者，成为中国的 GSI

3.2 重要合作伙伴及供应商：阿里巴巴、淘宝网、天猫商场、ebay、PayPal、索尼、HTC、诺基亚、罗技、卡西欧、GE、海尔、品利、牧羊人、乐高、A.O 史密斯等

我国代运营服务行业企业名录节选如下表：

表 6　中国代运营服务行业企业名录节选

上海宝尊电子商务有限公司	简要分析见前述 数据分析及详细分析 见易观企业库
北京古星互联电子商务有限公司	
北京兴长信达科技发展有限公司	
北京北联伟业电子商务有限公司	详细分析见易观企业库
北京瑞金麟网络技术服务有限公司	详细分析见易观企业库
北京新七天科技有限公司	详细分析见易观企业库
北京亿动电子商务有限公司	详细分析见易观企业库
常熟市畅享计算机信息技术有限公司	详细分析见易观企业库
成都浩瑞贸易有限公司	详细分析见易观企业库
成都奇赢网络科技有限公司	详细分析见易观企业库
东莞市乐其网络科技有限公司	详细分析见易观企业库
方为电子商务	详细分析见易观企业库
易观国际	详细分析见易观企业库
佛山市小冰火人网络科技有限公司	详细分析见易观企业库
福建省速利电子商务有限公司	详细分析见易观企业库
广州加关注网络科技有限公司	详细分析见易观企业库
广州青木信息科技有限公司	详细分析见易观企业库
广州市百库电子科技有限公司	详细分析见易观企业库
广州营易网络技术有限公司	详细分析见易观企业库
杭州不争科技有限公司	详细分析见易观企业库
杭州多赢网络科技有限公司	详细分析见易观企业库

（续表）

杭州恩昊网络科技有限公司	详细分析见易观企业库
杭州构想网络科技有限公司	详细分析见易观企业库
杭州麦旺电子商务有限公司	详细分析见易观企业库
杭州商聪信息技术有限公司	详细分析见易观企业库
杭州网营科技有限公司	详细分析见易观企业库
杭州悠可化妆品有限公司	详细分析见易观企业库
吉首市盘古电子商务有限公司	详细分析见易观企业库
嘉兴乐淘网络科技有限公司	详细分析见易观企业库
建宜信息技术（上海）有限公司	详细分析见易观企业库
蓝火翼	详细分析见易观企业库
青岛良品生活电子商务有限公司	详细分析见易观企业库
赛五洲	详细分析见易观企业库
山东雅诺达电子商务有限公司	详细分析见易观企业库
上海百秋网络科技有限公司	详细分析见易观企业库
上海茶马古道电子商务有限公司	详细分析见易观企业库
上海帝奕电子商务有限公司	详细分析见易观企业库
上海峻昵电子商务有限公司	详细分析见易观企业库
上海凯淳实业有限公司	详细分析见易观企业库
上海乐丽电子商务服务有限公司	详细分析见易观企业库
上海丽人丽妆化妆品有限公司	详细分析见易观企业库
上海青桐网络技术有限公司	详细分析见易观企业库
上海尚展网络科技发展有限公司	详细分析见易观企业库
上海汤民电子商务有限公司	详细分析见易观企业库
上海淘喆电子商务有限公司	详细分析见易观企业库
上海网渠电子商务有限公司	详细分析见易观企业库
上海悦维广告有限公司	详细分析见易观企业库
上海智驭电子商务有限公司	详细分析见易观企业库
深圳市红火网电子商务有限公司	详细分析见易观企业库
深圳市里德海司科技有限公司	详细分析见易观企业库
深圳市联创纵横科技有限公司	详细分析见易观企业库
深圳市直接电子商务有限公司	详细分析见易观企业库
苏州易康萌思商务信息咨询有限公司	详细分析见易观企业库
淘金信息科技江苏有限公司	详细分析见易观企业库
天润控股	详细分析见易观企业库

（续表）

图派科技	详细分析见易观企业库
象翌微链科技发展有限公司	详细分析见易观企业库
亿家联合环保设备（北京）有限公司	详细分析见易观企业库
易积	详细分析见易观企业库
翼商网络	详细分析见易观企业库
浙江邦淘电子商务有限公司	详细分析见易观企业库
浙江速网电子商务有限公司	详细分析见易观企业库
中山市暴风科技有限公司	详细分析见易观企业库
重庆网爵科技有限公司	详细分析见易观企业库

仓储物流服务

中国邮政

中国邮政集团公司是在原国家邮政局所属的经营性资产和部分企事业单位基础上，中国邮政集团公司依法经营邮政专营业务，承担邮政普遍服务义务，受政府委托提供邮政特殊服务，对竞争性邮政业务实行商业化运营。中国邮政集团公司注册800亿元人民币，为国务院授权投资机构，承担国有资产保值升值义务。财政部为中国邮政集团公司的国有资产管理部门，国家邮政局为中国邮政集团公司的行业监管部门。中国邮政集团公司在全国各省、自治区、直辖市设置邮政公司。中国邮政集团公司在财富世界500强企业排行榜中，位居168位，中国500强企业排名中位列第28位。中国邮政集团公司的服务范围广泛，业务种类较为全面，服务资费低廉，服务网点遍布全国各地，投递网络深入千家万户，满足了本国境内包括城市、农村、海岛、边疆在内的所有居民的基本通信需求。

截至2013年年底，邮政支局所4.7万处，每个邮政支局所平均服务面积203平方公里，平均服务人口2.9万人。全国城区每日平均投递次数2次，农村每周平均投递次数5次。中国邮政承包邮递、集邮、金融三大类数十种传统业务的同时，根据市场需求，不断提高一些传统业务的服务水准，开发出许多新的邮政业务和服务，并逐步形成了以核心业务为主导、以多元化的业务为补充的业务结构。中国邮政以“构建一流实物传递网络”为总目标，综合利用铁路、汽车等运输手段，基本形成了一个覆盖全国、连接城乡、通达世界的拥有先进信息传输平台的实物传递网络。该网以北京等七个一级邮区中心局为骨干，包含2201个主要处理节点，是国内规模最大、通达地区最多、使用最广泛的国内实物运递网络。

易观分析

中国邮政的网络资源在国内最为完善，三围合一。在专业方面，中国邮政是第三方物流提供者。中国邮政的品牌影响力大，历史久，网点遍及全国各个地区，线下网络覆盖全国，并且拥有完善的物流系统及代收货款一体化平台。在政策上，中国邮政集团公司是在原国家邮政局所属的经营性资产和部分企事业单位基础上，中国邮政集团公司依法经营邮政专营业务，承担邮政普遍服务义务，受政府委托提供邮政特殊服务，对竞争性邮政业务实行商业化运营，是中国邮政经久不衰的主要原因。

尽管中国邮政拥有遍布全国的近 5 万个营业网点，由于邮政面临一系列问题，如：信函业务大量萎缩，报刊、速递业务从窗口办理转向上门服务；全球范围内的邮政企业都面临着业务量下滑、营业厅资源闲置的挑战；信息共享不足，技术不完善；网点效率较低，重点不突出；经营管理模式老旧等，因此无法与新兴物流企业相比较，此外，中国邮政进入电商领域时间晚，失去发展先机。但是中国邮政多元化的发展战略以及良好的财务状况都是其能快速变革的重要条件。

Analysys 易观认为，中国物流市场空间巨大，社会物流总费用依然偏高，据最新资料显示中国的物流成本占 GDP 的比重在 16%的水平上，同比有所下降，但依然远高于国外发达国家水平，行业的整体经营效率和管理能力还有待进一步提高。同时由于行业门槛低，过去十年来物流公司迅速增加到了 8000 多家，使得利润被挤压到只有 5%左右，而十年前的利润还有 30%。由于竞争压力大，且国务院于 2015 年出台的政策支持，行业的整体上市与重组并购将使快递行业即将进入寡头时代，中国邮政将面临更为强劲的对手。其在 2014 年与阿里巴巴达成战略合作后又在今年“双 11”后与京东达成战略合作，这将使邮政更快地收复电子商务物流市场失地。

一、基础信息

1. 1. 1 公司全称：中国邮政集团公司

1. 1. 2 成立时间：2007 年 1 月 29 日

1. 1. 3 总部地址：北京

1. 1. 4 企业性质：大型国有独资

1. 1. 5 联系方式

网址：http：//www. chinapost. com. cn/

电话：11185

1. 2 组织信息

1. 2. 1 管理层

李国华 总经理、党组副书记

二、业务信息

2.1 产品及服务信息

主营业务：国内和国际邮件寄递业务；报刊、图书等出版物发行业务；邮票发行业务；邮政金融业务

服务信息：邮政业务主要包括信函、邮政汇总、包裹、报刊发行、特快专递、集邮、邮政储蓄业务

2.2 覆盖范围

2.2.1 行业：邮政和邮政储蓄业务

2.2.2 主要客户：商家和消费者

2.3 收入结构：主要靠收取服务费和金融投资获利

三、综合信息

3.1 发展定位：建成一个以邮区中心局为基础以缩短传递时限为目标的水、陆、空多层次、多渠道的邮政网络

顺丰速运

顺丰速运于1993年3月26日在广东顺德成立，是一家主要经营国际、国内快递业务的港资快递企业。最初仅有顺德与香港之间的即日速递业务，一经推出即大受欢迎，因客户的需求，顺丰的服务网络延伸至中山、番禺、江门和佛山等地，最后顺着电子商务物流的兴起，顺丰的网络遍布全国。顺丰速运是目前中国速递行业中投递速度最快的快递公司之一。在健全全国快递网络后顺丰积极拓展国际件服务，除开通中国大陆、香港、澳门和台湾外，顺丰目前已开通美国、日本、韩国、新加坡、马来西亚、泰国、越南、澳大利亚等国家的快递服务。顺丰速运将经营理念定位于“成就客户，推动经济，发展民族速递业”。顺丰积极探索客户需求，不断推出新的服务项目，为客户的产品提供快速安全的流通渠道，帮助客户更快更好地对市场做出反应，推出新的产品和调整策略，缩短贸易周期，降低经营成本，促进客户竞争力的提高。

顺丰速运全部采用自建、自营的方式建立自己的速递网络，特别是2002年集团总部成立以来，更加致力于加强公司的基础建设，统一全国各个网点的经验理念，大力推行工作流程的标准化，提高设备和系统的科技含量，提升员工的业务技能和素质，努力为客户提供更优质的服务，不遗余力地塑造顺丰这一民族速运品牌。

随着电子商务业的发展越来越快，不少与之相连接的行业也借此机会扩展公司的业务，搭建电子商务平台。而一直以低调著称的顺丰速运也加入其中，在2012年推出的经济型快递产品“顺丰优选”独具特色，在其中，不乏人们喜爱的水果、海鲜等食品，也提供常温类食品配送等服务，更加方便了客户生活。顺丰不再只是单纯的快递公司，更是一家结合人们日常生活、日常饮食等方面的综合型大企业，极大地扩展了其企业发展目标。

易观分析

速度是物流市场竞争的决定性因素。想要分到更多的市场份额，快递企业必须把速度放在第一位。民营快递企业都比EMS快约50%，而顺丰，则依然比其他民营快递快约20%。其次，顺丰经营灵活，物流链及站点的完整性，又提升了整个信用服务的等级。截至2015年7月，顺丰已拥有近34万名员工，1.6万台运输车辆，19架自有全货机以及遍布中国大陆和海外的12260多个营业网点，保障了顺丰一如既往的速度优势，此外，顺丰相继推出顺丰E商圈、顺丰宝、尊礼会、顺丰优选。针对中高端客户，采取代理方式，主要通过增加业务量增加收入，增加市场附加值。明确的市场划分以及准确的物流链的整体构架是顺丰的独到之处。

Analysys易观认为顺丰未来将在国内布局电商产业园，整合国内优质的电商资源，形成规模优势，打造一天化生态电商服务圈。快递企业向上延伸的市场还在发展期。顺丰利用现有客户资源开发中高端用户电销市场，开拓新的利润增长点，据最新数据统计，顺丰优选重复购买率达到40%。在冷物流链的基础上加强中高端食品电商发展，鲜明的市场定位加速电商高速发展。除此之外，随着京东、海尔等电商自建物流企业的对外开放，也间接分化了顺丰在整个物流行业中的优势。其中京东在一线城市的物流效率与顺丰相比，有过之而无不及。

一、基础信息

1.1.1 公司全称：顺丰速运

1.1.2 成立时间：1993年3月26日

1.1.3 总部地址：广东省深圳市福田区福华路万基大厦

1.1.4 企业性质：（集团）有限公司

1.1.5 联系方式

网址：http：//www.sf-express/

电话：客服4008111111

1.2 组织信息

1.2.1 管理层

王卫 首席执行官

二、业务信息

2.1 产品及服务信息

顺丰标快、顺丰标快（国际）、顺丰即日、顺丰特惠、物流普运、顺丰特安。保价、代收货款、签单返还、委托件、等通知派送等

2.2 覆盖范围

2.2.1 行业：互联网，物联网，B2B、B2C交易平台

2.2.2 主要客户：企业、电商和个人客户

2.3 收入结构：收取快递服务费

三、综合信息

3.1 发展定位：借助顺丰速运成熟的仓储、IT 信息系统、顺银支付及顺丰优选等服务产品，并整合其他配套服务资源，为电商企业提供一站式服务

德邦

德邦物流公司成立于 1999 年，是历经 17 年的 5A 级传统物流企业。物流业务范围横跨 30 多个省、市、自治区，直营网点 5000 多个，公司员工超 3 万人，自营运输车辆 8800 余台，货物日流量接近 6 万吨，全国转运中心总面积超过 97 万平方米。

德邦物流公司把"承载信任、助力成功"作为企业的服务理念，注重人才培养，保证物流服务质量，并且通过构建信息化管理系统和技术创新的方式提高网络运输模式和标准化体系，为客户提供快速、专业、安全、满意的服务。德邦物流致力于打造企业与员工共赢的发展模式，在提高员工物流业务能力的同时，促进社会经济的发展，为社会贡献力量。德邦物流公司力图成为国人首选的物流运营商，实现"为中国提速"的使命。然而，德邦物流公司也是优势与劣势并存的企业。目前，德邦物流公司的优势在于：实行信息化、科学化管理；员工工作踏实认真；专门招聘应届毕业生；企业文化逐步完善；建立了储备干部制度；公司发展速度快；增设增值服务等。德邦坚持"承载信任、助力成功"的服务理念，保持锐意进取、注重品质的态度，强化人才战略，通过不断的技术创新和信息化系统的搭建，提升运输网络和标准化体系，创造最优化的运载模式，为广大客户提供安全、快速、专业、满意的物流服务。一直以来，公司都致力于与员工共同发展和成长，打造人企双赢。在推动经济发展、提升行业水平的同时，努力创造更多的社会效益，为国民经济的持续发展、和谐社会的创建做出积极贡献，努力将德邦打造成为中国人首选的国内物流运营商，实现"为中国提速"的使命。

易观分析

德邦所采用的直营网络体系相比于其他物流公司更有利于管理，公司内部科学化的人员管理模式和信息化的资源管理模式，推动着德邦更快发展。德邦早期就拥有直营网站方便客户查询快运。

但直营所带来的成本负担也较为沉重，并且德邦的市场定位单一，快运运营方式不同于快递。德邦一直做大货的分拣和运输，电销的小货管理还未涉足。

Analysys 易观认为目前的物流行业正逐渐呈现"微利化、无利化和亏损化"的困境，这无疑加重了德邦所承受的经济负担，而今年德邦 IPO 受阻，更考验着德邦的现金流，并且同时还要面对顺丰的"越界"威胁，以及京东、凡客等电商网站的自建物流并开始对外承接业务。德邦需要在恶劣的市场环境与众多的竞争对手中，找到适合自己的发展途径。

一、基础信息

1.1.1 公司全称：德邦物流股份有限公司

1.1.2 成立时间：1996 年 9 月

1.1.3 总部地址：上海青浦区徐泾镇

1.1.4 企业性质：民营

1.1.5 联系方式

网址：http：//www.deppon.com/

电话：400-830-5555

1.2 组织信息

1.2.1 管理层

崔维星 董事长

二、业务信息

2.1 产品及服务信息

产品信息：360 特惠件、标准快递、精准卡航、精准城运、精准汽运、增值服务等

2.2 覆盖范围

2.2.1 行业：B2B、B2C 平台

2.2.2 主要客户：企业和个人用户

2.3 收入结构：快递及零担物流

三、综合信息

3.1 发展定位：德邦物流志在成为中国人首选的国内物流运营商，公司以“为中国提速”为使命，凭借一流水准的服务体系和持续完善的营业网络，竭诚为广大客户提供快速、安全、专业的服务

3.2 重要合作伙伴及供应商：阿里 B2B、普洛斯、沃尔沃卡车、梅赛德斯-奔驰卡车、米其林轮胎、麦肯锡公司、IBM、甲骨文、安永等

中国储运

中国物资储运总公司是拥有 50 年历史的专业物流企业，隶属于国务院国资委监管的大型中央企业中国诚通控股集团有限公司。公司提供全过程物流解决方案，组织全国性及区域性仓储、配送、加工、分销、现货交易市场、国际货运代理、进出口贸易、信息等综合物流服务，并充分利用其土地资源的优势，开展房地产、实业开发等多元化经营。同时兼具电子商务、供应链集成管理等服务功能，是一家全国性大型现代综合物流企业。

中国物资储运总公司成立于 20 世纪 60 年代初，由原国家经委物资管理总局储运管理局改制建立，拥有国内最大的仓储用地、先进的物流设施、完善的服务功能和各类物流专业人才。其在全国中心城市和重要港口设有子公司及控股公司 70 多个，占地 1000 万平方米。储存各类生产、生活资料，年吞吐货物 6000 万吨。所属多家物流中心拥有铁路专线超过 70 多公里。中国储运凭借完备的

硬件设施、优质的服务品牌，形成了以分布在全国主要中心城市的大中型仓库为依托，以信息化为纽带，以现代物流为手段，覆盖全国、辐射海内外的综合物流服务网络和全天候、全方位、全过程的多位服务体系。

在经济全球化的今天，高效的物流体系日益成为当代物流公司成功的关键因素。中储作为中国大型综合物流企业，坚持诚信为本，遵循“优质、高效、便捷、周到”的服务宗旨，依托通达全国的仓储实体网络，拓展物流服务的深度与广度，打造功能齐全、安全高效的公共物流平台。中储人以优化配置全社会物流资源为己任，以创造供应链价值为目标，致力于成为中国经济良性发展的促进者，矢志创建国际一流的综合物流企业，为客户和合作伙伴在梦想与现实之间构架通往成功的桥梁。

易观分析

工程物流是中储运的传统强势项目，先后成功地为国家十几个重点工程项目提供进口设备运输、报关、报检、免税、咨询等方面的全程物流服务，在业界积累了良好的口碑与经验，这使得中国储运拥有良好且稳定的资金来源。并且，中国储运作为央企的子公司占据政策优势与大型项目的技术优势。

中国储运的经营设施90%建于20世纪60到70年代，虽然近几年公司投入大量的资金进行改造和维修，但都跟不上现代仓储经营的要求。并且作为传统储运企业，电子信息化水平较低，大多数活动还是手工操作。这无疑成为中国储运转型为现代物流企业最大的问题。

Analysys易观分析认为中国储运进入电商时间晚。电销与大型储运是不同的两种仓储物流方式，电子商务的小型拆检管理存在未知的风险。另外，竞争对手众多，诸如德邦、顺丰等同类企业转行做电商，其他原本做电商的“四通一达”也涉足快运行业。在市场购买力惊人的电商市场中，较低用户接受度、电商平台的成熟度以及可能产生的不良信誉等级是新进入的电商企业遇到的危机与挑战。

一、基础信息

1.1.1 公司全称：中国物资储运总公司

1.1.2 成立时间：1962年

1.1.3 总部地址：北京市丰台区南四环西路188号六区18号楼

1.1.4 企业性质：私营

1.1.5 联系方式

网址：http：//www.cmst.com.cn/

电话：010-83673331

1.2 组织信息

1.2.1 管理层

韩铁林 总经理

二、业务信息

2.1 产品及服务信息

主营业务：物资储运

2.2 覆盖范围

2.2.1 行业：仓储运输、电子商务、国际货运代理业务、进出口

2.2.2 主要客户：海尔、美的、格力、苏宁等

2.3 收入结构：主要靠收取服务费

三、综合信息

3.1 发展定位：以优化配置全社会物流资源为己任，以创造供应链价值为目标，致力于成为中国经济良性发展的促进者，矢志创建国际一流的综合物流企业

3.2 重要合作伙伴及供应商：泰州隆盛吊索具制造有限公司

我国仓储物流服务行业企业名录节选如下表：

表 7　中国仓储物流服务行业企业名录节选

中国邮政	简要分析见前述 数据分析及详细分析 见易观企业库
顺丰速运	
邦德物流	
中国储运	
Amazon 社区服务站	详细分析见易观企业库
datamax	详细分析见易观企业库
Honeywell	详细分析见易观企业库
intermec	详细分析见易观企业库
TGW	详细分析见易观企业库
unitech	详细分析见易观企业库
zebra	详细分析见易观企业库
阿里巴巴物流	详细分析见易观企业库
爱彼西	详细分析见易观企业库
安博	详细分析见易观企业库
安能物流	详细分析见易观企业库
百利威	详细分析见易观企业库
菜鸟	详细分析见易观企业库
城市之星	详细分析见易观企业库
大隆物流	详细分析见易观企业库
大田陆运	详细分析见易观企业库
大洋物流	详细分析见易观企业库

（续表）

德马泰克	详细分析见易观企业库
递四方信息	详细分析见易观企业库
东红物流	详细分析见易观企业库
凡客如风达	详细分析见易观企业库
飞远配送	详细分析见易观企业库
凤凰通达	详细分析见易观企业库
共速达	详细分析见易观企业库
好友汇	详细分析见易观企业库
华创货运	详细分析见易观企业库
汇通天下	详细分析见易观企业库
佳吉	详细分析见易观企业库
京东物流	详细分析见易观企业库
聚创物流	详细分析见易观企业库
昆山华宏物流	详细分析见易观企业库
蓝海宏业	详细分析见易观企业库
立象	详细分析见易观企业库
路易通	详细分析见易观企业库
明亮物流	详细分析见易观企业库
摩托罗拉	详细分析见易观企业库
南京福佑	详细分析见易观企业库
能安物流	详细分析见易观企业库
宁波中通	详细分析见易观企业库
鹏程货运	详细分析见易观企业库
普洛斯	详细分析见易观企业库
赛澳递	详细分析见易观企业库
圣安物流	详细分析见易观企业库
苏宁易购配送	详细分析见易观企业库
穗佳物流	详细分析见易观企业库
泰利物流	详细分析见易观企业库
天地华宇	详细分析见易观企业库
天天快递	详细分析见易观企业库
网阔专线宝	详细分析见易观企业库
五洲在线	详细分析见易观企业库
小红帽	详细分析见易观企业库
欣技	详细分析见易观企业库
新邦	详细分析见易观企业库

（续表）

新蛋软件	详细分析见易观企业库
兴铁物流	详细分析见易观企业库
亚马逊物流	详细分析见易观企业库
义乌金驰	详细分析见易观企业库
易迅物流	详细分析见易观企业库
永和迅物流	详细分析见易观企业库
远成物流	详细分析见易观企业库
韵达快运	详细分析见易观企业库
中良物流	详细分析见易观企业库
中铁快运	详细分析见易观企业库
中铁物流	详细分析见易观企业库
中通速递	详细分析见易观企业库
中一行物流	详细分析见易观企业库

生活信息服务

分类信息

58 赶集

4 月 17 日，58 同城发布公告宣布战略入股赶集网，称以现金加股票的方式获得赶集网完全稀释后 43.2%的股份，其中包含 1700 万份 ADS 及 4.122 亿美元现金。华兴资本在此次交易中担任财务顾问。据悉，去除 58 同城的对外投资，两家公司此次的合并将采用约 5∶5 换股的形式进行，根据最新的股价，合并后新公司的市值将超过 100 亿美元，58 同城和赶集网两家公司将保持双方品牌独立性，网站及团队均继续保持独立发展与运营。合并初期，杨浩涌与 58 同城创始人姚劲波将出任新公司联合 CEO，并同时担任联席董事长，目前，杨浩涌已经卸任联席董事长一职转去做瓜子二手车业务。

据 58 赶集公开财报数据显示，58 同城 2015 年第四季度实现营业收入 2.553 亿美元，同比增长 218.3%，高于公司预期；毛利为 2.345 亿美元，同比增长 210.1%，58 同城仍然维持了高达 91.8%的毛利率水平。截止到 2015 年第四季度，58 同城已连续九个季度实现营收超市场预期。同时，财报显示截至 2015 年第四季度 58 同城付费会员数量约 96.4 万，同比增长约 59.3%，赶集网及安居客付费会员总数大约为 79.1 万。会员服务贡献了 1.009 亿美元的收入，同比增长 153.3%。此外，在线推广收入依然保持高速增长态势，第四季度实现收入 1.359 亿美元，同比增长 237.1%。

易观分析

58 赶集是国内领先的综合性生活信息应用类网站，本地生活信息应用是 O2O 市场关键环节之一，而本地生活信息应用市场格局之前业已固化，基本形成 58 同城、赶集网和百姓网三足鼎立的态势。58 同城与赶集网的合并，使得在该领域里一家独大，58 和赶集资源互补，通过有效的业务整合形成绝对的市场优势，逐渐从传统的分类信息市场向 O2O 转型。同时，通过合并两家公司消除了恶意竞争，使盈利增加，可集中双方精力和优质资源拓展新业务，有利用整个行业健康发展。

对于 58 同城来说，腾讯的社交基因是否具有较强变现能力并不明确，移动 QQ 和微信的熟人圈为 58 同城带来的价值目前来看仍弱于搜索和黏性用户，58 同城与腾讯合作的关键点在于未来能否在流量利好之外，紧密结合社交基因和本地交易，打造新的商业模式。赶集网在体量和盈利能力上较 58 同城差距不大，但在招聘市场优势明显。Analysys 易观认为，58 同城向腾讯靠拢后，百度和阿里巴巴对于本地生活信息应用的布局将会加速，赶集网和百姓网被收购或投资入股的可能性大大增加。

一、基础信息

1.1 基本信息

1.1.1 公司全称：北京五八信息技术有限公司

1.1.2 合并时间：2015 年

1.1.3 总部地点：北京

1.1.4 联系方式

地址：北京市朝阳区酒仙桥北路甲 10 号院 105 号楼（电子城 IT 产业园内）

电话：010-57960888

地址：北京市海淀区上地软件园南路 57 号八维学校内

电话：010-57353539

1.2 组织信息

1.2.1 管理层

姚劲波任首席执行官，姚劲波、杨浩涌同时出任联席董事长

二、业务信息

2.1 产品及服务信息

58 赶集作为全国最大的分类信息网站与一站式生活服务平台，其服务覆盖房屋租售、招聘求

职、二手买卖、汽车租售、商家黄页、宠物票务、旅游交友、餐饮娱乐等多种生活服务，并已在全国 380 个左右的城市开通分站

通过 PC 端与 APP 客户端，58 赶集提供分类信息、团购、无线产品、商业产品和工具 5 大类产品，具体有：

（1）分类信息

房产信息、招聘信息、求职简历、跳蚤市场、生活黄页、交友征婚、宠物/宠物用品、票务/优惠券、车辆买卖与服务、教育培训、商务服务、旅游/酒店/签证

（2）无线产品

58 同城、赶集生活

（3）商业产品

生活黄页、网邻通、房产版网邻通、招聘通、置顶、精准推广、智能推广

2.2 覆盖范围

2.2.1 行业：一站式生活服务平台/分类信息网站

2.2.2 主要客户：已开通服务的城市互联网用户，包括信息需求方、信息提供者和供应商

2.2.3 业务区域：在全国 380 个左右的城市开通分站

三、综合信息

3.1 发展定位：定位于免费分类信息服务与本地生活服务，致力于成为人们更便利获取优质生活服务信息的一站式生活服务平台，以及国内分类信息领域绝对的领头羊

3.2 重要合作伙伴及供应商：（58 同城合作伙伴）腾讯公司、北京电子城投资开发股份有限公司、温州君义同城信息技术有限公司、潍坊添翼网络科技有限公司、柳州唐潮科技有限公司、本溪市平山区芊秋网络服务中心等渠道代理商。（赶集网合作伙伴）谷歌、TOM、大众点评网、北京艺鸣盛世文化传媒有限公司、百思诚文化传媒（北京）有限公司等

我国分类信息行业企业名录节选如下表：

表 8　中国分类信息行业企业名录节选

58 同城	简要分析见前述 数据分析及详细分析见易观企业库
赶集网	
百姓网	数据分析及详细分析见易观企业库
爱帮网	
城市吧	
查查吧	
列表网	
大豆生活网	
易登网	详细分析见易观企业库
搜了网	详细分析见易观企业库

（续表）

E 都市	详细分析见易观企业库
今题网	详细分析见易观企业库
口碑网	详细分析见易观企业库
地球城	详细分析见易观企业库
酷易搜	详细分析见易观企业库
快点 8 分类信息网	详细分析见易观企业库
微信公众账号大全	详细分析见易观企业库
去 114 分类信息网	详细分析见易观企业库
八桂网	详细分析见易观企业库
网邻通	详细分析见易观企业库
手递手	详细分析见易观企业库
51 同城网	详细分析见易观企业库
久久信息网	详细分析见易观企业库
114 生活网	详细分析见易观企业库
百业网	详细分析见易观企业库
中国金属新闻网	详细分析见易观企业库
客集齐网	详细分析见易观企业库
中国工业信息网	详细分析见易观企业库
我易网	详细分析见易观企业库
Kvov 免费信息发布平台	详细分析见易观企业库
入围网	详细分析见易观企业库
城际分类	详细分析见易观企业库
分类 168	详细分析见易观企业库
爱喇叭	详细分析见易观企业库
猎城网	详细分析见易观企业库
88 分类	详细分析见易观企业库
818 同城网	详细分析见易观企业库
必够分类信息网	详细分析见易观企业库

招　聘

51job

前程无忧于 2009 年 4 月在美国纳斯达克上市，是首个在美国上市的中国人力资源服务企业。

提供报纸招聘、网络招聘、招聘猎头、培训测评和人事外包在内的人力资源服务，最初全国包括香港在内的 26 个城市设有服务机构。

前程无忧拥有全国目前最大的职位信息库，从移动端用户情况来看，2015 年第二季度前程无忧 APP 活跃用户数为 118 万人，同比下降 14.04%；启动次数 2672 万次，同比增长 43.36%；使用时长 107 万小时，同比增长 10.70%。尽管覆盖的用户数略有降低，但使用频次和时长均有明显提高，用户黏性有所增强。随着移动端招聘的用户习惯正在逐步养成，用户在移动端的比重越来越大，前程无忧在移动端的优势将不断凸显，这将成为促进其营收进一步增长的强劲动力。根据财报数据显示，前程无忧 2015 年第二季度的总营收为人民币 5.080 亿元，同比增长 11.0%。

易观分析

前程无忧拥有目前全国最大的职位信息库、高质量的简历库、广泛的服务网络和先进的技术，能为个人和企业提供全面的职位信息和较为便捷的求职途径。

但由于受当前市场状况和增值税改变所带来的影响，前程无忧目前营收增长速度持续放缓，处于“薄利多销”状态，急需创生新的商业模式和盈利点带动营收及利润的增长。随着越来越细分的招聘需求以及更多的垂直类型招聘网站出现，前程无忧的外部竞争者越来越多，企业外部竞争环境处于白热化状态，其面对的挑战也越来越大。

2015 年第二季度，前程无忧完成了两笔主要并购和投资项目：对应届生求职网的收购和对北京智鼎优源管理咨询有限公司 60%的股权投资。收购应届生求职网将有助于提高前程无忧在校园招聘细分市场的竞争力，巩固其市场领先地位；对北京智鼎优源管理咨询有限公司的股权投资则能帮助前程无忧为企业雇主提供更好的人才测评、资源分配等人力资源相关服务。通过并购和投资，预计前程无忧未来营收增速会有所提升，但仍需注意控制规模扩大带来的成本增长问题。

一、基础信息

1.1 基本信息

1.1.1 公司全称：前程无忧

1.1.2 成立时间：1998 年

1.1.3 总部地点：上海市

1.1.4 上市时间：2004 年 9 月美国纳斯达克上市

1.1.5 企业性质：股份制

1.1.6 资本信息：近 21 亿美元市值（上市后）

1.1.7 联系方式

网址：http：//www.51job.com/

总部联系方式：

地址：上海市浦东新区张东路 1387 号 3 号楼（张江集电港 2 期）

电话：021-6160 1888

传真：021-6879 6266

邮箱：ir@ 51job. com

电话：400-886-0051

1. 2 组织信息

1. 2. 1 管理层

甄荣辉（Rick Yan） 首席执行官

二、业务信息

2. 1 主要产品与服务信息

前程无忧的主要产品包括报纸招聘、网站招聘、招聘猎头、培训测评、人事外包和咨询（薪酬调查、调研咨询、典范企业评选）等。主要提供个人求职和企业求才服务，为个人求职者提供不同行业和不同地区的职位频道，根据求职者需求提供个性化职位搜索服务、个人简历管理服务和职位订阅信息推送服务

2. 2 覆盖范围

2. 2. 1 行业：互联网招聘网站（人力资源服务机构）

2. 2. 2 主要客户：具有求职需求的个人和人才需求的企业等网络用户

2. 2. 3 业务区域：全国

2. 3 盈利收入：2015 年，前程无忧总营收为人民币 21. 019 亿元（约合 3. 245 亿美元），比 2014 年增长 10. 8%；净利润为人民币 6. 181 亿元（约合 9540 万美元）

三、综合信息

3. 1 发展定位：致力于为积极进取的白领阶层和专业人士提供更好的职业发展机会，同时为企业搜寻、招募最优秀的人才，成为国内最具影响力的领先的网络招聘服务提供商

3. 2 重要合作伙伴：前程无忧主要合作伙伴有 CC 校网、中国设计资讯、明日商务网、知久商务网、上海兼职、厦门人才网等 100 多个企业

智联招聘

智联招聘前身是 1994 年创建的猎头公司智联（Alliance）公司。其总部位于北京，并在上海、广州、深圳、成都等 20 多个城市设立了分公司，业务涉及全国的 50 多个城市。2014 年 6 月 12 日，智联招聘在美国纽约证券交易所正式挂牌上市，成为第二个在海外上市的国内互联网招聘公司。

智联招聘 2015 年第二季度独立雇主数为 315358，同比增幅达 29%。智联招聘第二季度的在线招聘业务收入同比增长 20. 4%，达到人民币 2. 907 亿元。财报数据显示，智联招聘 2015 年第二季度的总营收为人民币 3. 371 亿元，比去年同期增长 18. 9%。

智联招聘正在向职业发展平台转型，以求职者为核心，为求职者的整个职业生涯提供相关职业及发展机会。

易观分析

智联招聘成立于 1997 年，是中国较早成立的在线招聘平台，于 2014 年正式在纽交所挂牌上市。上市后的智联招聘积极朝职业发展平台转型，为不同职业生涯的用户提供全面、完善的人力资源服务，针对学生、白领、高端职业人士提供测评、招聘、职业培训等服务。2015 年智联招聘总营收 14.133 亿元人民币，独立雇主约 125.8 万。

智联招聘同样是中国在线招聘市场的领先者之一，正在向职业发展平台演进发展，智联招聘产品覆盖用户的整个职业生涯，校园招聘、白领招聘、针对高端人才及海外人才的招聘服务均有涉猎，同时在职业测评、培训教育等方面均有业务开展，是众多企业招聘人才的首选平台之一。

一、基础信息

1.1 基本信息

1.1.1 公司全称：智联招聘

1.1.2 成立时间：1997 年

1.1.3 总部地点：北京

1.1.4 上市时间：2014 年 6 月 12 日美国纽约证券交易所

1.1.5 企业性质：民营

1.1.6 联系方式

网址：http：//www. zhaopin. com/

电话 400-885-9898/800-810-0484

地址：北京市朝阳区望京阜荣街 10 号首开广场 5 层　100020

1.2 组织信息

1.2.1 管理层：

公司高管：

郭盛　首席执行官

二、业务信息

2.1 主要产品与服务信息

智联招聘主要产品与服务有网上招聘服务、猎头服务、培训服务、校园招聘服务等

网上招聘服务：为个人用户提供网上求职、简历中心、求职指导等个性化服务；为企业客户提供以网络招聘为核心的人才解决方案

猎头服务：智联猎头是中国最早的外资猎头公司之一，其业务遍布全国，已经在北京、上海、天津、深圳、南京、成都、苏州等城市设有猎头部

2.2 覆盖范围

2.2.1 行业：互联网招聘网站（人力资源服务机构）

2.2.2 主要客户：具有求职需求的个人用户和具有人才需求的企业用户

2.2.3 业务区域：全国

2.3 收入结构：包括在线招聘服务营收、校园招聘服务营收、测评服务营收、其他人力资源服务营收等

三、综合信息

3.1 发展定位：智联招聘的终极目标是做一个优秀的职业发展平台，所提供的服务能够贯彻用户的整个职业生涯，并将强化职位招聘与职业测评、职业培训之间的衔接

3.2 重要合作伙伴及供应商信息：除各行各业的众多企业外，智联招聘还是多家权威机构的战略合作伙伴，主要包括：北京大学企业社会责任与雇主品牌传播研究中心发起机构；CCTV 年度雇主调查合作机构；国台办“台企联”战略合作机构，台资企业人才服务网络平台构建机构；中国残疾人联合会信息中心战略伙伴。此外，还与中央电视台、凤凰卫视等多家大型媒体建立了合作关系；与土豆网合作建立了职场视频平台

拉勾网

拉勾网是专注于互联网职业机会的招聘网站。

拉勾网于 2013 年 7 月 20 日上线，覆盖包括互联网、移动互联网、电商、游戏、O2O、大数据、云计算、社交网络、在线教育、互联网金融等多个互联网细分领域。2014 年 8 月，拉勾网完成 2500 万美元 B 轮融资。

易观分析

拉勾网作为互联网人才招聘平台，在产品服务方面均有较大突破，抓住现今互联网人才需求和流动较大的现状，通过提高用户体验，从求职者角度提高其求职体验，打破以往招聘者为主导的招聘模式，达到双方求职招聘高效率的目的。目前市场占有率相对较低，由于垂直招聘网站的招聘领域专属性、行业单一性以及区域领域经济发展的差异性，导致拉勾所面临的市场体量相对较小，难以形成，盈利还未达到规模化。

“给用户做产品，向企业收钱”的新型商业模式，采取面向互联网的垂直招聘方式，以用户体验为中心，实行“全程透明”式招聘，符合中国本土化需求和互联网在线招聘市场的新特点。

一、基础信息

1.1 基本信息

1.1.1 公司全称：北京拉勾网络技术有限公司

1.1.2 成立时间：2013 年 7 月

1.1.3 总部地点：北京市

1.1.4 上市时间：未上市

1.1.5 企业性质：合伙企业

1.1.6 资本信息：2014 年完成 B 轮融资

1.1.7 联系方式

网址：http：//www. lagou. com/

邮箱：pqzhao@ laogou. com（商务合作）

地址：北京市海淀区海淀西街 70 号　100015

电话：400-605-9900

1.2 组织信息

1.2.1 人员规模：105 名员工

1.2.2 管理层

马德龙　首席执行官

二、业务信息

2.1 主要产品与服务信息

庞大的互联网公司库、优质职位信息首发平台、微信服务号"@ 拉勾"服务平台、24 小时极速入职服务等

2.2 覆盖范围

2.2.1 行业：互联网垂直招聘网站

2.2.2 主要客户：互联网公司、求职者

2.2.3 业务区域：全国

2.3 收入结构：拉勾网目前主要商业模式是企业用户付费

三、综合信息

3.1 发展定位：以让优质的人才和优秀的企业及时相遇为己任，致力于打造最专业的互联网招聘平台

3.2 重要合作伙伴及供应商信息：启明创投、贝塔斯曼亚洲投资基金以及百度、腾讯、阿里巴巴、新浪、优酷、乐视网、去哪儿网、聚美优品、锤子科技、小米、豌豆荚等超过 20000 家互联网公司

猎聘网

猎聘网原名猎头网，隶属于万仕道（北京）管理咨询有限公司，成立于 2006 年，是高端人才互动型的求职网站。凭借其创新的产品模型及独有的服务模式，为企业、猎头和职场精英之间打造了一个高端人才的互动招聘平台。猎聘网总部位于北京，在上海、广州、深圳、天津、大连、杭州、南京、武汉、厦门、成都等十余个城市设有分公司，其用户除中国大陆地区以外，还包括美国、加拿大、英国、澳大利亚、新加坡等 17 个国家的华人华侨，以及中国香港、澳门、台湾的众多中高端职业经理人。

易观分析

作为高端人才的招聘网站，猎聘网的产品创新方面，包括针对C端用户的一系列增值服务，如直接主动电话、私信联系猎头等，以及成立的专注于搭建企业与中高端职业经理人桥梁的全球职业发展中心，力求打造猎头、高端人才、公司三方互动职业发展平台，但是目前其市场规模较小，招聘信息不对称现象也较普遍。

一、基础信息

1.1 基本信息

1.1.1 公司全称：猎聘网

1.1.2 成立时间：2006 年

1.1.3 总部地点：北京市

1.1.4 上市时间：未上市

1.1.5 企业性质：外商独资企业

1.1.6 资本信息：2014 年 4 月完成 7000 万美元 C 轮融资

1.1.7 联系方式

网址：http：//www. liepin. com/

全国客服热线：400-6838-789

总公司联系方式

地址：北京市东四环八里庄西里 99 号住邦 2000 商务中心 2 号楼 8 层　100025

电话：010-65502668

1.2 组织信息

1.2.1 人员规模：近 2000 人

1.2.2 管理层

戴科彬　首席执行官

二、业务信息

2.1 主要产品与服务信息

猎聘网主要产品有线上招聘、RPO 招聘、专业猎头、猎聘通、HR 沙龙

2.2 覆盖范围

2.2.1 行业：中高端人才招聘网站（网络招聘）

2.2.2 主要客户：中高端职业经理人、企业、猎头

2.2.3 业务区域：猎聘网的业务遍及中国北京、上海、广州、深圳、天津、大连、杭州、南京、武汉、厦门、成都、青岛、重庆、郑州等十余个城市

2.3 收入结构：目前猎聘网的营收主要来源于企业付费和增值业务收入

三、综合信息

3.1 发展定位：始终专注打造以经理人个人用户体验为核心的职业发展平台，全面覆盖传统网络招聘以企业为核心的广告发布平台，用属于移动互联网时代的产品服务组合打造一个为全球华人经理人服务的职业发展平台

3.2 重要合作伙伴及供应商信息：华平投资集团、经纬中国、国内外各知名企业

我国招聘行业企业名录节选如下表：

表 9　中国招聘行业企业名录节选

前程无忧	简要分析见前述 数据分析及详细分析 见易观企业库
智联招聘	
拉勾网	
猎聘网	
数字英才网	详细分析见易观企业库
中华英才网	详细分析见易观企业库
应届生求职网	详细分析见易观企业库
中国人才热线	详细分析见易观企业库
卓博人才网	详细分析见易观企业库
南方人才网	详细分析见易观企业库
大街网	详细分析见易观企业库
528 招聘网	详细分析见易观企业库
592 招聘网	详细分析见易观企业库
大中华人才网	详细分析见易观企业库
八方人才网	详细分析见易观企业库
我的工作网	详细分析见易观企业库
百大英才网	详细分析见易观企业库
子午线人才网	详细分析见易观企业库
千千集招聘	详细分析见易观企业库
白城招聘网	详细分析见易观企业库
百度人才	详细分析见易观企业库
一览英才网	详细分析见易观企业库
中国国家人才网	详细分析见易观企业库
中国人才信息网	详细分析见易观企业库
1010 兼职网	详细分析见易观企业库
伯才	详细分析见易观企业库
第一招聘网	详细分析见易观企业库
若邻社交招聘网	详细分析见易观企业库

（续表）

人人校招	详细分析见易观企业库
英才网联	详细分析见易观企业库
新世纪人才网	详细分析见易观企业库
万行招聘联盟	详细分析见易观企业库
乐荐招聘网	详细分析见易观企业库
一起兼职网	详细分析见易观企业库
中国专业人才网	详细分析见易观企业库
每日人才网	详细分析见易观企业库
好前途人才网	详细分析见易观企业库
猪八戒网	详细分析见易观企业库
举贤网	详细分析见易观企业库
职友集	详细分析见易观企业库
万仕道管理咨询公司	详细分析见易观企业库

婚　恋

世纪佳缘

世纪佳缘是中国最大的在线婚恋交友平台，通过互联网、无线平台和线下活动为中国大陆、香港地区、澳门地区、台湾地区及世界其他国家和地区的单身人士提供严肃婚恋交友服务。据 2015 年 11 月 25 日世纪佳缘公布的截至 9 月 30 日的 2015 年第三季度财报数据显示，世纪佳缘第三季度净收入为人民币 1.827 亿元，同比增长 13.1%，净收入的增长主要是得益于一对一红娘服务中心和所覆盖城市数量的增加以及已有服务中心销售额的增长；在线服务净收入为人民币 1.088 亿元，占总净收入的 59.5%，反映出世纪佳缘公司重新聚焦于盈利使 ARPU 增加的策略；非美国会计准则下第三季度净利润 2320 万元，同比增长 386.8%。

为了加速回归国内资本市场，世纪佳缘公司从纳斯达克退市。途径是同竞争对手百合网合并。2015 年 12 月 7 日晚间，双方均在公告中宣布这一消息。根据合并协议，百合网拟通过使用公司自有资金、定向发行股份获得的资金及银行贷款进行收购世纪佳缘发行在外的全部 ADS 和普通股。2016 年 3 月 9 日百合网宣布参股天津幸福时代企业管理有限公司将作为 LoveWorldInc. 和 Future-WorldInc. 的控股公司与世纪佳缘完成合并交易，放弃了直接重组世纪佳缘的捷径，而转由参股公司曲线完成，故百合网与世纪佳缘的重大资产重组事项将告终止。

根据公告，百合网将以每普通股 5.04 美元，或每美国存托股（ADS）7.56 美元的现金对价收购世纪佳缘，这与世纪佳缘 2015 年 3 月 3 日披露的私有化要约中每普通股 3.58 美元，或每

ADS5.37 美元的报价相比，提高了约 40.8%。目前预计合并将最迟于 2016 年第一季度完成。交易完成后，世纪佳缘将成为一家私有公司，公司的 ADS 将不再在纳斯达克挂牌交易。合并完成后，世纪佳缘董事及首席执行官吴琳光将担任存续公司的联席董事长和联席首席执行官，百合也将启动公司更名程序。

易观分析

世纪佳缘通过互联网平台和线下会员见面活动为单身人士提供严肃婚恋交友服务。为了巩固现有市场，争取更多融资渠道、更强融资能力去扩展盈利空间，2015 年下半年百合网在挂牌新三板后，迅速与世纪佳缘达成合并。世纪佳缘与百合网的强强联合，对于两大厂商线上线下资源整合、成本节约有重大战略意义，给公司聚集资源推动婚恋生态圈建设创造了条件。在原有市场优势的基础上，世纪佳缘通过合并更加巩固了其 PC 端体量、用户黏性优势。同时，借由两家强大的品牌影响力，使之迁移至移动端后，用户黏性同样得以维持。

随着移动互联网对生活服务领域的快速渗透，移动端的婚恋产品与普通社交产品的边界变得越发模糊，互联网婚恋交友领域的竞争也变得更为激烈而复杂，婚恋产品移动端用户体验与入口地位在逐步提升，未来在提高用户活跃度、维持用户黏性上，婚恋厂商们还有一番激烈竞争，世纪佳缘同样面对此问题。百合网与世纪佳缘强强联合后，平台业务与门店资源进一步整合，对婚恋交友领域形成了婚恋、婚介到产业链下游资源的全面覆盖，给其他厂商造成巨大竞争压力。但婚恋交友市场份额尚未进一步集中，暂且落后的厂商通过技术创新、服务与用户体验的提升，仍具备增长空间，世纪佳缘也面临一定的自我服务升级和竞争压力。

一、基础信息

1.1 基本信息

1.1.1 公司全称：上海花千树信息科技有限公司

1.1.2 成立时间：2003 年 10 月 8 日

1.1.3 总部地点：北京

1.1.4 上市时间：2011 年 5 月 11 日美国纳斯达克上市（NASDAQ：DATE）

1.1.5 企业性质：股份制

1.1.6 联系方式：

网址：http：//www.jiayuan.com/

地址：上海市杨浦区昆明路 1209 号尚凯商务大厦副楼 501 室

电话：010-57835066

传真：010-57835066

1.2 管理层

钱永强　董事会主席

吴琳光　首席执行官

二、业务信息

2.1 主要产品与服务信息

线上网站、移动应用 APP 客户端、线下红娘一对一服务中心、世纪佳缘约会吧、线下交友活动、广告服务

2.2 覆盖范围

2.2.1 行业：婚恋交友

2.2.2 主要客户：征友的单身人群，以白领人群为主

2.2.3 业务区域：全球，主要在中国

2.3 收入结构：世纪佳缘在线服务、一对一红娘服务、线下活动及其他服务，三项收入组成部分分别占总净收入的 59.5%、37.3%、3.2%

三、综合信息

3.1 发展定位：服务于真诚征友的单身人群，并建立严格的身份认证机制和会员投诉机制，通过客服人工审核、技术屏蔽以及会员投诉等方式屏蔽不良会员，尽最大努力维护征友会员的质量、征友过程的安全和在世纪佳缘征友的效果

3.2 重要合作伙伴及供应商信息：媒体合作：新浪交友、MSN 佳缘交友、广东卫视，浙江卫视，山东卫视等；金融合作：玖富、芝麻信用等；活动赞助：万达集团、蓝光地产、月星家居等；品牌合作：奔驰、本田、中兴、卡玫尔等

百合网

百合网是中国第一家实名制婚恋服务商，以“帮助亿万中国人拥有幸福的婚姻和家庭”为己任。2007 年 3 月，百合网成为第一个采用公安部身份认证系统的婚恋网站，并在 2011 年 12 月 15 日起率先实行实名制。百合网的线下实体店行业领先，目前公司已在全国开设的城市实体店约 100 家。2015 年百合网动作频繁，其战略发展方向从开发单一婚恋交友应用转型至建设婚恋全产业链生态圈。2015 年 3 月 15 日百合网发布公告称公司已经完成九鼎投资等 32 名投资者认购的 10 亿多元人民币资金募集，该战略收购与投资用于公司在婚恋产业链上的整合。2015 年 5 月 22 日百合网宣布将线上沟通功能免费，此业务一年贡献收入过亿元，选择免费后，百合网损失了相当大一部分线上收入，但百合网以此为婚恋生态圈战略开路，其产品和服务还会向前向后延伸。此外，百合网于 2015 年 10 月、11 月分别完成了对北京拍拍淘信息技术有限公司、南京婚礼大亨网络科技有限公司的投资，迅速布局婚纱摄影 O2O 平台、婚礼人平台等婚礼相关领域，启动了构建婚恋产业生态圈的步伐。2015 年 11 月 20 日，百合网正式挂牌新三板，成为新三板市场的“婚恋第一股”。2015 年 12 月 7 日晚间，百合网与世纪佳缘均在公告中宣布双方合并消息，且预计合并最迟于 2016 年第一季度完成。

易观分析

百合网创始人以技术出身，决定了其核心竞争优势来源于技术创新，其独有的“心灵匹配测评系统”，成为其一直以来打响品牌的重要因素。作为在线婚恋市场的老二，百合网在竞争策略上采取差异化竞争，通过主攻线下市场，将一对一红娘服务作为主要盈利业务，在线下门店建设上投入巨大，已经形成线上线下双平台发展的格局，未来百合网还需要加强线上线下融合，打通O2O服务体系。

拆除VIE、登陆新三板、两轮共计25亿人民币的融资、与世纪佳缘签署合并协议、业务战略转型升级、全面布局婚恋生态圈，百合网2015年的一系列动作表明其向婚恋生态圈发展的战略。取消线上沟通业务收费，虽然使其营收遭受一定损失，但百合网收获了较高的用户活跃度和忠诚度，其品牌效应和用户资源优势逐渐凸显。免费沟通的婚恋交友模式将给当前主要依靠收费沟通的婚恋交友网站带来巨大冲击，甚至有可能将婚恋交友网站的线上沟通收费归零，这必然颠覆整个既有的商业模式，行业洗牌在所难免。而此时不再仅限于狭窄的婚恋交友领域，在婚恋咨询与培训、婚恋相关的消费、婚礼业务、相关金融服务、影视传媒等领域不断进行业务拓展的百合网将拥有更多的市场发展机会。

与世纪佳缘合并后，其收入及战略层面的协同效应，将掀起一场“互联网+婚恋”的“化学反应”，无论是对扩大市场，还是对推动整个行业的优化发展，都值得期待。

一、基础信息

1.1 基本信息

1.1.1 公司全称：百合网股份有限公司

1.1.2 成立时间：2005年5月

1.1.3 总部地点：北京

1.1.4 上市时间：2015年11月20日

1.1.5 企业性质：股份制有限公司

1.1.6 联系方式

地址：北京市朝阳区阜通东大街1号院望京SOHO塔3B座6层

电话：010-50863711

1.2 组织信息

1.2.1 管理层

田范江　首席执行官

二、业务信息

2.1 主要产品与服务信息

线上网站、移动应用APP客户端、线下一对一红娘服务门店、线下活动、广告服务

2.2 覆盖范围

2.2.1 行业：婚恋交友

2.2.2 主要客户：高端成功人士以及优秀的单身社会精英

2.2.3 业务区域：中国

2.3 收入结构：与世纪佳缘合并后的公司在线服务、一对一红娘服务、线下活动及其他服务，三项收入组成部分分别占总净收入的 59.5%、37.3%、3.2%

三、综合信息

3.1 发展定位：帮助亿万中国人拥有幸福的婚姻和家庭

3.2 重要合作伙伴及供应商信息：媒体合作：钻石婚恋网、江苏卫视《非诚勿扰》、湖南卫视《我们约会吧！》、东方卫视《百里挑一》、浙江卫视、南京电视台等；金融合作：玖富、芝麻信用等；活动赞助：万达集团、蓝光地产、月星家居等；品牌合作：奔驰、本田、中兴、卡玫尔等

珍爱网

珍爱网，是国内著名的婚恋品牌网站，珍爱网前身是中国交友中心，创始于 1998 年 5 月，2004 年正式更名为珍爱网，至今已有十余年的历史。首创了“网络征选+电话红娘服务”的高效在线婚恋服务模式，专为忙碌的城市白领省时高效地成就姻缘。通过双向匿名邮件系统，对会员的身份进行确认和配对，即采用“你来登记资料和要求，我来做媒”的这种服务，让会员们可以利用珍爱网平台为亲友或自己做媒。经过十多年的发展，珍爱网已成为中国在线婚恋网络服务的领先者。

珍爱网在全国 28 个城市已开设 36 家直营店，直营店模式能保持相亲服务的一致性和流程的标准化，珍爱网坚持用该模式来与佳缘和百合采用的代理店的模式竞争。此外，珍爱网自 2014 年起，布局数据分析计算，整合信息科技部门，汇总所有的数据进行计算匹配，为客户提供成功率更高的对象，同时在对外投放方面有效控制成本。2016 年 4 月 8 日，由工信部权威发布的 2016 年中国品牌力指数（C-BPI）品牌排名和分析报告显示，珍爱网以 528.6 分的最高得分获得 2016 年“中国婚恋网站行业第一品牌”称号，这是继 2013 和 2014 年之后，再次领跑中国在线婚恋市场。

易观分析

珍爱网采用的运营模式是“网络征选+红娘电话”，独创“网络征选+人工红娘”的高效婚配服务模式，以电话的方式提供一对一的人工服务。红娘是珍爱网的人工服务形象，珍爱网的红娘均经过专业心理学培训，结合多年的征婚服务经验，可提供用心细致、专业个性化的红娘服务，以促成征婚者尽快找到心仪对象。用户可以通过网站发起红娘委托服务，也可以直接拨打红娘热线电话。此外，珍爱网在原电话人工红娘服务的基础上，推出线下与客户面对面，基于全面了解、深入分析婚恋双方，提供精准匹配并做专业婚恋指导的专属红娘顾问式服务，即“猎婚定制”服务，并与同行业的佳缘、百合网一样，都在积极向着婚恋平台之外的业务模式拓展，如婚恋咨询与培训、婚恋相关的消费、婚礼业务等。珍爱网的运营体现的是传统行业与互联网的结合，但是其收费方式单一，且价格高，只适用于有一定收入基础的人群。

一、基础信息

1.1 基本信息

1.1.1 公司全称：深圳市珍爱网信息技术有限公司

1.1.2 成立时间：2005 年 8 月

1.1.3 总部地点：中国深圳

1.1.4 上市时间：未上市

1.1.5 企业性质：民营

1.1.6 联系方式

网址：http：//www. zhenai. com/

地址：深圳市南山区高新技术产业园北区朗山路 7 号中航工业南航大厦 2 楼

电话：0755-86507811

1.2 组织信息

1.2.1 管理层

李松　首席执行官

二、业务信息

2.1 主要产品与服务信息

线上网站、移动应用 APP 客户端、电话红娘呼叫中心、直营红娘服务中心

2.2 覆盖范围

2.2.1 行业：婚恋交友

2.2.2 主要客户：25—45 岁的城市白领

2.2.3 业务区域：中国

2.3 收入结构：线上增值产品收入和线下红娘服务

三、综合信息

3.1 发展定位：以“网络征选+电话红娘”的高效婚配服务模式，为忙碌的城市白领省时高效地成就姻缘

3.2 重要合作伙伴及供应商信息：网站合作：招商银行、中国电信、UPS、VISA、百度统计、开心网、土豆网、腾讯网、新浪微博等；媒体合作：江苏卫视《非诚勿扰》、东方卫视《百里挑一》、浙江卫视《爱情连连看》等；综合社区合作：Hers 女性网、爱播网、Yoka 时尚网、hao123、百姓网等

我国婚恋行业企业名录节选如下表：

表 10　中国婚恋行业企业名录节选

<table>
<tr><td>世纪佳缘</td><td rowspan="3">简要分析见前述
数据分析及详细分析
见易观企业库</td></tr>
<tr><td>百合网</td></tr>
<tr><td>珍爱网</td></tr>
</table>

（续表）

红娘网	详细分析见易观企业库
有缘网	详细分析见易观企业库
聚缘网	详细分析见易观企业库
领爱网	详细分析见易观企业库
心动婚恋	详细分析见易观企业库
爱情公寓婚恋网	详细分析见易观企业库
久久结婚网	详细分析见易观企业库
爱在这儿婚恋网	详细分析见易观企业库
知己交友网	详细分析见易观企业库
速配网	详细分析见易观企业库
绝对 100 婚恋交友网	详细分析见易观企业库
美美源征婚网	详细分析见易观企业库
红线婚恋网	详细分析见易观企业库
真情在线婚恋网	详细分析见易观企业库
网易花田	详细分析见易观企业库
同城约会	详细分析见易观企业库
赶集婚恋交友网	详细分析见易观企业库
非诚勿扰客户端	详细分析见易观企业库

外 卖

百度外卖

百度外卖于 2014 年 5 月 20 日正式推出，不同于主要面向学生群体的饿了么和美团外卖，百度外卖主打中高端白领市场。根据 Analysys 易观监测数据显示，2015 年 10 月中国互联网餐饮外卖市场整体交易规模达 55.6 亿元人民币。其中，白领商务细分市场 2015 年 10 月交易规模达到 37.5 亿元人民币，占整体互联网餐饮外卖市场 67.4%的份额。百度外卖获得了 19.6%的份额，达到 7.35 亿元。

易观分析

从 2014 年底开始，各大外卖厂商逐步将白领作为了下一步重点发展的目标客户群落，开始大力地拓展白领市场，而百度外卖更是从 2014 年 5 月上线开始就将白领市场作为自己的主要目标市场。

另外，百度外卖拥有者从成立之初就推出自有配送品牌——百度骑士，并依托百度的强大技术优势实现智能物流调度，提升配送员的送餐效率，确保用户的订餐体验。

随着白领商务市场业务的快速增长，百度外卖和饿了么以及美团外卖之间对白领商务市场的争夺必将更加激烈，白领用户对外卖的服务和品质都有更高的要求，所以未来物流、品控以及品质商户的争夺都将成为左右白领商务外卖市场竞争格局的重要因素。

一、基础信息

1.1 基本信息

1.1.1 公司全称：北京小度信息科技有限公司

1.1.2 成立时间：2015 年 9 月

1.1.3 总部地点：北京

1.1.4 上市时间：未上市

1.1.5 企业性质：股份制有限公司

1.1.6 资本信息：注册资本 25000 万美元

1.1.7 联系方式：

网址：http：//waimai. baidu. com/

地址：北京市海淀区上地信息路 11 号彩虹大厦

邮箱：tousu@ iwaimai. baidu. com

电话：400-011-7777

1.2 组织信息

1.2.1 管理层

巩振兵　首席执行官

二、业务信息

2.1 产品及服务信息

快餐、正餐、小吃零食、甜品饮品、果蔬生鲜、超市购物、药品

2.2 覆盖范围

2.2.1 行业：网络购物

2.2.2 主要客户：在校大学生及白领

2.2.3 业务区域：全国

2.3 收入结构：流水抽成

三、综合信息

3.1 发展定位：提供方便快捷的网络外卖订餐服务

3.2 重要合作伙伴及供应商：麻辣诱惑、俏江南、汉拿山、大鸭梨、必胜客、赛百味、吉野家、周黑鸭、星巴克、满记甜品等

美团外卖

美团外卖是美团网旗下的网上订餐平台，于2013年11月正式上线，已覆盖北京、上海、广州、天津、西安、沈阳、厦门、宁波、武汉、昆明等城市。据Analysys易观监测数据显示美团外卖占2015年10月中国互联网餐饮外卖市场的32.9%，达到18.29亿元人民币。特别是美团外卖在学生校园细分市场占市场份额45.9%，达到6.83亿元人民币。

易观分析

品牌知名度高，商家质量高。一部分配送由团队自建，同时也向第三方配送团队开放合作。特别是与大众点评合并，在白领阶层有一定的用户基础。

在学生校园拥有将近一半的市场，另外一个最大的竞争对手饿了么目前已经将竞争的主要精力放到了白领商务市场，所以在校园市场与美团的争夺已经不再像之前那样激烈，其在校园市场的份额相比之前有所下降。

最近半年左右的时间，在城市数量基本维持不变的情况下，美团通过深挖现有城市，互联网餐饮外卖市场仍然保持高速增长的势头。另外，美团在与大众点评合并之后推出的“美团菜市场”拓展了上游生鲜食材供应链市场。

但是，生鲜、粮油等食材供应市场存在着供应体系繁杂、产品非标准化以及信息化程度极低等问题，外卖厂商能否有效整合食材供应体系、提升其信息化程度使得订单在供应商和需求方之间得以高效流转将成为其拓展食材供应市场成败的关键。

一、基础信息

1.1 基本信息

1.1.1 公司全称：北京三快在线科技有限公司

1.1.2 成立时间：2010年

1.1.3 总部地点：北京

1.1.4 上市时间：未上市

1.1.5 企业性质：私营企业

1.1.6 资本信息：注册资本117626万美元

1.1.7 联系方式：

网址：http://waimai.meituan.com/

地址：北京市朝阳区望京东路 6 号望京国际研发园三期

邮箱：marketing@ meituan. com

电话：400-660-5335

1. 2 组织信息

1. 2. 1 管理层

王兴　首席执行官

二、业务信息

2. 1 产品及服务信息

快餐小吃、地方菜、西餐、甜点饮品、生活超市、水果蔬菜、药品、鲜花蛋糕

2. 2 覆盖范围

2. 2. 1 行业：网络购物

2. 2. 2 主要客户：在校大学生及白领

2. 2. 3 业务区域：全国

2. 3 收入结构：抽成、商家排名费、广告费

三、综合信息

3. 1 发展定位：专业提供外卖订餐服务

3. 2 重要合作伙伴及供应商：红杉资本、阿里巴巴、北极光、华登国际、泛大西洋资本、大众点评、腾讯等

饿了么

饿了么网站于 2009 年 4 月正式上线，是中国最大的餐饮 O2O 平台之一。除了现有的餐饮配送业务，目前饿了么已经将触角延伸至商超配送等其他领域。2011 年，饿了么获得金沙江第一轮融资，融资额度为 100 万美元，至今饿了么已经完成了中信产业基金与华联股份领投的第 F 轮融资，融资额度达 6. 3 亿美元。据 Analysys 易观监测数据显示饿了么在 2015 年 10 月占据中国互联网餐饮外卖市场份额的 33. 4%，达到 18. 57 亿元人民币，超过美团外卖在互联网外卖市场保持的领先优势。从整体来看，目前饿了么是学生校园市场的两大主力厂商之一，累积份额占比接近三分之一。

易观分析

饿了么 2015 年的战略是“拿高校，拿白领，自配送”，在校园和商务办公区市场联合腾讯、京东拓展流量入口。搭建物流也是饿了么的布局重点，自主研发“帕拉丁”调度系统和“风行者”订单管理 APP，以此来提升自配送速度，服务质量极大提高。此外，饿了么研发的蜂鸟系统帮助其合作商户和配送员大幅提升了配送效率。

一、基础信息

1.1 基本信息

1.1.1 公司全称：上海拉扎斯信息科技有限公司

1.1.2 成立时间：2009 年 4 月

1.1.3 总部地点：上海

1.1.4 上市时间：未上市

1.1.5 企业性质：责任有限公司

1.1.6 资本信息：注册资本 417 万元

1.1.7 联系方式：

网址：http：//www. ele. me/

地址：上海市闵行区莘松路 380 号智慧园 5A

邮箱：marketing_coop@ ele. me

电话：021-80241717

1.2 组织信息

1.2.1 管理层

张旭豪　创始人、首席执行官

二、业务信息

2.1 产品及服务信息

美食、早餐、夜宵、鲜花蛋糕、水果、甜品、超市、拼单服务

2.2 覆盖范围

2.2.1 行业：网络购物

2.2.2 主要客户：在校大学生及白领

2.2.3 业务区域：全国

2.3 收入结构：在线订餐月流水超过某个额度收取入驻商家一定管理费用；平台商家竞价排位；促销活动收取增值费用；商家广告

三、综合信息

3.1 发展定位：专业提供外卖订餐服务

3.2 重要合作伙伴及供应商：金沙江、经纬中国、红杉资本、大众点评、中信产业基金、腾讯、京东等

口碑外卖

口碑网最初的定位是一站式生活消费平台，模式类似于大众点评，并曾一度成为大众点评唯一有力的竞争对手。阿里巴巴集团在 2006 年注资了口碑网，并在两年后将其全资收购。直到今年 6 月，阿里巴巴 O2O 业务迈出重要一步，阿里联合蚂蚁金服斥资 60 亿，组建了新口碑网。通过全民

开店计划，口碑已经拥有了300万商家。9月23日口碑网宣布投入10亿元推出“全民开店”计划。芝麻信用分达到550分的普通民众，每找到身边的餐厅，并推荐商家在支付宝“商家”频道开店，就可以获得300元现金奖励。

易观分析

重振旗鼓的口碑网将面临的是一场恶战。面对目前互联网餐饮外卖市场中饿了么、美团外卖、百度外卖三足鼎立的情形，口碑网作为“新进入者”将会在品牌、资源上受到限制。且口碑网能否在强手林立的生活服务领域重新站起来尚有疑问。但淘点点和蚂蚁金服的线下业务资源及团队减少了其进入壁垒，对既有市场的霸主具有一定的威胁性。

口碑网有可能会成为生活服务市场中新的“鲇鱼”，背靠着阿里巴巴和蚂蚁金服的资源，口碑网的发展或将比较迅速。

一、基础信息

1.1 基本信息

1.1.1 公司全称：杭州口口相传网络技术有限公司

1.1.2 成立时间：2005年

1.1.3 总部地点：杭州市余杭区文一西路969号3幢5楼

1.1.4 上市时间：未上市

1.1.5 企业性质：股份制

1.1.6 资本信息：注册资本100万元

1.1.7 联系方式：

网址：http：//www.koubei.com/范

地址：上海市闵行区莘松路380号智慧园5A

电话：400-826-7710

1.2 组织信息

1.2.1 管理层

蔡崇信　董事长

范驰　首席执行官

二、业务信息

2.1 产品及服务信息

美食外卖、甜点饮品、果蔬生鲜、超市服务、鲜花速递

2.2 覆盖范围

2.2.1 行业：网络购物

2.2.2 主要客户：在校大学生及白领

2.2.3 业务区域：全国

2.3 收入结构：不详

三、综合信息

3.1 发展定位：专业提供外卖订餐服务

3.2 重要合作伙伴及供应商：阿里巴巴、蚂蚁金服、支付宝、肯德基、好利来、必胜客、全聚德、味多美等

我国外卖行业企业名录节选如下表：

表 11　中国外卖行业企业名录节选

百度外卖	简要分析见前述 数据分析及详细分析 见易观企业库
美团外卖	
饿了么	
口碑外卖	

互联网出行

滴滴出行

滴滴出行自 2012 年 6 月推广以来，迅速渗透市场，在很短时间内积累了广大的用户群，成为中国打车 APP 中的佼佼者。滴滴出行打车的诞生更是改变了传统打车市场格局，颠覆了路边拦车概念，利用移动互联网特点，将线上与线下相融合，从打车初始阶段到下车使用线上支付车费，画出一个乘客与司机紧密相连的 O2O 完美闭环，最大限度优化乘客打车体验，改变传统出租司机等客方式。2015 年 2 月 14 日，滴滴出行与快的宣布两家实现战略合并。滴滴出行与快的宣布完成总计 30 亿美元的新一轮融资。同天，滴滴进行全面品牌升级，更名为“滴滴出行”，并启用了新的 logo 和 APP。根据易观千帆数据显示，2015 年第四季度，滴滴出行以 84.2%的比例占据中国专车服务活跃用户覆盖率的第一名。10 月 8 日，滴滴快的获得上海市交通委颁发的网络约租车平台经营资格许可，这也是全国首张专车运营牌照，意味着滴滴出行作为第一个网络约租车平台正式获得合法身份。

此外，截至 2016 年 1 月 31 日，滴滴专车以 400 个城市位列专车服务城市覆盖数首名。

易观分析

经过了一年的发展与扩张，滴滴出行旗下专车服务已经在中国市场占据了较大的市场体量，并从最初的单一领域扩张成为完整城市交通 O2O 生态平台。目前滴滴出行除了在互联网出租车、专车领域继续深度挖掘以外，在拼车、代驾、大巴等领域亦开始发力。而滴滴出行车站的部署在未来也能够继续服务于滴滴出行旗下其他产品线，并通过对附近商圈及线下服务资源的整合，打造以出行为入口辐射全行业 O2O 的用户资源变现模式。

滴滴出行推出的实体车站可以帮助乘客在对周边环境不熟悉时更方便地与司机沟通上车地点，实现快速上下车，提升用户体验。滴滴快的不仅拥有微信+支付宝两大入口和背后的 AT 的支持，更凭借自己的运营实力和产品线对优步进行压制。

同时滴滴出行应强化既有要求和建立监督机制，使其更加规范化地提供正规和安全的服务，保持业内中的领先地位。

一、基础信息

1.1 基本信息

1.1.1 公司全称：北京小桔科技有限公司

1.1.2 成立时间：2012 年 6 月

1.1.3 总部地点：北京

1.1.4 上市时间：尚未上市

1.1.5 企业性质：民营

1.1.6 联系方式

网址：http://www.xiaojukeji.com/

邮箱：shichanghezuo@diditaxi.com.cn

地址：北京市海淀区软件园二号路数字山谷

电话：400-000-1999

1.2 组织信息

1.2.1 管理层

程维　首席执行官

二、业务信息

2.1 主要产品与服务信息

出租车、专车（含快车）、拼车、代驾、巴士、试驾

2.2 覆盖范围

2.2.1 行业：出行行业

2.2.2 主要客户：普通市民

2.2.3 业务区域：全国大部分城市，并在持续拓展中

2.3 收入结构：广告收入、订单收入分成等

三、综合信息

3.1 发展定位：以创新和用户体验为宗旨，扎根服务交通运输行业

3.2 重要合作伙伴及供应商信息：腾讯（腾讯地图、微信等），阿里巴巴（支付宝、高德地图等），新浪微博，Lyft，GraBATxi，Ola，去哪儿网，携程网等

优步

优步（Uber）最早是在2009年由特拉维斯·卡兰尼克（Travis Kalanick）和格瑞特·坎普（Garrett Camp）成立。2014年2月，优步（Uber）正式进入中国。9月8日上午的百度世界大会上，优步创始人Travis Kalanick首度公开披露在中国市场的数据，目前优步中国市场份额从2015年初的1%达到现在的35%。据易观千帆数据显示2015年第三季度优步以16.2%的比例占据中国专车服务活跃用户覆盖率的第二名，较第二季度上涨了1.3%。2014年12月17日，百度宣布与硅谷创业公司打车应用优步在北京签署战略合作及投资协议。优步接受百度的战略投资，双方达成全球范围内的战略合作伙伴关系。未来双方将在技术创新、开拓国际化市场、拓展中国O2O服务三个方面展开合作。

易观分析

优步凭借其进入国内市场的先发优势以及新颖营销方式在国内获得了较高的口碑。

但是，随着中国专车市场竞争加剧，优步应寻求更多的投资以进入下一阶段的扩张，面对于活跃用户市场份额4至5倍且覆盖城市10倍于自己的滴滴出行，优步急需在中国市场加速扩张。同时，易到用车与神舟专车，两者的市场占有率都低于优步，但是城市覆盖数量却是优步的3—5倍。这对优步接下来的扩张中国市场的计划是一个阻碍。

一、基础信息

1.1 基本信息

1.1.1 公司全称：UBER TECHNOLOGIES，INC.

1.1.2 成立时间：2009年

1.1.3 总部地点：美国旧金山

1.1.4 上市时间：尚未上市

1.1.5 企业性质：民营

1.1.6 联系方式

网址：http://www.uber.com/

电话：400-891-8582

邮箱：partnersShanghai@uber.com

地址：北京朝阳区三里屯中宇大厦 8 层优步公司

1.2 组织信息

1.2.1 管理层

TRAVIS KALANICK　共同创始人、总裁

二、业务信息

2.1 主要产品与服务信息

人民优步+、优选轿车、高级轿车

2.2 覆盖范围

2.2.1 行业：出行行业

2.2.2 主要客户：普通市民

2.2.3 业务区域：全国少部分城市，并在持续拓展中

2.3 收入结构：广告收入、订单收入分成等

三、综合信息

3.1 发展定位：上门接载、专属行程

3.2 重要合作伙伴及供应商信息：百度、高瓴资本、Google Ventures、First Round Capital 等

神州租车

作为中国领先的汽车租赁服务提供商，神州租车通过移动互联网创新性的租车服务，在成立短短 7 年之内积累了大量的用户。同时，公司积极借鉴国际上成功的汽车租赁模式，并结合中国客户的消费习惯，为客户提供短租、长租及融资租赁等专业化的汽车租赁服务，以及全国救援、异地还车等完善的配套服务，致力成为消费者首选的中国汽车租赁服务品牌。2014 年 9 月，神州租车有限公司于香港联交所主板成功上市，在汽车租赁行业中率先打开市场化进程。

根据神州租车公开财报数据显示，截至 2015 年 12 月 31 日，神州租车租赁收入为 43.99 亿元，比上年同期增长 53%。神州租车净利润为 14.01 亿元，上年同期为 4.36 亿元，同比增长约 221%。

易观分析

神州租车拥有庞大规模的租车团队，形成了覆盖全国的网点网络，并且组建了自有的二手车交易平台以丰富业务结构。相较行业内主要对手来说，针对同等条件车辆神州租车的费用较高，不利于其拓展客户群体。由于采取“融资、降价、采购、扩张、再融资”的发展模式，神州租车需要大规模的资金支持，但至今资金回报的效果并不明显。近年来，反对铺张浪费的政策性因素及买车难、“有照无车”的普遍现象造成了客户转投租车市场，给神州租车带来广阔的发展前景。而随着外国租车公司进军中国市场，神州租车需要引入和完善先进管理经验，开拓和创新的市场营销手段，来应对即将到来的挑战。

一、基础信息

1.1 基本信息

1.1.1 公司全称：神州租车有限公司

1.1.2 成立时间：2007 年 9 月

1.1.3 总部地点：北京

1.1.4 上市时间：2014 年 9 月 19 日 香港联交所主板上市

1.1.5 企业性质：外商独资

1.1.6 联系方式

网址：http：//www.zuche.com/

邮箱：cs@zuche.com　pr@zuche.com

地址：北京市朝阳区望京中环南路甲 2 号佳境天城大厦 2 层

电话：010-58209999

传真：010-58209966

1.2 组织信息

1.2.1 管理层

陆正耀　执行董事、行政总裁兼董事会主席

二、业务信息

2.1 主要产品与服务信息

主要产品：神州租车网、神州二手车网、代驾服务、顺风车、国际租车

2.2 覆盖范围

2.2.1 行业：汽车租赁行业

2.2.2 主要客户：异地工作者、出差的商务人士、政府机构、企事业单位等

2.2.3 业务区域：主要为全国，涉及国际业务

三、综合信息

3.1 发展定位：消费者首选的中国汽车租赁服务品牌，引领中国汽车租赁行业的发展

3.2 重要合作伙伴及供应商信息：赫兹（Hertz）战略、华平投资集团、上海通用、雪铁龙、标志、北京现代、大众、福特、宝马、奥迪、奔驰、丰田、广州本田、中国银行等

神州专车

神州专车是租车连锁企业神州租车联合第三方公司优车科技推出的互联网出行品牌，于 2015 年 1 月 28 日在全国 60 大城市同步上线。神州专车采用“专业车辆，专业司机”的 B2C 运营模式，车辆均为来自神州租车的正规租赁车辆，并和专业的驾驶员服务公司合作。据神州租车官方财报数据显示，截至 2015 年年末，神州租车向优车科技出租的车辆共计 19883 辆，与优车科技合作的收入贡献为人民币 16 亿元。

2015 年 6 月，神州专车推出“五星安全计划”，从司机保障、健康保障、技术保障、隐私保障

和先赔保障五大方面保障乘车人的安全。2015 年 7 月和 9 月，神州专车完成了 A、B 两轮共 8 亿美元融资，并于 10 月与 e 代驾战略合作，对上下游不同业务环节进行垂直整合，有望打造全新的商业模式。据易观数据显示，2015 年第四季度，神州专车以 68.3%占据中国专车服务活跃用户平均次月留存率的第一名。2016 年 12 月 18 日，神州租车发布公告显示神州专车的控股企业转换为华夏联合，表明了神州专车转战内地上市的意向。2016 年 4 月 12 日，神州优车正式对外发布公司战略和愿景，宣布已正式向全国股转系统公司递交新三板挂牌申请。神州优车是神州专车的运营主体。同时，2016 年 4 月 11 日与阿里巴巴签署战略合作协议，在汽车电商、大数据营销、云计算应用、高精地图及出行大数据、智能汽车等各方面推进合作。

易观分析

2015 年神州租车把握汽车产业变革机遇，通过与优车科技的合作推出互联网约租车品牌神州专车，在锁定租赁收入的同时，建立严格的司机管理制度，实现了"租车+专车"的巨大协同效应和价值链上的战略性扩张。专车市场两大巨头滴滴和优步不断融资烧钱抢占市场份额，但神州专车瞄准目标客户群，凭借其差异化的高品质服务在竞争日趋激烈的专车市场中缩小差距。在技术上，神州专车有 GSFO 系统提高调度效率，并在美国硅谷设立实验室，专注于云计算、大数据、机器学习以及无人驾驶等前沿技术的研发，具有一定优势。神州专车定位中高端人群，找到了与滴滴不同的消费市场。同时，从 2015 年 10 月份发布的"专车新规"来看，神州专车明显占据了政策"上风"，但同时也面临较大的政策风险。此外，采用纯 B2C 的模式，而不是共享经济模式运作，在未来业务拓展、融资、资源配置等方面都将面临转型压力。

Analysys 易观分析认为，目前中国专车服务市场竞争激烈，滴滴优步等厂商不断进行补贴战占据市场份额，神州专车仍面临较大竞争压力。然而，中高端用户在使用专车服务过程中对服务敏感度较高，专车服务提供商通过提升用户服务和用户体验，能够进一步提升旗下用户忠诚度并优化用户结构，是神州专车未来业务拓展的机会所在。

一、基础信息

1.1 基本信息

1.1.1 公司全称：神州优车（福建）信息技术有限公司

1.1.2 成立时间：2015 年 1 月 28 日

1.1.3 总部地点：天津

1.1.4 上市时间：未上市

1.1.5 企业性质：有限责任公司

1.1.6 联系方式

网址：http：// www.10101111.com/

地址：天津市空港经济区环河北路 80 号空港商务园 E11 栋

电话：10101111

1.2 组织信息

1.2.1 管理层

陆正耀　董事局主席兼 CEO

二、业务信息

2.1 主要产品与服务信息

产品：神州专车网、神州专车 APP

服务：在线约车（叫车、预约、接送机、租车），企业服务（行程管理、用车管理、企业管理），会员账户等增值服务

2.2 覆盖范围

2.2.1 行业：出行行业

2.2.2 主要客户：中高端商务群体

2.2.3 业务区域：全国大部分一线城市地区

2.3 收入结构：广告收入、订单收入分成

三、综合信息

3.1 发展定位："随时随地、随叫随到"，定位于中高端群体，主打中高端商务用车服务市场

3.2 重要合作伙伴及供应商信息：神州租车、阿里巴巴、e 代驾、宝马集团、联想、美国华平等

一嗨租车

一嗨租车由章瑞平创立于 2006 年 1 月，是中国首家实现全程电子商务化管理的汽车租赁企业。公司总部位于上海，在全国 100 多座城市开设了 1200 多个服务网点，提供 100 多种车型，服务范围覆盖全国。2015 年 1 月，一嗨租车全国直营覆盖城市突破 100 座，服务网点超 1200 个。根据一嗨租车财报，截至 2015 年上半年，一嗨租车营业收入达 3.39 亿元人民币，同比增长 69.44%。数据显示，一嗨租车期末总车队规模比去年同期增长了 81.7%，由 2014 年第一季度的 13407 台扩大到 2015 年第一季度的 24362 台。

易观分析

一嗨租车积极探索创新服务模式，新能源汽车租赁便是其代表性项目之一。一嗨租车不仅在业内率先推出纯电动汽车租赁业务，更开始尝试新能源汽车规模化租赁业务，并采购了上千辆荣威和宝马品牌新能源汽车逐步投放市场。并且，一嗨租车自 2015 年年初开始盈利，相较一年前的-45.52 亿元增长到 699.08 亿元。

但是，一嗨租车的业务规模仍然较小，不管是从服务网点数量还是车队规模上，作为国内最大租车公司的神州租车都要远远领先于一嗨租车，后者需稳固当前地位，提升运营效率。

一、基础信息

1.1 基本信息

1.1.1 公司全称：一嗨汽车租赁有限公司

1.1.2 成立时间：2006 年 1 月

1.1.3 总部地点：上海

1.1.4 上市时间：2014 年 11 月 18 日美国纽交所上市

1.1.5 企业性质：有限责任公司

1.1.6 联系方式

网址：http：//www.1hai.cn/

邮箱：cs@zuche.com　pr@zuche.com

地址：上海市普陀区大渡河路 388 弄 5 号国盛中心 12 层

电话：400-888-6608

传真：021-54891121

1.2 组织信息

1.2.1 管理层

章瑞平　创始人、董事长兼首席执行官

蔡礼洪　执行副总裁

二、业务信息

2.1 主要产品与服务信息

主要产品：一嗨租车网页版、一嗨租车应用客户端

主要服务：自驾短租、自驾时租、国际租车、自驾嗨友会

2.2 覆盖范围

2.2.1 行业：汽车租赁行业

2.2.2 主要客户：异地工作者、出差的商务人士、政府机构、企事业单位等

2.2.3 业务区域：主要为全国，涉及国际业务

三、综合信息

3.1 发展定位：为用户提供一站式综合租车服务

3.2 重要合作伙伴及供应商信息：携程、Enterprise Rent-A-Car、集富亚洲、鼎晖创投、高盛等

PP 租车

PP 租车成立于 2012 年 10 月，总部位于亚洲金融中心新加坡，现已发展成为亚洲较大的 P2P 租车平台。2013 年 10 月 10 日，PP 租车在中国正式上线运营。2014 年 11 月初，PP 租车官方宣布，完成 6000 万美元 B 轮融资。

易观分析

不管是在市场份额还是在融资进度上，PP 租车一直都走在行业的前列。与传统的租车模式相比，PP 租车相对便捷。手机 APP 搜索附近可用车辆、在线支付、无钥匙开关车门等技术改进，优化用车、取车等使用流程。并且车型种类多、车辆情况佳，为租客提供选择可能。其次价格合理，低于普通租车市价 30%，适合年轻时尚的白领人群日常用车。

但是 PP 租车与滴滴出行相比，市场推广的力度还是较小，消费者范围较为小众，这造成市场发掘度还是远远不够，平台上的租客和车主的数量还有待提高。

一、基础信息

1.1 基本信息

1.1.1 公司全称：爱车汇（北京）科技有限责任公司

1.1.2 成立时间：2012 年 10 月

1.1.3 总部地点：新加坡

1.1.4 上市时间：未上市

1.1.5 企业性质：有限责任公司

1.1.6 联系方式

网址：http：//www.ppzuche.com/

地址：北京市东城区东直门外大街 48 号东方银座写字楼

电话：400-9999-666

邮箱：nihao@ppzuche.com

1.2 组织信息

1.2.1 管理层

张丙军　首席执行官

二、业务信息

2.1 主要产品与服务信息

主要产品：PP 租车网页版、PP 租车 APP 客户端

主要服务：自驾租车、私家车出租，提供保险、道路救援、免赔服务

2.2 覆盖范围

2.2.1 行业：汽车租赁行业

2.2.2 主要客户：异地工作者、出差的商务人士、政府机构、企事业单位等

2.2.3 业务区域：主要为全国，涉及国际业务

2.3 收入结构：取租金收益的 30%作为平台运营费用

三、综合信息

3.1 发展定位：以低于行业 30%的价格享受高品质租车服务

3.2 重要合作伙伴及供应商信息：中国人保、红杉资本、清流资本、Canaan Partners、August Capital、Google Ventures、Shasta Ventures 等

嘀嗒拼车

嘀嗒拼车是一款专注上下班拼车的手机软件，该软件为广大上班族提供拼车平台。通过嘀嗒拼车，开车的用户可以分享车辆的空余座位，在上下班的途中搭载顺路的乘客。2014 年 4 月，嘀嗒拼车上线，正式进驻拼车市场。在北京、上海、广州开展大规模推广。根据易观千帆数据显示，2015 年第三季度中国拼车服务订单量中，嘀嗒拼车占该市场份额的 20.9%，远低于第一名滴滴顺风车的 69.0%。另外，嘀嗒拼车同样以 28.7%的拼车服务活跃用户覆盖率排名第二。2015 年 11 月，嘀嗒拼车亦开通了城际拼车服务。

易观分析

嘀嗒拼车的城际拼车服务上线，能够进一步吸引车主和用户的进入，并对未来其他城际交通产品线提前储备车主及用户资源。对于嘀嗒拼车来说还有一个特点是富有社交属性。70 后到 90 后的广泛乘客群可以根据行业、爱好等条件，通过平台筛选出跟自身教育背景、兴趣爱好、工作环境类似的车主，拼车之外还能交朋友、找球友、做生意、找工作。

但是，面对众多的竞争对手，特别是滴滴出行也涉及拼车行业以后，嘀嗒拼车若要在市场中分一杯羹，应通过细节看市场的出发点，坚持的优先级以及对车主和乘客的驱动力，发展其差异化服务。

一、基础信息

1.1 基本信息

1.1.1 公司全称：北京畅行信息技术有限公司

1.1.2 成立时间：2014 年

1.1.3 总部地点：新加坡

1.1.4 上市时间：未上市

1.1.5 企业性质：有限责任公司

1.1.6 联系方式

网址：http：//www.didapinche.com/

地址：北京市朝阳区望京 SOHO-T1

电话：400-163-0886

邮箱：shichang@didapinche.com

1.2 组织信息

1.2.1 管理层

宋中杰　首席执行官

段剑波　技术副总裁

朱敏　产品副总裁

二、业务信息

2.1 主要产品与服务信息

主要产品：滴嗒拼车网页版、滴嗒拼车 APP 客户端

主要服务：自驾租车、私家车出租，提供保险、道路救援、免赔服务

2.2 覆盖范围

2.2.1 行业：汽车租赁行业

2.2.2 主要客户：上班族

2.2.3 业务区域：全国一二线城市

2.3 收入结构：主要来自于广告

三、综合信息

3.1 发展定位：打造出便捷的上下班拼车平台，专注解决城市跑班族的上下班出行难题

3.2 重要合作伙伴及供应商信息：微信、支付宝、中意财险、IDG 资本

我国互联网用车行业企业名录节选如下表：

表 12　中国互联网用车行业企业名录节选

滴滴出行	简要分析见前述 数据分析及详细分析 见易观企业库
优步	
神州租车	
一嗨租车	
PP 租车	
嘀嗒租车	

团　购

新美大

2015 年 10 月 8 日，大众点评网与美团网联合声明，宣布达成战略合作并成立新公司新美大，市值预估达 150 亿美元。此次交易得到阿里、腾讯等双方股东支持。新公司实施联席 CEO 制，两家公司保留各自品牌和业务独立运营。据 Analysys 易观数据显示，2015 年第三季度中国团购市场规模达 553.5 亿元人民币，环比增长 18.9%，与 2014 年同期相比增长 149.7%，新美大占其中市场份额

77.9%。美团 2015 年第三季度交易额绝对值继续保持一定增长，由于去团购的战略措施进一步深入，美团团购业务在其本身业务中所占比例有所下降。第三季度，美团对自身组织架构进行了重大调整，包括将团购业务设立为到店事业群，并配合外卖配送、酒店旅游事业群及猫眼公司，进一步完善向本地生活综合服务平台的建设转型。大众点评第三季度团购发展稳中有升，2014 年下半年对三四线城市的布局和发力今年已取得显著效果，第三季度其市场份额较第一季度的 24.3%增长到 30%，市场竞争力进一步增强。其中闪惠业务发展态势良好，2015 年第三季度的增长为营收做出了重要贡献。

新美大已由最初的团购模式，逐渐延伸出“闪惠”、“买单”等多种交易形式，从单纯的信息服务向交易服务转变，并在餐饮外卖、电影在线选座等多个垂直细分行业提供深度服务。据新美大官方数据显示，新美大截至 2015 年 12 月份拥有超 4 亿用户数量、每年高达 2000 亿元交易额，其 O2O 入口级霸主的地位，正重新定义消费升级，让致力于打造服务闭环、全垂直生态链的巨头浮出水面。2016 年 1 月 19 日，新美大宣布完成首次融资，金额超 33 亿美元，融资后公司估值超过 180 亿美元。此次融资不但创下中国互联网行业私募融资单笔金额最高纪录，同时也成为全球范围内 O2O 领域规模最大的融资。新美大通过扩大资源整合，继续扩充平台体量，巩固优势地位，深化用户服务，以及在电影、酒店、旅游、外卖等细分行业深耕细作，打造涵盖 O2O 上下游的全产业链生态平台，其多维深度的服务，积极引领社会行业结构调整和转型升级。

易观分析

美团和大众点评网是目前国内 O2O 领域的领军企业，在目前投资日趋谨慎的背景下，继续保持惨烈的竞争对两家来说都不是长久之计，而合并将在一定程度上打消投资界的疑虑。

在当前资本寒冬的背景之下，无论是美团，还是大众点评，双方单独融资非常难。合则两利，分则两败，只有双方合并，才能让双方减少不必要的补贴成本，并集中精力面对竞争对手。虽然在部分商户资源方面会有重叠，但是高频与低频的业务切入有所不同，可以形成强大的互补效应。

一、基础信息

1.1 基本信息

1.1.1 公司全称：北京三快在线科技有限公司（美团）

上海汉涛信息咨询有限公司（大众点评）

1.1.2 成立时间：2010 年（美团）

2003 年（大众点评）

1.1.3 总部地点：北京（美团）

上海（大众点评）

1.1.4 上市时间：未上市

1.1.5 企业性质：私营

1.1.6 联系方式

网址：http：//www. meituan. com/（美团）

http：//www. dianping. com/（大众点评）

地址：北京市朝阳区望京东路6号望京国际研发园三期（美团）

上海市长宁区安化路492号C座2楼（大众点评）

邮箱：marketing@ meituan. com（美团）

电话：021-53559777（大众点评）

1.2 组织信息

1.2.1 管理层

张涛　董事长

王兴　联席首席执行官

二、业务信息

2.1 产品及服务信息

产品：美团网页端、大众点评网页端、美团APP、大众点评APP、美团酒店、猫眼电影、闪惠

服务：团购、找优惠、订座、外卖、同城活动等

2.2 覆盖范围

2.2.1 行业：城市生活消费平台

2.2.2 主要客户：互联网用户

2.2.3 业务区域：全国

2.3 收入结构：收入来源于销售佣金等，具体收入结构不详

三、综合信息

3.1 发展定位：做吃喝玩乐的大平台，连接人与商户，形成可以追踪的闭环，把以往置于线下的交易环节逐渐转移到线上

3.2 重要合作伙伴及供应商：百胜集团、永和大王、华谊兄弟、光线传媒、携程、艺龙、去哪儿、屈臣氏、保洁、腾讯、百度、三星、360等

百度糯米

2010年6月，人人公司旗下团购网站“糯米网”正式上线，致力于成为用户的“本地精品生活指南”，为商家创造“精准营销平台”。2013年8月，百度宣布向糯米网战略投资1.6亿美元，获得59%的股份，成糯米第一大股东，其后全资收购人人所持的全部糯米网股份，成为糯米网的单一全资大股东，并于2014年3月正式更名为百度糯米。百度和糯米深度整合后，通过品牌和服务双升级，在百度本地化服务的战略中成为重要的布局之一。

根据易观监测数据显示，百度糯米在2015年第三季度中国团购市场成交额中占据20.1%，名

列第三，相较第一季度 9.55%有较大上涨。8 月 22 日七夕当天，据易观披露数据，糯米单日全站流水突破 4.5 亿，比去年同期增长 20 倍。6 月底获得百度 200 亿元人民币分 3 年投资的百度糯米已经联合星美影城开通“百度星美联名卡充值”，并欲与其他院线复制此类模式，对会员进行大量补贴。

易观分析

百度糯米的高速成长成为团购格局的新亮点，虽然目前百度糯米仍与美团和大众点评有较大差距，但其在 2013—2014 年度取代了窝窝团的位置，向上爬升至第三，从这个角度看，糯米被百度收购后的成绩已经尽显无疑。对于百度糯米这样的 O2O 网站，百度除了向之导入流量与用户之外，更要导入自己的移动基因与使用场景。百度糯米承袭百度移动基因“即搜即买”或成团购新模式。借助百度的品牌优势、技术实力，200 亿元投资及巨大的流量导入，对百度糯米在与新美大的竞争中有着积极意义。

一、基础信息

1.1 基本信息

1.1.1 公司全称：北京百度糯米信息技术有限公司

1.1.2 成立时间：2012 年

1.1.3 总部地点：北京

1.1.4 上市时间：未上市

1.1.5 企业性质：有限责任公司（台港澳法人独资）

1.1.6 联系方式

网址：http：//www.nuomi.com/

邮箱：nuomihelp@baidu.com

电话：4006-888-887

1.2 组织信息

1.2.1 管理层

李彦宏　董事长、首席执行官

刘骏　百度副总裁

二、业务信息

2.1 产品及服务信息

产品：手机糯米、百度糯米网页端、综合收银台

服务：美食团购、在线订座、电影票团购、休闲娱乐、购物、生活服务、酒店预订等

2.2 覆盖范围

2.2.1 行业：网络购物

2.2.2 主要客户：互联网用户

2.2.3 业务区域：全国

2.3 收入结构：收入来源于销售佣金等，具体收入结构不详

三、综合信息

3.1 发展定位：通过品牌和服务双升级，承诺为消费者提供“省钱更省心”的团购服务，通过大幅度的让利为用户省钱，无后顾之忧的服务让用户省心，为移动互联网时代的人们带来一种生活方式的全新体验

3.2 重要合作伙伴及供应商：应届生校招网、人人逛街、56 网、车问网、经纬网、北京演出票务网、亚马逊、大麦网、秀网、我买网、都市圈三维地图、大邑网、美图看看、化妆品团购、开心人网上药店、网上订餐、三丰漫画等

我国团购行业企业名录节选如下表：

表 13　中国团购行业企业名录节选

团购	新美大	简要分析见前述 数据分析及详细分析见易观企业库
团购	百度糯米	
团购	点评团购	详细分析见易观企业库
团购	拉手网	详细分析见易观企业库
团购	满座网	详细分析见易观企业库
团购	美团网	详细分析见易观企业库
团购导航	团 800	详细分析见易观企业库
团购	窝窝团	详细分析见易观企业库

在线旅游

在线旅游

携程旅行网

携程旅行网创立于 1999 年，总部设在中国上海，最初定位于做中国最大的旅游资讯网站。经过 16 年的发展，至今拥有超过 3 万名员工，在北京、广州、深圳、成都、杭州、南京、厦门、重庆、青岛、沈阳、武汉、三亚、丽江、香港、南通等 17 个城市设立分支机构，在南通设立服务联络中心。其中酒店预订、机票预订是其最为重要的业务，其次为度假旅游业务。根据易观发布的

《2015 年中国在线旅游市场实力矩阵》，携程在旅游市场中占有领先地位。携程近年来在旅游业通过连续投资收购加强产业渗透，投资包括线上渠道商和线下资源运营商及服务商。携程在 2014 年 4 月向同程网投资 2.8 亿美元，持有其 30% 的股份，一月之隔，出资 3000 万美元入股途牛网，2015 年又投下 4 亿美元入主艺龙，更在 10 月份与去哪儿成功联姻。艺龙、去哪儿作为携程长期竞争对手，加入携程体系后奠定了携程系在线旅游企业的领先地位。

易观分析

作为在线旅游市场的先入者，经过 16 年的发展，携程拥有着较强的品牌影响力及大量的客户资源。随着行业竞争越发激烈，携程向旅游产业上下游延伸，通过投资入股酒店集团、旅行社等上游资源，增强旅游产业渗透能力，并通过投资入股同行业厂商，扩大细分市场份额，构建自有生态链。

Analysys 易观认为，携程在 2015 年投资收购艺龙和去哪儿，使其加强了渠道端控制，增强了对产业上游厂商的议价能力，在度假旅游市场，也拥有更多资源和能力去进行线上线下整合，通过自身完善的在线度假旅游业务体系与线下资源紧密结合，不断提升用户体验，具备较强的核心竞争力，但阿里旅行的迅猛成长，以及航空公司和酒店大力发展的直销业务，都为携程细分市场竞争带来挑战。在移动互联网方面，携程布局缓慢，竞争力弱于 PC 端。

一、基础信息

1.1 基本信息

1.1.1 公司全称：携程旅行网

1.1.2 成立时间：1999 年 6 月

1.1.3 总部地点：上海

1.1.4 上市时间：2003 年 12 月 9 日 美国纳斯达克上市

1.1.5 企业性质：股份制

1.1.6 联系方式

网址：http://www.ctrip.com/

地址：上海市虹漕路 421 号 63 幢 3 楼

电话：8008206666

1.2 组织信息

1.2.1 管理层

梁建章　董事会主席、首席执行官

二、业务信息

2.1 产品及服务信息：电话热线、PC 端服务及 APP

酒店、旅游、机票、火车、团购、商旅、度假、门票、礼品卡、论坛、订餐、积分特卖

2.2 覆盖范围

2.2.1 行业：在线旅游

2.2.2 主要客户：全网用户旅游、出行人群

2.2.3 业务区域：全球

2.3 收入结构：携程收入主要围绕大住宿和大交通两条业务线

三、综合信息

3.1 发展定位：中国领先的在线旅行服务公司，提供全方位旅行服务，做互联网和传统旅游无缝结合的典范

3.2 重要合作伙伴及供应商：同程网、艺龙网、途风网、中软好泰、铁友网、途家网等

同程网

同程网络科技股份有限公司是中国领先的休闲旅游在线服务商。创立于 2004 年，总部设在中国苏州，员工 4000 余人，注册资本 11429 万元，旗下同时拥有 B2B 旅游企业平台和 B2C 大众旅游平台的旅游电子商务网站。同程先后获得了元禾控股、腾讯科技、博裕资本等机构的数亿元投资。2014 年 4 月，同程旅游获得携程超过 2.8 亿美元战略投资，更在 2015 年 7 月 3 日，获得万达、腾讯等机构 60 亿投资，为在线旅游行业迄今为止最大金额的单笔融资。同程旅游是国家高新技术企业、商务部首批电子商务示范企业，已和全国 3 万余家酒店，全球 12 万家酒店建立了良好的合作关系。根据同程官方发布 2015 年同程旅游的服务人次首次突破 1 亿大关，用户数突破 2 亿。这主要得益于移动端的高速增长以及来自微信端的流量支持。另外，2015 年 9 月份，腾讯正式向同程旅游独家开放了微信休闲旅游入口，从而使得同程旅游无线端的领先优势进一步加强，同时同程旅游在 2015 年启用了自创业以来的首个品牌代言人，先后与湖南卫视《爸爸去哪儿 3》、浙江卫视《奔跑吧兄弟 3》等热播综艺节目达成战略合作，同时还与腾讯视频、爱奇艺等联合开启在线旅游娱乐营销。

易观分析

同程将继续在度假旅游细分市场做大做实，以门票和周边游作为用户入口，布局国内游和出境游市场，全力实现从门票第一名到休闲旅游第一名的跨越。另外，景点门票作为高频次的旅游预订业务，代表着真实的旅游需求，非常利于与移动客户端应用进行融合。同程目前正在加大移动客户端投入，通过 LBS 将旅游预订业务移动化、本地化，从而强化作为休闲旅游服务厂商的市场定位。

Analysys 易观认为，同程在获得巨大投资后，规模急速扩张，这考验着管理层对企业的驾驭能力，另一方面也受到来自阿里旅行等新生代的穷追不舍。继续保持差异化的服务，进一步提升现有旅游品牌市场竞争力是同程能保持领先的关键所在。

一、基础信息

1.1 基本信息

1.1.1 公司全称：同程网络科技股份有限公司

1.1.2 成立时间：2004

1.1.3 总部地点：中国苏州

1.1.4 上市时间：未上市

1.1.5 企业性质：股份有限公司

1.1.6 资本信息：注册资本 11429 万元

1.1.7 联系方式

网址：http：//www.ly.com/

地址：苏州市工业园区星湖街 328 号（崇文路）创意产业园 5 栋

电话：4007-777-777

1.2 组织信息

1.2.1 管理层

吴志祥　首席执行官

二、业务信息

2.1 产品及服务信息：电话热线、PC 端服务及 APP 客户端

门票、酒店机票预订、酒+景服务、长线游、出境游、旅游攻略

2.2 覆盖范围：全球

2.2.1 行业：在线旅游

2.2.2 主要客户：全网用户旅游人群

2.2.3 业务区域：全球

2.3 收入结构：主要来源于度假旅游产品预订服务

三、综合信息

3.1 发展定位：让更多的人享受旅游的乐趣，感受生活的美好是同程旅游努力和奋斗的目标

3.2 重要合作伙伴及供应商：返利网、丁丁旅游、QQ 团购、翼游、微信、万达

去哪儿网

去哪儿成立于 2005 年，主要经营模式是为消费者和旅游产品服务供应商提供旅游搜索商务平台。去哪儿网现有超过 3800 名正式员工，其中产品研发人员占比 32.4%，其服务搜索范围超过 12.5 万条航线，46.8 万家酒店以及 18.6 万条度假线路。去哪儿网的主要收入来源为机票领域、酒店领域以及无线领域。近年去哪儿在打造垂直搜索平台的同时，也在加强自身 OTA 业务，去哪儿网开始借鉴“四大航”绑定地方政府的方式走“地方政府路线”，在 2015 年 1 月去哪儿网和 22 家高端酒店集团在上海宣布达成同盟，以期在“大数据时代”共同整合在线旅游产业链，打造高端住宿出行“生态圈”。而这 22 家酒店集团则包括温德姆、Club Med、洲际、悦榕庄、千禧等高端集团品牌，此举加强了与线下商家的沟通，扩展了直签酒店规模，吸引了更多对价格敏感的年轻人使用去哪儿网，从而增强了盈利能力。2015 年 10 月 26 日，携程公告称，与去哪儿同意合并，合并后携

程将拥有45%的去哪儿股份。此次携程与去哪儿合并的形式为百度出售去哪儿股份，然后控股携程，百度将拥有携程25%的股份。此为构建最大OTA平台的关键一步，整合各方优势，避免恶性竞争。

易观分析

去哪儿网提供垂直搜索引擎对海量旅游信息进行搜索、整合、对比，覆盖全面，同时提供了多种技术工具，能让用户自行通过排序、过滤得到所需信息，特有的智能比价系统帮助用户获得更加出色的用户体验。去哪儿网无线端收益增幅最大，说明移动互联时代的到来，无线旅游将成为新的掘金点。与百度的战略合作，让去哪儿网弥补了流量不足的问题。

但去哪儿网的成立相对于其他老牌旅游网来说较晚，在品牌知名度上存在一定的弱势，缺乏像携程等庞大的用户群体和被广泛认可的服务能力，所以为占有市场不惜开启烧钱模式，根据去哪儿网2015财年第二季度业绩报告数据显示，2015年第二季度总营收8.810亿元人民币，获得了同比120.0%的增长。但归属于去哪儿股东的净亏损高达8.157亿人民币，相比2014年同期亏损4.216亿元人民币，净亏损同比扩大。此外，2014年全年，去哪儿更是亏损了18.5亿元，亏损额甚至超过了2014全年的总营收。

Analysys易观认为在15年末，去哪儿网爆出诸多大手笔，一是和携程联姻，彻底结束疯狂的烧钱模式，二是高调推出了一项“新福利计划”，称将以C2B的模式颠覆传统机票销售模式，打造新的利润增长点，欲以扩大公司在机票预订领域的份额。OTA行业在14年与15年连续的重大并购案，预示着行业开始进入寡头时代，而BAT的强势介入更预示着市场三分天下格局的形成，更加压缩了小企业的生存空间。

一、基础信息

1.1 基本信息

1.1.1 公司全称：北京趣拿软件科技有限公司

1.1.2 成立时间：2005年2月

1.1.3 总部地点：北京

1.1.4 上市时间：2013年11月1日 美国纳斯达克上市（NASDAQ：QUNR）

1.1.5 企业性质：合资

1.1.6 联系方式

网址：http：//www.qunar.com/

地址：北京市海淀区苏州街29号院18号楼维亚大厦17层

电话：010-10101234

1.2 组织信息

1.2.1 管理层

谌振宇　首席执行官

二、业务信息

2.1 主要产品与服务信息：在线旅游产品的搜索、比价服务、酒店预订、机票门票预订、度假预订、团购、租车服务、去哪儿手机版——无线业务

2.2 覆盖范围

2.2.1 行业：在线旅游

2.2.2 主要客户：全网用户旅游、出行人群

2.2.3 业务区域：全球

2.3 收入结构：首先是为旅游商带来交易的服务收入，其次是网页广告收入，再则其他类型的收入，如产品代理销售收入，其他企业的文字链接收入以及第三方支付平台的佣金收入等

三、综合信息

3.1 发展定位：全球最大的中文在线旅行网站，以信息敏感的旅行者为主，聪明地安排消费者的旅行，竭力为消费者提供最全面、性价比最高的产品、可靠的服务和便捷的技术工具

3.2 重要合作伙伴及供应商信息：百度、香港航空、支付宝、财付通、劲旅网、凤凰旅游、人民网

途牛旅游网

途牛旅游网创立于 2006 年 10 月，最初以“让旅游更简单”为使命，为消费者提供由北京、上海、广州、深圳、成都等 64 个城市出发的旅游产品预订服务，产品全面，价格透明，全年 365 天 24 小时 400 电话预订，并提供丰富的后续服务和保障，深受消费者喜爱。目前，途牛旅游网提供 8 万余种旅游产品供消费者选择，涵盖跟团、自助、自驾、邮轮、酒店、签证、景区门票以及公司旅游等，已成功服务累计超过 400 万人次出游。同时基于途牛旅游网全球中文景点目录以及中文旅游社区，可以更好地帮助游客了解目的地信息，妥善制定好出游计划，并方便地预订旅程中的服务项目。途牛独树一帜的集成模式，在 OTA 中自成一家，帮助其在激烈的竞争中一直保持着较高的市场占有率与较高的客户忠诚度。

易观分析

途牛主要靠分销传统旅行社产品、旅游线路的预订起家，逐步成为跟团游市场第一名。途牛跟旅行社的关系是合作，帮旅行社卖产品、做服务。规模效应起来之后，途牛网在价格、产品品类等方面的优势越发显现出来。在 OTA 市场竞争日益激烈的今天，途牛在充分发挥自己在跟团游和境外游优势的同时，选择和大牌在线旅游企业合作显得尤为重要。

Analysys 易观认为途牛旅游产品中代理产品占比较大，导致转型较为困难，由此形成的中介生意，虽然从个体看利润高，但是稳定的回头客很难维系。其自推的旅游产品非标准服务，同时产品的中间操作环节过多，硬广投入大，市场消耗大，利润自然偏低，但随着携程入股途牛，双方在业务上的互补互利将会给途牛的发展带来新契机。

一、基础信息

1.1 基本信息

1.1.1 公司全称：南京途牛科技有限公司

1.1.2 成立时间：2006 年 10 月

1.1.3 总部地点：南京

1.1.4 上市时间：2014 年 5 月 9 日美国纳斯达克上市

1.1.5 企业性质：股份制

1.1.6 资本信息：注册资本 200 万元人民币

1.1.7 联系方式：

电子邮箱：tuniucs@ tuniu. com

网址：http：//www. tuniu. com/

地址：南京市玄武区玄武大道 699-32 号途牛大厦

电话：025-86853969

1.2 组织信息

1.2.1 管理层

于敦德　董事长、首席执行官

二、业务信息

2.1 产品及服务信息：电话热线、PC 端服务及 APP

跟团、自助、自驾、邮轮、酒店、签证、景区门票以及公司旅游

2.2 覆盖范围

2.2.1 行业：在线旅游

2.2.2 主要客户：全网用户旅游、出行人群

2.2.3 业务区域：全球

2.3 收入结构：途牛主要分销传统旅行社产品，靠旅游线路的预订起家，逐步成为跟团游市场第一名。其中，出境游发力明显，占据总交易额的 70%

三、综合信息

3.1 发展定位：让旅游更简单

3.2 重要合作伙伴及供应商：澳大利亚旅游局、柏林旅游局、加拿大旅游局等各大国外旅游局，海航，携程

我国在线旅游行业企业名录节选如下表：

表 14　中国在线旅游行业企业名录节选

综合	携程旅行网	简要分析见前述 数据分析及详细分析 见易观企业库
综合	同程网	
综合	去哪儿网	
综合	途牛旅游网	

（续表）

综合	来订吧预订网	详细分析见易观企业库
综合	芒果传媒有限公司	详细分析见易观企业库
信息化解决方案	北京巅峰美景科技有限公司	详细分析见易观企业库
信息化解决方案	三亚金棕榈度假酒店	详细分析见易观企业库
信息化解决方案	浙江九天科技有限公司	详细分析见易观企业库
信息化解决方案	浙江深大智能科技有限公司	详细分析见易观企业库
商旅服务	深圳市腾邦国际商业股份有限公司	详细分析见易观企业库
商旅服务	五星汇	详细分析见易观企业库
商旅服务	悠会网	详细分析见易观企业库
旅游资讯	北京久游科技有限公司	详细分析见易观企业库
旅游资讯	乐途旅游网	详细分析见易观企业库
旅游资讯	欣欣旅游网	详细分析见易观企业库
旅游资讯	悠哉旅游网	详细分析见易观企业库
旅游综合	到到网	详细分析见易观企业库
旅游综合	驴妈妈旅游	详细分析见易观企业库
旅游综合	驴评网	详细分析见易观企业库
旅游综合	蚂蜂窝旅游网	详细分析见易观企业库
旅游综合	穷游网	详细分析见易观企业库
旅游产品	80 天环游网	详细分析见易观企业库
旅游产品	爱嘉途	详细分析见易观企业库
旅游产品	春秋旅行社	详细分析见易观企业库
旅游产品	桂旅网	详细分析见易观企业库
旅游产品	国旅在线	详细分析见易观企业库
旅游产品	锦江旅游	详细分析见易观企业库
旅游产品	凯撒国旅	详细分析见易观企业库
旅游产品	芒果旅游网	详细分析见易观企业库
旅游产品	上海泰格旅游网	详细分析见易观企业库
旅游产品	中国国际旅行社	详细分析见易观企业库
旅游产品	中国康辉	详细分析见易观企业库
旅游产品	中国旅行社总社	详细分析见易观企业库
旅游产品	中华户外网	详细分析见易观企业库

（续表）

旅游产品	中青旅遨游网	详细分析见易观企业库
酒店预订	12580	详细分析见易观企业库
酒店预订	7 天连锁酒店	详细分析见易观企业库
酒店预订	百酷网	详细分析见易观企业库
酒店预订	冰点酒店控	详细分析见易观企业库
酒店预订	布丁酒店	详细分析见易观企业库
酒店预订	格林豪泰连锁酒店官网	详细分析见易观企业库
酒店预订	国际青年旅舍	详细分析见易观企业库
酒店预订	汉庭	详细分析见易观企业库
酒店预订	锦江之星	详细分析见易观企业库
酒店预订	酒店达人	详细分析见易观企业库
酒店预订	桔子酒店	详细分析见易观企业库
酒店预订	蚂蚁短租	详细分析见易观企业库
酒店预订	米途订酒店	详细分析见易观企业库
酒店预订	莫泰酒店	详细分析见易观企业库
酒店预订	如家酒店	详细分析见易观企业库
酒店预订	速 8 酒店	详细分析见易观企业库
酒店预订	途家网	详细分析见易观企业库
酒店预订	住哪网	详细分析见易观企业库
酒店预订	租了啦	详细分析见易观企业库
景区	TouchChina	详细分析见易观企业库
景区	一块去旅行网-景点打折门票	详细分析见易观企业库
机票预订	东方航空	详细分析见易观企业库
机票预订	港航	详细分析见易观企业库
机票预订	国航	详细分析见易观企业库
机票预订	海南航空	详细分析见易观企业库
机票预订	南方航空	详细分析见易观企业库
机票预订	上海航空	详细分析见易观企业库
机票预订	中华航空	详细分析见易观企业库
火车票预订	铁路总公司 12306	详细分析见易观企业库

互联网医疗健康

医疗健康

春雨医生

春雨医生是国内最早涉足移动医疗行业的创业公司，其首款产品春雨掌上医生是一款专业的医患问答软件，当时开设了妇科和儿科两个专业科室，仅有“症状自查”与“咨询医生”两大主要功能。经过三年多的发展，春雨医生已由当时的两个科室增至包含妇产科、儿科、内科、皮肤科、内分泌科、营养科、骨科、男性泌尿科、外科、心血管科、妇科、整形美容科等在内的多个科室，推出了病患自查的智能搜索引擎，提供 24 小时随时待命的医生咨询服务，并推出具有革命性的“空中诊所”服务，以及多种健康工具和资讯模块。2015 年 5 月 7 日，春雨医生宣布，将在全国 5 个重点城市开设 25 家线下诊所，到 2015 年底，将在全国 50 个大中型城市开设 300 家诊所。而诊所的建设除了传统自建诊所，还有合作模式、加盟模式、托管模式，以快速复制发展线下春雨诊所。根据官方发布，截止到 2015 年 7 月份春雨医生已拥有 6500 万用户、20 万注册医生和 7000 万条健康数据，每天有 11 万个健康问题在春雨医生上得到解答，是世界上最大的移动医患交流平台。

易观分析

春雨医生是第一家移动医疗公司，随着中国移动医疗市场正飞速发展，移动健康应用领域有着广阔的想象空间，为春雨医生提供了很多的商业机会和很大的成长空间。但是医疗很大，市场很小，作为医疗服务集团，商业模式是困扰春雨医生发展的巨大难题，目前市场中移动医疗商业模式尚未成熟，仍在不断探索中。

Analysys 易观认为打造成熟的商业模式，是春雨医生继续发展的必经之路。但医疗行业本身的特殊性，使移动医疗至今依然停留在探索阶段，即使春雨医生有着庞大的用户基础，也很难实现其价值的变现。

一、基础信息

1.1 基本信息

1.1.1 公司全称：北京春雨天下软件有限公司

1.1.2 成立时间：2011 年

1.1.3 总部地点：北京市

1.1.4 上市时间：未上市

1.1.5 企业性质：股份有限公司

1.1.6 资本信息：注册资金 85 万元

1.1.7 联系方式

网址：http：//www. chunyuyisheng. com/

邮箱：business@ chunyu. me

地址：北京市海淀区学院路甲 5 号 768 创意园 B 座南区 1171

电话：400-001-8855

1.2 组织信息

1.2.1 人员规模：成立初 1—10 人

1.2.2 管理层

张锐　首席执行官

二、业务信息

2.1 主要产品与服务信息

春雨医生：移动健康软件

春雨心境：通过面部识别测量心率的应用

自由定价体系：医疗服务支付架构

春雨育儿医生：垂直电子商务应用

春雨手机诊所：专门针对医生的医生版客户端

空中医院：提供快捷电话、制定专家特约提问及预约电话、私人医生签约、公立医院预约就诊、线下求助等功能

2.2 覆盖范围

2.2.1 行业：移动医疗

2.2.2 主要客户：医生、病患

2.2.3 业务区域：全网用户

2.3 收入结构：具体信息不详

三、综合信息

3.1 发展定位：春雨目前定位为轻问诊，共同理念是利用移动互联网改变生活，促进健康

3.2 重要合作伙伴及供应商信息：好药师、温宝宝、京东、老百姓网上药店等

平安好医生

平安好医生又名平安健康管家，是中国平安于 2015 年 4 月 21 日宣布上线的一款互联网健康管理产品，是一款在线健康咨询及健康管理 APP，其以医生资源为核心，提供实时咨询和健康管理服

务，包括一对一家庭医生服务、三甲名医的专业咨询和门诊加号等。平安好医生，集“家庭医生、名医问诊、健康社区、健康评测、健康习惯、健康档案”六大特色服务于一体，为用户提供一站式健康咨询及健康管理服务。自聘专业医生 300 余人，签约三甲名医 500 余位，在线咨询实时响应，专业服务高效便捷。

易观分析

平安好医生集成中国平安集团特有的生态资源，在移动互联网医疗领域中独树一帜，不仅有着强大的资金资源使其成立之初便快速发展，而且通过平安集团多年的客户积累快速获取了极大的用户量和知名度，发展出医疗与保险一体化服务的商业模式。上线之初，便实现盈利。

Analysys 易观认为平安好医生的商业模式是依托平安集团形成的独特的自有的“互联网+医疗+健康+保险”的混合模式。不同于现如今仅仅局限于医疗服务的互联网医疗模式，但市场本身的大小局限着平安好医生的发展，未来需要更多的变革。

一、基础信息

1.1 基本信息

1.1.1 公司全称：中国平安保险（集团）股份有限公司

1.1.2 成立时间：1988 年

1.1.3 总部地点：深圳市

1.1.4 上市时间：2007 年 3 月 1 日

1.1.5 企业性质：股份有限公司

1.1.7 联系方式

网址：http：//www. pingan. com/

地址：广东省深圳市福田中心区福华路星河发展中心

电话：95511

1.2 组织信息

1.2.1 人员规模：21.2 万

1.2.2 管理层

马明哲　首席执行官

二、业务信息

2.1 主要产品与服务信息

2.2 覆盖范围

2.2.1 行业：移动医疗咨询、保险

2.2.2 主要客户：医生、病患、客户

2.2.3 业务区域：全国用户

2.3 收入结构：具体信息不详

就医 160

就医 160 是国内优秀的预约挂号及导医、咨询和点评服务平台，同时也是深圳市卫生局、东莞市卫生局的官方预约挂号网站，成立于 2009 年 8 月。发展至今，其用户数从 2014 年年底的 1000 万，增长到现在的 1900 万，激增九成；预约挂号人次从去年底的 2600 万增加到现在的 3500 万，增加 35%；而可挂号医院也从 2014 年年底的 600 家，增加到现在的 1000 家，增加近七成，已实现深圳、广州、东莞、惠州、长沙、上海、海南、北京等五十多座城市的主要医院接入。

就医 160 已成为国内知名医疗健康服务门户，为大众提供最好的导医、医患互动、点评、医疗健康档案及健康管理全流程服务，是国内最大的区域挂号平台之一。今年 5 月 5 号，阿里健康与就医 160 签署战略合作协议，双方将利用各自资源优势，在互联网医疗挂号、加号、咨询等服务项目上展开合作，并且阿里健康将全面介入就医 160 相关医疗资源，就医 160 根据阿里健康向用户提供的医疗服务分类提供全线资源服务，主要集中在挂号、加号、咨询服务等，双方平台还将利用各自资源共同进行推广。12 月 15 日，股转中心公布就医 160 登陆全国中小企业股份转让系统即新三板，股票代码为 834750，股票名称宁远科技，这标志着国内真正意义上的互联网医疗第一股正式诞生。

易观分析

就医 160 以挂号服务为切入点，立足于深圳，辐射全国，其政府管理、企业投资、市民受益的“深圳模式”，使其在同类型网站独具特色。虽然挂号为刚需，但无法解决号源稀缺的问题，只是帮助节省患者排队等候时间、改善就医体验和优化医院秩序。

Analysys 易观认为就医 160 积极探索新的互联网医疗新模式，提供患者从预约挂号开始，诊前、诊中、诊后为止的全流程服务，用户黏度比较高，但发展过快导致运营成本急速增加。提供的虽是刚需服务，同时也是利润最为薄弱的一块，未来的盈利能力有待进一步的开发。且就医 160 开展的其他业务面对着较为强大的竞争对手，难以推广开来。

一、基础信息

1.1 基本信息

1.1.1 公司全称：深圳市宁远科技股份有限公司

1.1.2 成立时间：2009 年

1.1.3 总部地点：深圳市

1.1.4 上市时间：未公布

1.1.5 企业性质：股份有限公司

1.1.6 资本信息：5160 万元

1.1.7 联系方式

网址：http：//www.91160.com/

邮箱：wangming@91160.com

地址：北京市海淀区学院路甲5号768创意园B座南区1171

电话：0775-26738262

1.2 组织信息

1.2.1 人员规模：不详

1.2.2 管理层

罗宁政　首席执行官

二、业务信息

2.1 主要产品与服务信息

就医160平台

2.2 覆盖范围

2.2.1 行业：互联网医疗

2.2.2 主要客户：医生、病患

2.2.3 业务区域：全网用户

2.3 收入结构：具体信息不详

三、综合信息

3.1 发展定位：成为互联网医疗领头羊，打造中国人的网上医院

3.2 重要合作伙伴及供应商信息：百度、阿里健康、全国各大医院等

壹药网

最初叫1号药网后更名为"壹药网"，2015年11月再度更名为"1药网"，寓意通过数字"1"将1药网各个业务模块联系起来，1药网、1诊，以及B2B业务"方快1"，"三驾马车"构筑起整个"1"系列的互联网+医药健康生态体系。其隶属于广东壹号大药房医药连锁有限公司，是业内第一批获得国家食品药品监督管理局颁的《互联网药品交易许可证》的合法网上药店。1药网成立于2010年7月，经过多年的用心经营和迅速发展，已成为中国网上药店的领导企业。1药网秉承"用心选药，便民可信，为民省钱"的经营理念先后与拜耳、辉瑞、杜蕾斯、诺华、惠氏、强生、养生堂、同仁堂、云南白药、海昌等国内外数百家知名医药健康产品厂商合作，为消费者提供政府允许交易范围内的万余种医药健康产品，涵盖了市面上常见的中西药、营养保健品、医疗器械、成人保健品、隐形眼镜、美容护理、孕婴用品、参茸细品等多个品类。拥有执业药师及医师团队，为顾客提供专业的健康用药咨询服务。2015年1月，1药网完成C轮融资4.5亿元，刷新中国医药电商行业融资纪录，也是国内首家完成C轮融资，且估值最高的医药电商公司。

易观分析

依托药企合作资源和电子商务管理系统，1 药网在平台运营、产品采购、仓储配送、客户关系管理等各方面构筑起核心竞争力。同时也使其配置了较多的资源，运营成本较高。

Analysys 易观认为由于国内医药体系的特殊性，致使医药电商缺乏保险公司和雇主给予的大量用户，并且 OTC 市场体量并不大，1 药网如果能成功地连接药厂和线下的药店，并为其提供系列的服务，最终进行有效的会员管理，提升用户满意度，将收获大量的忠实用户。

一、基础信息

1.1 基本信息

1.1.1 公司全称：广东壹号大药房连锁有限公司

1.1.2 成立时间：1999 年 6 月

1.1.3 总部地点：广东省广州市越秀区共和西路 1 号 2 层

1.1.4 上市时间：未上市

1.1.5 企业性质：有限责任公司

1.1.6 注册资金：800 万元

1.1.7 联系方式

网址：http：//www.111.com/

电话：400-007-0956

1.2 组织信息

1.2.1 管理层

于刚　首席执行官

二、业务信息

2.1 产品及服务信息

为消费者提供政府允许交易范围内的万余种医药健康产品

2.2 覆盖范围

2.2.1 行业：在线药店

2.2.2 主要客户：患者

2.2.3 业务区域：全国

2.3 收入结构：具体信息不详

三、综合信息

3.1 发展定位：做中国最大的医药电商

3.2 重要合作伙伴及供应商：拜耳、辉瑞、杜蕾斯、诺华、惠氏、强生、养生堂、同仁堂、云南白药、海昌等我国互联网医疗健康行业企业名录节选如下表：

表 15 中国互联网医疗健康行业企业名录节选

医疗健康业	春雨医生	简要分析见前述数据分析及详细分析见易观企业库
医疗健康业	平安好医生	
医疗健康业	就医 160	
医疗健康业	1 药网	
医疗健康业	九安医疗	详细分析见易观企业库
医疗健康业	好药师	详细分析见易观企业库
医疗健康业	39 健康网	详细分析见易观企业库
医疗健康业	名医在线	详细分析见易观企业库
医疗健康业	医通无忧	详细分析见易观企业库
医疗健康业	好大夫在线	详细分析见易观企业库
医疗健康业	丁香园	详细分析见易观企业库
医疗健康业	挂号网	详细分析见易观企业库
医疗健康业	好药师	详细分析见易观企业库

内容消费

网络视频

优酷土豆

自 2012 年 8 月合并后，优酷土豆一直占据中国网络视频市场的领先位置。2015 年 10 月 16 日，阿里巴巴宣布已向优酷土豆董事会发出非约束性要约，拟以每 ADS26.6 美元的价格，现金收购除阿里巴巴集团已持有股份外优酷土豆剩余的全部流通股。根据 Analysys 易观千帆数据显示，截至 2015 年 9 月，优酷、土豆分别以 11659.8 万与 3101.4 万活跃用户数排名移动视频行业第三位和第八位，目前各视频平台服务趋于同质化，用户普遍追逐内容流动性颇高。而随着视频厂商对优质内容的竞购，内容成本逐年上涨，视频厂商资金压力不断增大。根据公开财报数据显示，第三季度优酷土豆净营收 18.5 亿元（约合 2.918 亿美元），同比增长 62%；净亏损 4.356 亿元（约合 6850 万美元），上年同期净亏损为人民币 1.976 亿元（约合 3110 万美元）。优酷土豆三季度在线广告净营收 13.5 亿元，同比增 37%。

易观分析

优酷土豆合并后在视频网站的市场份额中一直占据首位。多平台战略价值持续显现，双平台差异化发展实现多元化广告投入，金融、交通、IT、消费电子领域、日化、快消等各领域都有广泛发展，移动端流量贡献加大，广告收入占比攀升。在视频资源布局方面，注重热点内容的投入，持续关注热点问题，加大海外投放力度，插足电影完善全生态圈，多角度满足用户需求；自制内容上，凭借其大数据、大规模、大投入、大合作、大屏幕、大影响的大自制战略，网生内容占比增加，从而促使自制内容流量增加。但优酷土豆在硬件终端布局相对保守，基于客厅电视内容监管政策，优酷土豆单从内容方面进行合作难以大展拳脚。

目前中国网络视频行业呈现优酷土豆、腾讯视频、爱奇艺、乐视、搜狐视频等多强争霸的局面，在阿里完成对优酷土豆的收购以后，网络视频行业以内容为基础向视频娱乐上下游环节的扩张发展趋势更加明晰，依靠资本堆积的视频行业大战将升级开幕，未来视频网站行业将继续出现企业整合，并在不断竞争中形成寡头竞争格局。

一、基础信息

1.1 基本信息

1.1.1 公司名称：优酷股份有限公司

1.1.2 成立时间：2006 年

1.1.3 总部地点：北京

1.1.4 上市时间：2010 年

1.1.5 企业性质：上市公司

1.1.6 联系方式

网址：http：//www.youku.com/

地址：北京市海淀区海淀大街 8 号中钢国际大厦 11 层

电话：010-58851881

1.2 组织信息

1.2.1 管理层

古永锵　董事长、首席执行官

魏明　优酷总裁

杨伟东　土豆总裁

二、业务信息

2.1 产品及服务信息

产品：资讯中心、娱乐中心、生活中心、优酷拍客、优酷牛人、优酷 PC 客户端、优酷 APP、优酷拍客 APP

服务：广告服务、用户上传/下载、视频推广/宣传、开放平台服务、VIP 会员服务、平台社区

2.2 覆盖范围

2.2.1 行业：互联网视频及内容行业

2.2.2 主要客户：视频用户群

2.2.3 业务区域：全球，主要是华语地区

2.3 收入结构：广告、用户付费、版权分销和其他增值服务

三、综合信息

3.1 发展定位：实践“三网合一”，贯通视频内容制作、播出、发行三大环节，成为真正意义上的互联网电视媒体，引领视频行业格局及全媒时代的大格局

3.2 重要合作伙伴及供应商：湖南卫视、北京电视台、辽宁卫视、安徽卫视、广东卫视、天津卫视、黑龙江卫视、山东卫视、吉林卫视、阿里影业、本山传媒、迪士尼、英国 BBS、韩国娱乐媒体公司 CJ E&M、同洲电子、华数集团、海尔、长虹等

爱奇艺

爱奇艺，中国视频行业领先者。2010 年 4 月 22 日正式上线，秉承“悦享品质”的品牌口号，积极推动产品、技术、内容、营销等全方位创新，为用户提供丰富、高清、流畅的专业视频体验，致力于让人们平等、便捷地获得更多、更好的视频。2014 年，爱奇艺在全球范围内率先建立起首个基于搜索和视频数据理解人类行为的视频大脑——爱奇艺大脑，用大数据指导内容的制作、生产、运营、消费。并通过强大的云计算能力，以及领先行业的带宽储备，和全球最庞大的视频分发网络，为用户提供更好的视频服务。在技术与内容双核驱动的新体验营销时代，爱奇艺创造性地提出了“iJOY 悦享营销”客户服务价值观和方法论。通过多屏触点、创意内容、技术优化、互动参与、实现购买等路径全面提升 ROI，让客户享受到创新营销带来的成功与快乐。目前，爱奇艺已成功构建了包含电商、游戏、电影票等业务在内、连接人与服务的视频商业生态，引领视频网站商业模式的多元化发展。

易观分析

爱奇艺合并重合度低，有互补优势；依托百度资本、流量、平台和品牌知名度的强有力支持发展自身强有力的用户体验。爱奇艺较优酷土豆等视频网站进入市场时间较晚，先入者已经积累了大量用户，客户资源被抢占。爱奇艺和 PPS 合并后，依靠百度能为其带来丰富的流量来源，同时凭借百度的智能语义搜索，优化产品体验。有百度的支持，从发展趋势走，只需顺势而行，做好基础工作，那么在未来的差异化竞争里面，势必占据先锋地位。在内容资源整合上，爱奇艺加强台网联动合作，注重自制内容的合力打造，同时在资金投入上重视度也不断提高。未来随着爱奇艺 PPS 巨大的用户基础，依靠百度大数据进行个性化内容的开发，打造出受大众用户欢迎的视频内容，并围绕自制进行完整的产业链运营将是其下一步发展的重要趋势。

一、基础信息

1.1 基本信息

1.1.1 公司全称：北京爱奇艺科技有限公司

1.1.2 成立时间：2010 年 4 月 22 日

1.1.3 总部地点：北京

1.1.4 上市时间：未上市

1.1.5 企业性质：私营股份制企业

1.1.6 联系方式

网址：http：//www. iqiyi. com/

地址：海淀区海淀北一街 2 号鸿诚拓展大厦 17 层

电话：010-62677171

1.2 组织信息

1.2.1 管理层

龚宇　首席执行官

二、业务信息

2.1 产品及服务信息：长视频、自制视频内容、合作伙伴视频内容；版权采购分析系统：涵盖电影、电视剧、综艺、动漫、纪录片等十余种类型的国内首家正版视频内容库；多端移动广告系统

2.2 覆盖范围

2.2.1 行业：互联网/视频

2.2.2 主要客户：全网用户

2.2.3 业务区域：全国

2.3 收入结构：爱奇艺营收主要来源是广告、用户付费、版权分销和其他增值服务

三、综合信息

3.1 发展定位：为用户提供更丰富的视频内容和更优质的观看体验，实现用户、视频网站、合作方、广告客户的多方共赢

3.2 重要合作伙伴及供应商：影视机构如光线影业、星美影业、海润影视等；电视台如东南卫视、湖南卫视、浙江卫视等；平面媒体如北京青年报、齐鲁晚报、羊城晚报、南风等；网站如人民网、新华网、豆瓣等；导航网站如 hao123、QQ 导航等；其他如中信银行、新东方英语、中国音协等

暴风影音

暴风影音作为互联网最流行的播放器之一，支持 680 多种播放格式，并有“左眼一键高清”、“裸眼 3D”、“右耳环绕立体声”等一系列特色功能，目前用户量超过 5000 万。凭借支持格式多、占用资源少、免费下载、使用便捷等特点，暴风影音迅速普及开来。随着互联网视频用户对质量的要求提升，暴风影音不断创新，陆续开发了视频转码、左眼高清、3D 效果等功能以满足用户需求。

暴风魔镜更是暴风影音在观影硬件的一大创新，配合暴风影音开发的专属魔镜应用，在手机上实现IMAX效果，普通的电影即可实现影院观影效果。

易观分析

暴风影音是中国互联网音视频播放软件的先入者，拥有广泛的用户规模和较高的品牌认知度。通过不断的技术创新，暴风开发了视频转码、左眼高清、3D播放等多项增值服务功能，提高了用户体验感受。尽管暴风影音已经意识到内容的重要性，并已经开发了“暴风影视”在线视频，但相较其他视频网站内容依旧偏少。同时，由于内容的缺乏，暴风影音无法转变“工具”形象的大众定位，在用户体验和盈利上难以平衡。而发展内容需要大量资金投入，并且势必会造成行业竞争，这对营收有限的暴风影音来说不占优势。广告收入是暴风影音的主要收入来源，缺乏优质的广告主资源及客户端广告环境较差也将限制暴风影音的发展。

一、基础信息

1.1 基本信息

1.1.1 公司全称：北京暴风科技股份有限公司

1.1.2 成立时间：2003年

1.1.3 总部地点：北京

1.1.4 上市时间：2015年

1.1.5 企业性质：股份制

1.1.6 联系方式

网址：http://www.baofeng.com/

地址：北京市海淀区学院路51号首享科技大厦13层

电话：010-62309066

1.2 组织信息

1.2.1 管理层

冯鑫　首席执行官

二、业务信息

2.1 主要产品与服务信息

主要产品：

暴风影音网——暴风影音门户网站，提供在线视频点播服务

暴风影音客户端——包括PC、PC加速版、手机端等多个版本，提供在线点播及离线下载等服务

暴风转码——支持超过500种的源格式，帮助用户实现所有流行音频、视频文件的格式转换

暴风资讯——为用户提供热点关注、娱乐、消费、生活服务、购物的资讯服务平台

暴风广告——提供多种形式的媒体广告产品

暴风游戏中心——运营大型休闲游戏、网页游戏的娱乐平台

暴风魔镜——虚拟现实眼镜，在使用时需要配合暴风影音开发的专属魔镜应用，在手机上实现IMAX效果

左眼技术——全面提升本地和在线视频画质

2.2 覆盖范围

2.2.1 行业：互联网视频、传媒、游戏

2.2.2 主要客户：互联网用户

2.2.3 业务区域：全球，主要在华语地区

2.3 收入结构：主要为广告、用户付费、版权分销和其他增值服务

三、综合信息

3.1 发展定位：为全球互联网用户提供最好的互联网影音娱乐体验

3.2 重要合作伙伴及供应商信息：新浪、搜狐、土豆、酷6、激动网、联合网视、优朋普乐、九州、中录、中央电视台、北京卫视、湖南卫视、东方卫视、浙江卫视、旅游卫视等

腾讯视频

腾讯视频，定位于中国最大在线视频媒体平台，它一款视频播放器。它拥有丰富的优质流行内容和专业的媒体运营能力，是聚合热播影视剧、优质独家出品内容、体育赛事、大事件、新闻资讯等为一体的综合视频内容平台。其以丰富的内容、极致的观看体验、便捷的登录方式、24小时多平台无缝应用体验以及快捷分享的产品特性，满足用户在线观看视频的需求。

2015年央视春晚落户腾讯视频，同时2015年11月举办的“维多利亚的秘密时尚秀”在腾讯视频进行全程独家直播，腾讯视频将成为中国的唯一视频版权拥有方，其中包括向电视分发版权的权利。

易观分析

根据Analysys易观数据显示，从整体市场份额来看，2015年第一季度，腾讯视频位列中国网络视频市场广告收入的前三名。目前，随着阿里巴巴对合一集团的收购，网络视频行业市场集中度进一步提高，BAT旗下的爱奇艺公司、合一集团、腾讯视频在整体市场份额、移动端份额、付费用户比例方面排在行业前三位，而优质内容则是视频网站的核心竞争力。腾讯视频在内容上大手笔购买了优质版权，独播综艺、独播电视剧、独播美剧，收益最高的是中国好声音第三季。平台优势方面，通过与新闻客户端、微信等多个移动端产品组成的超级矩阵，使其具有绝对的用户覆盖优势。2015年第三季度财报数据显示，腾讯广告总收入中超过65%来自移动端，展望未来，腾讯将持续投资于优质视频内容，并扩展移动广告资源和提升效果广告服务能力。

一、基础信息

1.1 基本信息

1.1.1 公司全称：深圳市腾讯计算机系统有限公司

1.1.2 成立时间：1998 年 11 月

1.1.3 总部地点：深圳

1.1.4 上市时间：未独立上市

1.1.5 联系方式

网址：http：//v. qq. com/

地址：深圳市南山区科技中一路腾讯大厦 35 楼

1.2 组织信息

1.2.1 管理层

马化腾　董事会主席、执行董事兼首席执行官

二、业务信息

2.1 产品及服务信息

涵盖电影、电视剧、直播等最新最热分类和内容，众多 380P 高码率影片，给人影院版的视听享受，采用最新的 P2P 下载引擎，根据网络情况自适应，一键分享到空间微博等，直播互动还能边看边聊，无论直播还是连载节目均可预订 QQ 消息及时提醒，直播回放、画中画、跳过片头处处彰显人性设计

2.2 覆盖范围

2.2.1 行业：互联网视频

2.2.2 主要客户：互联网用户

2.2.3 业务区域：全球

2.3 收入结构：腾讯的营收来源主要为广告、用户付费、版权分销和其他增值服务

三、综合信息

3.1 发展定位：定位于中国最大在线视频媒体平台，同时也是一款视频播放器

3.2 重要合作伙伴及供应商：已有凤凰网、中录国际、ESPN、浙江卫视、山东卫视、云南卫视、重庆卫视、CNTV、四川卫视、嘉佳卡通、广东电视台、天津电视台、牛视网、NBA、金鹰网、佳韵社、九州梦网、网乐互联、乐视文化、星核动力、中南卡通、飞扬视界、华夏视联、盛世骄阳、瑞亚阳光、圣天动漫、华谊兄弟、优度宽带、激动、中青网络台等合作伙伴

搜狐视频

搜狐视频是中国以正版高清长视频为显著优势的综合视频网站，2008 年年底国内首家推出 100%正版高清电影、电视剧、综艺、纪录片、音乐等系列高清优质视频频道，由此迅速成为中国最有竞争力和影响力的综合视频平台之一，同时旗下亦涵盖了电视直播、视频新闻、电视栏目库，以及网友上传播客等传统视频业务。

2014 年 10 月 31 日，搜狐已经与人人达成一致，将其旗下 56 并入搜狐视频，成为搜狐视频分享业务的组成部分。2015 年的美剧转播权大都被搜狐收入囊中，依靠其高质量网剧培养起来的用户群体与美剧观影人群高度重合。同时，搜狐视频“同屏·共振”2015 营销机遇分享会于 11 月 26 日在广州举办，分享最新战略，搜狐视频将重点打造同屏共振的新平台。2015 年第三季度，搜狐视频广告收入为 5700 万美元，较 2014 年同期增长 9%。

易观分析

根据数据显示，2015 年 3 月，搜狐视频 APP 的用户最为活跃，人均日均运行次数达到 3.9 次。在版权内容上，搜狐视频一直坚持在价值投资的前提下，最大化投资回报；在高品质差异化的策略下，对顶级精品进行精准独家占有。美剧方面，作为第一美剧平台的搜狐视频 2015 年将与华纳达成独家内容优选权，这对保持搜狐在美剧市场具有较大优势，然而在自制内容的打造上，搜狐自制网剧出现了断档，这对搜狐进军这一方面的市场有较大的滞后性。在未来的发展中，搜狐可以合理规划优质内容，重视自制内容的打造。

一、基础信息

1.1 基本信息

1.1.1 公司全称：飞狐信息技术（天津）有限公司

1.1.2 成立时间：2006 年

1.1.3 总部地点：天津市滨海新区

1.1.4 上市时间：未独立上市

1.1.5 联系方式

电话：010-58511234

传真：010-58722727

地址：北京市海淀区科学院南路 2 号院 3 号楼搜狐媒体大厦

1.2 组织信息

1.2.1 管理层

张朝阳　首席执行官

刘春　总裁

邓晔　首席运营官

二、业务信息

2.1 产品及服务信息

涵盖电影、电视剧、动漫、综艺、纪录片、原创等精彩视频，每日推荐最新电视剧、电影等，提供热播排行榜详细分类查找功能、快速搜索、语音搜索、收藏功能、评论功能、视频下载（预加载）功能，支持边加载边看、播放记录等功能服务

2.2 覆盖范围

2.2.1 行业：互联网视频

2.2.2 主要客户：互联网用户

2.2.3 业务区域：全球

2.3 收入结构：搜狐的营收来源主要为广告、用户付费、版权分销和其他增值服务等

三、综合信息

3.1 发展定位：网络长视频播放平台，国内第一家提供正版高清、原创视频的门户网站

3.2 重要合作伙伴及供应商：中央电视台、浙江卫视、广东卫视、深圳卫视、安徽卫视、东方卫视、天津卫视、北京卫视、江西卫视、山东卫视、河北卫视、辽宁卫视等合作伙伴

PPTV

PPTV 聚力是全球华人领先的、拥有巨大影响力的视频媒体，全面聚合和精编影视、体育、娱乐、资讯等各种热点视频内容，并以视频直播和专业制作为特色，PPTV 聚力目前占据了互联网视频直播市场较大的市场份额，已成为全球华人社群中最受尊崇的网络电视新媒体之一。PPTV 聚力在引进新的战略投资者之后，将在产业链整合、多屏互动体验、媒体内容及视频开放平台方面加快发展。2015 年 4 月 10 日，视频网站 PPTV 宣布进军手机行业，PPTV 手机采用了超窄边框设计。在内容方面，PPTV 手机将深度植入 PPTV 的视频内容。2015 年 8 月，与苏宁线上体系打通之后的 PPTV 聚力实现更多引流，全平台月度播放时长/全平台月度 UV 约为 4 万小时，全平台日均播放时长是 1.2 万小时左右，播放时长名列前茅。

易观分析

PPTV 依托平台“画质清晰、流畅”的服务优势以及热门自制剧、大型综艺等品牌级内容的传播，PPTV 聚力的用户吸引力不断提升。综艺方面，PPTV 聚力独家网络专区等互动发力，强势助推大型户外竞技类真人秀，两大热门综艺《奔跑吧兄弟》第二季和《极限挑战》的网络播放量均位列全网前沿。用户方面，由于 PPTV 电视等硬件产品开售并与苏宁会员打通，刺激用户井喷式增长，同时 PPTV 聚力在独家体育版权方面占有领先优势，也带来强大引流。但在自制内容方面，PPTV 应加大人员与资源的投放力度。未来，PPTV 将继续保持 PPTV 第一体育的优势，同时坚定地向体育产业链的两端延伸发展。在产业链上游，创立自有的品牌赛事；同时，继续做强中游传播平台，服务好视频用户；向下游积极开发与拓展产品及产品线。

一、基础信息

1.1 基本信息

1.1.1 公司全称：上海聚力传媒技术有限公司

1.1.2 成立时间：2005 年 5 月

1.1.3 总部地点：上海

1.1.4 公司性质：股份制

1.1.5 联系方式

电话：021-50275399

传真：021-50271218

客服热线：400-001-2007

客服邮箱：kefu@ pplive. com

总部地址：上海市浦东新区碧波路 690 号张江微电子港 5 号楼 5 楼

1.2 组织信息

1.2.1 管理层

范志军　管理委员会主席

姚欣　创始人兼总裁

二、业务信息

2.1 产品及服务信息

PPTV 网络电视在线视频软件，包括 PC 网页端和客户端，手机和 PAD 移动终端，以及与牌照方合作的互联网电视和机顶盒，聚合和精编影视、体育、娱乐、资讯等各种热点视频内容，提供高清和互动的网络电视媒体服务

PP 云基于 PPTV 资源和技术，为媒体和中小企业提供视频营销支持

PP 雷达则基于视链技术依托苏宁云商大数据库，将视频内容与商品结合

2.2 覆盖范围

2.2.1 行业：互联网视频

2.2.2 主要客户：互联网用户

2.2.3 业务区域：全球

2.3 收入结构：PPTV 的营收来源主要为广告、用户付费、版权分销和其他增值服务等

三、综合信息

3.1 发展定位：是全球华人领先的、拥有巨大影响力的视频媒体，全面聚合和精编影视、体育、娱乐、资讯等各种热点视频内容，并以视频直播和专业制作为特色，基于互联网视频云平台 PP-CLOUD 通过包括 PC 网页端（www. pptv. com）和客户端，手机和 PAD 移动终端，以及与牌照方合作的互联网电视和机顶盒等多终端向用户提供新鲜、及时、高清和互动的网络电视媒体服务

3.2 重要合作伙伴及供应商：湖南卫视、江苏卫视、东方卫视、北京卫视、四川卫视、浙江卫视、江西卫视、星空卫视、华纳兄弟电影、体坛网、中超联赛、香港电视广播、蒙牛、强生、淘宝网、中国联通、第一视频等合作伙伴

乐视网

乐视凭借点播视频和版权分销，成为第一个实现盈利的网络视频网站，其广告营收得到爆发式

增长，也使其广告收入跃居网络视频第一阵营，在中国拥有最大的版权库。基于“大剧看乐视”的基础上，在自制、体育、综艺等多个重要垂直领域精耕细作。据易观数据显示，乐视网 2015 年前三季度实现营入 83.75 亿元，同比增长 76.5%，净利润 3.77 亿元，同比增长 72.84%；截至 2015 年 3 月 31 日，公司网站的日均 UV 约 5000 万，峰值超过 7500 万；日均 PV 约 2.5 亿，峰值超过 3.1 亿；日均 VV 约 2.7 亿，峰值超过 3.2 亿。随着终端上量带来规模效应，以及广告+付费的商业模式逐渐成熟，利润率有望持续改善。

易观分析

在网络视频快速发展的当下，自制内容成为各网站实现品牌差异化的关键。乐视是最早在自制剧领域进行探索的视频网站之一，虽然目前网络自制剧受人才及资金的限制，质量与关注度有限，尚难以与热播影视剧相抗衡，但易观分析认为，随着跨界合作及产业链上下游的渗透，自制剧的发展将有更加广阔的空间，成为用户重要的视频选择之一。目前，乐视与影视制作公司、电视台、名导、名编剧的深化合作，将助其在自制内容产出方面的发展，从而强化“平台+内容+终端+应用”的产业链布局的综合竞争力。作为在网络视频行业首家推出智能电视的企业，乐视较市场内的传统电视企业具备一定的优势，首先在内容方面，智能电视依托乐视自身丰富的版权内容，能够满足用户观看需求的同时挖掘其他盈利模式；其次是在价格方面，乐视主打低价策略，较市场其他传统企业的智能电视具备明显的价格优势。Analysys 易观分析认为，随着爱奇艺、优酷等越来越多的视频企业纷纷向电视终端布局，以及传统电视企业加强与互联网企业的合作，伴随着越来越多的市场参与者的进入，乐视在智能电视领域所面临的挑战也将日益加剧，而智能电视市场的爆发预计至少还需两年时间，乐视能否在此期间突出重围，尚需市场验证。

一、基础信息

1.1 基本信息

1.1.1 公司全称：乐视网信息技术（北京）股份有限公司

1.1.2 成立时间：2004 年成立

1.1.3 总部地点：北京

1.1.4 上市时间：2010 年

1.1.5 联系方式

网址：http：//www.letv.com/

总机：010-59282610

地址：北京市朝阳区姚家园路 105 号宏城鑫泰大厦 16 层　100025

1.2 组织信息

1.2.1 管理层

贾跃亭　董事长、总经理

二、业务信息

2.1 产品及服务信息

产品覆盖 PC 端、网页端、移动端

电影资讯、约看活动、票务服务、线上营销活动、O2O 营销支持、观影 vip 订制服务、电影全流程体验等

2.2 覆盖范围

2.2.1 行业：传媒行业

2.2.2 主要客户：互联网用户

2.2.3 业务区域：全球

2.3 收入结构：乐视的营收来源主要为广告、用户付费、版权分销和其他增值服务等

三、综合信息

3.1 发展定位：互联网时代的电影公司，为观众提供从线上到线下全方位的观影及增值服务，为国产电影保驾护航

3.2 重要合作伙伴及供应商：足球比分、金鹰网、VeryCD、网酒网、暴风影音、中国娱乐网、NBA 直播、搜狗视频、爱卡汽车、搜视网、51.com、一搜视频、直播吧、中国电视网、京华网、电影网、114 啦影视等

我国网络视频内容行业企业名录节选如下表：

表 16　中国网络视频内容行业企业名录节选

<table>
<tr><td>优酷土豆</td><td rowspan="7">简要分析见前述
数据分析及详细分析
见易观企业库</td></tr>
<tr><td>爱奇艺 PPS</td></tr>
<tr><td>暴风影音</td></tr>
<tr><td>腾讯视频</td></tr>
<tr><td>搜狐视频</td></tr>
<tr><td>PPTV</td></tr>
<tr><td>乐视网</td></tr>
<tr><td>CNTV</td><td rowspan="8">数据分析及详细分析
见易观企业库</td></tr>
<tr><td>56 网</td></tr>
<tr><td>凤凰视频</td></tr>
<tr><td>风行在线</td></tr>
<tr><td>激动网</td></tr>
<tr><td>酷 6</td></tr>
<tr><td>新浪视频</td></tr>
<tr><td>迅雷看看</td></tr>
</table>

（续表）

UUSEE	详细分析见易观企业库
V 电影网	详细分析见易观企业库
爱微电影网	详细分析见易观企业库
安徽网络电视台	详细分析见易观企业库
芭乐网	详细分析见易观企业库
爆米花	详细分析见易观企业库
北京网络广播电视台	详细分析见易观企业库
第一视频	详细分析见易观企业库
湖南广播电视台	详细分析见易观企业库
华数在线	详细分析见易观企业库
黑龙江网络广播电视台	详细分析见易观企业库
江苏网络电视台	详细分析见易观企业库
六间房	详细分析见易观企业库
芒果 TV	详细分析见易观企业库
深圳市快播科技有限公司	详细分析见易观企业库
上海文广	详细分析见易观企业库
山东电视台	详细分析见易观企业库
浙江卫视	详细分析见易观企业库
直播吧	详细分析见易观企业库

互联网影视

阿里影业

阿里巴巴影业集团前身为文化中国传播集团有限公司，于 2014 年 6 月更名至今。2015 年 4 月，阿里巴巴将集团旗下淘宝电影票和娱乐宝资产注入阿里影业，6 月阿里已完成全资收购底层票务系统牌照方粤科软件，加上之前注入的淘宝电影和娱乐宝，阿里影业已经初具平台运作实力。2015 年 8 月，阿里影业旗下的粤科软件联合首都电影院在北京金融街店推出首家智能影院。阿里集团一直给人以不断创新、引领行业的印象，这种风格也延续到阿里旗下的各个事业群、子公司。由此可能结成中小院线联盟，搭建宣传发行业务平台和衍生品消费平台。同时，阿里影业将实践全球范围内的文化及影视娱乐产业资源在中国落地之路，以及中国相关产业的全球化拓展路径。

易观分析

现金储备方面，阿里影业的现金储备超过180亿港币，合144亿元人民币、23亿美元，因此现金量很充沛；创新方面，粤科软件联合首都电影院推出全国首家“智能影院”可被视作其迈向改造影院、进行行业创新的第一步；此外，阿里影业还将致力建造专注于推广及销售不同文化及娱乐产品之电子商贸平台，满足公司电影、电视剧及其他文化作品的爱好者之需求，打造专属于阿里影业的文化及影视娱乐业务产业链式运营体系。但从内容及作品来看，虽然目前阿里影业为未来做了很多铺垫，但是截至目前，由阿里影业主投的影片数量仍然偏少，市场份额和作品执行能力还有待加强。

一、基础信息

1.1 基本信息

1.1.1 公司全称：阿里巴巴影业集团

1.1.2 成立时间：2014年

1.1.3 总部地点：北京

1.1.4 企业性质：股份制

1.1.5 联系方式

地址：北京市朝阳区天泽路16号院润世中心2号楼20层

电话：010-59115566

传真：010-59115599

1.2 组织信息

1.2.1 管理层

张强 首席执行官

邵晓峰　董事会主席

二、业务信息

2.1 产品及服务信息

阿里影业承接阿里巴巴集团在世界领域内的业务发展及大数据资源优势，已具有业内少数具有影视业务开发、制作、发行、宣传，相关衍生品品牌授权、业务托管，以及线上线下产品深度开发相结合的产业链运营能力，阿里影业致力于制作及发行优质电影及电视剧

2.2 覆盖范围

2.2.1 行业：互联网影视

2.2.2 主要客户：观众

2.2.3 业务区域：全球

2.3 收入结构：票房、植入式广告等

三、综合信息

3.1 发展定位：阿里影业将以互联网和大数据为业务拓展原点，打造以用户需求为出发点的创新模式，加速文化领域资源整合及业务拓展工作，构建全新的产业链式文化运营模式

3.2 重要合作伙伴及供应商：深圳广播电影电视集团、四川卫视、广东广播电视台、美盛文化、广东大地影院建设有限公司、环球影业、浙江横店影视产业实验区等

万合天宜

万合天宜是一家红杉资本投资的互联网影视制作创业公司，由范钧、柏忠春和叫兽易小星共同创建。自 2012 年起，万合天宜确立了全新的品牌战略，其出品制作的网络剧《万万没想到》《报告老板》《名侦探狄仁杰》《学姐知道》等点击量破 28 亿，而脱口秀栏目《不吐不快》等也大受欢迎并引领网络文化，在新媒体影视界内容上打出了一定的知名度，此外，万合天宜还出品制作了《高科技少女喵》《大侠黄飞鸿》等作品。

易观分析

万合天宜作为一家由一群资深媒体广告从业人士组成的新兴公关类影视公司，在新媒体广告营销方面，由于万合天宜是基于新媒体平台的影视内容营销，因此积累了深厚的从业经验和业内资源。此外，万合天宜拥有从编剧、导演、制作到市场推广、院线发行等基本完整的体系以及拥有一支成熟的营销/经纪/后期制作团队，这对内容生产方面及后期营销占有较大优势。但万合天宜是基于新媒体平台的内容，平台资源比较有限。不过万合天宜已经与百度有战略合作，可以借助百度的大数据技术和平台资源精准地抓住 90 后用户，借助贴吧、音乐、阅读、视频等多平台打造周边衍生产品，这种以原创内容带动相关产业、产品营收的模式，将改变国内影视行业目前单一的营收来源，促进娱乐产业多元化发展，实现粉丝、平台、企业的多方共赢。在团队管理方面，由于公司扩张速度较快，团队的人数增加得很快，没有转化成足够的生产力，因此项目开发的速度与团队人员的配备问题仍有待解决。

一、基础信息

1.1 基本信息

1.1.1 公司全称：北京万合天宜影视文化有限公司

1.1.2 成立时间：2012 年

1.1.3 总部地点：北京

1.1.4 联系方式

地址：北京市朝阳区四惠东尚 8 里文创园西侧联信国际大厦 701

电话：010-87521213

1.2 组织信息

1.2.1 管理层

范钧　创始人

柏忠春　首席运营官

叫兽易小星　创始人

二、业务信息

2.1 产品及服务信息

万合天宜主要制作及发布优质网剧和微电影，过去成功制作、宣传及发布了多部观众喜爱的网剧作品，其中包括《万万没想到》，以及优酷全网评分高达9.5分的《报告老板》等。万合天宜同时也负责签约导演和艺人的定位、包装和推广，协助客户进行产品推广事宜；结合全媒体文化营销，联合线上线下各种活动为品牌带来最大化的曝光和影响力。目前也在致力于发展根据影视剧研发衍生品

2.2 覆盖范围

2.2.1 行业：影视传播

2.2.2 主要客户：观众

2.2.3 业务区域：全国

2.3 收入结构：广告植入、版权交易以及视频网站贴片广告

三、综合信息

3.1 发展定位：万合天宜定位成一家内容品牌运营公司

3.2 重要合作伙伴及供应商：百度、淘宝、搜狐畅游、联想、华硕、三星、微软、英特尔、戴尔、惠普、诺基亚、摩托罗拉、奥迪、大众、梅赛德斯-奔驰、丰田、福特、现代、东风标致、海尔等，以及中国工商银行、中国银行、马应龙药业、云南白药、中美史克、盘龙云海药业、伊利、蒙牛、王老吉、百事、康师傅、汇源、白象等

乐视影业

乐视影业成立于2011年，隶属于乐视控股集团，定位为“电影互联网公司”。2015年11月，乐视影业宣布与好莱坞达成合作《长城》《埃及诸神》《狼图腾》等13大电影项目，意味着乐视“北洛硅”战略开始落地。“乐视之夜”上，同时发布了乐视影业倡导的中美合作G2战略，该战略对外称将中国电影市场、电影故事资源与好莱坞相结合，欲带动中国电影工业化体系建设。2015年12月，乐视网将正式启动将乐视影业控股权转让给乐视网事项，拟通过发行股份购买资产并募集配套资金的方式购买乐视影业股权，将乐视影业的控股权转让给乐视网。

易观分析

乐视影业拥有国内最强大的地面发行系统，覆盖占92%以上市场份额的影院，这是乐视影业不可比拟的优势，作品方面，截至目前乐视影业共出品或发行13部电影，共创造了约19.83亿元人民币的票房成绩，尤其是《小时代》系列，三年4部电影，乐视影业这个项目的投资回报率大概是1∶10。《小时代》系列最早被定位为粉丝电影，作品内容和传达的价值观始终充满争议，但是乐视影业投入并完成这部系列电影，也见证到了乐视影业的勇于创新和尝试，特别是在电影商品属性方面的观念、方法的进步确实由乐视影业实践并引领。虽然乐视影业作为领先者之一，在商业模式创新或产品/服务创新性上拥有较强的独特性，但由阿里影业、合一影业和爱奇艺影业为代表的互联网电影公司正在崛起，这对乐视影业接下来的发展战略布局是一个考验。

一、基础信息

1.1 基本信息

1.1.1 公司全称：乐视影业（北京）有限公司

1.1.2 成立时间：2011 年

1.1.3 总部地点：北京

1.1.4 公司性质：民营

1.1.5 联系方式

地址：北京市朝阳区姚家园路 105 号宏城鑫泰大厦 11 层

1.2 组织信息

1.2.1 管理层

张昭　CEO、执行董事

二、业务信息

2.1 产品及服务信息

乐视影业的经营范围包括：国产影片发行；制作发行动画片、专题片、电视综艺；不得制作时政新闻及同类专题、专栏等广播电视节目；投资管理；资产管理；租赁影视器材；影视策划；影视制作技术培训；组织文化艺术交流活动（不含演出）；设计、制作、代理、发布广告；会议服务；经济信息咨询；市场调查；技术推广服务；影视衍生品的技术开发品；文化经纪、个人演出经纪；票务代理等

2.2 覆盖范围

2.2.1 行业：影视传播

2.2.2 主要客户：观众

2.2.3 业务区域：全球

2.3 收入结构：电影投资、发行收入、票房收入

三、综合信息

3.1 发展定位：定位为“电影互联网公司”，为观众提供从线上到线下全方位的观影及增值服务

3.2 重要合作伙伴及供应商：康师傅、大地影院、中国电影集团公司、北京保利博纳电影发行有限公司、星美（北京）影业有限公司、中影寰亚音像制品有限公司、北京佳韵社文化传播有限公司、北京新华海润网络科技有限公司、北京朗思文化发展有限责任公司、北京紫禁城三联影视发行有限公司、北京鑫宝源影视投资有限公司、上海森乐文化传播有限公司、中国国际广播电台国广传媒中心等

我国互联网影视内容行业企业名录节选如下表：

表 17 中国互联网影视内容行业企业名录节选

阿里影视	简要分析见前述 数据分析及详细分析 见易观企业库
万合天宜	
乐视影业	
合一影业	详细分析见易观企业库
爱奇艺影业	详细分析见易观企业库
游族影业	详细分析见易观企业库
腾讯影业	详细分析见易观企业库
博纳影业	详细分析见易观企业库
花儿影视	详细分析见易观企业库
星美影业	详细分析见易观企业库

数字音乐

QQ 音乐

QQ 音乐以腾讯社交关系为基础，依托 QQ、QQ 空间、微信、视频游戏等娱乐生态链和社交产品链，形成联动是其最大优势。在众多移动音乐厂商中，QQ 音乐付费增值的盈利模式最为成熟。在互联网化的新形势下，QQ 音乐加大与多家唱片公司达成独家版权合作，QQ 音乐牵手华纳、YG、环球国际大牌唱片公司，并与杰威尔、华谊、华研、英皇、乐华、少城时代等一线唱片公司达成独家版权合作，QQ 音乐已经开始向版权分销商转型。QQ 音乐在数字音乐市场格局趋于领先，QQ 音乐在腾讯业务中的战略地位将越来越高。

易观分析

在用户资源方面，QQ 音乐利用腾讯的自身优势，借助 QQ、QQ 空间、微信、微视、微博等多个社交平台资源，积累了大量用户资源；在产品应用体验方面，QQ 音乐的歌词翻译功能，为喜爱国外歌曲的用户提供了英、日、韩及小语种歌曲的中文翻译歌词的个性化功能。但对于像动漫古典的小众曲库积累还有待丰富。而且需要提高移动端应用的创新，增加个性化功能，提高用户的使用黏性。移动互联网的日渐崛起也为音乐社交带来了新的机会，QQ 音乐结合腾讯社交的基因，QQ 音乐未来会有更多的想象空间。

一、基础信息

1.1 基本信息

1.1.1 公司全称：深圳市腾讯计算机系统有限公司

1.1.2 成立时间：1998 年 11 月 29 日

1.1.3 总部地点：深圳

1.1.4 上市时间：2004 年 6 月 16 日在香港联交所主板上市（股票代号 700）

1.1.5 企业性质：股份有限公司

1.1.6 资本信息：注册资本 100 万

1.1.7 联系方式

网址：http：//y. qq. com/

地址：深圳市福田区赛格科技园 2 栋东 403 号

电话：0755-86013666

1.2 组织信息

1.2.1 管理层

马化腾　首席执行官

二、业务信息

2.1 产品及服务信息

客户端：PC 版、iPhone 客户端、iPad 客户端、MAC 版、Android 客户端、Android Pad 客户端、Windows8 版、Windows Phone 版

特色产品：车载互联、QPlay、QQ 音乐合作平台、笛声传歌、手机遥控、隔空下载、音乐基因、单曲电台、歌词翻译

2.2 覆盖范围

2.2.1 行业：数字音乐行业

2.2.2 主要客户：互联网用户

2.2.3 业务区域：全国

2.3 收入结构：绿钻贵族、广告收入

三、综合信息

3.1 发展定位：免费、流行、正版数字音乐服务平台。

3.2 重要合作伙伴及供应商：英皇娱乐、相信音乐、杰威尔音乐、华研国际、美妙音乐、乐华娱乐、华谊兄弟音乐、少城时代、当然娱乐、联通沃音乐、安桥、梦之声、ONOS、DENON、Marantz、B&O、罗技、飞利浦、福特、通用、TCL 等

酷狗音乐

酷狗音乐成立于 2006 年，是国内最早的数字音乐服务与互动平台。移动互联网爆发后，酷狗快速应对市场变化，发力移动端，在市场发展初期占据了较大领先优势，在移动音乐类软件中也稳

居第一。随着智能手机的发展和普及，除了继续扩充曲库，完善音乐播放器基本功能外，满足用户个性化听歌体验成为未来的趋势和方向。一方面，通过对移动音乐大数据的应用，判断歌曲走势，分析用户特征，进一步强化用户体验。另一方面，通过增加社交功能加强用户间互动，提升用户黏性，试图通过精准营销和社会化营销，探索用户付费之外的商业模式。这些都是移动音乐未来的发展趋势。2015 年第一季度，酷狗音乐活跃用户渗透率最高，达 26.8%，QQ 音乐活跃用户渗透率为 20.7%，排名第二，酷我音乐以 19.8%的活跃用户渗透率排名第三。

易观分析

酷狗音乐有着 PC 端庞大客户群的先天优势，依托强大的音乐库、音乐标签化及个人偏好推荐功能，拥有 4 项国家发明专利和 23 项计算机软件著作权证书，让用户的需求满意度得到最大化提升；同时用户对手机音乐 APP 品牌认知度方面，酷狗音乐用户认知度最高，为 71.8%，但由于酷狗主打主流音乐，因此流失掉部分喜欢小众音乐的用户；拥有庞大的用户群和多年的用户习惯数据，通过分析大数据可发掘新的服务领域，但是目前酷狗主营的音乐增值、游戏、广告等业务，大多是搭建在酷狗音乐地基上运营的，今后酷狗音乐还需提高自身产品体验，一味依靠先前用户资源不是长久之计。

一、基础信息

1.1 基本信息

1.1.1 公司全称：广州酷狗计算机科技有限公司

1.1.2 成立时间：2006 年 2 月 20 日

1.1.3 总部地点：广州

1.1.4 上市时间：未上市

1.1.5 企业性质：有限责任公司

1.1.6 资本信息：注册资本 2608 万

1.1.7 联系方式

公司网址：http://www.kugou.com/

联系人：王晓倩

电话：010-65814277-825

广州总部地址：广州市天河区科韵路广州信息港 B1 栋 13 楼

北京总部地址：北京市朝阳区光华路甲 8 号和乔大厦 B 座 208

1.2 组织信息

1.2.1 人员规模：500 人

1.2.2 管理层：

谢振宇　董事长、首席执行官

二、业务信息

2.1 产品及服务信息

产品：

PC：酷狗音乐盒 2014windows 版、酷狗 Mac 版

手机：酷狗安卓版、酷狗 iPhone 版

Pad：酷狗音乐 iPad 版、酷狗安卓 Pad 版

其他：酷狗收音机安卓版、酷狗收音机 iOS 版、酷狗游戏盒、酷狗繁星安卓版等

服务：

音乐播放器提供在线音乐播放、本机音乐播放、网络收藏音乐、一键分享音乐等服务

酷狗音乐网站提供乐库、电台、MV、资讯、美女秀场、音乐达人、歌友会、VIP 中心等服务

2.2 覆盖范围

2.2.1 行业：数字音乐行业

2.2.2 主要客户：互联网用户

2.2.3 业务区域：全国

2.3 收入结构：收入来源为在线广告（为保证用户体验目前已弱化广告）、增值业务（与游戏联合运营，把一些流量导入到网络游戏里，和游戏厂商联合运营）、推广收入（推广换版权）、向用户收费，酷狗近四年每年营业收入增长率均在 100%以上

三、综合信息

3.1 发展定位：P2P 音乐共享软件

3.2 重要合作伙伴及供应商信息：华纳唱片、索尼音乐、金牌大风、英皇娱乐、悦声无限、冒牌音乐、太合麦田、龙乐文化、恒大音乐、源泉、天娱传媒、华数唱片、中国移动通信、联想、诺基亚、BenQ、LG、淘宝网、大国文化、EEG、华友飞乐、鸟人艺术、网络秀、太格印象、NMG、酷 6 网、孔雀唱片、CUTV、环球音乐、音著协、手机之家、中国票务在线、ELLE、大麦网、娱乐星闻、兄弟网、音悦台、365 音乐网、我要玩网页游戏、海报时尚网、PC 下载、站长之家、巴士玩、妆品网、乐蜂网、华体网、悠视网等

阿里音乐

阿里音乐正式组建于 2015 年 3 月 16 日，由阿里巴巴集团旗下两款音乐服务应用虾米音乐、天天动听合并而成。根据数据显示，在中国数字音乐平台的市场份额中，天天动听占 17.3%，虾米音乐占 4.6%，合并后，两者市场份额累积达到 21.9%，阿里音乐顺理成章跃升为中国数字音乐行业的 NO.1。合体后的阿里音乐，横向上将保持原有产品的差异化路线，纵向上将在独家音乐版权、阿里音乐人挖掘与培养、娱乐数据跨界营销、艺人经纪等多方向持续发力，同时融入阿里巴巴的电商血液，创造一个全新的数字娱乐行业生态环境。包括对新人新歌的挖掘、培养、包装、变现的一整条音乐产业链。组建阿里音乐是为更好地整合天天动听和虾米音乐各自的资源，尤其在音乐版权问题上，阿里会继续以两条腿走路：一是以天天动听为基础，通过采购唱片公司明星歌手的版权向大众免费输出音乐服务；二是以虾米音乐人为前身的阿里音乐人会大力挖掘孵化一些网络歌手，构

建自主的音乐版权。

易观分析

在用户资源方面，阿里音乐拥有虾米音乐和天天动听的用户群，整合了大量用户资源。阿里希望新加入的高晓松和宋柯能凭借其各自在音乐文化领域的资历、经验和人气，整合阿里已有的音乐资源，建立起自己的音乐生态圈，同时为艺人最大化挖掘潜在商业价值。虽然目前的数字音乐市场已有腾讯、百度、阿里等几大巨头企业为主流的市场竞争格局，但阿里音乐正式组建于2015年，对于一个新组建的团队来说，运营、管理及商业模式还有待摸索。阿里巴巴数亿用户所产生的大数据，阿里音乐可以反向输出给唱片公司，开发出更大的商业价值，但目前来讲，阿里音乐需要在曲库资源方面加大人才及资金的投放力度。

一、基础信息

1.1 基本信息

1.1.1 公司全称：阿里音乐

1.1.2 成立时间：2015 年 3 月 16 日

1.1.3 上市时间：未上市

1.2 组织信息

1.2.1 管理层：

高晓松　董事长

宋柯　CEO

二、业务信息

2.1 产品及服务信息

虾米音乐：走专业音乐人路线

阿里音乐人：音乐人孵化器，阿里音乐人致力于孵化出更多优秀的当代独立音乐人

天天动听：主打大众用户

2.2 覆盖范围

2.2.1 行业：数字音乐行业

2.2.2 主要客户：互联网用户

2.2.3 业务区域：全国

三、综合信息

3.1 发展定位：目前高晓松对阿里音乐的定位是不看重大数据，不血拼版权，不局限于“播放器”公司，争取把阿里音乐在三年内做成一家世界级的音乐机构

3.2 重要合作伙伴及供应商信息：阿里音乐与三大唱片公司合作，并且与相信音乐、滚石音乐、华研国际、BMG、寰亚唱片等多家知名唱片公司牵手，拥有这些公司的独家版权

我国数字音乐内容与应用行业企业名录节选如下表：

表 18 中国数字音乐内容与应用行业企业名录节选

QQ 音乐	简要分析见前述 数据分析及详细分析 见易观企业库
酷狗音乐	
阿里音乐	
酷我	数据分析及详细分析 见易观企业库
中国电信	
中国联通	
中国移动	
365 音乐	详细分析见易观企业库
80 音乐论坛	详细分析见易观企业库
A8 音乐网	详细分析见易观企业库
GOOGLE 音乐商店	详细分析见易观企业库
iTunes	详细分析见易观企业库
Jing. FM	详细分析见易观企业库
TOM 在线	详细分析见易观企业库
爱国者音乐网	详细分析见易观企业库
爱音乐	详细分析见易观企业库
北京酷智科技有限公司	详细分析见易观企业库
楚天之声	详细分析见易观企业库
叮当音乐网	详细分析见易观企业库
豆瓣	详细分析见易观企业库
华友世纪	详细分析见易观企业库
京东	详细分析见易观企业库
九酷音乐	详细分析见易观企业库
九天音乐网	详细分析见易观企业库
空中网	详细分析见易观企业库
龙腾阳光	详细分析见易观企业库
麦克疯	详细分析见易观企业库
咪咕音乐	详细分析见易观企业库
人人	详细分析见易观企业库
搜狗音乐	详细分析见易观企业库
搜狐	详细分析见易观企业库
淘宝	详细分析见易观企业库
完美音乐在线	详细分析见易观企业库
网易云音乐	详细分析见易观企业库
虾米	详细分析见易观企业库

（续表）

新浪音乐网	详细分析见易观企业库
炫音音乐论坛	详细分析见易观企业库
亚马逊	详细分析见易观企业库
一听音乐网	详细分析见易观企业库
音乐巴士	详细分析见易观企业库
音悦台	详细分析见易观企业库
掌上灵通	详细分析见易观企业库
中国原创音乐	详细分析见易观企业库

数字阅读

掌阅

掌阅是一家专业从事手机软件开发及无线娱乐运营的科技公司。以移动端书城起家，进入移动阅读领域较早，在 Java 时代即开始移动阅读的布局，多年来积累了大量的阅读用户以及海量的内容合作方，从而建立起在移动阅读领域的竞争壁垒，相继推出了手机阅读、手机音乐、手机安全等多个系列产品，并与众多品牌手机厂商达成了战略合作。根据 Analysys 易观发布的《中国移动阅读市场季度监测报告 2015 年第二季度》数据显示，掌阅 iReader 联手玩蟹科技，推出了下载手游作品《穿越吧！主公》送“阅饼”的活动。由于移动阅读用户与手机游戏玩家高度重合，跨界合作为双方的共同用户、潜在消费群带来多样化的品牌感知和福利，这对掌阅 iReader 而言，不仅提升了用户活跃度，也对依然占据 26.4%的市场份额起到巩固作用。

易观分析

用户资源方面，作为内容聚合平台的掌阅 iReader，充分利用移动终端便捷性和及时性的特点，为用户提供海量的高品质图书内容，迅速积累起庞大的用户规模。但由于用户付费是掌阅 iReader 目前最主要的盈利模式，吸引用户是产品发展的关键，因此掌阅 iReader 在产品功能方面持续发力，使产品在更新速度上优于同类竞品，以及全球首创护眼功能，进一步提升用户体验。在内容方面，继续加大版权购买力度，保持其内容优势，未来将通过发布的首款电纸书产品 iReader 来提高用户黏性。同时，阅文集团与小米公司达成战略合作，双方强强联手，将资源优势互补，未来多看将接入阅文集团内容资源，加强网络文学内容资源的建设，也将为品牌发展提供强大持续的内容支撑。

一、基础信息

1.1 基本信息

1.1.1 公司全称：北京掌中浩阅科技有限公司

1.1.2 成立时间：2008 年

1.1.3 总部地点：北京

1.1.4 上市时间：未上市

1.1.5 企业性质：私营

1.1.6 联系方式

网址：http：//www. zhangyue. com/

地址：北京市朝阳区四惠东通惠河南岸四惠大厦 2 层 2029E

邮箱：jiashengting@ zhangyue. com

1.2 组织信息

1.2.1 管理层

成湘均　首席执行官

二、业务信息

2.1 产品及服务信息

掌阅杂志、掌阅听书、掌阅动漫、掌阅 iReader

服务：每天提供海量网络原创文学、畅销书、出版物阅读

授权热门小说连载，最快同步更新

满足个性阅读需要，阅读自定义、全文搜索、护眼模式等数十处创新

云笔记，用户的点点滴滴，掌阅随身记

倾力奉献云书架，用户不受设备限制，方便阅读，支持微博分享、短信互动等多种好友互动

首家语音朗读专业提供，为盲胞点亮阅读

2.2 覆盖范围

2.2.1 行业：数字阅读

2.2.2 主要客户：移动互联网用户

2.2.3 业务区域：全国

2.3 收入结构：收入来源于用户付费、增值服务等

三、综合信息

3.1 发展定位：数字阅读领域的领导者，国内最具规模和影响力的数字图书分发平台

3.2 重要合作伙伴及供应商：中国移动、中国联通、中国电信、诺基亚、三星、HTC、摩托罗拉、SONY、LG、华为、步步高、天语、OPPO 音乐手机、酷派、HOSIN、AUX、朵唯、华勤通讯、HEDY、亿通、邦华等

腾讯文学

腾讯文学作为腾讯互娱旗下重要的“泛娱乐”业务之一，拥有全新互通的品牌矩阵：以男性阅

读为主的“创世中文网”和主打女性市场的“云起书院”；移动端应用（APP）“QQ 阅读”和触屏网站“QQ 书城”两大移动阅读产品，以及以手机 QQ 阅读中心为代表的综合内容拓展渠道。QQ 阅读作为腾讯旗下的移动阅读应用，重点发力移动阅读，升级核心产品体验，深入挖掘渠道价值，实现移动与 PC 端产品间的彻底互通，数据、运营、资源全面共享与统一运作。2015 年 1 月，原陈天桥治下的盛大文学与腾讯文学合并成立为“阅文集团”(China Reading Limited)，阅文集团将统一管理和运营原有子品牌，包括：QQ 阅读、起点中文网、创世中文网、云起书院、潇湘书院、红袖添香、小说阅读网、中智博文、华文天下等。

易观分析

腾讯文学与盛大文学完成整合正式挂牌，旗下的起点中文网，经过 11 年努力发展，拥有众多热爱起点的作者和高黏性用户，并且建立了完善的以创作、培养、销售为一体的电子在线出版机制，其注册作者总数已达 113.2 万人，拥有的作品总量达 135 万册。IP 衍生方面，阅文集团每年都会有大量作品的各类版权售出，涵盖出版、动漫、影视、游戏等多个领域。腾讯文学和盛大文学的整合具备天然优势，再者目前网文市场虽呈两家对峙局面，但腾讯文学成立时间过短，作者积累仍是短板，盛大文学多年沉淀的作者资源无疑是个巨大补充，其大量的阅读用户和作品版权背后的附加值，都是一笔可观的财富。

一. 基础信息

1.1 基本信息

1.1.1 所属公司：腾讯

1.1.2 成立时间：2013 年 9 月

1.1.3 总部地点：上海

1.1.4 上市时间：未上市

1.1.5 企业性质：民营

1.1.6 联系方式

网址：http://book.qq.com/

1.2 组织信息

1.2.1 管理层

吴文辉　首席执行官

梁晓东　首席执行官

1.2.2 组织架构

腾讯文学包括：创世中文网、云起书院、腾讯文学网、读书频道、移动产品“QQ 阅读”、WAP 阅读平台“QQ 书城”及基于 QQ 空间的“QQ 读书”

二、业务信息

2.1 产品及服务信息

创世中文网是与腾讯合作下，以网络小说为主要经营内容的原创文学门户网站，是集阅读、创作、互动社区、版权运营于一体的新一代全开放网络文学平台。该网站由专业网络原创文学团队携数十位业界编辑倾力打造，提出了“创造（网络文学）新世界”的口号

云起书院是集阅读、创作、版权运营为一体的全新网络开放平台，有完善的运营机制、作家制度、编辑制度、版权运作制度

QQ 阅读是腾讯公司开发的一款手机看书软件，在 Android/iPhone/iPad/Symbian/Kjava 等多种手机平台上，全面支持 TXT、UMD、HTML、EPUB、DOC 等多种电子书格式，还可在 QQ 书城免费下载最新热门小说。海量图书资源、全新阅读模式、极速软件引擎、个性界面设计带给您最舒适的阅读体验。服务：海量书城在线资源、全平台多格式支持、个性化阅读模式、先进阅读内核引擎、舒适美观界面设计、贴心细致辅助功能。支付方式有 Q 币、充值卡、QQ 卡、银行卡、话费这五种。几乎平均每两周进行一次基于用户体验的版本更新，对用户体验进行不断追求

2.2 覆盖范围

2.2.1 行业：泛娱乐-数字阅读

2.2.2 主要客户：互联网用户

2.2.3 业务区域：全国

2.3 收入结构：收入来源于会员增值、付费阅读。延伸至音乐、影视、文学、动漫、出版和周边制造等多个产业

三、综合信息

3.1 发展定位：以“全文学”战略推进整体业务布局，关注作者和用户的需求，关注产业链上下游伙伴的互补优势，打造涵盖文学创作、阅读以及泛娱乐开发的一体化平台，最终形成覆盖全内容、全用户、全平台和全产业链的新体系和新生态

3.2 合作伙伴与供应商：17K 小说网、人民文学出版社、作家出版社、凤凰出版传媒、接力出版、北京磨铁图书、中南博集天卷文化传媒、北京中文在线数字出版等

中文在线

中文在线以版权机构、作者为正版数字内容来源，进行内容的聚合和管理，向手持终端、互联网等媒体提供数字阅读产品；为数字出版和发行机构提供数字出版运用服务；通过版权衍生产品等方式提供数字内容增值服务。2015 年 1 月 21 日，中文在线在深交所创业板上市，成为中国“数字出版第一股”。

中文在线是国内最大的正版数字内容提供商之一，自有用户超 7000 万，合作用户超 4 亿。公司拥有数字内容资源过百万种，签约版权机构 600 余家，签约知名作家、畅销书作者 2000 余位，驻站网络作者超过 80 万名。

中文在线是国内第一批互联网创业企业，旗下互联网文学平台包括 17K 小说网、汤圆创作和中文书城。17K 小说网是新生代“网络文学大神”的培养基地，被中宣部认定为“网络文学重点园地”。汤圆创作是目前国内最大的移动读写社区，月活跃作者数破 10 万。中文书城是一款移动阅读

产品，汇聚了经典图书、原创网络文学内容在内的海量阅读资源，引领极致阅读。

易观分析

在用户体验方面，中文在线以互联网云平台为主，云屏数字借阅机为辅，支持用户多终端接入，实现 PC、手机、触控终端等多种方式间的无缝阅读。同时独创“读书+活动”的交互式阅读体验，用户不仅可轻松实现个人阅读轨迹在显示设备间的无缝对接及永久保留，还可畅享互动、共享的全民阅读学习型环境，实现个人图书馆的“私人定制”。在内容上，中文在线为不同的群体建立了符合群体需求且科学严谨的多视角图书分类体系。但在平台资源上，中文在线相比腾讯文学来说相对单一。在未来的发展中，我国的数字阅读市场巨大，中文在线作为国内最大的正版数字内容提供商之一，可以利用自身优势抢占市场。

一、基础信息

1.1 基本信息

1.1.1 公司全称：中文在线集团

1.1.2 成立时间：2000 年

1.1.3 总部地点：北京

1.1.4 上市时间：2015 年 1 月 21 日

1.1.5 企业性质：股份有限责任公司

1.1.6 联系方式

地 址：北京市东城区安定门东大街 28 号 2 号楼 9 层 905 号

邮 编：100007

电 话：010-51667567

传 真：010-84195550

1.2 组织信息

1.2.1 管理层

童之磊　董事长兼总裁

二、业务信息

2.1 产品及服务信息

全媒体出版：作为国内数字出版的领先企业，中文在线形成了“一种内容、多种媒体、同步出版”的全媒体出版模式，实现“任何人可以在任何时间、任何地点，以任何方式获得任何内容”

无线阅读服务：中文在线整合丰富的数字阅读资源，以服务手机读者为宗旨，全面助力手机阅读，打造全球最大的中文无线阅读平台

移动阅读：中文在线移动阅读业务，整合移动阅读产业链上下游企业，根据厂商需求，量身定制包括正版数字内容资源、互联网及移动互联网下载平台开发、在线服务平台、客户端定制、行业

销售、运营商合作、读书卡产品合作等整体解决方案

互联网阅读服务：中文在线通过多年积累，建立起覆盖不同用户对象的、多层次的互联网阅读服务渠道，其中“17K 小说网”和“四月天小说网”是集创作、阅读于一体的原创文学网站；“全民阅读网”（www. chineseall. org）旨在深化和推动全民阅读

机构阅读服务：中文在线提供面向学校、公共图书馆、政府、企事业单位等机构用户的数字阅读服务解决方案及数字阅读产品

数字内容增值服务：为实现数字内容资源价值最大化，中文在线对拥有版权的作品深度挖掘，经过筛选和审核，将内容进行纸质出版或改编为影视剧、游戏、有声读物等产品

法律服务中心：中文在线法律服务中心是专业性法律维权服务组织，帮助传统出版社对当前持有的图书版权资源进行梳理与盘活，为传统出版社开展数字出版业务提供法律保障。同时，为中文在线及其签约作家、合作出版社提供数字版权的维权服务

2.2 覆盖范围

2.2.1 行业：互联网

2.2.2 主要客户：互联网用户

2.2.3 业务区域：全国

2.3 收入结构：收入来源于出版费、增值服务等领域

三、综合信息

3.1 发展定位：以“数字传承文明”为企业使命，致力于成为全球领先的中文数字出版机构

3.2 重要合作伙伴及供应商：人民出版社、上海文化出版社、凤凰教育、浙江大学出版社、希望出版社、人民邮电出版社、黄河出版传媒集团、中国移动等。

我国数字阅读内容与应用行业企业名录节选如下表：

表 19　中国数字阅读内容与应用行业企业名录节选

<table>
<tr><td>掌中浩阅</td><td rowspan="3">简要分析见前述
数据分析及详细分析
见易观企业库</td></tr>
<tr><td>腾讯文学</td></tr>
<tr><td>中文在线</td></tr>
<tr><td>百度-91 熊猫看书</td><td rowspan="9">数据分析及详细分析见易观企业库</td></tr>
<tr><td>17k 小说网</td></tr>
<tr><td>3G 门户</td></tr>
<tr><td>Anyview</td></tr>
<tr><td>北大方正集团有限公司</td></tr>
<tr><td>汉王科技</td></tr>
<tr><td>书旗免费小说</td></tr>
<tr><td>中国移动</td></tr>
</table>

（续表）

中国联通	
开卷有益	
天翼阅读	
云中书城	
3G 书城	
iReader	
i 悦读	
QQ 阅读	
艾利和 Story	
爱国者电纸书	
百阅	
多看阅读	
津科翰林	
开卷有益	
空中网阅读业务	
纽曼电子书	
盛大 bambook	
手机 QQ 阅读	
台电电子书	
万物青毕升	
维旺明	
欣博阅电子阅读器	
亦墨电子书	
易博士	
易万卷	
掌上书院	
掌讯书苑	
掌讯通	
百度文学	详细分析见易观企业库
Google reader	详细分析见易观企业库
Instapaper	详细分析见易观企业库
南京掌门科技有限公司	详细分析见易观企业库
半壁江中文网	详细分析见易观企业库
博库网	详细分析见易观企业库
畅听王	详细分析见易观企业库
超星电子书	详细分析见易观企业库

（续表）

创世中文网	详细分析见易观企业库
豆瓣	详细分析见易观企业库
亚马逊中国	详细分析见易观企业库
当当网	详细分析见易观企业库
京东商城	详细分析见易观企业库
飞库网	详细分析见易观企业库
凤鸣轩小说网	详细分析见易观企业库
华为技术有限公司	详细分析见易观企业库
幻剑书盟	详细分析见易观企业库
晋江文学城	详细分析见易观企业库
看书网	详细分析见易观企业库
空中网	详细分析见易观企业库
酷听网	详细分析见易观企业库
连城读书	详细分析见易观企业库
连城书盟	详细分析见易观企业库
中国电信	详细分析见易观企业库
磨铁中文网	详细分析见易观企业库
陌上香坊文学网	详细分析见易观企业库
蔷薇书院	详细分析见易观企业库
青年文摘	详细分析见易观企业库
书生	详细分析见易观企业库
书香电子书	详细分析见易观企业库
搜娱电子书	详细分析见易观企业库
天下电子书	详细分析见易观企业库
天下书盟	详细分析见易观企业库
铁血读书	详细分析见易观企业库
听中国	详细分析见易观企业库
万方	详细分析见易观企业库
网易云阅读	详细分析见易观企业库
小说之家	详细分析见易观企业库
新浪读书	详细分析见易观企业库
烟雨红尘原创文学小说网	详细分析见易观企业库
亿部书城	详细分析见易观企业库
悦读纪文化传媒有限责任公司	详细分析见易观企业库
逐浪小说网	详细分析见易观企业库
纵横中文网	详细分析见易观企业库

游　戏

PC 游戏

腾讯游戏

腾讯游戏目前是国内最大的集游戏研发与运营为一体的游戏公司。2003 年，腾讯以 QQ 游戏平台进入游戏领域，并随着腾讯 QQ 用户的快速增长逐渐成长为国内游戏领域的翘楚。在 2012 年，腾讯成立互动娱乐事业群（IEG），主要负责腾讯的“现金牛”游戏业务。2014 年 10 月，IEG 进行架构调整，原八大游戏工作室分拆重组进天美、光子、魔方、北极光四个工作室群，以更好应对目前的游戏发展趋势。腾讯游戏在端游细分领域布局完善，在角色扮演、动作游戏、竞技游戏、休闲游戏以及游戏平台等细分领域都有成熟的产品，并且引进培育了一批经典的品牌游戏。《地下城与勇士》《穿越火线》《英雄联盟》三款游戏的成功运营是腾讯游戏能占领大部分端游市场份额的关键。近年来腾讯自主研发的《火影忍者 OL》《逆战》《天涯明月刀》和联合开发的《怪物猎人 OL》等一批游戏不仅获得了业界的关注，同时也取得了良好的市场反馈。腾讯游戏在游戏市场还并购、控股了一批优秀游戏厂商，2015 年 12 月 17 日，《英雄联盟》开发商 Riot Games 在公司官网宣布，其大股东腾讯收购了公司剩余股份，腾讯对这家公司实现了 100%控股，进一步壮大了自身实力。

易观分析

腾讯游戏依托腾讯 QQ 多年积累的用户关系链和账号体系，拥有着巨大的平台优势与用户基础，而《地下城与勇士》《穿越火线》《英雄联盟》等代理游戏在中国取得的巨大成功为腾讯游戏培养了大量的忠实用户和获得了高额的利润。腾讯近年来不断地完善基于《地下城与勇士》《穿越火线》《英雄联盟》类型的游戏产品线，用于巩固腾讯在 FPS、ACT、MOBA 类型游戏领域的统治力，并且与海外知名游戏厂商加强合作并推出了大量的游戏精品，进一步提高自身的研发实习与完善细分领域的游戏布局。腾讯游戏虽然市场份额高涨，但在玩家中口碑欠佳。产品线的日益膨胀加剧了内耗，部分游戏运营情况不佳。游戏用户分布广泛、杂乱，影响了游戏环境与用户体验。

Analysys 易观分析认为随着移动互联网的快速发展，端游市场虽然增速逐步放缓，但市场依然巨大。腾讯在端游领域的广泛用户基础，将会进一步增强其在未来的竞争力，拓展市场份额。随着众多端游厂商重心转向移动游戏领域，腾讯游戏在端游市场仍有较大的增长空间。腾讯游戏应继续增强自身的研发实力和创新能力，精简游戏产品线，培育新的明星产品。重视游戏环境，提升用户游戏体验，引导用户分流，以便更好地挖掘市场的潜力。

一、基础信息

1.1 基本信息

1.1.1 公司全称：腾讯控股有限公司

1.1.2 成立时间：2000年2月

1.1.3 总部地点：深圳

1.1.4 上市时间：2004年在香港联交所上市

1.1.5 企业性质：股份有限公司

1.1.6 资本信息：注册资金8000万元

1.1.7 联系方式

网址：http：//game.qq.com/

邮箱：10000@qq.com

地址：深圳市福田区赛格科技园2栋东403号

电话：0755-86013666

1.2 组织信息

1.2.1 管理层：

马化腾　首席执行官

二、业务信息

2.1 产品及服务信息：网络游戏的研发、发行、运营

2.2 覆盖范围

2.2.1 行业：泛娱乐在线游戏

2.2.2 主要客户：互联网用户

2.2.3 业务区域：全国

2.3 收入结构：游戏增值服务收入、网络广告、电子商务交易

三、综合信息

3.1 发展定位：围绕泛娱乐战略，通过对版权的运营，打造中国最大的娱乐平台

3.2 重要合作伙伴及供应商：动视暴雪、WeMade、Electronic Arts、NCsoft、NEOPLE等

网易游戏

网易是国内最早涉足端游领域的互联网企业，于2000年推出了第一款自研端游《大话西游》，而2003年《梦幻西游》的成功问世，奠定了网易游戏以自主研发为基础的运营战略，在端游领域极富影响力。《梦幻西游》运营至今12年的时间，持续为网易游戏贡献大部分营收。除《梦幻西游》以外，网易游戏还推出了十几款自主研发游戏，包括《天下3》《大唐无双2》《倩女幽魂2》等。网易游戏不仅自主研发游戏，还代理一批经典网游。2008年，网易获得《星际争霸Ⅱ》《魔兽争霸Ⅲ：混乱之治》《魔兽争霸Ⅲ：冰封王座》以及战网平台在中国大陆的独家运营

权。2009 年，进一步获得暴雪旗下《魔兽世界》在中国大陆的独家运营权。2015 年，网易游戏将《风暴英雄》《守望先锋》与《暗黑破坏神 3》带给了中国玩家，至此暴雪游戏全线产品均登陆中国，此举完善并加强了与暴雪游戏的战略合作。网易游戏目前的产品布局比较完善，角色扮演游戏、竞技对战游戏、射击游戏与休闲游戏等细分领域都有相应的产品布局，但除《梦幻西游2》与《大话西游》外，网易在端游上缺乏一款现象级的作品。并且在游戏细分领域中，产品的竞争力要弱于腾讯同类型产品，如《英雄三国》相对于《英雄联盟》和《天谕》相对于《剑灵》。

易观分析

网易游戏拥有优质的研发团队，团队在游戏的研发上不仅经验丰富，而且实力雄厚，并且完善的游戏人才培养体系，更让网易游戏一直保持创新的活力。网易游戏拥有完善的一站式服务平台，包括从游戏的交易、网易玩家的交流，到支付平台与直播平台等游戏衍生服务。服务环境的闭环，让网易能充分从每个环节中获取丰厚的利润但同时也为新玩家的加入自设了高门槛。端游市场经过多年的发展已经成熟，玩家对精品游戏的需求越来越旺盛，这对于以研发见长，坚持精品化战略的网易游戏将是一个极大的利好。并且与暴雪的深度合作，让网易资金充足。

Analysys 易观分析认为，网易游戏具备较强的研发实力并且经过多年的运营取得了良好的玩家口碑，但端游产品线混乱，并且在追逐腾讯游戏的细分领域战略中频频失误，《英雄三国》《龙剑》《天谕》等端游的表现，让网易自研游戏在市场中的份额与曝光率持续缩水，同时也大量消耗了公司的资源。网易游戏应精简研发产品线，集中研发实力，坚持走精品路线，在某一优势领域中持续发力，更符合其自身的特点，利于公司发展。

一、基础信息

1.1 基本信息

1.1.1 公司全称：广州网易计算机系统有限公司

1.1.2 成立时间：1997 年 6 月 24 日

1.1.3 总部地点：北京市海淀区中关村东路 1 号院清华科技园 8 号楼启迪科技大厦（火炬大厦）D 座 26 层

1.1.4 上市时间：2000 年 6 月 30 日

1.1.5 企业性质：股份有限公司

1.1.6 资本信息：注册资本 2000 万人民币

1.1.7 联系方式

网址：http://nie.163.com/

客服热线：020-83568090

1.2 组织信息

1.2.1 管理层：

丁磊　首席执行官

二、业务信息

2.1 产品及服务信息

网络游戏的研发、出版、发行、运营；电子邮件；门户网站；广告

游戏产品：《新大话西游 2》《新梦幻西游 2》《大话 2 免费版》《大话西游 3》《新大话西游 3》《大话外传篇》《大唐无双零》《龙剑》《天下 3》《斩魂》《魔兽世界》《精灵传说》《新飞飞》《藏地传奇》《天谕》《武魂》《倩女幽魂 2》《战音 OL》《星际争霸 2》《网易全明星》《英雄三国》《无线对决》《炉石传说》《游戏星城》《危机 2015》《爆裂天空》 等

2.2 覆盖范围

2.2.1 行业：在线游戏

2.2.2 主要客户：互联网用户

2.2.3 业务区域：全国

2.3 收入结构：在线游戏收入（约占 80%）、广告收入、邮箱、电商及其他收入

三、综合信息

3.1 发展定位：中国领先的在线游戏平台

3.2 重要合作伙伴及供应商：暴雪、Funnybee、EA 等

37 游戏

上海三七玩网络科技有限公司成立于 2011 年，总部位于上海，在国内和海外多个地区设有子公司或办事处等分支机构，是一家集网页游戏与移动游戏的研发与运营为一体的游戏公司。市场覆盖中国大陆、港澳台、东南亚及北美等地区，但以中国大陆地区为主。公司旗下拥有 37 网页游戏平台、37 移动游戏、6711 网页游戏平台，成功运营《大天使之剑》《传奇霸业》《热血江湖传》《混沌战域》《傲视九重天》和《女神联盟》等著名网页游戏，其运营多靠代理游戏和通过广告带来的流量与 IP 带来的流量，在 2014 年，37 游戏旗下的极光工作室自主研发改编自《奇迹 MU》的页游《大天使之剑》，依靠自身平台优势，联合百度、YY、金山、360 游戏平台同步首发，并在搜索引擎渠道进行全范围的网络用户推广，创造了 30 天流水破亿的记录。2013 年，公司成立三七玩移动游戏事业部，并组建了移动游戏研发及运营团队，全面进军移动游戏领域。为了实现品牌化，37 游戏专门设计了“洋葱头”的卡通作为自身品牌形象，并积极推进游戏玩家见面会，建立玩家评测室保证游戏产品的质量。

易观分析

37 游戏依托自有平台运营优势，有较强的品牌号召力和优质的用户基础，与众多页游开发商保持着良好的合作关系。但其自主研发能力较弱，产品同质化严重，游戏核心内容往往容易被复制。初期推广宣传的途径较为简单粗暴，甚至是低俗，给用户留下一些不利于健康发展的印象。现如今 37 游戏稳坐第一梯队，大型平台的竞争优势明显，竞争格局在短期内将保持稳定，而且研发、运营并行将使 37 游戏更具优势。

Analysys 易观分析认为随着页游研发厂商转型移动游戏，页游产品数量相应较少，页游平台的增长速度停止甚至有倒退的倾向。且页游运营成本逐年增加，利润被压得很低，行业竞争愈加激烈。这就要求 37 游戏在巩固和加强自身在页游平台运营领域地位的同时，加速向页游研发、手游市场及海外市场拓展。今年 37 游戏加大了手游和海外市场的投入，手游产品即将大丰，海外市场也向北美和欧洲市场拓展，页游自研方面也推出了高流水的产品，未来的发展值得期待。

一、基础信息

1.1 基本信息

1.1.1 公司全称：上海三七玩网络科技有限公司

1.1.2 成立时间：2011 年 9 月

1.1.3 总部地点：上海

1.1.4 上市时间：未上市

1.1.5 企业性质：民营

1.1.6 资本信息：1000 万元人民币

1.1.7 联系方式

网址：http：//www.37.com/

电话：0553-8125237/4008-585-237

邮箱：hr@37wan.com

地址：广州市天河区百合路 19 号 37wan 大厦（广州分公司）

1.2 组织信息

1.2.1 管理层

李逸飞　首席执行官

二、业务信息

2.1 主要产品与服务信息

运营平台：

37 游戏 、6711 等网页游戏运营平台，以及手机游戏代理和运营平台

网页游戏：

目前平台运营网页游戏产品总数超过 180 款，正在运营的产品超过 100 款，涵盖角色扮演、战争策略、模拟经营、体育竞技、益智休闲等游戏类型

2.2 覆盖范围

2.2.1 行业：网页游戏、手机游戏

2.2.2 主要客户：网络游戏用户

2.2.3 业务区域：全球

2.3 收入结构：网页游戏代理运营收入、网页游戏研发收入、手机游戏运营收入

三、综合信息

3.1 发展定位：全球玩家的快乐选择，深受玩家喜爱的国际化品牌游戏运营商

3.2 重要合作伙伴及供应商信息：巨人网络、岂凡网络、第七大道、百度游戏、上海易娱网络、江苏极光网络、上海傲庭网络、大宇资讯、墨麟集团、傲世堂、武易网络

游族网络

“游族网络”全称游族网络股份有限公司，成立于 2009 年。是一家立足游戏研发、全球发行及相关产业经营发展的轻游戏互动娱乐企业。2014 年，游族网络借壳“梅花伞”，正式登陆国内 A 股主板。目前，游族网络在“全球发行、大 IP”的战略规划下，旗下网页游戏、手机游戏、发行、平台、海外五大业务共同发展。2014 年上半年，游族网络在海外市场狠下工夫，海外营收迅速增长,《女神联盟》单款产品创汇过亿，伴随的是高昂的开荒成本。但破冰后下半年的《战龙军团》《神权》等作品都沿着前作荫庇，一路顺畅地在海外“捞金”。游族网络在 2014 年启动的“+U 计划”拟在未来三年内筹备 20 亿基金在全球范围内收购、代理精品游戏，加强自主研发，购买 IP，强化渠道合作及品牌营销力度。游族网络将利用成熟的商业模式，比如电影、游戏、网络电视剧去重新布局产业链。并将通过“+U 计划”快速丰富游族手游产品线，开拓手游发行业务。在“+U 计划”下《三体》IP 的收购对于游族来说是涉足泛娱乐领域第一仗。

易观分析

游族网络通过力推全球发行业务，在海外市场收获颇丰，立志将 IP 塑造成全球知名品牌。在大 IP 战略指导下，游族网络将打造一条涵盖游戏、影视、动漫等完整产业链，将轻娱乐从概念发展到产业化，并推出了 20 亿基金的“+U 计划”，以确保战略顺利进行。

随着近两年移动游戏大热，游族网络积极布局移动端，在 2015 年成功推出的《大皇帝》移动端手游取得了不错的营收，奠定了游族网络在移动端的一席之地。

Analysys 易观分析认为受移动游戏冲击，网页游戏国内市场增速放缓，进入寡头竞争时代。就目前游族网络的发展状况看，页游企业依靠转型已经获得了资本的认可，继续建立用户口碑将会是未来长远发展的关键。游族以页游积累的资本积极拓展 IP 文化，围绕 IP 打造以 IP 为中心的游戏、电影等泛娱乐战略，是其从单一的网页游戏公司转型的关键一步。

一、基础信息

1.1 基本信息

1.1.1 公司全称：游族网络股份有限公司

1.1.2 成立时间：2009 年 6 月

1.1.3 总部地点：上海

1.1.4 上市时间：2014 年 2 月

1.1.5 企业性质：股份制

1.1.6 资本信息：27570.9972 万人民币

1.1.7 联系方式

网址：http：//www.youzu.cn/

公司电话：021-33676512

公司传真：021-33676520

地址：上海闵行区紫秀路 100 号“虹桥·总部 1 号”三号楼 8—10 层

1.2 组织信息

1.2.1 管理层

林奇　董事长、首席执行官

二、业务信息

2.1 主要产品与服务信息

网页游戏：《女神联盟》《战龙兵团》《大将军》《大侠传》《骑士战歌》《侠物语》《轩辕变》《一代宗师》《七十二变》《十年一剑》《一骑当先》《三十六计》

手机游戏：《萌江湖》《四大萌捕》《马上踢足球》《一代宗师》《十年一剑》《妖精去哪儿》《铁王座》

游戏平台：游族平台、9787 游戏平台

2.2.1 行业：网页游戏及手机游戏研发与发行

2.2.2 主要客户：网络游戏用户

2.2.3 业务区域：全球

2.3 收入结构：网页游戏、手机游戏研发及运营收入，其中网页游戏占比 95%左右，海外地区业务收入占比接近 30%

三、综合信息

3.1 发展定位：成为全球领先的轻娱乐服务供应商，坚持“精品战略”，爱游戏、爱玩家，做有爱的产品

3.2 重要合作伙伴及供应商信息：Facebook、WorldPay、Sgame、Google Play、盛大文学、起点中文网、武侠小说大师温瑞安、知名制片人阚迪、苏州正游、上海交通大学等

电子竞技

斗鱼 TV

斗鱼 TV 在国内直播领域是第一家弹幕式直播分享网站，是国内直播分享网站中的一员。斗鱼 TV 的前身为 ACFUN 生放送直播，于 2014 年 1 月 1 日起正式更名为斗鱼 TV。其以游戏直播为主，涵盖了体育、综艺、娱乐等多种直播内容。近年中国电子竞技市场的迅猛发展以直播平台的火爆为开端，而斗鱼 TV 的兴起带动了整个直播行业的火热，最初以 YY 平台为代表的以安装一个软件，注册账号，找一个频道，之后再找主播的房间去看直播的模式不再受观众欢迎。Twitch 的直播模式在海外受到广泛欢迎，国内模仿 Twitch 直播模式的斗鱼 TV 一经推出便受到国内观众热烈的追捧。数以万计的用户，使国内直播市场迅猛扩张，电子竞技本身的话题性与直播行业大手笔的资金投入，也使直播平台极大地暴露在媒体的镜头下，使直播平台本身受到了各方极大的关注，并且新型行业缺乏规范的行业标准也使直播平台运营中各类纠纷不断，仅斗鱼 TV 就有 2015 年 5 月，知名 LOL 游戏主播"文森特"因曝工资拖欠事件与斗鱼 TV 之间的解约，2015 年 8 月，除了人气主播洞主、蛋糕，还有近两个月接近前十的翠小西、浪子彦、靖哥哥、城管西、秀逗等共数十名游戏主播因曝工资拖欠问题而全部转投龙珠直播平台等与主播纠纷事件，这无疑加深了观众对于斗鱼 TV 直播平台的负面印象。

易观分析

斗鱼 TV 经过近两年的发展，已经形成比较成熟的盈利模式，但是在国内，由于网络环境的问题，直播行业本身的高成本运作，使斗鱼 TV 仍然面临着巨大的资金压力，现有的盈利模式并不能满足整个平台的运营成本。

Analysys 易观认为斗鱼 TV 面临着巨大的竞争压力，知名主播的流失，后续主播人才的不足，其他直播平台的突然崛起，都使斗鱼 TV 在直播行业的份额持续下降。能否形成完整成熟的直播行业规范和商业模式是斗鱼 TV 能否处于直播行业领先地位的关键所在。

一、基础信息

1.1 基本信息

1.1.1 公司全称：武汉斗鱼网络科技有限公司

1.1.2 成立时间：2014 年 1 月

1.1.3 总部地点：武汉

1.1.4 上市时间：未上市

1.1.5 企业性质：私人企业

1.1.6 资本信息：未知

1.1.7 联系方式

网址：http://www.douyutv.com/

1.2 组织信息

1.2.1 管理层：

陈少杰　CEO

二、业务信息

2.1 产品及服务信息：网络直播平台

2.2 覆盖范围

2.2.1 行业：泛娱乐直播平台

2.2.2 主要客户：互联网用户

2.2.3 业务区域：全国

2.3 收入结构：运营页游、用户购买虚拟道具、广告

三、综合信息

3.1 发展定位：中国最大的互动娱乐直播平台

3.2 重要合作伙伴及供应商：腾讯、IG 战队等

PLU

PLU 是国内比较早专注于电子竞技赛事直播的公司，在 2005 年 8 月 25 日，PLU 与国内知名的 P2P 运营商合作研发了网络视频直播技术，开拓了世界电子竞技比赛直播方式的新模式，成为市场领先者，其以举办推广各类游戏赛事、传播报道国内外游戏热点重点新闻、选拔包装中国游戏高手为主要职能。成功地举办了多次电子晋级赛事，近年尤以成功举办与打造出中国最大电子竞技赛事 LPL 为业内瞩目。2015 年 2 月 1 日，PLU 游戏娱乐传媒正式发布龙珠直播平台，并与游戏开发和运营机构腾讯游戏、韩国职业电子竞技协会（KeSPA）、游戏风云、NICE TV 达成战略合作。PLU 将获得腾讯游戏旗下超人气电竞赛事《英雄联盟》职业联赛（LPL）、《穿越火线》电视职业联赛（CFPL）等超过 30 余款游戏赛事的直播权。成功依靠腾讯强大的游戏资源强势进入直播领域。

易观分析

PLU 起步较早，有成熟的赛事举办与直播经验，近年随着电子竞技行业整体市场的快速扩充，其公司规模与影响也逐渐提升，其过去成功地运营 LPL 赛事是 PLU 的一大亮点。与腾讯合作推出龙珠直播平台，凭借先天资金的极大优势和竞争对手对于主播的混乱管理，成功地在游戏直播行业占有一席之地。

Analysys 易观认为 PLU 依托旗下龙珠直播平台现有的大量的游戏主播资源与直播内容打造的以游戏攻略、游戏文化娱乐等内容为主的视频网站龙珠视频网，是扩大游戏直播范畴的一次不错的商业模式尝试。随着香蕉计划在国内电子竞技行业的异军突起，PLU 不仅丢失了 LPL 赛事的主办权，失去了独占直播的游戏内容，更面临着香蕉计划旗下 PandaTV 游戏直播平台的追击。在腾讯宣布投资斗鱼 TV 展后，PLU 也结束了与腾讯的蜜月期，面临着不小的资金压力。推出一个稳定可靠的盈利模式是 PLU 目前发展中需要解决的核心问题。

一、基础信息

1.1 基本信息

1.1.1 公司全称：苏州游视网络科技公司

1.1.2 成立时间：2005 年 8 月 25 日

1.1.3 总部地点：苏州

1.1.4 上市时间：未上市

1.1.5 企业性质：有限公司

1.1.6 资本信息：未知

1.1.7 联系方式

网址：http：//www. plu. cn/

地址：江苏省太仓市科教新城海运堤路 86-2

1.2 组织信息

1.2.1 管理层：

陈琦栋　CEO

二、业务信息

2.1 产品及服务信息：游戏娱乐传媒

2.2 覆盖范围

2.2.1 行业：泛娱乐在线游戏

2.2.2 主要客户：互联网用户

2.2.3 业务区域：全国

2.3 收入结构：售卖虚拟道具、网络广告、电子商务交易

三、综合信息

3.1 重要合作伙伴及供应商：腾讯等

WCA

世界电子竞技大赛（World Cyber Arena，WCA），创立于 2014 年，是一项全球性的电子竞技赛事，该项赛事由银川市政府、银川圣地国际游戏投资有限公司运营，将 PC 游戏、手游、页游作为

比赛项目，通过举办国际性电竞大赛、组织电竞选手培训、设立优秀选手个人工作室等形式，致力于推动电子竞技赛事、电子竞技产业的蓬勃发展。2015 年 3 月 21 日 WCA2015 发布会召开，主办方宣布与“小米互娱”、“腾讯汽车”、“腾讯微视”结成战略合作。2015 年 6 月，WCA 站上美国 E3 游戏展的舞台，7 月亮相上海 ChinaJoy，8 月现身德国科隆游戏展，吸引了全球游戏产业人士及玩家的关注。2015 年 12 月 17 日，WCA2015 全球总决赛在银川的宁夏国际会堂正式揭幕，总决赛涵盖端游、页游、手游等不同层面多达 11 个项目的正式参赛项目，其中华硕主板为官方唯一指定赛事装备。

易观分析

WCA 自创立以来，就以打造中国电子竞技完善的商业体系为战略，在直播、解说、俱乐部职业化等领域已有资源和品牌基础，而与淘宝游戏电商平台合作，能更为有效地促进电竞生态圈的建设，充分发挥线上线下资源。同时，WCA 通过签约代言人的营销模式来推动自身品牌建设，让 WCA 迅速地走进了公众和玩家的视野。此外，赛事经济具备着强联动效应，涉及服务、交通、旅游、广告、装饰、餐饮、通信和酒店等多个领域，WCA 的发展不仅可以培育新兴产业集群，更能够直接或间接地拉动和形成一系列的宁夏区域产业效应。

电子竞技全球市场是一片全新的广阔天地，国内少有成功的海外市场开拓经验，WCA 在赛事区域上横跨四大洲，正是瞄准了这一空白市场的海外机会，从成立之初便极富远见地定下“中国造，全球化”的战略。然而在 2015 年赛事上，WCA 在赛事项目上的差别对待，以及人员服务、场所建设、选手健康等赛事具体细节上暴露出诸多问题，受到不少舆论压力，如何塑造正面的、阳光的、正能量的品牌形象，是首当其冲要解决的问题。

一、基础信息

1.1 基本信息

1.1.1 公司全称：银川圣地国际游戏投资有限公司

1.1.2 成立时间：2014 年 6 月

1.1.3 总部地点：宁夏银川市

1.1.4 上市时间：未上市

1.1.5 企业性质：有限公司

1.1.6 资本信息：未知

1.1.7 联系方式

网址：http：// www. wca. com. cn/

地址：宁夏银川市金凤区上海西路 239 号国电英力特大厦 18 楼 B 座

邮箱：hr@ wca. com. cn

电话：0951-5962585

二、业务信息

2.1 产品及服务信息：

比赛项目：传统电竞、页游和手游，2015 年 WCA 增加了棋牌类项目、主机游戏，传统电竞类 7 个项目：《Dota2》《炉石传说》《穿越火线》《坦克世界》《War3》《英雄联盟》《风暴英雄》

2.2 覆盖范围

2.2.1 行业：电子竞技赛事、泛娱乐在线游戏

2.2.2 主要客户：电竞选手、游戏用户

2.2.3 业务区域：全国

2.3 收入结构：赛事奖金池、网络广告、电子商务交易等

三、综合信息

3.1 发展定位：以“英雄的竞技场，玩家的寻梦地”为口号，致力于推动电子竞技赛事、电子竞技产业的蓬勃发展，矢志打造为全球顶尖的第三方综合性电竞赛事

3.2 重要合作伙伴及供应商：腾讯、淘宝游戏、小米视频、巨人网络、盖娅互娱、新浪游戏、游迅网、银川市政府，以及斗鱼 TV 等直播平台

腾讯游戏

腾讯游戏在电子竞技领域中占有先天的内容资源，其旗下的《穿越火线》《英雄联盟》等游戏是目前电子竞技领域中最为重要的两款竞技游戏。在电子竞技市场发展扩大的早期，腾讯游戏对于电子竞技市场中的布局规划更多的是以推动旗下游戏在市场中占有率、曝光率为主要目的，并没有将其当作为一个单独的游戏衍生市场，这就造成了虽然是电子竞技中最为重要的内容提供商，但公司并没有从电子竞技市场中获得应有的市场份额，其在之后推出的 TGA 游戏竞技赛事与直播平台，也没有引起很好的市场反响。所以其在 2014 年与 PLU 达成合作意向，共同推出龙珠直播平台，并将 TGA 的直播资源全数并入龙珠直播平台，以雄厚的资金优势快速抢夺市场份额。2015 年更是投资了斗鱼 TV，此举欲以资本优势，获得游戏直播领域的巨大份额。

易观分析

端游市场近年受到页游与手游的冲击，增长缓慢，但随着《英雄联盟》在世界范围的流行，电子竞技市场在近年获得了快速扩张，形成了各方资本追逐的新领域，暴雪、EA 等老牌大厂也同样集合自身资源大力发展电子竞技，腾讯游戏作为国内电子竞技市场最大的内容提供方也同样在今年通过雄厚的资本实力，全面介入电子竞技游戏市场。

Analysys 易观分析认为腾讯游戏在 2014 与 2015 年两年中高调介入电子竞技游戏市场是看中电子竞技直播平台对游戏本身很好的推广发展职能，喜爱观看游戏直播的用户等值为重度游戏客户，抓住这部分用户，对于腾讯游戏发展精品游戏，扩大国内重度游戏市场的战略有着积极的意义。

一、基础信息

1.1 基本信息

1.1.1 公司全称：腾讯控股有限公司

1.1.2 成立时间：2000 年 2 月

1.1.3 总部地点：深圳

1.1.4 上市时间：2004 年在香港联交所上市

1.1.5 企业性质：股份有限公司

1.1.6 资本信息：注册资金 8000 万元

1.1.7 联系方式

网址：http：//game. qq. com/

邮箱：10000@ qq. com

地址：深圳市福田区赛格科技园 2 栋东 403 号

电话：0755-86013666

1.2 组织信息

1.2.1 管理层：

马化腾　首席执行官

二、业务信息

2.1 产品及服务信息：网络游戏的研发、发行、运营

2.2 覆盖范围

2.2.1 行业：泛娱乐在线游戏

2.2.2 主要客户：互联网用户

2.2.3 业务区域：全国

2.3 收入结构：游戏增值服务收入、网络广告、电子商务交易

三、综合信息

3.1 发展定位：围绕泛娱乐战略，通过对版权的运营，打造中国最大的娱乐平台

3.2 重要合作伙伴及供应商：动视暴雪、WeMade、Electronic Arts、NCsoft、NEOPLE 等

手　游

腾讯游戏

根据 Analysys 易观发布的《中国移动游戏市场季度监测报告 2015 年第三季度》数据显示，中国移动游戏市场规模在 2015 年第三季度达到 146.63 亿元人民币，环比增长 13.7%，同比增长 101.8%，市场增速较上季度有小幅回升；预计 2015 年全年中国移动游戏市场规模将超过 500 亿元

人民币。智能手机的流行，解决了手游必需的硬件条件，国内巨大的用户量和相对发达的移动信息网络是手游崛起的两大先决条件。腾讯游戏最开始以微信平台为基础，以研发运营轻度社交性的手机游戏为开端，打入手机游戏市场，在其先天平台的优势资源下，占有了巨大的市场份额，但是随着智能手机手机性能的大幅提高，国内用户渐渐由休闲为主要目的的手机游戏消费人群转变为重度游戏为主的手机游戏消费人群。腾讯在今年的市场竞争中虽然以《热血传奇》《王者荣耀》《全民突击》《拳皇 98 OL》等精品手游在市场中占有较大份额，但老对手网易游戏推出的《梦幻西游》和《大话西游》的手游版却后来居上，占有领先优势。

易观分析

腾讯游戏在端游层面上各个细分领域培养出的一大批精品游戏所形成的 IP 很好地移植到了手游产品线上，但是在国内市场中，腾讯游戏在回合制领域中一直缺乏一款明星产品。而回合制很好地切合了重度移动游戏中操作的便捷性、成长的可观性等特点。所以创造一款游戏的回合制 IP 是腾讯游戏发展战略计划中迫切需要解决的问题。

Analysys 易观分析认为腾讯早年与其他厂商签署的众多 IP 协议是腾讯能在手游领域中保持持续不断增长、推陈出新的关键所在，其持续不断围绕 IP 推出的手机游戏往往占据了不错的市场份额，但鉴于《梦幻西游》和《大话西游》本身强大的粉丝效应与游戏自身的高素质，以及网易游戏的相对于腾讯游戏的口碑影响力，都是腾讯游戏难以在手游中复制自身在端游领域中统治地位的原因。

一、基础信息

1.1 基本信息

1.1.1 公司全称：腾讯控股有限公司

1.1.2 成立时间：2000 年 2 月

1.1.3 总部地点：深圳

1.1.4 上市时间：2004 年在香港联交所上市

1.1.5 企业性质：股份有限公司

1.1.6 资本信息：注册资金 8000 万元

1.1.7 联系方式

网址：http：//game. qq. com/

邮箱：10000@ qq. com

地址：深圳市福田区赛格科技园 2 栋东 403 号

电话：0755-86013666

1.2 组织信息

1.2.1 管理层：

马化腾　首席执行官

二、业务信息

2.1 产品及服务信息：网络游戏的研发、发行、运营

2.2 覆盖范围

2.2.1 行业：泛娱乐在线游戏

2.2.2 主要客户：互联网用户

2.2.3 业务区域：全国

2.3 收入结构：游戏增值服务收入、网络广告、电子商务交易

三、综合信息

3.1 发展定位：围绕泛娱乐战略，通过对版权的运营，打造中国最大的娱乐平台

3.2 重要合作伙伴及供应商：动视暴雪、WeMade、Electronic Arts、NCsoft、NEOPLE 等

网易游戏

网易游戏在手机游戏领域中一贯坚持走精品路线的风格，最开始以端游《梦幻西游 2》的移动端口《梦幻西游口袋版》为切入口进入手机游戏领域，但其定位为服务于《梦幻西游 2》端游版玩家的策略并没有得到很好的市场反馈，其后推出《忍者必须死 2》《实况俱乐部》《影之忍》等一批精品单机游戏的手游移植版来介入市场，在玩家群体中赢得了不错的口碑，但产生的经济效应与影响人群有限。随着智能手机硬件性能的提升，玩家越来越不满足于现有手机游戏轻度化的发展方向，随后网易顺势将《梦幻西游》手游版推出市场，一经推出便取得巨大的反响，《梦幻西游》强大的 IP 影响力助推其手游版登顶 iOS 畅销榜首，随之而来的《大话西游》手游版同时占据了 iOS 畅销榜第二名的位置，根据 Analysys 易观发布的《中国移动游戏市场季度监测报告 2015 年第三季度》数据显示，网易游戏在手机游戏领域占据了 18.14%的市场份额，同比增长 8%，这无疑是得益于两款西游游戏题材手机游戏的成功运营。

易观分析

网易游戏在手游领域中后来居上，《梦幻西游》与《大话西游》取得的巨大成功让其获取了大量的忠实用户与巨额的利润，但手机领域中换代较快的特性，让网易游戏在推出《梦幻西游》与《大话西游》两款现象级 IP 产品后，后继乏力的问题凸显了出来。尽快推出新的手游产品才能使网易游戏继续扩大在手游市场的市场份额。

Analysys 易观分析认为虽然网易游戏同样拥有《倩女幽魂》《天下 3》等一批精品游戏 IP，但是其影响力相比于两款西游游戏要小很多，在将其移植为手游时，同样验证了其影响力弱的问题，但是暴雪游戏强大的 IP 影响力在手游领域中还有待开发，网易游戏如能与暴雪合作推出手游产品，将使网易游戏在未来的手游竞争取得巨大的优势。

一、基础信息

1.1 基本信息

1.1.1 公司全称：广州网易计算机系统有限公司

1.1.2 成立时间：1997 年 6 月 24 日

1.1.3 总部地点：北京市海淀区中关村东路 1 号院清华科技园 8 号楼启迪科技大厦（火炬大厦）D 座 26 层

1.1.4 上市时间：2000 年 6 月 30 日

1.1.5 企业性质：股份有限公司

1.1.6 资本信息：注册资本 2000 万人民币

1.1.7 联系方式

网址：http：//nie. 163. com/

客服热线：020-83568090

1.2 组织信息

1.2.1 管理层：

丁磊　首席执行官

二、业务信息

2.1 产品及服务信息

网络游戏的研发、出版、发行、运营；电子邮件；门户网站；广告

游戏产品：《梦幻西游》《大话西游》《天下 HD》《影之忍》《乱斗西游》

2.2 覆盖范围

2.2.1 行业：在线游戏

2.2.2 主要客户：互联网用户

2.2.3 业务区域：全国

2.3 收入结构：在线游戏收入（约占 80%），广告收入，邮箱、电商及其他收入

三、综合信息

3.1 发展定位：中国领先的在线游戏平台

3.2 重要合作伙伴及供应商：暴雪、Funnybee、EA 等

乐逗游戏

乐逗成立 3 年多以来，通过引进发行全球知名精品游戏，在国内游戏市场制造了不可忽视的影响力。作为海外游戏开发商最为信赖的手游发行公司之一，乐逗代理发行了 Halfbrick、Imangi 等众多国际知名开发商的产品，《水果忍者》系列和《神庙逃亡》系列更掀起了“全民切水果”和“全民跑酷”的狂潮。同时，乐逗还致力于为游戏开发商打造“一站式”服务体系，包括游戏的二次设计、端口接入、持续优化、市场营销、发行、货币化、支付支持及用户相关的服务。在发行渠道方面，乐逗拥有自己的“乐逗游戏中心”，同时在其他娱乐游戏平台进行推广，并且与中国移动、

中国联通、中国电信三大运营商建立了深度合作关系，结合其便利的支付手段，为用户提供了安全快捷的增值游戏服务。2011 年，乐逗先后获得“年度中国十大手机游戏平台”奖和“游戏互联十佳优秀开发者”奖，并于同年与 360、百度、腾讯等建立长期战略合作伙伴关系。乐逗游戏母公司创梦天地在 2015 年 12 月 31 日晚间宣布，已与创梦投资控股有限公司和创梦合并附属有限公司达成最终的合并协议与计划。目前，创梦天地董事会已批准该私有化协议，并建议股东投票支持该交易。据预计，该私有化交易有望在 2016 年第二季度完成。交易完成后，创梦天地将成为一家私人控股公司，将从纳斯达克退市，A 股的火爆引发众多中概股从美股退市。

易观分析

作为海外游戏开发商最为信赖的国内手游发行公司之一，乐逗游戏代理了众多国际知名开发商的明星产品，其中就包括《水果忍者》和《神庙逃亡》，这使乐逗游戏成为手游市场不容忽视的中坚力量。公司拥有完善的产品线，发行了多种类型的游戏，也拥有丰富的储备资源。此外，乐逗游戏拥有其所有发行游戏产品的源代码，并能根据国内市场的特点，在原产品基础上进行机型适配、计费点优化、第三方支付等二次开发，从而降低开发商与渠道商的不对等程度，并降低发行的失败率。在发行渠道方面，乐逗与三大运营商及腾讯等企业存在合作关系，同时拥有自己的“乐斗游戏中心”和用户社区，具备广阔的推广渠道，可以通过这些渠道为用户提供便利支付、电信增值等服务来加强用户忠诚度和互动性。相对于单纯代理，乐逗也开始进军产业链上游，涉足游戏开发，如控股深圳翼特和深圳卓游开发《极品飞车》，抑或一次性买断第三方开发的游戏。

Analysys 易观分析认为乐逗游戏经过几年的纯手游运营代理商的发展模式，已经认识到拥有自主研发实力的重要性，而自建团队需要经过长时间的成长与锻炼，这与乐逗游戏想尽快改变自身劣势的诉求不相符，于是在 2015 年 12 月 29 日乐逗游戏联合友盟、触控和锤子科技一起成立的“独立游戏扶持联盟”的举措是迈出了解决其困境的第一步。

一、基础信息

1.1 基本信息

1.1.1 公司全称：深圳市创梦天地科技有限公司

1.1.2 成立时间：2011 年

1.1.3 总部地点：深圳

1.1.4 上市时间：2014 年 8 月 7 日 美国纳斯达克上市

1.1.5 企业性质：民营

1.1.6 联系方式

网址：http：//www.idreamsky.com/

邮箱：business@idreamsky.com

地址：深圳市南山区科苑北路科兴科学园 A3 单元 16 层

电话：0755-86110235

1.2 组织信息

1.2.1 管理层

陈湘宇　首席执行官

二、业务信息

2.1 主要产品与服务信息

主要产品：

《烈焰遮天》——3D 角色扮演类动作网游

《神魔》——角色扮演类动作冒险网游

《妖姬 OL》——集合策略塔防的角色扮演类网游

《天降》——及时对战的卡牌类网游

《封神热》——集合角色扮演和元素消除的休闲网游

《剑仙传》——以修仙为题材的角色扮演类网游

《封神劫》——集合策略、养成融合、角色扮演的网游

《斗神决》——角色扮演类战斗过关网游

《名将决》——策略塔防类网游

《龙印 OL》——角色扮演类武侠网游

《时空猎人》——即时魔幻格斗类游戏

《风云天下 OL》——以《三国演义》为题材的战争策略类网游

《枭雄三国》——战争策略类网游

《跑跑西游》——战斗模式的跑酷游戏

《霹雳台球》——台球类休闲游戏

《水果忍者系列》——经典“切水果”休闲益智游戏

《极速飞车》——集合竞速和射击的赛车游戏

《果宝三国》——以《果宝特攻》为原型的角色扮演类动作游戏

《涂鸦跳跃》——技巧跳跃性休闲游戏

《索尼克冲刺》——3D 跑酷类游戏

《地铁跑酷》——3D 跑酷类游戏

《勇者联盟》——像素风格的休闲游戏

《中国娃娃餐厅》——中国娃娃主题的餐厅经营养成类游戏

《小鸟爆破狂热》——元素消除类游戏

《神庙逃亡系列》——经典跑酷游戏

《口袋德州扑克》——棋牌类益智休闲游戏

《疯狂喷气机》——跑酷类游戏

2.2 覆盖范围

2.2.1 行业：手游

2.2.2 主要客户：智能手机用户

2.2.3 业务区域：全国

2.3 收入结构：2014 年第三季度，乐逗游戏总营收约 2.935 亿元，其中休闲游戏收入约占 85%；中重度网游的营收约为 15%

三、综合信息

3.1 发展定位：致力于打造国际一流的手机游戏公司，为用户带来高品质的游戏体验

3.2 重要合作伙伴及供应商信息：Halfbrick 游戏公司、Imangi StudiOS 工作室、Kiloo Game 游戏公司、Gameloft 游戏公司、Enfeel 游戏公司、迪士尼、Rovio 娱乐、世嘉游戏、乐动卓越、Joycity 公司、中国移动、中国电信、中国联通、360 手机助手、腾讯、九游游戏门户、新浪游戏、电玩巴士平台等

我国游戏行业企业名录节选如下表：

表 20　中国游戏行业企业名录节选

<table>
<tr><td>综合</td><td>腾讯游戏</td><td rowspan="14">简要分析见前述
数据分析及详细分析
见易观企业库</td></tr>
<tr><td>综合</td><td>网易游戏</td></tr>
<tr><td>综合</td><td>37 游戏</td></tr>
<tr><td>综合</td><td>完美世界</td></tr>
<tr><td>电子竞技</td><td>斗鱼 TV</td></tr>
<tr><td>电子竞技</td><td>PLU</td></tr>
<tr><td>电子竞技</td><td>WCA</td></tr>
<tr><td>网页游戏</td><td>YY 游戏</td></tr>
<tr><td>网页游戏</td><td>游族网络</td></tr>
<tr><td>手游开发商</td><td>触控科技</td></tr>
<tr><td>手游开发商</td><td>蓝港在线</td></tr>
<tr><td>手游开发商</td><td>中清龙图</td></tr>
<tr><td>手游开发商</td><td>乐逗</td></tr>
<tr><td>手游开发商</td><td>飞流</td></tr>
<tr><td>综合</td><td>搜狐畅游</td><td rowspan="7">数据分析及详细分析见易观企业库</td></tr>
<tr><td>开发商</td><td>人人游戏</td></tr>
<tr><td>开发商</td><td>掌趣科技-动网先锋</td></tr>
<tr><td>开发商</td><td>Forgame</td></tr>
<tr><td>开发商</td><td>骏梦游戏</td></tr>
<tr><td>开发商</td><td>昆仑在线</td></tr>
<tr><td>客户端游戏</td><td>光宇在线</td></tr>
</table>

（续表）

客户端游戏	金山游戏	
客户端游戏	九城	
客户端游戏	久游网	
客户端游戏	巨人网络	
客户端游戏	空中网	
客户端游戏	联众	
客户端游戏	麒麟游戏	
客户端游戏	世纪天成	
客户端游戏	网龙	
客户端游戏	游戏蜗牛	
客户端游戏	中华网	
网页游戏	360 游戏	
网页游戏	51wan	
网页游戏	7k7k	
网页游戏	91wan	
网页游戏	PPS 网页游戏	
网页游戏	起点游戏	
网页游戏	趣游	
网页游戏	迅雷游戏	
网页游戏	百度游戏	
网页游戏	风行游戏	
网页游戏	烽火战国	
网页游戏	九娱网络	
网页游戏	恺英网络	
网页游戏	锐战网络	
网页游戏	上海江游	
网页游戏	淘米	
网页游戏	天神互动	
网页游戏	心动游戏	
网页游戏	要玩娱乐	
网页游戏	游戏谷	
开发商	互爱科技	详细分析见易观企业库
开发商	淘米	详细分析见易观企业库
开发商	游戏谷	详细分析见易观企业库
开发商	掌趣科技	详细分析见易观企业库
客户端游戏	中青宝	详细分析见易观企业库

（续表）

网页游戏	百度游戏	详细分析见易观企业库
网页游戏	风行网页游戏	详细分析见易观企业库
手游开发商	艾格拉斯	详细分析见易观企业库
手游开发商	博雅互动	详细分析见易观企业库
手游开发商	呈天游	详细分析见易观企业库
手游开发商	广州谷得	详细分析见易观企业库
手游开发商	互爱科技	详细分析见易观企业库
手游开发商	辉悦天成	详细分析见易观企业库
手游开发商	拉阔游戏	详细分析见易观企业库
手游开发商	美峰数码	详细分析见易观企业库
手游开发商	美通无线	详细分析见易观企业库
手游开发商	摩卡世界	详细分析见易观企业库
手游开发商	慕和网络	详细分析见易观企业库
手游开发商	品志文化	详细分析见易观企业库
手游开发商	神奇时代	详细分析见易观企业库
手游开发商	随手互动	详细分析见易观企业库
手游开发商	顽石互动	详细分析见易观企业库
手游开发商	象形科技	详细分析见易观企业库
手游开发商	华谊兄弟-银汉科技	详细分析见易观企业库
手游开发商	掌趣科技	详细分析见易观企业库
手游开发商	掌上明珠	详细分析见易观企业库
手游开发商	掌上世界	详细分析见易观企业库
手游开发商	掌中酷袖	详细分析见易观企业库
手游开发商	中国手游娱乐集团	详细分析见易观企业库
手游发行商	掌趣科技	详细分析见易观企业库
手游平台商	爱游戏	详细分析见易观企业库
手游平台商	当乐	详细分析见易观企业库
手游平台商	多酷	详细分析见易观企业库
手游平台商	机锋	详细分析见易观企业库
手游平台商	九游	详细分析见易观企业库
手游平台商	斯凯	详细分析见易观企业库
手游平台商	小米	详细分析见易观企业库
手游平台商	中国移动	详细分析见易观企业库
手游平台商	中国电信	详细分析见易观企业库
手游平台商	中国联通	详细分析见易观企业库

基础应用与服务

搜　索

百度搜索

百度是全球最大的中文搜索引擎、最大的中文网站，在综合搜索、无线搜索等领域均占据显著优势。近年来，百度加大了国际化力度，2007 至 2008 年，相继推出日语版本的网页搜索、图片搜索、视频搜索与博客搜索。2015 年 2 月 2 日，百度公司宣布将百度现有业务群组和事业部整合为三大事业群组：移动服务事业群组、新兴业务事业群组、搜索业务群组。

据百度财报，百度第三季度总营收为人民币 183.83 亿元（约合 28.92 亿美元），比去年同期增长 36.0%。百度第三季度移动营收在总营收中所占比例为 54%，相比之下去年同期为 37%；百度第三季度净利润为人民币 28.41 亿元（约合 4.470 亿美元），比去年同期下滑 26.7%。

截至 2015 年 12 月，百度入股企业大约 103 家，行业主要涵盖衣、食、住、行、娱乐、金融、教育七大领域，百度通过快速入股与收购正在搭建一个基于互联网技术的 O2O 生态领域。百度正从国内出发，开展多领域涉猎，寻找新的商业出口获取市场红利，为企业提供新的发展动力，突破市场瓶颈远离增长天花板。

易观分析

2015 年第三季度，百度网络营销收入持续增长，规模达 176.8 亿元人民币。百度网络营销收入占整体营收的 96.18%，搜索引擎的用户入口级价值仍然是百度营收的核心。百度糯米与百度外卖以及去哪儿构成的 GMV 为 602 亿元人民币，同比增长 119%。搜索（移动）9 月活动用户为 6.43 亿，同比增长 26%；地图（移动）9 月活跃用户为 6.43 亿，同比增长 26%；字母表里 D 系的地图（移动）9 月 MAU 为 3.26 亿，同比增长 34%。百度系的众多产品，组成了一个 O2O 矩阵，围绕人的基本需求，涵盖了衣食住行等多个板块。仅以出行为例，战略入股优步后，百度将优步纳入了自家地图中，打造一个基于出行的生活服务场景，让普通大众在搜索的时候就同步实现了被服务。

百度以搜索引擎为基础，整合多垂直领域的资源直达用户需求，打通服务流与信息流，并自建物流配送渠道。同时，在创新用户交付方式上，百度推出手机机器人助理“度秘”，度秘将打破百度旗下多条产品线的孤立状态，前期通过整合百度地图位置服务和服务产品，打通内部信息流、服务流，未来将接入百度钱包打通资金流，加速用户语音交互等创新技术的落地应用，同时整合外部的服务资源，以更加开放的态度搭建纵横交织的 O2O 服务体系，加速从信息框向服务框转变。

Analysys 易观分析认为，2015 年 8 月中国搜索引擎整体搜索请求量市场趋于稳定，百度依然保持领先的市场地位。各家搜索引擎运营商借势移动互联网，依托技术、资源优势与 O2O 生活服务商展开深度合作，完善本地生活服务，优化 O2O 生活服务聚合平台。

百度以技术为基础构建 O2O 生态闭环，落地现实场景，完善“连接人与服务”。现阶段百度的大数据挖掘技术、LBS 技术和搜索技术均处于领先水平。8 月，百度加大技术投入，强化语音、图像搜索技术和自然语言理解、深度学习等人工智能服务，推出“度秘”智能服务产品，并逐渐渗透至 O2O 服务。百度一方面继续通过“多模搜索”矩阵提升用户搜索体验，掌握用户入口；一方面将多模搜索矩阵和度秘服务接入百度 APP，全线布局于各垂直领域，凸显百度 O2O 产品差异化优势；同时，百度凭借技术优势巩固生活服务聚合平台地位，接入各垂直领域优质 O2O 服务商，力图构建共赢生态。

一、基础信息

1.1 基本信息

1.1.1 公司全称：百度在线网络技术有限公司

1.1.2 成立时间：2000 年 1 月

1.1.3 总部地点：北京市

1.1.4 上市时间：2005 年美国纳斯达克

1.1.5 企业性质：股份有限公司

1.1.6 资本信息：注册资本 4520 万美元

1.1.7 联系方式

网址：http：//www.baidu.com/

地址：北京市海淀区上地十街 10 号百度大厦

电话：010-59928888

1.2 组织信息

1.2.1 人员规模：员工人数超过 17000 人

1.2.2 管理层

李彦宏　董事长、首席执行官

二、业务信息

2.1 主要产品与服务信息

搜索服务：百度网页搜索、百度视频、百度音乐、百度地图、百度新闻

导航服务：hao123、百度网站、百度团购

社区服务：百度文库、百度空间、百度百科、百度贴吧、百度知道

软件工具：百度浏览器、百度影音、百度输入法

其他服务：百度翻译

新上线：百度认证、百度壁纸、百度桌面、百度魔图、百度一键 Root

移动类产品：百度移动搜索、百度移动应用、百度地图、百度手机浏览器、百度手机输入法

百度旗下：爱奇艺 PPS、有啊、百付宝

2.2 覆盖范围

2.2.1 行业：搜索引擎为核心的网络信息服务

2.2.2 主要客户：全网用户与组织机构

2.2.3 业务区域：全国

2.3 收入结构：百度营收以网络营销为主

三、综合信息

3.1 发展定位：以“让人们最平等、便捷地获取信息，找到所求”为使命，致力于为用户提供“简单、可依赖”的互联网搜索产品及服务

3.2 重要合作伙伴及供应商信息：新浪微博、搜房、CBSi 集团、盛拓传媒、天极传媒、凤凰新媒体、盛大、CNTV、新东方在线、百合网、去哪儿、拉手网等

360 综合搜索（好搜）

360 综合搜索是奇虎 360 科技有限公司于 2012 年推出的搜索服务，并于 2015 年 1 月正式更名为“好搜”。根据 Analysys 易观研究显示，2015 年 8 月，360 好搜搜索访问次数占整体搜索访问总量的份额为 13.25%，为中国第二大搜索引擎。自 2012 年宣布搜索商业化以来，360 不断扩大市场。360 综合搜索（好搜）的用户规模也在持续上涨。在 2015 年宣布启用全新品牌名称“好搜”的同时，推出独立应用产品。2015 年 1 月 6 日消息，360 搜索将正式推出独立品牌“好搜”。

360 好搜聚焦“连接生活”战略，8 月上线的好搜 APP3.0 进行大幅改版，弱化了新闻信息推荐，强化生活服务需求，升级“码上买”、“身边生活”和“抢饭扑”三大核心功能，其中，“身边生活”作为核心功能整合了各项生活服务；“抢饭扑”继续强化轻社交元素，对“吃喝”刚需领域进行局部突围；“码上买”接入全网比价与服务，避免传统 O2O 服务模式痛点。好搜 APP3.0 的上线标志着“连接生活”大战略布局已经成型，开始进入落地实践阶段。搜索业务的营收则主要由广告收入构成。

奇虎 360 发布了截至 6 月 30 日的 2015 财年第二季度未经审计财报。报告显示，奇虎 360 第二季度营收为 7280 万美元，比去年同期的 3510 万美元增长 107.3%；净利润为 700 万美元，比去年同期的 1110 万美元下滑 36.9%。

易观分析

安全产品与桌面产品为奇虎 360 打下了雄厚的后台用户基础，作为搜索广告的后入者，在广告市场给予广告主搅动市场的议价能力。

奇虎 360 第二季度总营收为 7280 万美元，比去年同期的 3510 万美元增长 107.3%，比上一季度的 6930 万美元增长 5.0%。奇虎 360 营收的同比大幅增长，主要受益于用户规模和流量的继续稳健增长，这也直接推动了其在线广告和互联网增值服务业务的强劲表现。

但是，对比奇虎 360 近六个季度的营收变化情况来看，其营收的增长速度持续放缓，现有的主要业务构成中，网络广告以及以网络游戏为主的互联网增值服务面对较大的冲击，其营收前景及成长性面临巨大挑战。

一、基础信息

1.1 基本信息

1.1.1 公司全称：奇虎 360 科技有限公司

1.1.2 成立时间：2005 年 9 月

1.1.3 总部地点：北京市

1.1.4 上市时间：2011 年 3 月 30 日美国纽约证券交易所

1.1.5 企业性质：民营

1.1.6 资本信息：总市值 85.11 亿

1.1.7 联系方式

网址：http：//www.so.com/

地址：北京市朝阳区酒仙桥路 6 号院电子城国际电子总部　100015

电话：010-5878-1000

1.2 组织信息

1.2.1 人员规模：员工 1300 多名

1.2.2 管理层

周鸿祎　董事长、首席执行官

二、业务信息

2.1 主要产品与服务信息

360 搜索服务主要为 360 综合搜索（好搜）

360 电脑软件：360 安全卫士、360 杀毒、360 安全浏览器、360 极速浏览器、网游加速器、驱动大师、360 系统急救箱、360 云盘/360 免费 Wi-Fi、鲁大师、360 急救盘、安全桌面

360 手机软件：360 手机卫士、360 手机助手、360 手机/pad 浏览器、360 手机、360 卫士极客版、360 清理大师、360 安全换机等

智能硬件：360 随身 Wi-Fi、360 安全路由、360 防丢卫士、360 家庭卫士、360 儿童卫士、360 特供机、360 智键、奇酷网

主要服务包括：

理赔举报：理赔中心、安全监测、举报平台、申诉专区

个人服务：360 导航、360 影视、360 购物搜索、360 儿童、雷电手机搜索、360 电脑专家等

企业服务：360 点睛营销平台、360 奇胜效果联盟、360 卫士企业版、360 私有云安全、360 网站卫士、360 软件安全监测等

2.2 覆盖范围

2.2.1 行业：搜索

2.2.2 主要客户：全网用户

2.2.3 业务区域：中国

2.3 收入结构：在线广告营收、互联网增值服务等

三、综合信息

3.1 发展定位：致力于为用户提供更精准、更快捷、更安全的搜索服务

3.2 重要合作伙伴及供应商信息：中国移动、Microsoft、中国电信、Google、英特尔、域名行业发展联盟、中国国家漏洞库等

搜狗搜索

搜狗搜索是搜狐公司于 2004 年 8 月 3 日推出的第三代互动式中文搜索引擎，致力于中文互联网信息的深度挖掘。搜狗主要经营搜狐公司的搜索业务，同时还推出搜狗输入法、免费邮箱、企业邮箱、新闻、音乐等业务。2010 年 8 月 9 日搜狐与阿里巴巴宣布将分拆搜狗成立独立公司，引入战略投资，2013 年 9 月 16 日，腾讯向搜狗注资 4.48 亿美元，并将旗下的腾讯搜搜业务和其他相关资产并入搜狗。2015 年 4 月 10 日，搜狗公司正式对外宣布，搜狗地图已经率先完成了 Apple Watch 适配，成为 Apple Watch 国内首批应用之一。

2015 年第三季度，在不含渠道及海外收入的中国搜索引擎运营商市场收入份额中搜狗为 6.54%，排名第二，远低于市场份额为 86.19%的百度。并且该季度搜狗营业收入达到 10.21 亿元，同比增长 54.70%。其中移动搜索收入占比提升至 30%，较去年同期增长 114%。

易观分析

搜狗拥有几乎完备的全线互联网搜索服务产品，能够针对用户在上网获取信息时的需求，在多个环节提供相关的功能服务，让用户更高效地使用互联网服务；2015 年，搜狗进一步实现规模性盈利扩张，搜狗连续盈利 7 个季度预示着搜狗正在向上发展。

搜狗在第三季度继续深化本地化服务，同时加速转型，在移动端与手机厂商合作，增强在移动端的渗透率，未来搜狗搜索引擎移动端用户规模还将进一步增长。不止于营收与利润，该季度，搜狗移动流量首次超过了 PC 流量，这也将成为一种常态——移动搜索流量已经超越 PC 流量，但移动搜索收入才占比 30%，较去年 Q3 移动收入占比 14%提高了一倍多，移动搜索还存在着巨大的价值空间。这也是未来两年搜狗营收增长的重要保障，因为搜狗移动搜索还有很大的流量货币化空间。

一、基础信息

1.1 基本信息

1.1.1 公司全称：北京搜狗网络技术有限公司

1.1.2 成立时间：2004 年 8 月 3 日

1.1.3 总部地点：北京

1.1.4 上市时间：未上市

1.1.5 企业性质：有限责任公司（台港澳法人独资）

1.1.6 资本信息：注册资本 10 万美元

1.1.7 联系方式

网址：http：//www. sogou. com/

地址：北京市海淀区中关村东路 1 号院 9 号楼威新国际大厦　100080

电话：010-62728080

1.2 组织信息

1.2.1 管理层

王小川　首席执行官

二、业务信息

2.1 主要产品与服务信息

网页应用：微信搜索、网页搜索、网址导航、搜狗金榜

桌面工具：搜狗拼音输入法、搜狗五笔输入法、搜狗手机输入法、搜狗高速浏览器、搜狗壁纸

手机软件：搜狗搜索、搜狗手机输入法、搜狗手机助手、搜狗号码通、搜狗手机地图等

2.2 覆盖范围

2.2.1 行业：互联网搜索引擎、互联网应用工具

2.2.2 主要客户：全网用户

2.2.3 业务区域：全国

2.3 收入结构：搜狗营收主要来源于在线广告、流量分发、增值服务，具体收入结构不详

三、综合信息

3.1 发展定位：搜狗以搜索技术为核心，致力于中文互联网信息的深度挖掘，帮助中国上亿网民加快信息获取速度，为用户创造价值。

3.2 重要合作伙伴及供应商信息：逗游、米尔网、中华网、和讯、豆丁、凤凰网、央视网、酷6网、中国青年网等

神马搜索

神马搜索是由移动浏览器服务平台 UC 优视于 2014 年 4 月 28 日推出的移动搜索引擎新品牌，该搜索品牌由 UC 优视与阿里巴巴合作发布，整合了阿里巴巴集团的“一搜”团队和全网搜索业务，主要专注移动互联网的搜索引擎，致力于为用户创造方便、快捷、开放的移动搜索新体验。神

马搜索除已具特色的 APP 搜索、购物搜索和小说搜索外，最独特的体验在于提供淘宝的购物入口。2014 年 5 月 5 日，UC 董事长兼 CEO 俞永福宣布，神马移动搜索月活跃用户已突破 1 亿，在国内移动搜索市场用户渗透率突破 20%。

据流量统计机构 CNZZ 数据显示，截至 2015 年 3 月，在中国移动端网民使用搜索引擎比例中，神马搜索以 13.35%的份额稳居第二。2015 年 8 月，神马搜索一站式生活服务平台（ola. sm. cn）全新上线，致力于与合作伙伴互动互通，构建全新的 O2O 平台生态。2015 年 10 月 13 日，神马搜索宣布推出全新移动搜索交互产品蓝光模式。

易观分析

神马搜索以手机为中心进行设计，颠覆了市场上现有移动搜索仅仅是将“PC 搜索无线化”的设计思维，更能满足用户在向移动端迁移过程中产生的各种新需求，符合移动用户的真实需求和习惯。

神马搜索背后有阿里云搜索数年的技术积累，又经过了 UC 浏览器超过 5 亿用户的测试，UC 浏览器是神马搜索很好的起步支撑，神马搜索一开始已经具备一定的竞争力。

“神马搜索”作为阿里生态的一个部分，同时还有攻有守。攻势当然是针对百度的核心搜索业务。而从另外一方面，从搜索入口获得的终端用户数据，又可以填补阿里大数据偏重企业和电商的缺陷。尽管在会后的专访中，负责“神马搜索”的总裁梁捷对 PingWest 记者表示：阿里内部的数据的沟通需要严格的审批权限，而神马搜索现在也没有与阿里旗下其他产品直接打通。但也承认，“数据打通是阿里未来大数据的发展方向和愿景”。比起生态尚不完备的百度体系，未来“神马搜索”无疑占据了极大优势。

一、基础信息

1.1 基本信息

1.1.1 公司全称：UC 优视科技有限公司

1.1.2 成立时间：2004

1.1.3 总部地点：广东省广州市

1.1.4 上市时间：未上市

1.1.5 企业性质：UC 优视为阿里巴巴旗下全资子公司（2014 年 6 月 11 日）

神马移动为合资公司（UC 占股 70%、阿里占股 30%）

1.1.6 资本信息：不详

1.1.7 联系方式

网址：http：//m. sm. cn/（神马搜索）

http：//www. uc. cn/（UC 优视）

客服微信：ucwebkf

地址：北京市海淀区成府路28号优盛大厦A座12层　10083

电话：020-66826682（UC24小时客服热线）

010-59610022（北京公司）

1.2 组织信息

1.2.1 人员规模：UC优视员工数已超过2500人

1.2.2 管理层

俞永福　阿里UC移动事业群总裁

二、业务信息

2.1 主要产品与服务信息

主要产品：神马搜索安卓版、神马搜索手机网页版、APP搜索、购物搜索、小说搜索、生活服务搜索

2.2 覆盖范围

2.2.1 行业：互联网移动搜索（神马搜索）

2.2.2 主要客户：全网用户

2.2.3 业务区域：全球

三、综合信息

3.1 发展定位：神马搜索将自身定位为“全球移动搜索的创新者”，旨在“打造中文移动搜索第一品牌”

3.2 重要合作伙伴及供应商信息：阿里巴巴、中网、晨兴投资、携程、马蜂窝、互动百科等

我国搜索服务行业企业名录节选如下表：

表21　中国搜索服务行业企业名录节选

搜索	百度搜索	简要分析见前述 数据分析及详细分析 见易观企业库
搜索	360综合搜索（好搜）	
搜索	搜狗	
搜索	神马搜索	
搜索	Google	详细分析见易观企业库
搜索	有道搜索	详细分析见易观企业库
搜索	搜搜	详细分析见易观企业库
搜索	中搜	详细分析见易观企业库
搜索	易查搜索	详细分析见易观企业库
搜索	盘古搜索	详细分析见易观企业库
搜索	必应	详细分析见易观企业库
搜索	儒豹搜索	详细分析见易观企业库
搜索	宜搜	详细分析见易观企业库

（续表）

搜索	新浪爱问	详细分析见易观企业库
搜索比价	一淘网	详细分析见易观企业库
搜索比价	网易惠惠	详细分析见易观企业库

IM

腾讯-QQ

QQ 是腾讯旗下即时通讯软件，经过多年发展积累了大量用户。手机 QQ 基于 PC 端即时通讯资源迅速积累了大量用户，QQ 月活跃账户数达到 8.60 亿，比去年同期上升 5%。智能终端月活跃账户，比去年同期增长 18%至 6.39 亿，而整体最高同时在线账户同比增长 10%至 2.39 亿。随着产品的迭代，手机 QQ 功能日益丰富，日趋生活化。为适应移动互联网时代下用户的移动即时通讯需求，手机 QQ 开始陆续变革应用功能，从重新设计应用架构到头像取消在线显示，均为更加适应移动互联网新特性。在产品形态、功能方面，手机 QQ 在 2014 年着重强调用户服务体验，增加了文件面对面零流量传输、多人视频、收藏管理及生活服务提醒等增值服务。随着 QQ 从 PC 端向移动终端的延展，腾讯移动互联网生态体系逐渐建立、业务线日趋饱满，手机 QQ 成为承载腾讯未来发展的重要元素。然而，在微信等同类即时通讯工具竞相竞争市场的情况下，走差异化发展之路是手机 QQ 未来主要面临的问题。当然，手机 QQ 是 QQ 品牌和服务体系中的一部分，其使命在于移动场景，如何与 PC 端完美对接，如何完成巨大客户群的转移都是企业所必须考虑的。

易观分析

QQ 在 IM 行业有着其他软件无法比拟的先入优势，在消费者市场拥有巨大的用户基数和品牌认可度，并且具有强大的用户黏性。手机 QQ 的定位在 PC 与移动的打通，在帮助用户架构关系网络，提供更丰富的社交功能，形成更大的全平台社交。手机 QQ5.0 版中，加入了兴趣部落，结合 LBS，可以看出手机 QQ 未来将在 O2O 的兴趣社交上加大力度。

2015 年 8 月 6 日，腾讯 QQ 对外正式宣布社群体系全面开放，依托“QQ 群、兴趣部落、QQ 公众号”打造全新的移动社群生态。腾讯 QQ 群开放平台通过接入第三方应用，为海量、长尾的社群运营者和开发者大规模商业化变现成为可能。目前腾讯社群体系中，妈妈群覆盖 2000 万用户、办公群覆盖 2 亿用户、行业交流群覆盖 3 亿用户、同学群覆盖 4 亿用户、游戏群覆盖 2 亿用户、运动群覆盖 6000 万用户。

一、基础信息

1.1 基本信息

1.1.1 公司名称：腾讯控股有限公司-社交网络事业群 SNG

1.1.2 成立时间：1998 年成立　2012 年调整为社交网络事业群

1.1.3 总部地点：深圳

1.1.4 上市时间：2004 年 6 月 16 日　港股

1.1.5 企业性质：上市公司

1.1.6 资本信息：注册资金 8000 万元

1.1.7 联系方式

网址：http：//im. qq. com/

邮箱：cosec@ tencent. com

地址：深圳市南山区高新科技园中区一路腾讯大厦

电话：0755-86013388 转 88668

1.2 组织信息

1.2.1 管理层

马化腾　首席执行官

二、业务信息

2.1 产品及服务信息

2.1.1 产品信息

PC 版 QQ、手机 QQ、iPad 版 QQ、企业 QQ

QQ 作为腾讯核心级用户产品与入口级应用，集成了多种服务，如 QQ 群、QQ 空间、朋友网、QQ 邮箱、附近的人、兴趣部落、腾讯游戏、QQ 购物、QQ 阅读、QQ 音乐、热门活动、同城服务等

2.2 覆盖范围

2.2.1 行业：互联网/即时通讯

2.2.2 主要客户：企业和个人

2.2.3 业务区域：影响力遍及中国大陆、香港、台湾，东南亚，海外华人聚集地和少数西方人所在地

2.3 收入结构：营收主要凭借增值服务，如 QQ 会员体系中的各种增值服务等，具体结构不详

三、综合信息

3.1 发展定位：通过互联网服务提升人类生活品质，成为最受尊敬的互联网企业

3.2 重要合作伙伴及供应商：开放账号体系、第三方接入合作

腾讯-微信

微信是腾讯布局移动互联网的明星产品，于 2011 年推出，经过快速迭代迅速积累用户。截至 2015 年 9 月 30 日，微信和 WeChat 的合并月活跃账户数达到 6.50 亿，比去年同期增长 39%。此外，

微信每一次版本更新都带来功能性的突破，1.0 版本是语音、2.0 是群聊、3.0 是陌生人交友、4.0 是开放平台、4.3 是公共账号平台、5.0 是游戏大厅及微信支付功能。微信自 2011 年 1 月 21 日发布 1.0 测试版开始，进行了近 10 版的更新迭代，逐渐完成了从即时通讯工具到平台的初步进阶，以及从 2C 到 2B 的进阶，商业化的价值逐步凸显，经过持续迭代，微信的生态体系逐渐完善。2015 年，微信组件完善闭环式移动互联网商业解决方案，包括电商入口、用户识别、数据分析、支付结算、客户关系维护、售后服务和维权、社交推广等方面。这也预示着微信再次加大商业化开放步伐，为合作伙伴提供连接能力，助推企业用户商业模式的移动互联网化转型。微信正在形成一个全新的"智慧型"生活方式，已经渗透进入以下传统行业，如微信打车、微信交电费、微信购物、微信医疗、微信酒店等，为医疗、酒店、零售、百货、餐饮、票务、快递、高校、电商、民生等数十个行业提供标准解决方案。

易观分析

在 2015 年 1 月开始，微信朋友圈正式接受企业广告业务，采用的是对用户定向发送信息流广告的形式。首批上线的广告有：宝马中国、vivo 智能手机和可口可乐。投放伊始，围绕朋友圈成为广告阵地就争论不断，担忧商业广告将影响微信用户体验。Analysys 易观分析认为，朋友圈广告对于微信是一把双刃剑，关键在于广告内容和精准投放上，当广告内容满足用户需求时，就不会伤害用户体验，连接的关键在于微信对用户的精准划分，微信有这样的用户数据基础。运用大数据分析技术实现广告的精准投放是朋友圈广告未来发展的关键。

3 月 10 日，微信团队正式宣布，"摇电视"作为"摇一摇"的常规功能，正式对外开放。观众在观看电视节目的同时，可以通过微信摇出各自电视节目互动，每个参与摇一摇的用户行为都能体现为数据：地理位置、观看长短、感兴趣的节目类型等等。Analysys 易观分析认为，对微信来说，与传统电视媒体的合作，是在购物、租车之后拓展用户使用场景的另一步棋，是对用户价值更深层次的挖掘。微信将借助电视庞大收视人群收获用户基数和活跃度。通过微信与电视媒体的接通，微信提升了用户黏性，同时获取用户偏好、属性数据的渠道也将再次扩大。

一、基础信息

1.1 基本信息

1.1.1 公司名称：腾讯控股有限公司-微信事业群

1.1.2 成立时间：2011 年 1 月 21 日

1.1.3 总部地点：深圳

1.1.4 上市时间：2004 年 6 月 16 日香港

1.1.5 企业性质：上市公司

1.1.6 资本信息：注册资本 8000 万元

1.1.7 联系方式

网址：http：//weixin.qq.com/

邮箱：cosec@tencent.com

地址：深圳市南山区高新科技园中区一路腾讯大厦

电话：0755-86013388 转 88668

1.2 组织信息

1.2.1 管理层

马化腾　首席执行官

张小龙　微信事业群总裁，高级执行副总裁

二、业务信息

2.1 产品及服务信息

主要产品：微信移动端、微信公众平台、微信开放平台

主要服务：即时通讯、在线视频、语音通话、朋友圈、扫一扫、摇一摇、附近的人、漂流瓶、微信购物、微信游戏等

2.2 覆盖范围

2.2.1 行业：互联网/即时通讯

2.2.2 主要客户：企业和个人

2.2.3 业务区域：影响力遍及中国大陆、香港、台湾，东南亚，印度，海外华人聚集地和少数西方人所在地

2.3 收入结构：广告收入、增值服务等，具体结构不详

三、综合信息

3.1 发展定位：通过互联网服务提升人类生活品质，成为最受尊敬的互联网企业

3.2 重要合作伙伴及供应商：公众平台、财付通、KFC 等

中国移动-飞信

飞信是中国移动提供的移动综合通信服务，是移动与互联网的互通平台。自 2007 年正式商用以来，飞信就肩负着运营商踏进互联网领域的历史使命。建设和维护基础通信网，向用户提供语音、短信等基础服务，然后从用户身上收取费用，是运营商传统商业模式的简单描述。但这一模式在移动互联网时代正遭遇巨大冲击，短信和语音服务在一定程度上被其他服务替代，随着更多即时通信移动应用的快速崛起，飞信存在着巨大的竞争压力。

易观分析

飞信是中国移动自主开发的 IM 软件，相对其他竞争对手拥有无法匹敌的运营商优势，打破了互联网与手机通讯之间的网络限制，在终端离线的情况下，也可以通过短信方式接收信息。同时，基于中国移动客户的发展基础，飞信拥有庞大并且相对稳定的用户资源。当然，“免费短信”功能也是飞信成功吸引客户的重要手段。

然而，飞信在完成 IM 平台布局时并不完善，甚至本身 PC 客户端经常出现问题影响了用户体验，并且由于飞信为外包团队研发缺乏商业模式的创新意识，在平台的增值服务方面同质化严重。此外，在中国移动的经营下，飞信难以摆脱被定制的困境，其市场定位并不十分明确，核心功能也并不突出，造成了用户群难以再拓展的情况。

一、基础信息

1.1 基本信息

1.1.1 公司名称：中国移动集团-飞信团队

1.1.2 成立时间：2007 年 5 月

1.1.3 总部地点：北京

1.1.4 上市时间：1997 年 10 月 23 日　香港、纽约

1.1.5 企业性质：国有企业

1.1.6 联系方式

网址：http://feixin.10086.cn/

地址：北京市西城区金融大街 29 号

邮编：100032

电话：10086

1.2 组织信息

1.2.1 管理层

奚国华　董事长、党组书记

二、业务信息

2.1 产品及服务信息

主要产品：PC 飞信、无线飞信、网页飞信

主要服务：飞信交友、公众平台、免费短信、多人通话、安全沟通、三网沟通、飞信电话

2.2 覆盖范围

2.2.1 行业：即时通讯

2.2.2 主要客户：互联网用户

2.2.3 业务区域：全国

2.3 收入结构：短信费、手机语音通话服务费用、GPRS 流量费及捆绑的飞信会员、积分等增

值服务费用等

三、综合信息

3.1 发展定位：中国移动的综合通讯服务和无障碍沟通工具

3.2 重要合作伙伴及供应商：沃达丰、凤凰、浦发银行、苹果、华为、中兴、爱立信、联想等

阿里-旺信

旺信由阿里巴巴集团官方推出，专为个人消费者推出的交易沟通软件。支持与电脑版阿里旺旺同时登录、聊天记录互通、物流消息查阅、阿里旺旺群聊等丰富功能。旺信特有免费通话功能，可以让买家实时与卖家或者好友发起通话。另外，加入的微淘账号功能，可以关注自己感兴趣的淘宝购物达人，收听达人资讯，了解各种网购信息。

易观分析

在发展初期，旺信凭借着阿里巴巴的大量用户基础以及被淘宝网绑定为指定唯一通讯工具，用户规模迅速扩散。截至目前，阿里旺旺拥有4800万用户。并且随着功能不断地完善，阿里旺旺将进一步拓展市场。同时，用户使用阿里旺旺的主要目的是贸易来往，并且由于实名制注册，相比其他通讯软件更具可靠性以及安全性。

但是，由于阿里旺旺本身的限制，也成了它在网络购物以外的地方难以施展拳脚的一个原因。对此，阿里旺旺应在加强自身主要功能的同时，围绕贸易通讯的特点，增强软件安全、优化用户个性化体验以满足不同客户的需求。

一、基础信息

1.1 基本信息

1.1.1 公司名称：阿里巴巴集团

1.1.2 成立时间：1999年（集团）　2011年11月14日（淘宝）

1.1.3 总部地点：浙江杭州

1.1.4 上市时间：2014年9月19日（阿里巴巴在纽约证券交易所上市）

1.1.5 企业性质：中外合资

1.1.6 资本信息：注册资本5000万元人民币

1.1.7 联系方式

网址：http：//wangwang. taobao. com/

地址：杭州市余杭区文一西路969号西溪园区　311100

电话：集市消费者热线：0571-88158198

集市商家热线：0571-88157858

1.2 组织信息

1.2.1 管理层：

马云　执行主席

蔡崇信　执行副主席

陆兆禧　首席执行官

二、业务信息

2.1 产品及服务

主要产品：阿里旺旺电脑版、阿里旺旺手机版

主要服务：即时通讯、免费通话、在线多方会谈、订阅快讯、多人“旺旺群”等

2.2 覆盖范围

2.2.1 行业：综合互联网 C2C、B2C 交易平台

2.2.2 主要客户：国内外商家和消费者

2.2.3 业务区域：全球

2.3 收入结构：主要收入来源为广告、增值服务，具体收入结构不详

三、综合信息

3.1 发展定位：全面打造综合性线上零售商圈，国内领先的个人交易平台

3.2 重要合作伙伴及供应商：主要合作伙伴有阿里巴巴（中国）、支付宝、搜狐、MSN、雅虎、淘宝联盟、淘拍档。此外淘宝“淘拍档”有百合计划：成员有百胜软件、富润科技、管易软件、又一城软件、湖畔网络技术、禾唐科技、任我行软件、赛普软件、商通电子商务、飞速网络、商派网络、宏巍信息、万维商联、欢乐逛、派科思诺、网商软景、光云软件、暴风科技、浙江省检验检疫科学技术研究院、网萌网络等

网易-易信

易信是由网易和中国电信联合开发的一款能够真正免费聊天的即时通讯软件，具有独特的免费电话、高清聊天语音、免费海量贴图表情及免费短信及电话留言等功能，易信支持跨通信运营商、跨手机操作系统平台，可以通过手机通讯录向联系人免费拨打电话以及发送免费短信，向手机或固定电话发送电话留言，同时，也可以向好友发送语音、视频、图片、表情和文字。此外，还可以通过“朋友圈”拍照记录生活，上传文字、图片与好友们分享自己的近况。2014 年 7 月 16 日，易信发布《易信一亿用户白皮书》，正式对外宣布用户总数破亿，成为又一晋级亿级用户俱乐部的 APP。2015 年 6 月，易信正式上线 3.5 版本，适配 Apple Watch。

易观分析

易信由网易与中国电信联合推出，能够免费发短信成为其最大优势。凭借网易的推广，易信的推广速度极其可观。同时，易信凭借其美观的界面、简洁的设计提升了用户体验。

但是，另一方面易信大部分与微信相同，没有突出其差异性，品牌特色不明显导致了一味地模仿微信，逐渐降低了用户黏性。其次，易信的用户目标定位不明显，首先凭借其免费短信以及赠送流量快速打开学生市场，但是接下来易信并没有进一步实施战略导致用户回流至微信平台。

一、基础信息

1.1 基本信息

1.1.1 公司名称：浙江翼信科技有限公司

1.1.2 成立时间：1999 年（集团）　2011 年 11 月 14 日（淘宝）

1.1.3 总部地点：浙江杭州

1.1.4 上市时间：未上市

1.1.5 企业性质：合资

1.1.6 资本信息：注册资本 2 亿元

1.1.7 联系方式

网址：http：//www.yixin.im/

地址：杭州市滨江区网商路 599 号 B1

1.2 组织信息

1.2.1 管理层：

卢耀辉　董事长

二、业务信息

2.1 产品及服务

主要产品：易信 Windows 版本、易信 iOS 版、易信 Androoid 版、易信 Windows Phone 版

主要服务：即时通讯、免费短信、电话留言、易信电话、社交功能、语音助手、音乐分享、朋友圈

2.2 覆盖范围

2.2.1 行业：互联网、即时通讯

2.2.2 主要客户：企业及个人

2.2.3 业务区域：全国

2.3 收入结构：目前阶段免费

三、综合信息

3.1 发展定位：全面打造综合性线上零售商圈，国内领先的个人交易平台

3.2 重要合作伙伴及供应商：中国电信、网易

陌陌

作为北京陌陌科技有限公司推出的社交产品，陌陌立足于地理位置为用户提供即时通讯服务。自 2011 年 8 月上线以来，陌陌凭借更为精确的 LBS 服务和完整的社交服务体系迅速打开了 IM 市场。截至 2014 年 9 月，陌陌总注册用户突破 1.8 亿，月度活跃用户超过 6020 万。除了 LBS 的优势外，陌陌与所有 PC 端社交产品的不同就是来源于更加完整和丰富的用户信息。基于通讯录、微博账号等内容的关联，让用户信息更为完善，同时也增强了用户间的信任，从而有效地引导用户完成从线上到线下的转化。作为 IM 软件，陌陌与腾讯 QQ、微信、移动飞信等市场定位有所差异。陌陌主打陌生人交友，提出了“总有新奇在身边”的口号，也因此吸引了更多年轻人的目光。2014 年

12 月 12 日，陌陌科技登陆纳斯达克，2015 年 1 月 17 日晚，摘得“最具突破交友 APP”奖项。2015 年 3 月，陌陌月活跃用户数达 7810 万。根据陌陌发布的 2015 年第三季度财报，陌陌该季度净营收为 3750 万美元，同比增长 204%；净亏损为 80 万美元，较去年同期的净亏损为 1460 万美元有了较大进步。

易观分析

陌陌相对于其他 IM 软件最大不同就是基于 LBS 的陌生人交友，并且通过这种服务模式，完成了其他软件所不具备的从线上交流到线下交互的转化。此外，与通讯录、微博账号等内容的关联，使得用户资料立体化，增加了可识别性，也因此累积了不少用户资源。同时，由于“总有新奇在身边”的策略和其市场定位，使得陌陌的用户群年轻化、高端化。

然而，面对迅速成长的用户群，以及陌生人交友的基因，使得用户之间关系链并不稳定，这在某种程度上影响到用户黏性，因此，如何留住用户，是陌陌的运营团队需要解决的问题。未来要想继续走可持续化发展的道路，平台化无疑是最好的发展模式。在盈利模式方面，主要收入为会员费，以及陌陌为本地线下商家提供线上展示的广告平台——“到店通”，另有少量游戏收入和信息流广告费入账，如果未来陌陌能够基于 LBS，结合 O2O 元素，则会有很大的提升空间。移动互联网时代用户为王，陌陌作为一家有海量用户的公司，一旦找到商业模式，可能就是爆发式增长。

一、基础信息

1.1 基本信息

1.1.1 公司名称：北京陌陌科技有限公司

1.1.2 成立时间：2011 年 8 月 4 日

1.1.3 总部地点：北京

1.1.4 上市时间：2014 年 12 月 12 日美国纳斯达克上市

1.1.5 企业性质：股份制

1.1.6 联系方式

网址：http：//www. immomo. com/

邮箱：bd@ immomo. com

地址：北京朝阳区望京阜通东大街 1 号望京 SOHO 塔 2，B 座 20 层

邮编：100020

电话：010-57310567　010-57310678

1.2 组织信息

1.2.1 管理层

唐岩　董事长、首席执行官

二、业务信息

2.1 产品及服务信息

陌陌：基于地理位置的移动社交工具。使用者可以通过陌陌认识附近的人，免费发送文字消息、语音、照片以及精准的地理位置和身边的人更好地交流；可以使用陌陌创建和加入附近的兴趣小组、留言及附近活动和陌陌吧，丰富自己的社交圈

陌陌游戏：为用户提供增值游戏服务的娱乐平台

陌陌现场：模拟“现场音乐会”音乐互动直播平台

2.2 覆盖范围

2.2.1 行业：即时通讯、社交

2.2.2 主要客户：互联网移动社交用户

2.2.3 业务区域：全国

2.3 收入结构：会员服务费用、手机游戏、移动广告占主要部分，以及表情收费和虚拟礼物商城

三、综合信息

3.1 发展定位：由“陌生人的社交”转向“基于地点的社区”

3.2 重要合作伙伴及供应商：阿里巴巴、腾讯微博、龙图游戏、久游等

中国 IM（即时通讯）行业企业名录节选如下表：

表 22　中国 IM（即时通讯）行业企业名录节选

<table>
<tr><td>即时通讯</td><td>腾讯-QQ</td><td rowspan="6">简要分析见前述
数据分析及详细分析
见易观企业库</td></tr>
<tr><td>即时通讯</td><td>腾讯-微信</td></tr>
<tr><td>即时通讯</td><td>中国移动-飞信</td></tr>
<tr><td>即时通讯</td><td>陌陌</td></tr>
<tr><td>即时通讯</td><td>淘宝-旺信</td></tr>
<tr><td>网易</td><td>易信</td></tr>
<tr><td>即时通讯</td><td>阿里巴巴</td><td>详细分析见易观企业库</td></tr>
<tr><td>即时通讯</td><td>小米</td><td>详细分析见易观企业库</td></tr>
<tr><td>即时通讯</td><td>雅虎</td><td>详细分析见易观企业库</td></tr>
<tr><td>即时通讯</td><td>网易</td><td>详细分析见易观企业库</td></tr>
<tr><td>即时通讯</td><td>咔咕</td><td>详细分析见易观企业库</td></tr>
<tr><td>即时通讯</td><td>NHN 公司</td><td>详细分析见易观企业库</td></tr>
<tr><td>即时通讯</td><td>Google</td><td>详细分析见易观企业库</td></tr>
<tr><td>即时通讯</td><td>苹果</td><td>详细分析见易观企业库</td></tr>
<tr><td>即时通讯</td><td>盛大网络</td><td>详细分析见易观企业库</td></tr>
<tr><td>即时通讯</td><td>奇虎 360</td><td>详细分析见易观企业库</td></tr>
<tr><td>即时通讯</td><td>微软</td><td>详细分析见易观企业库</td></tr>
<tr><td>即时通讯</td><td>友加游网络科技有限公司</td><td>详细分析见易观企业库</td></tr>
</table>

（续表）

即时通讯	中国电信集团公司	详细分析见易观企业库
即时通讯	中国联合网络通信集团有限公司	详细分析见易观企业库
即时通讯	三星电子	详细分析见易观企业库
即时通讯	Kakao Talk	详细分析见易观企业库
即时通讯	广州多玩信息技术有限公司	详细分析见易观企业库
即时通讯	爱聊公司	详细分析见易观企业库
即时通讯	百度网络技术有限公司	详细分析见易观企业库

SNS

微博

新浪微博是一个由新浪网推出，提供微型博客服务的类 Twitter 网站。新浪微博于 2009 年 8 月 14 日开始内测，并于 2012 年正式启动商业化。用户可以通过网页、WAP 页面、手机客户端、手机短信、彩信发布消息或上传图片。2014 年 3 月 15 日，新浪微博正式向美国证券交易委员会提交了上市申请文件，计划融资 5 亿美元，迈出了上市的重要一步。据新浪微博官方发布的财务报告，2015 年第三季度净营收 1.247 亿美元，较上年同期增长 48%，超过公司 1.20 亿美元至 1.23 亿美元的预期范围，广告和营销营收较上年同期增长 62%。2015 年 9 月的月活跃用户数（MAU）为 2.22 亿，较上年同期增长 33%。9 月份移动 MAU 在 MAU 总量中的占比为 85%。2015 年 9 月的日均活跃用户数（DAU）为 1 亿，较上年同期增长 30%。

易观分析

Analysys 易观分析认为，新浪微博垂直领域的商业化探索是新浪微博寻求流量变现的手段，切入点在粉丝经济，电影、音乐等领域是粉丝经济容易变现的领域，选择在这些领域进行，最大化了微博的粉丝平台优势。但是从 2015 年微博的电影营销来看，微博更大程度上只是起着宣传平台的作用，微博的自身营销闭环还有待完善。

伴随用户发布的信息而来的大量数据，已经成为研究者们的热点，从数据中挖掘用户行为特征，从而更好地为用户和广告主提供产品和服务将是新浪微博未来发展的重点。但是随着微博用户的增多而出现的虚假信息、无效信息和大量广告使得商业化与用户体验的平衡成为微博发展必须考虑的问题。另一方面，微信等社交应用的移动布局快速，对微博有一定冲击，微博需要探索更多商业与盈利模式，留住现有客户资源，并且需要把用户的商业场景支付吸引到微博上。

一、基础信息

1.1 基本信息

1.1.1 公司全称：新浪微博

1.1.2 成立时间：2009 年 8 月

1.1.3 总部地点：北京

1.1.4 上市时间：2014 年 4 月 17 日美国纳斯达克上市

1.1.5 企业性质：股份制

1.1.6 联系方式

网址：http：//www.weibo.com/

邮箱：sinamedia@vip.sina.com

地址：北京市北四环西路 58 号理想国际大厦 20 层

电话：010-58983336

1.2 组织信息

1.2.1 管理层

曹国伟　董事长、首席执行官

二、业务信息

2.1 产品及服务信息

新浪微博客户端

新浪微博企业版：提供品牌形象展示、数据评估功能以及应用扩展服务

新浪微博广告中心-微博“粉丝通”：基于微博海量用户，把企业信息广泛传递给粉丝和潜在粉丝的营销产品。它会根据用户属性和社交关系将信息精准投放给目标人群，同时微博粉丝通也具有普通微博的全部功能，如转发、评论、收藏、点赞等

新浪微博开放平台

新浪微博 API，覆盖了新浪微博的全部功能，如可以通过 API 发微博、传照片、加关注，甚至搜索等

2.2 覆盖范围

2.2.1 行业：互联网/社会化平台

2.2.2 主要客户：互联网用户

2.2.3 业务区域：全国

2.3 收入结构：据新浪微博官方数据显示，2014 年第三季度业绩净营收 8410 万美元，较上年同期增长 58%。广告和营销营收 6540 万美元，较上年同期增长 50%。微博增值服务（微博 VAS）营收 1880 万美元，较上年同期增长 93%

三、综合信息

3.1 发展定位：开放性互动媒体

3.2 重要合作伙伴及供应商：人民网、生活周刊、时尚、中国计算机报、京报网、体坛网、

CCTV1、TCL、摩托罗拉、诺基亚、三星、中国电信、中国联通、中国移动通信、阿里巴巴等

腾讯-QQ 空间

腾讯是中国社会化领域无可争辩的领导者，优势巨大。QQ 空间，即 Qzone，是腾讯公司于 2005 年开发出来的多媒体空间博客。QQ 空间分为主页、说说、日志、音乐盒、相册、个人档案、个人中心、分享、好友秀、好友来访、投票、城市达人、秀世界、视频、游戏等。依托腾讯 QQ 庞大的用户基础，腾讯发布的 2015 年第三季度财报，QQ 空间月活跃账户数达到 6.53 亿，比去年同期增长 4%。QQ 空间智能终端月活跃账户数达到 5.77 亿，比去年同期增长 14%。稳居移动 SNS 平台的第一位。坐拥庞大的用户规模，QQ 空间在移动端着重强化了移动这一特性，并完善了基于移动化社交化的一系列社区内容。目前商业模式方面，QQ 空间拥有用户产品和营销产品两种付费产品。用户产品部分，以消费增值服务为主，包括游戏等，并针对移动端做创新优化；营销产品部分，腾讯旗下"广点通"推广力度的加大，持续吸引更多广告主增加广告预算，广点通移动端布局也已上线，QQ 空间打造跨终端多屏整合以及基于大数据的精准营销随之展开。随着社交网络业务进一步扩大。QQ 空间订购服务实现相应的收入增长，同时超级会员的收入贡献持续提升。

易观分析

2015 年第三季度，QQ 空间的手机用户群继续增长，用户的参与度持续提升。智能终端月活跃账户于季度末同比增长 14%至 5.77 亿。受益于照片编辑等功能的增强，用户活跃度得以提升。腾讯通过 QQ 手机版兴趣部落等新功能提高社区用户活跃度，并优化用户图片分享体验。尽管传统社交网站近年来活跃度呈现下降趋势，但由于腾讯集团的用户及流量支撑，QQ 空间转型成一般意义上的社交网站，整体来看覆盖率仍较为广阔。

另外，近年来移动互联网发展快速，移动市场发展较为稳定，广告主对社会化营销的认知逐渐加强，数据挖掘等技术的发展促进广告的精准。随着社交类产品的市场竞争越发激烈，同质化产品数量繁多，基于社交这个互联网应用的基本元素，与其他应用相融合，已经成为一种常态。同时，面对强力的同业竞争者——微信，QQ 空间应加强自身的差异化，打造成一个多元、生态的网络空间。

一、基础信息

1.1 基本信息

1.1.1 公司全称：腾讯控股有限公司

1.1.2 成立时间：腾讯公司成立于 1998 年 11 月　腾讯空间（Qzone）发行于 2005 年 4 月

1.1.3 总部地点：广东深圳

1.1.4 上市时间：2004 年 6 月 16 日

1.1.5 企业性质：股份制

1.1.6 联系方式

网址：http：//qzone. qq. com/

地址：中国广东省深圳市南山区深南大道 10000 号腾讯大厦

电话：0755-83768988

1.2 组织信息

1.2.1 管理层

马化腾　首席执行官

二、业务信息

2.1 产品及服务信息

QQ 空间网页端；

QQ 空间移动客户端；

QQ 空间分为主页、说说、日志、音乐盒、相册、个人档案、个人中心、分享、好友秀、好友来访、投票、城市达人、秀世界、视频、游戏等

2.2 覆盖范围

2.2.1 行业：互联网、社会化平台

2.2.2 主要客户：互联网用户

2.2.3 业务区域：全球

2.3 收入结构：增值服务、广告、游戏（量化结构不详）

三、综合信息

3.1 发展定位：中国最大的互联网综合服务提供商，把为用户提供“一站式在线生活服务”作为战略目标

3.2 重要合作伙伴及供应商：万科、小米科技等

百度-贴吧

百度贴吧是百度在社会化领域的核心用户产品，是百度旗下独立品牌，成立于 2003 年。传统的论坛模式为百度贴吧赢得稳定的用户基础，百度贴吧数据显示，截至 2015 年，贴吧已突跃 15 亿注册用户，1780 多万个兴趣贴吧，同比增长 119. 75%。在移动端，百度贴吧移动社交依然以兴趣和帖子为核心向用户提供开放交流平台，近几年百度贴吧更注重于移动端的发展，贴吧客户端优先享用快速优质的工具（一键签到等），同时体验更潮流的移动互联网功能、结合 LBS 技术（贴吧群聊等）增加趣味性，相比网页版，节省 70%的流量。另一方面，获 2015 全球华语科幻星云奖的贴吧连载作品《星陨：丛林中的十字架》也证明了除了重金投入硬成本购买优质内容外，也可以从百度贴吧等社交平台和用户的互动中诞生优质内容，反过来通过优质内容撬动更大的商业价值。

易观分析

百度集团的品牌影响力较大，贴吧拥有大量的客户资源，百度集团在技术、流量和用户等资源的优势带动使得贴吧的发展有强大的支持。2014 年 T 豆商城正式上线，贴吧 T 豆商城突出人性化、个性化、多样化，让用户有更绚丽的贴吧更优质的体验，凭借百度的技术优势，贴吧在功能创新和用户体验上是一大亮点。

但是其商业模式单一，用户黏性还需提升，应加强对独立品牌的树立，才可在日益丰富的社交产品中树立行业地位，降低替换风险。因此百度贴吧急需要探索更多元的商业模式并增强用户基于百度贴吧的社交关系和使用黏性。

一、基础信息

1.1 基本信息

1.1.1 公司全称：百度

1.1.2 成立时间：2000 年 1 月　百度贴吧成立于 2003 年

1.1.3 总部地点：北京市海淀区上地十街 10 号

1.1.4 上市时间：2005 年上市

1.1.5 企业性质：股份制

1.1.6 资本信息：注册资本 4520 万美元

1.1.7 联系方式

网址：http：//tieba. baidu. com/

地址：北京市海淀区上地十街 10 号百度大厦

电话：总机 010-59928888

1.2 组织信息

1.2.1 人员规模　员工人数超过 17000 人

1.2.2 管理层

李彦宏　董事长、首席执行官

二、业务信息

2.1 产品及服务信息

2.1.1 产品信息

手机贴吧客户端：支持智能手机中 iOS、Android、WindowsPhone 平台机客户端

贴吧手机智能版：专为 iPhone 和安卓用户打造的移动贴吧网站，致力于提供最完美的移动贴吧体验

贴吧产品及服务：我的贴吧

贴吧群聊、T 豆商城、图片贴吧、明星贴吧、贴吧等级、吧刊

2.2 覆盖范围

2.2.1 行业：互联网

2.2.2 主要客户：互联网用户

2.2.3 业务区域：全国

2.3 收入结构：据百度公开财务报告，百度 2014 年第三季度总营收为人民币 135.20 亿元（约合 22.03 亿美元），同比增长 52.0%。网络营销营收为人民币 134.27 亿元（约合 21.88 亿美元），同比增长 51.8%。百度第三季度来自每家网络营销客户的平均营收约为人民币 2.59 万元（约合 4220 美元），比去年同期增长 35.6%，比上一季度增长 7.0%

贴吧收入来源为广告、其他收入（量化结构不详）

三、综合信息

3.1 发展定位：贴吧的使命是让志同道合的人相聚，做全球最大中文社区

3.2 重要合作伙伴及供应商：新浪微博、搜房、CBSi 集团、盛拓传媒、天极传媒、凤凰新媒体、盛大、CNTV、新东方在线、百合网、去哪儿、拉手网等

人人网

人人网，原名校内网，创办于 2005 年 12 月，2009 年 8 月改称人人网。人人网是以学生为主要用户群，也正是因人群定位限制，即使经历了品牌更换的战略调整，在其营销价值和后期的服务扩张方面也未能实现良好的表现，人人网的整体用户规模和盈利能力都出现大幅下滑。另一方面，人人网在移动端发展起步也相对较晚，用户规模远低于微信、微博等竞品。人人网在移动社交方面仍着重强调“学生群体”以在移动社交环境下保持其发展空间，然而人人的移动社交成长空间有限，用户潜力挖掘能力相对局限。2015 年 11 月 27 日，人人公司发布了截至 9 月 30 日的 2015 财年第三季度财报。总净营收为 1240 万美元，同比下滑 36.4%。净亏损为 8200 万美元，而上年同期净亏损 3810 万美元。

易观分析

人人网作为国内早期的社交网站，曾经在覆盖人数、使用时长上都居各互联网应用的前列，近两年在社交应用竞争日益激烈的环境下，遭受微博和其他社交特征明显的互联网商业模式的攻击，面临较大冲击，再加之人人网一直以来将自己的用户定位于学生人群，用户状态改变后，就容易脱离原来的关系链，导致社交网站用户流失。为了扭转用户量和用户黏性危机，人人网在最近几年大胆实行了若干举措：如社交游戏、团购等，尽管人人网频频出击，力图拓宽稳固业务线，但是收效甚微。

一、基础信息

1.1 基本信息

1.1.1 公司全称：北京人人网有限公司

1.1.2 成立时间：校内网创办于 2005 年 12 月，创办人是来自清华大学和天津大学的王兴、王

慧文、赖斌强和唐阳等几位大学生。2006 年 10 月被千橡互动集团收购。同年年底，千橡公司的 5Q 校园网与校内网合并完成。2009 年 8 月 4 日，校内网改称人人网。

1. 1. 3 总部地点：北京

1. 1. 4 上市时间：2011 年

1. 1. 5 企业性质：股份制

1. 1. 6 联系方式

网址：http：//www. renren. com/

地址：北京市朝阳区北三环东路 8 号静安中心 23 层

电话：010-84481818（北京总部）

传真：010-051085666（北京总部）

1. 2 组织信息

1. 2. 1 管理层

陈一舟　董事长、首席执行官

二、业务信息

2. 1 产品及服务信息

人人网：PC 端和移动端。前身为校内网，成立于 2005 年，是中国领先的实名制的 SNS 网络平台。通过每个人真实的人际关系，满足各类用户对社交、资讯、娱乐等多方面的沟通需求

人人游戏：是全国领先的网络游戏平台，也是中国最大的手机游戏及跨平台游戏研发运营商之一。核心产品：《乱世天下》《名将传奇》《商战创世纪》 等

2. 2 覆盖范围

2. 2. 1 行业：IT/互联网

2. 2. 2 业务区域：全国

2. 3 收入结构：广告收入、游戏收入、其他收入

三、综合信息

3. 1 发展定位：中国领先的实名制 SNS 社交网络

3. 2 重要合作伙伴及供应商信息：奇虎 360、中国电信、优酷土豆等

知乎

知乎是一个真实的网络问答社区，社区氛围友好而理性，连接各行各业的精英。用户分享彼此的专业知识、经验和见解，为中文互联网源源不断地提供高质量的信息。2013 年 4 月 23 日，知乎向公众开放注册，不到一年时间，注册用户迅速由 40 万攀升至 400 万。2015 年 3 月 20 日，知乎创始人兼 CEO 周源公布最新数据，截至 2015 年 3 月知乎已拥有 1700 万注册用户，月独立访客接近 1 亿，透露知乎将展开包括原生态广告在内的商业化尝试。

2015 年 9 月 26 日知乎日报进行重大改版升级变身为“读读日报”，借由全网抓取内容的聚合方式，着力面向基于兴趣和知识的社群用户。2015 年 11 月知乎获得腾讯领投的 5000 万美元 C 轮融

资，估值将不低于 3 亿美金，搜狗、创新工场等也参与投资。2015 年 11 月 8 日知乎又与搜狗搜索合作推出独家知乎搜索，完善知乎站内搜索功能，并成为其在搜索领域的独家合作伙伴，搜狗搜索的用户可获得知乎独家实时推送的问答类内容。

易观分析

知乎在优质用户、UGC 资源积累上有较大优势，未来商业发展空间显著。产品方面，知乎修改信息流算法，完善内容信息呈现方式，上线友善度积分系统维护社区氛围。移动端知乎推出读读日报，通过用户采编的形式，向用户提供更多的互联网内容。商业化方面，2015 年知乎引入原生广告，并通过内容出版实现内容变现。2015 年知乎获得搜狗、腾讯战略投资，预计 2016 年知乎与腾讯社交网络协同获得更广泛的流量入口，并结合搜狗的搜索技术资源为用户提供更好的使用体验。

一、基础信息

1.1 基本信息

1.1.1 公司全称：知乎

1.1.2 成立时间：2011 年 1 月 25 日

1.1.3 总部地点：北京

1.1.4 上市时间：未上市

1.1.5 网站性质：社会化问答社区

1.1.6 联系方式

网址：https：//www.zhihu.com/

地址：北京市海淀区学院路甲 5 号 768 创意园 A 座西区 1-002

1.2 组织信息

1.2.1 管理层

周源　创始人、CEO

二、业务信息

2.1 产品及服务信息

知乎社区、读读日报 APP、知乎日报 APP

为激励用户和优质内容产生编辑制作《知乎·盐》系列电子书及知乎出版物

知乎吉祥物“刘看山”

2.2 覆盖范围

2.2.1 行业：网络社交

2.2.2 主要客户：互联网用户

2.2.3 业务区域：全国

2.3 收入结构：内容出版物、融资等

三、综合信息

3.1 发展定位：致力于帮助人们更有效、方便地分享与组织彼此的知识、经验和见解，从中发现新的机会

3.2 重要合作伙伴及供应商：腾讯、搜狗、创新工场、启明创投、软银赛富

天涯社区

天涯社区创办于 1999 年 3 月，老牌社区，在中国老牌网民以及高等教育人群中有着颇为巨大的影响力，伴随着一代互联网用户的成长。长期以来，天涯论坛都是“高手在民间”这一论断的有力支撑，人数众多，在微博诞生之前，是“意见领袖”的重要聚集场所。经过 15 年的发展，依靠用户创造内容带来巨大的访问量，目前，天涯社区注册用户超过 9500 万，月覆盖用户超过 2 亿，在中国网络论坛市场中拥有较高的影响力。天涯的用户相对较为活跃，但商业模式较为单一。同时，天涯在移动端的业务表现方面发展较慢，面对竞争对手的庞大用户量，天涯需加强服务及产品的优化，提升竞争力。8 月 26 日，天涯社区以协议转让方式在新三板挂牌。

易观分析

中国网络论坛中较早成立者，天涯论坛拥有了丰富的用户资源，虽然没有开展专门的网络文学服务，但其作为开放的分享空间，已逐渐成为用户创作或阅读网络文学的重要平台。但其商业模式单一，品牌印象对其营销价值产生负面影响；作为以网络文学为特色的网络平台，移动端表现欠佳，但如今移动互联网发展快速，天涯的发展离不开移动市场的扩展。另一方面，网络舆论监管力度不断强化，天涯社区的发展面临政策风险。而且面对微博、微信等新兴媒介的冲击，天涯社区进入了低落期。

一、基础信息

1.1 基本信息

1.1.1 公司全称：海南天涯社区网络科技股份有限公司

1.1.2 成立时间：1999 年 3 月

1.1.3 总部地点：海南

1.1.4 上市时间：已上市

1.1.5 企业性质：股份制

1.1.6 资本信息：注册资本 9000 万

1.1.7 联系方式

网址：http：//www.tianya.cn/

客服邮箱：service@tianya.cn

地址：海南省海口市滨海大道珠江广场帝都大厦8层　570125

传真：0898-66660185

1.2 组织信息

1.2.1 管理层

邢明　董事长、首席执行官

二、业务信息

2.1 产品及服务信息

天涯微博、天涯聚焦 、天涯论坛、天涯博客 、天涯部落 、天涯问答、分类信息、天涯社区、天涯民生、天涯文学、天涯财经、天涯汽车、天涯娱乐、天涯体育、天涯图片、天涯游戏、天涯时尚、天涯视频、天涯情感、天涯 IT 数码、天涯旅游

2.2 覆盖范围

2.2.1 行业：网络社交

2.2.2 主要客户：互联网用户

2.2.3 业务区域：全国

2.3 收入结构：网络广告、互联网增值服务

三、综合信息

3.1 发展定位：华语圈首屈一指的网络事件与网络名人聚焦平台，最具影响力的全球华人网上家园

3.2 重要合作伙伴及供应商：山西卫视、广州电视台、南方电视台、海南交通广播、第一财经、湖南卫视、世界新闻报、世界经理人、世界博览、ELLE、华尔街中文报、南都周刊等

19 楼

19 楼是一个地方性互联网社区网站，是杭州日报报业集团和都市快报新媒体战略的重要组成部分。19 楼是一个互联网社区网站。是十九楼网络股份有限公司旗下的一个专注于提供本地生活消费和情感问题自由交流的平台。从 2006 年起，相继在杭州、台州、嘉兴、宁波、重庆、福州、上海、苏州等 20 多座城市，成功发展了活跃的本地生活社区，影响一亿多用户。19 楼已经成为全国覆盖最广、渗透最深的城市社区网站。19 楼专注于为网友提供本地生活交流服务，是中国 O2O 业务模式领先的实践者之一。目前已在全国各地 43 个城市建立分公司及分布论坛，成为全国覆盖最广、渗透最深的城市社区网站。在为用户提供恋爱、结婚、育儿、装修等领域个性化服务的同时，19 楼致力于为商家提供线上线下无缝融合的互动营销解决方案，建立了独特的社会化营销商业模式。

易观分析

杭州 19 楼成立以来发展十分迅速，是杭州日报报业集团和都市快报新媒体战略重要组成部分，拥有一定的资源优势。政府集团的支撑使得资金充足，具有强大的产品和技术团队，产品定位精准，紧跟 O2O 大趋势潮流，主打本地化、社交化，重视用户细分，19 楼能根据细分的人群提供个性化的服务。一个将社交、本地及移动等功能紧密融合，由 19 楼自主研发的社会化信息服务平台也日趋成熟，成为 19 楼快速发展的引擎。目前 19 楼的盈利模式过于单一，其收入绝大部分来自互动广告，销售分成和平台授权收入占比还非常小，且没有触及商务交易的环节，尚未建立起社区电子商务，需要对其运营模式进一步提升。在本地生活服务领域，面对团购网站、点评类网站的竞争，19 楼尚未建立起自己的壁垒。地域扩张具有差异化，使得 19 楼面临扩张挑战，同时也面临着不同社区论坛的整合难度大的问题。

一、基础信息

1.1 基本信息

1.1.1 公司全称：十九楼网络股份有限公司

1.1.2 成立时间：2006 年 10 月

1.1.3 总部地点：浙江省杭州市

1.1.4 上市时间：未上市

1.1.5 企业性质：股份制

1.1.6 资本信息：合资

1.1.7 联系方式

网址：http：//www.19lou.com/

邮箱：kefu@19lou.com

地址：浙江省杭州市文三路 90 号东部软件园创新大厦 B 座 2 楼

电话：0571-85211919

1.2 组织信息

1.2.1 管理层

林煜　首席执行官

二、业务信息

2.1 产品及服务信息

论坛、我的空间、好点、大婚日、我的宝宝、跳蚤市场、19 楼客户端、搜索、19 楼诊所、爱情幸运号、战略合作、19 楼故事等

2.2.1 行业：互联网/论坛门户

2.2.2 主要客户：核心用户群是 18 到 45 岁间的城市女性

2.2.3 业务区域：全国

2.3 收入结构：广告收入、其他收入（具体量化结构不详）

三、综合信息

3.1 发展定位：致力于为各地用户提供便捷的生活交流空间和体贴的本地生活服务

3.2 重要合作伙伴及供应商：华数数字电视、商业资讯、虾米网、新文化网、华声论坛、阿里生意经、烟台论坛、baby169、亲子论坛、上虞论坛等

中国 SNS（社会化网络服务）行业企业名录节选如下表

表 23　中国 SNS（社会化网络服务）行业企业名录节选

<table>
<tr><td>社交网站</td><td>腾讯-QQ 空间</td><td rowspan="6">简要分析见前述
数据分析及详细分析
见易观企业库</td></tr>
<tr><td>社交网站</td><td>人人网</td></tr>
<tr><td>社交网站</td><td>百度贴吧</td></tr>
<tr><td>社会化问答</td><td>知乎</td></tr>
<tr><td>社交网站</td><td>天涯社区</td></tr>
<tr><td>社交网站</td><td>19 楼</td></tr>
<tr><td>社交网站</td><td>豆瓣网</td><td>详细分析见易观企业库</td></tr>
<tr><td>社交网站</td><td>开心网</td><td>详细分析见易观企业库</td></tr>
<tr><td>社交网站</td><td>朋友网</td><td>详细分析见易观企业库</td></tr>
<tr><td>社交网站</td><td>赛我网</td><td>详细分析见易观企业库</td></tr>
<tr><td>微博</td><td>新浪</td><td>详细分析见易观企业库</td></tr>
<tr><td>微博</td><td>腾讯</td><td>详细分析见易观企业库</td></tr>
<tr><td>微博</td><td>网易</td><td>详细分析见易观企业库</td></tr>
<tr><td>博客</td><td>BlogBus</td><td>详细分析见易观企业库</td></tr>
<tr><td>博客</td><td>搜狐</td><td>详细分析见易观企业库</td></tr>
<tr><td>博客</td><td>网易</td><td>详细分析见易观企业库</td></tr>
<tr><td>博客</td><td>新浪</td><td>详细分析见易观企业库</td></tr>
<tr><td>企业社交</td><td>腾讯</td><td>详细分析见易观企业库</td></tr>
<tr><td>企业社交</td><td>北京慧聪国际资讯有限公司</td><td>详细分析见易观企业库</td></tr>
<tr><td>企业社交</td><td>上海万企明道软件有限公司</td><td>详细分析见易观企业库</td></tr>
<tr><td>企业社交</td><td>金蝶</td><td>详细分析见易观企业库</td></tr>
<tr><td>轻博客</td><td>点点</td><td>详细分析见易观企业库</td></tr>
<tr><td>轻博客</td><td>人人</td><td>详细分析见易观企业库</td></tr>
<tr><td>轻博客</td><td>网易</td><td>详细分析见易观企业库</td></tr>
<tr><td>轻博客</td><td>搜狐</td><td>详细分析见易观企业库</td></tr>
<tr><td>轻博客</td><td>新浪</td><td>详细分析见易观企业库</td></tr>
<tr><td>商务社交</td><td>LinkedIn</td><td>详细分析见易观企业库</td></tr>
<tr><td>商务社交</td><td>经纬网</td><td>详细分析见易观企业库</td></tr>
</table>

（续表）

商务社交	若邻网	详细分析见易观企业库
商务社交	天际网	详细分析见易观企业库
商务社交	优士网	详细分析见易观企业库
社会化分享	bShare	详细分析见易观企业库
社会化分享	JiaThis	详细分析见易观企业库
社会化内容聚合	ZAKER	详细分析见易观企业库
社会化内容聚合	腾讯	详细分析见易观企业库
社会化内容聚合	网易	详细分析见易观企业库
社会化内容聚合	鲜果	详细分析见易观企业库
社会化阅读	Gozap	详细分析见易观企业库
社会化阅读	九点网	详细分析见易观企业库
社会化阅读	抓虾网	详细分析见易观企业库
社会化书签	腾讯	详细分析见易观企业库
社会化书签	百度	详细分析见易观企业库
社会化问答	百度	详细分析见易观企业库
社会化问答	新浪	详细分析见易观企业库
社会化问答	天涯社区	详细分析见易观企业库
社会化营销服务	1024 互动营销	详细分析见易观企业库
社会化营销服务	Netconcepts	详细分析见易观企业库
社会化营销服务	Social Touch	详细分析见易观企业库
社会化营销服务	上海秉钧网络科技有限公司	详细分析见易观企业库
社会化营销服务	博邦尚林	详细分析见易观企业库
社会化营销服务	传驰网络	详细分析见易观企业库
社会化营销服务	口碑互动	详细分析见易观企业库
社会化营销服务	千里目标	详细分析见易观企业库
社会化营销服务	北京瑞意恒动科技有限公司	详细分析见易观企业库
社会化营销服务	上海瀚宣文化传播	详细分析见易观企业库
社会化营销服务	随视传媒	详细分析见易观企业库
社会化营销服务	北京天下秀科技有限公司	详细分析见易观企业库
社会化营销服务	腾讯	详细分析见易观企业库
社会化营销服务	西美互动	详细分析见易观企业库
社会化营销服务	映盛中国	详细分析见易观企业库
社会化营销服务	中海互动	详细分析见易观企业库
社会化营销服务	河南众品食业股份有限公司	详细分析见易观企业库
社区软件	康盛创想（北京）科技有限公司	详细分析见易观企业库
社区软件	iWebSNS	详细分析见易观企业库

（续表）

社区软件	天乙软件	详细分析见易观企业库
视频交友	浙江天格信息技术有限公司	详细分析见易观企业库
视频交友	56 网	详细分析见易观企业库
视频交友	上海聚力传媒技术有限公司	详细分析见易观企业库
视频交友	六间房秀场	详细分析见易观企业库
图片分享	嘀咕网	详细分析见易观企业库
图片分享	堆糖网	详细分析见易观企业库
图片分享	翻东西	详细分析见易观企业库
图片分享	花瓣网	详细分析见易观企业库
图片分享	厦门美图网科技有限公司	详细分析见易观企业库
图片分享	拼范网	详细分析见易观企业库
图片分享	优美图片网	详细分析见易观企业库
位置签到服务	街旁网	详细分析见易观企业库
位置签到服务	苏州贝多科技有限公司	详细分析见易观企业库
位置签到服务	切客	详细分析见易观企业库
文档分享	百度	详细分析见易观企业库
文档分享	豆丁网	详细分析见易观企业库
消费评论	爱帮网	详细分析见易观企业库
消费评论	大众点评	详细分析见易观企业库
消费评论	饭统网	详细分析见易观企业库
消费评论	口碑网	详细分析见易观企业库
在线百科	MBAlib	详细分析见易观企业库
在线百科	百度	详细分析见易观企业库
在线百科	互动在线（北京）科技有限公司	详细分析见易观企业库
在线百科	腾讯	详细分析见易观企业库
综合论坛	百度	详细分析见易观企业库
综合论坛	19 楼	详细分析见易观企业库
综合论坛	搜狐	详细分析见易观企业库
综合论坛	白社区	详细分析见易观企业库
综合论坛	大旗网	详细分析见易观企业库
综合论坛	华声论坛	详细分析见易观企业库
综合论坛	凯迪社区	详细分析见易观企业库
综合论坛	猫扑网	详细分析见易观企业库
综合论坛	天涯社区	详细分析见易观企业库
综合论坛	西祠胡同	详细分析见易观企业库

浏览器

腾讯-QQ 浏览器

QQ 浏览器是腾讯公司推出的浏览器，有 PC 和移动版本。QQ 浏览器在 2010 年才开始进入手机浏览器市场，但是凭借产品和技术创新、细分市场的营销落地及社交体系的资源优势转换，QQ 浏览器已在第三方手机浏览器市场占据重要地位。根据易观产业数据最新发布的《中国第三方手机浏览器市场季度监测报告 2015 年第四季度》数据显示，中国第三方手机浏览器市场活跃用户规模约 4.49 亿人，手机 QQ 浏览器以 36.5%占比稳固地占据中国第三方手机浏览器市场活跃用户覆盖率第一名的位置。QQ 浏览器通过与腾讯旗下其他移动产品（腾讯新闻、微信、QQ 空间等）的有效整合，让用户通过 QQ 浏览器浏览的内容能够简便地分享到社交圈子。通过 QQ 一号通的登录方式，QQ 浏览器打通了腾讯旗下各产品间的接口，跨屏穿越、微收藏等多平台、多应用的互通不仅为用户带来了实用的功能，更通过腾讯 APP 群的力量加强了用户黏性。同时手机 QQ 浏览器定位年轻化，产品对于自身品牌、功能、用户群体的准确定位，加之品牌形象代言人等对于市场的推广力度，使得个体产品所聚集的用户影响到了整个 APP 群。腾讯旗下有众多超级 APP，而产品间的相互共存共进体系，使得手机 QQ 浏览器保持了如今的领先地位。2015 年 4 月 22 日，腾讯正式推出 QQ 浏览器 9.0 版本。该版本以快为出发点，解决了浏览器普遍存在的卡慢问题。同时，腾讯加强了与 Google 及微软在浏览器技术方面的合作，借此 QQ 浏览器得以在性能方面有更大的提升。

易观分析

QQ 浏览器有腾讯社交体系的高黏度庞大用户量，用户基础极具优势；拥有丰富的渠道资源，凭借腾讯旗下众多产品（视频、新闻、阅读、购物）为其平台化建设提供了丰富的系统资源，加强了浏览器娱乐化的趋势；产品创新能力较强，重视技术和产品对产业发展的核心驱动价值。腾讯对于 QQ 浏览器以前版本存在的崩溃、不兼容等问题进行了优化，大幅度提升了用户体验。在腾讯开发团队与 Google 公司的密切合作下，一旦有最新的浏览器内核发布，QQ 浏览器便会在 7 天内同步上线。另外，因为 Google 在国内受限，大部分网民无法从 Google 应用商店直接下载插件。针对这一问题，QQ 浏览器为满足用户个性化需求采用镜像技术收录十万款原生扩展，并且针对用户进行不同维度的划分，提升了自身的差异化。

移动互联网时代，手机浏览器受到原生 APP 的冲击，促使市场竞争更为激烈，垂直细分领域追逐个性化竞争。针对百度和 UC 浏览器市场份额稳步上升，对于用户需求的深入挖掘将对 QQ 浏览器在产品创新方面的领先优势产生一定的冲击。同时，360 浏览器、猎豹浏览器等超级 APP 逐渐增多也对 QQ 浏览器市场份额产生一定的威胁。

因此，QQ 手机浏览器应积极寻找自己的差异化优势，在同质化严重的中国手机浏览器市场中脱颖而出，提升用户体验，增强用户黏性。提供个性化服务，是手机浏览器吸引年轻用户的重要竞争力，这样更有利于保持手机浏览器的地位，争夺更多市场份额。

一、基础信息

1.1 基本信息

1.1.1 公司全称：腾讯控股有限公司

1.1.2 成立时间：2000 年 2 月

1.1.3 总部地点：深圳

1.1.4 上市时间：2004 年在香港上市

1.1.5 企业性质：股份有限公司

1.1.6 资本信息：注册资金 8000 万元

1.1.7 联系方式

网址：http://browser.qq.com/

邮箱：10000@qq.com

地址：中国广东省深圳市高新科技园北区深圳腾讯大厦

电话：0755-86013666

1.2 组织信息

1.2.1 管理层

马化腾　首席执行官

二、业务信息

2.1 产品及服务信息

iOS、Android、windows 版手机浏览器产品

2.2 覆盖范围

2.2.1 行业：互联网

2.2.2 主要客户：移动互联网用户

2.2.3 业务区域：全球

2.3 收入结构：流量分发、广告，具体比例不详

三、综合信息

3.1 发展定位：借助腾讯的口碑与影响力，集合优势资源，打造内容聚合平台

3.2 重要合作伙伴及供应商：豌豆荚、起点网、17K、大众点评、Google、微软等

优视

UC 浏览器原名 UCWEB，是中国第三方手机浏览器市场的重要应用。2004 年，UC 优视在全球首次将云端架构应用到手机浏览器领域。2011 年 6 月 9 日，UC 发布第一代手机浏览器，通过自主研发 wed 内核以及云端架构压缩 60%流量迅速占领移动端浏览器市场。随着互联网企业进入手机浏览器市场并快速发展，UC 浏览器作为独立的手机浏览器厂商，缺少平台资源，一家独大的局面被打破，市场份额处于下降趋势，受到了 QQ 浏览器和百度浏览器的双重威胁。根据 Analysys 易观产业数据库最新发布的《中国第三方手机浏览器市场季度监测报告 2015 年第四季度》数据显示，2015 年第四季度，UC 浏览器以 33.2%的比例占据中国第三方手机浏览器市场活跃用户覆盖率第二名的位置。2015 年 7 月，UC 浏览器全新改版，以大数据为核心，融入信息流式交互体验，根据每个用户的兴趣推荐个性化内容咨询。在国际化方面，UC 浏览器先后发布了英文、俄文等 11 个国际语言版本，其海外用户超过 1 亿，并在亚洲、非洲、俄罗斯等多个地区取得了市场领先地位，其中在印度市场份额超过 50%，成为印度市场第一大手机浏览器。同时也在 2015 年 3 月成为印尼第一大浏览器，市场份额超过 40%。易观监测数据显示，2015 年第二季度，UC 浏览器以 35.2%的比例占据中国第三方手机浏览器市场活跃用户覆盖率第二名的位置。

易观分析

UC 手机浏览器是国内首家拥有自主内核技术的移动浏览器，拥有较好用户基础和口碑，具有一定的技术积累和云服务优势；阿里与 UC 有紧密的投资合作关系，能够帮助其发展，并与大量网站及应用开发商合作，其网页应用数量占优势。但是 UC 手机浏览器产品创新乏力，先发优势逐渐被 QQ 和百度浏览器等竞争对手蚕食；作为独立的手机浏览器厂商，多屏战略相对滞后；与百度和 QQ 浏览器相比有生态劣势。另外，UC 浏览器拓展应用较少，对于满足消费者的创新需求能力有限。

UC 并入阿里集团后，整合 UCWeb 和支付宝，并促成了 UC 与阿里集团下多款产品的合作。UC 联合 Camera360、迅雷等厂商强化自身插件系统、完善下载技术，在娱乐影音方面有望凸显差异化优势。随着 HTML5 技术的逐渐成熟，UC 的 Web APP 平台能够吸引并整合更多优质 Web APP 资源，巩固其在浏览器市场的地位。

易观分析认为，QQ 浏览器市场已超越 UC，百度手机浏览器用户增长迅速，UC 需要尽快加强自身的综合创新能力的同时进一步推进产品本地化，加强上下游合作。

一、基础信息

1.1 基本信息

1.1.1 公司全称：优视科技有限公司

1.1.2 成立时间：2004

1.1.3 总部地点：广东

1.1.4 企业性质：股份有限公司

1.1.5 联系方式

网址：http：//www.uc.cn/

地址：广东省广州市中山大道西天河科技园建中路36号裕桥商务大厦5楼

1.2 组织信息

1.2.1 人员规模

公司员工总数已经超过2600人，产品研发人员比例超过80%

1.2.2 管理层

俞永福　　阿里UC移动事业群总裁

二、业务信息

2.1 产品及服务信息

iOS、Android、windows版手机浏览器产品

2.2 覆盖范围

2.2.1 行业：移动互联网

2.2.2 主要客户：移动互联网大众用户

2.2.3 业务区域：全球

2.3 收入结构：优视科技主要营收来源是广告，其中游戏、广告收入占比75%

三、综合信息

3.1 发展定位：UC浏览器定位于做移动互联网浏览入口平台

3.2 重要合作伙伴及供应商：人民网、豆瓣、阿里巴巴、小米、HTC、联想等

百度浏览器

百度是全球最大的中文搜索引擎、最大的中文网站，在综合搜索、无线搜索等领域均占据显著优势。百度浏览器是百度在移动浏览器业务上的延伸，其推出双向互动的“信息（资讯等）+评论”吐槽社区功能，进行娱乐化转型，增设资讯和线上互动功能，为年轻群体打造全面、趣味、生动的互动资讯体系。2015年3月26日，百度浏览器新增积分特权，用百度浏览器免费送爱奇艺黄金VIP，借爱奇艺视频无广告的服务进行推广。2015年6月11日，百度浏览器继续进行百度业务在移动端的转移和整合，新增积分可免费下载百度文库资源等功能。根据Analysys易观产业数据库最新发布的《中国第三方手机浏览器市场季度监测报告2015年第四季度》数据显示，2015年第四季度，百度手机浏览器以28.6%的比例占据中国第三方手机浏览器市场活跃用户覆盖率第三的位置。

易观分析

百度浏览器通过娱乐化转型提升用户黏度，达到提高用户留存、聚集用户的目的，是百度在移动端入口应用的尝试。2015 年，其业务地位有所提高，进行多次其余业务向移动端转移的更新，借由百度本身的强大资源，有不错的企业用户基础和线上渠道资源。同时，在创新用户交付方式上，百度推出手机机器人助理“度秘”，度秘将打破百度旗下多条产品线的孤立状态，前期通过整合百度地图位置服务和服务产品，加速用户语音交互等创新技术的落地应用，也为百度浏览器的持续迭代升级提供了技术保障。

百度浏览器借助百度各业务资源的联动优势，用户数量增加速度较快，市场份额竞争力明显，然而，面对 QQ 和 UC 浏览器，百度浏览器在用户使用习惯和产品差异化等方面仍然有所差距，需要进一步探索渠道推广和发挥搜索等业务的优势。

一、基础信息

1.1 基本信息

1.1.1 公司全称：百度在线网络技术有限公司

1.1.2 成立时间：2000 年 1 月

1.1.3 总部地点：北京市

1.1.4 上市时间：2005 年美国纳斯达克

1.1.5 企业性质：股份有限公司

1.1.6 资本信息：注册资本 4520 万美元

1.1.7 联系方式

网址：http：//www.baidu.com/

地址：北京市海淀区上地十街 10 号百度大厦

电话：010-59928888

1.2 组织信息

1.2.1 人员规模：员工人数超过 17000 人

1.2.2 管理层

李彦宏　董事长、首席执行官

二、业务信息

2.1 主要产品与服务信息

搜索服务：百度网页搜索、百度视频、百度音乐、百度地图、百度新闻

导航服务：hao123、百度网站、百度团购

社区服务：百度文库、百度空间、百度百科、百度贴吧、百度知道

软件工具：百度浏览器、百度影音、百度输入法

其他服务：百度翻译

新上线：百度认证、百度壁纸、百度桌面、百度魔图、百度一键 Root

移动类产品：百度移动搜索、百度移动应用、百度地图、百度手机浏览器、百度手机输入法

百度旗下：爱奇艺 PPS、有啊、百付宝

2.2 覆盖范围

2.2.1 行业：搜索引擎为核心的网络信息服务

2.2.2 主要客户：全网用户与组织机构

2.2.3 业务区域：全国

2.3 收入结构：百度营收以营销为主

三、综合信息

3.1 发展定位：以“让人们最平等、便捷地获取信息，找到所求”为使命，致力于为用户提供“简单、可依赖”的互联网搜索产品及服务

3.2 重要合作伙伴及供应商信息：新浪微博、搜房、CBSi 集团、盛拓传媒、天极传媒、凤凰新媒体、盛大、CNTV、新东方在线、百合网、去哪儿、拉手网等

我国浏览器行业企业名录节选如下表：

表 24　中国浏览器行业企业名录节选

第三方浏览器	腾讯-QQ 浏览器	简要分析见前述 数据分析及详细分析 见易观企业库
第三方浏览器	优视	
第三方浏览器	百度浏览器	
第三方浏览器	百度	详细分析见易观企业库
第三方浏览器	网易有道	详细分析见易观企业库
第三方浏览器	搜狗	详细分析见易观企业库
第三方浏览器	百纳信息技术有限公司	详细分析见易观企业库
第三方浏览器	金山网络	详细分析见易观企业库
第三方浏览器	Opera	详细分析见易观企业库
第三方浏览器	华为技术有限公司	详细分析见易观企业库
第三方浏览器	点指科技	详细分析见易观企业库
第三方浏览器	Mozilla Firefox	详细分析见易观企业库
第三方浏览器	网际傲游（北京）科技有限公司	详细分析见易观企业库
第三方浏览器	上海 2345 网络科技有限公司	详细分析见易观企业库
第三方浏览器	Google	详细分析见易观企业库
手机浏览器	GO 浏览器	详细分析见易观企业库
手机浏览器	天天浏览器	详细分析见易观企业库
手机浏览器	移联浏览器	详细分析见易观企业库

LBS

百度地图

2012 年 10 月，百度宣布分拆地图业务，成立了 LBS 事业部。2013 年，百度收购 91 助手和糯米网，增强拓宽其移动分发渠道和本地生活服务商户资源。2014 年，百度推出百度钱包并内置到百度地图中，补足其支付体系的短板，形成闭环。2015 年，百度地图更多地围绕手机地图进行生活服务 O2O 生态布局。在位置服务+生活服务领域，百度较早地发现了手机地图的强入口属性和强场景属性，以及生活服务 O2O 的战略价值。基于以上原因，百度依靠自身资源优势连续对多个生活服务 O2O 领域的优秀企业进行投资，同时在某些关键服务开展自营业务，进而依靠其海量用户资源实现变现。

根据 Analysys 易观监测数据显示，2015 年第三季度百度地图以 70.7%的比例成为中国手机地图 APP 活跃用户覆盖率第一名，远高于第二名 26.0%的高德地图。手机地图 APP 总启动次数中，百度地图占比也高达 66.1%，手机地图 APP 使用时长更是达到了 69.6%。从中国主流手机地图生活服务 O2O 生态布局可以看出，目前百度布局了最多的生活服务 O2O 领域，其中超过半数的生活服务 O2O 为百度自营。

易观分析

借助长期以来积累的品牌形象、庞大稳定的流量导向，良好的运营平台，较强的技术实力，得益于前期市场培养，移动互联网用户已经习惯于将手机地图作为生活服务入口，并充分使用位置服务+生活服务带来的便利。在位置服务+生活服务领域，百度较早地发现了手机地图的强入口属性和强场景属性，以及生活服务 O2O 的战略价值。基于以上原因，百度依靠自身资源优势连续对多个生活服务 O2O 领域的优秀企业进行投资，同时在某些关键服务开展自营业务，进而依靠其海量用户资源实现变现。如近期的去哪儿与携程宣布合并，意味着百度系 OTA 阵营正式形成，未来双方在整合在线旅游市场的过程中，百度系基础移动端服务将发挥关键作用，能量进一步释放。

Analysys 易观分析认为，未来各家手机地图企业将继续拓展地理位置+生活服务，将企业生态中的生活服务 O2O 作为手机地图的典型变现渠道进行强化。随着生活服务 O2O 与手机地图的深度结合与场景化运营的探索，手机地图的入口属性将进一步扩大。

一、基础信息

1.1 基本信息

1.1.1 公司全称：百度 LBS 事业部（百度在线网络技术有限公司下属事业部）

1.1.2 成立时间：2012 年

1.1.3 总部地点：北京

1.1.4 上市时间：2005 年

1.1.5 企业性质：私营

1.1.6 联系方式

网址：http：//map. baidu. com/

地址：北京市海淀区中关村软件园 12 号

电话：010-59928888

1.2 组织信息

1.2.1 管理层

刘骏　百度 LBS 事业部副总裁、糯米网首席执行官

二、业务信息

2.1 产品及服务信息

手机地图：百度地图

LBS 开放平台

本地版手机导航：百度导航

2.2 覆盖范围

2.2.1 行业：位置服务

2.2.2 主要客户：互联网用户

2.2.3 业务区域：全国

2.3 收入结构：百度 2014 年第四季度总营收达到 140.50 亿元人民币（约合 22.64 亿美元），同比增长 47.5%；归属于百度的净利润达到 32.29 亿元人民币（约合 5.204 亿美元），同比增长 16.0%。LBS 收入结构具体不详

三、综合信息

3.1 发展定位：移动生活服务平台

3.2 重要合作伙伴及供应商：去哪儿、携程、艺龙、同程、订餐小秘书、万达电影、网票网、大麦网、格瓦拉、滴滴打车、快的打车

高德控股

公司于 2002 年成立，2010 年登陆美国纳斯达克全球精选市场，2011 年转型移动互联网，并且于 2013 年获阿里巴巴集团 2.94 亿美元投资，2014 年成为阿里的全资子公司。目前高德已将核心导航功能面向开发者开放 SDK，以期打造完整生态圈，另一方面丰富其导航产品的内容和服务，继推出代驾、违章查询及缴款等功能之后，第二季度与神州租车展开合作，接入其租车预订页面。根据易观监测最新数据显示，2015 年第三季度高德地图以 26.0%的比例成为中国手机地图 APP 覆盖用户数比例第二名，手机地图 APP 总启动次数中，高德地图占比达 22.3%，手机地图 APP 使用时长

达到 19.8%。同比去年有小幅度上升。

高德拥有导航电子地图甲级测绘资质、测绘航空摄影甲级资质和互联网地图服务甲级测绘资质“三甲”资质，电子地图数据库成为公司的核心竞争力。高德业务覆盖三大领域，包括车载（车联网）服务、互联网和移动互联网服务、政企行业应用。高德业务能力覆盖移动地图和导航全产业链，成型的业务架构是较难被复制的核心能力之一。

易观分析

高德从基础数据对比方面，核心数据均为自行采集，在产业链上游具明显优势。被阿里巴巴收购前，高德地图长期塑造良好的品牌形象，并且具有较高的市场占有率和影响力，良好的渠道关系网络；依托于阿里平台，商业化前景广阔，高德与新浪微博、陌陌、美团、聚划算任何一个产品，或者几个产品之间均存在具备想象力的整合空间。

高德软件营收结构过于单一，调整定价策略以后营收有所下降。对车载前装导航收入的依赖使得企业缺乏足够能力抵御汽车市场波动带来的风险，未来通过积极的移动互联网战略有望改善此项问题。另外，在导航功能方面，高德地图应继续加强沿途、周边搜索功能以进一步提升智能化以及人性化。

一、基础信息

1.1 基本信息

1.1.1 公司全称：高德软件有限公司

1.1.2 成立时间：2002

1.1.3 总部地点：北京

1.1.4 上市时间：2010 年登陆美国纳斯达克全球精选市场

1.1.5 企业性质：有限公司

1.1.6 联系方式

网址：http://www.autonavi.com/

邮箱：amap01@autonavi.com

地址：北京市朝阳区望京阜通东大街方恒国际中心 A 座 16 层

电话：010-84107000

传真：010-84107777

邮编：100102

1.2 组织信息

1.2.1 人员规模：1000 人以上

1.2.2 管理层

陆兆禧　首席执行官

二、业务信息

2.1 产品及服务信息

汽车导航

政府和企业应用

互联网及移动互联网位置服务

2.2 覆盖范围

2.2.1 行业：位置服务

2.2.2 主要客户：互联网、移动互联网用户

2.2.3 业务区域：全国

2.3 收入结构：高德软件第一季度总营收 2310 万美元，去年同期为 3430 万美元；净亏损 4600 万美元，去年同期净利润 570 万美元

其中来自汽车导航业务的净营收为 1450 万美元，低于 2013 年同期的 1550 万美元，以及 2013 年第四季度的 1860 万美元

来自移动和互联网位置解决方案业务的净营收为 650 万美元，低于 2013 年同期的 1390 万美元，以及 2013 年第四季度的 890 万美元

三、综合信息

3.1 发展定位：打造全新的“移动生活位置服务门户”，中国领先的数字地图内容、导航和位置服务解决方案提供商

3.2 重要合作伙伴及供应商：

车载导航应用合作伙伴：宝马、奔驰、大众、奥迪、丰田、广汽、上海通用、尼桑、长安标致雪铁龙、别克、雪佛兰、沃尔沃、斯巴鲁、斯柯达、路虎、凯迪拉克、荣威、雷诺、讴歌、捷豹、兰博基尼、中国一汽、上汽集团、北汽集团、广汽集团、长安汽车、比亚迪、吉利、观致汽车、AW、阿尔派、德尔福、哈曼、博世、安吉星、东软

车联网合作伙伴：奥迪、宝马、奔驰、大众、上海通用汽车、上汽集团、福特、讴歌、斯巴鲁、长安标致雪铁龙、北汽集团、continental、富士康、95190、inkaNet、安吉星、e 路享

互联网及移动互联网位置服务合作伙伴：苹果、三星、摩托罗拉、联想、LG、HTC、飞利浦、oppo、华为、中兴、戴尔、步步高、纽曼、华硕、索尼、万事通、智器、海尔

政府和企业应用合作伙伴：谷歌、新浪网、微软、阿里巴巴、京东、腾讯、苏宁易购、石化盈科、国家电网、北京交通大学、中国移动通信、中国电信、中国联通、中国烟草、中国工商银行、中国银行、中国民生银行、中国农业银行、交通银行、中信银行、顺丰速运、快易通、韵达快运、圆通速递

凯立德

凯立德是电子地图、导航系统和动态位置服务提供商，为汽车制造厂商、汽车电子厂商、便携导航设备厂商、手机厂商、电信运营商、互联网及移动互联网企业提供互联网地图、导航电子地

图、导航软件、移动位置服务平台等各类产品及服务。凯立德利用其品牌的优势，推出包括 PND、行车记录仪、胎压监测仪等硬件设备，通过这些设备收集汽车相关数据，以切入后装车联网市场，手机导航则成为车主与车机交互的关键。

根据 Analysys 易观监测最新数据显示凯立德导航占据 2015 年第一季度中国手机地图 APP 使用时长第三名，比例为 3.7%。

易观分析

凯立德除了拥有基本的“全国甲级互联网地图服务测绘资质”外，还拥有为数不多的“导航电子地图资质”，借助长期以来积累的品牌形象，凯立德渗透后装车载导航及 PND 导航市场，拥有了垄断性的市场份额和业界影响力。小米投资以后，借助小米的知名度可以进一步提高曝光率。

无论是后装车载导航、PND 导航还是手机导航产品，凯立德业务线始终围绕导航类应用展开，缺乏横向拓展业务的能力，这一问题将会在未来和小米的合作中得到改善，小米 7000 万的用户基数以及小米在智能终端的研发、营销和销售能力，对于凯立德的后装车载导航产品以及其他车载智能产品的衍生都有帮助。

面对百度、高德在手机地图 APP 中的寡头垄断，凯立德进入移动应用市场后如何在夹缝中生存仍然是个巨大的挑战。

一、基础信息

1.1 基本信息

1.1.1 公司全称：深圳市凯立德科技股份有限公司

1.1.2 成立时间：1997 年 12 月 22 日

1.1.3 总部地点：深圳

1.1.4 上市时间：2014 年 1 月在新三板挂牌

1.1.5 企业性质：股份公司

1.1.6 联系方式

网址：http：//www.careland.com.cn/

邮箱：kefu@careland.com.cn

地址：深圳市深南大道 6023 号创建大厦 26 楼　518042

电话：0755-82882889

1.2 组织信息

1.2.1 人员规模　677 人

1.2.2 管理层

张文星　　总裁

二、业务信息

2.1 产品及服务信息

卫星导航软件系统；

便携式智能终端产品，包括 PND、行车记录仪、预警仪及各类配件；

车联网和移动互联网服务；

基于海量用户的大数据及云服务；

行业应用的技术开发及服务

2.2 覆盖范围

2.2.1 行业：位置服务

2.2.2 主要客户：汽车制造厂商、汽车电子厂商、便携导航设备厂商、手机厂商、电信运营商、互联网地图、导航电子地图、导航软件、移动位置服务平台、车主

2.2.3 业务区域：全国

2.3 收入结构：

卫星导航软件产品及服务授权使用费

PND 等硬件智能终端销售收入

2014 年上半年，凯立德实现营业收入 9317 万元，同比增长了 20%；实现净利润 2509 万元，较上年同期增长 34%

三、综合信息

3.1 发展定位：公司是以车载导航为核心的汽车消费电子软硬件产品及服务的提供商，具有自主品牌，并进行自主研发和销售

3.2 重要合作伙伴及供应商：小米、E 道航、万禾、任 e 游、易行者、互联移动、智能现代导航、北斗 E 陆航、现代 E 陆航、京华数码、征服者、昂达、Intel、微软、中国电信、中国移动、苹果、诺基亚、摩托罗拉、中国联通、华为、联想、路畅科技、路特仕、图音、飞歌、征路者

腾讯地图

腾讯地图，前称 SOSO 地图，2013 年 12 月更名。腾讯地图街景服务可使用卫星地图和由专业设备采集的腾讯街景地图用以查找更精确的位置和目标，观看街景地图服务覆盖城市的高清全景图像。还可以查看日景、夜景、历史街景等。

易观分析

腾讯拥有自己的庞大用户群和生态圈，地图服务内置于滴滴打车和微信，流量可以得到一定程度的保障。其街景服务和“零流量地图”算是两大特色，腾讯路宝 APP 和路宝盒子的联合推出，也是其在试水车联网的同时，寻求与百度、阿里等巨头的差异化战略。

腾讯推出软硬件结合的车联网解决方案，在一定程度上占有了先机。腾讯入股四维图新以后推出了“趣驾”，未来双方会有更多合作，产品也可能整合。

虽然 O2O 正处于探索阶段，但其他公司已纷纷有所动作，腾讯地图目前主要布局还偏向车联网，O2O 方面起步较晚，腾讯投资四维图新将有助于在车联网技术方面快速追上竞争对手。另一方面腾讯引以为豪的街景地图也受到来自百度的巨大威胁，百度虽然还没有海量收集街景数据，但百度在技术上的投入十分巨大，3D 化全景交互如果落地成功，腾讯辛苦收集来的街景数据都会显得苍白无力，3D 化全景交互商业变现能力数倍于单纯的街景数据。

一、基础信息

1.1 基本信息

1.1.1 公司全称：深圳市腾讯计算机系统有限公司

1.1.2 成立时间：1998 年 11 月 29 日

1.1.3 总部地点：深圳

1.1.4 上市时间：2004 年 6 月 16 日在香港联交所主板上市（股票代号 700）

1.1.5 企业性质：股份有限公司

1.1.6 资本信息：注册资本 100 万元

1.1.6 联系方式

网址：http：//map. qq. com/

地址：深圳市福田区赛格科技园 2 栋东 403 号

电话：0755-86013666

1.2 组织信息

1.2.1 管理层：

马化腾　首席执行官

二、业务信息

2.1 产品及服务信息

产品信息：腾讯路宝、腾讯街景、路宝盒子

服务信息：汽车导航、互联网及移动互联网位置服务

2.2 覆盖范围

2.2.1 行业：位置服务

2.2.2 主要客户：互联网、移动互联网用户

2.2.3 业务区域：全国

2.3 收入结构：腾讯 2014 年第三季度总收入为 198.08 亿元，比去年同期增长 28%；净利润为 56.57 亿元，比去年同期增长 46%。LBS 具体收入不详

三、综合信息

3.1 发展定位：提供定位、路线查询、实时路况更新等服务的 LBS 服务平台

3.2 重要合作伙伴及供应商：四维图新、新浪、58 同城、携程、艺龙旅行网、嘀嘀打车、腾讯 QQ、QQ 邮箱、QQ 音乐、腾讯网、搜房网、财付通、微信

搜狗地图

搜狗地图原名图行天下，成立于 1999 年，是中国第一家互联网地图服务网站，于 2005 年被搜狐收购，并改名为搜狗地图。2015 年 4 月 10 日搜狗正式对外宣布，搜狗地图已经率先完成了 Apple Watch 适配，成为 Apple Watch 国内首批应用之一，为全球用户带来全新的智能出行体验。2015 年 8 月 20 日，在北京市互联网信息办公室、北京市旅游委和首都互联网协会的指导下，由搜狗开发的北京景区实况地图在京正式发布，基于大数据实现，从景区人流分布、附近停车位及周边实时路况三个纬度呈现热门景区实时状况。2015 年 9 月 21 日，搜狗地图与 Google 达成战略合作，成为 Android wear 中国首家地图合作伙伴，同时也是谷歌中国指定地图服务商，意味着在中国的 Android wear 操作系统都将使用内置的搜狗地图提供的地图和定位服务。据搜狗 2015 年公开数据显示，搜狗 2015 全年收入近 6 亿美金，同比增长 53.4%，年度利润 1.1 亿美元，同比爆涨 189%，并在 2015 年期间实现连续 8 个季度的盈利。

易观分析

搜狗地图作为国内最早的面向公众服务的地图网站，拥有超过 15 年的技术积累和沉淀，并始终坚持地图基础品质的创新和打磨，目前已经成为很多用户出行导航的首选。搜狗地图拥有 1500 万条全国路网数据，4000 万个全国 POI 数据，50 个城市实时路况数据，20 亿条/天的实时定位数据、停车场实时数据、景区各类合作方数据，这为研发提供了技术和数据支持。搜狗在管理部门指导下，结合自身互联网产品特性，创新性地研发北京景区实况地图，是提高互联网产品服务公众水平，丰富智慧旅游内容的有益尝试，有利于提高其品牌影响力。

中国互联网地图服务市场近年来竞争日渐激烈，厂商数量增多，搜狗地图面临百度、高德地图和其余厂商带来的竞争压力。但是，搜狗地图在智能手表端已占领了优先位置，从 Apple Watch 到 Ticwatch 再到 Android Wear，在手表端完成从“被苹果官方首选推荐”到“与国内厂商合作定制”，再到“被 Google 官方内置”，搜狗地图与其合作程度不断加深，在业界的认同度也不断上升，移动市场竞争力优势显著。

一、基础信息

1.1 基本信息

1.1.1 公司全称：北京搜狗网络技术有限公司

1.1.2 成立时间：2004 年 8 月 3 日

1.1.3 总部地点：北京

1.1.4 上市时间：未上市

1.1.5 企业性质：有限责任公司（台港澳法人独资）

1.1.6 资本信息：注册资本 10 万美元

1.1.7 联系方式

网址：http：//www.sogou.com/

地址：北京市海淀区中关村东路 1 号院 9 号楼威新国际大厦　100080

电话：010-62728080

1.2 组织信息

1.2.1 管理层

王小川　首席执行官

二、业务信息

2.1 主要产品与服务信息

搜狗地图提供了丰富的位置、公交换乘、驾车导航的基础查询功能，还有实时路况、路桥费用、打车费用等特色查询功能。并拥有卫星图、路书、特色商店（包括团购地图、优惠打折、便宜加油站）、手机地图、手机公交、地图社区等产品应用

2.2 覆盖范围

2.2.1 行业：位置、互联网应用工具

2.2.2 主要客户：全网用户

2.2.3 业务区域：全国

2.3 收入结构：搜狗营收主要来源于在线广告、流量分发、增值服务，具体收入结构不详

三、综合信息

3.1 发展定位：让表达和获取信息更简单

3.2 重要合作伙伴及供应商信息：腾讯、搜狐、知乎、谷歌、联想、摩托罗拉、中华网、和讯、豆丁、凤凰网、央视网、酷 6 网、中国青年网等

中国移动和地图

中国移动和地图是基于移动通信网络，通过手机客户端软件、语音通话等方式为客户提供指路导航及生活信息搜索等功能的数据增值业务。“和地图”的前身是“手机导航”，在 3G 时代，“手机导航”作为运营商推出的增值类业务，部分功能收费，与同类的免费应用相比，用户更多是选择了免费应用。2014 年 2 月，“手机导航”摇身变为“和地图”进入 4G 时代。其产品服务包括和地图车友助理，是和地图在垂直细分领域推出的应用服务，遵循 O2O 商业模式，用户可通过和地图、12585 获取免费洗车券和优惠洗车券。

易观分析

中国移动和地图是中国移动自主开发的 LBS 软件，相对其他竞争对手拥有无法匹敌的运营商优势，打破了互联网与手机通讯之间的网络限制，在终端离线的情况下，也可以通过短信方式接收信息。然而，位置服务作为互联网渗透相当深入的行业，需要有较高的线上线下渠道资源整合能力，以及对用户便捷性体验和个性化体验的积极响应，和地图在这些方面难以摆脱传统运营商的商业模式和产品形象，面对 LBS 厂商的竞争，显得十分弱势。

另外，和地图在完成 LBS 平台布局时并不完善，甚至本身移动端 APP 经常出现问题影响了用户体验，并且在平台的增值服务方面同质化严重。此外，在中国移动的经营下，和地图难以摆脱被定制的困境，其市场定位并不十分明确，核心功能也并不突出，造成了用户群难以再拓展的情况。

一、基础信息

1.1 基本信息

1.1.1 公司名称：中国移动通信集团公司

1.1.2 成立时间：2000 年 4 月

1.1.3 总部地点：北京

1.1.4 上市时间：1997 年 10 月 23 日 香港、纽约

1.1.5 企业性质：国有企业

1.1.6 联系方式

网址：http：//www.10086.cn/

地址：北京市西城区金融大街 29 号　100032

电话：10086

1.2 组织信息

1.2.1 人员规模：274347 人（2015 年）

1.2.2 管理层

奚国华　董事长、党组书记

二、业务信息

2.1 产品及服务信息

一键通：一键电话语音设立导航目的地，轻松启动导航，保障驾驶更安全

位置分享：把位置或喜欢的地方分享给朋友，让相聚变得更简单

离线地图：下载离线地图包，离线也能看地图，使用便捷超省流量，地图数据更新及时

路线规划：提供多种路线策略，优化换乘/路线方案，公交/自驾路线更合理

2.2 覆盖范围

2.2.1 行业：位置服务

2.2.2 主要客户：移动用户

2.2.3 业务区域：全国

2.3 收入结构：短信费、手机语音通话服务费用、GPRS 流量费等增值服务费用等

三、综合信息

3.1 发展定位：中国移动基于移动通信网络，通过手机客户端软件、语音通话等方式为客户提供指路导航及生活信息搜索等功能的数据增值业务，打造和谐生活

3.2 重要合作伙伴及供应商：沃达丰、凤凰、浦发银行、苹果、华为、中兴、爱立信、联想

我国 LBS（基于位置服务）行业企业名录节选如下表：

表 25　中国 LBS（基于位置服务）行业企业名录节选

<table>
<tr><td>平台商</td><td>百度</td><td rowspan="6">简要分析见前述
数据分析及详细分析
见易观企业库</td></tr>
<tr><td>全产业</td><td>高德控股</td></tr>
<tr><td>全产业</td><td>凯立德</td></tr>
<tr><td>服务提供商</td><td>腾讯地图</td></tr>
<tr><td>导航软件及解决方案提供商</td><td>搜狗地图</td></tr>
<tr><td>服务提供商</td><td>中国移动和地图</td></tr>
<tr><td>导航软件及解决方案提供商</td><td>灵图</td><td>详细分析见易观企业库</td></tr>
<tr><td>导航软件及解决方案提供商</td><td>Ovi 地图</td><td>详细分析见易观企业库</td></tr>
<tr><td>导航软件及解决方案提供商</td><td>阿里云地图</td><td>详细分析见易观企业库</td></tr>
<tr><td>导航软件及解决方案提供商</td><td>老虎地图</td><td>详细分析见易观企业库</td></tr>
<tr><td>导航软件及解决方案提供商</td><td>图吧地图</td><td>详细分析见易观企业库</td></tr>
<tr><td>导航软件及解决方案提供商</td><td>图盟地图</td><td>详细分析见易观企业库</td></tr>
<tr><td>导航软件及解决方案提供商</td><td>E 城市地图</td><td>详细分析见易观企业库</td></tr>
<tr><td>导航软件及解决方案提供商</td><td>导航犬</td><td>详细分析见易观企业库</td></tr>
<tr><td>导航软件及解决方案提供商</td><td>易图通</td><td>详细分析见易观企业库</td></tr>
<tr><td>服务提供商</td><td>城市吧</td><td>详细分析见易观企业库</td></tr>
<tr><td>服务提供商</td><td>天翼导航</td><td>详细分析见易观企业库</td></tr>
<tr><td>服务提供商</td><td>12580</td><td>详细分析见易观企业库</td></tr>
<tr><td>服务提供商</td><td>丁丁网</td><td>详细分析见易观企业库</td></tr>
<tr><td>服务提供商</td><td>大众点评网</td><td>详细分析见易观企业库</td></tr>
<tr><td>服务提供商</td><td>爱帮生活</td><td>详细分析见易观企业库</td></tr>
<tr><td>服务提供商</td><td>滴滴打车</td><td>详细分析见易观企业库</td></tr>
<tr><td>服务提供商</td><td>快的打车</td><td>详细分析见易观企业库</td></tr>
<tr><td>导航软件及解决方案提供商</td><td>好帮手</td><td>详细分析见易观企业库</td></tr>
</table>

（续表）

导航软件及解决方案提供商	远峰科技	详细分析见易观企业库
终端设备提供商	北斗星通	详细分析见易观企业库
终端设备提供商	德赛	详细分析见易观企业库
终端设备提供商	国腾电子	详细分析见易观企业库
终端设备提供商	好帮手	详细分析见易观企业库
终端设备提供商	合众思壮	详细分析见易观企业库
终端设备提供商	华力创通	详细分析见易观企业库
终端设备提供商	路畅	详细分析见易观企业库
终端设备提供商	苹果	详细分析见易观企业库
终端设备提供商	三星	详细分析见易观企业库
终端设备提供商	中海达	详细分析见易观企业库
终端设备提供商	瑞图万方	详细分析见易观企业库
终端设备提供商	城际通	详细分析见易观企业库
数据提供商	世纪高通	详细分析见易观企业库
服务提供商	街旁网	详细分析见易观企业库

应用分发

百度

2013 年 7 月，百度在收购 91 无线之后，已形成百度手机助手、91 无线以及安卓市场三大核心分发平台，移动搜索+应用商店的双核模式，使其成为了全渠道、跨终端的应用分发平台，整体应用分发能力市场领先。目前，百度还正在从开发、推广、运营、变现四个维度打造一站式生态服务闭环，并重点在运营和变现环节加强对开发者的扶持。百度系分发平台将用户获取应用的方式从接受应用商店推荐的单一被动模式，升级为“移动搜索+应用商店”双核模式。一方面，百度在应用商店中推出“本地榜单”、“酷应用榜”等多维度新鲜榜单共用户选择，并设置“达人推荐”来根据用户的喜好、身份定制化地推荐 APP，升级应用商店功能；另一方面，百度结合独有的搜索优势，拓展 APP 搜索功能，让用户能够根据自己的需求主动搜索下载 APP。根据易观监测数据显示，2015 年第三季度，百度系在国内全渠道移动应用分发市场中继续保持领先，份额达到 42.2 %，较上一季度相比，没有较大变化，稳居市场首位。

易观分析

依靠在搜索领域具有绝对优势，百度的大数据能力、高效的生态系统以及应用分发渠道多样化（APP、搜索引擎、手机浏览器等）为应用分发提供了大量的流量资源。

百度在收购 91 无线之后，利用移动搜索的优势，天然构筑了独特的“搜索引擎+应用商店”的双核模式。这也符合百度“连接人与服务”移动战略，以搜索引擎为基础，不管是 APP、轻应用还是直达号，都作为入口或平台的连接器，在移动端彻底转变原来只是“连接人与信息”的模式。而且百度擅长把流量优势贯穿于开发、运营、推广和变现的闭环中。

一、基础信息

1.1 基本信息

1.1.1 公司全称：百度在线网络技术有限公司

1.1.2 成立时间：2000 年 1 月

1.1.3 总部地点：北京市海淀区上地十街 10 号

1.1.4 上市时间：2005 年上市

1.1.5 企业性质：股份制

1.1.6 资本信息：注册资本 4520 万美元

1.1.7 联系方式

网址：http：//www. baidu. com/

邮箱：百度无线 mbaidu@ baidu. com

地址：北京市海淀区上地十街 10 号百度大厦

1.2 组织信息

1.2.1 人员规模：员工人数超过 17000 人

1.2.2 管理层

李彦宏　董事长、首席执行官

二、业务信息

2.1 产品及服务信息

主要产品：百度搜索、百度手机助手、91 助手、安卓市场、百度手机卫士、百度手机浏览器

主要服务：增值服务（游戏联运、广告联盟）、基础服务、推广服务

2.2 覆盖范围

2.2.1 行业：互联网应用分发

2.2.2 主要客户：全网用户

2.2.3 业务区域：辐射全国

2.3 收入结构：移动收入分为三部分：移动搜索、爱奇艺和 91 无线的营收

三、综合信息

3.1 发展定位：最大的应用分发平台

3.2 重要合作伙伴及供应商：新浪微博、搜房、盛拓传媒、天极传媒、凤凰新媒体、盛大、CNTV、新东方在线、百合网、去哪儿、拉手网等

奇虎 360

360 在移动互联网领域布局较早，其最开始借助 360 安全卫士迅速占领移动互联网入口，由此促使其 360 手机助手能够迅速渗透。同时 360 也通过手机安全、手机浏览器、搜索引擎等途径为用户提供下载，在应用分发市场中有极强的市场竞争力。为了抢占更多的市场份额，360 通过加强 IP 战略布局、为游戏产品提供更多优惠扶持政策，得到了数量较多的高质量移动游戏产品，并借此转化了大量用户。2015 年 CJ 期间，“360IP 年战略合作项目”正式启动，360 已经和上影、掌上纵横、世纪华创等知名版权方达成战略合作。根据易观监测数据显示，2015 年第三季度中，奇虎 360 系全渠道分发量有所下降，市场份额为 19.5%，较上一季度下降 0.5 个百分点，位居第三。

易观分析

奇虎 360 在移动互联网布局较早，对移动互联网入口有较强的把控能力，应用分发能力较强。360 平台的手游团队表现优异，用户覆盖率高，控制着大量安卓手游分发资源。

奇虎 360 拥有庞大的用户基础，和较高的游戏用户转化率。在安全方面，国内首推了“手机游戏恶意扣费先行赔付”的功能，中国银联也参与到这一服务中，与 360 手机助手共同推出“中国银联 &360 电信诈骗先行赔付通道”。

360 手机助手与 360 手机卫士的捆绑推广模式正是这种高速扩展战略的代表，在新的市场环境下，这一模式已初触及天花板，无法带来新的增长。面对腾讯系在 2015 年突然发力，取代 360 移动分发平台第二的地位，360 应继续探索新的分发模式，从“社交分发”、“人气榜单”到“任性搜”，均是各平台对于分发模式的探索与尝试，以满足用户对于应用个性化及多样化的需求。

一、基础信息

1.1 基本信息

1.1.1 公司全称：奇虎 360 科技有限公司

1.1.2 成立时间：2005 年

1.1.3 总部地点：北京

1.1.4 上市时间：2011 年 3 月 30 日

1.1.5 企业性质：上市公司

1.1.6 资本信息：股本 1.23 亿

1.1.7 联系方式

网址：http：//www.360.cn/

地址：北京市朝阳区酒仙桥路 6 号院（电子城·国际电子总部）2 号楼

电话：010-58781000

1.2 组织信息

1.2.1 管理层

周鸿祎　董事长、首席执行官

二、业务信息

2.1 产品及服务信息

个人与企业泛安全、搜索、桌面工具应用、移动应用工具、游戏平台、智能硬件等

在应用分发领域有 360 手机助手、360 宝盒、360 手机浏览器等产品

2.2 覆盖范围

2.2.1 行业：移动互联网分发平台

2.2.2 主要客户：全网用户

2.2.3 业务区域：全网，以中国为主

2.3 收入结构：据财报显示，2015 年第二季度奇虎 360 的收入和净利润分别达到 4.383 亿美元和 8140 万美元，营收同比增长 37.9%，净利润同比增长 108%。搜索和移动业务货币化共同推动了本季度实现营收高速增长。从营收结构来看，三季度网络广告收入 2.939 亿美元，同比增长 71.6%，互联网增值业务收入 1.222 亿美元，同比下滑 16.4%，二者在营收占比分别为 67.05%和 27.88%，互联网增值业务有较大幅度下降，主要受制于手游市场竞争程度上升，以及国内市场饱和

三、综合信息

3.1 发展定位：互联网安全

3.2 重要合作伙伴及供应商：中国移动、微软、中国电信、谷歌、英特尔、域名行业发展联盟、中国国家漏洞库、空中网、创投网、上方网等

豌豆荚

豌豆荚最初定位于应用搜索，为用户提供 PC 版以及手机版的应用商店，是“创新工场”首批孵化的项目。豌豆荚的产品不断创新，其目前重点研发和推广应用内搜索功能，搜索内容包括视频、应用、游戏、视频、电子书、壁纸等，在行业内独树一帜。在不断创新中，豌豆荚虽然没有背靠大树，但依然占据市场前列。如今，豌豆荚正从应用商店转型移动娱乐内容搜索平台，过去的应用商店品牌正在弱化，不再跻身分发巨头之列。

根据 Analysys 易观发布的《中国全渠道应用分发市场季度监测报告 2015 年第三季度》显示，

2015 年第三季度豌豆荚市场份额达到 8.8%，较上一季度上涨了 0.9 个百分点，位居第四。

易观分析

豌豆荚进入市场时间较早，用户数量积累深厚，创新能力以及技术开发能力较强。

伴随百度、腾讯、360 发力角逐应用分发市场，豌豆荚苦于缺少巨头的强力后盾。豌豆荚一向的核心战略是"移动内容搜索"，在移动游戏业务上将玩家体验放在首位，手游商业化上做得较为克制。而在以腾讯、百度、360 为代表的巨头夹击下，豌豆荚的市场份额或将继续萎缩。豌豆荚计划转型为一个手机上的综合的内容搜索，把手机娱乐场景下的所有内容全面建立起来。

一、基础信息

1.1 基本信息

1.1.1 公司全称：北京卓易讯畅科技有限公司

1.1.2 成立时间：2009 年 12 月

1.1.3 总部地点：北京

1.1.4 上市时间：未上市

1.1.5 企业性质：民营

1.1.6 资本信息：不详

1.1.7 联系方式

网址：http：//www.wandoujia.com/

地址：北京市西城区新街口外大街 28 号

电话：400-652-8707

1.2 组织信息

1.2.1 管理层

王俊煜　首席执行官

二、业务信息

2.1 产品及服务信息

豌豆荚云备份、云相册、豌豆荚 Android 版、应用安装器 Mac 版、迷你豌豆荚、SnapPea、Alfred 2 Workflow

2.2 覆盖范围

2.2.1 行业：应用搜索与应用分发

2.2.2 主要客户：全网用户

2.2.3 业务区域：全国及部分国外

2.3 收入结构：具体信息不详

三、综合信息

3.1 发展定位：手机娱乐中心

3.2 重要合作伙伴及供应商：魅族、LINE、91 无线、华硕、搜狗等

腾讯

腾讯主要依靠应用宝、微信、手机 QQ、手机浏览器进行游戏和应用的分发。其中，应用宝在腾讯内更是地位超然，也是腾讯内部唯一一个横跨两大事业群的产品，即移动互联网事业群（MIG）和社交网络事业群（SNG）。从 2015 年 1 月起，应用宝发布品牌及产品升级后，半年的发展堪称突飞猛进，不仅斥资 5 亿力推“扫红码”活动，更相继推出“夺宝奇兵之挑战应用题”校园活动，欲借助商圈及校园场景开启应用分发 O2O。腾讯希望借助“扫红码”活动将应用宝品牌及“红色二维码”形成认知绑定，而在品牌营销的同时，“扫红码”也成为应用分发拓展线下场景的排头兵。

根据 Analysys 易观监测数据显示，2015 年第一季度，腾讯系全渠道分发市场份额为 22.3%，超过 360 系 1.1 个百分点，成为第二名。2015 年第三季度，腾讯系稳定于第二名，市场份额占比达 22.2%。

易观分析

腾讯系背后的微信、手机 QQ 等后盾发挥了强有力的支撑作用。腾讯从去年开始在分发上重点发力，整合微信、手机 QQ 等强势产品的分发功能，实现了用户、流量等资源的共享。

此外，腾讯又宣布微信公众平台新增 APP 下载广告功能，如推行顺利，有可能再次带动腾讯分发能力提升。

腾讯目前想要打造围绕微信的闭环生态，在其战略之中，微信红码作为专属于微信的二维码希望独吃线下市场，微信的社交关系链立足线上推广。不过由于腾讯的开发者基因相对其社交基因还存在不小的差距，开发者对于红码的认可度还相对较低，应用宝与微信之间的互惠互利目前也仅限于微信向应用宝导用户这样简单的联动，应用宝在微信体系中只是分发渠道之一，生态尚不够健全。

一、基础信息

1.1 基本信息

1.1.1 公司全称：腾讯控股有限公司

1.1.2 成立时间：1998 年 11 月

1.1.3 总部地点：深圳

1.1.4 上市时间：2004 年 6 月 16 日上市

1.1.5 企业性质：集团控股

1.1.6 资本信息：注册资本 8000 万元

1.1.7 联系方式

网址：http：//www.qq.com/

地址：中国广东省深圳市高新科技园北区深圳腾讯大厦

电话：0755-86013388

1.2 组织信息

1.2.1 管理层

马化腾　首席执行官

二、业务信息

2.1 产品及服务信息

腾讯系涉及应用分发的产品与服务包括，iPhone 及 Android 版的腾讯应用宝、QQ 浏览器、腾讯手机管家

2.2 覆盖范围

2.2.1 行业：移动互联网

2.2.2 主要客户：全网用户

2.2.3 业务区域：全球

2.3 收入结构：财报显示，2015 年第三季度，腾讯总收入为人民币 265.94 亿元（41.81 亿美元），比去年同期增长 34%。净利润为 75.84 亿元，同比增长 34%。网络广告收入 49.38 亿元，同比增长 102%，环比增长 21%。增值服务收入同比增长 28%至 2015 年第三季的人民币 205.47 亿元。网络游戏收入同比增长 27%至人民币 143.33 亿元

三、综合信息

3.1 发展定位：发力占据应用分发下载量更大的份额

3.2 重要合作伙伴及供应商：腾讯控股有限公司、百度、京东、万达、英唐智控、灯鹭、丰塘物联、CCF、康佳、招商银行、大众点评、王府井、永城保险、中石化易捷等

我国应用分发行业企业名录节选如下表：

表 26　中国应用分发行业企业名录节选

百度	简要分析见前述 数据分析及详细分析 见易观企业库
奇虎 360	
豌豆荚	
腾讯	
Google	详细分析见易观企业库
苹果	详细分析见易观企业库
微软	详细分析见易观企业库
三星电子	详细分析见易观企业库

（续表）

北京力天无限网络技术有限公司	详细分析见易观企业库
中国电信	详细分析见易观企业库
中国移动	详细分析见易观企业库
中国联通	详细分析见易观企业库
威锋网	详细分析见易观企业库
小米科技	详细分析见易观企业库
搜狗	详细分析见易观企业库
北京掌汇天下科技有限公司	详细分析见易观企业库
UC 优视	详细分析见易观企业库
联想集团	详细分析见易观企业库
华为技术有限公司	详细分析见易观企业库
深圳市奥软网络科技有限公司	详细分析见易观企业库
北京易天新动网络科技有限公司	详细分析见易观企业库
苏宁电器	详细分析见易观企业库

网络安全

奇虎 360

奇虎 360 主营业务是以 360 杀毒为代表的免费网络安全平台。360 在手机安全应用、应用商店、手机浏览器、手机终端等领域都有布局，在游戏和视频领域也有所布局。2011 年 3 月 30 日，奇虎 360 公司正式在纽约证券交易所挂牌交易。奇虎 360 公司以手机安全卫士产品布局移动互联网，在手机安全领域布局较早，占据市场领先地位。随着 360 用户基数的不断扩大和产品渗透率的不断提高，移动端增长渐渐放缓，PC 端全线产品接近饱和。虽然 360 在业务上投入了大量的精力和财力，但随着百度卫士、腾讯管家、猎豹移动（金山）陆续推出云查杀木马、清理插件等功能，涵盖了 360 安全卫士所有主流功能，360 安全卫士产品趋于同质化，奇虎 360 的发展面临挑战，尤其是在移动端和国际市场拓展上受到极大的威胁，甚至几近处于劣势，直接阻碍了 360 的成长。在互联网三巨头 BAT 已涉足的移动教育、医疗健康、互联网金融、手机制造等领域缺乏较大竞争优势，未来发展须固守安全领域，同时分析市场趋势，拓展安全新业务。360 手机卫士用户 TGI 指数最高的领域包括：电池管理、应用商店、root 工具、浏览器、无线管理、手机助手、优化工具。由此看出，360 手机卫士用户热衷于使用工具类应用，属于“技术派”，其用户比较重视手机的性能体验，会通过一些手机优化应用来提高其应用体验。

根据 Analysys 易观最新发布的《中国手机安全应用市场季度监测报告 2015 年第三季度》显示，

2015 年第三季度，360 手机卫士在中国手机安全应用市场活跃用户市场覆盖率为 40.8%。

易观分析

360 的技术优势得到了国际权威评测机构的普遍认可，并有较为丰富的产品推广体系，庞大的品牌效应及用户规模。360 布局移动互联网较早，以安全产品为核心，占据移动互联网入口优势。移动互联网发展迅猛，安全问题日益凸显，政府对安全问题日益关注，作为互联网安全巨头，可拓展政府业务项目。此外，大数据时代下的安全问题也备受关注，可从中开拓新市场。

"安全"作为奇虎 360 的中心业务，贯穿其整个业务线中。浏览器、应用商店以"安全"为核心卖点，是其安全业务在软件层的布局；推出的各类智能硬件例如安全路由器、儿童手表、智能手机等，都是以安全为核心，将其安全业务向硬件层的推进。从"端"的防护到"产业链"的安全布局，安全应用厂商的全产业链"主动"的安全防护成为安全应用市场发展趋势。

虽然 360 致力于在非安全领域上的拓展，但与传统互联网巨头的整体体量存在较大差距，在资金运营和收购合作上处于劣势。2010 年"3Q"大战中与腾讯发生的冲突，2012 年 5 月与雷军的口水战，2012 年 8 月与百度的诉讼案件等，导致了 360 在互联网安全领域树敌众多，导致发展被动。另外，国内传统互联网三大巨头 BAT 均已全面布局安全领域，360 在该市场中受到挑战。

一、基础信息

1.1 基本信息

1.1.1 公司全称：奇虎 360 科技有限公司

1.1.2 成立时间：2005 年

1.1.3 总部地点：北京

1.1.4 上市时间：2011 年 3 月 30 日

1.1.5 企业性质：上市公司

1.1.6 联系方式

网址：http：//www.360.cn/

地址：北京市朝阳区酒仙桥路 6 号院电子城国际电子总部

电话：010-58781000

1.2 组织信息

1.2.1 管理层

周鸿祎　董事长、首席执行官

二、业务信息

2.1 产品及服务信息

iOS、Android、windows 版手机安全产品

产品：360 手机卫士、360 杀毒、360 浏览器、360 手机桌面、360 手机助手、360 系统急救箱、360 游戏保险箱、360 极速浏览器、360 省电王、鲁大师、360 随身 Wi-Fi、360 同城帮等众多产品

服务：互联网安全与软件、传媒、搜索。

2.2 覆盖范围

2.2.1 行业：互联网泛安全、电脑软件、手机软件、智能硬件

2.2.2 主要客户：大众电脑和手机使用者

2.2.3 业务区域：以中国为主的中文使用者

2.3 收入结构：据财报显示，2015 年第二季度，奇虎 360 的收入和净利润分别达到 4.383 亿美元和 8140 万美元，营收同比增长 37.9%，净利润同比增长 108%。搜索和移动业务货币化共同推动了本季度实现营收高速增长。从营收结构来看，三季度网络广告收入 2.939 亿美元，同比增长 71.6%，互联网增值业务收入 1.222 亿美元，同比下滑 16.4%，二者在营收占比分别为 67.05%和 27.88%，互联网增值业务有较大幅度下降，主要受制于手游市场竞争程度上升，以及国内市场饱和

三、综合信息

3.1 发展定位：全球最受网民尊敬的互联网安全服务公司

3.2 重要合作伙伴及供应商：中国移动、微软、中国电信、谷歌、英特尔、域名行业发展联盟、中国国家漏洞库

腾讯手机管家

腾讯手机管家是腾讯旗下一款永久免费的安全和管理软件。依托腾讯巨大的用户规模和产品优势，自面世以来，腾讯手机管家的市场份额迅速提升。腾讯手机管家的安全策略是构建“安全的移动互联网生态系统”，产品创新和产业链合作两手抓。在产业链合作方面，腾讯手机管家与产业链上的芯片厂商、手机厂商、电子市场等联合构建了移动互联网安全联盟，为用户提供手机购买、使用过程中的安全防护。在与 360、百度的移动大战中，腾讯采取建立移动安全产业链联盟的策略，以开放的心态赢得更多的关注，吸引硬件厂商合作，让手机管家的安全模块从系统底层为用户提供各类安全服务。腾讯手机管家相关性最强的领域为：移动支付、手机银行、生活服务、汽车工具、综合电商、综合视频、股票证券。强相关领域涉及电商、金融等领域，说明腾讯手机管家用户偏好网上消费、互联网金融等移动端消费，腾讯手机管家的用户类型比较偏向“消费”型用户类型。

根据 Analysys 易观最新发布的《中国手机安全应用市场季度监测报告 2015 年第三季度》显示，2015 年第三季度，腾讯手机管家在中国手机安全应用市场活跃用户市场覆盖率为 42%。

易观分析

腾讯手机管家依托于腾讯公司品牌影响力及庞大用户基础，短期内快速扩张；团队的产品研发能力强，并建立了移动安全实验室，围绕手机健康管理理念，进行产品创新，获得用户和众多机构认可；另外腾讯手机管家的产业链合作者资源丰富。但用户体验及资源优化方面有待提升。

腾讯手机管家率先布局产业链安全，建立的“天下无贼”联盟，联合开发者、手机厂商、运营商、政府，在产业链软件层、硬件层、网络层、监管层等各个环节进行布局，实现从产业链入手的“主动”网络安全防护；基于腾讯大数据优势建立腾讯安全云库，并开放给产业链上各合作伙伴，通过数据共享提高安全防护效率。有助于腾讯手机管家产品的升级与优化。

BAT目前均已涉足手机安全市场，而金山360等老牌安全公司也将持续发力，未来竞争将日趋激烈。

一、基础信息

1.1 基本信息

1.1.1 公司全称：腾讯控股有限公司

1.1.2 成立时间：1998年11月29日

1.1.3 总部地点：深圳

1.1.4 上市时间：2004年6月16日上市

1.1.5 企业性质：股份制

1.1.6 资本信息：注册资本8000万元

1.1.7 联系方式

网址：http://m.qq.com/

地址：中国广东省深圳市高新科技园北区深圳腾讯大厦

1.2 组织信息

1.2.1 管理层

马化腾　首席执行官

二、业务信息

2.1 产品及服务信息

腾讯旗下拥有腾讯电脑管家和腾讯手机管家等众多围绕软件、游戏的产品和服务

电脑管家主要功能：云查杀引擎、“鹰眼”反病毒引擎、管家反病毒引擎、管家云库、云智能预警系统、QQ账号全景防卫、电脑诊所、开机加速、管家实时防护、广告过滤、管家装机助手、软件管理、右键菜单管理、电脑管家软件开放平台等

手机管家主要功能：功能包括病毒查杀、骚扰拦截、软件权限管理、手机防盗及安全防护、用户流量监控、空间清理、体检加速、软件管理等高端智能化功能

2.2 覆盖范围

2.2.1 行业：互联网

2.2.2 主要客户：大众

2.2.3 业务区域：全球

2.3 收入结构：腾讯的安全产品线，以免费服务为主，具体收入结构不详

三、综合信息

3.1 发展定位：成为“手机安全管理软件先锋”

3.2 重要合作伙伴及供应商：腾讯手机管家和电脑管家参与安全开放平台及产业联盟，通过与深圳网警、微信支付、浦发银行等机构及合作伙伴推出“移动支付安全联合守护计划”，为移动支付产业发展保航

百度安全管家

百度安全管家创建于2013年4月17日，由原先的“安卓优化大师”升级而来，采用国际领先的杀毒引擎，能够有效防止木马入侵、账号盗取、恶意扣费、偷跑流量等问题的发生，保护用户的信息、资费安全。百度手机卫士率先向业界开放其安全能力，打造开放移动安全平台，让产业链的各方能够接入进来，享受百度的移动安全能力，获得百度的保护。百度卫士产品以“轻巧、快速、智能、纯净”为切入点，产品永久免费、不骚扰用户、不胁迫用户、不偷窥用户隐私，正好解决了老牌厂商产品的被用户诟病的痛点。百度移动安全开放平台主要输出“支付安全保护、骚扰拦截、病毒查杀及漏洞检测”等核心技术。百度手机卫士 TGI 指数最高的领域包括：搜索、无线管理、新闻资讯、天气、图片编辑、中文输入法、浏览器。这些领域多以信息搜索、资讯推送领域为多，可以推断百度手机助手用户的关注点主要集中于信息资讯的获取，用户类型偏向“求知型”用户。

根据 Analysys 易观最新发布的《中国手机安全应用市场季度监测报告2015年第三季度》显示，2015年第三季度，百度手机卫士在中国手机安全应用市场排名第三名。

易观分析

百度安全管家依托百度本身的资本和产品优势，在产品开发和技术团队拥有优势，以“轻巧、快速、智能、纯净”为切入点，主打支付安全，直戳老牌安全应用的诟病，迎合用户需求。百度提出的安全加固、伪基站地图、病毒查杀、Wi-Fi 安全通道四大安全能力概念，也是对传统的“端”的安全防护进行的延伸。安全加固技术针对移动安全产业链上游，为开发者提供安全服务；伪基站监测地图技术针对产业链的中间层，减少伪基站带来的垃圾短信、诈骗电话等问题；病毒查杀和 Wi-Fi 安全通道针对产业链下游的用户层，从网络接入到应用使用各个环节为用户提供安全防护。

360、金山等老牌手机安全产品持续发力，各大互联网巨头相继涉水手机安全市场，行业竞争持续升温。腾讯手机管家、360 手机卫士、金山等手机安全产品的发展和先发优势挤压了百度的市场空间。

一、基础信息

1.1 基本信息

1.1.1 公司全称：百度

1.1.2 成立时间：公司成立于 2000 年 1 月

1.1.3 总部地点：北京

1.1.4 上市时间：2005 年 8 月 5 日

1.1.5 企业性质：合资

1.1.6 资本信息：不详

1.1.7 联系方式

网址：http：//safe. baidu. com/

邮箱：bd@ ijinshan. com

地址：北京市朝阳区朝阳北路 237 号复星国际中心

电话：010-62927779

1.2 组织信息

1.2.1 管理层

李彦宏　董事长、首席执行官

二、业务信息

2.1 产品及服务信息

产品功能包括手机体检、手机加速、病毒扫描、流量监控、骚扰拦截、隐私保护、手机备份、广告扫描、安全浏览，产品覆盖微软 windows、苹果 iOS 和安卓三大平台

2.2 覆盖范围

2.2.1 行业：网络安全

2.2.2 主要客户：大众

2.2.3 业务区域：全球

2.3 收入结构：游戏、流量分发、软件销售、云服务

三、综合信息

3.1 发展定位：专注于互联网安全管理

3.2 重要合作伙伴及供应商：迅雷、苹果、微软、Google、腾讯、百度、淘宝、搜搜、小米手机、中国移动、中国联通、中国电信、康佳集团、惠普等

我国网络安全行业企业名录节选如下表：

表 27　中国网络安全行业企业名录节选

<table>
<tr><td>信息安全</td><td>奇虎 360</td><td rowspan="3">简要分析见前述
数据分析及详细分析
见易观企业库</td></tr>
<tr><td>信息安全</td><td>腾讯</td></tr>
<tr><td>信息安全</td><td>百度</td></tr>
</table>

（续表）

信息安全	猎豹	详细分析见易观企业库
信息安全	北京网秦天下科技有限公司	详细分析见易观企业库
信息安全	LBE 安全大师	详细分析见易观企业库
信息安全	北京安管佳科技有限公司	详细分析见易观企业库
信息安全	卡巴斯基实验室/卡巴斯基	详细分析见易观企业库
信息安全	联想集团	详细分析见易观企业库
信息安全	北京瑞星信息技术有限公司	详细分析见易观企业库
信息安全	联信摩贝	详细分析见易观企业库
信息安全	谷歌	详细分析见易观企业库
信息安全	赛门铁克公司	详细分析见易观企业库
信息安全	北京北信源软件股份有限公司	详细分析见易观企业库
信息安全	东软集团股份有限公司	详细分析见易观企业库
信息安全	杭州华三通信技术有限公司	详细分析见易观企业库
信息安全	华为技术有限公司	详细分析见易观企业库
信息安全	北京江民新科技术有限公司	详细分析见易观企业库
信息安全	绿盟城市探险队	详细分析见易观企业库
信息安全	启明星辰信息技术有限公司	详细分析见易观企业库
信息安全	趋势科技公司	详细分析见易观企业库
信息安全	山石网科通信技术有限公司	详细分析见易观企业库
信息安全	深信服科技有限公司	详细分析见易观企业库
信息安全	天融信	详细分析见易观企业库
信用认证	安徽省电子认证管理中心有限责任公司	详细分析见易观企业库
信用认证	北京国富安电子商务安全认证有限公司	详细分析见易观企业库
信用认证	北京数字认证股份有限公司	详细分析见易观企业库
信用认证	北京天威诚信电子商务服务有限公司	详细分析见易观企业库
信用认证	北京中认环宇信息安全技术有限公司	详细分析见易观企业库
信用认证	东方新诚信数字认证中心有限公司	详细分析见易观企业库
信用认证	东方中讯数字证书认证有限公司	详细分析见易观企业库
信用认证	福建省数字安全证书管理有限公司	详细分析见易观企业库
信用认证	广东省电子商务认证有限公司	详细分析见易观企业库
信用认证	广东数字证书认证中心有限公司	详细分析见易观企业库
信用认证	国投安信数字证书认证有限公司	详细分析见易观企业库
信用认证	河北省电子认证有限公司	详细分析见易观企业库
信用认证	河南省数字证书有限责任公司	详细分析见易观企业库
信用认证	河南省信息化发展有限公司	详细分析见易观企业库
信用认证	湖北省数字证书认证管理中心有限公司	详细分析见易观企业库

（续表）

信用认证	湖南省数字认证服务中心有限公司	详细分析见易观企业库
信用认证	江苏省电子商务服务中心有限责任公司	详细分析见易观企业库
信用认证	江西省数字证书有限公司	详细分析见易观企业库
信用认证	辽宁数字证书认证管理有限公司	详细分析见易观企业库
信用认证	山东省数字证书认证管理有限公司	详细分析见易观企业库
信用认证	山西省数字证书认证中心（有限公司）	详细分析见易观企业库
信用认证	陕西省数字证书认证中心有限责任公司	详细分析见易观企业库
信用认证	上海市数字证书认证中心有限公司	详细分析见易观企业库
信用认证	深圳市电子商务安全证书管理有限公司	详细分析见易观企业库
信用认证	西部安全认证中心有限责任公司	详细分析见易观企业库
信用认证	新疆数字证书认证中心（有限公司）	详细分析见易观企业库
信用认证	颐信科技有限公司	详细分析见易观企业库
信用认证	浙江省数字安全证书管理有限公司	详细分析见易观企业库
信用认证	中金金融认证中心有限公司	详细分析见易观企业库
信用认证	中铁信弘远（北京）软件科技责任有限公司	详细分析见易观企业库
信用认证	中网威信电子安全服务有限公司	详细分析见易观企业库
信用认证	卓望数码技术（深圳）有限公司	详细分析见易观企业库

智能终端

移动终端

三星电子

三星电子是韩国最大的电子工业企业，同时也是三星集团旗下最大的子公司，一直以来移动终端业务收入都占据公司营业的大比重。而 2014 年三星盈利压力最大的正是智能手机部分，不仅在大屏机、高端机领域遭到苹果的阻击，而且中低端领域也被小米之类的竞争对手抢占，盈利一度下滑，甚至在 2014 年第二季度后出现了连续 8 个月的营业额同比下滑，形势严峻。故 2015 年 2 月 10 日中国三星论坛上，三星宣布做出调整，在低端市场面向印度等新兴市场发布新品，在高端市场主打曲面屏幕和金属边框的手机差异化竞争，在用户体验上加大改进力度，同时还丰富了智能家居和物联网的产品线。

从2015年3月31日发布的Galaxy S6，到8月19日发布的S6 edge+和Galaxy Note 5，三星在几个月内连续发布多款新Galaxy系列智能手机，通过创新技术不断满足消费者的个性化需求，不断更新着用户体验。终于在第三季度逆转业绩，2015年10月9日三星公布第三季度财报，财报显示三星第三季度销售收入同比增长8.9%，达到465亿美元，超出公司456亿美元的预期，营业利润达到64.6亿美元，增幅达82%，其中移动部门完成约20亿美元利润，较2014年同期的15亿美元实现大幅增长。

2015年10月21日，发布新一代智能腕表Gear S2，是三星向VR领域的业务拓展，而在之后12月18日与中国银联、苹果共同合作绑定Pay业务，是其对移动支付行业的部署。2015年12月21日，Digitimes Research调查报告显示，2015年第三季度全球智能手机的出货量达到3.319亿部，同期增长7.7%。其中，三星在2015年第三季度的全球出货量蝉联世界第一，所占的市场份额高达25.6%。

易观分析

2015年的智能手机市场竞争激烈，三星形势一度陷入危机。三星注重技术创新和产品创新，积极向智能家居、物联网、VR等领域开拓国际和中国市场。智能手机方面，三星优化手机软件及服务，瞄准曲面屏幕等差异化竞争点，用机海战术不断填补消费者的需求。加之三星拥有强大的垂直整合的产业链和成本控制能力，缩小成本，提升运营效率，终于在第三季度扭转之前不理想的业绩。

同时这也暴露出三星在互联网基因上的缺失，虽然是Andorid手机行业大佬，但在软件领域几乎没有发言权。现在智能手机市场同质化严重，行业陷入浅层次粗暴式竞争，加之市场正在饱和，一直高速增长的中国市场也已到瓶颈，三星在高端领域未能超越苹果，低端市场又被小米等厂商压制，在高配置或者低价格方面都没有优势。而且第三季度的漂亮业绩更多是归功于盈利强劲的芯片和面板业务，如果仅凭制造优势，而不从产业链思维向生态链思维转变，三星将面临更多的挑战。

一、基础信息

1.1 基本信息

1.1.1 公司全称：三星电子

1.1.2 成立时间：1969年1月

1.1.3 总部地点：韩国

1.1.4 上市时间：1989年

1.1.5 企业性质：上市公司、跨国企业

1.1.6 资本信息：资产2096.66亿美元（2015年）

1.1.7 联系方式

网址：http：//www.samsung.com.cn/

地址：韩国京畿道城南市盆唐区书岘洞 263 号三星广场大厦

北京朝阳区建国路 118 号招商局大厦（中国总部）

电话：400-810-5858

1.2 组织信息

1.2.1 人员规模：307000 人

1.2.2 管理层

李健熙　会长、董事长

二、业务信息

2.1 主要产品与服务信息

主要产品：

手机产品：智能手机、Samsung GALAXY Note、智能佩戴设备、双卡/双待、智能平板、Samsung GALAXY Camera、手机配件

电视/影视设备：电视产品、Blu-ray 播放器、音响产品、电视配件

电脑/办公：个人电脑、个人电脑配件、显示器、存储卡、SSD、光存储、硬盘

数码影像：NX 系列智能微型单电、Samsung GALAXY Camera、智能便携相机、NX 镜头、相机配件、数码摄像机

生活家电：冰箱、洗衣机、空调、等离子空气净化器、智能吸尘器

在中国经营的产品：CDMA 手机、CDMA 系统、激光打印机、TFT-LCD 显示器、U 型本及办公产品、半导体（IC，TR）、34 英寸纯平显像管等核心零部件；背投大屏幕电视、DVD、家庭影院等 AV 产品；数码相机等光电子产品；大型双开门冰箱、中央空调及瑰石空调等白色家电产品

主要业务领域：

消费类电子：视觉显示业务、数字家电业务、打印解决方案业务、健康与医疗设备业务

IT& 移动业务：移动通信业务、网络业务；数码影像业务

设备解决方案：存储器业务、System LSI 业务、LED 业务

2.2 覆盖范围

2.2.1 行业：电子工业为主的多元化集团

2.2.2 主要客户：个人及团体消费者

2.2.3 业务区域：全球

2.3 收入结构：三星电子营收按照部门划分可分为电子部门营收、IT 和移动通信部门营收和设备解决方案部门营收，其中，设备解决方案营收又包括半导体营收、芯片业务营收和显示面板营收

三、综合信息

3.1 发展定位：三星一直秉承最基本也最简单的经营理念，即以人才和技术为基础，创造出高品质的产品和服务，为人类社会发展做贡献。其中，“以人为本，追求卓越” 是核心管理因素；“创

新产品，优化服务”是公司远景和内在目标；“贡献社会，服务人类”是公司远景

3.2 重要合作伙伴及供应商信息：十家韩国银行、中国银联等

苹果

苹果公司是美国的一家高科技公司，是全球市值最高的公共交易公司，核心业务是高端电子科技产品，在高科技企业中以创新而闻名，其知名产品包括 ipad、iphone、ipod、macbook、iTunes 商店等。苹果在 2015 年仍旧瞄准高端市场推出了多款智能终端产品，3 月发布 MacBook，4 月 Watch 开放预售，5 月翻新 iMac，6 月推出 Apple Music 电台，7 月更新 touch，凭借强大的品牌影响力和忠实的用户群体，收获了良好的市场表现。据 IDC 公开数据显示，苹果 Watch 在 2015 年占领了近 61%的智能手表市场份额。

2015 年 9 月 10 日，苹果公司在旧金山发布了 TV 4、iPad Pro 和 mini 4 等 5 款产品。其中还包括消费者期待的 iPhone 6s、iPhone 6s Plus，仅推出三天，就售出超过 1300 万台。随后又推出了 iOS 9 系统，并于 12 月 18 日与中国银联达成 Pay 合作进军中国移动支付市场。另外，苹果在 2015 年推出了医学研究工具 ResearchKit，在自闭症、癫痫等领域做出贡献，并针对中国制造合作伙伴推出了两个清洁能源项目。

据 2015 年 6 月 5 日发布的 2015 年《财富》世界 500 强排行榜，苹果公司排名第 15，营业收入 1827.95 亿美元，年增率为 7.0%，但凭借 iPhone 6 等新产品的热卖，苹果公司以 359.1 亿美元的利润成为榜上利润第一的公司。据 2016 年 1 月苹果发布的 2015 年第四季度业绩报告显示，2015 年苹果在中国地区第四季 125 亿美元的销售额环比下滑 5%，同比增长高达 99%，iPhone 在中国销售额暴增 87%，iPhone 在中国的销量也已超过美国。

易观分析

苹果是智能手机潮流的引领者，产品定位高端，使用自主开发的 iOS 智能操作系统，其用户体验获得良好的市场口碑，拥有庞大的用户群体。同时苹果具有完整独立的生态体系，包括多屏终端、操作系统、应用平台等，在市场中具有较强的竞争力。

2015 年中国经济放缓和世界经济增长乏力，全球智能手机市场竞争激烈，苹果的多数产品销量也在下滑，至 2015 年年末，苹果股价较全年高点下跌近五分之一，前景不乐观。国内市场逐渐饱和，销售压力增大，且有三星华为小米等厂商的竞争，使得苹果放弃了饥饿营销的期货模式，积极响应中国买方市场。在库克时代，iPhone 产品升级变化并不大，质量的可靠性相对较好，现货销售模式的风险较低。但是在其他厂商创新能力增强，以生态模式来提高性价比的情况下，苹果公司的持续创新能力面临着更高的挑战。

一、基础信息

1.1 基本信息

1.1.1 公司全称：苹果公司

1.1.2 成立时间：1976 年 4 月 1 日

1.1.3 总部地点：美国加利福尼亚库比蒂诺

1.1.4 上市时间：1980 年

1.1.5 企业性质：上市公司、跨国企业

1.1.6 资本信息：资产 2318 亿美元（2015 年），市值 5900 亿美元（2015 年 12 月）

1.1.7 联系方式

网址：http：//www. Apple. com. cn/

邮箱：ccaballero@ Apple. com

地址：1 Infinite Loop，Cupertino，CA 95014，United States（美国总部）

北京朝阳区建国门外大街 1 号　100004（中国总部）

电话：+1-408-996-1010（美国总部）

客服/采购热线：400-666-8800（北京）

技术支持：400-627-2273

1.2 组织信息

1.2.1 人员规模：97200（2015 年）

1.2.2 管理层

蒂姆·库克（Timothy D. Cook）首席执行官

二、业务信息

2.1 主要产品与服务信息

主要硬件产品：

个人数位音乐播放器：iPod classic、iPod、iPod nano、iPod shuffle、iPod mini、iPod Hi-Fi、iPod touch

笔记本电脑：PowerBook、iBook、MacBook、MacBook Pro、MacBook Air

桌上型电脑：Mac Pro、iMac

小型桌面电脑：Mac mini

显示器：Apple Cinema Display（27 英寸）、Apple Thunderbolt Display（27 英寸）

服务器：Mac Pro server、Mac mini server

电脑视讯配件：iSight（webcam）

网络连接设备：AirPrort Extreme（54Mbps 802. 11g base station）

智能手机：iPhone

平板电脑：iPad、iPad mini

家庭视听网络连接器：Apple TV

新产品：iWatch

主要软件产品：

操作系统：OS X、iOS、iLife、iWork

其他软件：Final Cut Studio、Logic Pro、Aperture

2.2 覆盖范围

2.2.1 行业：电子产品（计算机、办公设备）

2.2.2 主要客户：个人及团体消费者

2.2.3 业务区域：全球

2.3 收入结构：主要依靠电子设备销售获取收益，具体收入结构不详

三、综合信息

3.1 发展定位：高端电子产品市场，打造高端电子产品

3.2 重要合作伙伴及供应商信息：富士康、中国银联、中国电信、中国移动、中国联通、Facebook、Twitter 等

联想集团

联想是 2015 年《财富》中国 500 强公司第 20 位的企业集团，是全球消费、商用以及企业级创新科技的领导者，业务包括个人电脑、智能手机、平板电脑和应用软件等一系列移动互联产品。2014 年 10 月 1 日，联想正式完成并购 IBMx86 服务器业务，联想个人电脑全球市场占有率达到了 21.2%，稳居全球第一。2014 年 10 月 30 日联想宣布收购摩托罗拉移动智能手机业务，这使联想集团一跃成为全球第三大智能手机（仅次于三星和苹果公司）。随着并购业务的成功整合，联想已拥有个人电脑业务、企业级业务和移动业务三大增长引擎。

2015 年 1 月 26 日，联想集团旗下的全资子公司摩托罗拉携三款 MOTO 品牌的手机正式重返中国市场。2015 年 4 月 15 日，联想发布新 LOGO，表示集团将向国际化、多元化、互联网体系转变，并且大力拓展中国市场。2015 年 8 月 27 日，联想宣布除神奇工场之外的所有联想移动业务都将并入摩托罗拉，并在 11 月表示手机产品将只保留乐檬和 MOTO 两个品牌，摒弃杂乱的机海战术，走精品化路线，向中高端市场转变。据联想公开财报显示，联想控股 2015 年度营收为 3098 亿元，同比增长 7%；净利润为 46.59 亿元，同比增长 12%。

易观分析

在完成 2014、2015 两年的并购业务整合之后，联想集团重新调整其业务部署，希望在 PC 厂商转型为综合性 IT 厂商的战略上再前进为综合性互联网厂商。联想智能手机凭借在中国市场的精准定位，其产品定位逐渐从中低端向高端转化，产品线也逐渐丰富。但移动业务在中国市场面对激烈竞争、电信运营商削减补贴以及网上购物模式日趋流行等市场情况，使得联想移动业务长久处于净亏损，并购 MOTO 后才渐显改善，至 2015 年第二季度完成了智能手机旧有库存的清理。

联想在个人电脑业务方面保持稳定的市场份额及利润率表现，但若想在移动业务上长足发展，则需要更加注重技术创新能力、人群定位定价、品牌影响力和互联网生态体系。联想在2015年的一系列动作也表明其积极转变的态度。将发展重点转移到海外市场的战略推动了中国以外市场的销量增长，精简产品组合、缩短移动产品的开发周期提高了品牌竞争力，面向中小企业的“e企联想”服务平台有利于互联网时代的多方共赢。

一、基础信息

1.1 基本信息

1.1.1 公司全称：联想集团有限公司

1.1.2 成立时间：1984年

1.1.3 总部地点：北京市

1.1.4 上市时间：1994年（香港联合交易所）

1.1.5 企业性质：上市公司

1.1.6 资本信息：总资产1789.6亿美元（2015年）

1.1.7 联系方式：

联想中国：http://www.lenovo.com.cn/

行政总部：1009 Think Place Morrisville, NC 27560 USA

主要运营中心：

罗利：

地址：1009 Think Place Morrisville, NC 27560 USA

电话：+1 866-45-THINK（+1 866-458-4465）

北京：

地址：中国北京海淀区上地创业路6号（100085）

电话：(86) 10 5886-8888

新加坡：

地址：151 LorongChuan, #02-01, New Tech Park, Singapore 556741

电话：+65 6827 1000

1.2 组织信息

1.2.1 人员规模：54000人（2015年）

1.2.2 管理层

杨元庆　首席执行官

二、业务信息

2.1 主要产品与服务信息

联想产品系列包括 Think 品牌商用个人电脑、Idea 品牌的消费个人电脑、服务器、工作站以及包括平板电脑和智能手机在内的家庭移动互联网终端。具体产品如下：

个人及家用产品：

手机产品——VIBE 系列、K 系列、S 系列、P 系列、A 系列、功能手机、手机配件

平板电脑——YOGA 平板系列、亲情平板系列、S 系列、A 系列、ThinkPad、Tablet 系列

笔记本电脑——Yoga 系列、Miix 系列、Flex 系列、Y 系列、U 系列、S 系列、Lenovo G 系列、小新、Erazer 异能者、ThinkPad 系列

分体台式机——H5 系列、H4 系列、G5 系列、圆梦 F5、Erazer 异能者、ThinkCentre

一体台式电脑——A7 系列、A5 系列、B7 系列、B5 系列、B4 系列、B3 系列、C5 系列、C4 系列、C3 系列、C2 系列、ThinkCentre

智能桌面——HORIZON 系列、Flex 系列、N 系列

智能电视——K 系列、S 系列、A 系列、智能电视选件、智能升级卡、游戏手柄

数码选件——路由器、移动电源、鼠标、闪存盘、移动硬盘、音箱、耳机耳麦、键盘及套装、智能家居、Think 选件、零售显示器、家用打印机

商用产品：

笔记本电脑——昭阳、扬天

分体台式电脑——ThinkCentre、启天、扬天

一体台式电脑——ThinkCentre、启天（A 系列）、扬天（S 系列）

平板电脑——V 系列、ThinkPad、Tablet 系列

工作站——ThinkStation（D 系列、S 系列、E 系列、C 系列、P300）

服务器与存储——塔式服务器、机架式服务器、高密度服务器、服务器选件、存储产品、方案产品、企业网盘、联想云

显示器——数字标牌、商用显示器、超便携显示器、ThinkVision

打印机及耗材——黑白 A4 激光打印机、光墨打印机、数码多功能一体机、黑白激光多功能一体机、黑白 A3 激光打印机、彩色激光打印机、彩色多功能一体机、票据打印机

应用软件：乐疯跑、VIBE UI、乐安全、茄子快传、友约、乐助手、乐商店、乐玩家

专业服务与支持：Lenovo 服务、手机服务、平板服务、智能电视服务、企业级服务器

2.2 覆盖范围

2.2.1 行业：以个人科技产品为主的多元化集团

2.2.2 主要客户：个人及团体消费者

2.2.3 业务区域：全球

2.3 收入结构：联想集团的收入主要来源于电子产品的销售，按产品分包括笔记本电脑业务、台式电脑业务、移动设备业务（包括智能手机及平板电脑）

三、综合信息

3.1 发展定位：联想从事开发、制造及销售最可靠的、安全易用的技术产品，不懈地帮助客户

提高生产力，提升生活品质

3.2 重要合作伙伴及供应商信息：摩托罗拉、IBM、迈凯轮、赛门铁克、NEC、中国联通、中国移动、中关村软件园发展有限公司、京东方、中国邮政等

小米科技

小米手机是小米公司研发的高性能发烧级智能手机，坚持"为发烧而生"的设计理念，采用线上销售模式。作为小米的核心产品，小米手机在2015年尝试着向更广阔的市场发展。2015年1月15日，小米Note上市，改变了以往以"性价比"为最大卖点的模式，开始进军高端市场。2015年3月18日，小米宣布与微软合作，从软件系统上升级小米手机。同时小米也启动了虚拟运营商业务，在2015年9月22日发布了两种电话卡产品，并在2015年发布了三代入门型手机红米。小米凭借互联网营销、投资控股和庞大的用户群不断拓展其在智能硬件的产品种类，打造自己的多终端生态链。据小米官方数据，小米2015年前三季度手机销量约为5320万台，年销量约为7200万台，低于期望的8000万台。

自2011年成立后，小米一直保持着高速增长的态势迈入一个个新的台阶，短短4年造就了手机行业的神话，可是到了2015年，小米渐渐地走下了神坛，销量不达预期，年初在印度开始的国际市场计划也因专利纠纷等问题折戟。据友盟公开数据显示，2015年国内手机市场份额国产品牌第一的位置由小米让位于华为。虽然仍是国产品牌第二，但据IDC公开数据显示，从第二、第三季度数据对比来看，小米第二季度出货量增幅为29.4%，第三季度出货量增幅仅为5.6%，不仅增幅远低于二季度，也低于全球6.8%的出货量增速。

易观分析

曾经是行业黑马的小米在2015年并没有延续神话。MIUI是目前国内较为规范、健康的安卓生态，拥有业内活跃度较高的用户群，加之其领先的智能硬件供应链控制能力和用户需求发掘能力，易形成以小米网为中心的销售渠道。且小米不断向国内外发展趋势良好的智能硬件领域拓展业务，积极寻求企业合作，生态圈较为完善。

2015年，智能手机市场逐渐饱和，竞争激烈，厂商在同质化竞争中演替着市场份额，小米虽然发布了多款移动终端产品，但产品并无新意，只是简单的配置升级，其活跃度最高的并不是最新的旗舰产品，而是小米2及前代产品。受限于专利、不同地区的发展差异和本地化等因素，小米2015年在印度、美国、印尼、巴西等海外市场的成绩都不理想。同时小米依然过度依靠线上营销驱动，使得线下渠道成为其短板，在五六线乃至农村市场毫无优势。更重要的是，正因为小米不断推出各类周边生态的智能硬件产品，旗舰产品缺失，使得其品牌影响力稀释，品牌效应衰弱。如何通过开发核心技术、提升品牌影响力、打造创新型产品来扭转销量疲态、利润微薄的现状是小米需要思考的问题。

一、基础信息

1.1 基本信息

1.1.1 公司全称：小米科技有限责任公司

1.1.2 成立时间：2010年4月

1.1.3 总部地点：北京

1.1.4 上市时间：未上市

1.1.5 企业性质：有限责任公司

1.1.6 资本信息：注册资金5000万元

1.1.7 联系方式

网址：http：//www. mi. com/

邮箱：xiaomiservice@ xiaomi. com

地址：北京市海淀区清河中街68号华润五彩城写字楼

电话：010-60606666

1.2 组织信息

1.2.1 人员规模：约7000人

1.2.2 管理层

雷军　董事长、首席执行官

二、业务信息

2.1 产品及服务信息

小米手机、MIUI、米聊、小米网、小米盒子、小米电视和小米路由器是小米公司旗下七大核心业务。电子硬件产品——小米手机系列、红米手机1s、红米Note、小米电视、小米平板、小米盒子、小米路由器、智能家庭、随身Wi-Fi

平台及软件开发—— MIUI、小米官网、迷人浏览器、小米社区、米聊、小米手机助手

服务提供及应用——金山云、小米安全中心、小米VIP认证、小米鉴别宝典

2.2 覆盖范围

2.2.1 行业：智能设备、移动通信设备、互联网

2.2.2 主要客户：全网用户

2.2.3 业务区域：全球

2.3 收入结构：收入来源为终端销售、配件销售、基于MIUI的服务（包括游戏、阅读、应用、主题等），具体比例不详

三、综合信息

3.1 发展定位：专注于高端智能手机、互联网电视自主研发，积极打造小米生态链体系，力争全行业、全产业链都能达到共赢

3.2 重要合作伙伴及供应商：阿里、富士康、英伟达、搜狗、腾讯、讯飞、京东等

华为

华为技术有限公司是一家生产销售通信设备的民营通信科技公司，产品主要涉及通信网络中的交换/传输网络、无线/有线固定接入网络和数据通信网络及无线终端产品。2015 年，华为继续在运营商业务上与各国企业合作，提供了许多商业服务解决方案，获得客户广泛认可。2014 年 8 月发布的 Mate7 手机是华为的代表产品，以高续航时间和性能的整体平衡度、优秀制造工艺成功地将中国的手机产品带入中高端市场，并以单款 700 万台的销量成为标杆式奢侈品牌。2015 年 2 月 24 日，华为发布 4. 5G 商业蓝图，帮助运营商拓展新业务，提升用户体验并推动新产业发展，并在 2015 年年末在香港、挪威正式发布 4. 5G 移动网络。

2015 年 9 月 2 日，华为发布 Mate S 手机，12 月 9 日，发售 Mate8 手机，形成了类似三星和苹果双旗舰的打法，据华为公开数据，Mate8 首月销售就突破 100 万台，将中国手机产品从低端市场拉向了中高端市场。华为在技术上的领先令人信服，2015 年 11 月 13 日，其瓦特实验室展示了锂离子电池快充研究的最新成果，这种新的电池可以在几分钟内充进近 50%的电量，充电速度是普通手机的 10 倍。全球市场研究机构 TrendForce 报告显示，2015 年全球智能手机出货量为 12. 93 亿台，其中来自中国地区的手机品牌合计出货量占全球比重超过四成，并囊括全球前十大手机品牌中的 7 个席次，华为更首度超越联想，成为全球第三、中国第一的品牌王者。

易观分析

华为 2015 年不断投入研发费用，开发新电池技术、储备 4G 专利、累积 IP 智财权，让华为智能手机销往全球且不易被竞争对手提告，功能性与质感方面也能与国际大厂相提并论。其体验好、质量高的产品受到消费者的喜爱，中高端的品牌形象已经建立并站稳脚跟。同时华为注重人才培养，拥有开发者联盟、启蒙计划等工业设计人才储备平台，在创新变革方面极具优势。但是，华为在智能终端、互联网运营方面起步较晚，并且应用软件方面实力并不突出，仅凭硬件质量和性能，消费业务利润率目前偏低，面对其余厂商的竞争仍有压力。

2015 年，全球智能手机市场竞争激烈，同质化严重，国内市场日趋饱和，华为要在此领域获得更高利润，需继续投入研发创新技术及其商业应用，来刺激消费者市场。同时，华为注重海外市场，受益于云计算、存储、敏捷网络等主力产品和解决方案，与海外运营商及企业有良好的合作关系，有利于市场的拓展。

一、基础信息

1. 1 基本信息

1. 1. 1 公司全称：华为技术有限公司

1. 1. 2 成立时间：1987 年 9 月

1.1.3 总部地点：广东省深圳市

1.1.4 上市时间：未上市

1.1.5 企业性质：民营企业、有限责任公司

1.1.6 资本信息：注册资本 2.1 万元，总资产 499.31 亿美元（2015 年）

1.1.7 联系方式：

网址：http：//www.huawei.com.cn/

地址：中国广东省深圳市龙岗区坂田华为基地　518129

电话：0755-28780808

1.2 组织信息

1.2.1 人员规模：17 万人（2015 年）

1.2.2 管理层：

孙亚芳　董事长

二、业务信息

2.1 主要产品与服务信息

华为主要产品和服务包括以下十个方面：

无线接入：包括 GSM、UMTS、LTE 等基站设备

固定接入：传统固网接入（MSAN、DLSAM）、光纤宽带接入（FTTx）、ODN、配线（ODN、MDF）

核心网

传送网：WDM/OTN、MSTP/Hybirid MSTP、微波系统等

数据通信：路由器、交换机等

网络能源

业务与软件

OSS 服务器：电信网络和运维转型中的网规网设、IP 运维、资源管理、业务发放与激活、线路诊断、系统架构及端到端的专业服务等

存储与网络安全

终端：手机、上网卡、网关、调制解调器、机顶盒等

2.2 覆盖范围

2.2.1 行业：智能终端、无线电、微电子、通信

2.2.2 主要客户：全体消费者

2.2.3 业务区域：全球

2.3 收入结构：运营商业务、企业业务、消费者业务三大业务线在整体收入的比重分别为 67%、7%、26%

三、综合信息

3.1 发展定位：以“聚焦客户关注的挑战和压力，提供有竞争力的通信解决方案和服务，持续

为客户创造最大价值”为使命，以“提供业界领先的终端产品，通过关键技术创新、工业设计创新和云服务创新，全方位提升用户体验”为发展目标

3.2 重要合作伙伴及供应商信息：中国移动、中国联通、中国电信、工信部电信研究院、高通、爱立信、3Com、西门子、腾讯、百度、IBM、Microsoft 等

我国移动终端行业企业名录节选如下表：

表 28　中国移动终端行业企业名录节选

<table>
<tr><td>三星电子</td><td rowspan="5">简要分析见前述
数据分析及详细分析
见易观企业库</td></tr>
<tr><td>苹果</td></tr>
<tr><td>联想集团</td></tr>
<tr><td>小米科技</td></tr>
<tr><td>华为</td></tr>
<tr><td>HTC</td><td rowspan="24">数据分析及详细分析见易观企业库</td></tr>
<tr><td>OPPO</td></tr>
<tr><td>黑莓</td></tr>
<tr><td>宏碁</td></tr>
<tr><td>华硕</td></tr>
<tr><td>金立</td></tr>
<tr><td>康佳</td></tr>
<tr><td>酷比</td></tr>
<tr><td>摩托罗拉</td></tr>
<tr><td>诺基亚</td></tr>
<tr><td>天语</td></tr>
<tr><td>微软</td></tr>
<tr><td>壹人壹本</td></tr>
<tr><td>中兴</td></tr>
<tr><td>紫光</td></tr>
<tr><td>索尼</td></tr>
<tr><td>LG</td></tr>
<tr><td>纽曼</td></tr>
<tr><td>昂达</td></tr>
<tr><td>戴尔</td></tr>
<tr><td>爱国者</td></tr>
<tr><td>微软</td></tr>
<tr><td>艾利和 Story</td></tr>
<tr><td>方正电子书</td></tr>
</table>

（续表）

国美 FlyTouch	数据分析及详细分析见易观企业库
汉王 TouchPad	
汉王电纸书	
津科翰林	
蓝魔音悦汇	
皮尔卡丹平板电脑	
七喜 Winpad	
盛大 bambook	
台电电子书	
台电平板电脑	
天宇朗通	
万利达 Zpad	
万物青毕升	
欣博阅电子阅读器	
亦墨电子书	
易博士	
易万卷 Mos	
宇龙酷派	
原道平板电脑	
努比亚	详细分析见易观企业库
原道	详细分析见易观企业库
台电	详细分析见易观企业库
酷派	详细分析见易观企业库
魅族	详细分析见易观企业库
点心	详细分析见易观企业库
OMS	详细分析见易观企业库
大显	详细分析见易观企业库
金圣达	详细分析见易观企业库
TCL	详细分析见易观企业库
三盟	详细分析见易观企业库
星鑫达	详细分析见易观企业库
飞利浦	详细分析见易观企业库
亿城	详细分析见易观企业库
vivo	详细分析见易观企业库
乐丰	详细分析见易观企业库
嘉源	详细分析见易观企业库

（续表）

欧奇	详细分析见易观企业库
乐目	详细分析见易观企业库
海信	详细分析见易观企业库
新中桥	详细分析见易观企业库
传奇	详细分析见易观企业库
夏新	详细分析见易观企业库
夏朗	详细分析见易观企业库
贝尔丰	详细分析见易观企业库
BIHEE	详细分析见易观企业库
凯利通	详细分析见易观企业库
天时达	详细分析见易观企业库
为美	详细分析见易观企业库
中诺	详细分析见易观企业库
长虹	详细分析见易观企业库
爱意通	详细分析见易观企业库
Forme	详细分析见易观企业库
微诺	详细分析见易观企业库
葳朗	详细分析见易观企业库
小辣椒	详细分析见易观企业库
宸通	详细分析见易观企业库
SOSMART	详细分析见易观企业库
21 克	详细分析见易观企业库
科铭	详细分析见易观企业库
锋达通	详细分析见易观企业库
英特奇	详细分析见易观企业库
优思	详细分析见易观企业库
波导	详细分析见易观企业库
创维	详细分析见易观企业库
奥克斯	详细分析见易观企业库
奥乐	详细分析见易观企业库
Unistar	详细分析见易观企业库
七喜	详细分析见易观企业库
朗界	详细分析见易观企业库
康佳	详细分析见易观企业库
百分百	详细分析见易观企业库
信得乐	详细分析见易观企业库

（续表）

爱贝多	详细分析见易观企业库
宝方	详细分析见易观企业库
lovme	详细分析见易观企业库
乐派	详细分析见易观企业库
YAS	详细分析见易观企业库
荣事达	详细分析见易观企业库
易百年	详细分析见易观企业库
东信	详细分析见易观企业库
西维	详细分析见易观企业库
三普	详细分析见易观企业库
德赛	详细分析见易观企业库
朵唯	详细分析见易观企业库
SUGAR	详细分析见易观企业库
世纪天元	详细分析见易观企业库
职业者	详细分析见易观企业库
斐讯	详细分析见易观企业库
中维恒泰	详细分析见易观企业库
COOBE	详细分析见易观企业库
广信	详细分析见易观企业库
海尔	详细分析见易观企业库
普莱达	详细分析见易观企业库
奥洛斯	详细分析见易观企业库
三巨网	详细分析见易观企业库
大可乐	详细分析见易观企业库
大显启辰	详细分析见易观企业库
大 Q	详细分析见易观企业库
阿尔卡特	详细分析见易观企业库
美图	详细分析见易观企业库
EXUN	详细分析见易观企业库
卓比	详细分析见易观企业库
果冻	详细分析见易观企业库
优购	详细分析见易观企业库
MANN	详细分析见易观企业库
联合时代	详细分析见易观企业库
NUU	详细分析见易观企业库
酷美	详细分析见易观企业库

（续表）

威铂	详细分析见易观企业库
易丰	详细分析见易观企业库
瑞恒	详细分析见易观企业库
天迈	详细分析见易观企业库
派信	详细分析见易观企业库
现代	详细分析见易观企业库
里奥	详细分析见易观企业库
朗格	详细分析见易观企业库
恒宇丰	详细分析见易观企业库
唐为	详细分析见易观企业库
欧蓓	详细分析见易观企业库
青橙	详细分析见易观企业库
HIKE	详细分析见易观企业库
基伍	详细分析见易观企业库
newcall	详细分析见易观企业库
语音王	详细分析见易观企业库
首信	详细分析见易观企业库
ATET	详细分析见易观企业库
铂乐	详细分析见易观企业库
酷道	详细分析见易观企业库
酷显	详细分析见易观企业库
万利达	详细分析见易观企业库
福中福	详细分析见易观企业库
博沃	详细分析见易观企业库
迪士尼	详细分析见易观企业库
UU	详细分析见易观企业库
华唐时代	详细分析见易观企业库
摩奇	详细分析见易观企业库
原点	详细分析见易观企业库
尼凯恩	详细分析见易观企业库
关爱行	详细分析见易观企业库
美菱	详细分析见易观企业库
亿和源	详细分析见易观企业库
圣柏	详细分析见易观企业库
影驰	详细分析见易观企业库
E 派	详细分析见易观企业库

（续表）

欧恩	详细分析见易观企业库
卓普	详细分析见易观企业库
Devon	详细分析见易观企业库
芭比	详细分析见易观企业库
VOTO	详细分析见易观企业库
华纳威秀	详细分析见易观企业库
中国联通	详细分析见易观企业库
中国移动	详细分析见易观企业库
美翼	详细分析见易观企业库
Coolgen	详细分析见易观企业库
mjxy	详细分析见易观企业库
迪美	详细分析见易观企业库
innos	详细分析见易观企业库
蓝魔	详细分析见易观企业库
酷比魔方	详细分析见易观企业库
七彩虹	详细分析见易观企业库
普奈尔	详细分析见易观企业库
惠普	详细分析见易观企业库
南都派	详细分析见易观企业库
半岛铁盒	详细分析见易观企业库
清华同方	详细分析见易观企业库
五元素	详细分析见易观企业库
读书郎	详细分析见易观企业库
海尔	详细分析见易观企业库
富士通	详细分析见易观企业库
明基	详细分析见易观企业库
汉王	详细分析见易观企业库
小霸王	详细分析见易观企业库
AOC	详细分析见易观企业库
微星	详细分析见易观企业库
乐彩	详细分析见易观企业库
三浦	详细分析见易观企业库
小菜	详细分析见易观企业库
麦格菲斯	详细分析见易观企业库
瀚斯宝丽	详细分析见易观企业库
和冠	详细分析见易观企业库
龙酷	详细分析见易观企业库

智能家居

小米

小米智能家居是围绕小米手机、小米电视、小米路由器三大核心产品，由小米生态链企业生产的智能硬件产品组成的一套完整闭环体验。从 2013 年小米路由器公测版开始测试以来，小米在家居服务领域携手许多硬件设备提供商，推动智能家居产业链发展，完善行业规范建立，已构成智能家居网络中心小米路由器、家庭安防中心小蚁智能摄像机、影视娱乐中心小米盒子等产品矩阵，实现智能设备互联的应用体验。

2014 年 12 月 14 日，小米与美的集团达成战略合作协议，正式入股传统家电企业，在白电领域抢占智能家居的市场先机。2015 年 1 月 15 日小米年度旗舰发布会上，小米智能芯首次亮相，并确立了小米积极与行业企业寻求合作的态度。2015 年 1 月 18 日，小米智能家庭套装正式发布，以小米多功能网关为核心，实现智能感应人体与门窗、通过手机远程遥控家中设备等功能。随后在 2015 年 5 月和 6 月期间与正荣集团、成都仁恒地产、金地集团等地产企业达成合作，推动智能家居在家庭用户中间的应用与落地。据小米官方公开数据显示，截至 2015 年 6 月，小米智能家居在线设备超 1000 万件、APP 安装用户超 1500 万、日活超 200 万，在智能家居市场中规模庞大。

易观分析

小米依靠智能硬件生态体系布局智能家居，这个体系是以小米智能手机与 MIUI 操作系统为中心，连接所有的小米设备。小米系列智能手机市场占有率高，善于在线营销，拥有整齐价值观的粉丝群，结合其领先的智能硬件供应链控制能力和用户需求发掘能力，易形成以小米网为中心的智能硬件销售渠道。并且与美的深度合作，在构建智能家具生态竞赛中获得初期优势。但是小米缺少专利和技术储备，产品主要是单品，缺少线下体验渠道，很难形成智能家居产品体系。

中国智能家居市场处于市场启动期，市场集中度低，利于新兴公司进入。年轻消费群体对智能硬件产品认知度较高，愿意购买尝试。注重创新的小米在这些方面具有竞争优势。而生态圈里的小米设备，除手机电视等核心产品外，大部分是通过投资控股的方式并入生态圈，随着智能手机红利逐渐消失，通过投资硬件企业迅速扩张品类来组建智能家居生态体系的模式考验着小米的产品、数据整合能力和管控能力。

一、基础信息

1.1 基本信息

1.1.1 公司全称：小米科技有限责任公司

1.1.2 成立时间：2010 年 4 月

1.1.3 总部地点：北京

1.1.4 上市时间：未上市

1.1.5 企业性质：有限责任公司

1.1.6 资本信息：注册资金 5000 万元

1.1.7 联系方式

网址：http：//www. mi. com/

邮箱：xiaomiservice@ xiaomi. com

地址：北京市海淀区清河中街 68 号华润五彩城写字楼

电话：010-60606666

1.2 组织信息

1.2.1 人员规模：约 7000 人

1.2.2 管理层

雷军　董事长、首席执行官

二、业务信息

2.1 产品及服务信息

以小米手机、小米电视等自有产品为核心

电子硬件产品——小米手机系列、红米手机 1S、红米 Note、小米电视、小米平板、小米盒子、小米路由器、智能家庭、随身 Wi-Fi

平台及软件开发—— MIUI、小米官网、迷人浏览器、小米社区、米聊、小米手机助手

服务提供及应用——金山云、小米安全中心、小米 VIP 认证、小米鉴别宝典

2.2 覆盖范围

2.2.1 行业：智能设备、移动通信设备、互联网

2.2.2 主要客户：全网用户

2.2.3 业务区域：全球

2.3 收入结构：收入来源为终端销售、配件销售、基于 MIUI 的服务（包括游戏、阅读、应用、主题等），具体比例不详

三、综合信息

3.1 发展定位：专注于高端智能手机、互联网电视自主研发，积极打造小米生态链体系，力争全行业、全产业链都能达到共赢

3.2 重要合作伙伴及供应商：阿里、百度、正荣集团、成都仁恒地产、金地集团、搜狗、腾讯、科大讯飞、京东等

乐视

乐视 TV 全称乐视致新电子科技（天津）有限公司，是国内 A 股创业板上市公司乐视网控股的子

公司，是“平台+内容+终端+应用”的乐视生态体系中的重要一环。2013 年 6 月推出智能电视——乐视 TV 超级电视，成为国内首家正式推出自有品牌电视的互联网公司。在 2013 年推出了由乐视 TV 自营的 B2C 电视垂直类购物网站——乐视商城，并在 2014 年 8 月推出了覆盖更广阔非深度互联网用户的线下综合服务平台 LePar。2014 年推出的乐视盒子是智能家居系统中关键的数据终端一环，以云视频的方式辅助超级电视的使用。乐视超级电视提供的不止是内容聚合和堆砌，而是重新定义用户细分群，打造了一种具有完整价值链的“电视机收入+内容收入+应用分成+终端广告”盈利模式。

乐视致新着眼于多种用户场景，扩展了多种款型的智能电视产品。2015 年 9 月 24 日，在香港发布了带有直播、搜索、娱乐平台等居家功能的第三代超级电视，继续拓展消费级智能电视市场，同时推出“社会化营销+视频营销”的 CP2C 3.0 新营销模式。2015 年 10 月 27 日，乐视在北京发布 120 寸智能电视，是其大屏智能终端的代表。而在 2015 年 11 月 25 日发布的乐视儿童，是专为家庭用户打造的家庭教育类产品，也是乐视在垂直市场上精细化运营的重要一环。2015 年 12 月 11 日，乐视致新投资 22.68 亿港元正式入股 TCL 多媒体，持有约 20%股份成为其第二大股东，进一步强化了自身的产业供应链。

易观分析

乐视拥有“平台+内容+终端+应用”的娱乐产业链闭环，有丰富的影视、音乐、娱乐、体育内容资源，有可实现一云多屏的专业云视频平台 EUI，有语音、体感技术与电视的结合技术。同时强调打通电视端和移动端、线上渠道和线下渠道，通过合作的方式招募智能家居领域的超级合伙人，这些合作人将围绕在乐视自身的核心硬件产品周边，构建成智能家居生态圈。然而作为互联网消费电子企业，乐视依然需要提升技术研发能力和技术储备，并需优化现有的变现周期过长的盈利模式。

从整个行业上来看，随着智能设备的普及，内容和服务、多屏活动等方面的需求越来越重要，而乐视在这些方面都具有明显优势。但是，既做内容又做终端，意味着乐视将面临更多的竞争者。同时，2015 年 3 月至 11 月推出的多款乐视超级手机标志着乐视也在拓展通信模块的业务链，能否在移动端复制智能电视模式，是乐视发展智能家居过程中的重要挑战。

一、基础信息

1.1 基本信息

1.1.1 公司全称：乐视致新电子科技（天津）有限公司

1.1.2 成立时间：2012 年 2 月 7 日

1.1.3 总部地点：北京市

1.1.4 上市时间：未上市

1.1.5 企业性质：有限责任公司

1.1.6 联系方式

网址：http：//www. le. com/

邮箱：kefu@ letv. com

地址：天津生态城动漫中路 126 号动漫大厦 B1 区二层 201-427

电话：010-59283606

1. 2 组织信息

1. 2. 1 人数规模：1000 人

1. 2. 2 管理层

贾跃亭　董事长、总经理

二、业务信息

2. 1 产品及服务信息：

LeTV 超级电视——乐视新一代超级电视发布，意味着从“平台+内容+终端+应用”的 2. 0 时代进入生态电视的 3. 0 时代，开创电视行业开放闭环的生态时代

乐视盒子——乐视网联合央视播控平台推出的云视频智能盒子产品

LeUI——基于 Android 系统自主开发的全球首款智能电视操作系统 Letv UI，该系统具有智能化、简约化、视频化、人性化等多重优势

乐视商城官方网站——乐视超级电视、超级手机、乐视配件、娱乐周边等产品的智能电视垂直电商平台

2. 2 覆盖范围

2. 2. 1 行业：智能家居、液晶彩电、电子产品、广告业务、信息技术服务

2. 2. 2 主要客户：全网用户

2. 2. 3 业务区域：全球

2. 3 收入结构：收入来源为终端产品销售、增值服务，具体量化结构不详

三、综合信息

3. 1 发展定位：秉承“奢侈科技 完整生态 苛求极致 颠覆价格”的品牌主张，打造开放云平台，提供最全内容、高性能的硬件和智能系统终端，基于大屏的第三方应用商店的全价值链模式，为用户提供高品质的互联网生活方式，是“平台+内容+终端+应用”的乐视生态体系中的重要一环

3. 2 重要合作伙伴及供应商：富士康、CNTV、塄工厂、美国高通公司、TCL 集团、京东

海尔

海尔集团是全球领先的整套家电解决方案提供商和虚实融合通路商。2013 年建立的海尔智能家居是海尔集团在信息化时代推出的一个重要业务单元，它以 U-home 系统为平台实现了物物互联、智能化识别、管理以及数字媒体信息的共享。2015 年仍然是海尔的网络化战略发展阶段。

在互联网大潮之下，海尔提出向互联网转型，积极寻求行业合作，并制定了由智能家居转型到智慧家庭的互联网战略。2015 年 1 月，与魅族、阿里共同开发互联协议，3 月与苏宁在智能家居方面升级合作。2015 年 3 月 10 日，海尔 U+智慧生活在上海发布，该 APP 是用户定制智慧生活的集

中入口，向各大合作厂商敞开大门，同时海尔还广泛征集创客加入 U+智慧生活平台。用户可以通过此 APP 一站式接入各种智能家居产品，厂商加入该平台可实现互利共赢和行业生态圈的良性发展。2015 年 3 月 31 日，海尔发布电视模块化战略，并联合阿里巴巴推出海尔阿里 II 代电视，这是双方首次推出可定制的模块化电视，用户更换模块即可实现电视的软硬件升级。据海尔集团公开财报《青岛海尔 2015 年第三季度季报》显示，2015 年 1-9 月海尔智能白电销量达到 167 万台，同比增长超过 200%，U+智慧生活 APP 累计注册用户数达到 595 万；2015 年三季度胶州空调互联工厂投入运营，海尔已在冰箱、洗衣机、热水器、空调四大产业拥有五家智慧互联工厂。

易观分析

海尔是全球家电领先品牌，有 15 年的技术和专利积累，其成熟、开放、兼容的 U+智慧生活平台具备领先的云技术。同时，海尔拥有完善的家电产品体系，易于搭建生态圈和丰富的线下渠道资源。但是海尔缺少对智能手机、路由器/网关、智能电视等现阶段智能家居入口的把控，而且其自建电商，缺少用户流量优势，阻碍生态圈产品的推广、销售。市场方面，国家积极推动互联网与工业融合创新，智能家居市场处于市场启动期，没有产生垄断市场的寡头；消费者消费能力提升，对智能家居产品认知度提高，发展环境良好。但是随着互联网企业涌入市场，市场竞争将增大。年轻消费者将是智能家居产品的早期购买者，作为老牌家电企业，海尔面临如何让品牌年轻化的挑战。

易观分析认为，海尔 U+智慧生活平台以海尔家电产品为圆心，借助自身品牌、技术、供应链优势，为第三方企业提供通信模块、软件开发、用户资源支持，形成优势互补；结合用户需求，组成“硬件+软件+服务+内容”的智慧生活解决方案。平台的开放性主要体现在：硬件标准模块、软件接口协议、用户资源的开放，以及对上下游企业、第三方平台的开放。

一、基础信息

1.1 基本信息

1.1.1 公司全称：海尔集团

1.1.2 成立时间：1984 年

1.1.3 总部地点：中国山东青岛

1.1.4 上市时间：青岛海尔（上证：600690）1993 年 10 月

海尔电器（HK：01169）1997 年 12 月

海尔智能健康（HK：00348）1997 年 9 月

1.1.5 企业性质：集体企业、股份制公司

1.1.6 联系方式

网址：http：//www.haier.net/cn/

邮箱：9999@haier.com

地址：中国青岛海尔路 1 号海尔工业园内　266101

电话：4006-999-999

1.2 组织信息

1.2.1 人员规模：全球约 6 万人

1.2.2 管理层：

张瑞敏　首席执行官

二、业务信息

2.1 主要产品与服务信息

个人及家用产品——家电、通信、IT 数码产品、家电家居、家居集成各类传统产品

创新产品——包括智能家居家电、U-home、智能电子设备等创新产品

商业解决方案——为用户及客户提供家居、住居、商业地产等多领域的整套解决方案

多元化服务领域——涉及软件、物流、金融、保险、房地产、生物制药、医疗设备等

配套服务与支持——提供采购、安装、应用、售后的一条龙服务

2.2 覆盖范围

2.2.1 行业：家电业、智能家居、地产业、生物制药、电子 IT 等

2.2.2 主要客户：全球家电消费者

2.2.3 业务区域：全球

2.3 收入结构：家电等各类硬件产品销售收入、商业解决方案及商业服务收入、地产收入

三、综合信息

3.1 发展定位：海尔的愿景和使命是致力于成为行业主导、用户首选的第一竞争力的美好住居生活解决方案服务商，引领现代生活方式的新潮流，以创新独到的方式全面优化生活和环境质量

3.2 重要合作伙伴及供应商信息：国美、魅族、阿里、极路由、苏宁等

我国智能家居行业企业名录节选如下表：

表 29　中国智能家居行业企业名录节选

家电	小米	简要分析见前述 数据分析及详细分析 见易观企业库
家电	乐视	
家电	海尔	
电视棒	索尼	数据分析及详细分析 见易观企业库
电视机	TCL 集团	
电视机	三洋	
电视机	夏普	
电视机	长虹	
电视机	康佳	
支持 CMMB 电视	三星	

（续表）

电视棒	爱国者	详细分析见易观企业库
电视棒	百度	详细分析见易观企业库
电视棒	贝赛莱	详细分析见易观企业库
电视棒	创维酷开	详细分析见易观企业库
电视棒	谷歌	详细分析见易观企业库
电视棒	佳德美	详细分析见易观企业库
电视棒	牛视 TV	详细分析见易观企业库
电视棒	山业	详细分析见易观企业库
电视棒	微杰	详细分析见易观企业库
电视棒	圆刚	详细分析见易观企业库
智能电视机顶盒	PPTV	详细分析见易观企业库
智能电视机顶盒	RCA	详细分析见易观企业库
智能电视机顶盒	阿里巴巴	详细分析见易观企业库
智能电视机顶盒	百事通	详细分析见易观企业库
智能电视机顶盒	锋哲	详细分析见易观企业库
智能电视机顶盒	天敏	详细分析见易观企业库
智能电视机顶盒	冠捷	详细分析见易观企业库
智能电视机顶盒	杰科	详细分析见易观企业库
智能电视机顶盒	精伦	详细分析见易观企业库
智能电视机顶盒	开博尔	详细分析见易观企业库
智能电视机顶盒	快播小方	详细分析见易观企业库
智能电视机顶盒	迈乐	详细分析见易观企业库
智能电视机顶盒	美如画	详细分析见易观企业库
智能电视机顶盒	清华同方	详细分析见易观企业库
智能电视机顶盒	同洲非看	详细分析见易观企业库
智能电视机顶盒	网迅	详细分析见易观企业库
智能电视机顶盒	夏普	详细分析见易观企业库
智能电视机顶盒	星影院	详细分析见易观企业库
智能电视机顶盒	秀可视	详细分析见易观企业库
智能电视机顶盒	亿格瑞	详细分析见易观企业库
电视机	东芝	详细分析见易观企业库
牌照	华数传媒	详细分析见易观企业库
支持 CMMB 电视	HTC	详细分析见易观企业库
支持 CMMB 电视	酷派	详细分析见易观企业库
支持 CMMB 电视	联想	详细分析见易观企业库
支持 CMMB 电视	中兴	详细分析见易观企业库

新一代智能设备

极路由

极路由成立于 2013 年 3 月，是一家集家用无线产品研发设计、制造、销售、服务为一体的互联网科技公司。极路由是中国路由器市场第一个提出智能路由器概念的企业，2013 年 7 月发布极壹，2013 年 11 月 6 日发布极贰。此外，极路由还推出了与智能路由器配套的无线信号扩展设备——极卫星以及 HiWi-Fi OS 的智能路由器系统。根据易观《中国家用智能路由器市场年度报告 2015》显示，截至 2015 年 1 月，极路由占据智能路由器市场超过 60%的市场份额，处于行业领跑者地位。

自极路由第一款路由器发布以来，至 2015 年年末已有 3 代产品问世，在智能路由器市场获得了用户的认可，其品牌知名度逐渐提高。2015 年 3 月，第三代产品——极路由 3 在京东发布，该代产品在外观设计上杂糅了当前大部分流行元素，并对设备性能做了较大的提升，首批 2 万台数分钟售空。另外，极路由也在积极投身到物联网和智能家居的领域，2015 年 3 月底，极路由正式加入中国联通智慧沃家产业联盟，企望借助联通和华为的业务共享平台，让极路由逐渐成为家庭网络的控制和智能中心，从而推动整个行业的快速发展。

易观分析

极路由是较早进入智能路由器市场的厂商，拥有市场的先发趋势。极路由拥有丰富的智能路由器研发经验，在产品的推广营销上也表现不俗，市场份额一度在行业中领跑。极路由对传统路由器的创新得到了市场的认可，积累了一定的口碑基础，品牌知名度较高。但是，极路由的产品升级创新方向较窄，产品升级主要局限于设备的传输速率和无线类型，以及内存和闪存的容量的提升，插件开发不尽如人意，即使是最新发布的极路由 3，插件问题也仍然是块短板。

易观分析认为，极路由虽然进入智能路由器市场早，并且在市场上已经取得一定的优势，但是仍面临着巨大的竞争压力。作为创业公司的极路由，避开自身品牌影响力不足、产能不足等短板，积极寻求产业合作，与极企深度合作实现软硬件功能互补，竞争创新市场份额。同时还加入“智慧沃家产业联盟”，借助联通和华为等大企业的产业共享平台，谋求智能家居领域的战略方向转型。

一、基础信息

1.1.1 公司全称：北京极科极客科技有限公司

1.1.2 成立时间：2013 年 3 月

1.1.3 总部地点：北京

1.1.4 上市时间：未上市

1.1.5 企业性质：民营、有限责任公司

1.1.6 资本信息：注册资金 300 万元

1.1.7 联系方式

网址：http：//www. hiwifi. com/

邮箱：service@ hiwifi. tw

地址：北京市海淀区海淀大街 3 号鼎好 A 座 1219

电话：400-602-4680

1.2 组织信息

1.2.1 管理层

王楚云　首席执行官

二、业务信息

2.1 产品及服务信息

极路由——智能路由器设备

极卫星——无线信号扩展设备

HiWiFi OS——智能路由器系统

2.2 覆盖范围

2.2.1 行业：智能硬件

2.2.2 主要客户：智能设备爱好者

2.2.3 业务区域：全国

2.3 收入结构：终端销售收入

三、综合信息

3.1 发展定位：致力于创造全新的互联网硬件时代，为用户打造更安全、更稳定的无线网络，成为行业领跑者

3.2 重要合作伙伴及供应商：极企智能办公、中国电信极智、京东商城、MTK 等

极米

极米科技有限公司成立于 2012 年 5 月，是国内著名的智能投影仪厂商。2014 年推出首款智能微投设备，并于 2014 年 4 月 24 日发布极米无屏超级电视——极米 Z3。极米 Z3 在京东众筹平台上线后，在 20 天内获得了超过 160 万元的众筹款，打破了投影类产品在京东众筹的记录。2014 年 8 月 5 日，借着世界杯还未消退的市场热度，看准智能家庭影音市场的极米科技获得 A 轮 1 亿人民币的高额融资。之后不断进行产品的更新迭代、创新升级，2014 年 9 月 16 日，极米发布旗舰机型极米 Z3S；2014 年 11 月 11 日，极米 Z3D 发布；2014 年 12 月，极米 Z3M 增强版发布；2015 年 5 月 18 日，极米 Z3DP 梦想升级版发布。据易观发布的《中国家用智能微投市场专题研究报告 2015》数据显示，2015 年第一季度，中国家用智能微投市场总出货量为 8.62 万台，其中极米市场份额为

49.0%，可见极米已占据了较高的市场份额，积累了一定的用户规模。

2015 年 6 月 23 日，极米科技获得芒果传媒 Pre-B 轮价值 3 亿元人民币的战略投资，并于 2015 年 6 月 30 日发布 3 款新品：极米 Z4X、极米 Z4Air、芒果小觅。在影视综艺和音乐资源领域与芒果 TV、百度音乐的深度合作，让极米在内容上也有了更多的积累，使其商业模式逐渐从硬件产品销售盈利，转型至依靠内容、数据与服务盈利。

易观分析

极米在 2014 年率先推出家用智能微投设备，瞄准“无屏超级电视”的创新产品和广大年轻的极客群体，在两年的发展中占据了智能家庭影音市场的一大份额。极米的创始团队来源于 Mstar，具有深厚技术功底，注重用户对画质、音质的体验，结合自身应用市场和开放平台的及时反馈，在性能和技术的更新上有明显优势。然而以技术为导向的极米，在行业内的品牌认知度缺不高，有待提升。

家用智能微投设备受云平台与云服务的刺激，迎来良好的市场发育环境；用户对于智能设备的需求量在提升，用户使用习惯已逐渐形成，这对极米的发展是有益的。同时，智能微投市场参与厂商逐渐增多，如酷乐视、坚果等，市场竞争压力增大，而且智能微投与电视存在一定竞争关系。极米在稳固自身产业链、需求硬件销售向内容盈利转型的同时，仍需巩固并扩大微投设备时尚便携、高品质视听体验的优势。

一、基础信息

1.1.1 公司全称：成都市极米科技有限公司

1.1.2 成立时间：2013 年 11 月

1.1.3 总部地点：四川成都

1.1.4 上市时间：未上市

1.1.5 企业性质：有限责任公司

1.1.6 资本信息：注册资本 650.2527 万元

1.1.7 联系方式

网址：http：//www.xgimi.com/

邮箱：kf@xgimi.com

地址：成都市高新区天府软件园 7 栋 5 楼

电话：4000-028-960

1.2 组织信息

1.2.1 人员规模：100—500 人

1.2.2 管理层

钟波　首席执行官

二、业务信息

2.1 主要产品与服务信息

主要产品：

投影仪（无屏超级电视）——Z4X、Z4Air、芒果小觅等

电子产品及配件——支架、幕布等

2.2 覆盖范围

2.2.1 行业：互联网/移动互联网/电子商务、智能微投、视频、娱乐

2.2.2 主要客户：全网用户、极客

2.2.3 业务区域：全国

2.3 收入结构：终端设备及电子产品销售

三、综合信息

3.1 发展定位：致力于向消费者提供性能卓越和高品质的智能投影产品，为“自由而生”是极米的产品理念

3.2 重要合作伙伴及供应商信息：芒果传媒、百度音乐、哈曼卡顿、创东方、成都技术转移集团、天猫、京东、青柠影咖等

小米

小米作为互联网和智能终端行业的颠覆者，最开始通过做 MIUI 系统来影响手机行业，2012 年推出手机后对智能手机市场造成了巨大冲击，之后小米陆续推出了许多智能硬件产品。2015 年 6 月 10 日正式推出 Yeelight 床头灯，2015 年 6 月 18 日推出全新小米路由器，2015 年 7 月 15 日联合李宁公司推出两款智能跑鞋，2015 年 10 月 19 日发布小米电视 3 和“次世代玩具”九号平衡车，2015 年 11 月 4 日又发布了圈铁耳机。据小米官方公开销量数据显示，截至 2015 年 6 月 13 日，小米手环已累计销售 600 万，销量全国第一、全球第二。

小米依托小米手机及庞大的米粉数量打造智能硬件生态链，其生态链涵盖手机、穿戴设备、办公家用电子设备等多终端的生态链。并通过互联网服务整合，由电商平台全部打通，推动了从用户习惯到供应链整合效应以及 MIUI 搭建的移动互联网用户、内容、服务生态。同时不难看出，小米生态圈里的设备，少部分是小米的核心产品，如手机、电视、路由器等，大部分是通过投资控股的方式并入生态圈中，形成“手机、电视、路由器+生态链”的结构。

易观分析

小米智能硬件生态体系较为完善，品牌认知度较高，依靠小米品牌特点在行业内能够收到用户的普遍关注，结合其领先的智能硬件供应链控制能力和用户需求发掘能力，易形成以小米网为中心的智能硬件销售渠道。小米的大部分智能设备，如电视、路由都是定位智能家居，且都需通过小米自己的芯片来实现与智能家居的互通，而小米缺少技术专利的储备，往

往是通过投资控股的方式发布单品，对自身整合和管控能力要求高。

新一代家用智能设备受云平台与云服务的刺激，迎来良好的市场发育环境，而且智能设备的用户使用场景在不断扩大，逐渐进入消费者生活的方方面面，其对智能设备的需求仍在提升。同时，智能路由器市场参与厂商逐渐增多，市场竞争压力增大，业务又会受到网络运营商限制，小米未来发展易受到其他智能硬件企业的制约。

一、基础信息

1.1 基本信息

1.1.1 公司全称：小米科技有限责任公司

1.1.2 成立时间：2010 年 4 月

1.1.3 总部地点：北京

1.1.4 上市时间：未上市

1.1.5 企业性质：有限责任公司

1.1.6 资本信息：注册资金 5000 万元

1.1.7 联系方式

网址：http：//www. mi. com/

邮箱：xiaomiservice@ xiaomi. com

地址：北京市海淀区清河中街 68 号华润五彩城写字楼

电话：010-60606666

1.2 组织信息

1.2.1 人员规模：约 7000 人

1.2.2 管理层

雷军　董事长、首席执行官

二、业务信息

2.1 产品及服务信息

以小米手机、小米电视等自有产品为核心

电子硬件产品——小米手机系列、红米手机 1S、红米 Note、小米电视、小米平板、小米盒子、小米路由器、智能家庭、随身 Wi-Fi

平台及软件开发—— MIUI、小米官网、迷人浏览器、小米社区、米聊、小米手机助手

服务提供及应用——金山云、小米安全中心、小米 VIP 认证、小米鉴别宝典

2.2 覆盖范围

2.2.1 行业：智能设备、移动通信设备、互联网

2.2.2 主要客户：全网用户

2.2.3 业务区域：全球

2.3 收入结构：收入来源为终端销售，配件销售，基于 MIUI 的服务（包括游戏、阅读、应用、主题等），具体比例不详

三、综合信息

3.1 发展定位：专注于高端智能手机、互联网电视自主研发，积极打造小米生态链体系，力争全行业、全产业链都能达到共赢

3.2 重要合作伙伴及供应商：阿里、百度、李宁、小蚁、高德、LBE、搜狗、腾讯、科大讯飞、迅雷等

暴风魔镜

暴风魔镜，是暴风科技 2014 年 9 月 1 日发布的一款头戴手机盒子式 VR 硬件产品，可在手机上实现 IMAX 观影效果，是暴风进军 VR 和智能硬件领域的第一环。2014 年 12 月 19 日，中国（杭州）国际电商营销峰会上，暴风影音携手举办方直播了全球第一场虚拟现实会议，会议上 CEO 冯鑫表示 VR 行业目前处于早期发展阶段，是互联网未来的重要形态，市场空间巨大，暴风已经在全力规划魔镜的上下游产业。2015 年 1 月 26 日，暴风宣布筹建“北京暴风魔镜科技有限公司”，并独立运营暴风影音旗下产品“魔镜”。2015 年 4 月，暴风魔镜 A 轮融资 1000 万美元，引入华谊兄弟、天音、爱施德和松禾资本，着力打造“硬件+内容+渠道”的消费级 VR 产业生态链。2015 年 5 月 18 日，暴风科技发布全球“DT 大娱乐”平台战略，拟从现有的互联网视频业务逐步扩展为包括互联网视频、虚拟现实、智能娱乐硬件、O2O、互联网演艺视频直播等增值业务在内的互联网娱乐平台。以此为着力点，2015 年 6 月 4 日，发布个人全景拍摄设备——暴风魔眼，暴风魔眼 VR 全景社区也于当天同步上线，12 月发布名为暴风魔王的一体式 VR 头盔。暴风魔镜在 VR 内容方面已领先全行业，并有望与诸多领域的合作伙伴实现产业共赢。

暴风魔镜第一代发布于 2014 年 9 月，12 月发布第二代；2015 年 6 月发布第三代，11 月 18 日发布第四代，暴风科技以快速更新迭代、低价的方式，期望迅速占领沉浸式 VR 设备市场。截至 2015 年 6 月底，暴风魔镜累计用户数约 30 万，暴风已然是中国目前最大的 VR 硬件销售商和最大的 VR 软件内容提供商。据暴风科技 2015 年第三季度公开财报显示，暴风科技营业收入 13233.80 万元，同比增长 32.40%，其中品牌广告收入 4754.59 万元，同比增长 35.28%；上市公司股东的净利润 1717.16 万元，同比增长 107.52%；VIP 用户增值业务收入 735.02 万元，同比增长 2026.95%。

易观分析

2014 年 12 月，暴风调整战略，除了此前已经比较成熟的视频播放和广告之外，重点之一就是以家庭智能设备和可穿戴设备为主的智能终端领域。借助本身的用户基数和资金优势，暴风用低价策略快速占领市场，先跑通整个商业市场的模式，成为了当前国内沉浸式 VR 设备市场的最大销售商。15 个月共更新 4 代产品、从视频内容到游戏体验和开放领域社交服务，暴风在快速更新迭代的基础上提出了 VR 设备的内容盈利模式，并且积极与线下渠道、

线上平台多领域企业伙伴洽谈合作，初步形成独具优势的 VR 设备产业生态链和共享平台，发展优势显著。

然而，势头旺盛的发展模式下，也透露出暴风的无奈和担忧。在大企相继投资视频资源的今天，没有片源和播放体验优势的暴风，市场地位已落后于优酷土豆等许多公司，所以暴风想借着智能硬件和 VR 技术发展的趋势，尝试新的产业模式。产品售价前三代 99 元，四代 199 元，远低于国际市场的平均价格，而设备设计及制造技术水平则相对较低。这种低价和简易的做法其实是危险的，价格虽然低，但产品技术和品质上并不能满足用户体验，反而会造成用户对 VR 设备体验印象差的结果，不利于整个 VR 行业的发展；另外，技术方面暴风也无明显优势，倾向于低端的实验性设备，对用户吸引力不足。所以，在目前已有的高市场份额情况和 VR 市场规模继续扩大的趋势下，如何提升用户黏度是暴风科技面临的重要挑战。

一、基础信息

1.1 基本信息

1.1.1 公司全称：北京暴风科技股份有限公司

1.1.2 成立时间：2007 年 1 月 18 日

1.1.3 总部地点：北京

1.1.4 上市时间：2015 年 3 月 24 日深圳证券交易所

1.1.5 企业性质：民营、股份有限公司

1.1.6 资本信息：注册资本 27495.3 万元

1.1.7 联系方式

网址：http：//www. baofeng. com/

邮箱：IR@ baofeng. com

地址：北京市海淀区学院路 51 号首享科技大厦 6 层、13 层

电话：010-62309066

1.2 组织信息

1.2.1 管理层

冯鑫　首席执行官

二、业务信息

2.1 主要产品与服务信息

主要产品：

暴风魔镜——一款虚拟现实眼镜，在使用时需要配合暴风影音开发的专属魔镜应用，在手机上实现 IMAX 效果，普通的电影即可实现影院观影效果

暴风魔眼——全球第一款 720°球形全景拍摄，并支持实时直播、沉浸式 VR 体验的个人便携式全景摄像机

暴风影音网——暴风影音门户网站，提供在线视频点播服务

暴风影音客户端——包括 PC、手机端等多个版本，提供在线点播及离线下载等服务

暴风游戏中心——运营大型休闲游戏、网页游戏的娱乐平台

2.2 覆盖范围

2.2.1 行业：互联网视频、智能硬件、传媒、游戏

2.2.2 主要客户：互联网用户

2.2.3 业务区域：全球，主要在华语地区

2.3 收入结构：主要为广告收入，有付费视频、销售设备、游戏等收入项目

三、综合信息

3.1 发展定位：为互联网用户提供简单、便捷的互联网音视频播放解决方案，从一家网络视频企业转型成为 DT 时代的互联网娱乐平台

3.2 重要合作伙伴及供应商信息：华谊兄弟、天音控股、爱施德、松禾资本、京东、淘宝、土豆、中央电视台等

奥图科技

奥图科技是一家以智能穿戴终端为初期发展规划的高科技公司，公司研发中心成立在中国北京，分部设在美国硅谷帕罗奥图（PaloAlto）。“酷镜”由奥图科技自主研发生产推出，主打基于 LBS 地理位置信息定位的 AR（增强现实）功能，同时提供基础通信功能，如拍照、录像、发短信、打电话、导航，具有可拓展性的第三方应用平台。酷镜外观由青蛙 Frog 团队打造，面向 2C 市场，有定制专属 APP，可以用普通话发送语音指令，是奥图登陆国内智能穿戴设备和国际可穿戴硬件市场的主要产品。

2015 年 1 月，CEO 叶晨光携带“酷镜”首登美国拉斯维加斯 CES 展会。2015 年 5 月，奥图科技完成 A 轮融资，总额超过 1000 万美金。在谷歌眼镜国内市场低迷的背景下，奥图历时 2 年，于 2015 年 9 月在京举办发布会推出酷镜，实现了之前谷歌眼镜的价格下沉、成本降低，让用户接受度更高，同时使用场景也更加本土化，打开了国内 AR 穿戴设备市场。2015 年 10 月，奥图宣布启动 B 轮融资，并积极与谷歌旗下控股公司 Magicleap、国际语音识别巨头 Nuance 等公司洽谈合作，开拓国际市场。

易观分析

奥图酷镜在形态上是和谷歌眼镜极为相似的产品，不同之处是在功能的体验上进行了本土改造，同时整个供应链、设计、元器件也经过了重新构建，降低不少成本，实现了产品面向消费级市场的可能。但由于良品率较低和制造成本比较高，价格还是偏中高端用户。CEO 叶晨光建立了一套完善的人事管理、科研管理、财务管理、营销管理等综合管理体系，在扩大国际 AR 市场规模的同时，也在积极开拓 VR 市场。国内 AR 穿戴式设备市场以硬件销售盈

利为主，目前参与者较少，除百度、联想外以初创公司为主，奥图在竞争力上占据优势。

虽然较之国外有价格和本土化的优势，但国内 AR 设备厂商在自主创新能力方面亟待提升，设备在数据处理、镜头、电池等方面仍然不能满足 AR 市场需求，导致消费者黏性不高。同时，消费级用户对 AR 技术认知有限，对网络安全和实用性的顾虑，影响了 AR 产品的推广，用户最终是否有强需求，还是要看最终用户的反馈。

一、基础信息

1.1 基本信息

1.1.1 公司全称：北京帕罗奥图科技有限公司

1.1.2 成立时间：2013 年 7 月

1.1.3 总部地点：北京市

1.1.4 上市时间：未上市

1.1.5 企业性质：有限责任公司

1.1.6 联系方式

网址：http：//www. altotech. com. cn/

邮箱：bd@ altotech. com. cn

地址：北京市朝阳区望京 SOHO T3 座 A 区 31 层

电话：010-84164796

1.2 组织信息

1.2.1 人数规模：70 人

1.2.2 管理层

叶晨光　创始人兼 CEO

二、业务信息

2.1 产品及服务信息：

奥图酷镜——国内首款增强现实智能眼镜，由奥图科技自主研发生产推出，主打基于 LBS 地理位置信息定位的 AR（增强现实）功能，包含了谷歌眼镜在内的语音操控、手势操作和全新基于安卓 4.0.3 的智能眼镜 ROM 系统

酷镜配件——镜片、配套耳机、充电眼镜盒等

2.2 覆盖范围

2.2.1 行业：智能可穿戴设备

2.2.2 主要客户：潮酷时尚人群、白领人士、运动族群和大学生等

2.2.3 业务区域：全球

2.3 收入结构：收入来源为终端产品销售

三、综合信息

3.1 发展定位：立志成为具有国际品牌和深度研发能力的创新型高科技公司，同时与国际科技趋势和潮流接轨，通过研发、生产、营销、销售，向大众市场推送最前沿的智能终端电子产品

3.2 重要合作伙伴及供应商：富士康、Frog 团队、科大讯飞、北方君正、德丰杰龙脉中国基金、天星资本、北京新沃资本、奋达科技

华为

华为技术有限公司是一家从事信息与通信解决方案的供应商，致力于成为全球 ICT 行业的领导者，以创新的 ICT 产品、服务和解决方案，推动产业创新变革。2015 年 1 月 20 日，华为宣布正式建成 NFV（网络功能虚拟化）开放实验室，推动开放的智能终端产业生态链建设。2015 年 1 月 6 日，华为消费者 BG 展出了包括可穿戴设备、智能家居产品等近百件精品，表明其转向移动互联时代消费者智能生活圈的计划。华为在通信路由和交换机领域享有盛誉。2015 年 3 月 6 日，推出了业界首款高通量路由器，并在 2015 年期间升级更新了多款面向运营商的 NE 系列高端路由器和面向智能家居领域的消费级家用路由器。2015 年 4 月，华为推出智能手环，之后 9 月推出智能手表，借品牌优势进军中高端智能硬件市场，并在 2015 年 9 月 15 日启动首届智慧家庭应用开发大赛，促进其智能设备产业的创新及商用孵化。

至 2015 年 9 月 22 日，华为正式发布以“连接”为核心的智能家居生态体系部署战略，并于 12 月 16 日与白俄罗斯电信达成合作落实其一站式智慧家庭解决方案。据华为公开财报数据显示，2015 年上半年，华为销售收入 1759 亿元人民币，同比增长 30%，营业利润率 18%。据《财富》公开数据显示，2015 年世界 500 强企业华为排名 228 名，比 2014 年提升 53 名。

易观分析

华为在 2015 年积极部署智能家居生态体系，以家用路由器为核心，华为推出了随身 Wi-Fi、手环、手表等多款智能设备。华为大力投入技术开发，在大数据、云计算、互联网、物联网和 VR 设备等领域进行全球领域的探索合作，其技术实力颇具优势，有着稳固的国际品牌地位。同时，在 2015 年华为继续启动启蒙计划，积极打造服务全球移动互联生态领域的优质开放平台——华为开发者联盟，人才储备充足。

受益于华为主力产品和解决方案在中国及海外智慧城市、金融、教育、ISP 等市场的广泛应用，华为在全球 ICT 行业获得客户广泛认可，与许多运营商及企业保持着良好的合作关系，有利于智能设备的推广及销售。然而，华为在智能设备及互联网领域起步较晚，业务主要面向商业市场，产品在功能和供应链上有不少重叠，加之消费者对新一代智能产品的认知有待提升，如何抓住智能硬件消费市场的变化趋势及发展机会，是华为需要重视的问题。

一、基础信息

1.1 基本信息

1.1.1 公司全称：华为技术有限公司

1.1.2 成立时间：1987 年 9 月

1.1.3 总部地点：广东省深圳市

1.1.4 上市时间：未上市

1.1.5 企业性质：民营企业、有限责任公司

1.1.6 资本信息：注册资本 399 万元人民币

1.1.7 联系方式：

网址：http：//www. huawei. com. cn/

地址：中国广东省深圳市龙岗区坂田华为基地　518129

电话：0755-28780808

1.2 组织信息

1.2.1 人员规模：17 万人（2015 年）

1.2.2 管理层

孙亚芳　董事长

二、业务信息

2.1 主要产品与服务信息

华为主要产品和服务包括以下十个方面：

无线接入：包括 GSM、UMTS、LTE 等基站设备

固定接入：传统固网介入（MSAN、DLSAM），光纤宽带接入（FTTx），ODN，配线（ODN、MDF）

核心网

传送网：WDM/OTN、MSTP/Hybirid MSTP、微波系统等

数据通信：路由器、交换机等

网络能源

业务与软件

OSS 服务器：电信网络和运维转型中的网规网设、IP 运维、资源管理、业务发放与激活、线路诊断、系统架构及端到端的专业服务等

存储与网络安全

终端：手机、上网卡、网关、调制解调器、机顶盒等

2.2 覆盖范围

2.2.1 行业：智能终端、无线电、微电子、通信

2.2.2 主要客户：全体消费者

2.2.3 业务区域：全球

2.3 收入结构：运营商业务、企业业务、消费者业务三大业务线在整体收入的比重分别为

67%、7%、26%

三、综合信息

3.1 发展定位：以“聚焦客户关注的挑战和压力，提供有竞争力的通信解决方案和服务，持续为客户创造最大价值”为使命，以“提供业界领先的终端产品，通过关键技术创新、工业设计创新和云服务创新，全方位提升用户体验”为发展目标

3.2 重要合作伙伴及供应商信息：中国移动、中国联通、中国电信、工信部电信研究院、高通、爱立信、3Com、西门子、腾讯、百度、IBM、Microsoft 等

我国新一代智能设备行业企业名录节选如下表：

表 30　中国新一代智能设备行业企业名录节选

极路由	简要分析见前述数据分析及详细分析见易观企业库
极米	
小米	
暴风魔镜	
奥图酷镜	
华为	
魔豆	详细分析见易观企业库
果壳	详细分析见易观企业库
咕咚	详细分析见易观企业库
百度	详细分析见易观企业库
Fitbit	详细分析见易观企业库
Google	详细分析见易观企业库
Jawbone	详细分析见易观企业库
Nike	详细分析见易观企业库
大麦科技	详细分析见易观企业库
电子新我	详细分析见易观企业库
麦开网	详细分析见易观企业库
闪点	详细分析见易观企业库
神念科技	详细分析见易观企业库
滕海视阳	详细分析见易观企业库
腾讯	详细分析见易观企业库
海信	详细分析见易观企业库
海尔	详细分析见易观企业库
华阅数码科技有限公司	详细分析见易观企业库
奇虎 360	详细分析见易观企业库
缤刻普锐（北京）科技有限责任公司	详细分析见易观企业库
新浪	详细分析见易观企业库
三星	详细分析见易观企业库

互联网金融

互联网理财

招财宝

招财宝于 2014 年 4 月 3 日成立，由蚂蚁金服集团（筹）投资设立并由上海招财宝金融信息服务有限公司独立运营。招财宝是开放的金融信息服务平台，主要为用户提供定期理财信息服务。目前在招财宝平台上主要由两大投资品种：第一种是中小企业和个人通过本平台发布的借款产品，由金融机构或担保公司等作为增信机构提供本息兑付增信措施；第二类是由各类金融机构或已获得金融监管机构认可的机构通过本平台发布的理财产品。投资人可以根据自身的风险偏好通过本平台选择向融资人直接出借资金或购买理财产品。

根据蚂蚁金服公开信息披露，截至 2015 年 8 月 27 日，招财宝用户突破 700 万人，交易规模突破 2700 亿元。并且，兴业银行、光大银行、恒丰银行、浙商银行等银行通过招财宝平台为其客户实现的累计融资借款金额已超过 400 亿元。另外，由于保监会在 2015 年 7 月 22 日发布的《互联网保险业务监管暂行办法》中对万能险进行进一步规范了销售万能险规模和公司偿付能力，明确了产品期限以及不定收益率等，招财宝发布的万能险理财产品于 2015 年 9 月 20 日全部下架。

易观分析

招财宝作为余额宝的补充，其最大优势在于高流动性，招财宝的产品可随时赎回，为 T+1 日到账的产品，等同于普通的货币基金。另外，招财宝挑选的资产，都是大型国有担保机构、银行、保险及资产管理公司的产品，相对来说信誉较好，风险极低。其次，招财宝的变现策略，使得投资者无须将资产持有到期，随时可以变现。最后，招财宝中后端通过阿里强大的 IT 与金融的整合能力，将复杂的流程无缝衔接、组合，最后形成不同线下资产对接线上资金，避免了传统烦琐的操作流程。

但是，招财宝上线时间较短，借出人无法选择投资标的，主要缺点在于企业或者个体借款人的信息不透明，无法正确评估借款人的偿债能力。

一、基础信息

1.1 基本信息

1.1.1 公司全称：上海招财宝金融信息服务有限公司

1.1.2 成立时间：2013 年 12 月 13 日

1.1.3 总部地点：上海

1.1.4 上市时间：未上市

1.1.5 企业性质：有限责任公司

1.1.6 资本信息：注册资本 1000 万元人民币

1.1.7 联系方式

网址：zhaocaibao. alipay. com

地址：上海市黄浦区蒙自路 207 号 13 号楼 413 室

邮箱：mylianzheng@ alipay. com

1.2 组织信息

1.2.1 管理层

袁雷鸣　阿里小微金融服务集团金融事业部总经理

二、业务信息

2.1 产品及服务信息

借款产品、保险产品、基金产品

2.2 覆盖范围

2.2.1 行业：互联网理财

2.2.2 主要客户：互联网用户

2.2.3 业务区域：全国

2.3 收入结构：以收取服务费为主

三、综合信息

3.1 发展定位：灵活的定期理财

3.2 重要合作伙伴及供应商：全球速卖通、淘宝网、天猫、聚划算、一淘、阿里妈妈、阿里云计算、云 OS、万网、来往、天弘基金、工商银行、建设银行、中国银行、中国农业银行、交通银行、光大银行、浦发银行、邮政储蓄、广发银行、深发银行、兴业银行、中信银行、民生银行、上海银行、杭州银行、宁波银行、温州银行、平安银行、北京银行

随手记

随手记是随手科技旗下的一款个人理财手机应用。同时，随手记还开放了随手记理财社区，通过入住的数百家理财机构以及数万名理财专家，为用户提供理财咨询。其次，在随手记理财市场中提供各种品类基金的申购。另外，可通过随手记公益查看公益捐赠渠道，实现财务透明化。

根据 Analysys 易观发布《中国记账理财 APP 移动市场季度监测报告 2015 年第三季度》数据显

示，经过迅速的市场开拓及用户积累，随手记在记账理财市场以强势姿态继续占据榜首位置，三季度其活跃用户总人数达到370万人，行业市场份额占比位居冠军，持续处于领先地位。从2015年第三季度记账理财APP启动次数运行数据来看，随手记启动次数达到7926万次，环比二季度增长77%。

易观分析

随手科技以记账理财切入积累用户，增加信用卡管理，提供办卡服务，获得消费大数据、进行个人信用管理，强化征信业务，同时为理财业务引流、为信贷业务进行风险控制。对于在随手记来说，个人理财业务基本稳定，正向全面的个人资产管理升级，未来将向家庭资产管理、企业资产管理、产业链金融服务进行多元扩张。从目前的布局来看，随手记互联网金融大平台模型已经清晰。

挖财、51信用卡管家等后起之秀，对随手记保持追赶之势。相比阿里、京东、腾讯等国内互联网巨头的参与者，随手记需要更多的用户流量、结合更多场景优化升级产品以保持住自身的市场份额。

一、基础信息

1.1 基本信息

1.1.1 公司全称：随手科技

1.1.2 成立时间：2009年12月

1.1.3 总部地点：深圳

1.1.4 上市时间：未上市

1.1.5 企业性质：有限责任公司

1.1.6 联系方式

网址：http://www.feidee.com/

地址：深圳市南山区高新区南区科技南十二路金蝶软件园B栋8楼801室

邮箱：liyong@kingdee.com

客服QQ群：243716767

1.2 组织信息

1.2.1 管理层

谷风　CEO

二、业务信息

2.1 产品及服务信息

APP：随手记、卡牛信用卡管家

版本：iOS版、Android版

理财产品：新人宝、中邮战略新兴产业基金、随手理财活动等

2.2 覆盖范围

2.2.1 行业：互联网理财

2.2.2 主要客户：所有用户

2.2.3 业务区域：全国

2.3 收入结构：具体盈利模式及收入信息不详

三、综合信息

3.1 发展定位：全平台免费记账理财服务 APP

3.2 重要合作伙伴及供应商：家财通、MSN 理财、卡牛、华为网盘、软件盒子、金蝶应用商城、红岭创投等

钱景

钱景创立于2005年，是提供理财规划、投资方案与高增值服务的互联网金融电子商务平台。北京钱景财富投资管理有限公司是一家创新的在线理财服务公司——中国证监会批准的独立基金销售机构。钱景主要有专属定制、存钱购房、存钱结婚、存钱育儿、存钱养老、梦想基金六种理财方式。网站根据客户的需要制定专属理财计划，满足不同时期的理财需求。

易观分析

钱景作为第三方私人理财平台，主要根据用户的年龄、风险偏好、财务状况由电脑只能为客户提供理财方案，相比较于其他理财机构，使用智能定制功能，提高了效率。另外，在钱景平台上发售的各类基金也为用户提供了多项选择，并且额度较低，为中国的大多数中产阶级以及中产阶级以下的人群提供了完善、快捷、低门槛的个人理财服务。

但是，钱景面对京东、阿里等互联网巨头企业，如何进一步扩大市场份额，吸引用户是目前阶段的重要课题。

一、基础信息

1.1 基本信息

1.1.1 公司全称：钱景财富管理中心

1.1.2 成立时间：2005 年

1.1.3 总部地点：北京

1.1.4 上市时间：未上市

1.1.5 企业性质：股份有限公司

1.1.6 联系方式

网址：www.qianjing.com

地址：北京市海淀区苏州街亿方大厦6楼616室

电话：400-893-6885

1.2 组织信息

1.2.1 管理层

赵荣春　执行董事

二、业务信息

2.1 产品及服务信息：

新华趋势领航、广发行业领先、易稳健收益、易稳健债券等

2.2 覆盖范围

2.2.1 行业：互联网金融

2.2.2 主要客户：互联网用户

2.2.3 业务区域：全国

2.3 收入结构：具体盈利模式及收入信息不详

三、综合信息

3.1 发展定位：制定专属理财计划，满足不同时期理财需求

3.2 重要合作伙伴及供应商：圣德基金研究中心、南方基金、华夏基金、博时基金、中国农业银行、易方达基金、广发基金、中国银行、中国工商银行、中国建设银行

互联网融资

陆金所

陆金所成立于 2011 年 9 月，全称上海陆家嘴国际金融资产交易市场股份有限公司，属于平安集团旗下成员，是中国最大的网络投融资平台之一。陆金所网络投资平台于 2012 年 3 月正式上线运营。2015 年 6 月 4 日，陆金所推出了两款浮动收益理财产品，这不仅意味着投资人将拥有更多的选择，而且显示出陆金所平台化战略布局正加速推进中。2015 年 8 月 13 日，陆金所和前海征信宣布将联手打造一站式 P2P 开放平台，主要为 P2P 公司提供宣传、增信、产品设计、征信、系统平台、催收 6 种服务，有效帮助 P2P 公司提升品牌形象与控制风险能力。目前“平安公社”已经上线了 9 家 P2P 公司共计 16 个贷款产品。

易观分析

作为金融资产交易平台的陆金所，在机构投资者和个人投资者交易方面均有不俗的成绩，2015 年年初，陆金所通过出售小比例股权，引进 30 亿元人民币战略投资资金以及去担保化、去平安化的风潮获得进一步发展，陆金所逐渐纯化为开放的金融资产交易信息服务平

台，启动平台化转型，发布开放平台战略3.0。陆金所已经陆续推出了P2P“人民公社”、基金平台、跨境交易平台等多个领域的开放平台。随着开放平台战略的推进，平台投资选择更加多样，功能更加丰富，且竞争壁垒也得以逐步构建。

陆金所背靠中国平安，依托平安集团累计的海量数据支撑和持有的全牌照，对征信业务发展具有决定性的先天优势。对于网贷业务直接决定了其数据源丰富程度、风控布局能力和平台入驻实力。

但是，由于借款人的高负债率给彩虹项目的风险性也带来了一些问题，因此如何解决风险黑匣子的问题，增加风险控制水平，降低道德风险对陆金所来说仍是重要问题。

一、基础信息

1.1 基本信息

1.1.1 公司全称：上海陆家嘴国际金融资产交易市场股份有限公司

1.1.2 成立时间：2011 年 9 月

1.1.3 总部地点：上海

1.1.4 上市时间：尚未上市

1.1.5 企业性质：合资

1.1.6 联系方式

网址：https://www.lu.com/

地址：上海市浦东新区陆家嘴环路 1333 号

电话：4008-6666-18

1.2 组织信息

1.2.1 管理层

计葵生（Gregory D Gibb）　首席执行官、董事长

二、业务信息

2.1 主要产品与服务信息

2.1.1 主要产品：

P2P 理财：主要由稳赢-安 e、稳赢-安 e+等构成以小额投资为主，年收益 6.0%—8.2%

票据收益权转让信息服务：主要由陆金所为非金融企业与金融企业机构推出了票据收益权转让信息服务业务

结构化创新财务顾问服务：陆金所为资产的结构化创新提供财务顾问服务

应收账款转让信息服务：为应收账款转让提供信息服务

2.1.2 服务信息：

网络投融资平台（www.lu.com）：为中小企业及个人客户提供专业、可信赖的投融资服务，实现财富增值

金融资产交易服务平台（www. lfex. com）：为广大机构、企业和合格投资者等提供专业、高效、安全的综合性金融资产交易相关服务及投融资顾问服务

2.2 覆盖范围

2.2.1 行业：互联网融资

2.2.2 主要客户：有资金贷款需求的企业和个人

2.2.3 业务区域：全国

2.3 收入结构：平台交易费、管理费、承销费、广告收入

三、综合信息

3.1 发展定位：值得信赖的投资理财平台

3.2 重要合作伙伴及供应商信息：中国平安人寿保险股份有限公司、中国平安财产保险股份有限公司、平安养老保险股份有限公司、平安健康保险股份有限公司；银行系列的平安银行股份有限公司、平安产险信用保证保险事业部；投资系列的平安信托有限责任公司、平安证券有限责任公司及中国平安证券（香港）有限公司、平安资产管理有限责任公司及中国平安资产管理（香港）有限公司、平安期货有限公司、平安大华基金管理有限公司

搜易贷

搜易贷是搜狐集团旗下的互联网金融平台，主要服务于个人及中小企业的互联网信贷平台。搜易贷自上线之初专营互联网房产金融领域。在行业内首创推出了面对购房人的首付贷款产品“首付贷”。同时，搜易贷围绕房地产产业链上的各个主体，推出了面对终端购房人的“房易贷”系列产品和面对商业地产运营商的“租金宝”系列产品。2015 年 3 月，搜易贷与费埃哲（FICO）达成合作，进一步提升平台风控体，并且推出风险保障金制度。根据搜易贷公开信息披露，2015 年 12 月 13 日，搜易贷交易额突破 60 亿元。2015 年第三季度，搜易贷平台月度投资额保持稳健上升，当季投资额达 19. 55 亿元，环比增长 72. 7%。

易观分析

现在大部分网贷平台产品同质化严重，多以房抵、车抵、小额信用贷款为主，对投资人吸引力主要来自于收益率，投资人的忠诚度较差。因此，搜易贷深耕互联网金融房贷领域，在产品创新方面加大投入，形成差异化竞争，深入行业，找准关键点切进去做产业链，把资产端做细、做深入。并且，提升行业壁垒，将现在的主营业务——房贷、车贷、信贷专业化的同时应该考虑跨界合作，多和行业内的资深企业合作，充分发挥各自优势，联合开发产品。

一、基础信息

1.1 基本信息

1.1.1 公司全称：搜易贷（北京）金融信息服务有限公司

1.1.2 成立时间：2011 年

1.1.3 总部地点：北京市海淀区海淀北二街 8 号中关村 SOHO 1205-1206 室

1.1.4 上市时间：未上市

1.1.5 企业性质：股份制

1.1.6 联系方式

网址：https：//www.souyidai.com/

电话：010-59733362

邮编：100080

官方 QQ 群：300452121

1.2 组织信息

1.2.1 管理层

何捷　首席执行官

二、业务信息

2.1 主要产品与服务信息

房易贷、车易贷、信易贷

2.2 覆盖范围

2.2.1 行业：互联网融资

2.2.2 主要客户：个人及中小企业

2.2.3 业务区域：全国

2.3 收入结构：众筹交易手续费

三、综合信息

3.1 发展定位：搭建中国最大、用户体验最好的个人及中小企业的互联网信贷平台

3.2 重要合作伙伴及供应商信息：搜狐网、搜狐畅游、搜狗、搜狐焦点、17173、Chinaren

互联网支付

支付宝

支付宝支付服务于 2003 年 10 月在淘宝网推出。2004 年，支付宝从淘宝网分拆独立，逐渐向更多的合作方提供支付服务，目前旗下有“支付宝”与“支付宝钱包”两个独立品牌。

2010 年，网上零售市场发展迅速，团购网站爆发性的增长以及电子商务平台多轮的大规模促销，为支付宝这一国内最大的第三方支付平台带来了更大的交易规模和用户数量。除此之外，支付宝在航空、游戏、公共事业缴费、生活服务等细分领域拓展力度的提高，也为其保持高市场份额做出了重大贡献。2011 年，支付宝获得央行颁布的首批支付牌照。根据 Analysys 易观监测数据显示，

2015 年第三季度，移动支付市场总体格局继续保持稳定，支付宝以 71.51%的市场占有率继续占据移动支付市场首位。2015 年第三季度初，支付宝发布了 9.0 版本，拟做全场景金融服务平台。支付宝在本季度也是围绕着“场景”开拓市场，如支付宝在成都提供了“城市服务”这一功能，为当地居民提供了包含公积金查询、港澳台签注等 14 项便民服务，使得支付宝场景更加丰富。此外，支付宝线下推广力度较大，例如支付宝在本季度签下了大润发，至此支付宝已将国内五大超市品牌全部签下。

支付宝在 2015 年第三季度继续在场景方面有所拓展，本季度支付宝开拓到菜市场，这是支付宝继超市、便利店、医院、餐饮、打车等线下行业外，支付宝开拓的又一全新支付场景。此外，支付宝推出的“城市服务”增强了支付宝便民属性，使得支付宝的用户使用率得到一定提升。微信支付活跃人数与 QQ 钱包活跃人数都增长迅速，微信通过对商户全面放开，QQ 钱包也进入线下，且接入滴滴打车 APP 中。

易观分析

未来支付宝仍然会保持较高的业务创新能力，在互联网金融方面将有更广泛的涉猎，平台化趋势和渠道优势将更加明显，从而带动支付宝盈利模式的创新。

2015 年 7 月 8 日，支付宝移动端发布了 9.0 版本，改版的支付宝新增了“朋友”和“商家”功能。支付宝“朋友”这一社交功能将社交金融关系链聚合在支付宝 APP 中，并完善用户线上场景体验;“商家”功能则整合了旗下“口碑”平台，缩短了支付宝与线下场景的路径。支付宝在线下推广力度极大，2015 年以来已将家乐福、沃尔玛、华润万家、大润发等巨头商超全部接入。根据支付宝披露数据，目前全国已经有超过 4 万多家商超、卖场、便利店接入了支付宝，这些都有利于促进支付宝综合支付规模的上涨。

面对 2016 年三星、苹果、Google 等世界级移动厂商将进驻中国互联网支付市场，支付宝如何在国内外众多厂商中保持充足的市场份额以及竞争力对阿里巴巴来说是一个重要问题。

一、基础信息

1.1 基本信息

1.1.1 公司全称：支付宝（中国）网络技术有限公司

1.1.2 成立时间：2004 年 12 月 8 日

1.1.3 总部地点：杭州

1.1.4 上市时间：未上市

1.1.5 企业性质：有限责任公司（内资法人独资）

1.1.6 联系方式

官方网站：http://www.alipay.com/

新浪微博：http://e.weibo.com/alipay/

地址：杭州市万塘路18号黄龙时代广场B座

电话：0571-26888888

传真：0571-88157868

1.2 组织信息

1.2.1 管理层

彭蕾　支付宝首席执行官

邵晓锋　支付宝总裁

二、业务信息

2.1 产品及服务信息

2.1.1 个人服务产品：

付款收款：转账付款、转账到银行卡、信用卡还款、找人代付、交房租、AA收款

生活助手：水电煤缴费、手机充值、固话宽带、有线电视缴费、还贷款、教育缴费、NFC支付

网购导航：返利商家、优惠券、促销活动、海淘、一淘比价

会员账户管理：账户管理、交易记录、支付方式管理、账户通、集分宝、只能存款

保险理财业务：余额宝、淘宝理财、淘宝保险

2.1.2 商家收款产品：

（1）基础收款产品

担保交易收款：收货后再付款，交易有保障，买家更易下单

即时到账收款：买家付款直接到账，帮助快速回笼资金

双功能收款：同时提供担保、即时两种支付方式供买家选择

（2）其他收款产品（可作为辅助支付手段的收款方案）

国际卡支付

网银支付：让买家可通过网银完成支付，增加支付途径

COD货到付款平台：为客户建立货到付款配送体系

（3）无线产品

快捷支付（无线）

手机网站支付

（4）商家付款产品（应用于商家间结算货款，支付交易费用的付款方案）

支付宝站内大额收付款：淘宝卖家，或已签约支付宝即时到账、担保交易、双功能中任意一款方可签约

批量付款到支付宝账户：淘宝卖家，或已签约支付宝即时到账、担保交易、双功能中任意一款方可签约，实现一次打款多个账户，并且资金即时到账

（5）增值服务（为商家提供便利、增加销量的各类服务）

数据罗盘：支付宝首款数据产品，为您指引电商之路

集分宝批量自助发：支付宝独家促销工具，发放方式灵活自助

快捷登陆：用支付宝会员账号轻松登录

（6）平台商产品（专为交易平台所提供的收款方案）

平台商即时到账收款：为交易平台准备的即时到账收款方案

平台商双功能收款：为交易平台准备的双功能收款方案

2.2 覆盖范围

2.2.1 行业：第三方支付——在线/移动支付、银行卡收单、预付费卡

2.2.2 主要客户：互联网用户

2.2.3 业务区域：全国

2.3 收入结构：收入来源为淘宝给支付宝的技术服务费，非淘宝商家的支付接入技术服务费，以及用户在淘宝中的沉淀资金，量化结构不详

三、综合信息

3.1 发展定位：为中国电子商务提供“简单、安全、快速”的在线支付解决方案

3.2 重要合作伙伴及供应商：工商银行、农业银行、建设银行、邮政储蓄银行、交通银行、中国银行、招商银行、浦东发展银行、民生银行等

财付通

财付通于 2005 年 10 月推出，其核心业务是帮助在互联网上进行交易的双方完成支付和收款。作为在线支付工具，财付通在 B2C、C2C 在线交易中，起到了信用中介的作用，同时为 CP、SP 提供在线支付通道以及统一的计费平台。财付通为腾讯旗下第三方支付平台。根据 Analysys 易观发布的《中国第三方移动支付市场季度监测报告 2015 年第三季度》数据显示，2015 年第三季度财付通位列移动支付市场第二名，市场份额为 15.99%，比上季度增加了 2.91 个百分点。

依靠腾讯自身业务的交易规模和部分外部商户的交易量，财付通拥有较高的市场份额，2010 年，财付通在航空、大额付款、信用卡还款、公共缴费等重点应用上成立专门团队运营推广后，交易额大幅提升。2015 年第三季度，财付通的综合支付市场交易份额明显上升，比 2015 年第二季度上涨 0.82%。在线下商户拓展方面，财付通采取了更为开放的态度。该季度微信对服务商全面开放申请，将线下商户服务市场留给更了解行业的第三方。

易观分析

微信对服务商全面开放申请，使得更多的线下商户可以借助第三方缩短接入微信支付的路径，快速打通实体店微信支付功能，微信支付得以迅速扩大线下商户的覆盖面。目前支付宝一家独大，凭借阿里巴巴多年积攒的信誉以及口碑，在移动支付安全方面有较高权威性。而财付通进入市场时间较晚，腾讯作为主要做通信软件的厂商，接下来应主要提高用户对腾讯移动支付业务方面的认知度。

2015 年第三季度，微信全面开放服务商申请将线下商户服务市场留给更了解行业的第三方，此番举措使得更多的线下商户可以借助第三方缩短接入微信支付的路径，快速打通实体店微信支付功能，微信支付得以迅速扩大线下商户的覆盖面。

一、基础信息

1.1 基本信息

1.1.1 公司全称：深圳市财付通科技有限公司

1.1.2 成立时间：2005 年

1.1.3 总部地点：深圳

1.1.4 上市时间：未上市

1.1.5 企业性质：民营

1.1.6 资本信息：隶属腾讯

1.1.7 联系方式

网址：http：//www.tenpay.com/

地址：深圳市南山区科技园科技中一路腾讯大厦 9 楼

电话业务合作：0755-86013388-65391（华南、西南区）、010-62671209（华北区）、021-54569595-21150（华东区）

B2C 网站与移动支付合作：010-82173445

公关媒体合作：0755-86013388-64397

1.2 组织信息

1.2.1 管理层

赖智明　财付通总经理

二、业务信息

2.1 产品及服务信息

财付通提供了快捷支付、财付通余额支付、分期支付、委托代扣、epos 支付、微支付等多种支付产品。不仅为个人用户创造 200 多种便民服务和应用场景，还为 40 多万大中型企业提供专业的资金结算解决方案

2.2 覆盖范围

2.2.1 行业：覆盖的行业包括游戏、航旅、电商、保险、电信、物流、钢铁、基金等

2.2.2 主要客户：个人用户已超过 2 亿，服务的企业客户也超过 40 万，主要客户为个人用户

2.2.3 业务区域：全国

2.3 收入结构：收入来源为服务收费、手续费，量化结构不详

三、综合信息

3.1 发展定位：一直致力于为互联网用户和企业提供安全、便捷、专业的在线支付服务

3.2 重要合作伙伴及供应商：工商银行、招商银行、建设银行、中国银行、邮储银行、易迅网、QQ 网购、中国南方航空等

拉卡拉

拉卡拉集团是联想控股成员企业，是一家线下支付公司。2011 年，第一批获得中国人民银行颁发的《支付业务许可证》。2007 年，拉卡拉自主开发出中国第一个电子账单服务平台，第一个实现了远程多商户刷卡支付。同年，拉卡拉开始在全国便利店投放拉卡拉终端，让便利店成为银行营业厅的延伸，为社区提供便民金融服务。拉卡拉已经与中国银联以及工、农、中、建、交五大行在内的上百家金融机构建立了战略合作伙伴关系。凭借其立体布局，拉卡拉交易规模呈现出稳步增长的态势。根据 Analysys 易观发布的《中国第三方移动支付市场季度监测报告 2015 年第三季度》数据显示，2015 年第三季度，拉卡拉市场份额为 6.01%，位列第三。基于超过 400 万商户和 1 亿个人用户的平台基础以及大数据和征信服务，该季度卡拉信贷业务单月交易额达到 100 亿元人民币/月，理财交易额达到 30 亿元人民币/月，成为拉卡拉移动支付端爆发式增长的主力。

易观分析

细观在移动支付市场稳步增长的拉卡拉，表现不俗。近年来的数据显示，拉卡拉移动支付交易规模稳步上升，未出现大起大落，得益于其长期稳定的转账、还款、缴费等日常业务，以及依靠大数据发展出的新业务，叠加发力，为拉卡拉移动支付交易额注入了新的血液。随着移动支付市场需寻求新突破，社区电商或成长为新增长点。拉卡拉支付、征信、信贷和理财等业务领域在最近半年增势明显。其综合平台以支付为入口，为理财与信贷业务带来了海量用户和数据，同时，征信体系的依托保驾整个综合平台平稳快速的发展。在小微商户端，也呈现出类似的综合布局。

Analysys 易观分析认为拉卡拉布局综合性互联网金融的共生体系发挥作用，显现效力。拉卡拉在第 3 度完善了 8+N 的业务板块布局，支付、征信、贷款、理财、保险、商城、投资、银行服务等多条业务线齐发，为拉卡拉平台带来了更多的新用户，原有便民支付业务增长的同时，信贷和理财业务增量明显。拉卡拉在收单、征信、信贷三条业务线综合发展，在解决小微收单难和小微征信难的基础之上，解决小微商户的信贷融资问题，也使小微金融在综合性互联网金融的运用中取得了新突破，得到更为全面高效的发展。

一、基础信息

1.1 基本信息

1.1.1 公司全称：拉卡拉集团

1.1.2 成立时间：2005 年

1.1.3 总部地点：北京

1.1.4 上市时间：未上市

1.1.5 企业性质：私营企业

1.1.6 联系方式

官方网站：http：//www.lakala.com/

人力资源部邮箱：recruiting@ lakala.com

总部地址：北京市海淀区丹棱街 6 号中关村金融大厦 7 层、8 层　100080

电话：010-56710999

传真：010-56710550

1.2 组织信息

1.2.1 管理层

孙陶然　董事长、总裁

二、业务信息

2.1 产品及服务信息

产品

个人产品：蓝牙刷卡器、拉卡拉手环

企业产品：收款宝、互联网 POS+

便民金融服务

个人金融：信用卡还款、转账汇款、银行卡余额查询

生活缴费：水电煤缴费、固话、宽带缴费

充值购卡：手机充值游戏点卡、账户直充、支付宝充值码、财付通账户充值

消费付款：账单号付款

商旅出行：机票旅游酒店

演绎票务：电影票演出票

娱乐阅读：鲜花礼品、彩票生活、期刊订阅

其他服务：公益捐款

POS 收单服务

拉卡拉创新了针对小、中、大商户的多种 POS 产品和服务，尤其是针对小微商户的“收款宝”“生意通”等产品，极大满足了商务的需求

在线购买

拉卡拉公司为了满足用户在线购买需求，更好的服务广大用户，满足拉卡拉正品网购的需要，成功开设了官网商城和天猫旗舰店

2.2 覆盖范围

2.2.1 行业：第三方支付

2.2.2 主要客户：电子商务消费人群

2.2.3 业务区域：全国

2.3 收入结构：服务费、增值服务收入等，量化结构不详

三、综合信息

3.1 发展定位：为个人和企业提供日常生活所必需的金融服务及生活、网购、信贷等增值服务

3.2 重要合作伙伴及供应商：工商银行、农业银行、建设银行、邮政储蓄银行、交通银行、中国银行、招商银行、浦东发展银行、民生银行、中国移动、中国联通、中国电信等

互联网保险

众安保险

众安在线财产保险股份有限公司（下简称“众安保险”）是国内首家互联网保险公司。由蚂蚁金服、腾讯、中国平安等企业发起设立，并于 2013 年 9 月 29 日获中国保监会同意开业批复。众安保险深度嵌入互联网背后的物流、支付、消费者保障等环节，改变了现有的保险产品结构、运营和服务模式，用互联网的模式去重构消费者、互联网平台等相关各方的价值体系。通过大数据的手段挖掘新的社会需求、创造新的产品。2015 年 3 月 20 日，众安保险发布了第一款保障美业 O2O 会员人身和财产安全的保险产品——河狸家安心保障计划。4 月 8 日，发布了第一款保障食品安全的互联网保险——美团食品安全责任保险。5 月 20 日，发布了第一款与互联网平台合作的保障轮胎意外损坏的保险产品——（途虎/新焦点）轮胎意外保。

根据官方网站披露，2015 年 11 月 11 日，众安保险护航“双 11”当天保单数超过 2 亿，保费超 1.28 亿。截至 2015 年 12 月 31 日，累计服务客户数超过 3.69 亿，累计服务保单件数超过 36.31 亿。

易观分析

随着微信信用卡的推出，众安保险为微信信用卡提供了移动互联网应用场景下的信用保险，契合用户的一次大规模实践与推广。这种“移动互联网+商业银行+互联网保险”的模式，不同于互联网公司直接对用户授信的模式，为微信平台与用户提供了更全面的风控和保障系统，也保障了在政策上的合规性，腾讯、众安保险与中信银行三家公司优势互补，有望开拓新的盈利模式和蓝海。

Analysys 易观分析认为，众安保险通过场景的入口聚合，提供了一站式移动保险服务，从而提升用户黏性，加速互联网金融厂商产业链闭环。自身的业务整合模式，均是在海量用户基础上，通过数据共享，进行用户、数据的有机融合，打造闭环产业链。

一、基础信息

1.1 基本信息

1.1.1 公司全称：众安在线财产保险股份有限公司

1.1.2 成立时间：2013 年 10 月 9 日

1.1.3 总部地点：上海

1.1.4 上市时间：未上市

1.1.5 企业性质：股份有限公司

1.1.6 联系方式

网址：http：//www. zhongan. com/

邮箱：cs@ zhongan. com

地址：上海市黄浦区圆明园路 169 号 协进大楼 4-5F

电话：400-999-9595

1.2 组织信息

1.2.1 管理层

陈劲　首席执行官

二、业务信息

2.1 主要产品与服务信息

众乐宝：众乐宝是众安保险联合淘宝网推出的国内首款网络保证金保险，旨在为加入淘宝消保协议的卖家履约能力提供保险，帮卖家减负，确保给予买家良好的购物保障

参聚险：参聚险是众安保险联合“聚划算”专为聚划算卖家量身打造、用于替代保证金缴纳而推出的一款保险服务产品

百付安：百付安是众安保险联合百度手机卫士推出的，专为下载并使用百度手机卫士的用户的一款保险服务产品

37 度高温险：37 度高温险是众安保险推出的首款高温险产品，也是国内首例面向个人的气象指数保险产品

小米手机意外保障计划：小米手机意外保障计划是众安保险联合小米公司，为小米旗下的小米 4手机独家订制手机意外保障服务。该保障服务对于“三包”范围内未涵盖到的，手机在使用过程中因各种意外导致的损坏提供免费维修

河狸家安心保障计划：河狸家安心保障计划是众安保险联合国内美业 O2O 龙头河狸家推出的国内首款美业 O2O 安心保障计划，将全方位保障河狸家用户在接受上门服务时的人身和财产安全

美团食品安全责任保险：美团食品安全责任保险是众安保险携手国内最大外卖平台美团外卖，为美团外卖的在线商家提供食品安全责任保险

轮胎意外保：轮胎意外保是众安保险于 2015 年 5 月 20 日，联合途虎养车网、新焦点汽车维修服务有限公司推出的国内首款轮胎意外保障服务

2.2 覆盖范围

2.2.1 行业：互联网保险

2.2.2 主要客户：互联网用户

2.2.3 业务区域：全国

2.3 收入结构：保费收入

三、综合信息

3.1 发展定位：保障和促进整个互联网生态发展

3.2 重要合作伙伴及供应商信息：淘宝网、天猫、聚划算、支付宝、微信、小赢理财、小米、中信银行、携程、同信证券、招财宝、蘑菇街、去哪儿网、乐牙网、华大基金、美团外卖、智联招聘、快递 100、途虎养车网

慧泽保险

慧泽保险成立于 2006 年 6 月 18 日，是由深圳市慧泽时代科技有限公司打造的全国首家保险产品对比系统并实现网上垂直交易的保险电子商务平台。2013 年 10 月 31 日，慧泽保险与太平洋人寿共同推出首款可网销分红保险——慧泽红利发两全保险（分红型）。慧泽保险为用户提供闭环式产品与服务是专业第三方互联网保险机构的核心竞争力，在多条垂直销售渠道的基础上，能够更加精准的把握用户的需求，进行产品的品质管理与服务的管控，从而在闭环生态里将平台的聚合价值进行最大的发挥，此模式之下慧泽保险以“产品运营和服务为内核”的发展模式成为专业第三方互联网保险机构的典范。2015 年 5 月 5 日，慧泽网获得“互联网金融最具投资价值企业”称号。

易观分析

慧泽网全新推出“7×24”服务，领跑全国第三方平台。慧泽品牌升级的活动也全新上线，最贴心优质的服务从这里开始。与此同时，慧泽网也全新推出众多新产品及活动，美亚“小探险家”旅行保障计划（标准班）、公共交通 365 意外保障计划、太平无忧私家车意外伤害保险等。通过多种产品，满足不同需求的客户，有效扩大了市场规模，提升了经营范围。

Analysys 易观分析认为，慧泽保险的主要优势在于强大的需求评估系统与中立的产品比较平台。通过联合十几家大型保险公司共同实现了网上实时投保。但是，面对中国当前的保险市场，如何促进消费者从线下转移至线上以及提高自身知名度对慧泽保险来说是一次较大的考验。

一、基础信息

1.1 基本信息

1.1.1 公司全称：深圳市慧泽保险经纪有限公司

1.1.2 成立时间：2011 年

1.1.3 总部地点：深圳

1.1.4 上市时间：未上市

1.1.5 企业性质：民营股份制

1.1.6 联系方式

网址：http：//www. hzins. com/

邮箱：baoxiangongsihezuo@ hzins. com

地址：深圳市南山区南油动漫园 1 栋 203

电话：4006-366366

1.2 组织信息

1.2.1 管理层

马存军　首席执行官

二、业务信息

2.1 主要产品与服务信息

万能险、分红险、旅游险、女性保险、意外险、仁寿险、汽车险、家拆险、企业险

2.2 覆盖范围

2.2.1 行业：互联网金融

2.2.2 主要客户：企业、个人互联网理财用户

2.2.3 业务区域：全国

2.3 收入结构：保费收入

三、综合信息

3.1 发展定位：通过互联网创新，改善人与金融、货币的关系，让所有人都能享受到最好的金融服务

3.2 重要合作伙伴及供应商信息：中国人寿、太平洋人寿、新华保险、泰康人寿、中国人保寿险、支付宝、中国银联、工商银行、建设银行、招商银行等

我国互联网金融行业企业名录节选如下表：

表 31　中国互联网金融行业企业名录节选

互联网理财	招财宝	简要分析见前述 数据分析及详细分析 见易观企业库
互联网理财	随手记	
互联网理财	钱景	
互联网融资	陆金所	
互联网融资	搜易贷	
互联网支付	支付宝	
互联网支付	财付通	
互联网支付	拉卡拉	
其他互联网金融	众安保险	
其他互联网金融	慧泽保险	

（续表）

互联网融资	人人贷	详细分析见易观企业库
互联网支付	环迅支付	详细分析见易观企业库
互联网支付	汇付天下	详细分析见易观企业库
互联网支付	快钱	详细分析见易观企业库
互联网支付	联动优势	详细分析见易观企业库
互联网支付	盛付通	详细分析见易观企业库
互联网支付	首信易支付	详细分析见易观企业库
互联网支付	网银在线	详细分析见易观企业库
互联网支付	易宝支付	详细分析见易观企业库
互联网支付	银联在线支付	详细分析见易观企业库
互联网融资	阿里小贷	详细分析见易观企业库
互联网融资	敦煌网	详细分析见易观企业库
互联网融资	金银岛	详细分析见易观企业库
互联网融资	京东	详细分析见易观企业库
互联网融资	苏宁易购	详细分析见易观企业库
互联网融资	网盛生意宝	详细分析见易观企业库
互联网融资	全球网	详细分析见易观企业库
互联网融资	365易贷	详细分析见易观企业库
互联网融资	808信贷	详细分析见易观企业库
互联网融资	贷帮	详细分析见易观企业库
互联网融资	冠群	详细分析见易观企业库
互联网融资	红岭创投	详细分析见易观企业库
互联网融资	陆金所	详细分析见易观企业库
互联网融资	你我贷	详细分析见易观企业库
互联网融资	拍拍贷	详细分析见易观企业库
互联网融资	人人聚财	详细分析见易观企业库
互联网融资	盛荣在线	详细分析见易观企业库
互联网融资	温州贷	详细分析见易观企业库
互联网融资	信用宝	详细分析见易观企业库
互联网融资	宜信	详细分析见易观企业库
互联网融资	友信	详细分析见易观企业库
互联网融资	有利网	详细分析见易观企业库
互联网融资	点名时间	详细分析见易观企业库
互联网融资	追梦网	详细分析见易观企业库
互联网金融垂直搜索	存折网	详细分析见易观企业库
互联网金融垂直搜索	大家保	详细分析见易观企业库

（续表）

互联网金融垂直搜索	富脑袋	详细分析见易观企业库
互联网金融垂直搜索	融 360	详细分析见易观企业库
网上银行	中国建设银行	详细分析见易观企业库
网上银行	中国招商银行	详细分析见易观企业库
网上银行	华夏银行	详细分析见易观企业库
网上银行	交通银行	详细分析见易观企业库
网上银行	民生银行	详细分析见易观企业库
网上银行	中国工商银行	详细分析见易观企业库
网上银行	中国农业银行	详细分析见易观企业库
网上银行	中国银行	详细分析见易观企业库
网上银行	中信银行	详细分析见易观企业库
网上银行	福建兴业银行	详细分析见易观企业库
在线基金	北京展恒投资管理有限公司	详细分析见易观企业库
在线基金	博时基金	详细分析见易观企业库
在线基金	富国基金	详细分析见易观企业库
在线基金	工银瑞信基金	详细分析见易观企业库
在线基金	广发基金	详细分析见易观企业库
在线基金	杭州数米基金销售有限公司	详细分析见易观企业库
在线基金	好买基金交易网	详细分析见易观企业库
在线基金	华夏基金	详细分析见易观企业库
在线基金	嘉实基金	详细分析见易观企业库
在线基金	金融界	详细分析见易观企业库
在线基金	南方基金	详细分析见易观企业库
在线基金	诺亚正行	详细分析见易观企业库
在线基金	上海好买基金销售有限公司	详细分析见易观企业库
在线基金	上海基德金融信息技术服务有限公司	详细分析见易观企业库
在线基金	上海天天基金销售有限公司	详细分析见易观企业库
在线基金	上海长量基金销售投资顾问有限公司	详细分析见易观企业库
在线基金	上投摩根基金	详细分析见易观企业库
在线基金	深圳众禄基金销售有限公司	详细分析见易观企业库
在线基金	腾讯基金	详细分析见易观企业库
在线基金	天天基金网	详细分析见易观企业库
在线基金	网易基金	详细分析见易观企业库
在线基金	新浪基金	详细分析见易观企业库
在线基金	易方达基金	详细分析见易观企业库
在线基金	银华基金	详细分析见易观企业库

（续表）

在线基金	盈利宝	详细分析见易观企业库
在线基金	浙江同花顺基金销售有限公司	详细分析见易观企业库
在线保险	保众网	详细分析见易观企业库
在线保险	财付通保险	详细分析见易观企业库
在线保险	大地保险	详细分析见易观企业库
在线保险	大童网	详细分析见易观企业库
在线保险	东方财富网	详细分析见易观企业库
在线保险	泛华保网	详细分析见易观企业库
在线保险	放心保	详细分析见易观企业库
在线保险	和讯保险	详细分析见易观企业库
在线保险	华谊保险网	详细分析见易观企业库
在线保险	慧保网	详细分析见易观企业库
在线保险	慧泽网	详细分析见易观企业库
在线保险	京东保险	详细分析见易观企业库
在线保险	立刻保	详细分析见易观企业库
在线保险	瑞齐网	详细分析见易观企业库
在线保险	太平洋保险	详细分析见易观企业库
在线保险	泰康保险	详细分析见易观企业库
在线保险	淘宝保险	详细分析见易观企业库
在线保险	新华保险	详细分析见易观企业库
在线保险	新浪保险	详细分析见易观企业库
在线保险	新一站保险网	详细分析见易观企业库
在线保险	阳光保险	详细分析见易观企业库
在线保险	一保无忧	详细分析见易观企业库
在线保险	壹保网	详细分析见易观企业库
在线保险	意时网	详细分析见易观企业库
在线保险	友邦保险	详细分析见易观企业库
在线保险	中国货运保险网	详细分析见易观企业库
在线保险	中国平安	详细分析见易观企业库
在线保险	中国人保	详细分析见易观企业库
在线保险	中国人寿	详细分析见易观企业库
在线保险	中国太平	详细分析见易观企业库
在线保险	中民保险网	详细分析见易观企业库
在线保险	众安财险在线	详细分析见易观企业库

网络营销

线上媒体

腾讯网

腾讯网是集新闻信息、社会化媒体资讯和产品以及区域垂直生活服务为一体的大型综合门户网站。腾讯网服务于全球华人用户，致力成为最具传播力和互动性，权威、主流、时尚的互联网媒体平台。腾讯网背后的腾讯（控股）有限公司，是现阶段中国互联网市场的新三强，常说的BAT之一，是当今中国互联网产业中的龙头力量，产业布局非常广泛，在社会化、互动娱乐等领域具有绝对优势。在腾讯庞大且完善的生态布局下，即时通讯、游戏、浏览器、输入法、安全等产品，均成为腾讯网的引流渠道，保证了腾讯网的流量，商业化也借此表现良好。根据易观产业数据库发布的《中国互联网广告市场季度监测报告2015年第三季度》数据显示，2015年第三季度中国互联网广告运营商市场收入份额中，百度占31.1%，阿里巴巴占到21%，腾讯占到7.7%，分别位居市场前三位置。广告收入的持续增长，除了由社会化营销和视频广告的收入带动外，也是由门户的广告收入增长拉动。腾讯在重大赛事上突出的营销表现已经逐渐为其奠定了良好的品牌地位，并有助于加强广告主的长久品牌忠诚度。

易观分析

在QQ体系的支持下，腾讯网具有社交平台优势，聚集了大量活跃用户，通过社交平台的联通，可以为用户、广告主、应用开发者等多方面建立联系，挖掘广告需求。

腾讯通过整合旗下社交优势资源深挖社交网络营销价值，腾讯视频与腾讯游戏深度挖掘年轻人的娱乐需求，腾讯门户构建了独有的信息资源和流量渠道。并通过与地方门户合作，积极开拓地方市场。

腾讯加速社会化营销的步伐，增加微信信息流广告的投放，提升广告表现和效果转化，随着广告主对社会化营销传播影响广泛和高信息到达率的认可，腾讯未来广告收入市场份额还将进一步提升。

但同时，腾讯集团一直给人以年轻用户为主的品牌印象，早期其营销收入的规模化进程受到了负面影响，而现阶段，垂直媒体发展迅速，尤其是视频、房产、汽车等成为主流垂直媒体，参与者的众多，使腾讯网面临更加激烈的竞争。

一、基础信息

1.1 基本信息

1.1.1 公司全称：腾讯科技（深圳）有限公司

1.1.2 成立时间：1998 年 11 月

1.1.3 总部地点：深圳

1.1.4 上市时间：2004 年香港上市

1.1.5 企业性质：股份制

1.1.6 联系方式

网址：http://www.qq.com/

邮箱：10000@qq.com

地址：北京市海淀区知春路 49 号希格玛大厦

1.2 组织信息

1.2.1 管理层

马化腾　首席执行官

二、业务信息

2.1 产品及服务信息

主要产品：

（1）腾讯网（www.qq.com）是中国最大的中文门户网站，是腾讯公司推出的集新闻信息、互动社区、娱乐产品和基础服务为一体的大型综合门户网站

（2）手机腾讯网是腾讯公司的手机门户网站，为广大用户提供各种移动互联网服务，是目前国内访问量最大的手机门户网站

（3）腾讯新闻客户端

主要业务：

综合门户/互联网广告业务

腾讯智慧：高效在线品牌解决方案

2.2 覆盖范围

2.2.1 行业：互联网广告

2.2.2 主要客户：全网用户

2.2.3 业务区域：全国

2.3 收入结构：根据易观季度监测数据，2015 年第三季度中国互联网广告运营商市场收入份额中，腾讯占到 7.7%，位居市场前三位置。据腾讯业绩报告显示，2015 年第三季度总收入为人民币 265.94 亿元（41.81 亿美元），比去年同期增长 34%。期内盈利为人民币 75.84 亿元（11.92 亿美元），比去年同期增长 34%；净利润率为 29%，与去年同期持平

三、综合信息

3.1 发展定位：通过强大的实时新闻和全面深入的信息资讯服务，为中国数以亿计的互联网用

户提供富有创意的网上新生活

3.2 重要合作伙伴及供应商：上海（腾讯大申网）、广东（腾讯大粤网）、四川（腾讯大成网）、重庆（腾讯大渝网）、陕西（腾讯大秦网）、湖南（腾讯大湘网）、湖北（腾讯大楚网）、福建（腾讯大闽网）、河南（腾讯大豫网）、浙江（腾讯大浙网）、辽宁（腾讯大辽网）、江苏（腾讯大苏网）

搜狐网

搜狐网是搜狐公司于 1998 年推出的综合门户网站，搜狐公司作为中国互联网发端的老三强之一，仍是中国互联网产业中具有影响力的公司。目前搜狐网已形成富有影响力与公信力的新闻财经中心、引领潮流的资讯中心、深受体育迷欢迎的体育中心、国内最权威的科技产业报道平台。搜狐 IT，以多中心、全频道的形式为大众提供最快速、真实和权威资讯，全面影响消费决策，全方位多维度地打造实力媒体平台。

根据搜狐 2015 年第三季度未经审计财务报告，品牌广告收入为 1.52 亿美元，较 2014 年同期增长 2%，与上一季度持平。其中，搜狐媒体平台，即不包括视频业务的其他搜狐媒体业务收入为 5100 万美元，较 2014 年同期下降 6%，较上一季度下降 2%。搜狐视频广告收入为 5700 万美元，较 2014 年同期增长 9%，较上一季度下降 4%。

易观分析

作为中国互联网发端的老三强，搜狐公司在中国互联网占举足轻重的位置，尤其是作为中国老牌门户网站，搜狐网在品牌认知、流量、广告收入等方面都保持良好发展。

同时，在以搜狐网、搜狗搜索、搜狗输入法、搜狗浏览器为核心的搜狐媒体矩阵的协同作用下，仍然具有很强的媒体竞争力。

2015 年，搜狐一方面加大移动端新闻业务的投入，在转型为领先的移动新闻平台方面进展顺利；一方面加大对 PGC 内容的资源与资金扶持力度，发展原创 IP，以优质内容促进在线视频广告业务的增长。

但另一方面，随着用户信息获取渠道的多样化，以及垂直媒体、其他门户的快速发展，搜狐网将面临更多的挑战。尤其是移动端的商业化方面，也将是搜狐网自身，乃至整个行业面临的巨大挑战。

一、基础信息

1.1 基本信息

1.1.1 公司全称：搜狐公司

1.1.2 成立时间：搜狐网成立于 1998 年

1.1.3 总部地点：北京市海淀区科学院南路 2 号院 3 号楼搜狐媒体大厦

1.1.4 上市时间：2000 年 7 月 12 日美国纳斯达克上市

1.1.5 企业性质：股份制

1.1.6 联系方式

网址：http：//www. sohu. com/

邮箱：Webmaster@ contact. sohu. com

地址：北京市海淀区科学院南路 2 号院 3 号楼搜狐媒体大厦

电话：010-62726666

1.2 组织信息

1.2.1 管理层

张朝阳　董事局主席、首席执行官

二、业务信息

2.1 产品与服务信息

搜狐网——搜狐门户网站，综合型门户网站

搜狐新闻客户端——移动端搜狐门户

除搜狐网外，搜狐媒体服务还包括：

搜狐焦点——搜狐门户矩阵重要成员，房地产家居门户

搜狐视频——搜狐公司旗下的综合视频网站

17173——搜狐旗下网游门户，服务于游戏玩家和游戏企业的领先在线媒体及增值资讯服务商

广告业务

品牌广告：即通过搜狐矩阵的网络在线品牌广告和搜索产品，广告主能够最大化其市场份额。其中在线品牌广告包括在网站上的横幅广告、文字链广告、按钮广告、视频广告、多类型的富媒体广告以及网站上特定的赞助广告等多种形式

2.2 覆盖范围

2.2.1 行业：综合门户/互联网广告

2.2.3 业务区域：全国

2.3 收入结构：作为门户，营收来源主要是在线广告收入

三、综合信息

3.1 发展定位：中国第一大门户网站，中国网民获取资讯的首选网络平台

3.2 重要合作伙伴及供应商信息：搜狐视频、搜狐微博、搜狗、搜狐畅游、上海文广东方宽频、湖南电视台、福建东南卫视、江苏省广播电视总台、云南电视台、黑龙江电视台、辽宁数字电视传媒有限公司、天津卫视、重庆广播电视集团、广西电视台、内蒙古电视台、陕西电视台、山东电视台等

新浪网

新浪网是新浪集团旗下门户网站，新浪集团是中国互联网产业的老三强之一，目前综合实力虽

不具备三强实力，但仍是中国互联网产业中极具影响力的公司。在门户领域，新浪仍具备广泛的用户覆盖和活跃度，是中国互联网广告公司 TOP10 的企业之一。根据易观季度监测数据，2015 年第三季度中国互联网广告运营商市场收入份额中，新浪的市场份额为 2.7%，名列第八。据新浪财报，2015 年第三季度网络广告营收为 1.935 亿美元，上年同期为 1.668 亿美元。网络广告营收的同比增加得益于微博广告和营销营收增长 4050 万美元，尽管门户广告营收下降 1380 万美元。

易观分析

新浪网作为老牌综合门户网站，在重大事件报道方面最有发言权，不仅在内容方面有多年的积累，新浪旗下有诸多产品资源和平台资源。强大的内容原创能力、在移动端的丰富体验和基于微博的社交热潮，使新浪的营销价值大大提升。2015 年，微博在运营和财务两方面有强劲表现，但仍需要提升用户活跃度，优化广告产品。

门户方面，新浪加大门户的转型和投入，但仍不可避免的面临着以微信为代表的移动端分流，门户网站不再是网民的唯一选择，新浪网将面临更加严峻的发展挑战。

一、基础信息

1.1 基本信息

1.1.1 公司全称：新浪

1.1.2 成立时间：1998 年 12 月

1.1.3 总部地点：北京

1.1.4 上市时间：2000 年 4 月 13 日

1.1.5 企业性质：股份制

1.1.6 联系方式

网址：http：//www. sina. com. cn/

邮箱：sinamedia@ vip. sina. com

地址：北京市北四环西路 58 号理想国际大厦 20 层

电话：010-82628888

1.2 组织信息

1.2.1 管理层

曹国伟　董事长、首席执行官

二、业务信息

2.1 产品及服务信息

新浪网：通过旗下多家地区性网站提供针对当地用户的特色专业内容，并提供一系列增值服务。手机新浪网为手机用户提供来自新浪门户的定制信息和娱乐内容。新浪网的门户网站由四个用户服务于全球华人社群的网站组成：中国大陆（www. sina. com. cn）、中国台湾（www.

sina. com. tw)、中国香港（www. sina. com. hk）和服务北美华人的新浪北美（www. sina. com）每个网站均包含分频道的中文新闻和内容，丰富的社区和社交服务等

2.2 覆盖范围

2.2.1 行业：综合门户/互联网广告

2.2.2 主要客户：全网用户

2.2.3 业务区域：全球

2.3 收入结构：据财报，2015 年第三季度网络广告营收为 1.935 亿美元，上年同期为 1.668 亿美元。网络广告营收的同比增加得益于微博广告和营销营收增长 4050 万美元

三、综合信息

3.1 发展定位：服务于中国及全球华人社群的网络媒体公司

3.2 重要合作伙伴及供应商：

媒体合作伙伴：人民网、生活周刊、时尚、中国计算机报、京报网、体坛网、CCTV1、FT、金和时报等

无线互联合作伙伴：科健、KONKA、LG、NEC、TCL、摩托罗拉、诺基亚、三星、中国电信、中国联通、中国移动等

主要客户：上海大众、招商银行、三九企业集团等

凤凰网

凤凰网是凤凰新媒体旗下的一个图文音、视频综合资讯网站。提供国际、中国大陆及港、澳、台地区的时政、社会、财经、娱乐、时尚、生活等综合新闻信息。凤凰网作为凤凰新媒体旗下的综合门户网站，在优质电视内容的网络传播渠道上占有一定优势。据第三季度财报显示，凤凰网总收入为 3.9 亿元人民币（约合 6140 万美元），其中净广告收入（扣除广告代理服务费）为 3.0 亿元人民币（约合 4720 万美元），同比下降 7.9%，净广告收入的下降主要是由于 PC 平台品牌广告需求下降，但移动广告实现同比 89.8%的增长。

易观分析

凤凰网提供含文图音、视频的全方位综合新闻资讯、深度报道、观点评论、财经产品、互动应用、分享社区、在线网页游戏等服务，并反向传输给凤凰卫视的电视平台，在互联网和电视平台的联动具有先天优势。同时，由于凤凰网自身的营销战略，品牌认知在逐渐提升，PC 广告售出率具有一定的竞争优势。然而在移动端迅速发展的趋势下，易观分析认为，凤凰网加大移动端的战略拓展，凤凰新媒体移动端商业价值潜力大，随着产品创新、市场推动和价格提升等，未来凤凰新媒体在移动端的商业价值潜力将会得到很大的提高。

一、基础信息

1.1 基本信息

1.1.1 公司全称：凤凰新媒体

1.1.2 成立时间：1996 年

1.1.3 上市时间：2011 年 5 月 12 日

1.1.4 企业性质：股份制

1.1.5 联系方式

总机：010-60676000

地址：北京市朝阳区望京启阳路 4 号中轻大厦 16 层

1.2 组织信息

1.2.1 管理层

崔强　凤凰新媒体董事长

二、业务信息

2.1 产品与服务信息

凤凰网——凤凰新媒体门户网站，综合型门户网站

凤凰网服务还包括以下几个频道：

凤凰资讯——提供新闻资讯，并且较具海外特质

凤凰财经——全天 24 小时运转传递及时、准确、全面、专业的财经金融信息

凤凰汽车——为中产阶级和白领提供最全面的汽车资讯和服务

凤凰无线致力于打造中国领先的用户付费增值服务平台，主要包括手机凤凰网、凤凰手机客户端、凤凰 FM 等

凤凰视频——综合视频门户网站

主要业务：

综合门户/互联网广告业务

2.2 覆盖范围

2.2.1 行业：综合门户/互联网广告

2.2.3 业务区域：全国

2.3 收入结构：作为门户，营收来源主要是在线广告收入。凤凰网公司财报数据显示，2015 年第三季度，凤凰网总收入为 3.9 亿元人民币（约合 6140 万美元），其中净广告收入（扣除广告代理服务费）为 3.0 亿元人民币（约合 4720 万美元），同比下降 7.9%，但移动广告实现同比 89.8%的增长

三、综合信息

3.1 发展定位：凤凰新媒体旗下的一个图文音、视频综合资讯网站

3.2 重要合作伙伴及供应商信息：南方报业集团、品友互动、迷笛音乐节、晨兴创投、派瑞威行等

网易

网易网站是中国的四大门户之一，为互联网用户提供了以内容、社区和电子商务服务为核心的中文在线服务。近年来，网易的用户业务线除门户外，还包括网络游戏、电子邮件、新闻、博客、搜索引擎、论坛、虚拟社区等服务几大板块。2015 年，网易门户继续提升传统互联网和移动互联网的服务、内容及产品建设差异化，其网易新闻客户端形成的热点栏目每期跟帖达到过万的超高量级，为网易在移动端、手机上的广告带来显著的增长优势。网易跨平台、跨终端“有态度”平台形成，不仅推动网易媒体独特的品牌效应，更带来了大批忠诚用户的认同。根据易观季度监测数据，2015 年，网易占 1.0%的市场份额，中国互联网广告运营商市场中排名第十三。在广告业务方面，2015 年三季度网易营收为 4.55 亿元人民币（约合 7157 万美元），同比增长 10.5%，环比上升 6.4%。环比上升主要得益于以网易新闻客户端为主导的移动端广告收入的持续增长，以及汽车类、互联网服务类、食品饮料类广告投放需求的增加。

易观分析

在互联网应用、服务及其他技术方面，保持业界领先地位。同时网易用户流量庞大，内容优质，但综合对比来看，网易销售团队较弱，对营销品牌体系缺乏认识。但在 2015 年 4 月，网易新闻客户端 5.0 上线以来，网易重新调整了新闻客户端产品的信息架构，涉及用户专属内容个性化定制的“我”板块，和接入线下本地化服务的“发现”板块，被赋予了与产品核心板块——新闻和阅读同级排列的重要地位。而且，以本地化服务为导向的商业转化战略在后续的产品更新中得到了进一步体现。此外，网易一方面密集开设分布于全国各地的城市新闻频道，力图触及三四线城市的用户群体，另一方面在全国 119 个城市部署本地化服务运营团队，以相关资讯内容带动本地化服务的发展，促成用户从内容阅读到实际消费的转化。但易观分析认为：从资讯内容中创造消费机会的模式在媒体类产品的运营中需要谨慎地找到内容与消费的平衡点。媒体类产品中大面积地植入与广告、消费相关的板块，容易引发用户对商业化内容天然抵触情绪，这对于依靠内容产生用户黏性的新闻客户端产品是极为不利的，业务与产品的战略能否在后续得到有效执行，将会很大程度上影响到网易新闻客户端今后的表现。

一、基础信息

1.1 基本信息

1.1.1 公司全称：网易公司

1.1.2 成立时间：1997 年 6 月

1.1.3 总部地点：广东省广州市

1.1.4 上市时间：2000 年 6 月 30 日

1.1.5 企业性质：股份制

1.1.6 联系方式

网址：http：//www.163.com/

邮箱：gzsales@service.netease.com　marcom@service.netease.com

地址：广州市天河区科韵路16号广州信息港E栋网易大厦

电话：020-85105163　020-85106628

1.2 组织信息

1.2.2 管理层

丁磊　首席执行官

二、业务信息

2.1 产品及服务信息

网易网站：为互联网用户提供以内容、社区和电子商务服务为核心的中文在线服务。包括网易内容频道、社区服务等服务。网易内容频道为中国用户提供新闻信息和在线娱乐服务。网易网站提供一系列免费和收费社区服务

网易新闻客户端

2.2 覆盖范围

2.2.1 行业：综合门户/互联网广告

2.2.2 主要客户：全网用户

2.2.3 业务区域：全国

2.3 收入结构：网易网站以广告收入为主。财报数据显示，2015年第三季度，网易营收总额为66.72亿元人民币（约合10.50亿美元），环比增长38.1%，同比增长114.1%。在广告业务方面，2015年三季度，网易营收为4.55亿元人民币（约合7157万美元），同比增长10.5%，环比上升6.4%

三、综合信息

3.1 发展定位：利用先进的互联网技术，加强人与人之间信息的交流和共享，实现“网聚人的力量”

3.2 重要合作伙伴及供应商：上海证券交易所、诺基亚、PayPal、梅花网、特步、习酒公司、奇虎360、中国青少年发展基金会、中国红十字基金会、中国扶贫基金会等

汽车之家

汽车之家为汽车消费者提供贯穿选车、买车、用车、置换所有环节的全面、准确、快捷的一站式服务，致力于以传媒和互联网的力量，整合汽车行业全产业链的内容与服务。在所有汽车垂直网站、社区、门户汽车频道中，汽车之家是唯一能够提供“资讯+社区口碑+商城+经销商”的一站式服务平台，在汽车领域广泛、精准地覆盖所有目标群体，有效用户数量最多、用户人群层次最丰富。2015年，汽车之家联合长安汽车，基于汽车之家强大的汽车互联网用户覆盖和海量用户的需求数据，连同长安汽车卓越的汽车造车能力，汽车之家和长安汽车打造了“长安逸动XT汽车之家定

制版”，在汽车电商上有了重大突破。同时，与快乐购合力打造一站式汽车体验馆。

易观分析

和门户网站、搜索引擎形成有力的互补，牢牢把握“搜索与互动”这两个新媒体平台最突出的特色，是汽车垂直门户网站的佼佼者。2014 年，汽车之家在线购车平台“车商城 mall. autohome. com. cn”的上线且同时入驻京东，汽车之家开始初步具有汽车电商平台的性质。2015 年，联合长安汽车推出定制版汽车已经在汽车之家电商平台独家销售，更是奠基了汽车之家在汽车电商平台的基础。但是综合门户网站有着丰富的合作伙伴资源构成后台支持，而对于垂直网站来说，如何加大纵深，最终整合产业链是关键。

一、基础信息

1.1 基本信息

1.1.1 公司全称：北京车之家信息技术有限公司

1.1.2 成立时间：2005 年 6 月

1.1.3 总部地点：北京

1.1.4 上市时间：2013 年 12 月 11 日

1.1.5 企业性质：股份制

1.1.6 联系方式

网址：http：//www. autohome. com. cn/

地址：北京市海淀区北四环丹棱街 3 号中国电子大厦 B 座 10 层

电话：010-59857000

传真：010-59857382

1.2 组织信息

1.2.1 人员规模：1200 余人

1.2.2 管理层

陈永正　董事会主席

秦致　首席执行官

二、业务信息

2.1 产品及服务信息

资讯平台：新闻、行情、技术、文化、导购、改装/赛事、试驾、说客、用车、视频

数据平台：产品库

互动中心

经销商平台

汽车之家服务区（http：//y. autohome. com. cn/）

二手车之家

汽车之家 WP 版 V1. 1. 0

2. 2 覆盖范围

2. 2. 1 行业：汽车垂直门户网站

2. 2. 2 主要客户：全网用户

2. 2. 3 业务区域：全国

2. 3 收入结构：2015 年第三季度财报显示，净营收在第三季度同比增长 64. 9%，至 8. 986 亿元人民币（1. 414 亿美元），调整后净利润在 2015 年第三季度同比增长 40. 3%，至 2. 580 亿元人民币（4060 万美元）

三、综合信息

3. 1 发展定位：中国第一汽车互动传媒，做全球最有影响力的汽车互联网企业

3. 2 重要合作伙伴及供应商：福特、吉利、广汽宏达、莲花汽车、捷豹、马自达、宝马、别克、奔驰、比亚迪、一汽大众、本田、宝骏汽车、大众、东风标致等

易车

易车网是中国最大的汽车网络导购平台，对媒体平台、产品平台和互动平台这三大平台的全面整合，形成了独具特色的三位一体运营策略，实现了对汽车消费全过程的覆盖。易车网在数百个城市提供本地服务，率先利用 IP 定向技术精确引导用户。同时，易车网还是汽车市场核心数据的拥有者和提供者。覆盖了百余个汽车品牌下的上千车系，拥有上万款车型资料、数万条视频、百万级汽车图片，几万家经销商及其即时报价。

易观分析

在服务体系方面，易车网具有率先利用全 IP 定向技术，通过 132 个中心城市对 341 个城市，易车网实现了从看车、选车、买车到用车的无缝式服务体系。其次，易车网通过整合自身优势资源，以营销管理及应用后台、广告营销系统、线下行销手段以及网站编辑运营系统四大系统作为营销手段，为汽车厂商和经销商解决在品牌及销售方面的营销诉求，吸引了更多品牌商和经销商的关注。但媒体移动化已成定局，易车网作为互联网汽车媒体，专注垂直细分领域是移动应用的战略方向，价格是制约用户决策的关键因素，社区是连接用户的重要手段，因此易车网有必要利用比价、社交等工具化的产品去迎合用户功能化的需求。2015 年，汽车电商易车网、腾讯和京东同时宣布，三方达成战略合作协议，这对易车网的未来发展是一次机遇。

一、基础信息

1. 1 基本信息

1. 1. 1 公司全称：北京易车信息科技有限公司

1.1.2 成立时间：2000 年

1.1.3 总部地点：北京

1.1.4 上市时间：2010 年 11 月 17 日

1.1.5 企业性质：股份制

1.1.6 联系方式

电话：010-68492345

传真：010-68492726

地址：北京市海淀区首体南路 6 号 新世纪饭店写字楼 6 层

1.2 组织信息

1.2.1 管理层

李斌　董事长兼首席执行官

邵京宁　总裁

二、业务信息

2.1 产品及服务信息

资讯平台：新闻、评测、报价、经销商、二手车、导购、养护、视频

互动中心

论坛、问答、口碑活动

移动应用：汽车报价大全、易车二手车、车友之家等

2.2 覆盖范围

2.2.1 行业：汽车互联网

2.2.2 主要客户：全网用户

2.2.3 业务区域：全国

2.3 收入结构：据财报显示，2015 第三季度，易车网营收为 10.7 亿元人民币（约合 1.676 亿美元），同比增长 75.2%

三、综合信息

3.1 发展定位：中国最大的汽车网络导购平台

3.2 重要合作伙伴及供应商：百度、太平洋产险、腾讯、中国商报社、雅虎、京东、广汽本田、联拓集团、福田汽车等

搜房网

搜房网是中国领先的房地产家居网络平台之一，一直引领新房、二手房、家居、房地产研究等领域的互联网创新。搜房控股旗下拥有四大集团：搜房新房集团、搜房二手房集团、搜房家居集团及搜房研究集团，业务覆盖房地产家居所有行业：新房、二手房、租房、别墅、写字楼、商铺、工业厂房、家居、装修装饰等。搜房网 2015 年第三季度营收为 2.49 亿美元，同比增长 30.4%，环比增长 18.0%。其中来自营销服务业务的营收为 6560 万美元，较去年同期的 8100 万美元下降

19.0%。来自电商业务的营收为1.426亿美元，较去年同期的6760万美元增长111.0%。来自挂牌服务业务的营收为2740万美元，较去年同期的3670万美元下滑25.3%。目前，搜房网的营收结构已发生明显变化，代表转型方向的电商业务在2015年第三度营收1.426亿美元，营收构成占比达57.4%，已成为搜房网营收的主要来源。带有媒体属性的营销服务业务与挂牌服务业务双双出现同比下滑的发展态势，两者的营收构成占比合计37.4%，对搜房网营收规模的贡献进一步走低。在大平台发展战略的指引下，搜房网积极介入到房产经纪领域，发展自身的经纪人团队，与媒体类业务的主要客户——在线下运作多年的传统房产经纪公司（链家、我爱我家等）由合作关系走向正面竞争。因而，营销服务业务不可避免地受到冲击。此外，搜房网进入房产经纪领域后，通过自营业务的方式发布房源信息，一改以往由传统房产经纪公司把持房源信息的线下采集与线上发布的行业规则，直接渗透到了传统房产经纪公司的核心业务领域。进入到同业竞争的新状态下，搜房网与房源信息发布直接相关的挂牌业务自然出现了明显的业绩滑坡。可以预见，随着转型过程的持续推进，具有媒体属性的营销服务业务与挂牌服务业务对搜房网未来的营收贡献还将进一步下降。

易观分析

作为房产经纪领域的后来者，以轻资产驱动的搜房网凭借“0.5%佣金”的模式快速地打开了市场。经过半年多的努力，电商业务已成为搜房网营收贡献的第一大来源，房产经纪自营业务初获成功。然而，搜房网在线下经营的根基尚浅。在房源信息的获取层面，搜房网与以链家为代表的传统房产经纪公司相比并无明显优势。所以搜房网若要进一步扩大市场规模的占比，还需要把更多资源投入到地面团队的建设中，加强在获取房源信息上的核心竞争力。

随着房产市场“互联网+”改造进程的深入，以装修、房产金融为代表的房产后市场正成为一个包括在线房产交易平台、房产经纪公司、房产开发商、第三方金融公司在内多方参与的新领域。搜房网将在未来面对更为复杂的市场格局，业务扩张也将会遇到更多的挑战。因此，搜房网需要找准合适的发展方向，把握市场格局尚在构建中的风口机遇期，顺势而为，从而实现在多股竞争力量中成功突围。

一、基础信息

1.1 基本信息

1.1.1 公司全称：北京搜房科技发展有限公司

1.1.2 成立时间：1999年6月

1.1.3 总部地点：北京

1.1.4 上市时间：2010年9月17日美国纽约证券交易所上市（股票代码：SFUN）

1.1.5 企业性质：私营

1.1.6 联系方式

网址：http：//www. fang. com/

地址：北京市丰台区丰台科技园汉威国际广场 5 号楼

电话：010-56318000

传真：010-56318810

1. 2 组织信息

1. 2. 1 管理层

莫天全　董事会执行主席

二、业务信息

2. 1 主要产品与服务信息

主要产品：

搜房新房集团——全球最大的房地产网络媒体搜房网

搜房二手房集团——搜房二手房网和搜房租房网

搜房家居集团——搜房家居网及中国指数研究院家居中心

搜房研究集团——中国房地产指数系统、中国房地产 Top10 研究、中国装饰装修指数系统、中国房地产数据中心

服务信息：

品牌广告：广告主要来自于房地产开发商以及房屋中介的投入

搜房卡：搜房卡涵盖所有与家相关的服务。持卡会员可享受购房、装修、购买生活配套等全面的会员独家优惠服务，并能免费参与举办的各种看房、团购、集采活动，并可得到搜房网提供的高倍积分返还，积分可兑换各种等值消费和心动礼品

2. 2 覆盖范围

2. 2. 1 行业：互联网行业

2. 2. 2 主要客户：互联网用户

2. 2. 3 业务区域：全国

2. 3 收入结构：搜房网主要收入来自于互联网广告，随着业务的发展，广告收入也会拓展到其他行业，如家居装饰、社区服务等。搜房网财报数据显示，搜房网 2015 年第三季度营收为 2. 49 亿美元，同比增长 30. 4%

三、综合信息

3. 1 发展定位：全球最大的房地产网络平台

3. 2 重要合作伙伴及供应商信息：腾讯、百度、平安银行、世联行等

我国互联网线上媒体行业企业名录节选如下表：

表 32　中国互联网线上媒体行业企业名录节选

综合门户	腾讯网	
综合门户	搜狐网	
综合门户	新浪网	

（续表）

综合门户	凤凰网	简要分析见前述 数据分析及详细分析 见易观企业库
综合门户	网易	
汽车	汽车之家	
汽车	易车	
房产	搜房网	
综合门户	凤凰传媒	详细分析见易观企业库
新闻媒体	电视猫	详细分析见易观企业库
新闻媒体	凤凰资讯	详细分析见易观企业库
新闻媒体	环球网	详细分析见易观企业库
新闻媒体	金鹰网	详细分析见易观企业库
新闻媒体	齐鲁网	详细分析见易观企业库
新闻媒体	人民网	详细分析见易观企业库
新闻媒体	搜视网	详细分析见易观企业库
新闻媒体	新华网	详细分析见易观企业库
新闻媒体	央视网	详细分析见易观企业库
新闻媒体	直播吧	详细分析见易观企业库
新闻媒体	中国广播网	详细分析见易观企业库
新闻媒体	中国网	详细分析见易观企业库
新闻媒体	中国新闻网	详细分析见易观企业库
地方媒体	我爱购物网	详细分析见易观企业库
地方媒体	大河论坛	详细分析见易观企业库
地方媒体	杭州 19 楼	详细分析见易观企业库
地方媒体	常州化龙文化传媒有限公司	详细分析见易观企业库
地方媒体	宁波新北仑	详细分析见易观企业库
地方媒体	青青岛社区	详细分析见易观企业库
地方媒体	厦门小鱼网	详细分析见易观企业库
IT 数码	36Kr	详细分析见易观企业库
IT 数码	cnBeta	详细分析见易观企业库
IT 数码	DoNews	详细分析见易观企业库
IT 数码	IT168	详细分析见易观企业库
IT 数码	PingWest	详细分析见易观企业库
IT 数码	TECH2IPO	详细分析见易观企业库
IT 数码	TechWeb	详细分析见易观企业库
IT 数码	ZOL	详细分析见易观企业库
IT 数码	爱范儿	详细分析见易观企业库

（续表）

IT 数码	电脑之家	详细分析见易观企业库
IT 数码	硅谷动力	详细分析见易观企业库
IT 数码	华军软件园	详细分析见易观企业库
IT 数码	雷锋网	详细分析见易观企业库
IT 数码	泡泡网	详细分析见易观企业库
IT 数码	驱动之家	详细分析见易观企业库
IT 数码	手机之家	详细分析见易观企业库
IT 数码	太平洋电脑网	详细分析见易观企业库
IT 数码	太平洋手机网	详细分析见易观企业库
IT 数码	太平洋数码	详细分析见易观企业库
IT 数码	钛媒体	详细分析见易观企业库
IT 数码	天极网	详细分析见易观企业库
IT 数码	天空下载站	详细分析见易观企业库
IT 数码	小熊在线	详细分析见易观企业库
IT 数码	瘾科技	详细分析见易观企业库
IT 数码	中关村数码	详细分析见易观企业库
IT 数码	中关村在线	详细分析见易观企业库
财经	21 世纪经济报道	详细分析见易观企业库
财经	2258 财经网	详细分析见易观企业库
财经	FT 中文网	详细分析见易观企业库
财经	i 美股	详细分析见易观企业库
财经	财经网	详细分析见易观企业库
财经	财新网	详细分析见易观企业库
财经	500wan 彩票网	详细分析见易观企业库
财经	彩客网	详细分析见易观企业库
财经	彩票直通车	详细分析见易观企业库
财经	大智慧	详细分析见易观企业库
财经	第一财经	详细分析见易观企业库
财经	东方财富网	详细分析见易观企业库
财经	和讯网	详细分析见易观企业库
财经	华尔街日报	详细分析见易观企业库
财经	金融界	详细分析见易观企业库
财经	经济观察网	详细分析见易观企业库
财经	巨潮资讯网	详细分析见易观企业库
财经	乐彩彩票	详细分析见易观企业库

（续表）

财经	每日经济新闻	详细分析见易观企业库
财经	全景网	详细分析见易观企业库
财经	天天基金网	详细分析见易观企业库
财经	同花顺	详细分析见易观企业库
财经	证券之星	详细分析见易观企业库
财经	中财网	详细分析见易观企业库
财经	中彩网	详细分析见易观企业库
财经	中国体彩网	详细分析见易观企业库
财经	中国证券网	详细分析见易观企业库
财经	中金在线	详细分析见易观企业库
宠物	爱狗网	详细分析见易观企业库
宠物	宠物之家	详细分析见易观企业库
宠物	宠物中国	详细分析见易观企业库
宠物	狗民网	详细分析见易观企业库
宠物	青鸟论坛	详细分析见易观企业库
宠物	淘狗网	详细分析见易观企业库
房产	安居客	详细分析见易观企业库
房产	焦点网	详细分析见易观企业库
房产	乐居	详细分析见易观企业库
房产	太平洋家居网	详细分析见易观企业库
军事	参考啊	详细分析见易观企业库
军事	东方军事网	详细分析见易观企业库
军事	军情观察室	详细分析见易观企业库
军事	雷霆军事网	详细分析见易观企业库
军事	米尔军情网	详细分析见易观企业库
军事	北京铁血科技有限责任公司	详细分析见易观企业库
军事	西陆军事	详细分析见易观企业库
美食	贝太厨房	详细分析见易观企业库
美食	大众点评	详细分析见易观企业库
美食	上海邦助信息技术有限公司	详细分析见易观企业库
美食	豆果	详细分析见易观企业库
美食	饭统网	详细分析见易观企业库
美食	美食杰网站	详细分析见易观企业库
美食	美食中国	详细分析见易观企业库
美食	天天美食	详细分析见易观企业库

（续表）

美食	下厨房	详细分析见易观企业库
美食	心食谱	详细分析见易观企业库
美食	中国吃网	详细分析见易观企业库
美食	中华美食网	详细分析见易观企业库
女性	onlylady	详细分析见易观企业库
女性	YOKA 时尚网	详细分析见易观企业库
女性	爱美网	详细分析见易观企业库
女性	爱孕网	详细分析见易观企业库
女性	薄荷瘦身网	详细分析见易观企业库
女性	宝宝树	详细分析见易观企业库
女性	播种网	详细分析见易观企业库
女性	闺蜜网	详细分析见易观企业库
女性	妈妈说	详细分析见易观企业库
女性	美丽说	详细分析见易观企业库
女性	蘑菇街	详细分析见易观企业库
女性	亲宝网	详细分析见易观企业库
女性	亲贝网	详细分析见易观企业库
女性	亲亲宝贝	详细分析见易观企业库
女性	瑞丽网	详细分析见易观企业库
女性	太平洋女性网	详细分析见易观企业库
女性	太平洋亲子网	详细分析见易观企业库
女性	育儿网	详细分析见易观企业库
汽车	273 二手车交易	详细分析见易观企业库
汽车	51 二手车	详细分析见易观企业库
汽车	爱卡汽车网	详细分析见易观企业库
汽车	车天下	详细分析见易观企业库
汽车	大搜车	详细分析见易观企业库
汽车	二手车之家	详细分析见易观企业库
汽车	汽车点评网	详细分析见易观企业库
汽车	汽车之友	详细分析见易观企业库
汽车	太平洋汽车网	详细分析见易观企业库
汽车	淘车网	详细分析见易观企业库
汽车	万车网	详细分析见易观企业库
汽车	易车网	详细分析见易观企业库
汽车	中国汽车网	详细分析见易观企业库

（续表）

摄影	Flickr	详细分析见易观企业库
摄影	POCO 摄影网	详细分析见易观企业库
摄影	poco 相册	详细分析见易观企业库
摄影	爱冲印	详细分析见易观企业库
摄影	百度	详细分析见易观企业库
摄影	喀嚓鱼	详细分析见易观企业库
摄影	美图秀秀	详细分析见易观企业库
摄影	全景图库	详细分析见易观企业库
摄影	橡树摄影	详细分析见易观企业库
摄影	新摄影	详细分析见易观企业库
摄影	中国摄影在线	详细分析见易观企业库
体育	ESPN STAR Sports	详细分析见易观企业库
体育	TOM 集团有限公司	详细分析见易观企业库
体育	NBA 中国官方站	详细分析见易观企业库
体育	体坛周报	详细分析见易观企业库
体育	直播吧	详细分析见易观企业库
体育	爆棚足球	详细分析见易观企业库
医疗健康	39 健康网	详细分析见易观企业库
医疗健康	宝宝树育儿网	详细分析见易观企业库
医疗健康	好大夫在线	详细分析见易观企业库
医疗健康	家庭医生在线	详细分析见易观企业库
医疗健康	寻医问药网	详细分析见易观企业库
医疗健康	有问必答网	详细分析见易观企业库
影视资讯/社区	国家广播电影电视总局	详细分析见易观企业库
影视资讯/社区	中国穿帮网	详细分析见易观企业库
游戏媒体	上海光雨网络科技有限公司	详细分析见易观企业库
游戏媒体	四三九九网络股份有限公司	详细分析见易观企业库
游戏媒体	5173	详细分析见易观企业库
游戏媒体	7073	详细分析见易观企业库
游戏媒体	17173	详细分析见易观企业库
游戏媒体	265G	详细分析见易观企业库
游戏媒体	百度	详细分析见易观企业库
游戏媒体	多玩游戏	详细分析见易观企业库
游戏媒体	口袋巴士	详细分析见易观企业库
游戏媒体	游民星空	详细分析见易观企业库
游戏媒体	游侠网	详细分析见易观企业库

广告公司

腾讯社交广告

腾讯社交广告平台（原广点通）是一个提供给广告主多平台推广，并利用专业的数据处理算法，实现成本可控，效益可观、精准定位的效果广告系统。整合 QQ 空间、QQ 客户端、手机 QQ 空间、手机 QQ 等腾讯大社交平台资源和外部优质流量的广点通，可以给广告商提供跨屏的多种广告形式。

腾讯开放平台社交广告是基于中国最大的社交网络 QQ 空间和中国最大实名社区朋友网两大平台的社交效果广告自助投放系统。在精准定向找到目标用户提升广告效果的基础之上，还独有社会化营销特色，通过社交关系链病毒营销进一步扩大广告效力，并不断自发延展影响到 N 度人脉。

2015 年 5 月，腾讯调整广告部门，并入社交广告业务，整合了原社交网络事业群（SNG）效果广告平台部和微信事业群（WXG）微信广告中心，共同入驻企业发展事业群（CDG）下，并更名为“社交与效果广告部”。

易观分析

在数据流量方面，腾讯社交广告依托腾讯超百亿优质社交流量，同时与京东、搜狗、易车等合作伙伴在数据方面开展深度合作，形成了数据源丰富、数据量级大、可跨屏跨终端的大数据广告平台优势。同时，易观数据表明，腾讯几乎囊括了移动端（iOS 和 Android）最活跃应用 TOP20 排行一半热门应用。对大部分用户来说，生活即与腾讯产品紧密绑定，腾讯社交广告为广告主提供了更高效的用户触达方式和多样化的场景选择。然而，移动端的发展越来越强劲，腾讯应加大以广点通为核心平台整合移动端资源的力度。未来的广告网络市场，网络广告的垂直细分会更加纵深，这对腾讯接下来的战略布局和资源调整也是一个挑战。

一、基础信息

1.1 基本信息

1.1.1 公司全称：腾讯控股有限公司社交与效果广告部

1.1.2 成立时间：1998 年成立　2015 年和微信事业群（WXG）微信广告中心共同入驻企业发展事业群（CDG）下，并更名为“社交与效果广告部”

1.1.3 总部地点：深圳

1.1.4 上市时间：2004 年 6 月 16 日　港股

1.1.5 企业性质：上市公司

1.1.6 资本信息：注册资金 8000 万元

1.1.7 联系方式

网址：http：//im. qq. com/

邮箱：cosec@ tencent. com

地址：深圳市南山区高新科技园中区一路腾讯大厦

电话：0755-86013388

1.2 组织信息

1.2.1 管理层

马化腾　首席执行官

罗征　总经理

二、业务信息

2.1 产品及服务信息

广点通是由腾讯公司推出的效果广告系统。它是国内领先的效果广告营销平台，依托于腾讯海量优质流量资源，给广告主提供跨平台、跨终端的网络推广方案，并利用腾讯大数据处理算法实现成本可控、效益可观、智能投放的互联网效果广告平台

腾讯社交广告采用“ADX+DMP”组合模式服务品牌，使广告主的投放更精确。作为数据中枢，腾讯社交广告的广点通技术平台一方面拥有强大的 DMP 收集、管理和数据挖掘能力，为广告主优化数字营销效果，实现数据的增值与变现；另一方面，利用有着“营销加速器”之称的 ADX，不仅涵盖腾讯和第三方媒体优质资源，还能对接 DMP 使广告投放更智能，并支持业界 DSP 接入，开启全竞价模式，显著提升了营销效率

平台资源：信息流广告、微信广告、QQ 音乐手机客户端广告、腾讯新闻客户端广告、QQ 音乐 PC 端、QQ 空间、QQPC 端，多平台为广告主提供资源

2.2 覆盖范围

2.2.1 行业：电商、游戏、快消、移动应用、汽车等诸多领域

2.2.2 主要客户：蘑菇街、珍爱网、招商银行、美丽说、米果特卖、万科、红米手机、大众点评、水浒风云等

2.2.3 业务区域：全国

2.3 收入结构：据腾讯 2015 年第三季度业绩报告，广告总收入中超过 65%来自移动端

三、综合信息

3.1 发展定位：社交与效果广告部团队将与各部门维持紧密合作，在推动广告业务发展的同时，配合平台生态的健康发展，以及用户体验的不断提升，共同搭建更强大的腾讯系广告业务体系与生态

3.2 重要合作伙伴及供应商：群邑、招商银行等

亿玛在线

亿玛在线成立于 2004 年，致力于通过整合、挖掘、提升各类互联网媒体和通路的流量与广告

价值，为以泛电商为代表的新兴主流广告主群提供整合营销服务。亿玛依托亿起发、易博和易积分，发展包括网络广告交易、移动营销等多方面业务，形成了覆盖整个互联网广告产业链的规模布局。此外，亿玛还拥有面向网购消费者提供比价返现服务的导购平台——易购网。

易观分析

亿玛在线拥有互联网广告市场先入优势，产品线丰富，产品定位清晰。通过建立网络广告交易平台及移动营销平台，亿玛完成了整个互联网广告产业链的全布局。由于目前互联网广告市场的成熟度及亿玛“发展现有的产品架构”的战略，致使其差异化并不明显，产品、服务发展空间有限。而专注服务电商广告主的单一化产业背景，也使得亿玛对市场的发展依赖性增强。特别是在互联网媒体巨头服务链延伸及新技术服务商参与竞争的情况下，缺乏创新意识的亿玛将面临着巨大挑战。

一、基础信息

1.1 基本信息

1.1.1 公司全称：北京亿玛在线科技有限公司

1.1.2 成立时间：2004 年

1.1.3 总部地点：北京市

1.1.4 上市时间：未上市

1.1.5 企业性质：民营

1.1.6 资本信息：注册资本 120 万元

1.1.7 联系方式

网址：http://www.emar.com.cn/

邮箱：yangyong@emar.com.cn

地址：北京市朝阳区三间房东柳巷甲一号院意菲克大厦 A 座

电话：010-53553118

1.2 组织信息

1.2.1 管理层

柯细兴　总裁

二、业务信息

2.1 产品及服务信息

亿起发：

亿起发目前已覆盖 60 万网站和 80% 网购人群，高效的反应速度和强大的渠道铺展能力，能以最短的时间帮助广告主迅速找到匹配的媒介网站，且通过数据进行用户筛选，精准影响目标人群，进行有效的推广易博：

2015年，亿玛以易博DSP为主体成立了“基于效果”的精准营销平台，依托智能营销分析系统、实时竞价系统、动态创意系统和自主研发的多项核心技术，通过程序化购买和精准投放，助力电商平台获取精准的用户和订单，是国内泛电商企业的营销主流渠道之一

易购网：

为网民提供比较购物、购物返现、导购资讯、网购社区等服务，汇聚了众多成熟、活跃、忠诚、有影响力的网购用户，是一家购物返现网站

易购服务：

比较购物：易购拥有强大的比价搜索，能找到同类产品中价格最低的卖家

购物返现：通过易购网到各大B2C网站购物，可以获得最高50%的返现

导购资讯：易购汇集了当前各大购物网站的返现信息，提供现金抵用券下载

网购社区：易购有人气活跃的购物论坛，可以在这里交流购物技巧、促销信息等

2.2 覆盖范围

2.2.1 行业：电子商务、网络游戏、网络服务（如SNS、软件、招聘）、教育培训、服装、鞋、包、食品饮料

2.2.2 主要客户：中粮我买网、京东商城、聚美优品、当当网、1号店、拉手网、高鹏、满座、武林英雄、热血三国、商品、走秀网、聚尚网、库巴、麦包包、苏宁易购、百丽、爱慕、凡客、哄孩子、携程网、太平鸟、派代、西街网、飞虎乐购、乐蜂网、名鞋库

2.2.3 业务区域：全国

2.3 收入结构：电子商务（80%）、传统企业的电子商务广告（20%）

三、综合信息

3.1 发展定位：提供“以更有效果为追求目标”的效果整合营销服务，做中国网络营销行业内独树一帜的大数据营销平台领导者

3.2 重要合作伙伴及供应商：天猫、淘宝、京东、苏宁易购、携程、1号店、亚马逊、聚美优品等

易传媒

易传媒是中国领先的整合数字广告平台。作为中国网络广告技术的重要推动力量，易传媒基于其自主研发的在线广告技术、用户数据解决方案、受众管理系统等一系列行业领先的技术产品，构建并运营着服务于广大网站、广告公司/广告主以及其他相关第三方公司的在线广告技术平台和交易平台。易传媒聚焦在多屏整合数字广告平台，面向广告投入方提供在线广告、数据解决方案、受众管理系统等技术服务。易传媒建立并运营三大广告平台：需求方平台DSP、供应方平台SSP、数据管理平台DMP，是中国数字广告技术的重要推动者之一。凭借自主研发的创新性网络广告系统、效果监测评估系统、广告位托管交易系统、精准投放广告系统以及自建化网络广告平台，易传媒形成了独特的自我品牌标识。

易观分析

易传媒拥有广阔的媒体资源，其中优质媒体占据了很大部分，因此能吸引更多品牌广告主。此外，易传媒在线下与电视媒体建立了合作关系，有助于拓展视频广告网络。随着互联网普及率的提高和网民网络行为的碎片化，易传媒等覆盖全面的广告网络更能满足品牌广告主的营销需求。目前，随着大型媒体自建广告系统的意识加强，易传媒在媒体资源聚合方面的优势将面临一定的挑战，但另一方面，广告主对程序化购买、精准营销认知及需求的增强，对广告平台的技术要求将会更高，因此，易传媒在技术方面的优势将助力其市场的拓张。随着 DSP 精准广告的投放方式被广泛接受，中国 DSP 市场成熟度逐渐加深，进入参与企业日益增多，易传媒需要进一步整合资源，建立竞争优势。

一、基础信息

1.1 基本信息

1.1.1 公司全称：上海新易传媒广告有限公司

1.1.2 成立时间：2007 年 4 月

1.1.3 总部地点：上海市

1.1.4 上市时间：未上市

1.1.5 企业性质：外商独资

1.1.6 联系方式

官网：http：//www.adchina.com/

邮箱：sales@adchina.com

地址：上海市徐家汇路 610 号日月光中心 19-20 层

电话：021-62675588

1.2 组织信息

1.2.1 管理层

闫方军　首席执行官

二、业务信息

2.1 产品及服务信息

2.1.1 产品信息

（1）广告平台——AdChina DSP

AdChina DSP 是中国最大的多屏整合需求方平台之一，将分散在各个媒体平台的广告资源整合，为广告主实现以“人”为本的精准广告投放

①展示广告需求方平台——Display DSP

易传媒展示广告需求方平台，搭建了中国覆盖最大的展示类广告平台。整合来自中国 500 多家领先网站的优质广告资源、1000 多家 SSP 和广告交易平台的广告资源

②移动广告需求方平台——Mobile DSP

易传媒移动广告需求方平台，作为中国最大的移动 DSP 之一，整合 8 万多 APP 媒体资源和 200 多家领先移动网站

③视频广告需求方平台——Video DSP

易传媒视频广告需求方平台，致力于打造互联网视频网站的卫视台。覆盖全中国 30 多家主流视频网站，覆盖面超越任何单一视频网站。资源种类涵盖视频分享网站、客户端、长视频，每日产生 25 亿 PV

（2）经销商版自助 DSP——Mega Platform

大麦（Mega Platform）是中国最大的区域经销商版自助 DSP 之一，专注服务区域经销商，提供计划、下单、购买到报告的一站式自助媒介购买体验

（3）数据管理平台——AdChina DMP

AdChina DMP（Data Management Platform）是中国最大的多屏数据管理平台之一。通过多方位数据整合、分析，转变为可以直接购买的人群，释放数据的真正价值，提升广告投放 ROI

（4）供应方平台——AdChina SSP

AdChina SSP（Supply Side Platform）是中国最大的供应方平台之一。适合中国互联网媒体使用的革命性广告管理系统，从广告运营到收入优化一站式服务

2.2 覆盖范围

2.2.1 行业：在线广告

2.2.2 主要客户：

奔驰、奥迪、东风日产、中国银行、招商银行、广发银行、中信银行、太平洋保险、富国基金、海康人寿、交通银行、英特尔、惠普、佳能、宏碁、联想、诺亚舟、康佳、LVMH、麦当劳、银鹭、蒙牛、中粮、箭牌、统一、百事可乐、安利、强生、ZA、妮维雅、欧莱雅、艾格、耐克、阿迪达斯、中华、黑人牙膏、护舒宝、安利、李宁、美特斯邦威、海尔、TCL、中国移动、中国联通、聚友、乐蜂网

2.2.3 业务区域：中国、美国

2.3 收入结构：服务费收入（60%）、广告主收入（40%）

三、综合信息

3.1 发展定位：多屏整合数字广告平台

3.2 重要合作伙伴及供应商：新浪、风尚、时尚网、妆点网、闺蜜网、腾讯、金鹰网、MSN、人人网、数字英才网、中金在线、和讯、中国网络电视台、网易、中国汽车网、华尔街日报、凤凰网等

璧合

璧合科技在 2012 年 8 月成立，发布其广告投放系统，将 DMP（数据管理平台）和 DSP（广告需求平台）整合为一体，以高效的人群定向技术和先进的广告优化算法，实现目标受众、精准广告

位、动态素材的一站式自助投放过程，平均日均接入超过 100 亿次的广告曝光机会，日均触达高达 8 亿人次。壁合科技深耕视频精准营销领域，已对接优酷、芒果 TV、腾讯、爱奇艺、搜狐、乐视 TV 等十多家主流视频网站，并推出多种视频广告展现形式（网页 banner、视频前贴片、视频暂停广告、视频后贴片等多种形式），并将其在数据挖掘及分析的独有优势应用到视频投放领域，帮助客户更精准地覆盖到目标人群，提升广告转化效果。同时，在跨屏投放的技术水平亦处于业内领先水平。目前，壁合科技已为包括游戏、电商、金融、教育等行业在内的 1300 余家广告主提供线上效果类营销服务，且已在 2015 年 8 月 31 日登陆新三板上市。

易观分析

在技术方面，壁合拥有经验丰富的技术团队，在跨屏投放的技术水平亦处于业内领先水平；在业务模式上，壁合只专注于效果 DSP，凭借强大数据分析能力与经验，为广告主提供可衡量的效果广告，同时壁合的资源覆盖移动端、PC 端、视频端，加上独特的跨屏识别方法，可以让广告主更直观的衡量广告投放后的效果。然而，中国 DSP 市场正处于高速期，参与企业也日渐增多，特别是国外的营销服务公司也开始进驻中国，产商间的竞争日趋激烈，壁合作为独立第三方模式发展的 DSP 厂商，应进一步整合资源，建立竞争优势。

一、基础信息

1.1 基本信息

1.1.1 公司全称：北京壁合科技股份有限公司

1.1.2 成立时间：2012 年 8 月

1.1.3 总部地点：北京市

1.1.4 资本信息：注册资本 1500 万元人民币

1.1.5 联系方式

邮箱：sales@ behe. com

地址：北京市朝阳区广渠路 3 号竞园 26A

电话：010-85591131

1.2 组织信息

1.2.1 管理层

刘竣丰　创始人兼董事长

二、业务信息

2.1 产品及服务信息

壁合自成立之初便一直深耕于效果类广告服务领域。效果类广告服务是一种基于程序化购买的广告服务模式。自主研发的 AGAIN 广告投放平台，将数据管理平台和广告需求平台整合为一体，以高效的人群定向技术和先进的广告优化算法，实现目标受众、精准广告位、智能创意的一站式自

助投放过程

2.2 覆盖范围

2.2.1 行业：在线广告

2.2.2 业务区域：中国

三、综合信息

3.1 发展定位：是基于大数据技术，提供跨屏程序化广告投放策略和技术解决方案的互联网效果广告技术公司

3.2 重要合作伙伴及供应商：百度、搜狐、新浪、好耶广告网络、秒针系统、凤凰网、腾讯网、芒果 TV、环球网、优酷等

多盟

多盟（简称 domob），是中国领先的智能手机行业广告平台之一。通过整合智能手机领域优质的应用及广告资源，多盟搭建了广告主和应用开发者之间的广告技术服务平台。借助大规模数据处理的平台优势以及贴近应用开发者的服务模式，多盟为应用开发者和广告主提供高效的产品推广服务和收益，致力于打造成熟化的智能手机广告平台。2015 年 6 月，蓝色光标收购多盟 95%的股权。

易观分析

多盟瞄准了快速发展的互联网移动终端市场，并开创了广告贴合内容的营销模式，以此完善消费者体验过程。而在移动互联网广告行业的技术优势和优质媒体资源，也为多盟拓展移动营销领域建立了优势。通过大数据分析和定向智能推送，多盟帮助广告主实现了精准营销，降低成本，提高效率。多盟加大了对开发者的扶持力度，甚至通过自身利润来补贴开发者，有利于树立长远的资源发展优势和完善产业链布局，但同时也为目前经营状况带来压力。

随着互联网巨头触及移动营销领域，多盟想在竞争中有所突破，还需要巩固资源基础并加强创新开发。

一、基础信息

1.1 基本信息

1.1.1 公司全称：多盟智胜网络技术（北京）有限公司

1.1.2 成立时间：2010 年 9 月

1.1.3 总部地点：海淀区万泉庄路 15 号 6 层（万泉商务花园西侧写字楼）

1.1.4 上市时间：未上市

1.1.5 企业性质：内资企业

1.1.6 资本信息：不详

1.1.7 联系方式

网址：http：//www. domob. cn/

邮箱：jianglili@ miaozhen. com

电话：010-82176684

1.2 组织信息

1.2.1 管理层

齐玉杰　首席执行官

二、业务信息

2.1 产品及服务信息

稳定的广告/应用管理平台：

多盟为广告主提供操作简单、专业高效的广告投放平台。多盟提供各种定向的手段，直达目标受众。丰富多样的广告形式，提升广告传播效果。多种计费方式选择，适应广告主的不同推广目的和需求。多盟为开发者提供嵌入广告的方式和稳定的应用管理平台

智能的广告优化平台：

多盟设置了各种广告优化的机制，后台自动运行，在更适合的媒体上展现更吸引用户的广告。帮助广告主优化创意展现和媒体组合，实现更有效的投放，提高投资回报率。翔实的数据统计分析平台

多盟为广告主和开发者提供了可信赖的数据统计，精准记录每一分投入与产出。帮助广告主了解广告的投放效果，从而更好地调整广告策略，提升广告投放的投入产出比

安全的财务管理系统：

多盟为广告主和开发者提供有效管理支出和收入的财务系统。广告主通过多盟的财务管理可以清晰地查询消费记录，及时充值以保证持续有效的广告投放

2.2 覆盖范围

2.2.1 行业：在线广告

2.2.2 主要客户：肯德基、东风标致、宝马、中国银行

2.2.3 业务区域：全国

2.3 收入结构：多盟超过一半的营收来自品牌广告，包括肯德基、东风标致、宝马、中国银行等国内外知名企业。此外，多盟通过在技术上的不断创新研发出多款广告模式（如插屏、开屏、积分墙、HTML5 富媒体等），旨在为品牌广告提供更多更好的服务，帮助广告主进行最大的 ROI 回报的投放，量化结构不详

三、综合信息

3.1 发展定位：专注于 APP 分发、效果广告及移动品牌广告

3.2 重要合作伙伴及供应商：墨迹天气、美图秀秀、保卫萝卜等多款明星应用

品友互动

品友互动在 2008 年创立，并率先成功对接了国内 14 家全部上线运行的广告交易平台（Ad Exchange)，广泛服务了快消、金融、IT、电商、汽车、旅游等行业的龙头企业，为广告主及其代理公司提供实时竞价（RTB）采购目标人群曝光的服务。同时，推出 PC+移动 PDB 私有程序化购买，对广告主自采媒体资源，运用程序化购买的方式进行对接和投放，帮助广告主在他们拥有的广告位中实现人群和品牌的匹配。“千人千面”的广告创意使得受众的广告体验大为提升，并对于经常穿梭于不同网站的同一受众，实现跨媒体频次控制。采用先进的人群定向技术及互联网人群数据，品友互动搭建了多个云计算平台，并引入大数据研究方法，自主开发了基于海量数据的广告智能优化平台。凭借该平台，品友可以实现在 PC 端、视频端和移动端进行 DSP 广告投放，形成了完整的产业线。

易观分析

作为行为定向广告市场的先入者，品友在获取广告主资源方面存在较大优势，而已经建立起来的媒体合作关系也能为其带来收益并拓宽市场。由于行为定向广告的投资回报率较高，将会进一步吸引大量广告主进入市场，品友也将迎来更大的发展契机。然而，目前品友的投入成本较高，主营业务贡献的利润难以支持其业务拓展，发展承受着一定的压力。在市场方面，广告主对新技术的接受尚需时日，大量竞争者的进入也将威胁品友的发展。

一、基础信息

1.1 基本信息

1.1.1 公司全称：北京品友互动信息技术有限公司

1.1.2 成立时间：2008 年

1.1.3 总部地点：北京市朝阳区东三环中路乐成中心 A 座

1.1.4 上市时间：未上市

1.1.5 企业性质：外商独资

1.1.6 联系方式

网址：http://www.ipinyou.com/

邮箱：business@ipinyou.com

地址：北京市朝阳区东三环中路乐成中心 A 座

电话：010-85865673

1.2 组织信息

1.2.1 管理层

黄晓南　首席执行官

二、业务信息

2.1 产品及服务信息

需求方平台（DSP）

品友互动，作为中国 RTB 市场的引领者，2012 年 3 月首家推出中国真正意义上的需求方平台（Demand-Side Platform，DSP）。作为中国最大的 DSP，品友互动 DSP 已率先成功对接了国内全部上线运行的广告交易平台（AD Exchange），可以为广告主及其代理公司提供实时竞价（RTB）采购目标人群曝光的服务，并已经广泛服务了快消、金融、IT、电商、汽车、旅游等行业的客户

视频需求方平台（VDSP）

品友互动 VDSP（Video Demand-Side Platform，VDSP）视频需求方平台，作为品友互动在视频网站领域进行 RTB 投放的主要产品，针对网络视频用户多样化的挑战，为广告主提供不绑定媒体，不绑定热播剧，绑定“目标人群”的投放模式，可以为广告主“零预算”搭建庞大视频媒体组合，对接每天 5 亿的视频媒体 PV 流量，实现低成本、海量目标人群的高效曝光

品友大算盘（S-DSP）

品友大算盘（Self-Service Demand-Side Platform，S-DSP），是专为中小企业量身定制的实时竞价自助广告投放工具

供应方平台（SSP）

品友互动供应方平台（Sell-Side Platform，SSP）产品，是一个依托于品友 Optimus 优驰 TM 智能广告投放系统的媒体服务平台。该平台通过人群定向技术，智能地管理媒体广告位库存、优化广告的投放，助网络媒体实现其广告资源优化，提高其广告资源价值，达到帮助媒体提高收益的目的

2.2 覆盖范围

2.2.1 行业：在线广告

2.2.2 主要客户：汽车行业、金融行业、IT 行业、快消行业、电子商务及旅游行业

2.2.3 业务区域：全国

2.3 收入结构：主要收入来自于广告主支付的广告投放费用

三、综合信息

3.1 发展定位：致力于打造人群定向、智慧传播中国数字广告第一平台

3.2 重要合作伙伴及供应商：包括腾讯在内的 PPTV、迅雷、乐视等 14 家主要视频网站

中国互联网广告行业企业名录节选如下表：

表 33　中国互联网广告行业企业名录节选

广告综合	腾讯社交广告	简要分析见前述 数据分析及详细分析 见易观企业库
广告综合	亿玛在线	
广告网络	易传媒	
广告营销	壁合	
移动广告联盟	多盟	
供应方平台	品友互动	

（续表）

Ad Exchange	谷歌	数据分析及详细分析见易观企业库
Ad Exchange	阿里巴巴	
Ad Exchange	百度	
Ad Exchange	腾讯	
SNS舆情监测	腾讯	
官网监测	谷歌	
官网监测	百度	
官网监测	阿里巴巴	
广告网络	阿里巴巴	
广告网络	百度	
广告网络	谷歌	
效果营销	腾讯	
需求方平台	阿里巴巴	
移动广告监测SDK	百度	
移动广告监测SDK	谷歌	
移动广告交易平台	谷歌	
移动广告联盟	腾讯	
移动广告联盟	百度	
移动广告网络	百度	
移动广告网络	谷歌	
移动广告网络	搜狐	
移动广告网络	腾讯	
移动广告网络	网易	
移动广告网络	新浪	
Ad Exchange	传漾科技	详细分析见易观企业库
Ad Exchange	盟博受众平台	详细分析见易观企业库
Ad Exchange	盛大广告传媒有限公司	详细分析见易观企业库
SNS舆情监测	中华联合财产保险股份有限公司	详细分析见易观企业库
SNS舆情监测	EUCIT	详细分析见易观企业库
SNS舆情监测	北京一飞科达软件有限公司	详细分析见易观企业库
SNS舆情监测	精硕科技公司	详细分析见易观企业库
SNS舆情监测	北大方正集团有限公司	详细分析见易观企业库
SNS舆情监测	北京木果信息技术有限公司	详细分析见易观企业库
SNS舆情监测	优力互动（U-tracking）	详细分析见易观企业库
Trading Desk	cadreon	详细分析见易观企业库

（续表）

Trading Desk	Interpublic Group of Companies	详细分析见易观企业库
Trading Desk	WPP 集团	详细分析见易观企业库
Trading Desk	安吉斯媒体集团	详细分析见易观企业库
Trading Desk	宏盟媒体集团	详细分析见易观企业库
Trading Desk	群邑中国邑策（Xaxis）	详细分析见易观企业库
Trading Desk	阳狮广告	详细分析见易观企业库
标签管理	Google Tag Manager	详细分析见易观企业库
标签管理	Tag. Man	详细分析见易观企业库
标签管理	tagcommander	详细分析见易观企业库
标签管理	zamptag	详细分析见易观企业库
电子邮件营销	Comm100	详细分析见易观企业库
电子邮件营销	威勃庞尔	详细分析见易观企业库
电子邮件营销	艾司隆	详细分析见易观企业库
电子邮件营销	深圳市汉启网络科技有限公司	详细分析见易观企业库
电子邮件营销	华思邮件营销	详细分析见易观企业库
电子邮件营销	北京脉展软件技术有限公司	详细分析见易观企业库
电子邮件营销	思齐软件有限公司	详细分析见易观企业库
电子邮件营销	星邮	详细分析见易观企业库
电子邮件营销	亿邻商邮	详细分析见易观企业库
电子邮件营销	上海亿业网络科技发展有限公司	详细分析见易观企业库
富媒体	Eyeblaster	详细分析见易观企业库
富媒体	互动通	详细分析见易观企业库
富媒体	美易互通	详细分析见易观企业库
富媒体	随视传媒	详细分析见易观企业库
富媒体	悠易互通	详细分析见易观企业库
供应方平台	Google Admeld	详细分析见易观企业库
供应方平台	阿里妈妈	详细分析见易观企业库
供应方平台	艾德思奇 PubSage	详细分析见易观企业库
供应方平台	传漾科技（dolphin）	详细分析见易观企业库
供应方平台	好耶	详细分析见易观企业库
供应方平台	盛大在线	详细分析见易观企业库
官网监测	99click	详细分析见易观企业库
官网监测	CNZZ 公司	详细分析见易观企业库
官网监测	Omniture	详细分析见易观企业库

（续表）

官网监测	WebTrends	详细分析见易观企业库
官网监测	站长工具	详细分析见易观企业库
广告网络	Hdtmedia 互动通	详细分析见易观企业库
广告网络	LINKTECH	详细分析见易观企业库
广告网络	博圣云峰	详细分析见易观企业库
广告网络	成果网	详细分析见易观企业库
广告网络	点睛	详细分析见易观企业库
广告网络	分享传媒	详细分析见易观企业库
广告网络	分众传媒	详细分析见易观企业库
广告网络	蜂潮网	详细分析见易观企业库
广告网络	互动通控股集团	详细分析见易观企业库
广告网络	华扬联众数字技术股份有限公司	详细分析见易观企业库
广告网络	聚合广告平台	详细分析见易观企业库
广告网络	浪淘金（北京）科技有限责任公司	详细分析见易观企业库
广告网络	麒润网络广告网	详细分析见易观企业库
广告网络	淘宝网	详细分析见易观企业库
互动广告代理	古美互动	详细分析见易观企业库
互动广告代理	好耶	详细分析见易观企业库
互动广告代理	新意互动	详细分析见易观企业库
互动广告代理	华扬联众数字技术股份有限公司	详细分析见易观企业库
互动广告代理	美通互动	详细分析见易观企业库
互动广告代理	实力传播集团	详细分析见易观企业库
互动广告代理	阳狮广告	详细分析见易观企业库
企业 APP 开发	道有道（北京）科技有限公司	详细分析见易观企业库
企业 APP 开发	飞拓无限公司	详细分析见易观企业库
企业 APP 开发	巨流无线	详细分析见易观企业库
企业 APP 开发	米创	详细分析见易观企业库
数据库营销	Lecast	详细分析见易观企业库
数据库营销	Topen	详细分析见易观企业库
数据库营销	第六媒体（中国）有限公司	详细分析见易观企业库
数据库营销	多歌	详细分析见易观企业库
数据库营销	上海慧渔文化交流咨询有限公司	详细分析见易观企业库
数据库营销	赛诺贝斯整合营销机构	详细分析见易观企业库
数据库营销	松林和创	详细分析见易观企业库

（续表）

数据库营销	突码营销	详细分析见易观企业库
数据库营销	微码邓白氏	详细分析见易观企业库
数据库营销	新华信国际信息咨询（北京）有限公司	详细分析见易观企业库
数据库营销	智邮营销策划有限公司	详细分析见易观企业库
数字发行服务	网尚文化传播有限公司	详细分析见易观企业库
效果监测	dentsu 电通	详细分析见易观企业库
效果监测	digitas 狄杰斯	详细分析见易观企业库
效果监测	安瑞索思	详细分析见易观企业库
效果监测	OgilvyOne 奥美互动	详细分析见易观企业库
效果监测	鹏泰互动	详细分析见易观企业库
效果监测	wwwin 知世营销	详细分析见易观企业库
效果监测	博圣云峰	详细分析见易观企业库
效果监测	点墨思维	详细分析见易观企业库
效果监测	飞拓无限	详细分析见易观企业库
效果监测	巨流无线	详细分析见易观企业库
效果监测	龙拓互动	详细分析见易观企业库
效果监测	麦肯光明	详细分析见易观企业库
效果监测	米创	详细分析见易观企业库
效果监测	上海网帆	详细分析见易观企业库
效果监测	智威汤逊	详细分析见易观企业库
效果营销	成果网	详细分析见易观企业库
效果营销	多麦 cps 广告联盟	详细分析见易观企业库
效果营销	杭州九赢互联广告技术有限公司	详细分析见易观企业库
效果营销	淘宝网	详细分析见易观企业库
效果营销	宣传易传媒	详细分析见易观企业库
效果营销	亿起发	详细分析见易观企业库
效果营销	奕天广告联盟	详细分析见易观企业库
效果营销	中国极限广告联盟	详细分析见易观企业库
需求方平台	聚胜万合	详细分析见易观企业库
需求方平台	新数网络	详细分析见易观企业库
需求方平台	随视传媒	详细分析见易观企业库
需求方平台	艾德思奇	详细分析见易观企业库
需求方平台	iClick（爱点击）	详细分析见易观企业库
需求方平台	传漾科技	详细分析见易观企业库

（续表）

需求方平台	盟博受众平台	详细分析见易观企业库
需求方平台	北京品友互动信息技术有限公司	详细分析见易观企业库
需求方平台	悠易互通	详细分析见易观企业库
移动广告监测 SDK	艾德思奇	详细分析见易观企业库
移动广告监测 SDK	北京亿起联科技-点入	详细分析见易观企业库
移动广告监测 SDK	哇棒（北京）国际传媒有限公司	详细分析见易观企业库
移动广告监测 SDK	亿动广告公司	详细分析见易观企业库
移动广告监测 SDK	赢告	详细分析见易观企业库
移动广告监测 SDK	有米广告	详细分析见易观企业库
移动广告交易平台	艾德思奇	详细分析见易观企业库
移动广告交易平台	架势无线	详细分析见易观企业库
移动广告交易平台	芒果传媒有限公司	详细分析见易观企业库
移动广告聚合平台	AdView	详细分析见易观企业库
移动广告聚合平台	果合移动广告	详细分析见易观企业库
移动广告聚合平台	芒果传媒有限公司	详细分析见易观企业库
移动广告联盟	AdMob	详细分析见易观企业库
移动广告联盟	珠海麒润网络科技有限公司	详细分析见易观企业库
移动广告联盟	AdTouch	详细分析见易观企业库
移动广告联盟	米田科技有限公司	详细分析见易观企业库
移动广告联盟	APPMedia	详细分析见易观企业库
移动广告联盟	惠普	详细分析见易观企业库
移动广告联盟	InMobi	详细分析见易观企业库
移动广告联盟	Lsense	详细分析见易观企业库
移动广告联盟	adSage	详细分析见易观企业库
移动广告联盟	佛山市曼邦（VPON）电气实业有限公司	详细分析见易观企业库
移动广告联盟	安沃传媒	详细分析见易观企业库
移动广告联盟	多米	详细分析见易观企业库
移动广告联盟	飞云广告	详细分析见易观企业库
移动广告联盟	架势无线	详细分析见易观企业库
移动广告联盟	北京力美广告有限公司	详细分析见易观企业库
移动广告联盟	哇棒（北京）国际传媒有限公司	详细分析见易观企业库
移动广告联盟	帷千动媒	详细分析见易观企业库
移动广告联盟	亿动智道	详细分析见易观企业库
移动广告联盟	赢告	详细分析见易观企业库

（续表）

移动广告联盟	有米广告	详细分析见易观企业库
移动广告联盟	掌握无限	详细分析见易观企业库
移动广告联盟	指点传媒	详细分析见易观企业库
移动广告网络	广州多玩信息技术有限公司	详细分析见易观企业库
移动广告网络	大众点评	详细分析见易观企业库
移动广告网络	儒豹	详细分析见易观企业库
移动广告网络	深圳市宜搜科技发展有限公司	详细分析见易观企业库
移动广告网络	易查搜索	详细分析见易观企业库
移动广告网络	易积分电子科技（上海）有限公司	详细分析见易观企业库
移动广告网络	有米广告	详细分析见易观企业库

新一代信息技术

大数据

百分点

百分点集团成立于2009年，是中国大数据技术与应用服务商。百分点现有员工近600人，包括2位国家千人计划入选者，30多位博士，和300多人的研发团队。百分点产品线全面涵盖大数据技术层、管理层和应用层，核心产品包括技术层的大数据操作系统，管理层的用户画像标签工场，以及应用层的推荐引擎、分析引擎和营销引擎。目前，百分点的业务已拓展至电商、媒体、零售、家电制造、汽车、政府、电信、金融等多个行业。

根据Analysys易观近期发布的《2015年中国零售大数据市场实力矩阵专题研究报告》，2015年，百分点大力加强了新产品的研发布局，包括收购软科Mediaforce，加强企业级资讯与社交管理云服务能力；发布全球首款企业级大数据操作系统（BD-OS），使企业实现全流程、可视化、智能化的企业级大数据操作等。此外，2015年9月，百分点集团宣布获得由光大证券领投的4亿元人民币D轮融资。在资源合作方面，2015年百分点集团已经与惠普签订战略合作协议，将百分点系统整合到惠普已有的大数据解决方案中。同时，百分点分别与微软和华为设计联合解决方案，微软的Azure云平台以及华为云平台将搭载大数据操作系统进行销售。

易观分析

自成立以来，百分点坚持自主创新，沉淀了丰富和坚实的企业级大数据技术和应用实践，软件著作、专利与技术创新过百项。技术、应用、数据是百分点的三大核心竞争力。技术上，百分点拥有成熟的大数据技术与管理平台，高性能的实时与离线计算能力和丰富的算法库及商业模型；应用上，百分点基于三大核心引擎的全业务驱动产品体系，帮助企业深入挖掘大数据的商业价值；数据上，根据百分点公开信息披露，百分点拥有5.5亿受众画像和1亿的商品画像，致力于在保障用户隐私及数据安全的前提下融合数据，推动数据流转，消除企业信息孤岛。

Analysys易观分析认为，目前的中国大数据产业高速发展，百分点科技处于市场中的领先地位，其在产品创新性上具有较强的独特性，同时具有较高的资源水平，2015年有85家公司使用了百分点推荐引擎，在大数据厂商中有广泛的识别率和认可度。

一、基础信息

1.1 基本信息

1.1.1 公司全称：北京百分点信息科技有限公司

1.1.2 成立时间：2009年

1.1.3 总部地点：北京市

1.1.4 上市时间：未上市

1.1.5 企业性质：股份有限公司

1.1.6 资本信息：不详

1.1.7 联系方式（总公司）

网址：http：//www. baifendian. com. /

邮箱：beijing@ baifendian. com

地址：北京市海淀区北四环西路66号中国技术交易大厦15层　100080

电话：010-82484868

1.2 组织信息

1.2.1 人员规模：目前具有近600名员工

1.2.2 管理层

苏萌　董事长、总经理

二、业务信息

2.1 主要产品与服务信息

大数据应用：个性化推荐产品、营销管家、会员智能营销系统、媒体数据洞察系统、移动数据洞察系统、舆情管家、商情管家、模型工厂、文本可视化平台

大数据管理：用户标签管理系统、大数据抓取系统

大数据技术：大数据操作系统

2.2 覆盖范围

2.2.1 行业：电商、媒体、零售、家电制造、汽车、政府、电信、金融等

2.2.2 主要客户：互联网及传统企业

2.2.3 业务区域：全国

2.3 收入结构：主要为数据服务

三、综合信息

3.1 发展定位：提供最优产品和最佳服务，打造民族软件品牌，成为中国大数据领域的领导者

3.2 重要合作伙伴及供应商信息：TCL、中国电信、王府井百货、太平洋保险、中国航信、1 号店、360 团购、梦芭莎、58 同城、金山团购、海尔商城、中关村在线、金融界等

九次方

九次方金融大数据公司创建于 2010 年，是中国最大的大数据资产运营商。九次方拥有大数据挖掘技术、数据清洗、企业数据采集、数据建模、数据标准顶层设计、数据可视化技术方面的大数据全产业链人才。公司大数据安全体系已经达到公安部等级保护测试的应用标准。目前专利及软著等专业资质已达 30 余项。

九次方专注于企业金融大数据领域。针对具体应用场景提供具体产品，向企业开放接口。一方面，收集不同行业或区域的相关数据、深度整合萃取信息，以数据中心加上专用的数据解决方案，为企业提供风险控制、精准营销等个性化服务，以提高其企业运营效率、客户洞察和业务灵活性；另一方面，在全国企业征信平台的基础上，就平台企业进行信用分级、风险评估、投资研究和数据服务，为信贷、股票、债券等决策或者投资行为提供参考依据。2015 年，九次方参与起草了工信部《大数据“十三五”发展规划》，并且参与了国家信标委的《大数据安全标准》及《中国大数据交易标准》《大数据行业应用标准》《大数据技术标准》的制定工作。2015 年 11 月 21 日，九次方完成了由博信资本、建银财富、当代集团、IDG 资本等十八家资本机构的两轮融资，总计融资 7 亿元人民币。

易观分析

Analysys 易观分析认为，中国金融大数据市场正处于快速演变的阶段。在以金融为主要行业的大数据厂商中，信用分析、量化交易分析、投资研究、风险防控、客户营销等是主要应用方向。由于各热点方向之间属松耦合的业务联系，因而各家业务的差异也使得对能力的要求存在相应区别。

九次方的核心业务为金融大数据、政府大数据、大数据创新创业。在发展大数据的同时，九次方积极开展政府数据公开服务与大数据清洗建模服务，形成了大数据产业链金字塔中的“铁三角”。根据九次方官方信息披露，目前业务整合的大数据覆盖了 30 大品类，几百家数据资源公司，2500 万家企业数据。庞大的数据基数加上与政府间的合作有利于九次方成为大数据产业的集成者。

一、基础信息

1.1 基本信息

1.1.1 公司全称：九次方金融大数据公司

1.1.2 成立时间：2010 年

1.1.3 总部地点：北京市

1.1.4 上市时间：未上市

1.1.5 企业性质：股份有限公司

1.1.6 资本信息：注册资本 1000 万元

1.1.7 联系方式（总部）

网址：http：//www.jusfoun.com/

邮箱：999@ jusfoun.com

地址：北京市海淀区王庄路 1 号清华同方科技广场 D 座西楼 16 层　100083

电话：400-819-0919

1.2 组织信息

1.2.1 人员规模：超过 600 人

1.2.2 管理层

王叁寿　创始人、执行总裁

二、业务信息

2.1 主要产品与服务信息

核心业务：

政府大数据：政府部门大数据平台管道建设、政府大数据平台建设及应用、政府大数据资产运营

金融大数据：银行大数据、证券基金投资大数据、征信大数据、互联网金融大数据

大数据创新业务：大数据 INSIDE 服务、电信运营商大数据、聚信产业链社交 APP

主要产品：

政府数据清洗建模交易：将政府不同部门的底层数据抽取，清洗建模分析，实现交易价值

银行大数据终端：精准营销、风险控制、产业链金融、互联网金融

金融大数据平台：风险投资标的精准分析，产业链投资价值分析

园区招商大数据：精准招商，产业发展前景分析，竞争格局分析

大数据交易服务：数据交易、数据撮合、定向采购、数据定价

征信大数据服务：2500 万家企业、3000 万小微企业、5 亿个人征信

金融风险预警大数据：客户信贷风险实时监控，互联网全覆盖，自动报警

农村金融云平台：汇集 8000 多种金融产品，联合农信伙伴，金融下乡

INSIDE+OUTSIDE 服务：开放九次方大数据接口，支持 1000 家大数据公司创业

产业链社交 APP：以产业链社交，有商业价值的社交为目的的 APP

2.2 覆盖范围

2.2.1 行业：涉及政府、金融、电信、媒体等多个重点行业

2.2.2 主要客户：部委、地方政府

2.2.3 业务区域：全国

2.3 收入结构：具体信息不详

三、综合信息

3.1 发展定位：贡献中国数据智慧，释放全球数据价值

3.2 重要合作伙伴及供应商信息：建银财富、博信资本、东方证券直投、当代集团、鼎峰资本、中茵集团、中非信银（国家开发银行与中信国安合资基金）、复朴投资、信中利资本、IDG 资本、德同资本、初灵基金、当代东方、键桥通讯、享悦资本、巨越资产、睿思基金、清华大学、中国农业大学、腾讯大数据、路透、据新世纪等

海云数据

海云数据隶属于北京吉祥海云数据科技有限公司，是一家利用计算机图形图像处理技术，为不同行业客户提供基于数据可视化服务的整体解决方案数据可视化服务商。海云数据的核心数据产品分为图易与智驾，这两款产品主要为企业提供具有行业属性的大数据分析，以此帮助企业进行商业决策，有助于为企业级的大数据运营带来新的思路。2015 年 4 月 18 日，海云数据与中国民航大学签署了合作协议，将海云数据建设成航空大数据人才的培养基地。2015 年 9 月，海云数据的 CEO 冯一村在中国行业信息化发展高峰论坛上获得“2015 年度中国大数据行业领军人物奖”。

易观分析

海云数据专注于提供企业级大数据整体运营与分析服务，根据不同类型的客户，海云数据分析不同个体习惯的方式，搭建完全人机互动，机器辅助大数据分析的应用产品。海云数据业务涉及航空、军事、金融、医疗等各个方面，依托数据挖掘分析，将各热点方向之间进行业务联系，在构建信息安全与公共安全领域具有一定的技术优势。

一、基础信息

1.1 基本信息

1.1.1 公司全称：北京吉祥海云数据科技有限公司

1.1.2 成立时间：2013 年 1 月

1.1.3 总部地点：北京市

1.1.4 上市时间：未上市

1.1.5 企业性质：股份有限公司

1.1.6 资本信息：不详

1.1.7 联系方式

网址：http：//hiynn.com/

地址：北京市海淀区知春路113号银网中心B座17层　100094

邮箱：info@hiynn.com

电话：010-82253877

QQ：1836060571

1.2 组织信息

1.2.1 管理层

冯一村　董事长、总裁

二、业务信息

2.1 主要产品与服务信息

主要产品：

智驾：智能驾驶舱将企业内的数据全部集成起来，安全管理与科学运营这些大数据

图易：图易将更多的关注企业大数据模型的建立，并挖掘出这些模型的商业潜力

创新与实验：

行业报告、图易实验室

解决方案：

航空、军事、安全、金融、能源、政府、医疗、定制化解决方案

2.2 覆盖范围

2.2.1 行业：信息技术业

2.2.2 主要客户：企业

2.2.3 业务区域：全国

2.3 收入结构：软件产品收入

三、综合信息

3.1 发展定位：让企业更加快速、灵活地运营大数据

3.2 重要合作伙伴及供应商信息：微软、海尔、中软国际、浪潮、中国移动、凤凰网、北京卫视、中国工商银行、耐克、新华网、CCTV.com、联想、宝马、西南证券等

云计算

阿里云

阿里云计算有限公司成立于2009年9月10日，在杭州、北京和硅谷等地设有研发中心和运营机构。阿里云的目标是打造全球领先的云计算服务平台。

阿里云 2014 年在产品开发、服务输出与生态系统建设层面进展明显，阿里云的服务领域不断拓展，电子商务、数字娱乐、金融服务、医疗健康、气象、政府管理等领域成为阿里云发展的重点。随着 2014 年阿里巴巴集团上市，阿里云也获得了集团更多的资源支持；进入 2015 年，根据阿里巴巴官方财报信息披露，阿里巴巴旗下云计算业务阿里云营收 6.49 亿元，比去年同期增长 128%，超越亚马逊和微软的云计算业务增速，成为全球增速最快的云计算服务商。阿里云连续 3 个季度的营收为 3.88 亿元人民币、4.85 亿元人民币、6.49 亿元人民币，同比去年同期分别增长 84%、106%、128%，与此同时，阿里巴巴集团未来将投入 60 亿元人民币来支持阿里云国际业务拓展，云计算、大数据领域基础和前瞻技术的研发，以及 DT 生态体系的建设。预计在 2016 年，阿里云仍将保持高速发展，并且继续保持领先。

易观分析

阿里巴巴作为中国最大的互联网企业，在人力、物力、财力上的大量投入推动云计算在电子商务、数字娱乐、金融服务、医疗健康、气象、政府管理等领域实际应用。云计算及基础设施服务，是阿里面向未来的重要战略布局。中国中小企业数量众多，云计算及基础设施服务的市场空间巨大。阿里云计算服务的高增长态势，除了市场需求的快速增长，也说明了阿里在云计算及互联网基础设施服务领域的领先地位。

Analysys 易观分析认为，阿里云致力于打造公共、开放的云计算服务平台，通过借助技术的创新，不断提升计算能力与规模效益。在学生创业方面阿里云给予大量扶持，使创业者能够受益于云计算带来的便利和价值，从而促进云生态系统的健康发展。

一、基础信息

1.1 基本信息

1.1.1 公司全称：阿里云计算有限公司

1.1.2 成立时间：2009 年 9 月 10 日

1.1.3 总部地点：杭州市

1.1.4 上市时间：2007 年 11 月 6 日（港）　2014 年 9 月 19 日（美）

1.1.5 企业性质：股份有限公司

1.1.6 联系方式

公司网址：http：//www.aliyun.com/

公司邮箱：dnsadmin@hk.alibaba-inc.com

公司地址：杭州市余杭区文一西路 969 号淘宝城

公司电话：400-600-8500

1.2 组织信息

1.2.1 管理层：

马云　执行主席

蔡崇信　执行副主席

陆兆禧　首席执行官

二、业务信息

2.1 主要产品与服务信息

主要产品：

弹性计算：云服务器 ECS、块储存、云引擎 ACE、弹性伸缩、容器服务

数据库：云数据库 RDS、云数据库 MongoDB 版、云数据库 Mencache 版、云数据库 Redis 版、分析型数据库、数据传输、数据管理

存储与 CDN：对象存储 OSS、表格存储、归档存储、消息服务、CDN

网络：负载均衡、专有网络 VPC、高速通道

大规模计算：大数据计算服务 ODPS、批量计算、数据集成、E-MapReduce、采云间

云盾：态势感知、基础防护、DDoS 高防 IP、安全网络、安骑士、补丁管理、反欺诈

管理与监控：云监控、访问控制、资源编排

应用服务：日至服务、开放搜索、媒体转码、性能测试、邮件推送

互联网中间件：企业及分布式应用服务 EDAS、消息队列、分布式关系型数据库服务 DRDS

移动服务：移动数据分析、移动推送

域名与网站服务

2.2 覆盖范围

2.2.1 行业：电子商务、数字娱乐、金融服务、医疗健康、气象、政府管理等

2.2.2 主要客户：萌象、会计城、千帆、螃蟹秘密等

2.2.3 业务区域：全球

2.3 收入结构：主要来自云计算服务

三、综合信息

3.1 发展定位：阿里云致力于打造公共、开放的云计算服务平台

3.2 重要合作伙伴及供应商信息：Neusoft、数梦工场、中软国际、驻云、One Apm、小能、好视通、订货宝等

腾讯云

腾讯通过早期 QQ 以及 QQ 空间等产品的发展，积累了丰富的云经验，打下了坚实的基础和能力，为腾讯云奠定了雏形。2010 年 2 月，腾讯开放平台接入首批应用，腾讯云正式对外提供云服务（包括 CDN 等）。2013 年 9 月，腾讯云全面向社会开放，云安全上线。腾讯云于 2014 年召开了全球合作伙伴大会，并提出了面向传统行业“连接百万企业”计划，与合作伙伴一起帮助传统企业实现云化的转型。2015 年，腾讯云提出“云+计划”，宣布将发展 2000 家云计算生态服务商，其中包括 500 家核心合作伙伴，合作伙伴最高可获 90%的业务分成，以及政策支持、市场教育、培训服务、

技术保障等四大支持，并且承诺在未来的 5 年内投资 100 亿元人民币，与合作伙伴一起，搭建腾讯云生态，而与国外甲骨文的战略合作，也将补齐腾讯企业级服务的业务线。预计在 2016 年，腾讯云的“云+计划”将逐步落地，腾讯云也会获得高速发展，而腾讯云也将继续处于第一梯队。

易观分析

目前国内云计算 IaaS 服务渗透率还相对较低，未来增速将逐渐增加。在服务同质化严重、产品价格不断降低、竞争愈加激烈的情况下，厂商创新能力成为厂商未来发展的核心要素，厂商应当通过创新来为用户提供更为专业、稳定、高效、低成本的基础设施服务。而技术能力、产品创新能力、资源整合能力和运营能力是评价云计算 IaaS 厂商现有创新能力的重要指标。

腾讯拥有高性能、高稳定的云虚拟机，在云端制定的多套解决方案可适用于游戏、医疗、金融、电商、视屏、O2O、微信、旅游、网站、智能硬件，可在云中提供大小可调的弹性计算容量，用户可根据自身实际情况购买自定义配置机型。Analysys 易观分析认为腾讯凭借微信的高普及程度，在 O2O 领域以及多数互联网企业中有较好的知名度，同时依附于腾讯资源的各种应用未来将更多的使用腾讯云。

一、基础信息

1.1 基本信息

1.1.1 公司全称：腾讯控股有限公司

1.1.2 成立时间：1998 年成立

1.1.3 总部地点：深圳

1.1.4 上市时间：2004 年 6 月 16 日　港股

1.1.5 资本信息：注册资本 8000 万元人民币

1.1.6 联系方式

网址：http：//www.qcloud.com/

电话：4009-100-100

邮箱：qcloud@tencent.com

地址：深圳市南山区高新科技园中区一路腾讯大厦

1.2 组织信息

1.2.1 管理层

马化腾　首席执行官

二、业务信息

2.1 产品及服务信息

计算与网络：云服务器、弹性 web 服务、负载均衡

存储与 CDN：云数据库、NoSQL 高速存储、对象存储服务（beta）、CDN

监控与安全：云监控、云安全、云拨测

大数据：TOD 大数据处理、腾讯云分析、腾讯云搜

开发者工具与服务：移动加速、应用加固、腾讯云安全与认证、信鸽推送、域名备案、云API、万象图片、维纳斯、云点播

2.2 覆盖范围

2.2.1 行业：游戏、医疗、金融、电商、视频、O2O、微信、旅游、网站、智能硬件

2.2.2 主要客户：少年三国志、天龙八部 3D、大富豪 2、医链、泰道、泰康人寿、广发证券、聚美优品、世界工厂、龙珠直播、58 同城、滴滴打车、指点传媒、艺龙、携程、知乎、猪八戒、乐视等

2.2.3 业务区域：全球

2.3 收入结构：主要为云计算服务费

三、综合信息

3.1 发展定位：定制多套解决方案，助你轻松跨入“互联网+”时代

3.2 重要合作伙伴及供应商：IBM、微软、LG、英特尔、甲骨文、美柚、创新工厂等

销售易

销售易是仁科互动（北京）信息科技有限公司旗下的核心产品，是全球首款融合社交和移动技术的云端 CRM 产品，帮助企业提升销售团队执行力和业绩。销售易将移动互联、社交网络和云技术融合，重构 PC 时代的传统 CRM（客户关系管理系统），解决其复杂难用、推行困难的弊病，打造新一代移动 CRM。2015 年 2 月 14 日销售易 3.0 版本发布，专业性与易用性的完美结合，采用大众熟悉的“微信式”交互设计，功能清晰，智能易用。2015 年 3 月销售易获得经纬领投、红杉跟投的 1500 万美元 C 轮融资。

易观分析

销售易的产品专业度非常高，完善的功能模块能够支撑大中型企业复杂组织流程的销售过程管理，拥有产品成功团队保障产品的售后实施，为企业用户提供专业的服务。2015 年，销售易打造了首届“销售节”庆典，推出了“销售不易”话剧，并且在多种渠道投放了广告，提升了品牌知名度。2015 年 10 月，美国 SugarCRM 前高级研发总监周然（Ryan Zhou）先生正式加入销售易，担任公司 CTO，从高端人才的层面保障自身产品的专业性。用户资源、基础设施规模、品牌声望与资本实力的提升使得销售易从中国云计算 SaaS CRM 市场中脱颖而出，显示出明显优势，预计在 2016 年也仍将处于领先者队列。

一、基础信息

1.1 基本信息

1.1.1 公司全称：仁科互动（北京）信息科技有限公司

1.1.2 成立时间：2011 年 7 月 18 日

1.1.3 总部地点：北京市朝阳区朝阳北路 237 号复星国际中心 21 层

1.1.4 上市时间：未上市

1.1.5 企业性质：民营

1.1.6 联系方式

网址：http：//www. xiaoshouyi. com/

地址：北京市朝阳区朝阳北路 237 号复星国际中心 21 层　100025

邮箱：info@ xiaoshouyi. com

电话：400-050-0907

1.2 组织信息

1.2.1 管理层

史彦泽　首席执行官

二、业务信息

2.1 产品及服务信息

主要产品：售易免费版、销售易专业版、销售易企业版

主要服务：高科技行业解决方案、互联网行业解决方案、SaaS 行业解决方案、传媒行业解决方案、制造业解决方案、医疗器械解决方案、教育培训解决方案、快消品行业解决方案

2.2 覆盖范围

2.2.1 行业：高新科技、互联网、传媒、制造业、医疗器械、教育培训、快消品

2.2.2 主要客户：分众传媒、科锐配电、Beisen、万学教育、新浪乐居、中国华戎、佳都新太、百世物流、北京资源亿家集团、金山等

2.2.3 业务区域：全国

2.3 收入结构：不详

三、综合信息

3.1 发展定位：移动时代最专业的销售管理服务商

3.2 重要合作伙伴及供应商：汽车金融、滴滴出行、泰康人寿，分众传媒、神州数码、良信电器、北京科锐

北森

北森是由北京北森云计算股份有限公司开发的人才管理软件平台，其中包含人才测评、招聘管理、绩效管理、继任与发展、360 度评估反馈、员工调查、核心人力等业务。在 2003 年，北森率先通过互联网为企业提供人才测评服务，2010 年，随着业务范围覆盖了人才管理的全流程，北森推出了国内首个人才管理云计算软件平台——iTalent。

2015 年，“北京北森测评技术有限公司” 正式更名为 “北京北森云计算股份有限公司”，借助最新上线的商业智能平台——BTI（Beisen Talent Insights），可以深入挖掘这些人才大数据，进行人

才全生命周期的分析与预测。2015 年 4 月 28 日，北森获得由经纬中国、青宥仟和领投，红杉中国跟投的 1.1 亿元 C 轮融资。

易观分析

北森是中国云计算 SaaSHR 人才管理软件服务供应商的代表，拥有国内唯一覆盖人才测评、招聘管理、绩效管理、继任与发展、360 度评估反馈、员工调查、核心人力等业务的一体化人才管理软件平台 iTalent，北森的大客户战略能够保证北森稳定的营收，并且能够保证北森的续费率保持在非常高的水平，而通过北森自身的 PaaS 平台，又能够解决传统项目时交付时间过长的短板。通过对于云技术和大数据技术的利用，能够让北森在未来的 SaaS HR 市场中保持更强的市场竞争力。

随着中国企业逐渐摒弃传统 her 软件，更多的厂商开始使用更专注人才战略的人才管理 SaaS 软件。而北森拥有良好的交互体验、平台化、可定制化与全服务导向，能够把创新性提供给市场并获取较高的市场认可。

一、基础信息

1.1 基本信息

1.1.1 公司全称：北京北森云计算股份有限公司

1.1.2 成立时间：2002 年

1.1.3 总部地点：北京

1.1.4 上市时间：未上市

1.1.5 企业性质：民营

1.1.6 联系方式

网址：http：//www.beisen.com/

地址：北京市海淀区上地东路 35 号颐泉汇 7 层　100085

电话：400-650-6886

1.2 组织信息

1.2.1 管理层

纪伟国　首席执行官

二、业务信息

2.1 产品及服务信息

主要产品

招聘云：脱离招聘的困境，提高招聘流程效率

绩效云：通过将考核、执行和反馈有机结合起来，真正塑造企业需要的绩效文化，更好管理内部人才

继任云：通过建立系统化、流程化的体系来评估、发展和保留组织内部的高潜人才

测评云：通过专业工具和服务，对人才进行精准评估，为企业用人、选人、育人等人事决策提供参考依据

调查云：从员工满意度、敬业度、组织氛围三方面全面、高效地了解员工

核心人力云：为企业提供完整的核心人力信息化解决方案

2.2 覆盖范围

2.2.1 行业：金融、保险、证券、计算机、互联网、建筑、房地产、家具、消费品、工业、制造业、能源、原材料、餐饮、高武、通信业、生物、制药、公共事业单位

2.2.2 主要客户：支付宝、泛华集团、正大集团、新东方、KAMA、和裕地产、中国邮政、达能等

2.2.3 业务区域：全国

2.3 收入结构：不详

三、综合信息

3.1 发展定位：一体化的云计算人才管理平台

3.2 重要合作伙伴及供应商：京东、腾讯、通联支付、联想、瑞华会计师事务所、南充市商业银行、中国民生银行、华泰保险、优衣库、周大福、中粮集团、丰田、一汽轿车、九阳等

我国大数据、云计算及企业应用行业企业名录节选如下表：

表 34　中国大数据、云计算及企业应用行业企业名录节选

<table>
<tr><td>大数据</td><td>百分点</td><td rowspan="7">简要分析见前述
数据分析及详细分析
见易观企业库</td></tr>
<tr><td>大数据</td><td>九次方</td></tr>
<tr><td>大数据</td><td>海云数据</td></tr>
<tr><td>云计算</td><td>阿里云</td></tr>
<tr><td>云计算</td><td>腾讯云</td></tr>
<tr><td>云计算</td><td>销售易</td></tr>
<tr><td>云计算</td><td>北森</td></tr>
<tr><td>云计算</td><td>安徽斯百德信息科技有限公司</td><td>详细分析见易观企业库</td></tr>
<tr><td>云计算</td><td>安心网智能科技（深圳）有限公司</td><td>详细分析见易观企业库</td></tr>
<tr><td>云计算</td><td>百度在线网络技术（北京）有限公司</td><td>详细分析见易观企业库</td></tr>
<tr><td>云计算</td><td>北京北龙超级云计算有限责任公司</td><td>详细分析见易观企业库</td></tr>
<tr><td>云计算</td><td>北京东方智嵌科技有限责任公司</td><td>详细分析见易观企业库</td></tr>
<tr><td>云计算</td><td>北京东升博展云计算科技有限公司</td><td>详细分析见易观企业库</td></tr>
<tr><td>云计算</td><td>北京含弘天工科技有限公司</td><td>详细分析见易观企业库</td></tr>
<tr><td>云计算</td><td>北京红山世纪科技有限公司</td><td>详细分析见易观企业库</td></tr>
<tr><td>云计算</td><td>北京华胜天成科技股份有限公司</td><td>详细分析见易观企业库</td></tr>
</table>

（续表）

云计算	北京华云网际科技有限公司	详细分析见易观企业库
云计算	北京基调网络系统有限公司	详细分析见易观企业库
云计算	北京金山云网络技术有限公司	详细分析见易观企业库
云计算	北京久久相悦科技有限公司	详细分析见易观企业库
云计算	北京开普互联科技有限公司	详细分析见易观企业库
云计算	北京全景赛斯科技发展有限公司	详细分析见易观企业库
云计算	北京锐步科技发展有限责任公司	详细分析见易观企业库
云计算	北京视博云科技有限公司	详细分析见易观企业库
云计算	北京天地祥云科技有限公司	详细分析见易观企业库
云计算	北京天地云箱科技有限公司	详细分析见易观企业库
云计算	北京天云趋势科技有限公司	详细分析见易观企业库
云计算	北京天云融创软件技术有限公司	详细分析见易观企业库
云计算	北京亿企通信息技术有限公司	详细分析见易观企业库
云计算	北京友友天宇系统技术有限公司	详细分析见易观企业库
云计算	北京云端时代科技有限公司	详细分析见易观企业库
云计算	北京云华时代智能科技有限公司	详细分析见易观企业库
云计算	北京云科信息技术有限公司	详细分析见易观企业库
云计算	北京云思维科技有限公司	详细分析见易观企业库
云计算	恩信云计算	详细分析见易观企业库
云计算	华工智云	详细分析见易观企业库
数据中心	AMD	详细分析见易观企业库
数据中心	杭州迪普科技有限公司	详细分析见易观企业库
数据中心	方正国际软件有限公司	详细分析见易观企业库
数据中心	北京航天联志科技有限公司	详细分析见易观企业库
数据中心	联想集团	详细分析见易观企业库
数据中心	北京强氧科技发展有限公司	详细分析见易观企业库
数据中心	曙光控股集团有限公司	详细分析见易观企业库
数据中心	同方股份有限公司	详细分析见易观企业库
数据中心	长城宽带网络服务有限公司	详细分析见易观企业库
数据中心	中创软件	详细分析见易观企业库
数据中心	紫光股份有限公司	详细分析见易观企业库
BI	惠普	详细分析见易观企业库
BI	IBM	详细分析见易观企业库
BI	Information Builders	详细分析见易观企业库
BI	奥威软件工作室	详细分析见易观企业库

（续表）

BI	北京奥威智动科技有限公司	详细分析见易观企业库
BI	北京富基旋风科技有限公司	详细分析见易观企业库
BI	北京汉端科技有限公司	详细分析见易观企业库
BI	北京灵蜂纵横软件有限公司	详细分析见易观企业库
BI	北京迈思奇科技有限公司	详细分析见易观企业库
BI	北京清华同方软件股份有限公司	详细分析见易观企业库
BI	北京亿信华辰软件有限责任公司	详细分析见易观企业库
BI	北京博易智软技术有限公司	详细分析见易观企业库
BI	金蝶国际软件集团有限公司	详细分析见易观企业库
BI	广州从兴电子开发有限公司	详细分析见易观企业库
BI	杭州杰创软件有限公司	详细分析见易观企业库
BI	和勤商业智能（Hinge BI）	详细分析见易观企业库
BI	宏信软件有限责任公司	详细分析见易观企业库
BI	吉贝克信息技术有限公司	详细分析见易观企业库
BI	润乾公司	详细分析见易观企业库
BI	上海博科资讯股份有限公司	详细分析见易观企业库
BI	上海炎鼎软件有限公司	详细分析见易观企业库
BI	深圳思乐 OLAP	详细分析见易观企业库
BI	探智科技软件（上海）有限公司	详细分析见易观企业库
BI	微软	详细分析见易观企业库
BI	卓越动力软件（北京）有限公司	详细分析见易观企业库
CRM	北京立友信科技有限责任公司	详细分析见易观企业库
CRM	xtools	详细分析见易观企业库
CRM	八百客	详细分析见易观企业库
CRM	博士德软件科技开发有限公司	详细分析见易观企业库
CRM	北京易动纷享科技有限责任公司	详细分析见易观企业库
CRM	成都任我行软件股份有限公司	详细分析见易观企业库
CRM	国康	详细分析见易观企业库
CRM	客 e 通	详细分析见易观企业库
CRM	领动在线	详细分析见易观企业库
CRM	北京麦凯思汀科技发展有限公司	详细分析见易观企业库
CRM	美萍	详细分析见易观企业库
CRM	清风	详细分析见易观企业库
CRM	瑞丰投资管理有限公司	详细分析见易观企业库
CRM	北京神州云动科技有限公司	详细分析见易观企业库

（续表）

CRM	伊凯特	详细分析见易观企业库
ERP	上海博科资讯股份有限公司	详细分析见易观企业库
ERP	广西艾特广告有限公司	详细分析见易观企业库
ERP	安慧保健品公司	详细分析见易观企业库
ERP	北京安易世纪贸易有限责任公司	详细分析见易观企业库
ERP	深圳市奥科伟业科技发展有限公司	详细分析见易观企业库
ERP	北京百鹿鸣高新技术有限公司	详细分析见易观企业库
ERP	百胜餐饮集团	详细分析见易观企业库
ERP	百威（啤酒）	详细分析见易观企业库
ERP	北京保利安集团有限公司	详细分析见易观企业库
ERP	广州市奔翔电子有限公司	详细分析见易观企业库
ERP	北京并捷信息技术有限公司	详细分析见易观企业库
ERP	博胜	详细分析见易观企业库
ERP	南京长鹏光电科技有限公司	详细分析见易观企业库
SCM	Infor	详细分析见易观企业库
SCM	甲骨文股份有限公司	详细分析见易观企业库
SCM	美国参数技术公司	详细分析见易观企业库
SCM	SAP 公司	详细分析见易观企业库
SCM	UGS	详细分析见易观企业库
SCM	博科通讯系统（中国）有限公司	详细分析见易观企业库
SCM	金蝶国际软件集团	详细分析见易观企业库
SCM	新中大软件股份有限公司	详细分析见易观企业库
安全	奇虎 360 科技有限公司	详细分析见易观企业库
安全	北京北信源软件股份有限公司	详细分析见易观企业库
安全	杭州华三通信技术有限公司	详细分析见易观企业库
安全	华为技术有限公司	详细分析见易观企业库
安全	北京江民新科技术有限公司	详细分析见易观企业库
安全	金山软件股份有限公司	详细分析见易观企业库
安全	卡巴斯基	详细分析见易观企业库
安全	绿盟城市探险队	详细分析见易观企业库
安全	启明星辰信息技术有限公司	详细分析见易观企业库
安全	趋势科技公司	详细分析见易观企业库
安全	瑞星集团有限公司	详细分析见易观企业库
安全	赛门铁克（Symantec）公司	详细分析见易观企业库
安全	山石网科通信技术有限公司	详细分析见易观企业库

（续表）

安全	深信服科技有限公司	详细分析见易观企业库
安全	天融信	详细分析见易观企业库
行业终端	E人E本	详细分析见易观企业库
行业终端	HTC	详细分析见易观企业库
行业终端	爱国者	详细分析见易观企业库
行业终端	步步高	详细分析见易观企业库
行业终端	汉王	详细分析见易观企业库
行业终端	快易典	详细分析见易观企业库
行业终端	蓝魔	详细分析见易观企业库
行业终端	纽曼	详细分析见易观企业库
行业终端	盛大	详细分析见易观企业库
行业终端	中兴	详细分析见易观企业库
监测	凯迈乐商标转让网	详细分析见易观企业库
智能技术	北京君正	详细分析见易观企业库
智能技术	华平股份	详细分析见易观企业库
智能技术	华为海思	详细分析见易观企业库
智能技术	捷通华声	详细分析见易观企业库
智能技术	莱宝高科	详细分析见易观企业库
智能技术	联发科	详细分析见易观企业库
智能技术	全志	详细分析见易观企业库
智能技术	瑞芯微	详细分析见易观企业库
智能技术	尚科语音	详细分析见易观企业库
智能技术	天马	详细分析见易观企业库
智能技术	同洲电子	详细分析见易观企业库
智能技术	威盛	详细分析见易观企业库
智能技术	新岸线	详细分析见易观企业库
智能技术	云知声	详细分析见易观企业库
智能技术	长信科技	详细分析见易观企业库
IT解决方案	埃森哲公司	详细分析见易观企业库
IT解决方案	甲骨文股份有限公司	详细分析见易观企业库
IT解决方案	SAP公司	详细分析见易观企业库
IT解决方案	国电南瑞	详细分析见易观企业库
IT解决方案	海顿新科	详细分析见易观企业库
IT解决方案	朗新科技（中国）有限公司	详细分析见易观企业库
IT解决方案	胜利软件	详细分析见易观企业库

（续表）

IT 解决方案	石化盈科信息技术有限责任公司	详细分析见易观企业库
IT 解决方案	北京同方电子科技有限公司	详细分析见易观企业库
IT 解决方案	远光软件股份有限公司	详细分析见易观企业库
IT 解决方案	中软国际有限公司	详细分析见易观企业库
IT 解决方案	中睿信息技术有限公司	详细分析见易观企业库
企业移动应用	AirWatch	详细分析见易观企业库
企业移动应用	IBM （Worklight）	详细分析见易观企业库
企业移动应用	McAfee	详细分析见易观企业库
企业移动应用	MobileIron	详细分析见易观企业库
企业移动应用	SAP	详细分析见易观企业库
企业移动应用	SAP （Afaria）	详细分析见易观企业库
企业移动应用	SAP （SUP）	详细分析见易观企业库
企业移动应用	Symantec	详细分析见易观企业库
企业移动应用	大唐云动力	详细分析见易观企业库
企业移动应用	烽火星空	详细分析见易观企业库
企业移动应用	华为技术有限公司	详细分析见易观企业库
企业移动应用	慧点科技	详细分析见易观企业库
企业移动应用	金蝶	详细分析见易观企业库
企业移动应用	联想集团	详细分析见易观企业库
企业移动应用	摩托罗拉	详细分析见易观企业库
企业移动应用	融易通	详细分析见易观企业库
企业移动应用	三星集团	详细分析见易观企业库
企业移动应用	神州数码控股有限公司	详细分析见易观企业库
企业移动应用	石化盈科信息技术有限责任公司	详细分析见易观企业库
企业移动应用	数字天堂	详细分析见易观企业库
企业移动应用	太极	详细分析见易观企业库
企业移动应用	意贝斯特	详细分析见易观企业库
企业移动应用	用友	详细分析见易观企业库
企业移动应用	正益无线	详细分析见易观企业库
企业移动应用	中国电信集团公司	详细分析见易观企业库
企业移动应用	中国联合网络通信集团有限公司	详细分析见易观企业库
企业移动应用	中国移动通信集团公司	详细分析见易观企业库

行业互联网化

银行业互联网化

招商银行

招商银行股份有限公司是一家全国性商业银行，也是国内最大的零售银行，主要提供公司及个人银行服务、从事资金业务，并提供资产管理、信托及其他金融服务。1999 年 9 月，招行启动中国首家网上银行一网通，成为众多企业和电子商务网站广泛使用的网上支付工具，在一定程度上促进了中国电子商务的发展。2015 年，招商银行持续推进战略转型，利用互联网+银行平台优势，做深互联网金融，加大收入结构和客户结构的调整力度，大力发展零售银行业务、中间业务、信用卡业务和中小企业业务，不断提高非利息收入的占比。2015 年 3 月 25 日，招行试运行面向大学生、年轻白领的零零花和好期贷两款互联网金融产品，凭借招商银行和中国联通两大巨头的支撑，全面响应移动互联时代的潮流。2015 年 6 月 15 日，招行推出大额存单业务，推动我国存款利率的市场化。2015 年 10 月 15 日，招商银行在深圳推出了 ATM “刷脸取款” 业务，客户无须插入实体银行卡即可完成取款，提高了用户的取款效率。

据招行 2015 年第三季度公开财报数据显示，截至 2015 年 9 月末，招行资产总额为 52222. 92 亿元，比年初增长 10. 37%；负债总额为 48723. 27 亿元，比年初增长 10. 31%；贷款及垫款总额为 27185. 02 亿元，比年初增长 8. 14%；客户存款总额为 34676. 58 亿元，比年初增长 4. 94%。

易观分析

招商银行互联网进程较早，PC 端及移动服务经验丰富，拥有良好的电子银行品牌形象。同时招行大力发展零售银行业务、中间业务、信用卡业务和中小企业业务，不断提高非利息收入的占比，经营转型效果良好，较之其他大行有良好的竞争力。招行拥有 90% 的网络替代率，可以有效地弥补其销售、运营渠道，同时可以完成线上平台与线下业务的信息交互。

宏观经济下行的市场行情下，招行需要加强风险管理转型，加快风险贷款处置、拓宽不良处置渠道，有效控制资产质量下行风险。并且传统银行业务流程烦琐，缺乏创新，招行在移动支付领域很难与支付宝、微信支付等厂商竞争，所以更需在投资理财方面利用低门槛和较大的用户规模，注重用户体验及安全管理，利用互联网+银行平台的优势开辟新业务增长点。

一、基础信息

1.1 基本信息

1.1.1 公司全称：招商银行股份有限公司

1.1.2 成立时间：1987 年 4 月

1.1.3 总部地点：深圳

1.1.4 上市时间：2002 年 4 月 9 日 A 股于上证所上市；2006 年 9 月 8 日 H 股于港交所上市

1.1.5 企业性质：股份制

1.1.6 资本信息：总资产 47318 亿元（2015 年）

1.1.7 联系方式

网址：http：//www. cmbchina. com/

地址：深圳市福田区深南大道 7088 号招商银行大厦

电话：95555

1.2 组织信息

1.2.1 人员规模：75109 人（2015 年）

1.2.2 管理层

李建红　董事长、非执行董事

二、业务信息

2.1 主要产品与服务信息

2.1.1 产品服务：

借记卡：分为一卡通和金葵花卡，功能集定活期、多储种、多币种、多功能于一体

信用卡：采用芯片+磁条的形式的信用卡，具有透支、积分等信用卡的一切功能

金葵花理财：面向个人高端客户提供的综合理财服务体系，涵盖负债、资产、中间业务及理财顾问

2.1.2 网银服务：

个人网银：针对个人客户提供互联网账户查询、转账、缴费、支付等功能的理财系统

企业网银：通过网络终端实现企业客户与银行系统的对联以提供查询、结算、在线支付等服务

手机银行：通过手机移动终端为客户提供查询、转账、缴费、支付等服务

电话银行：通过电话服务为客户提供查询、转账、缴费、业务咨询等服务

手机钱包：通过内置 TOUCH 卡到手机，实现“刷手机”快速付款的服务

在线服务：提供即时的网上查询、结算、业务办理及实时的金融信息行情

小企业 e 家：向客户提供较低风险、较高收益的互联网融资产品

投资银行：为企业提供短期融资券承销、中期票据承销、财务顾问、并购重组等多元化服务

商旅预订：招商银行自主运营的出行平台，提供机票查询、酒店预订等生活服务

2.2 覆盖范围

2.2.1 行业：互联网融资、银行

2.2.2 主要客户：个人或企业贷款、投资及理财客户

2.2.3 业务区域：全国

2.3 收入结构：贷款利息收入，手续费及佣金，代理保险、基金等业务收入

三、综合信息

3.1 发展定位：中国领先的零售银行

3.2 重要合作伙伴及供应商信息：中国联通、香港中央结算、招商局轮船股份、安邦财产保险、中国远洋运输集团、生命人寿保险、深圳市晏清投资、广州海运集团、深圳市楚源投资、中国交通建设、上海汽车集团等

民生银行

民生银行是中国大陆第一家由民间资本设立的全国性商业银行。2015 年 2 月 8 日，民生银行正式启动“前台一体化、中台专业化、后台集约化”的凤凰计划，涉及战略定位、发展策略、经营体制、管理模式、运行机制、IT 系统、技术工具、专业能力等多个层面，推进全面战略转型和经营管理体系再造。民生银行以互联网和投行思维改造公司业务，聚焦战略客户、交易银行和机构金融业务，抓住国家推行“互联网+”战略所带来的重大机遇，大力创新手机银行、直销银行、线上支付、网上银行等网络金融产品和服务。同时民生银行着力推进零售转型和“小微战略”，大力发展财富管理、消费信贷等重点业务，提升小微客户的综合开发水平。2015 年 10 月 9 日，民生银行微信银行凭借出色的微金融服务和跨界整合营销，获评“2015 年度中国十佳企业微信公众账号”，并荣登十佳榜首。

同时，民生银行积极布局手机银行，创新推出借记卡在线预约办理、代发工资及医疗挂号、小区特卖等新功能和服务，手机银行特色功能和生活圈增值服务更加丰富完善，并率先推出指纹支付，在 2015 年 12 月 3 日发布的《2015 中国电子银行调查报告》中夺得全国性商业银行手机银行综合评测榜首。据民生银行公开财报数据显示，2015 年上半年，民生银行集团归母净利润 267.78 亿元，同比增加 12.08 亿元，增幅 4.72%，平均总资产收益率（年化）1.31%。

易观分析

2015 年是民生银行的重大转型年，以规划实施凤凰计划为主线，实现各项业务稳健发展。民生银行抓住国家推行“互联网+”战略所带来的重大机遇，大力创新手机银行、直销银行、线上支付、网上银行等网络金融产品和服务；以互联网和投行思维改造公司业务，聚焦战略客户、交易银行和机构金融业务，整合核心客户的上下游、要素市场、电商平台等客群；着力推进零售转型，优化资源配置，实施专业化客群经营，大力发展财富管理、消费信贷等重点业务，并继续坚定推进“小微战略”实施，以“稳规模、调结构、增收入”为主线，调整产品结构，推进交叉销售，提升小微客户的综合开发水平。同时通过建立个人高端授信通道、海外信托业务及委托资产管理服务平台，依托独特的高端非金融服务以及家族办公室业务模式，为高净值及超高净值客群提供全方位管家式服务。但利率市场化的趋势是不容忽视的，商业性大行的竞争激烈，支付业务领域被支付宝、微信等占据，投资理财领域又有更多新兴的互联网金融厂商来挤压市场空间，转型能否收获预期的效益，民生仍有不少压力。

一、基础信息

1.1 基本信息

1.1.1 公司全称：中国民生银行股份公司

1.1.2 成立时间：1996年1月

1.1.3 总部地点：北京

1.1.4 上市时间：2000年12月19日A股于上证所上市；2009年11月26日H股于港交所上市

1.1.5 企业性质：股份制

1.1.6 资本信息：总资产40151亿元（2015年）

1.1.7 联系方式：

网址：http：//www. cmbc. com. cn/

地址：北京市西城区复兴门内大街2号　100032

电话：95568

1.2 组织信息

1.2.1 人员规模：59659人（2015年）

1.2.2 管理层

洪崎　董事长

二、业务信息

2.1 主要产品与服务信息

直销银行：无营业网点，客户通过电脑、手机、电话等远程渠道获取银行产品和服务，如“如意宝”“定活宝”“民生金”“称心贷”“随心存”“轻松汇”

个人网银：为个人客户提供的网上银行服务

企业网银：根据企业集团的发展与普遍需求所提供的网上银行服务

手机银行：为手机移动终端客户量身定制的移动金融服务平台，提供丰富的移动金融服务、增值服务及生活服务

电话银行：为客户提供24小时不间断、一站式的金融服务，包括查询、转账、结算、缴费及其他生活服务

微信银行：通过腾讯微信企业公共账号，为微信用户打造的专属移动金融和移动生活服务平台

网上商城：民生银行自行运营的网上购物商城

2.2 覆盖范围

2.2.1 行业：互联网融资、银行

2.2.2 主要客户：个人或企业贷款、投资及理财客户

2.2.3 业务区域：全国

2.3 收入结构：贷款利息收入，手续费及佣金，代理保险、基金等业务收入

三、综合信息

3.1 发展定位：做民营企业的银行、小微企业的银行、高端客户的银行

3.2 重要合作伙伴及供应商信息：香港中央结算、新希望投资、中国人寿保险、上海健特生命科技、中国船东互保协会、东方集团、安邦财产保险、中国泛海、福信集团等

平安银行

平安银行是总部设在深圳的全国性股份制商业银行，发展战略是面向中小企业，面向贸易融资，并较早推出围绕核心企业、开发上下游企业的全方位授信模式——供应链金融。2015 年，平安银行在细分市场和产品差异化方面做了许多部署。2015 年 1 月 20 日，平安银行、第一车网、质新二手车成立了“二手车产融发展基金”，降低金融机构的信贷风险，提升二手车商的融资空间。2015 年 2 月 28 日，平安口袋银行与科大讯飞合作推出“智能语音”功能，对客户的语音进行智能识别，自动开启口袋银行相应功能的模块。2015 年 6 月 9 日，联合深圳光启推出可在无卡、无网络的情况下进行无额度限制的光子支付技术，29 日又发布了可实现对动产无遗漏环节的监管、降低动产质押风险的物联网金融。

同时，平安银行注重打造互联网差异化的金融服务，2015 年 11 月 4 日，平安银行网银 2.0 上线，在交互、操作、功能等方面优化和提速，实现“平台+服务+产品”的个性化网银产品。2015 年 12 月 28 日，平安针对工薪人士需求推出了循环授信贷款产品“薪易通”，该产品审批手续简单，额度灵活。据平安银行公开财报数据显示，平安银行 2015 年第三季度营业收入 711.52 亿元，同比增长 30.19%，其中非利息净收入 229.46 亿元，同比增长 41.35%，手续费及佣金净收入 202.23 亿元，同比增幅 58.03%。

易观分析

平安银行 2015 年在细分市场和用户洞察方面继续寻求突破，为产品建立差异化竞争优势，利用平安集团在客户、产品、渠道、平台、互联网等方面的资源优势，为客户提供一站式的综合金融和消费金融服务，并且在互联网金融方面投入大量精力，加强橙 e 网、平安橙子、行 E 通和口袋银行等互联网金融平台建设。网银 2.0 和口袋银行 2.0 作为平安银行零售业务的互联网金融拳头产品，为平安银行的战略转型带来创新驱动力，为用户提供更多元化、个性化的金融服务，形成完整的互联网金融线上服务体系。同时推出了物联网金融等创新产品，创新和产品线丰富度方面具有优势。

大环境方面，央行实行稳健的货币政策，通过降准降息提供长期流动性和推进利率市场化进程，利于增强金融机构的贷款能力，平安抓住了这些机会大力挺进金融市场。但随着民营银行试点的推出、银行业体系的丰富，平安等商业银行经营面临一定的冲击。平安需要积极应对各种挑战，实施全面风险管理，以解决部分企业经营困难、融资能力下降导致的资产质量问题。

一、基础信息

1.1 基本信息

1.1.1 公司全称：中国平安保险（集团）股份有限公司平安银行股份有限公司

1.1.2 成立时间：2006 年 11 月（前身深圳发展银行成立时间为 1987 年 12 月）

1.1.3 总部地点：深圳

1.1.4 上市时间：1991 年 4 月 3 日，（原深圳发展银行）深交所上市

1.1.5 企业性质：股份制

1.1.6 资本信息：总资产 21865 亿元（2015 年）

1.1.7 联系方式

网址：http：//bank. pingan. com/

地址：中国广东省深圳市深南东路 5047 号　518001

电话：95511-3

1.2 组织信息

1.2.1 人员规模：29860 人（2015 年）

1.2.2 管理层

孙建一　董事长

邵平　行长

二、业务信息

2.1 主要产品与服务信息

一账通网银：创新式综合金融平台，仅需一个账号、一套密码、一次登录可管理所有平安账户和 50 多个其他机构的网上账户，实现保险、银行、投资等多种理财需求

手机银行：为手机移动客户端提供借记卡、信用卡、理财、缴费、生活服务等业务

电话银行：通过电话可以为客户提供查询、转账、缴费、业务咨询等服务

短信银行：以短信的方式通知账户变动情况

微信银行：面向微信客户的查询、提款、还款及生活服务平台

橙子银行、橙 e 网：通过互联网方式提供低风险、高收益的理财产品

线上供应链金融：与核心企业及监管方合作，通过线上融资平台和供应链金融系统进行协同，为线下供应链提供全流程的产品或服务

2.2 覆盖范围

2.2.1 行业：互联网融资、银行

2.2.2 主要客户：个人或企业贷款、投资及理财客户

2.2.3 业务区域：全国

2.3 收入结构：贷款利息收入，手续费及佣金，代理保险、基金等业务收入

三、综合信息

3.1 发展定位：为客户提供一个客户、一个账户、多个产品、一站式服务的全方位综合金融服务体验

3.2 重要合作伙伴及供应商信息：科大讯飞、上海汽车金融港、第一车网、质新二手车、建元

资本、深圳光启、中国平安人寿、深圳中电投资、东方证券、南方东英资产、民生银行等

工商银行

中国工商银行是中国最大的国有独资商业银行，是中国五大银行之首，世界五百强企业之一。2015 年 3 月 23 日，工行成立了互联网金融营销中心，推出互联网金融品牌“e-ICBC”战略，抓住“互联网+ ”新经济形态加快形成的历史机遇，打造以“融 e 购”电商平台、“融 e 联”即时通信平台和“融 e 行”直销银行平台“三大平台”，支付产品、融资产品和投资理财产品“三大产品线”为主体的互联网金融产品体系。以此战略为基础，工行积极拓展多个领域的发展。2015 年 6 月 16 日，与中建签署供应链金融合作创“互联网+建筑+金融”的新商业模式；9 月 15 日，启动面向大学生客户群体的“互联网+校园”计划；12 月 17 日，推出工银票据电子化交易平台，积极创新“互联网+票据”经营模式。

此外，在小微企业网络融资方面，工行推出了网贷通、电子供应链融资、公司逸贷、“融 e 购”、商 e 贷等一系列线上融资产品；在个人消费网络融资方面，工行依托大数据技术先后创新推出了逸贷、个人自主质押贷款、个人网贷通、新一代全线上信用消费贷款、“融 e 购”一触即贷购房等网络融资产品。据工商银行公开财报数据显示，工行 2015 年第三季度营业收入 5246. 28 亿元，同比增长 7. 38%，利息净收入 3799. 45 亿元，同比增长 4. 69%，成本收入比 23. 03%。财富《2015 中国 500 强》排行榜工行为第 4 位。

易观分析

工商银行抓住“互联网+ ”新经济形态加快形成的历史机遇，充分发挥其技术优势、资金优势以及银行特有的信用优势、数据优势和线上线下一体化服务优势加快实施互联网金融战略，以三大平台和三大产品线为主体的互联网金融业务快速发展，成为推动经营转型和业务发展的新引擎。工行通过对新兴的小微企业网络融资、B2C 采购、个人消费网络融资、房地产、旅游、汽车的关注，和智能化、个性化、开放化的发展方向，完善了整体的互联网体系布局。然而，作为国有企业，工商银行受政策管控较为直接，创新能力也容易受到限制，同时庞大的机构规模也给其商业模式转型带来不小的压力。此外，随着经济政策的逐渐开放，大量外资银行涌入、互联网企业开办民营银行均对其带来了诸多冲击和挑战，工商银行要想在竞争激烈的行业内长久发展，必须强化自主创新意识以顺应市场发展。

一、基础信息

1. 1 基本信息

1. 1. 1 公司全称：中国工商银行股份有限公司

1. 1. 2 成立时间：1984 年 1 月

1. 1. 3 总部地点：北京

1.1.4 上市时间：2006 年 10 月 27 日 A 股与 H 股分别于上证所与港交所同步上市

1.1.5 企业性质：国有独资

1.1.6 资本信息：净资产 15309 亿元（2015 年）

1.1.7 联系方式

网址：http：//www.icbc.com.cn/

地址：中国北京市西城区复兴门内大街 55 号　100031

电话：95588

1.2 组织信息

1.2.1 人员规模：462282 人（2015 年）

1.2.2 管理层

姜建清　执行董事

易会满　行长

二、业务信息

2.1 主要产品与服务信息

个人网银：通过互联网，为工行个人客户提供查询、转账、理财、缴费等服务

企业网银：通过互联网或专线网络，为企业客户提供查询、结算、在线支付等金融服务

手机银行：通过手机移动终端，为客户提供查询、转账、缴费、消费支付等服务

电话银行：通过电话服务，为客户提供查询、转账、缴费、理财、业务咨询等服务

微信银行：通过微信平台，为客户提供信息查询、产品资讯、业务咨询等服务

网络融资：包括融 e 购、易融通、网贷通、网上商品交易市场融资、电子供应链四项融资产品与贷款体检一项工具，通过互联网为企业提供贷款融资服务

2.2 覆盖范围

2.2.1 行业：互联网融资、银行

2.2.2 主要客户：个人或企业贷款、投资及理财客户

2.2.3 业务区域：全球

2.3 收入结构：贷款利息收入，手续费及佣金，代理保险、基金等业务收入

三、综合信息

3.1 发展定位：依据国家的法律和法规，通过国内外开展融资活动筹集社会资金，加强信贷资金管理，支持企业生产和技术改造，为我国经济建设服务。建设最盈利、最优秀、最受尊重的国际一流现代金融企业

3.2 重要合作伙伴及供应商信息：中华人民共和国财政部、中央汇金投资、香港中央结算、中国平安人寿保险、工银瑞信基金、中国证券金融、安邦保险集团、中国人寿保险、南方东英资产等

家电业互联网化

海尔

海尔集团是全球领先的整套家电解决方案提供商和虚实融合通路商。在互联网大潮之下，海尔提出向互联网转型，积极寻求行业合作，并制定了由智能家居转型到智慧家庭的互联网战略。2015年仍然是海尔的网络化战略发展阶段，海尔智能家居以U-home系统为平台实现了物物互联、智能化识别、管理以及数字媒体信息的共享。2015年1月，海尔与魅族、阿里共同开发互联协议，3月与苏宁在智能家居方面升级合作。2015年3月10日，海尔U+智慧生活在上海发布，该APP是用户定制智慧生活的集中入口，向各大合作厂商敞开大门，同时海尔还广泛征集创客加入U+智慧生活平台。用户可以通过此APP一站式接入各种智能家居产品，厂商加入该平台可实现互利共赢和行业生态圈的良性发展。

据海尔集团公开财报《青岛海尔2015年第三季度季报》显示，2015年1-9月，海尔智能白电销量达到167万台，同比增长超过200%，U+智慧生活APP累计注册用户数达到595万。2015年第三季度，胶州空调互联工厂投入运营，海尔已在冰箱、洗衣机、热水器、空调四大产业拥有五家智慧互联工厂。

易观分析

海尔是全球家电领先品牌，有15年的技术和专利积累，还拥有完善的家电产品体系，易于搭建生态圈和丰富的线下渠道资源。海尔U+智慧生活平台以海尔家电产品为圆心，借助自身品牌、技术、供应链优势，为第三方企业提供通信模块、软件开发、用资源支持，形成优势互补，结合用户需求，组成“硬件+软件+服务+内容”的智慧生活解决方案。但是海尔缺少对智能机、路由器/网关、智能电视等现阶段智能家居入口的把控，而且其自建电商，缺少用户流量优势，阻碍生态圈产品的推广、销售。

市场方面，国家积极推动互联网与工业融合创新，智能家居市场处于市场启动期，没有产生垄断市场的寡头；消费者消费能力提升，对智能家居产品认知度提高，发展环境良好。但是随着互联网企业涌入市场，市场竞争将增大。年轻消费者将是智能家居产品的早期购买者，作为老牌家电企业，海尔面临如何让品牌年轻化的挑战。

一、基础信息

1.1 基本信息

1.1.1 公司全称：海尔集团

1.1.2 成立时间：1984 年

1.1.3 总部地点：中国山东青岛

1.1.4 上市时间：青岛海尔（上证：600690）1993 年 10 月；海尔电器（HK：01169）1997 年 12 月；海尔智能健康（HK：00348）1997 年 9 月

1.1.5 企业性质：集体企业、股份制公司

1.1.6 联系方式

网址：http：//www.haier.net/cn/

邮箱：9999@haier.com

地址：中国青岛海尔路 1 号海尔工业园内　266101

电话：4006-999-999

1.2 组织信息

1.2.1 人员规模：全球约 6 万人

1.2.2 管理层

张瑞敏　首席执行官

二、业务信息

2.1 主要产品与服务信息

个人及家用产品——家电、通信、IT 数码产品、家电家居、家居集成各类传统产品

创新产品——包括智能家居家电、U-home、智能电子设备等创新产品

商业解决方案——为用户及客户提供家居、住居、商业地产等多领域的整套解决方案

多元化服务领域——涉及软件、物流、金融、保险房地产、生物制药、医疗设备等

配套服务与支持——提供采购、安装、应用、售后的一条龙服务

2.2 覆盖范围

2.2.1 行业：家电业、智能家居、地产业、生物制药、电子 IT 等

2.2.2 主要客户：全球家电消费者

2.2.3 业务区域：全球

2.3 收入结构：家电等各类硬件产品销售收入、商业解决方案及商业服务收入、地产收入

三、综合信息

3.1 发展定位：海尔的愿景和使命是致力于成为行业主导、用户首选的第一竞争力的美好住居生活解决方案服务商，引领现代生活方式的新潮流，以创新独到的方式全面优化生活和环境质量

3.2 重要合作伙伴及供应商信息：国美、魅族、阿里、极路由、苏宁、天猫等

方太

方太集团创建于 1996 年，专注于高端厨电领域，坚持“专业、高端、负责”的战略性定位，2014 年，方太建立了包括家电连锁、传统百货、电子商务、网络团购等完备的销售通路系统，以独家厨电品牌的身份成为 2015 年米兰世博会万科馆战略合作伙伴。2015 年 3 月 25 日，方太在上海梅

赛德斯奔驰文化中心推出智能风魔方吸油烟机、极火直喷燃气灶、高效净 U 消毒柜和跨界水槽洗碗机。2015 年 10 月 28 日，方太凭借全球首创、专为中国厨房研发的水槽洗碗机，荣膺“2015 年度中国家电科技进步一等奖”。拥有 22 项发明专利技术的方太水槽洗碗机扭转了国内洗碗机市场西门子等欧式厂商独大的局面。通过源源不断的技术创新来驱动产品的更新换代的同时，方太在 2015 年联合京东发布全球首套云智能厨电产品，系统地对外推出“智慧厨房”概念，进一步挺进互联网时代的浪潮。据中怡康 2015 年厨电行业市场数据显示，方太集团 2015 年 1-6 月份销售额增长超过 20%，抽烟机、燃气灶零售量市场都排名第二，仅次于老板电器。

易观分析

方太拥有行业内首个国家级企业技术中心以及两个厨电实验室，还拥有 680 多项专利，其中发明专利达 100 多项，技术优势明显。同时，方太品牌定位和品牌宣传清晰明朗，专注于高端厨电、灶具，给消费者一个明确的“品质+高端”的信号。并且在 2015 年积极拓展家电服务解决方案、智慧厨房、优质售后等业务来丰富自身的价值链。随着消费者对厨电需求越趋高端、家电越趋智能化的形势发展，技术优势显著、品牌及产业链基础良好的方太在市场上有较大竞争力。但是，作为传统家电商，方太线上平台起步晚，渠道多集中于线下，受互联网企业竞争压力大。并且方大定位为高端市场，虽然在 2015 年陆续推出 7 款产品，但产品种类依旧有限，难以竞争三、四线城市及农村的广大市场。

一、基础信息

1.1 基本信息

1.1.1 公司全称：宁波方太厨具有限公司

1.1.2 成立时间：1996 年 1 月 18 日

1.1.3 总部地点：浙江省宁波

1.1.4 上市时间：未上市

1.1.5 企业性质：私营

1.1.6 联系方式

网址：http：//www.fotile.com/

邮箱：service@fotile.com

地址：浙江省宁波杭州湾新区滨海二路 218 号

电话：0574-23456666

1.2 组织信息

1.2.1 管理层

茅忠群　首席执行官

二、业务信息

2.1 主要产品与服务信息

主要产品：吸油烟机、嵌入式灶具、嵌入式消毒柜、嵌入式微波炉、嵌入式烤箱、热水器、水槽洗碗机八大产品线

服务信息：提供采购、安装、售后的厨房用具一条龙服务

2.2 覆盖范围

2.2.1 行业：家电业、高端厨电

2.2.2 主要客户：全国厨房家电用户

2.2.3 业务区域：全球

2.3 收入结构：家电销售收入

三、综合信息

3.1 发展定位：提供领先设计和卓越品质的高端嵌入式厨电、集成厨房产品，提供高品质的厨房产品

3.2 重要合作伙伴及供应商信息：天猫、苏宁易购、京东商城

九阳

九阳股份有限公司，前身为山东九阳小家电有限公司，成立于2002年7月，是一家专注于健康饮食电器研发、生产和销售的现代企业。2015年，九阳积极进行“九阳=豆浆机”向“九阳=品质生活小家电”的战略和品牌转型。2015年9月10日，九阳联合京东举行“智*爱”产品发布会，发布首个智能产品系列，包括四个单品：智能破壁豆浆机、智能净水器、智能饭煲、智能养生壶，在技术上有较大革新的同时，还实现了数据交互和远程控制等“互联网+”体验，正式提出智能厨房的概念。2015年10月，九阳“铁釜”饭煲单月销售3万多台，饭煲品类已成为九阳销量增长最快的产品品类，推动九阳在饭煲市场的份额从7%左右提升到15%左右。

2015年12月，九阳宣布与华为携手共建智能厨房，未来的智能厨房战略规划将分为三个阶段：第一阶段即布局智能厨房软件和硬件，这也是目前九阳所处的阶段；第二阶段是进行九阳智能健康大数据的沉淀；第三阶段是构建九阳智能大生态圈。据九阳公开财报数据显示，九阳2015年前三季度收入50.16亿，收入增长20.15%，归母净利润5.05亿，同比增长15.56%，毛利率31.98%，比2014年的33.16%下降1个多百分点。

易观分析

九阳的品牌定位转型和经营改善正在积极推进，由豆浆机为主导向丰富的产品研发线发展，主打小家电领域市场，在与美的、苏泊尔等小电巨头的市场对决和知识产权官司中证明了其研发能力和保护、转换研发成果的能力。但由于九阳品类研发的迅速扩张，易使研发资源分散，不利于产品规划。同时向小家电的转型使九阳产品结构杂化，没有大单品的品牌竞争优势，2015年的企业毛利有所下降。

在市场方面，家电业市场疲软，企业需要向智能化和场景化发展。九阳抓住智能厨房的消费者日常场景，主推 Wi-Fi 加 APP 控制，借由品类丰富的小家电迅速扩张其市场份额。同时，创建十多年的九阳注重上游产业链的信息化，并且企业线上渠道占比超过三成，传统体验式的线下渠道与电商渠道的梳理整合是九阳的一大优势。但九阳在高端市场和农村市场的品牌及价格优势不足，其他厂商也逐渐重视电商，使九阳面临不小的销售压力。

一、基础信息

1.1 基本信息

1.1.1 公司全称：九阳股份有限公司

1.1.2 成立时间：2002 年 7 月

1.1.3 总部地点：山东省济南

1.1.4 上市时间：2008 年 5 月 28 日

1.1.5 企业性质：股份有限公司

1.1.6 资本信息：注册资本 7.68 亿元

1.1.7 联系方式：

网址：http://www.joyoung.com.cn/

邮箱：投资者电子邮箱 jgy@jiuyang.com.cn

地址：山东省济南市经十路 28038 号

电话：0531-85607901

1.2 组织信息

1.2.1 人员规模：3716 人

1.2.2 管理层

王旭宁　董事长、总裁

二、业务信息

2.1 主要产品与服务信息

主要产品：豆浆机、压力煲、榨汁机等小家电产品

服务信息：提供线上线下产品销售，线下售后维修服务

2.2 覆盖范围

2.2.1 行业：家电业、小家电

2.2.2 主要客户：全国烹饪小家电用户

2.2.3 业务区域：全国

2.3 收入结构：家电销售收入

三、综合信息

3.1 发展定位：打造中国健康厨房电器第一品牌，做百年九阳

3.2 重要合作伙伴及供应商信息：天猫、苏宁易购、京东商城、国美电器、苏宁电器

美的

美的专注于白色家电领域，是一家以家电制造业为主的大型综合性企业，旗下拥有美的、小天鹅、威灵、华凌、安得、正力精工等十余个品牌。2014 年年末，美的就表示要持续进行企业深化转型，推动硬件智能化、产业互联网化，布局智能家居。2014 年 12 月，与小米达成战略合作部署家居生态链。2015 年 3 月 11 日，发布 M-Smart 智慧家居系统白皮书，面向全球开放，之后 4 月 2 日携物联网智能冰箱登陆京东产品众筹平台，进一步促进中国智能家电产业的加速发展。2015 年 4 月 3 日，美的与阿里在品牌资源互换、云产品与智能家电、渠道和供应链等领域达成全面对接合作，基于美的大物流平台、电商平台的战略，寻找制造业与互联网企业更有价值的合作。此外，2015 年 8 月 4 日，美的与日本安川成立合资公司，进军机器人产业，延伸和拓展其“双智”战略（智慧家居+智能制造）。

据美的公开财报数据显示，美的集团 2015 年前三季度营业总收入 1120 亿元，同比增长 2.2%，归母净利润 110.12 亿元，同比增长 23.0%，每股收益 2.60 元，同比增长 22.64%。2015 年《财富》中国 500 强榜单，美的集团为第 32 位，位居家电行业第一。

易观分析

美的是国内知名的家电主流品牌，拥有完整的产业链、小家电和厨房家电产品群，资本实力雄厚。同时美的拥有庞大的旗舰店、专卖店及售后服务网点等线下渠道优质资源，在互联网时代中，美的积极转型，与小米、阿里等企业深度合作实现体系的生态融合，让传统线下销售在“互联网+”的战略下迅速延伸至各级市场，以此来弥补美的线上销售的不足。作为传统家电企业，美的在产品技术和产业升级方面略显迟钝，而 2015 年美的积极投入智能化转型，在智能家居、物联网、机器人等领域都进行了战略部署，推动其自身的升级换代。

国内家电行业，尤其是白电家电市场，行业品牌集中度逐渐上涨，拥有较高品牌效力的美的，能够较好地进入并占据三四线城市和农村的广阔市场。然而小家电为主导的美的，在高端产品上暂时无法与老板、方太等企业竞争，在拓展市场的时候又面临着区域品牌的竞争。美的在智能化和互联网化起步初期的市场挑战不容忽视。

一、基础信息

1.1 基本信息

1.1.1 公司全称：美的集团股份有限公司

1.1.2 成立时间：1968 年

1.1.3 总部地点：广东省佛山市

1.1.4 上市时间：2013 年 9 月 18 日

1.1.5 企业性质：股份有限公司

1.1.6 资本信息：总资产 1209.92 亿元（2015 年）

1.1.7 联系方式

网址：http：//www.midea.com/

地址：广东省佛山市顺德区北滘镇美的大道 6 号美的新总部大楼

电话：0757-26338888

1.2 组织信息

1.2.1 人员规模：108120（2015 年）

1.2.2 管理层

方洪波　董事局主席、总裁

二、业务信息

2.1 主要产品与服务信息

主要产品：家用空调、商用空调、大型中央空调、冰箱、洗衣机、微波炉、风扇、洗碗机、电磁炉、电饭煲、电压力锅、豆浆机、饮水机、热水器、空气能热水机、吸尘器、取暖器、电水壶、烤箱、抽油烟机、净水设备、空气清新机、加湿器、灶具、消毒柜、照明等，和空调压缩机、冰箱压缩机、电机、磁控管、变压器等家电配件产品

服务信息：提供采购、安装、售后的电器一条龙服务

2.2 覆盖范围

2.2.1 行业：家电业、小家电及厨电

2.2.2 主要客户：全球电器用户

2.2.3 业务区域：全球

2.3 收入结构：家电销售收入

三、综合信息

3.1 发展定位：致力于成为国内家电行业的领导者，跻身全球家电综合实力前三强，使“美的”成为全球知名的品牌，为人类创造美好生活

3.2 重要合作伙伴及供应商信息：阿里、小米、日本东川、苏宁易购、京东商城

教育业互联网化

学大教育

学大教育创立于 2001 年 9 月，一直以来专注于利用优质的教育资源和先进的信息技术，服务于中国教育服务领域。从 2004 年刚推出个性化教育时开始，学大教育就一直在探索如何把教育与互联网、计算机技术结合起来。2014 年，学大教育发布线上与线下相结合的 O2O 战略，推出个性

化智能辅导平台"e学大"，建设"校外自建"和"校内共建"两大生态系统。前一个系统以课辅行业为核心，在学大内部实现线上线下结合，并开放加盟渠道；后一个系统以全日制学校为主体，提供数字教育服务。2015年年初，学大与百度作业帮达成深度合作，利用大数据和百度导流整合教育生态圈。2015年3月，与奇虎360成立合资公司，专注于在线教育领域的拓展，推出基于移动端的K12个性化学习产品——口袋老师。2015年4月，学大又与滴滴打车跨界合作，试水移动互联网渠道合作。据学大教育公开财报数据显示，截至2015年9月30日，学大教育第三季度总净营收为8090万美元，同比增长11.5%，归属学大教育的净亏损为460万美元，较2014年同期的净亏损970万美元收窄。

易观分析

学大教育专注个性化教育市场，具备优良的师资力量、丰富的教学经验和先进的信息技术，品牌优势强。积极与行业企业合作，并向更广的移动渠道拓展业务，有利于学大的市场发展。但是个性化教育的特质使得学大教育在优质教育资源上的成本趋高，对线下学校的优秀教师资源具有严重的依赖性，相较于其他教育机构，业务范围上较显单薄。

互联网和移动互联网在未成年人当中广泛普及，为K12互联网教育提供技术及硬件保障，校内课程培训又属刚需，市场广阔。但随着国家减负政策出台推动素质教育，对K12教育市场中的校内课程辅导产生抑制作用，也侧面推动K12教育市场中关于兴趣爱好、素质教育等方面的培训的发展。现今互联网三大巨头BAT均已涉猎线上教育，甚至京东等电商都开始布局在线教育领域，同时不断有创业公司加入，K12互联网教育市场竞争激烈。

一、基础信息

1.1 基本信息

1.1.1 公司全称：学大教育科技（北京）有限公司

1.1.2 成立时间：2001年9月

1.1.3 总部地点：北京

1.1.4 上市时间：2010年11月2日

1.1.5 企业性质：股份制有限责任公司

1.1.6 资本信息：市值3.50亿元（2015年）

1.1.7 联系方式

网址：http：//www.xueda.com/

地址：北京市朝阳区西坝河北里甲4号

电话：010-64278899

1.2 组织信息

1.2.1 人员规模：员工17000多人（2015年）

1.2.2 管理层

李如彬　董事会主席、联席总裁

金鑫　首席执行官、总裁

二、业务信息

2.1 产品及服务信息

线上平台——e 学大，专业个性化学习测评网站，为家长、学生和教师提供开放的互动学习平台，及时获得更多测评、资源、校考信息，升学政策；交流课程难点、学科问题，分享育儿经验、学习点滴、生活感悟

手机 APP——口袋老师，采用了“拍照搜题+真老师在线答疑”双管齐下的模式，不仅能快速找到答案和解析，还有全国各地数万专业老师全天在线，实时在线辅导，给用户解释难题，吃透知识点

线下服务——提供心理专家、个性化专家、教育咨询师、学科教师、学习管理师、陪读教师等服务

2.2 覆盖范围

2.2.1 行业：教育培训行业、电子商务

2.2.2 主要客户：小初高学生群体

2.2.3 业务区域：中国学生

2.3 收入结构：课程业务收入、在线广告、增值业务创收

三、综合信息

3.1 发展定位：在个性化教育理念的指导下，通过持续的创新和整合，让每个需要成长机会的人都能获得最优质的教育资源和服务，成为中国教育行业的领袖企业

3.2 重要合作伙伴及供应商：奇虎 360、银润投资、各大媒体网站、教育网站

新东方

新东方是目前中国大陆规模最大的综合性教育集团，同时也是全球最大的教育培训集团。在互联网教育方面，新东方采取保守中投资的方式逐渐向线上及 K12 领域拓展业务。2014 年，新东方集团在战略上发生了很大的转变，非常重视在线教育业务，内部开始孵化各种小的项目，全部和在线相关，其内部子公司新东方在线已经成为中国最强大的网络教育服务平台和最领先的网络教育品牌之一。2014 年 12 月 8 日，新东方与腾讯合作推出个人移动智能学习应用“优答”，分别整合教育和互联网海量用户方面的优势，进入在线教育领域，做深度垂直的“扫题+练题+问答”英语智能学习平台。英语培训是少儿领域一个应试和素质的结合点，市场广阔，2015 年 5 月 29 日，新东方针对 6-12 岁阶段学员的在线兴趣英语课堂推出“致赢少儿一对一”产品，是新东方一系列 K12 领域战略部署的开始。据新东方集团公开财报数据显示，2015 年财年，新东方第四季度在线收入增长将近 40%，注册用户数增长 110%，付费用户数增长 60%。2015 年全财年净收入相比 2014 年增长 9.5%，达到 12.46 亿美元，学生人数增长 8.5%，大约有 289 万人次，运营收入下降 23.4%，为 1.51 亿美元。

易观分析

新东方有强大的地面资源，有利于与移动互联网结合产生更加高效的学习系统和学习新工具，做高品质的O2O结合的商业模式。依托于巨大的品牌优势，新东方品牌影响力及用户群庞大，拥有丰富的产品种类和广泛的业务范围，其现有的课程体系、教学设施大约三分之一是通过网上来实现。同时各地新东方学校采用统一的教学服务和管理制度，能够为所有学员提供高水准的教学和服务。另外，新东方领导层鼓励人才创业，并积极进行相关领域的投资。

互联网教育因门槛和成本低、时间利用率高效等优势受到业界广泛推崇，加之留学热潮高涨，为新东方的发展提供了机遇。但是，各大网站均已涉猎在线教育行业，互联网教育成为巨大风口，资本争相涌入，创业公司不断迭起，新东方既要面对产业剧烈变革，又要应对前赴后继的竞争者。如何在坚守与颠覆中肩负起对自己、对行业的使命，成了新东方下一步发展的难题。

一、基础信息

1.1 基本信息

1.1.1 公司全称：新东方教育科技集团

1.1.2 成立时间：1993 年 11 月 16 日

1.1.3 总部地点：北京

1.1.4 上市时间：2006 年 9 月 7 日

1.1.5 企业性质：股份制有限责任公司

1.1.6 联系方式

网址：http：//www.xdf.cn/

地址：北京市海淀区海淀中街 6 号

电话：010-60908000

1.2 组织信息

1.2.1 管理层

俞敏洪　董事会主席、首席执行官

二、业务信息

2.1 产品及服务信息

公司业务——外语培训、中小学基础教育、学前教育、职业教育、出国咨询、图书出版等领域。除新东方外，旗下还有优能中学教育、泡泡少儿教育、前途出国咨询、大愚文化出版、满天星亲子教育、同文高考复读等子品牌

外语互联网教育——新东方在线、批改网。新东方在线的网络课程服务包括留学考试、学历考试、职业教育、英语充电、多种语言、中学教育，为各类用户提供全面的在线教育服务。批改网以

批改学生作文和口语为核心，解决学生备考时无专业人员批改作文及口语的烦恼，以最终帮助考生提高作文与口语分数为目的

2.2 覆盖范围

2.2.1 行业：教育培训

2.2.2 主要客户：大众

2.2.3 业务区域：全球

2.3 收入结构：课程业务收入、在线广告、增值业务创收

三、综合信息

3.1 发展定位：成为中国优秀的、令人尊敬的、有文化价值的教学机构

3.2 重要合作伙伴及供应商：全球各大英语考试机构、政府文化教育相关部门、各大教育及招聘网站，联想、中国移动、可口可乐、建设银行等世界五百强企业

达内科技

达内科技集团有限公司是中国高端 IT 培训的知名品牌，致力于培养面向电信和金融领域的中高端软件人才。2014 年 4 月 3 日，达内国际集团成功在美国纳斯达克上市，是中国第一家在美国上市的 IT 职业教育集团，据 IDC 公布的 2014 年数据显示，达内市场份额超过 8.3%，是国内最大的 IT 职业教育机构。2015 年，达内注重互联网教育和 K12 领域教育内容，无论是市场的疆域还是业务覆盖都有很大的变化。2015 年 3 月推出了在线教育平台 TMOOC. CN，涵盖大部分高端热门方向。2015 年 5 月，与人大继续教育学院达成包就业的学历教育战略合作。2015 年 11 月，达内教育又推出了少儿品牌“童程”“童美”，面向中小学生，分别定位少儿电脑编程和少儿电脑美术培训课程。据达内科技公开财报数据显示，截至 2015 年 6 月 30 日，达内科技第二季度净营收达到 4130 万美元，同比增长 29.4%；净利润达到 290 万美元，同比下滑 49%，总注册学生人数同比增长 30.7%，达到 17104 人，营收成本同比增长 38.5%，达到 1280 万美元。

易观分析

达内科技成立较早，教学中心广布各地，有较为丰富的线下资源。专注中高端 IT 教育市场，定位清晰准确，采用专家运营策略，保证教学质量，有较好的品牌影响力。同时，达内科技的上市带来了资金和资源的保障，与招聘网站合作，更有利于开辟更加广阔的职业化专业人才渠道。

市场方面，大数据时代的来临带来大量的高端 IT 人才需求，而达内的培训就是以就业为导向；IT 教育由于其教学内容的特点，非常适合通过线上学习、模拟和实践，成为近几年升温最快的细分领域之一。然而各大巨头纷纷涉足线上教育市场，竞争激烈，中国 IT 教育的优秀教育资源较为稀缺，达内的基础设施、销售和营销等成本有所提高，利润下降。专注 IT 领域教学的创业公司不断增加，其中不乏质优价廉的产品和服务，直接冲击达内的中高端地位。

一、基础信息

1.1 基本信息

1.1.1 公司全称：达内时代科技集团有限公司

1.1.2 成立时间：公司成立于 2002 年 9 月

1.1.3 总部地点：北京

1.1.4 上市时间：2014 年 4 月 3 日

1.1.5 企业性质：上市公司

1.1.6 资本信息：注册资本 1 亿元人民币

1.1.7 联系方式

网址：http://tedu.cn/

地址：北京市海淀区北三环西路甲 18 号中鼎大厦 B 座 7 层

电话：400-6500-383

1.2 组织信息

1.2.1 管理层

韩少云　董事会主席、首席执行官

二、业务信息

2.1 产品及服务信息

面向电信和金融领域的 Java、C++、C#/.Net、3G/Android、3G/iOS、PHP、嵌入式、软件测试、ui、网络营销等 11 大课程方向

“远程视频教学+线下实体学习” O2O 教学体系：利用达内科技自主研发的远程教学和学习系统（TTS），学员可以通过 TTS 系统和老师、助教进行提问和互动，进行复习、测验和考试，学员之间可以通过 TTS 系统进行交流，授课老师和助教可通过学员在 TTS 系统上的反馈和记录改善教学

2.2 覆盖范围

2.2.1 行业：教育培训、IT 行业、电子商务

2.2.2 主要客户：大众

2.2.3 业务区域：全球

2.3 收入结构：课程收入、在线广告、增值业务创收

三、综合信息

3.1 发展定位：做高端课程，培养高端软件人才

3.2 重要合作伙伴及供应商：IBM、微软、摩托罗拉、华为、Yahoo、阿里巴巴、TOM、新浪、搜狐、百度、美国国际数据集团 IDG、集富亚洲 JAFCO ASIA、美国高盛银行、联想等

汽车业互联网化

上汽集团

上海汽车集团股份有限公司是国内 A 股市场最大的汽车上市公司。2015 年，上汽集团积极瞄准互联网时代要求，将“创新精神”写入公司愿景，实施创新转型发展战略。在互联网方面，上汽以“互联网汽车”开发项目为契机，与 BAT 积极合作，迅速打造互联网汽车生态圈。2015 年 1 月 27 日，上汽与百度签订车联网领域战略合作协议，推动 CarLife 车联网平台定制化、营销及服务内容等方面的标准化应用。2015 年 2 月 6 日，上汽与腾讯签署基于精准营销的大数据战略合作协议，利用植根于 DMP 大数据管理平台，为用户提供同步互联网时代的个性化产品体验，打造一种全新的营销模式，推动汽车行业营销的数据化、精细化、智能化。2015 年 3 月 13 日，上汽又与阿里集团计划推出由 YunOS 系统集成的互联网汽车，并在一个月后正式签署汽车大数据营销、汽车金融、原厂售后 O2O 业务和二手车置换等领域的合作，围绕用户的车生活，实现优势叠加，整合双方线上线下资源，为用户提供智慧出行服务。

同时，上汽集团不断加快产业链延伸，在多领域能部署战略业务。2015 年 4 月 8 日，与上海通用、上海大众宣布启动运营上汽保险业务平台，进军金融板块。并在汽车服务方面深化车享网电商平台 O2O 业务链建设，2015 年 6 月，车享商城布局，从用户选车开始到购车、用车、卖车、再选车的全生命周期服务的产业链生态，主推“车享落地价”一口价模式进行线上整车销售。据上汽集团公开财报数据显示，2015 年 1-9 月，上汽整车销售 413.38 万辆，同比下降 1.28%，营业总收 4760.56 亿元，同期增长 1.01%，归母净利润 212.62 亿元，同期增长 4.18%。此外，上汽以 2014 年度合并报表 1022.486 亿美元的销售收入迈进《财富》2015 年世界 500 强，排名第 60 位。

易观分析

上汽集团 2015 年积极瞄准互联网浪潮，通过顶层设计，实施创新转型发展战略，关注新能源、智能驾驶等技术领域，拥有专利优势和丰富的技术资源。上汽加快延伸产业链，加大在研发、服务、金融等环节的投入，与互联网 BAT 签署战略协议，以跨界融合实现优势叠加，发挥其品牌影响力和线下资源的强大优势。同时，上汽旗下车企产品众多，并积极投入电商平台和汽车金融业务，在国内外建立起有竞争力的业务运营模式，其产业金融链正趋于完善。

但是，互联网技术的快速迭代需求将抑制整车厂对互联网技术研发的控制能力，全球汽车厂商正面临着更新不足、库存积压的难题。同时，当汽车连接到互联网，在汽车内部系统与外界交互的同时，也存在安全隐患，在出行日趋便捷的信息化时代，如何刺激消费者的购买汽车业产品及服务，是上汽仍需不断投入的问题。

一、基础信息

1.1 基本信息

1.1.1 公司全称：上海汽车集团股份有限公司

1.1.2 成立时间：1978 年

1.1.3 总部地点：上海

1.1.4 上市时间：2011 年（股票代码为 600104）

1.1.5 企业性质：股份有限公司

1.1.6 资本信息：总资产 4621 亿元（2015 年）

1.1.7 联系方式

网址：http：//www. saicmotor. com/

地址：上海市威海路 489 号　200041

电话：021-22011888

传真：021-22011777

1.2 组织信息

1.2.1 人员规模：92484 人（2015 年）

1.2.2 管理层

陈虹　董事长

二、业务信息

2.1 产品及服务信息

主要业务——整车（包括乘用车、商用车），零部件（包括发动机、变速箱、动力传动、底盘、内外饰、电子电器等）的研发、生产、销售，物流、车载信息、二手车等汽车服务贸易业务，以及汽车金融业务

整车企业——乘用车公司、商用车公司、上海大众、上海通用、上汽通用五菱、南京依维柯、上汽依维柯红岩、上海申沃等

2.2 覆盖范围

2.2.1 行业：汽车业、车辆与零部件

2.2.2 主要客户：企业及个人

2.2.3 业务区域：全球

2.3 收入结构：主要收入来源是车辆及零部件销售、服务及保险等盈利

三、综合信息

3.1 发展定位：倾力打造富有创新精神的世界著名汽车公司，引领未来汽车生活

3.2 重要合作伙伴及供应商：百度、阿里、腾讯、易车网、通用公司、上海大众、上海通用、上汽通用五菱、上汽商用车、南京依维柯、上海申沃、上汽依维柯红岩等

长城汽车

长城汽车股份有限公司是中国规模最大的民营汽车制造企业，其 2014 年推出的自营电商平台

"哈弗商城"采用 C2B 和 O2O 电商模式，实现了线上线下资源整合和用户个性化需求的满足，建立了互联网运营模式的基础。2015 年 4 月 20 日，长城汽车发布了 SUV 红蓝标战略，并推出面向高端市场的哈弗 H8，以此满足 SUV 多元化的细分市场和用户的个性化需求。2015 年 7 月 10 日，长城汽车增发 168 亿元，以智能驾驶辅助系统、车联网为切入点，开发打造系列化的整车平台，实现从传统汽车业务向新能源汽车业务升级。2015 年 10 月 28 日，又与中石油在新车销售、油品、车辅产品等方面战略合作，依托各自产品、渠道和品牌等资源，探索汽车"一站式"服务、推进中国石油-长城联名卡在全国范围内的推广。2015 年 11 月 2 日，长城车联网服务正式上线，通过"车机-手机-网站"三种设备间的互联体验，实现互联网与汽车的完美融合，为用户提供安全、智能、便捷的服务。

据长城汽车业绩公开报告数据显示，2015 年 1—9 月，长城汽车净利润 62.09 亿元，同比增长 11.17%，营业收入 526.04 亿元，同比增长 23.52%，汽车销售 58.67 万辆，同比增长 15.37%，其中 SUV 车型销售 47.90 万辆，同比增长 38.35%，旗下哈弗 H6、哈弗 H2 分别以 25.28 万辆、11.36 万辆夺得 2015 年中国 SUV 市场销量第一、第六名。

易观分析

长城汽车以 SUV 产品为主要盈利来源，积极实现 SUV 多元化细分市场的打造和用户个性化需求的满足。通过"过度投入"的研发策略，长城汽车在新能源、智能化、无人驾驶、车联网等领域拥有较好的技术优势，产品做工与品质得到消费者的认可，有较好的口碑与品牌优势。但是，作为国内厂商的长城汽车，技术层面与合资品牌的差距仍然不小，随着电动车技术需求的提升、合资品牌价格的下探，中国品牌发展的难度系数会继续放大。

国家颁布的购置税减半政策刺激了长城汽车的销量，借由产品结构的优化，长城汽车依靠 SUV 新车扎堆上市赢得良好的销售业绩。然而，目前各大电商巨头纷纷试水 O2O 汽车电商，传统企业进入电商领域需要增加新的运营团队，团队合作需要一定的磨合期，可能使商城在初期表现不佳。且长城汽车的线上商城平台不够完善，用户消费习惯难培养，未能较好地发挥线上营销资源，若不能成功引导用户，在其他电商平台的围攻下将面临较大竞争。

一、基础信息

1.1 基本信息

1.1.1 公司全称：长城汽车股份有限公司

1.1.2 成立时间：1984 年

1.1.3 总部地点：河北

1.1.4 上市时间：2003 年 12 月 15 日香港上市；2011 年 9 月 28 日 A 股上市

1.1.5 企业性质：股份有限公司

1.1.6 资本信息：总资产 654.12 亿元（2015 年）

1.1.7 联系方式

网址：http：//www. gwm. com. cn/

地址：河北省保定市长城南大街 1568 号　071000

邮箱：services@ gwm. com. cn

电话：400-666-1990

1.2 组织信息

1.2.1 公司规模：71575 人（2015 年）

1.2.2 管理层

魏建军　董事长

二、业务信息

2.1 产品及服务信息

轿车类别品牌——腾翼

SUV 类别品牌——哈弗

皮卡类别品牌——风骏

2.2 覆盖范围

2.2.1 行业：汽车业

2.2.2 主要客户：所有用户

2.2.3 业务区域：全国

2.3 收入结构：主要收入来源是车辆及零部件销售、劳务及服务盈利

三、综合信息

3.1 发展定位：以专注、专业、专家的理念和高度的聚焦打造在所处品类的品牌优势，并以领先的销量和更多的明星车型来成就专家品牌形象，最终成为所在品类市场的领导者品牌

3.2 重要合作伙伴及供应商：中国联通、德国博泽、中国石油、法雷奥集团、吉利、英利、博世、奥托立夫、邦迪等

庞大集团

庞大汽贸集团股份有限公司是以汽车销售服务为主业的大型汽车营销企业。2015 年，庞大积极关注新能源汽车、互联网+，结合线上线下渠道优势，延伸发展与后市场相关的新业务。2015 年 1 月 21 日，推出了会员互助租车服务，以节约社会资源、共享交通出行为目的，推广新能源汽车的全新商业模式。2015 年 7 月 15 日，庞大双龙汽车与汽车之家进行网络销售战略合作，汽车之家利用大数据负责线上集客，原有经销商负责线下接待试驾及交车工作，采取一口价的售卖形式进行销售，降低销售成本和时间成本。2015 年 10 月 5 日，庞大集团推出“上门保养服务”的线上增值服务，着力汽车后市场的竞争。2015 年 10 月 23 日，庞大又与推出芝麻 E30 互联网汽车的北京电咖就车辆分时租赁和 O2O 平台服务等领域展开合作，利用庞大在多地的线下资源优势，推动新能源纯电动汽车的销售和普及。

据庞大集团公开财报数据显示，2015 年 1—9 月，庞大集团营业收入 398.45 亿元，同比下降 14 个百分点，归母净利润 5700 万元，截至 2015 年 9 月，总资产 663.8 亿元，同比下降 2 个百分点。

易观分析

庞大集团有丰富的汽车实体销售经验，线下渠道成熟，有一定的用户基础。其线上商城产品众多，服务丰富，功能完善，能给用户较好的体验。2015 年，庞大积极进行业务整合与业务创新，减少几十个销售网点，专注售后服务，关注汽车后市场的盈利效力，并在企业管理方面上线 ERO 系统，争取在市场竞争中不断前进。

汽车经销行业方面，国内经济下行，汽车行业增速持续放缓，汽车厂家压库、大量资金流向股市，汽车经销商的市场压力大幅增加。庞大集团的发展模式是以自建 4S 店为主，其名下有一定量的土地资源，投资略显冒进，资源仍有待整合，并需要在新能源、智能化汽车领域多做考虑。同时，汽车后市场迅猛增长，庞大集团虽然线下运营成熟，但线上优势并不明显，如何引导用户习惯改变以及打通线上线下资源仍是关键。

一、基础信息

1.1 基本信息

1.1.1 公司全称：庞大汽贸集团股份有限公司

1.1.2 成立时间：2007 年

1.1.3 总部地点：河北

1.1.4 上市时间：2011 年 4 月 28 日，A 股上市

1.1.5 企业性质：股份有限公司

1.1.6 注册资金：26.215 亿元

1.1.7 联系方式

网址：http：//www.pdqmjt.com/

地址：河北省唐山市滦县立交桥南侧　063700

电话：0315-7181566

邮箱：pdgroup@pdqmjt.com

1.2 组织信息

1.2.1 人员规模：33777 人（2015 年）

1.2.2 管理层

庞庆华　董事长

二、业务信息

2.1 产品及服务信息

产品——全新整车、优品二手车、精品装饰、商用卡车

服务——庞大会员卡、庞大延保、汽车美容

2.2 覆盖范围

2.2.1 行业：汽车销售

2.2.2 主要客户：所有用户

2.2.3 业务区域：全国

2.3 收入结构：主要收入来源是车辆及工程机械销售、会员增值服务等

三、综合信息

3.1 发展定位：以追求卓越、回报社会为目标，致力打造创新型综合服务汽车销售商

3.2 重要合作伙伴及供应商：汽车之家、北京电咖、奥迪、奔驰、丰田、马自达、DS、五菱、路虎、斯巴鲁、雷克萨斯、宾利、本田、尼桑、大众、东风、宝马、Jeep、帝豪、长城、菲亚特、荣威、全球鹰等汽车品牌，中国银行、韩国双龙、富士重工业株式会社、易车公司等

博泰悦臻

上海博泰悦臻电子设备制造有限公司是一家从事智能化车载信息服务系统研发、制造，并提供信息服务解决方案的新型技术型企业，业务主要为消费电子、车联网、智能汽车三部分，是国内较早提供车载硬件平台、嵌入式系统、运营服务系统等自主知识产权技术的系统集成商。2015 年 1 月 14 日，原吉利控股副总裁、沃尔沃全球高级副总裁兼中国区董事长沈晖出任博泰集团 CEO 和智能汽车共同创始人，着力打造互联网智能汽车。2015 年美国 CES 消费电子展上，博泰推出最新版基于安卓的 iVokaOS 车载智能语音操作系统，从以往的 B2B 业务向围绕极致用户体验的模式转变，打造高端智能汽车、车联网汽车行业生态圈。2015 年 4 月 20 日，第十六届上海国际车展上博泰集团推出国内市场上首部智能汽车概念车——Project N 超级智能移动终端，博泰与卡耐基·梅隆大学机器人学院合作，此概念产品集成了自然人机交互界面、智慧科技、自动驾驶、云端大数据、新能源等前瞻科技，致力于打造更具人性化的车载服务和行车体验，是未来几年博泰业务的重点内容。

易观分析

博泰悦臻主要从事车载智能终端、相关服务平台的研发和系统集成，以及产品与服务的销售，拥有很强的自主研发实力，并在国外设立研究所，寻求科技合作，技术优势显著。其开发的各个车载智能系统与众多大牌汽车公司有合作，在车联网界声誉度高，品牌效应不俗。但是博泰在汽车产业链上游缺乏实力，线下资源不像汽车厂商有较好的用户基础，在营销渠道上优势不足。

车联网和智能汽车是未来汽车行业的发展方向，博泰从 B2B 转战 B2C，为用户提供更多个性化服务，较早进入这块市场，能更好地布局资源。该市场还有很大的发展空间，基于大数据和云计算的车联网也将提供更多便捷和智能的服务，有利于像博泰这样的互联网企业发展。同时，许多互联网企业纷纷进入智能汽车和车联网市场，博泰面临不小压力，如何将自身技术优势转化为市场份额，占据行业链的一部分，还需进行更广跨度的企业合作以及探索新的营销模式。

一、基础信息

1.1 基本信息

1.1.1 公司全称：上海博泰悦臻电子设备制造有限公司

1.1.2 成立时间：2009 年

1.1.3 总部地点：上海

1.1.4 上市时间：未上市

1.1.5 企业性质：有限责任公司

1.1.6 联系方式

网址：http：//www. pateo. com. cn/

地址：上海市徐汇区天钥桥路 30 号美罗大厦 19 层、20 层、23 层

电话：021-34184880

传真：021-64400307

邮箱：vivipeng@ pateo. com. cn

1.2 组织信息

1.2.1 管理层

沈晖　首席执行官、智能汽车事业部首席执行官

二、业务信息

2.1 产品及服务信息

子品牌：智游（以导航为主的智能车载终端）、智脑（有智能分析和挖掘的数据库和神经系统）、智网（以提供各种内容和应用的智能网络服务平台）、智仆（以 CRM 与呼叫中心为主的后端的服务体系）

系统集成商：产品概念设计、硬件开发、结构件开发、操作系统设计、UIUE 设计、汽车总线设计、应用程序开发、导航引擎开发、采购、组装生产、物流、营销支持、售后

服务运营商：智能驾驶秘书、车友互动社区、经销商配套服务体系、海量资源支持、TSP 系统构建、开放式的应用扩展平台、系统部署、TSP 网站、TSP 客户端软件、其他网站+PATEO、API、移动端设备

2.2 覆盖范围

2.2.1 行业：电子设备制造

2.2.2 主要客户：汽车制造公司

2.2.3 业务区域：全国

2.3 收入结构：主要收入来源是车载产品销售及 TSP 信息服务盈利

三、综合信息

3.1 发展定位：致力于让每个人拥有前所未有的车内体验，以创新、集成、智能为导向的车联网系统集成商和服务运营商

3.2 重要合作伙伴及供应商：上汽荣威、福特、沃尔沃、长安标致、雪铁龙、DS、东风标致、

东风雪铁龙、上汽、奇瑞、北汽等汽车公司，谷歌、英特尔、高通、腾讯、百度、PSA

零售业互联网化

银泰百货

银泰百货集团是以百货零售业为主营业务的百货零售集团。2015 年 7 月 19 日，阿里 CEO 接任银泰商业的董事会主席，银泰成为阿里 O2O 战略的重要一环。银泰通过与阿里的合作变成一个崭新的虚拟经济和实体经济结合的平台，为百货零售业提供 O2O 解决方案，加速推行泛渠道策略，并推出喵街、喵货、西选、意选及喵客等 O2O 应用举措；“双 11” 当天，天猫银泰商业的精品旗舰店销售额历史性地达到了 3700 万元，是同年的 6 倍；与阿里合作的银泰宝推出两周获得 VIP 客户达 150 万，是过去 15 年的积累总数。2015 年 8 月 19 日，银泰取得国际支付界知名科技公司 Austreme18%股权，专注于大数据分析、反洗钱、线上商户非法内容监控及商户认证，为自身商业安全提供保障。2015 年 11 月 15 日，银泰发布供应链金融产品“I 融”，联合合作银行为供应商提供信用融资，加持了信用融资服务的银泰新型供应商服务系统将从多个维度帮助上游供应商降低成本，提高供应链的运行效率。据银泰公开财报数据显示，银泰百货 2015 年上半年实现销售营收 85.51 亿元，同期增长 8.0%，净利润 7.131 亿元，同期增加 19.70%，其中租金及相关收入由于新增 10 间新店大幅上涨 88.7%至 3.31 亿元。

易观分析

银泰百货作为浙江省区域百货业的知名企业，拥有雄厚的资金实力，通过业务的拓展整合及线下实体店的精细化经营，全面增强了对顾客消费购物体验的服务能力，也建立了良好的企业形象和口碑。2015 年，银泰与阿里深度合作，以阿里商业的身份成为阿里 O2O 平台的一环，以互联网思维和数字化理念打造新模式的购物中心，其自身原有的丰富线下实体店资源与阿里强大的线上平台的结合，使银泰在市场资源上具有较大竞争力。

随着互联网的高速发展，普通民众消费方式的转变，传统零售业的整体衰退。在传统零售业整体呈现颓靡趋势的同时，中国网上零售市场却日趋成熟，销售额持续走高。面对挑战，银泰商业以“多业态、多品牌”为发展战略，全力推进百货零售、购物中心、电子商务、供应链金融的纵向发展和横向资源整合，向 B2C 电子商务平台的逐步倾斜。然而银泰百货作为传统的零售百货店虽然有相当数量的实体店，但阿里缺乏实体店经营经验，如何让线上线下商城相辅相成，如何在电子商务不断发展的今天继续拓展行业版图，仍是其需要面对的问题。

一、基础信息

1.1 基本信息

1.1.1 公司全称：银泰百货（集团）有限公司

1.1.2 成立时间：1998 年 1 月 1 日

1.1.3 总部地点：北京

1.1.4 上市时间：2007 年 3 月 20 日香港联交所上市（01833. HK）

1.1.5 企业性质：股份有限公司

1.1.6 联系方式

地址：北京市建国门外大街 2 号银泰中心 C 座 42 层

网址：http：//www. intime. com. cn/

1.2 组织信息

1.2.1 人员规模：8213 人（2015 年）

1.2.2 管理层

沈国军　董事会主席

陈晓东　首席执行官、首席财务官、副总裁

二、业务信息

2.1 主要产品与服务信息

银泰百货——百货连锁品牌，门店均位于城市繁华商业核心，以“传递新的生活美学”为理念，致力成为在多个区域内拥有领先优势、具有银泰商业文化特色的全国连锁百货品牌

银泰中心——高端商业综合体，位于一线城市与经济发达的省会核心商圈，汇集国际知名奢侈品牌购物中心、豪华酒店、甲级智能写字楼和高档公寓等多功能于一体，成为城市地标性建筑

银泰城——中高端商业综合体，位于一线与二线城市的非核心商圈或发达的三线城市，汇集国内外知名品牌购物中心、星级酒店、写字楼、住宅等于一体，以国际国内时尚品牌为主导，以中高端流行百货、大型生活超市、特色餐饮、豪华影院、量贩式 KTV、娱乐电玩城、数码连锁电器等为配套，是都市人时尚生活首选

银泰电子商务——专注于时尚精品百货的在线购物商城，大型 B2C 电子商务平台，依托于银泰的优质供应商、客户资源以及品牌优势，与银泰百货实体店紧密互动、互为补充

2.2 覆盖范围

2.2.1 行业：零售百货

2.2.2 主要客户：年轻和新型家庭

2.2.3 业务区域：全国

2.3 收入结构：收入主要来源为百货实体店商品的销售即功能性单位的租金

三、综合信息

3.1 发展定位：以传递“新的生活美学”为经营理念，以百货零售业为主营业务，以年轻及新型家庭为主要客户，以实现连锁经营、专业化、集约化为目标，实施品牌战略，形成具备银泰商业

文化的大型零售企业品牌

3.2 重要合作伙伴及供应商信息：新浪、腾讯、搜狐、网易、时尚网、美空网、瑞丽等网站，各类服装、美妆、箱包、家居等中高端品牌

大连万达

大连万达集团旗下拥有四大支柱产业，包括地产、酒店、百货和旅游。集团与于2007年5月8日成立万达百货有限公司。万达百货和万达广场相辅相成，其内的酒店、娱乐、餐饮及其他品类的零售企业为消费者共同构筑了一个充满休闲乐趣和丰富购物体验的活力空间。2014年，万达借由自身强大的线下资源和商业平台实力，逐步转向O2O业务领域发展。2015年，万达改变平台搭建阶段的以电子商务类招商为主的商业零售模式，去除零售部门，以年轻用户为主要对象，在移动APP方面将广场资源进行整合，抓住O2O业务重要的资金链环节，将业务向网络金融倾斜，并于2015年4月份在上海注册成立万达金融集团，下设网络金融、飞凡科技、保险、投资等公司。同时万达集团开启合作万达广场模式，将土地投资转给投资者，提供自身品牌，仅负责设计、建设、招商、运营，这种轻资产模式有利于万达百货的业务链拓展。

另外，万达集团在文化产业发展力度加大，2015年跨国并购了盈方体育、世界铁人公司、澳洲HOYTS院线、传奇影业，投资西班牙马德里竞技足球俱乐部等，海外总投资额超过50亿美元。据万达集团公开数据显示，万达集团旗下万达商业2015年收入1904.5亿元，完成年计划的101.3%，同比增长4.4%，其中万达百货2015年实现收入230.5亿元，完成年计划的102.3%，同比增长11.1%。

易观分析

万达百货拥有充足的资金来源和技术力量，并具有较强的企业品牌影响力，在国内乃至全球市场都有较强竞争力。作为大连万达集团的四大支柱产业之一，万达集团投入了大量资金和精力扶持百货零售业务，配合万达广场、万达金融、万达文化等业务链，百货零售的品牌内容十分丰富，营销渠道广阔，线下用户黏度较高。2015年，万达与腾讯在万达广场、影院、酒店等实体产业链条上布局O2O，并逐步向网络金融方向发展，同时积极面向互联网和移动互联网业务，对年轻用户有不错的吸引力。

从开发商的角度解决招商、运营链条的问题而建立的万达百货前些年发展欠佳，其商业运营目的不足，一度成为万达集团营业亏损的产业。随着万达将百货，商业地产，旅游，酒店，影院业务有机结合，百货业务成为万达集团O2O产业链上的重要组成部分，其业绩在2015年已表现出色。然而实体零售业仍然是整体低迷趋势，加之商业地产利润下滑，万达仍需要不断进行业务创新，在充分发挥线下优势和文化内容品牌效力的同时，提高线上竞争力，将万达百货业务做大做强。

一、基础信息

1.1 基本信息

1.1.1 公司全称：万达百货有限公司

1.1.2 成立时间：2007 年 5 月 8 日

1.1.3 总部地点：北京

1.1.4 上市时间：未上市

1.1.5 企业性质：股份有限公司

1.1.6 联系方式

地址：北京市朝阳区建国路 93 号万达广场 B 座 12 层

网址：http：//www. wdds. com. cn

电话：010-85587400

1.2 组织信息

1.2.1 管理层

王建林　董事长

二、业务信息

2.1 主要产品与服务信息

主要有高端奢华店、精致生活店、时尚流行店以及社区生活店四种店态形式，适应不同地区和客群的消费需求

2.2 覆盖范围

2.2.1 行业：零售百货

2.2.2 主要客户：年轻、时尚女性和新兴家庭

2.2.3 业务区域：全球

2.3 收入结构：收入主要来源为百货实体店商品的销售及功能单位的租金

三、综合信息

3.1 发展定位：配合万达集团商业地产的发展，成为中国第一流连锁百货集团

3.2 重要合作伙伴及供应商信息：腾讯、各类中高端品牌，涵盖种类包括服装、美妆、箱包、家居等

王府井百货

北京王府井百货（集团）股份有限公司是一家专注于百货业态的全国性连锁零售企业，旗下王府井网上商城是王府井战略性规划的重要项目。2015 年 2 月 14 日，王府井百货与腾讯首家微信购物合作门店实现上线试运行，通过引进互联网支付方式实现购物自主化、实体卖场的用户资源与移动端深度结合。2015 年 5 月中旬，王府井联合大众点评网开展基于位置的互联网 LBS 引流营销，同时其 PC 端、移动端、线下端所有渠道用户已初步统一到王府井内部的 CRM 数据系统，进一步实现全渠道的战略部署。2015 年 6 月 23 日，王府井百货集团与上海百联集团、香港利丰集团组建合资

公司，共创战略合资平台，借助各自专业优势，整合资源，加速业务创新、业态创新、模式创新。

2015 年 7 月 24 日，王府井百货联手京东金融推出了“王府井白条”的全新支付方式，推广会员个人消费信贷业务，探索互联网金融与消费信贷，同时王府井大用户体系开始投入运营，线下门店已实现会员卡电子化，旗下全部门店已完成 Wi-Fi 无线网络和 Beacon 设备部署，店内智能寻车系统、导购微商计划均已在试点门店上线。据王府井百货业绩公告数据显示，王府井百货 2015 年上半年实现营业收入 90.6 亿元，同比下降 3.99%，利润总额 6.2 亿元，同比大幅上升 15.45%，归属于上市公司股东的净利润 4.6 亿元，同比上升 22.65%；百货主业毛利率为 18.60%，同比提升 0.24 个百分点。

易观分析

王府井集团属北京市重点扶植的企业，有着良好的品牌效力，其百货、奥特莱斯和购物中心三大主力业态都在进行战略转型，积极构建互联网环境下的新商业模式。在其他传统百货零售业巨头纷纷跨界投资其他领域时，王府井始终专注于自身业态发展，回归零售本质，推动线上线下资源高度融合，建立以客户为中心的新型生态圈。在商品层面继续推进深度联营，向供应链上游延伸，为自营和自有商品发展创造条件。其全渠道平台搭建和系统建设也已初步完成并进入全面推广实施阶段，通过卖场数字化、导购智能化、营销互联网化有效优化门店购物体验、提升门店的交易效率，资源整合效果良好。同时王府井网上商城在买手模式驱动下，通过自营、平行贸易商、奥莱商品直采等采购模式，形成了网上商城、移动商城、微信微店、天猫旗舰店等多渠道立体化销售网络和服务体系，竞争优势明显。

随着电商市场的蓬勃发展，传统零售业不断缩水，市场份额一再压缩。线上商城购物的快速、方便和低价都给传统的零售百货市场带来了冲击，业内竞争、市场大环境颓靡，O2O 平台对于商企而言目前并无成功的商业模式可循，王府井百货的转型并未取得突出的业绩成果。并且王府井百货业务链单一，其营业利润易在市场竞争者的挤压下缩水。此外，电子商务对信息技术的要求较高，供货及销售模式复杂多样，有优秀的线上线下资源整合能力的王府井仍面临着交易安全风险、业务导流不足、用户黏性不高等问题。

一、基础信息

1.1 基本信息

1.1.1 公司全称：北京王府井百货（集团）股份有限公司

1.1.2 成立时间：1993 年

1.1.3 总部地点：北京

1.1.4 上市时间：1994 年 5 月 6 日，上海证券交易所

1.1.5 企业性质：股份有限公司

1.1.6 资本信息：总资产 137.50 亿元（2015 年）

1.1.7 联系方式

网址：http：//www.wfj.com.cn/

地址：北京市王府井大街 255 号

电话：010-51283636

1.2 组织信息

1.2.1 人员规模：11396 人（2015 年）

1.2.2 管理层

刘冰　董事长

二、业务信息

2.1 主要产品与服务信息

实体百货商店——内含购销百货、日用、文化、娱乐、五金、货物进出口等领域知名品牌商加盟入驻，以北京为中心，覆盖华南、西南、华中、西北、华北等五大区域的销售网络，在 22 个城市开设 30 家大型百货店，形成了满足不同消费需求、不同地域分布的门店梯次和布局

王府井网上商城——定位于面向品位、品质、时尚和追求购物乐趣消费者的 B2C 精品购物平台，重点经营国际、国内知名品牌、流行品牌、网络热销商品和自有品牌商品等百货商品

2.2 覆盖范围

2.2.1 行业：零售百货业

2.2.2 主要客户：中高消费群体

2.2.3 业务区域：全国

2.3 收入结构：实体百货商店的销售收入及功能性客户的租金

三、综合信息

3.1 发展定位：品牌化、现代化、国际化，忠于“人文购物、人性服务”的经营理念，注重顾客体验，致力于为顾客创造高品位的人文购物环境

3.2 重要合作伙伴及供应商信息：各类中、高端品牌，涵盖种类包括服装、美妆、箱包、家居等

我国行业互联网化企业名录节选如下表：

表 35　中国行业互联网化企业名录节选

银行业	招商银行	
银行业	民生银行	
银行业	平安银行	
银行业	工商银行	
家电业	海尔	
家电业	方太	
家电业	九阳	

（续表）

家电业	美的	简要分析见前述数据分析及详细分析见易观企业库
教育业	学大教育	
教育业	新东方	
教育业	达内科技	
汽车业	上汽集团	
汽车业	长城汽车	
汽车业	庞大集团	
汽车业	博泰悦臻	
零售业	银泰百货	
零售业	大连万达	
零售业	王府井百货	
银行业	农业银行	详细分析见易观企业库
银行业	建设银行	详细分析见易观企业库
银行业	浦发银行	详细分析见易观企业库
家电业	长虹	详细分析见易观企业库
家电业	TCL	详细分析见易观企业库
家电业	LG	详细分析见易观企业库
家电业	康佳	详细分析见易观企业库
家电业	创维	详细分析见易观企业库
教育业	中国教育在线	详细分析见易观企业库
教育业	中国 MBA 网	详细分析见易观企业库
教育业	沪江网	详细分析见易观企业库
教育业	中国网络教育集团	详细分析见易观企业库
教育业	正保远程教育	详细分析见易观企业库
教育业	弘成教育	详细分析见易观企业库
教育业	双威教育	详细分析见易观企业库
教育业	决胜网	详细分析见易观企业库
教育业	51Talk	详细分析见易观企业库
教育业	精锐教育	详细分析见易观企业库
教育业	学而思	详细分析见易观企业库
医疗健康业	39 健康网	详细分析见易观企业库
医疗健康业	名医在线	详细分析见易观企业库
医疗健康业	医通无忧	详细分析见易观企业库
医疗健康业	好大夫在线	详细分析见易观企业库
医疗健康业	爱康网	详细分析见易观企业库
汽车业	奇瑞汽车	详细分析见易观企业库

汽车业	吉利集团	详细分析见易观企业库
汽车业	凯翼汽车	详细分析见易观企业库
旅游业	马蜂窝	详细分析见易观企业库
旅游业	乐途旅游	详细分析见易观企业库
旅游业	驴妈妈	详细分析见易观企业库
旅游业	穷游网	详细分析见易观企业库
旅游业	欣欣旅游网	详细分析见易观企业库
零售业	天虹商场	详细分析见易观企业库
零售业	广百股份	详细分析见易观企业库
零售业	欧亚集团	详细分析见易观企业库
零售业	广州友谊集团	详细分析见易观企业库
零售业	百联股份	详细分析见易观企业库

第六部分

易观千帆 APP 榜单

据易观千帆年度移动 APP 榜单数据显示，2015 年移动应用发展呈现三大趋势：

1. 巨头驱动头部应用 OS 化

随着互联网巨头企业覆盖移动用户的覆盖率增长，其逐步实现平台化、OS 化，成为用户流量、现金流、商品流、服务流的中心。巨头通过超级 APP 大范围覆盖用户围绕自身核心资源打造生态，超级 APP 连通各类应用、场景成为移动互联网应用服务的中枢。

2. 行业驱动场景裂变

互联网+行业进程加速各个行业互联网化不断满足用户不同场景化应用使得用户使用移动互联网的场景不断裂变、持续细分。基于场景继续向深度与广度裂变；基于生态不同环节向精细化、专业化裂变；基于用户族群需求向不同细分领域裂变。

3. 用户驱动族群裂变

用户需求个性化凸显细分用户族群不断裂变促使移动互联网行业进入精细化运营阶段，个性化精准定位应用价值凸显。以应用场景形成用户族群各族群用户结构呈现显著差异化；工作场景与消费场景的裂变形成用户行为差异丰富用户移动互联网触点；标签成为描述移动互联网用户族群的主要指标标签的裂变将成为趋势。

易观千帆 2015 全年 TOP500

表 36　2015 年度移动 APP TOP500 排名

排名	APP 名称	2015 年月均活跃用户数（万）
1	微信	54507.5
2	QQ	40820.6
3	手机百度	20252.7
4	淘宝	15333.1
5	搜狗输入法	14610.8
6	QQ 浏览器	13603.8
7	UC 浏览器	11581.7
8	腾讯视频	10823.8
9	优酷视频	10563.7
10	腾讯新闻	10390.2
11	支付宝	10318.7
12	微博	10210.3
13	360 手机卫士	10192.2
14	QQ 音乐	10161.4

（续表）

排名	APP名称	2015年月均活跃用户数（万）
15	百度地图	10001.1
16	爱奇艺视频	9612.5
17	腾讯手机管家	9571.2
18	百度手机浏览器	9197.0
19	搜狐新闻	8001.6
20	今日头条	7878.2
21	Wi-Fi万能钥匙	6869.0
22	酷狗音乐	6751.6
23	QQ空间	6470.1
24	QQ同步助手	6466.2
25	搜狐视频	6417.6
26	应用宝	6337.5
27	酷我音乐	5888.5
28	360手机助手	5631.2
29	暴风影音	5584.1
30	猎豹清理大师	5483.0
31	网易新闻	5248.7
32	墨迹天气	5248.2
33	陌陌	4929.5
34	掌阅iReader	4882.0
35	百度手机卫士	4707.2
36	豌豆荚	4482.1
37	爱奇艺PPS影音	4355.1
38	美图秀秀	4345.0
39	91助手	4116.0
40	美团	4076.1
41	天气通	4074.2
42	大众点评	3908.1
43	小米应用商店	3660.1
44	高德地图	3533.3
45	360浏览器抢票专版	3382.4
46	百度手机输入法	3134.8
47	美颜相机	3097.8
48	凤凰新闻	3087.5
49	PPTV聚力	3066.9

（续表）

排名	APP 名称	2015 年月均活跃用户数（万）
50	中华万年历日历	3030.4
51	土豆视频	2913.5
52	WPS Office	2870.4
53	腾讯电池管家	2795.5
54	京东	2764.2
55	搜狗号码通	2585.1
56	新浪新闻	2581.3
57	乐视视频	2551.4
58	百度视频	2448.6
59	天猫	2435.8
60	小米桌面	2433.5
61	天天动听	2387.5
62	讯飞输入法手机版	2357.6
63	看片神器	2220.8
64	QQ 邮箱	2216.4
65	铃声多多	2200.5
66	安卓壁纸（Androidesk）	2190.9
67	书旗小说	2143.2
68	快牙	2119.9
69	宜搜搜索	2114.0
70	金山电池医生	2021.0
71	宜搜小说	1880.8
72	华为应用市场	1855.8
73	芒果 tv	1831.5
74	58 同城	1810.4
75	唯品会	1778.1
76	搜狗手机助手	1750.5
77	360 清理大师	1733.9
78	百度云	1730.7
79	QQ 阅读器	1706.4
80	360 影视大全	1700.9
81	唱吧	1624.8
82	猎豹浏览器	1618.8
83	安卓市场	1614.5
84	ES 文件浏览器	1610.7

（续表）

排名	APP 名称	2015 年月均活跃用户数（万）
85	快手	1573.8
86	乐商店	1541.9
87	同花顺	1515.7
88	hao123 上网导航	1514.2
89	驾考宝典	1477.4
90	联想日历	1471.2
91	天翼手机	1442.2
92	滴滴出行	1425.0
93	茄子快传	1407.1
94	电信营业厅	1402.5
95	中国建设银行	1402.3
96	中国天气通	1385.1
97	华为文件管理器	1359.5
98	MM 商场	1330.7
99	百度音乐	1330.4
100	天翼空间	1296.0
101	咪咕阅读	1292.2
102	联想文件管家	1291.8
103	授权管理（com.kingroot）	1286.0
104	安智市场	1271.0
105	懒人听书	1250.3
106	灵犀语音助手	1234.7
107	魔秀桌面	1230.4
108	卓易市场	1211.8
109	360 免费 Wi-Fi	1197.9
110	一点资讯	1186.9
111	和视频	1165.7
112	百度新闻	1161.1
113	绿茶浏览器	1148.5
114	美丽说	1116.6
115	Camero360	1114.4
116	91 桌面	1101.5
117	蘑菇街	1094.5
118	百度手机助手	1081.2
119	触宝电话	1074.8

（续表）

排名	APP 名称	2015 年月均活跃用户数（万）
120	中国工商银行	1051.2
121	微会免费电话	1017.1
122	最美天气	1011.4
123	微锁屏	1001.1
124	旺信	998.8
125	作业帮	997.7
126	360 省电王	990.3
127	2345 手机助手	987.0
128	微米浏览器	974.8
129	去哪儿旅行	963.5
130	乐安全	951.1
131	迅雷	949.0
132	搜狗市场	947.8
133	美拍	947.5
134	楚楚街	928.0
135	可可应用商店	925.2
136	高德导航	872.7
137	12306 官方版	863.2
138	YY	850.5
139	和地图	844.8
140	百度贴吧	839.3
141	Youni 有你	833.5
142	爱音乐	829.8
143	中国联通手机营业厅	827.4
144	欧朋浏览器	825.3
145	影音先锋	772.3
146	便签	762.5
147	有道词典	746.1
148	饿了么	737.2
149	2345 浏览器	721.4
150	搜狗浏览器	720.1
151	喜马拉雅 FM	714.2
152	风行视频	713.4
153	万年历（com. youloft）	706.6
154	多米音乐	699.5

(续表)

排名	APP 名称	2015 年月均活跃用户数（万）
155	手机云桌面	694.2
156	咪咕音乐	693.5
157	360 手机桌面	692.3
158	百度糯米	687.0
159	携程旅行	678.6
160	2345 网址导航	673.8
161	全民 K 歌	669.7
162	联想天气	657.5
163	189 邮箱	654.7
164	驾校一点通	653.3
165	闪传	640.3
166	360 超级 ROOT	635.2
167	美团外卖	619.9
168	天翼云	614.1
169	云视听·泰捷	612.7
170	车轮查违章	599.1
171	天天 P 图	595.7
172	2345 天气王	592.8
173	有信免费电话	587.3
174	蜻蜓 FM	587.3
175	金山手机助手	587.2
176	大智慧	583.7
177	央视影音	577.3
178	赶集生活	575.8
179	乐省电	564.4
180	应用管家	563.7
181	易信	556.0
182	小伴龙	555.0
183	天翼 Wi-Fi 客户端	554.0
184	MyFavorites	541.5
185	爱阅读	536.3
186	纹字锁屏	529.4
187	金山手机毒霸	528.9
188	猿题库	526.7
189	应用汇	526.1

（续表）

排名	APP 名称	2015 年月均活跃用户数（万）
190	鲁大师	521.4
191	快的打车	520.3
192	天翼阅读	518.8
193	文件资源管理器	517.9
194	139 邮箱	516.3
195	Chrome	507.9
196	天翼导航	506.8
197	Flipboard 中国版	504.3
198	搜狗地图	501.8
199	多玩饭盒	496.9
200	虾米音乐	495.5
201	GO 桌面	486.2
202	沃邮箱	484.2
203	腾讯微博	476.8
204	点心省电国际版	474.7
205	完美 365	467.5
206	腾讯相册管家	465.9
207	儿歌多多	455.8
208	聚美优品	455.2
209	网易云音乐	452.2
210	Q 立方桌面	447.9
211	小红书海外购物神器	446.4
212	2345 影视大全	444.0
213	酷划	438.8
214	QQ 安全中心	431.5
215	涨乐财富通	425.0
216	Dropbox	422.9
217	高铁管家	421.7
218	随手记	416.3
219	猎豹安全大师	414.9
220	贝瓦儿歌	412.1
221	全国违章查询（cn. mucong）	410.7
222	农行掌上银行	408.6
223	好豆菜谱	403.1
224	PP 助手	401.2

（续表）

排名	APP 名称	2015 年月均活跃用户数（万）
225	浙江移动手机营业厅	400.3
226	汽车之家	394.0
227	安卓商城	393.9
228	手机电视	393.6
229	沃商店	389.9
230	宝宝树孕育	386.4
231	搜狗搜索	382.0
232	天翼视讯	376.5
233	翼支付	376.4
234	影视大全（com.le123）	373.1
235	360 天气	370.4
236	车轮考驾照	370.0
237	凤凰视频	365.9
238	北极星办公室 Poloris Office4	365.3
239	365 日历	364.8
240	Adobe Acrobot DC	362.6
241	美人相机	359.1
242	斗鱼 TV	358.9
243	孕育管家	358.6
244	电信桌面	354.3
245	号簿助手	353.2
246	掌心管家	352.9
247	招商银行	349.2
248	内涵段子	346.0
249	塔读文学	343.8
250	中国银行手机银行	343.5
251	风云直播	342.9
252	米折	338.3
253	Gnotes 记事本	336.8
254	红包锁屏	333.1
255	安全管家	331.0
256	云图 TV 电视直播	330.6
257	116114	329.8
258	小猿搜题	325.0
259	Facebook	322.6

（续表）

排名	APP 名称	2015 年月均活跃用户数（万）
260	违章查询助手	320.9
261	音乐圈	320.8
262	授权管理（com. dianxinos）	320.7
263	天天基金网	318.0
264	东方财富网	316.8
265	糗事百科	315.9
266	搜房网	310.2
267	阿里巴巴	309.8
268	Adobe Flash Player	309.3
269	酷我 K 歌	309.2
270	天籁 K 歌	306.2
271	贝贝	305.5
272	安卓优化大师	303.3
273	哔哩哔哩动画	302.8
274	Theme Store	302.5
275	酷云	298.6
276	汽车报价大全	295.2
277	当当	294.8
278	葫芦侠 3 楼	292.8
279	instagram	292.3
280	翼周边	291.1
281	in	290.6
282	天语应用中心	290.0
283	Smart Aemote	289.1
284	开训视频	287.3
285	中兴桌面	286.8
286	网易云阅读	286.1
287	快读免费小说	286.0
288	安全市场	281.2
289	掌上生活	280.7
290	Google Maps	278.2
291	MX Player	276.4
292	TripAdvisor（猫途鹰）	276.0
293	360 安全通讯录	273.6
294	Gmail	270.3

（续表）

排名	APP 名称	2015 年月均活跃用户数（万）
295	Hala 桌面	268.1
296	和通讯录	267.5
297	美柚	266.5
298	邮储银行	265.9
299	搜狗阅读	263.0
300	vivoSpace	262.9
301	音悦台	260.6
302	印象笔记	260.1
303	桌面启动器	258.7
304	苏宁易购	258.3
305	交通银行	257.8
306	Video Player	257.8
307	360 优化大师	257.0
308	民生银行手机银行	256.6
309	乐生活	256.3
310	腾讯地图	255.3
311	千牛	254.0
312	触宝输入法	253.5
313	美图贴贴	252.8
314	凯立德导航	250.3
315	权限管理	249.6
316	华硕桌面	249.4
317	小米百变锁屏	249.4
318	小咖秀	247.5
319	妈妈帮	246.7
320	教育技术服务平台	246.3
321	备份和恢复	239.6
322	小影	236.8
323	随 e 行 wlan	235.4
324	同程旅游	234.8
325	宝宝知道	229.9
326	追书神器	229.8
327	亚马逊购物	228.8
328	万能 Wi-Fi 钥匙	228.3
329	电视猫视频	227.5

（续表）

排名	APP 名称	2015 年月均活跃用户数（万）
330	海报工厂	227.1
331	中国移动手机营业厅	225.5
332	学霸君	224.9
333	千寻影视	220.8
334	文件管理	220.6
335	通讯录 plus	219.8
336	阿里旅行	219.8
337	直播吧（Android. zhibo8）	218.8
338	全国违章查询（cheyooh）	218.7
339	NearMe 云笔记	217.7
340	号码百事通	217.3
341	我查查	217.2
342	金太阳	216.5
343	每日新款	215.6
344	联想收音机	215.6
345	Wi-Fi 连网神器	214.7
346	LBE 安全大师	214.3
347	二维码扫描（com. youba）	213.8
348	百度魔图	212.6
349	铁友火车票	211.5
350	QQ 输入法	210.8
351	酷桌面	209.1
352	宝贝听听	208.8
353	爱壁纸 HD	207.2
354	微信电话本	207.2
355	Wi-Fi 信号增强器	206.4
356	一键清理大师	206.4
357	微店	204.3
358	安卓手机主题	200.7
359	广发手机证券	200.5
360	车来了	198.7
361	360 极速浏览器	198.5
362	返利网	198.2
363	Root Explorer	197.3
364	nice 好赞	196.9

（续表）

排名	APP 名称	2015 年月均活跃用户数（万）
365	下厨房	196.5
366	cooee 锁屏	196.2
367	来电通	195.0
368	银河玖乐	193.9
369	手势管理文档	193.6
370	流流顺	191.8
371	快看免费小说（com. ishugui）	189.9
372	VET 全聚会	189.9
373	金山手机卫士	188.8
374	360 云盘	188.8
375	畅读	188.3
376	金山背单词	188.1
377	华硕天气	187.9
378	卓悠登陆	186.8
379	布卡漫画	186.2
380	搜狗壁纸	186.0
381	图吧导航	185.7
382	新华字典（hugh. Android）	185.6
383	好搜	185.5
384	六合宝典	185.3
385	豆果美食	184.9
386	妙笔生花	184.4
387	正点闹钟	184.4
388	智能连接	184.1
389	正点工具箱	183.7
390	电子画报	183.6
391	1905 电影网	183.2
392	百词斩	183.2
393	画板	183.0
394	用户中心	182.3
395	快图浏览 QuickPic	180.3
396	玩图	179.6
397	磨吧卸载助手	179.4
398	Wi-Fi 密码查看器	179.4
399	多多计算器	177.8

（续表）

排名	APP 名称	2015 年月均活跃用户数（万）
400	大姨吗	177.6
401	Google Play Music	177.5
402	掌上百度	177.5
403	天翼客服	175.4
404	知趣天气	175.3
405	YOO 桌面	174.9
406	OPPO 乐园	172.7
407	飞信	172.6
408	挖财记账理财	172.0
409	虎牙直播	171.4
410	聚划算	170.7
411	1 号店	170.4
412	NATE 应用	170.1
413	动态壁纸大全	169.9
414	易用汇	169.5
415	ZAKER	169.3
416	天翼用户中心	168.6
417	Skype 免费网络电话	168.4
418	广东移动 10086	167.9
419	网易邮箱	167.6
420	小说阅读网	167.5
421	手机加速神器	167.4
422	堆糖	166.6
423	逗拍	164.5
424	途牛旅游	163.2
425	快手看片	163.0
426	Superuser：超级权限管理	161.1
427	读书巴士	160.7
428	闲鱼	160.5
429	安医生	160.5
430	Yahoo 邮箱	160.3
431	百度导航	160.3
432	熊猫看书	159.0
433	Google 搜索	158.2
434	智能 360	157.2

（续表）

排名	APP 名称	2015 年月均活跃用户数（万）
435	掌中英语	156.8
436	平安人寿	155.9
437	淘宝手机助手	155.4
438	Waze	154.9
439	酷我听书 FM 电台	154.8
440	葫芦侠我的世界	154.7
441	华硕相机	154.7
442	中兴黄页	154.6
443	安装助手	154.2
444	美咖相机	154.2
445	百度一键 root	154.0
446	找对象	153.8
447	360 隐私保险箱	153.7
448	江苏移动掌厅客户端	152.5
449	91 通讯录	152.3
450	我的衣帽间	151.8
451	二手车	150.7
452	微车违章查询	150.4
453	MoboPlayer	149.7
454	乐云记事本	149.4
455	导航犬	149.2
456	GO 锁屏	147.8
457	搜狗桌面	147.1
458	浏览器	146.6
459	免费 Wi-Fi 钥匙	144.7
460	电视家直播	144.2
461	手机 QQ 影音	143.6
462	智行火车票	142.9
463	驾考通驾照宝典	142.4
464	万能影视	141.9
465	招商智远理财	141.7
466	超级课程表	140.6
467	阿里通网络电话	139.4
468	Photo Grid 相片组合	139.3

（续表）

排名	APP 名称	2015 年月均活跃用户数（万）
469	爱动漫	139.0
470	小米商城（官方版）	138.3
471	91 智能锁屏	138.2
472	百度文库	137.5
473	汽车报价	137.4
474	云便签	137.4
475	冲浪快讯	136.7
476	萤石云视频	135.9
477	易车	134.8
478	人民日报	134.5
479	字体管家	133.0
480	无线城市掌上公交	132.8
481	海通 e 海通财	132.3
482	手机电视高清直播	132.0
483	安卓授权管理	131.1
484	穿衣助手	130.8
485	小米电台	130.7
486	DioDict3 字典	130.4
487	知乎	129.4
488	联想省电大师	129.4
489	美食杰	129.3
490	路路通	129.3
491	壁纸多多	128.8
492	屏幕助手	128.7
493	腾讯微云	128.3
494	有道云笔记	127.9
495	惠锁屏	127.2
496	授权管理	126.9
497	启动器	126.8
498	完美钢琴	126.6
499	快看漫画	126.4
500	酷狗手机铃声	126.2

易观 20 大年度 TOP20 分榜单

10 大热门标签 APP

易观千帆按照功能特征标签、人群特征标签、场景特征标签将移动用户 APP 分类，并选取以下 10 大热门标签（剁手、网红、二胎、单身狗、二次元、死胖子、颜值提升、返乡、学渣、商务精英），发布 2015 年移动 APP 分榜单，具体如下各表所示。

表 37 剁手 APP TOP20

排名	APP 名称	2015 年年度平均活跃用户数（万）
1	淘宝	15333.1
2	京东	2764.2
3	天猫	2435.8
4	唯品会	1778.1
5	美丽说	1116.6
6	蘑菇街	1094.5
7	楚楚街	928.8
8	聚美优品	455.2
9	小红书海外购物神器	446.4
10	米折	338.3
11	贝贝	305.5
12	当当	294.8
13	苏宁易购	258.3
14	亚马逊购物	228.8
15	每日新款	215.6
16	返利网	198.2
17	聚划算	170.7
18	1 号店	170.4
19	闲鱼	160.5
20	我的衣帽间	151.8

表 38　网红 APP TOP20

排名	APP 名称	2015 年年度平均活跃用户数（万）
1	微博	10210.3
2	陌陌	4929.5
3	唱吧	1624.8
4	快手	1573.8
5	美拍	947.6
6	楚楚街	928.8
7	YY	850.6
8	喜马拉雅 FM	714.2
9	全民 K 歌	669.7
10	蜻蜓 FM	587.3
11	小红书海外购物神器	446.4
12	斗鱼 TV	358.9
13	小咖秀	247.5
14	虎牙直播	171.4
15	荔枝 FM	110.1
16	KK 唱响	107.7
17	繁星直播	49.4
18	战旗 TV	47.4
19	六间房秀场	46.3
20	花椒直播	38.9

表 39　二胎 APP TOP20

排名	APP 名称	2015 年年度平均活跃用户数（万）
1	宝宝树孕育	386.4
2	孕育管家	358.6
3	贝贝	305.5
4	妈妈帮	246.7
5	宝宝知道	229.9
6	美柚孕期	88.4
7	妈妈圈	80.7
8	亲宝宝	77.7
9	孕期提醒	68.7
10	宝宝树时光	66.3
11	蜜芽	55.9
12	微课掌上通	49.1

（续表）

排名	APP 名称	2015 年年度平均活跃用户数（万）
13	辣妈帮	41.1
14	妈妈社区	39.4
15	掌通家园	29.9
16	优蓓通	27.7
17	宝宝生日派对	24.5
18	育儿百科	24.2
19	妈妈 100	23.7
20	胎儿体重预测	10.7

表 40　单身狗 APP TOP20

排名	APP 名称	2015 年年度平均活跃用户数（万）
1	陌陌	4929.5
2	找对象	153.8
3	有缘网	68.4
4	同城夜约会	54.4
5	世纪佳缘	53.3
6	约爱	52.7
7	六间房秀场	46.3
8	Blued	46.0
9	珍爱网	40.9
10	约会吧	40.2
11	抱抱	34.4
12	秀色直播	34.2
13	探探	33.0
14	单身在线	31.1
15	百合网婚恋	30.7
16	求恋爱	27.9
17	单身交友	23.6
18	么么直播	23.6
19	寂寞情人	23.2
20	懒人相亲	22.2

表 41　二次元 APP TOP20

排名	APP 名称	2015 年年度平均活跃用户数（万）
1	哔哩哔哩动画	302. 8
2	布卡漫画	186. 2
3	爱漫画	139. 0
4	快看漫画	126. 4
5	暴走漫画	104. 6
6	布丁动画	99. 9
7	腾讯动漫	97. 2
8	有妖气漫画	94. 6
9	漫画岛	79. 4
10	追追漫画	71. 5
11	漫画人	60. 0
12	咪咕漫画	59. 7
13	猫团动漫	39. 4
14	AcFun	32. 5
15	前沿动漫	18. 5
16	二次元狂热	14. 9
17	内涵漫画	14. 3
18	漫画帮	12. 6
19	呱呱漫画	12. 0
20	内涵福利社	11. 9

表 42　死胖子 APP TOP20

排名	APP 名称	2015 年年度平均活跃用户数（万）
1	好豆菜谱	403. 1
2	下厨房	196. 5
3	豆果美食	184. 9
4	美食杰	129. 3
5	肯德基优惠券	122. 6
6	咕咚	120. 3
7	乐动力	119. 4
8	小米运动	103. 1
9	香哈运动	89. 9
10	美食天下	73. 6
11	超级减肥王	42. 9
12	麦当劳优惠券完美版	42. 4

（续表）

排名	APP 名称	2015 年年度平均活跃用户数（万）
13	每日瑜伽	41.8
14	春雨计步器	37.3
15	健身宝典	36.1
16	薄荷	34.0
17	菜谱精灵	34.0
18	动动	32.7
19	悦动圈跑步	32.4
20	美上美卡路里	31.5

表 43　颜值提升 APP TOP20

排名	APP 名称	2015 年年度平均活跃用户数（万）
1	美图秀秀	4345.0
2	美颜相机	3097.8
3	Camera360	1114.4
4	天天 P 图	595.7
5	完美 365	467.5
6	美人相机	359.1
7	美图贴贴	252.8
8	海报工厂	227.1
9	百度魔图	212.6
10	玩图	179.6
11	华硕相机	154.7
12	美咖相机	154.2
13	Photo Grid 相片组合	139.3
14	B612	120.7
15	全能相机	107.7
16	美妆相机	98.9
17	魔漫相机	98.4
18	百度魔拍	97.2
19	POMEIO 柚子相机	94.9
20	画中画相机	83.8

表 44 返乡 APP TOP20

排名	APP 名称	2015 年年度平均活跃用户数（万）
1	百度地图	10001.1
2	高德地图	3533.3
3	滴滴出行	1425.0
4	去哪儿旅行	963.6
5	12306 官方版	863.2
6	和地图	844.8
7	携程旅行	678.6
8	快的打车	520.3
9	天翼导航	506.9
10	搜狗地图	501.8
11	高铁管家	421.7
12	Google Maps	278.2
13	腾讯地图	255.3
14	凯立德导航	250.3
15	阿里旅行	219.3
16	铁友火车票	211.5
17	图吧导航	185.7
18	Waze	154.9
19	导航犬	149.2
20	智行火车票	142.9

表 45 学渣 APP TOP20

排名	APP 名称	2015 年年度平均活跃用户数（万）
1	作业帮	997.7
2	猿题库	526.7
3	小猿搜题	325.0
4	教育技术服务平台	246.3
5	学霸君	224.9
6	掌中英语	156.8
7	超级课程表	140.6
8	网易公开课	121.9
9	纳米盒	110.0
10	我要当学霸	95.3
11	英语流利说	90.5
12	课程格子	89.3

（续表）

排名	APP 名称	2015 年年度平均活跃用户数（万）
13	英汉字典	78.1
14	新概念英语（双语详解习题版）	75.7
15	习信	62.7
16	沪江开心词场	60.3
17	一起作业学生端	58.7
18	扇贝单词	48.0
19	每日英语听力	46.6
20	阿凡题	44.0

表 46 商业精英 APP TOP20

排名	APP 名称	2015 年年度平均活跃用户数（万）
1	WPS Office	2870.4
2	QQ 邮箱	2216.4
3	百度云	1730.7
4	12306 官方版	863.2
5	便签	762.5
6	189 邮箱	654.7
7	天翼云	614.1
8	139 邮箱	516.3
9	沃邮箱	484.2
10	Dropbox	422.9
11	高铁管家	421.7
12	北极星办公 Polaris Office4	365.3
13	Gnotes 记事本	336.8
14	酷云	298.6
15	Gmail	270.3
16	印象笔记	260.1
17	NearMe 云笔记	217.7
18	铁友火车票	211.5
19	360 云盘	188.8
20	网易邮箱	167.6

10 大热门领域 APP

移动 APP 各领域竞争激烈，纵观 2015 年热门领域 TOP20 排行榜，巨头垄断优势格局明显，“QQ 音乐”已经超越“酷狗音乐”成为音乐类排行榜冠军，“腾讯视频”成为视频类 APP 排行榜第一，“支付宝”夺得金融类 APP 桂冠。除此之外，新的 APP 仍在不断涌现，最终能在市场上存留并继续发展的，是那些具备用户特色，切中用户需求的 APP。详细榜单信息如下各表所示。

表 47　音乐 APP TOP20

排名	APP 名称	2015 年年度平均活跃用户数（万）
1	QQ 音乐	10161.4
2	酷狗音乐	6751.6
3	酷我音乐	5838.5
4	天天动听	2387.6
5	唱吧	1624.8
6	百度音乐	1330.4
7	YY	850.6
8	爱音乐	829.8
9	喜马拉雅 FM	714.2
10	多米音乐	699.6
11	咪咕音乐	693.6
12	全民 K 歌	669.7
13	蜻蜓 FM	587.3
14	虾米音乐	495.6
15	网易云音乐	452.2
16	音乐圈	320.8
17	酷我 K 歌	309.2
18	天籁 K 歌	306.2
19	音悦台	260.6
20	荔枝 FM	110.1

表 48　视频 APP TOP20

排名	APP 名称	2015 年年度平均活跃用户数（万）
1	腾讯视频	10823.8
2	优酷视频	10563.7
3	爱奇艺视频	9612.5

（续表）

排名	APP 名称	2015 年年度平均活跃用户数（万）
4	搜狐视频	6417.6
5	暴风影音	5584.1
6	爱奇艺 PPS 影音	4355.1
7	PPTV 聚力	3066.9
8	土豆视频	2913.5
9	乐视视频	2551.4
10	百度视频	2448.6
11	看片神器	2220.8
12	芒果 tv	1831.6
13	360 影视大全	1700.9
14	快手	1573.8
15	和视频	1165.7
16	美拍	947.6
17	影音先锋	772.3
18	风行视频	713.4
19	云试听・泰捷	612.7
20	央视影音	577.3

表 49　教育 APP TOP20

排名	APP 名称	2015 年年度平均活跃用户数（万）
1	作业帮	997.7
2	小伴龙	555.0
3	猿题库	526.7
4	儿歌多多	455.8
5	小猿搜题	412.1
6	贝瓦儿歌	325.0
7	教育技术服务平台	246.3
8	学霸君	224.9
9	宝贝听听	208.8
10	百词斩	183.2
11	画板	183.0
12	掌中英语	156.8
13	超级课程表	140.6
14	网易公开课	121.9
15	口袋故事	120.2

（续表）

排名	APP 名称	2015 年年度平均活跃用户数（万）
16	智慧树	119.6
17	宝宝爱整理	115.6
18	宝宝医院	115.3
19	纳米盒	110.0
20	宝宝小厨房	107.4

表 50　体育 APP TOP20

排名	APP 名称	2015 年年度平均活跃用户数（万）
1	咕咚	120.3
2	乐动力	119.4
3	新浪体育	108.9
4	小米运动	103.1
5	直播吧（org. zhiboba）	84.1
6	章鱼 TV	58.1
7	虎扑体育	44.7
8	每日瑜伽	41.8
9	懂球帝	38.9
10	春雨计步器	37.3
11	健身宝典	36.1
12	腾讯体育	33.0
13	PPTV 第 1 体育	32.9
14	动动	32.7
15	悦动圈跑步	32.4
16	Keep	25.9
17	球探体育比分	20.5
18	乐跑手环	18.5
19	Nike+Running	17.5
20	即时比分	17.2

表 51　旅游 APP TOP20

排名	APP 名称	2015 年年度平均活跃用户数（万）
1	去哪儿旅行	963.6
2	12306 官方版	863.2
3	携程旅行	678.6
4	高铁管家	421.7

（续表）

排名	APP 名称	2015 年年度平均活跃用户数（万）
5	TripAdvisor（猫途鹰）	276.0
6	同程旅游	234.8
7	阿里旅行	219.8
8	铁友火车票	211.5
9	途牛旅游	163.2
10	智行火车票	142.9
11	路路通	129.3
12	艺龙旅行	113.4
13	马蜂窝自由行	88.5
14	盛名列车时刻表	79.6
15	航班管家	77.4
16	极品时刻表	50.3
17	飞常准	41.6
18	掌上如家	38.2
19	铂涛会	35.4
20	空中亚洲	34.2

表 52　健康 APP TOP20

排名	APP 名称	2015 年年度平均活跃用户数（万）
1	宝宝树孕育	386.4
2	孕育管家	358.6
3	宝宝知道	229.9
4	咕咚	120.3
5	乐动力	119.4
6	小米运动	103.1
7	护眼宝	94.3
8	粉粉日记	89.2
9	美柚孕期	88.4
10	健康养生	80.1
11	春雨医生	69.1
12	孕期提醒	68.7
13	美荔姐妹聊	51.1
14	超级减肥王	42.9
15	每日瑜伽	41.8
16	辣妈帮	41.1

（续表）

排名	APP 名称	2015 年年度平均活跃用户数（万）
17	爱尚美妆	40.6
18	蓝色光波过滤器	37.4
19	春雨计步器	37.3
20	健身宝典	36.1

表 53　金融 APP TOP20

排名	APP 名称	2015 年年度平均活跃用户数（万）
1	支付宝	10318.7
2	同花顺	1515.7
3	中国建设银行	1402.3
4	中国工商银行	1051.2
5	大智慧	583.7
6	涨乐财富通	425.0
7	金蝶随手记	416.3
8	农行掌上银行	408.6
9	翼支付	376.4
10	招商银行	349.2
11	中国银行手机银行	343.5
12	天天基金网	318.0
13	东方财富网	316.8
14	掌上生活	280.7
15	邮储银行	265.9
16	交通银行	257.8
17	民生银行手机银行	256.6
18	金太阳	216.5
19	广发手机证券	200.5
20	借贷宝	105.0

表 54　电台 APP TOP20

排名	APP 名称	2015 年年度平均活跃用户数（万）
1	喜马拉雅 FM	714.2
2	蜻蜓 FM	587.3
3	联想收音机	215.6
4	小米电台	130.7
5	荔枝 FM	110.1

（续表）

排名	APP 名称	2015 年年度平均活跃用户数（万）
6	考拉 FM	109.2
7	优听 Radio	64.4
8	龙卷风收音机	63.7
9	企鹅 FM	54.6
10	TuneIn Radio	54.1
11	凤凰 FM	52.8
12	酷 FM	40.1
13	Rad. io 收音机	34.8
14	豆瓣 FM	30.1
15	Fm Radio	25.5
16	交通广播	18.3
17	阿基米德 FM	17.5
18	多听 FM	17.4
19	木耳电台	14.6
20	尚听 FM	13.6

表 55　婚恋 APP TOP20

排名	APP 名称	2015 年年度平均活跃用户数（万）
1	找对象	153.8
2	小恩爱	113.5
3	有缘网	68.4
4	同城夜约会	65.6
5	微爱	65.2
6	世纪佳缘	53.3
7	约爱	52.7
8	珍爱网	40.9
9	约会吧	40.2
10	百合网婚恋	30.7
11	QQ 情侣	30.4
12	求恋爱	27.9
13	单身交友	23.6
14	寂寞情人	23.2
15	懒人相亲	22.2
16	热恋同城	18.8
17	激情夜交友	17.6

（续表）

排名	APP 名称	2015 年年度平均活跃用户数（万）
18	快恋爱	17.1
19	恋爱神器	16.2
20	巧遇交友	16.1

表 56　汽车 APP TOP20

排名	APP 名称	2015 年年度平均活跃用户数（万）
1	驾考宝典	1477.4
2	滴滴出行	1425.0
3	架校一点通	653.3
4	车轮查违章	599.1
5	快的打车	520.3
6	全国违章查询（cn. mucang）	410.7
7	汽车之家	394.0
8	车轮考驾照	370.0
9	违章查询助用	320.9
10	汽车报价大全	295.2
11	全国违章查询（cheyooh）	218.7
12	二手车	150.7
13	微车违章查询	150.4
14	驾考通驾照宝典	142.4
15	汽车报价	137.4
16	易车	134.8
17	优步 优步	112.0
18	嘀嗒拼车	88.3
19	e 代驾	70.7
20	58 违章查询	52.5

附录1　2015年大事记

规律是由诸多事件本身所承载，互联网产业发展的规律，可以具象为一年又一年发生的事件。在本部分，易观针对2015年互联网产业发生的事件，选择了对行业发展具有较大影响的，具有代表性的事件，作为行业发展的里程碑予以发展。

1月

4日 海尔集团和恒大集团签订战略合作协议

事件：海尔集团和恒大集团签订战略合作协议。根据协议，双方将本着实现强强联合、优势互补、资源共享、共同发展的宗旨在家电、家居、金融服务等方面全方位展开战略合作，双方初步拟定2015-2017年度总体战略合作规模为人民币300亿元。

5日 万达电商获境外机构10亿注资，估值200亿元

事件：万达集团1月4日宣布境外两家互联网投资基金作为财务投资人，出资10亿元，获得万达电商5%的股份。

6日 国务院发布《关于促进云计算创新发展培育信息产业新业态的意见》

事件：国务院于2015年1月6日发布《关于促进云计算创新发展培育信息产业新业态的意见》，文件提出增强云计算服务能力，大力发展公共云计算服务，引导企业采用安全可靠的云计算解决方案。

7日 360投资2亿元与磊科合推路由器

事件：360今日宣布，新一代360大户型路由P1将于一周内正式上市；360还表示，已投资2亿元人民币与磊科成立新的合资公司，共同进军互联网智能路由器市场。

12日 阿里5.75亿美元投One97

事件：阿里巴巴及旗下的蚂蚁金服将联手向One97投资5.75亿美元；投资后将持有其30%的股份。One97与阿里业务相似，既有电商平台又有名为Paytm的在线支付业务，旗下的电商平台目前约有1.5万家商户，销售的商品包括电子产品、服饰等；Paytm则提供在线支付服务，类似于支付宝与天猫、淘宝的业务关系。

13日 仁和联合200家药企打造“和力物联网”B2B平台

事件：国内传统OTC（非处方药）巨头仁和药业宣布，联合200多家药企打造“和力物联网”B2B平台，同时下月将推出联合连锁医药和互联网企业的“叮当送药”O2O业务。

16日 快的打车D轮融资完成6亿美元，软银集团领投

事件：快的打车日前宣布完成D轮融资6亿美元，软银集团领投，阿里巴巴集团以及老虎环球基金也参与了此次投资；新一轮融资将主要用于技术和产品创新上，同时稳固并扩大已有的市场地

位；2014年，快的先后两轮融资，金额均超1亿美元，估值达10亿美元。

19日 小米购金山软件3%股份，腾讯套现4.2亿元

事件：小米科技将通过其全资附属公司，从腾讯全资子公司TCH Saffron Limited手中收购金山软件2.98%的股份，总金额约4.2亿元人民币收购预计将于2015年1月30日前完成。收购完成后，小米将持有金山2.98%的股份，腾讯持股比例降低至9.60%，雷军在金山软件的投票权将增加至约29.9%。

19日 理财平台"梧桐理财"获千万美元A轮融资

事件：此轮融资投资方为九鼎投资（JD Capital）、同信证券直投和信天创投。融资资金将用于风控体系、IT技术升级、产品开发和客户获取。梧桐理财于2014年6月底正式上线，平台上线6个月积累近10万注册用户；定位于互联网理财，通过非标金融资产的质押融资模式为投资人提供收益。

22日 贝贝网获1亿美元C轮融资，今日资本领投

事件：本轮融资后，贝贝网的估值达到近10亿美金。此次融资的1亿美元将主要投入到消费者体验升级、中小品牌扶持及新业务拓展等方面。

26日 家政O2O小马管家获经纬创投百万美金融资

事件：这是小马管家的A轮融资，投资方为经纬创投；据了解，小马管家的创新模式主要集中在家政人员的招聘、管理制度、服务定价以及运营模式等方面，如主推男性管家、按户型收费、在服装、服务流程的标准化。

27日 社区O2O电商惠民网完成A轮近亿美元融资

事件：惠民网与达晨创投、金浦投资、中信基金、浙商创投、洪泰基金创始人盛希泰等国内著名投资机构和投资人达成战略合作并签署投资协议，成为国内首个成功获得近亿美元投资的社区O2O项目。

28日 移动O2O车生活获百万级美元投资，腾讯参投

事件：汽车服务信息搜索整合平台"车生活"近日公布获得包括腾讯、3W、车行易在内的百万级美元天使投资。据了解，该应用是基于移动端的汽车服务平台，提供搜索比价功能，帮助车主选择适合的汽车服务产品。据悉，去年12月份BAT违章数据提供商车行易正式成为"车生活"的股东，今年1月又获得3W基金入股。

29日 医药电商壹药网宣布完成4.5亿元C轮融资

事件：1月29日，医药电商壹药网宣布完成4.5亿元C轮融资，并称资金已全部到账。

2月

5日 互联网金融业51信用卡获B轮融资，GGV领投

事件：本次B轮融资融资由GGV资本领投，GGV为新参与的投资机构，融资金额5000万美元，公司估值近3亿美元。51信用卡在获得用户数增长同时，下一步将发力为用户提供多元化的金融服务功能。创始人兼CEO孙海涛透露，本轮资金将主要用在团队发展、产品研发、风控、技术保障以及品牌建设等方面。

6 日 挂号网收购金象网 6 亿美金入局医药电商

事件：成立于 2010 年的挂号网去年获得由腾讯领投的 1.065 亿美元融资，公司估值超过 6 亿美元。消息称挂号网已经完成对金象网的控股，至此复星医药从金象网的大股东变为二股东。挂号网副总裁芦子贵出任金象网新的 CEO。

9 日 魅族获 6.5 亿美元战略投资，阿里领投

事件：2 月 9 日上午消息，魅族科技同阿里集团联合宣布，阿里将投资魅族 5.9 亿美元。与此同时，海通开元基金也将投资魅族 6 千万美元。魅族将共计获得 6.5 亿美元投资，这也是魅族第一次引入战略投资。入股后，阿里集团同魅族也将在战略和业务层面开展一系列合作。

14 日 滴滴快的宣布合并，程维、吕传伟出任联合 CEO

事件：滴滴打车与快的打车于情人节联合发布声明，宣布两家公司实现战略合并。双方确定，在春节后的适当时间，召开新闻发布会。新公司将实施 Co-CEO 制度，滴滴打车 CEO 程维及快的打车 CEO 吕传伟同时担任联合 CEO。两家公司在人员架构上保持不变，业务继续平行发展，并将保留各自的品牌和业务独立性。

15 日 家政 O2O e 家洁宣称获数千万美元 B 轮融资

事件：本轮有四家机构投资，但并未公布具体投资方；该投资将主要用于主要城市的深度拓展。e 家洁是一款基于地理位置的找小时工 O2O 平台，2013 年 5 月上线。目前已在北京、上海、广州、深圳、成都和南京开通服务。

25 日 窝窝团今纳斯达克挂牌上市，市值约 3.84 亿美元

事件：窝窝团将正式在纳斯达克挂牌上市，股票代码为“WOWO”，计划发行 600 万股美国存托股（相当于 1.08 亿股普通股），发行价为每股美国存托股 9 美元至 11 美元，最高融资额约为 6500 万美元，市值约合 3.84 亿美元。董事长兼 CEO 徐茂栋实益持有约 1.75 亿股股票，持股比例为 37.35%。

28 日 食药监局：可网售处方药，网上药店拟入医保

事件：国家食药监总局去年 8 月在对建议答复函中表示，国家食药监总局正在研究制定的《互联网食品药品经营监督管理办法》，拟允许通过互联网销售处方药。

3 月

4 日 阿里 24 亿元入股光线传媒成其第二大股东

事件：光线传媒今日午间发布公告，宣布阿里 24 亿元入股光线传媒。受此消息推动，光线传媒下午开盘涨停，股价达到 33.11 元。此番阿里巴巴入股光线传媒后，将成为其第二大股东。

7 日 李克强政府报告：将大力发展 O2O 新兴消费

事件：李克强报告中指出，未来将全面推进“三网”融合，加快建设光纤网络，大幅提升宽带网络速率，发展物流快递，把以互联网为载体、线上线下互动的新兴消费搞得红红火火。报告中指出，互联网金融正异军突起。李克强表示，民营银行试点迈出新步伐。报告称，存款利率和汇率浮动区间扩大，民营银行试点迈出新步伐，“沪港通”试点启动，外汇储备、保险资金运用范围拓展。

10 日 汽车后市场 O2O“e 洗车”A 轮融 2000 万美金

事件：e 洗车已完成平安创投的 2000 万美金 A 轮融资；此前 2013 年已获得博洛尼家居创始人蔡明的 1500 万元天使轮融资。据了解，e 洗车是一款基于微信开发的洗车 O2O 平台，车主可以通过网络版或微信版快捷地预约洗车。可通过手机等移动终端进行预约到店、上门洗车服务，将来还能预约到店。

16 日 京东上线拍到家 APP 将建生活服务 O2O 平台

事件：京东今日上线了一款解决大众生鲜食品、服务类产品需求的 APP“拍到家”。据介绍，“拍到家”是京东 2015 年重点打造的 O2O 服务平台，将依托京东物流体系，整合各类 O2O 生活类目，向用户提供 3 公里范围内生鲜及超市产品的配送，及鲜花、外卖送餐等各类生活服务项目，并基于移动端定位实现 2 小时内快速送达，打造生活服务一体化应用平台。

17 日 家装 O2O 平台“惠装”获千万美元 A+轮融资

事件：国内工长装修服务平台“惠装”宣布完成 A+轮千万美元融资，此轮融资由五岳资本等两家投资机构联合投资。而此前，惠装还曾在 2014 年 3 月完成过一笔千万级的 A+轮融资，投资方为上海合力以及弘俊财富。惠装网是成立于 2013 年 5 月的第三方装修服务平台。2014 年，惠装服务的装修业主超过 10 万人，累计装修、建材交易额超过 20 亿。

18 日 二手车电商优信拍获百度投资，融资 1.7 亿美元

事件：优信官方表示，此轮融资的核心目的是为了进军二手车 B2C 领域。3 月 15 日，优信集团已经推出其垂直二手车电商平台“优信二手车”。据悉，此次融资之后，投资方百度也将对“优信二手车”B2C 业务进行全方位支持，以及多种战略资源对接。

19 日 苏宁与联通达成战略合作，将进军智能家居

事件：苏宁与中国联通加入“智慧沃家”计划，双方将在互联网电视购物、家居智能、家庭互联网等领域展开新一轮合作。

20 日 圆通联手菜鸟推国际航线，促跨境物流布局

事件：该国际航线为“上海浦东—韩国仁川—青岛—香港—上海浦东”，配备了 737 全货机进行国际快件的承运，最快 1 个多小时内就可将货物从韩国或香港地区运至中国大陆，在部分区域可实现次日送达。圆通中韩航线试运行 9 天以来，每天均满舱运行，圆通还将视货运量增长需求再寻求开通新的国际航线。

4 月

2 日 拍拍贷 C 轮融资近亿美元，将布局大数据征信

事件：本次融资由联想控股旗下君联资本和海纳亚洲联合领投，VMS Legend Investment Fund I、红杉资本以及光速安振中国创业投资基金等机构跟投。据悉，拍拍贷本次融资金额远超 B 轮，融资金额近亿美元。拍拍贷 CEO 张俊表示，C 轮融资后拍拍贷仍将持续发力风控系统建设，布局大数据征信。根据拍拍贷的规划未来公司的信用数据会开放接口供第三方使用，将信用服务应用到整个行业中。

10 日 51 用车宣布获数千万美元 C 轮融资，百度领投

事件：51 用车成为百度投资优步之后再次投资的用车公司，除了在资本层面的合作之外，也将

与百度各业务部门进行深入合作。此前，51用车曾获小米董事长雷军的天使投资，随后公司先后获得创新工场领投的A轮以及红杉资本领投的B轮投资。据了解，51用车是一款智能手机拼车软件，于2014年12月15日上线，目前业务已经覆盖北京、上海、广州及深圳市场。

13日 酷家乐B轮融资1000万美元，GGV和IDG等投资

事件：本轮融资后酷家乐将继续加强研发和营销，并将有家装需求的用户和线下的家装公司对接起来，给用户提供更多选择，同时给家装公司带来客流。据官方提供的数据，目前酷家乐用户100万左右，其中设计师数万人。此前酷家乐曾获得王淮的天使投资和IDG资本的数百万美元A轮融资。

15日 快的推平价搭车业务：一号快车今起全国上线

事件：这是滴滴和快的合并以来推出的首个产品。该业务主要针对有出行需求但未及专车的用户，他们可通过一号专车APP联系到愿意分享车辆、合乘出行的车主，双方分担相应的用车成本费用即可，并且服务价格为每公里1.5元和每分钟0.3元，且不收起步价，已完全具备与优步人民优步等拼车业务的竞争条件。据悉，全国61个主要城市用户均可使用一号快车服务，而之前仅在7个城市展开试运营。

21日 积木盒子完成8400万美元C轮融资，英国天达领投

事件：该轮融资由英国国际专业金融和资产管理企业天达集团领投，也是该集团首次涉足中国P2P行业，而易凯资本在本来融资中也继续担任积木盒子的独家财务顾问。此外，积木盒子创始人、CEO董骏表示，此次天达入股后，可以利用其在风险控制和财富管理等方面的经验，以及国际化资产配置的优势，帮助积木盒子强化进入资产端的布局，甚至将来共同拓展国际市场。

23日 P2P网贷平台团贷网获近5亿B轮融资

事件：消息称团贷网已完成B轮融资，总金额近5亿，并由九鼎投资领投，史玉柱和多家投资机构跟投。但团贷网官方并未做出回应，而接近团贷网高层的人士透露，新闻发布会将在5月举行。据悉，团贷网于2012年7月上线，至今累计成交金额超55亿元，注册用户逾120万人，其平台产品服务于中小微企业及个人融资业务。

24日 按摩O2O“点到”获得A轮500万美金融资

事件：该融资由58到家和盈动投资领投，高榕资本跟投。此外，点到按摩上周也成为首批接入“58到家”一站式到家的服务平台。点到按摩成立于2014年10月，成立当月即获来自高榕资本合伙人张震等千万元天使轮投资。经过半年发展，目前已开通了北京、上海站服务，杭州站也将于5月初上线。

27日 境外专车服务会玩旅行获2000万A轮融资

事件：本轮融资主要由上海联创领投，会玩旅行的创始团队也追加了投资。会玩旅行做的是境外专车服务，满足的是中国人出境游时的小交通需求，用户提前3天预订即可。目前会玩旅行已经覆盖了北美、欧洲、亚洲、南美、非洲、大洋洲等地区，通过其微信公众号可完成预订，其APP会在一段时间后上线。

27日 四维图新举2.9亿投资图吧，建车联网事业群

事件：投资后，四维图新总经理程鹏或将担任新图吧公司的董事长，图吧 CEO 景慕寒将继续出任新图吧 CEO。

28 日 华康移动医疗完成 2 亿人民币 B 轮融资

事件：本次华康 B 轮投资由云锋基金、同创伟业、新天域资本、湖南海捷医疗投资共同完成，而相关各方均未透露具体占股比例。融资后，华康移动医疗将加速推进覆盖诊前、诊中、诊后全链条的"智慧医院"业务布局，并发力诊后医患交流服务。

30 日 呱呱洗车获 58 到家千万美元 A 轮投资

事件：上门洗车服务软件"呱呱洗车"3 月获得 58 到家 1000 万美元 A 轮投资，目前资金已到位。

5 月

4 日 拍拍贷上线组合理财产品，用户可一键投资

事件：P2P 平台拍拍贷将于近日推出最新投资工具"快投"，该工具仅筛选平台上基于风控系统魔镜评级得出的 AA 级别以上的逾期就赔和安全标专区的散标进行打包组合，平均收益率维持在 7%-12%之间，仅供高净值用户专享，下阶段会对所有用户开放，帮助客户实现一键分散投资。

5 日 e 代驾完成 D 轮融资，金额达 1 亿美元

事件：此轮融资由美国华平投资集团领投。融资后，e 代驾除了继续强化目前的酒后代驾业务，还将开拓日间代驾业务。其年内计划拓展到全国 200 个城市，并布局海外市场，目前已经在韩国建立分公司。

6 日 苏宁易购将增"全球闪购"

事件：苏宁易购将在 5 月 7 号推出"全球闪购"频道，将以"限时特价"的方式进行开售，其已在香港、日本、美国等建立了海外分公司，并在广州、杭州、宁波等地设立了保税仓，用户下单后 3 天左右即可收到货。

8 日 农村电商团购平台"我是农民"融资 2000 万

事件：该平台模式主要是打造农村信息化综合服务站，除了自营采购柴米油盐、日用品、农资等商品在农村市场销售，还把北仑的茶叶、蘑菇、草莓等农产品放到网上销售。此外还提供包括理财、旅游、中介、双向物流在内的多项延伸服务。

8 日 京东 3.5 亿美元投资途牛，成为最大股东

事件：交易完成后，京东将成为途牛第一大股东，占途牛 27.5%的股权比例，并获得一席途牛董事会席位。

8 日 一号专车携点融网推余额生息计划，年化率达 14%

事件：滴滴快的旗下一号专车与 P2P 平台点融网共同宣布"余额生息"功能上线，从 5 月 8 日至 22 日，用户通过一号专车的活动页注册成为点融网用户，即可参与。

18 日 京东 1.71 亿美金战略投资金蝶，占股 10%

事件：合作后，将携手为中小企业提供基于云服务的 ERP 整合解决方案。整合双方庞大、优质的企业客户和用户资源，创新发展电子商务及仓储物流解决方案，加速推进云服务业务。据了

解，此次投资的认购价格为每股4.6港元，为协议签订前15个交易日金蝶每日收盘价格的平均值。预计该交易将于2015年第二季度完成。

19日 药品终端网完成A轮融资，月交易额破千万

事件：此次融资由经纬中国领投，险峰华兴跟投。药品终端网创始人何思德透露，这笔投资将用于市场扩张、团队建设及产品完善。

22日 宝尊电商登陆纳斯达克融资达1.1亿美元

事件：宝尊电商今天在纳斯达克交易所正式上市，股票代码为“BZUN”，开盘报价为10.25美元，较发行价10美元上涨了2.5%，截至收盘宝尊电商股价上涨4.4%报10.44美元。

25日 天天果园宣布C轮融资7000万美元，京东领投

事件：由京东领投，海纳亚洲创投基金（SIG）、锴明（Clearvue）投资等机构跟投。天天果园未来将成为京东水果品类重要的战略合作伙伴。京东将为天天果园提供物流体系支持，帮助天天果园拓展全国市场。

26日 亚马逊中国进军生鲜电商：涵盖5大品类

事件：亚马逊中国的“生鲜馆”正式上线，将涵盖水果、蔬菜、生肉禽蛋、海鲜水产及蛋糕5大主流生鲜品类，精选共计超过600款产品。首批牵手五大合作伙伴，包括美味七七、21cake、都乐中国、大希地及獐子岛。

6月

3日 车来了B轮融资1500万美金，阿里跟投

事件：据悉，本轮融资由宽带资本领投，在A轮投资中已参投的阿里，此次也参与了跟投。

4日 医药O2O平台“药给力”获千万元A轮融资

事件：“1小时送药上门”公司药给力获数千万人民币A轮融资，同渡领投，平安跟投，上轮投资人策源跟投。CEO任斌透露资金安排：第一，要扩大药给力覆盖区域；第二，将做好药学服务，体现愿景，将用户用药咨询服务做得更加专业。

15日 团贷网完成2亿元B轮融资，九鼎投资领投

事件：团贷网宣布获得2亿元B轮融资，由九鼎投资领投，巨人投资、久奕投资等跟投。同时，还受到上市公司浩宁达的青睐，后者6月2日的公告称，拟以6.6亿元的交易对价，收购唐军和团贷网总裁张林持有的团贷网66.0027%的股权，团贷网新一轮融资后，公司持有团贷网的股权比例不低于55%。

16日 猎豹移动宣布推出全球广告平台

事件：猎豹移动在旧金山宣布推出猎豹广告平台，意在联合品牌广告商、发行商和开发者，目标面向猎豹移动覆盖全球的用户群。另外，猎豹移动先后斥资3000万美元和5800万美元收购Zoom Interactive和MobPartner两家移动广告公司，以补充和多样化其移动网络。

17日 锤子手机获迅游科技3000万投资，估值26亿

事件：迅游科技以3000万元投资成为罗永浩的“盟友”，此时，迅游科技持有锤子股权比例为1.13%，罗永浩持28.46%，其他股东持70.41%。照此估算，锤子科技的估值已经超过了26亿元。

17 日 小米 5000 万美元设小贷公司，进军消费金融

事件：小米小贷公司由小米旗下全资境外子公司出资 5000 万美元设立，专注零售金融业务，主要为消费者提供贷款和理财服务。实际上，目前众多电商大佬早已瞄上消费金融这块肥肉，京东、阿里、百度等巨头都已经通过自己的产品进入这一蓝海，小米已经是比较晚的一家。

19 日 阿里与蚂蚁金服 60 亿建 O2O 平台“口碑”

事件：阿里巴巴集团与蚂蚁金融服务集团联合宣布，双方将合资成立一家本地生活服务平台公司，合资公司名为“口碑”，双方各自注资 30 亿元，共 60 亿元，各占股 50%，蚂蚁金服支付事业群产品运营部总经理范驰将出任口碑公司 CEO。

25 日 互联网金融平台“理财范”B 轮获投 2.1 亿元

事件：理财范宣布获得 2.1 亿元人民币的 B 轮战略融资，该融资由知名投资机构和玉另类投资领投，A 轮投资人林广茂及熙金资本跟投。

26 日 家装平台“有住网”获 1 亿元 A 轮融资

事件：有住网获 1 亿元 A 轮融资，由宜华木业领投。宜华木业通过增资及以股权转让方式花费 4000 万元直接持有有住网 8%股权。投后，有住网估值 5 亿元，位居行业前列。

29 日 推拿 O2O 功夫熊全资收购“点秋香”

事件：功夫熊已以数百万元金额全资收购另一家上门推拿项目点秋香。收购后，功夫熊服务范围将覆盖西安，原“点秋香”在西安和北京的推拿技师全数归入功夫熊，点秋香微信号和 APP 停止运营。这也是继功夫熊宣布收购“推推邦”“松明屋”后，两个月内发生得第三起收购案。

7 月

4 日 国务院发布《关于积极推进“互联网+”行动的指导意见》

事件：7 月 4 日，国务院宣布，大力拓展互联网与经济社会各领域融合的深度和广度，促进网络经济与实体经济协同互动发展为主线。着力深化体制机制改革，释放发展潜力和活力；着力做优存量，推动产业提质增效和转型升级；着力做大增量，培育新兴业态，打造新的增长点；着力创新政府服务模式，夯实网络发展基础，营造安全网络环境，提升公共服务能力和水平。

6 日 汽车后 O2O“典典养车”融资 6000 万美金

事件：养车服务移动应用“养车点点”已于 7 月 2 日正式更名“典典养车”，获得 C 轮融资 6000 万美金。据悉，“典典养车”已切入到车险领域，并将切入汽车金融服务。

6 日 百米生活获 8000 万美元融资，顺丰速运投资

事件：社区 O2O 电服平台“百米生活”宣布，其已完成 8000 万美元 A 轮融资，此轮融资由顺丰速运、元禾控股联合投资。据了解，“百米生活”通过免费商用 Wi-Fi 的铺设，可为商家提供产品推广、品牌宣传、商家管理及成本控制等服务。

9 日 拍拍贷 APP 新版上线，用户可凭信用快速提现

事件：拍拍贷借款 APP2.0 版本中，在借款人提交注册信息后，APP 会迅速对其做出基础信用评分，并显示和信用评分对等的借款额度，借款人便可完成提现，额度在 1000—5000 元不等。该信用评分会随着借款人资料及拍拍贷对借款人互联网数据维度的机器分析，做相应变化。

10日 作业盒子获1000万美金A轮融资，刘强东跟投

事件：作业盒子宣布获得1000万美金A轮融资，由好未来领投，刘强东、天使投资方联想之星等跟投。据了解，作业盒子是用移动互联网重塑作业，通过接管K12领域学生的作业场景，连接老师与学生，记录、生成学生的学习知识图谱，基于大数据，帮助老师因材施教。产品自上线以来，已经在北京、上海、哈尔滨等七个省市、千余所学校投入使用。

13日 云鸟配送完成数千万美金B轮融资，红杉领投

事件：同城供应链配送“云鸟”宣布，已完成数千万美元级的B轮融资。该轮融资由红杉资本领投，经纬创投、金沙江创投和盛大资本等A轮投资者全部跟投，易凯资本担任独家财务顾问。联合创始人兼COO何晓东表示，此轮融资除城市扩张外，将主要用于强化云鸟的“软实力”，完善物流的线下服务部分。

15日 挖财获1.3亿美元B轮融资，新天域资本领投

事件：挖财获得8000万美元B+轮融资，本轮融资由新天域资本、汇桥资本集团、光信资本等联合投资，前几轮投资方包括中金、宽带资本、IDG、启明、鼎晖等全部跟投。据悉，本轮投资完成后，挖财累计融资金额已达1.6亿美元。此次融资将用在尽力满足平民金融服务需求。

15日 下厨房获B轮3000万美元融资，京东入股

事件：家庭美食社区“下厨房”宣布完成B轮3000万美金融资，本轮融资由华创资本领投，京东跟投，A轮投资方挚信资本、联创策源继续跟投。

21日 e家洁C轮融资数亿元

事件：本轮融资由知名券商和鼎晖资本、盛景母基金、腾讯产业共赢基金、德同资本、德丰杰资本共同完成。e家洁创立于2013年5月，目前在北京、上海、广州、深圳、成都和南京开通服务。2014年9月，获腾讯400万美元天使投资以及盛大领投、腾讯跟投的A轮400万美元融资；2015年2月，获德同资本领投以及其余三家机构跟投的B轮数千万美金。

21日 日上集团投2亿 布局互联网+汽车后市场

事件：北京日上集团今日发布公告，计划先投入2亿布局“互联网”汽车后市场项目，后续还将根据项目实施情况采用多种融资方式继续增加投资额度。此次布局将进一步实现公司的产业转型，增强自身持续经营能力，有利于实现其布局物联网新兴产业领域的战略目标。

21日 微信支付出海，国外用户可拿护照绑定

事件：通过护照、港澳回乡证、台胞证绑定的银行卡可开通微信支付，目前中国工商银行、农业银行、中国银行等十一家银行支持。据了解，用户通过微信进入“钱包”栏目后，添加银行卡即可使用。除了扩展国外用户在国内的使用场景，微信支付也极力开发海外应用。各微信支付用户则达到了4亿左右。

22日 大众点评成立丽人事业部，拓展细分O2O市场

事件：今日，大众点评在上海宣布正式成立丽人事业部，拓展包括美发、美容、美甲等不同细分品类在内的丽人O2O市场。大众点评将逐步进入除餐饮外的更多与品质生活相关的垂直行业，将重点涉足购物、健身运动、酒店旅游、亲子、教育培训、装修、结婚等行业。

22 日 印刷 O2O 平台“云印”获 5000 万融资

事件：云印技术曾于 2013 年 11 月获旦恩创投等联合投资的 1000 万元天使轮融资。它创办于 2013 年 8 月，是为用户提供 IN 服务，致力于打造一家个性化印刷 O2O 企业。云印以“名片”为切入点，深入印刷行业，旨在用互联网的方式重新定义名片。

22 日 聚美优品 2.5 亿美金投资母婴社区宝宝树

事件：此次投资将通过供应链+社区的方式联合宝宝树，做到更好的互补，是聚美上市后第一笔战略投资。聚美看重的不是母婴，而是持续的发展。宝宝树成立于 2007 年 3 月，旗下包含了母婴社区宝宝树网站、家庭早教品牌“米卡成长天地”、多款移动互联网应用。在 2014 年 1 月获得新希望的 1.5 亿元投资。

23 日 邮储银行布局互联网+ 设 O2O 立体金融体系

事件：中国邮政储蓄银行副行长徐学明在银监会银行业例会上表示，“要拥抱‘互联网+’，打造‘O2O’的立体化金融服务体系”。徐学明表示，下一步邮储银行将积极布局互联网金融，推进传统网点的转型升级，加快推进电子银行业务的发展，把线下的业务往线上搬，把线上业务转移到云端。

28 日 新口碑整合开始：淘点点 APP 变身口碑外卖

事件：支付宝以及手机淘宝在首页上也将提供口碑外卖入口，安卓手机用户可以通过口碑外卖 APP、支付宝、手机淘宝来享受口碑商家的点餐、外卖服务，iOS 版口碑外卖 APP 则将会在 8 月 5 日正式上线。

29 日 酒仙网获 5 亿元 G 轮融资

事件：酒仙网于今天宣布获得第七轮由民享财富及其他多家机构和个人联合投资的 5 亿元股权投资。据悉这是酒仙网推进挂牌新三板的重要一步。在此轮融资之前，酒仙网已经完成了六轮共计 9.3 亿元融资。而此次融资后，酒仙网的估值将达到 65 亿元。

8 月

3 日 人人车完成 8500 万美元 C 轮融资

事件：二手车电商人人车已经完成由腾讯战略领投的 8500 万美元 C 轮融资，包括雷军在内的上轮投资者亦有跟投。这也是国内第二家获得 BAT 投资的二手车电商公司。

4 日 家政 O2O 好慷在线完成 7000 万 B 轮融资

事件：此次融资由赛富基金领投，海尔家庭创业投资中心与蒙发利集团跟投。公司 2010 年诞生于厦门，并在 2014 年 5 月完成千万级 A 轮融资，目前业务扩展到北、上、广、深等全国 27 个城市。“好慷在线”希望打造的是一款标准化的保洁产品和一支自有的服务团队（雇佣制），目的是使得阿姨的服务时间可以库存化，从而实现内部自动化的系统调度。

10 日 阿里确认 283 亿战略投资苏宁

事件：阿里官方微博回应投资苏宁，将以约 283 亿元人民币战略投资苏宁，成为第二大股东。同时，苏宁将以 140 亿元人民币认购不超过 2780 万股的阿里新发行股份；双方将打通线上线下全面提升效率，为中国及全球消费者提供更加完善商业服务。

13 日 大众点评推“1 小时送药”服务，接入药给力

事件：大众点评联合药给力上线 500 种常用药品，上线一个星期，已有用户通过大众点评体验 1 小时送药上门服务。本次药给力在大众点评上线的药品包括了家庭常备、感冒咳嗽、清热解毒、退烧止痛等十多类近千种，基本涵盖了日常所需的非处方药品类。

17 日 百世汇通推洗衣 O2O “优乐洗”

事件：百世物流在阿里的支持下，推出自营 O2O 上门洗衣品牌优乐洗。据悉，优乐洗目前已在上海地区上线，正在向全国范围推广。其于今年 4 月 1 日上线，与 e 袋洗、多洗等新兴上门洗衣 O2O 服务类似，优乐洗通过信息公众号和手机 APP 提供服务，分别为短薄、长厚、羊绒三项服务。

19 日 阿里妈妈开放大数据：推新平台走出淘宝系

事件：阿里妈妈正式对外发布大数据营销平台“达摩剑”。这是阿里妈妈与易传媒整合完成后，推出的首个全域大数据品牌营销产品。

19 日 上药云健康 A 轮融资 11 亿，京东、IDG 参投

事件：据悉，上海医药以旗下上药众协 100%股权、京东以现金及平台资源、IDG 资本均是以现金注资上药云健康。

20 日 二手车 B2C 优车诚品获 B 轮 1816 万美金融资

事件：自轮融资由银河资本领投，IDG、真格基金跟投。优车诚品的第一家旗舰店在今年 5 月选址北京亦庄开发区正式营业，3 万平方米的店面有 200 个停车位。

26 日 优步将在中国 6 个城市上线拼车服务

事件：优步宣布自 8 月 25 日起，在上海部分地区内试行“人民优步+”拼车服务，乘车费用可节省 30%。目前优步已经在全球 8 个城市（旧金山、巴黎、纽约、洛杉矶、奥斯汀、波士顿、成都、北京）推出了合乘模式。优步中国战略负责人柳甄透露，优步计划 9 月在中国推出多人拼车类服务优步 POOL。

28 日 饿了么获 6.3 亿美元新一轮融资

事件：本轮融资由中信产业基金、华联股份领投，华人文化产业基金、歌斐资产等新投资方以及腾讯、京东、红杉资本等原投资方跟投。据了解，饿了么在 2013 年 11 月完成 2500 万美元 C 轮融资。2014 年 5 月，其获得大众点评 8000 万美元投资。2015 年年初，其完成 3.5 亿美元 E 轮融资。在前不久，饿了么获华联股份 9000 万美元增资。

31 日 国务院发布《促进大数据发展行动纲要》

事件：国务院宣布将加快政府数据开放共享，推动资源整合，提升治理能力；推动产业创新发展，培育新兴业态，助力经济转型；强化安全保障，提高管理水平，促进健康发展。完善组织实施机制；加快法规制度建设；健全市场发展机制；建立标准规范体系；加大财政金融支持；加强专业人才培养；促进国际交流合作。

9 月

6 日 万达集团和苏宁云商集团举行战略合作的签约仪式

事件：王建林曝光双方合作的部分细节，并表示苏宁云商将会获得可预期的增长。此后苏宁云

店等一系列商业形态将入驻万达广场，在巩固一二级市场零售经营优势的同时，加快三四级市场的线下开发建设速度。根据协议，从2016年开始，双方将根据万达广场开业情况每年确定成批合作项目，万达商业可根据苏宁云商需求定制规划设计。

11日 移动金融麦子金服宣布完成8.7亿A轮融资

事件：据悉，投资方为海通证券。麦子金服宣称，在过去六年，麦子金服旗下各个公司已经累计为超过320万的客户提供了年化收益率高达16%的收益。目前麦子金服的累计交易额已经超过60亿元，今年预计超过100亿元。据了解，麦子金服旗下诺诺镑客等成立于2009年，集团公司业务以资产为核心，涵盖财富管理、股权投资、投融资咨询等服务。

14日 校园O2O平台“宅米”获3500万美元融资，美团领投

事件：已获得了近3500万美元的B轮融资，由美团领投，高榕资本、贝塔斯曼、祥峰投资跟投。宅米团队表示，此轮融资将主要用于供应链升级、产品迭代和市场推广等方面。线上，宅米已接入美团外卖APP；线下，宅米将和美团外卖进行市场地推方面的合作。

17日 神州专车获5.5亿美元融资，估值35.5亿美元

事件：神州租车、Tourmaline Gem、融庆、陆正耀等参与了此轮融资。2015年7月，神州租车宣布，已联合华平资本、君联资本共同出资2.5亿美元投资优车科技，其中神州租车出资1.25亿美元，获其10%的股份。

18日 苹果支付已在上海注册，营业期限达30年

事件：据上海市工商局的工商登记信息显示，苹果技术服务（上海）有限公司成立于2015年6月10日，营业期限达30年，截止到2045年6月9日，注册资本1340万美元。其经营范围包括支付领域的技术服务、技术咨询、系统集成；软件（教育软件、出版物除外）的设计、制作，销售自产产品，自有技术成果转让等。

23日 人民币跨境支付系统将启动，19家银行获批

事件：中国人民银行就CIPS系统安排发布了相关规则，明确包括五大国有商业银行在内的11家中资银行、8家外资在华法人银行获得首批直接参与者资格，该系统将于10月初正式启动。据了解，CIPS系统是指央行专门为跨境人民币支付业务开发的资金清算结算系统，其涵盖的业务包括人民币跨境贸易结算、跨境资本项目结算等。

24日 挂号网完成3.94亿美元融资，更名为微医集团

事件：本轮投资由高瓴资本、高盛集团领投，复星、腾讯、国开金融等跟投。融资后，挂号网计划投资3亿美元建设全国互联网分级诊疗平台，投资1.5亿美元在全国与优秀的医疗机构共建五个区域手术中心。此外，挂号网还将“挂号网有限公司”更名为“微医集团有限公司”，旗下包括3个业务品牌。

25日 中超5年80亿版权费震惊西媒

事件：体奥动力公司以5年80亿元人民币的代价获得了中超联赛版权，如此大的手笔令人惊叹，引起了外媒的关注。西班牙权威媒体《马卡报》在报道中称此前最乐观的预测只有5.5亿欧元，而最终的结果是令人吃惊的11.25亿欧元，这是中超联赛加强其在中国足球市场地位的重大飞

跃，这份协议体现出体育转播正在成为中国电视市场新的权重。

10月

8日 餐饮O2O平台“黄太吉”获1.8亿B轮融资

事件：本轮投资由盛景网联、香港投资人陈坤亮领投，分享投资等A轮投资人跟投，投中资本作为本次融资的独家财务顾问投行。赫畅在此轮融资时表示，黄太吉正式向各大传统餐饮品牌、创新型餐饮品牌发出邀请，将共享其基础设施，共同做大精品外卖。

8日 美团大众点评正式合并

事件：大众点评网与美团网联合发布声明，宣布达成战略合作，双方已共同成立一家新公司。合作后美团和大众点评两个品牌将继续保持运营。在新公司里，张涛和王兴将出任联席董事长和联席CEO。据悉，此次交易得到阿里巴巴、腾讯、红杉等双方股东的大力支持，华兴资本担任本次交易双方的独家财务顾问。

12日 掌上糖医获1500万美元A轮融资，IDG领投

事件：掌上糖医创立于2014年12月，创始人是匡明。此前，获平安创投及经纬投资的300万美元的天使轮融资。据了解，本轮融资中，两家公司继续跟投。目前掌上糖医有糖+智能血糖仪、糖友端APP及糖医端APP三大产品。其盈利主要靠硬件和保险。

13日 苏宁海外购APP“小海狮”正式上线

事件：消费者可通过苏宁易购账号或微信号登陆“小海狮”APP，其上的海外商品覆盖家电、母婴、美妆、百货、数码、手机、家居、服装服饰、食品等多个品类。在物流方面还实现了从香港、韩国、日本、美国等地直邮。

16日 阿里巴巴集团宣布，已经向优酷土豆董事会发出要约

事件：阿里巴巴集团宣布，已经向优酷土豆董事会发出要约，全面收购优酷土豆集团。按照每ADS（美国存托凭证）26.60美元计算，预计总金额将超45亿美元。如优酷土豆加入阿里，能更好地整合阿里生态系统和资源，取得快速增长。阿里巴巴生态拼图则会更加强大。可以预见，优酷的视频与内容平台与阿里电商、云计算、营销、数据、影业、家庭娱乐、音乐、体育等业务的优势互补，将全面革新用户的数字消费体验。

20日 社区电商闪电购完成B轮数千万美元融资

事件：此次投资由H capital、顺为基金领投，融资将用于供应链和仓配体系的持续深耕、新城市的扩张和人才储备的完善。

21日 女性健康管理APP大姨吗再获投1.3亿

事件：此次的1.3亿由海通开元、汤臣倍健及创始人柴可追投。此次投资使大姨吗与汤臣倍健资源互补，并进行女性健康产品深度合作，未来将给用户带来更为个性化和完整的健康体验。

23日 途虎养车网完成5000万美元C+轮融资

事件：本轮融资由高瓴资本领投，中金甲子、景林、远东、启明跟投。资金将被用于四个方面：扩展业务范围，发展保养、美容等服务品类；提升服务质量，做到中心城市8小时送达；以B2C为重心发展B2B；开发汽车电子及智能车载产品。此外，途虎还会强化门店服务能力、给门店

做培训，搞好系统、APP 和网站的研发。

26 日 波罗蜜 B 轮融资 3000 万美元，百度战略投资

事件：本轮由百度、LB Investment、分享投资以及成为资本、欧德等共同投资，至此，波罗蜜总共完成 4300 万美元融资，估值 2 亿美元。据了解，波罗蜜以“视频互动直播”为模式，让用户了解海外品牌公司，增强用户对平台的信赖感。据悉，波罗蜜 APP 于今年 7 月 1 日上线，目前已开通日本和韩国市场，提供包括美妆个护、母婴用品、保健品、零食以及小家电等商品。

11 月

2 日 韩都衣舍携手萌店，进军微商

事件：微盟萌店近日宣布与韩都衣舍达成合作，韩都衣舍将在萌店平台开设旗舰店，正式开拓微商渠道。韩都衣舍创始人兼 CEO 赵迎光表示，微商是具有强关系性的高频应用。“在微商渠道，韩都衣舍会针对萌店推出特供货源。”

4 日 神马互联网金融获千万美元 A 轮融资

事件：投资方为峰瑞资本、顺为资本。什马金融创始人兼 CEO 宁锐表示，本轮融资后，公司也将进一步加大在战略投资、资源整合、产品研发、人才布局、系统运维、网点扩张等多方面的动作幅度。什马金融目前已覆盖全国 25 个省数千合作网点。

16 日 跨境电商出口企业傲基在新三板挂牌上市

事件：傲基电商主营业务为通过自建跨境购物网站，并以第三方平台渠道作为补充，把中国产品直接销售给国外终端客户。傲基电商今日正式在新三板挂牌，股票代码为 834206，交易方式为协议交易，长江证券为主办券商，总股本为 2222.22 万股，每股收益为 0.18 元。

24 日 小咖秀总公司 D 轮融资 2 亿美元，新浪微博领投

事件：本次融资后，一下科技估值超过 10 亿美元，正式跻身独角兽俱乐部。据一下科技 CEO 韩坤介绍，在去年底该公司曾完成由凯鹏华盈，新浪网，红点创投，黄晓明、李冰冰以及任泉的风险投资公司 StarVC 的 C 轮融资。本次融资后，一下科技将继续深耕移动短视频领域，加大在移动短视频内容领域的投入，持续提升秒拍和小咖秀的用户体验，并开始全产业链布局。

26 日 微信钱包南非上线，与最大食品分销商 Spar 合作

事件：微信南非于近日上线微信钱包，允许 P2P 支付、电费和话费预付以及零售店支付等。其负责人表示，该服务正处于筹备阶段，但并不是对其他市场的移动平台支付的完全复制。他承认至少有一部分是借鉴其他市场平台的。微信钱包与微信其他业务的商业模式一致，是由交易驱动而非广告。

27 日 P2P 点融网与韩华集团合作，携手设合资公司

事件：点融网是中国最大的在线 P2P 借贷初创公司之一，该公司正与韩国十大财团之一的韩华集团合作，双方将联手成立一家合资公司，利用点融网的技术在韩国提供贷款和其他网上金融服务。这将是点融网的首个海外业务。在中国，点融网运行一个在线 P2P 平台，为借款人和潜在贷款人牵线搭桥。该公司表示，该平台目前已拥有 30 万活跃的贷款人。

30 日 上门洗衣 O2O “多洗”获千万 Pre-A 轮融资

事件：多洗已将服务范围逐渐扩大至天津、上海，在北京燕郊自建了6000㎡的洗衣厂，并收购了一家上海洗衣厂，每日处理能力达10万件。主要与北京近千家便利店合作，整个流程基本可实现3天完成。本次融资金额将用于服务范围扩张以及供应链优化。

12月

1日 菜谱类O2O应用好豆网获得千万美元融资

事件：美食应用好豆网今日对外透露已完成顺为资本千万美金的A轮融资。该类融资所得资金，其将用于好豆智能位流量入口，加强智能厨房布局，加速电商变现。好豆网，旗下拥有美食社区服务网站“好豆网”，以及“好豆菜谱”和“去哪吃”两款移动应用，提供菜谱分享、美食推荐、小组社交活动三大核心服务。

3日 亚马逊中国新政：中国品牌可快速布局欧洲

事件：亚马逊中国宣布推出一系列重磅升级举措：①推出面向欧洲市场的业务快速发展计划；②为中国卖家提供亚马逊10大站点上的品牌注册服务，加强卖家品牌及版权保护；③全球8大站点“秒杀”专区已陆续向中国卖家开放；④在亚马逊德国和日本站点推出全中文操作平台，包括注册、卖家管理中心和卖家支持服务；⑤2016年大幅扩充中国团队，投入更多资源优化卖家上线、卖家入驻和卖家支持等方面的流程及管理。

8日 美柚获D轮融资

事件：公司已于近期完成D轮融资，由凯辉基金旗下中法创新基金领投、经纬创投跟投。资金已经全部到账，数额暂不透露。“美柚”曾在去年6月获得了SIG领投的3500万美金C轮融资。

9日 蚂蚁金服入股邮储银行

事件：蚂蚁金服宣布已与中国邮政储蓄银行（以下简称“邮储银行”）达成战略合作。蚂蚁金服将投资入股邮储银行，共同提供更全面、便捷、高效的金融服务。

10日 慧聪网3.8亿元入股银行，已获3张金融牌照

事件：宣布将出资3.8亿元认购内蒙古金谷农商银行10%的股份，成为其单一最大股东。同时，慧聪网股东神州数码也将出资3.8亿元，认购内蒙古金谷农商银行10%的股份，成为其并列单一最大股东。目前，慧聪已经获得金谷农商银行、神州数码慧聪小贷公司、慧聪网融资租赁公司三张金融牌照。目前，慧聪正在争取获得慧付宝第三方支付牌照。

11日 芯片B2B平台华强电子网母公司挂牌新三板

事件：芯片B2B平台华强电子网母公司华强电商将挂牌新三板，为示鼓励，华强电商股权中的15%由管理和业务骨干持有，转让方式为协议转让。据悉，华强电子网为芯片B2B平台，其成立于2002年，主营业务为电子元器件的信息撮合交易、信息咨询等。

11日 互联网自媒体公司飞博共创近日挂牌新三板

事件：互联网自媒体公司飞博共创近日挂牌新三板，成为第一个挂牌上市的自媒体公司。据了解，飞博共创在微信、微博等平台上拥有包括“冷笑话精选”“美食工场”等在内的近200个自媒体账号，覆盖娱乐、时尚、美食、女性等多个领域，拥有上亿的粉丝。此外，公司还提供为特定客户根据市场目标量身定制策划内容的跟踪互动式自媒体广告投放业务。

14 日 家装 O2O“爱空间”完成 1.35 亿元 B 轮融资

事件：爱空间是互联网家装的早期开创者，通过互联网+思维，把家装过程中的不可控性降为零。本轮融资由景林资本领投，A 轮投资方顺为资本跟投，参与跟投的还有分享投资、疆域资本、弘溪投资。据了解，本轮融资的资金将用于爱空间在全国范围内的扩张、品牌的推广、新技术的研发和信息系统的建设。

15 日 凤凰金融获中信资产等 8000 万美元 A 轮融资

事件：本轮投资方为中信资产、国科嘉和基金、东方瑞宸基金以及中合中小企业融资担保等。据透露，本轮融资不是纯粹的财务融资，而是引入金融行业战略投资者的强强合作，是引领行业的最具价值 A 轮融资。与会专家表示，互联网金融的发展空间巨大，它将金融赋予互联网特性，融合了互联网和移动通信，是一种实现了资金融通、支付和信息中介功能的新兴金融模式，对传统金融起到了补充作用。

15 日 淘粉吧以“电商导购第一股”挂牌新三板

事件：以返利模式切入电商导购的淘粉吧创始于 2011 年，总部位于电商之都杭州，创始团队中有 3 人来自阿里巴巴集团，其中淘粉吧 CEO 刘俊曾在阿里巴巴支付宝无线事业部门担任要职。目前，淘粉吧用户数量已经突破 4000 万，每日活跃用户超 100 万，年交易规模上百亿。另外，淘粉吧已于日前上线跨境电商平台海狐全球购，帮国内用户方便快速购买全球商品。同时，金融理财产品的导购服务也在积极筹备，不久将正式上线。

22 日 互联网金融铜掌柜获浙银资本 3500 万 A 轮融资

事件：互联网金融服务平台铜掌柜宣布，已完成由浙银资本旗下浙银钜鑫领投的 3500 万 A 轮融资，公司估值达 7 亿元。铜掌柜于 2014 年 7 月成立，目前已覆盖跨境电商、融资租赁、供应链金融、消费分期等金融领域。

22 日 家政 O2O 平台“e 家洁”申请新三板挂牌

事件：e 家洁成立于 2012 年 4 月 10 日，并于 2015 年 11 月 3 日完成股改，第一大股东即 e 家洁联合创始人兼 CEO 云涛持有公司 19.07%的股份。据了解，其家庭保洁日均订单量从 2015 年 1 月份至 9 月份实现 505%的快速增长，活跃接单的保洁人员上万名，同时已与 276 家家政公司签订合作协议，服务布局全国 25 个城市。

25 日 Apple Pay 与 15 家银行合作，农历新年前上线

事件：首批合作银行名单已在苹果官网公布，其中包括中国农业银行、中国银行、广州银行、上海银行、中国建设银行、中国光大银行、广发银行、兴业银行、中信银行、招商银行、中国民生银行、中国工商银行、平安银行、中国邮政储蓄银行和浦发银行。据了解，用户只要将 iPhone 靠近支持银联云闪付的 POS 终端，同时将手指放在 Touch ID 上即可完成购物。

29 日 垂直 B2B“厘米网”获慧聪网 1000 万投资

事件：厘米网是国内一家致力于连接城市与农村，为城乡之间的商品流通提供最后一厘米服务的 B2B 垂直电商平台。

31 日 达达获 3 亿美元投资

事件：O2O运力平台达达近日已获得3亿美元D轮融资，主要投资方为DST和此前已参与过两轮投资的红杉资本。

31日 苏宁19.3亿战略入股努比亚：占股33.33%

事件：今日，苏宁以现金19.3亿元对努比亚进行增持，增持后苏宁将持有努比亚33.33%的股份，而中兴持有股份为60%，英才投资持有6.67%。认购前，中兴通讯占股90%，英才投资占10%。本次增资完成后努比亚董事会由7名董事组成，其中，中兴有权委派4名董事，苏宁有权委派2名董事，英才投资有权委派1名董事，董事长将由中兴提名董事担任。

附录2 产业重点名词释义

VR（Virtual Reality）

综合利用计算机图形系统和各种现实及控制等接口设备，在计算机上生成的可交互的三维环境中提供沉浸感觉的技术。

DSP（Demand Side Platform）

需求方平台允许广告客户和广告机构更方便地访问，以及更有效地购买广告库存，因为该平台汇集了各种广告交易平台的库存。

RTB（Real Time Bidding，实时竞价）

是一种利用第三方技术在数以百万计的网站上针对每一个用户展示行为进行评估以及出价的竞价技术。

电商下乡

包括北京、河北等在内的10省（区、市）开展农业电子商务试点，并将依据不同地区特点分别从鲜活农产品、农业生产资料、休闲农业三大方面试点。

OTA（Over-the-Air Technology）

通过移动通信（GSM或CDMA）的空中接口对SIM卡数据及应用进行远程管理的技术。

NFC（Near Field Communication）

近距离无线通信技术，NFC是一种高频无线通信技术，不需要使用移动网络。

ONO（Online and Offline）

线上线下一体化的跨境展示、销售模式。

跨境综合试验区

中国设立的跨境电子商务综合性质的先行先试的城市区域。

电子竞技

电子竞技运动就是利用电子设备作为运动器械进行的、人与人之间的智力与反应对抗运动。

海淘

海淘，即海外/境外购物，就是通过互联网检索海外商品信息，并通过电子订购单发出购物请求，然后填上私人信用卡号码，由海外购物网站通过国际快递发货，或是由转运公司代收货物再转寄回国。

PV（Page View）

页面浏览量。用户每1次对网站中的每个网页访问均被记录1次。用户对同一页面的多次访问，访问量累计。

UV（unique visitor）

独立访客。指不同的、通过互联网访问、浏览这个网页的自然人。

富媒体广告

以多媒体为表现形式的广告。主要包括插播式富媒体广告、扩播式富媒体广告和视频类富媒体广告等形式。

视频贴片广告

指在网络视频播放前、播放暂停或播放完后插播的图片、视频、Flash 等广告。

关键字广告

通过关键字匹配，将广告主投放的广告按展示在搜索引擎结果页面或者搜索引擎加盟网站的 web 页面上，从而获得广告效果的盈利的服务方式。

垂直搜索广告

在互联网用户使用相关垂直领域专门的搜索引擎搜索产生的结果中展现的广告。

文字链广告

以一排文字作为一个广告，点击进入相应的广告页面，主要投放文件格式为纯文字广告形式。

WAP 广告

指将广告主的促销或品牌信息投放到移动终端浏览器或网页的广告方式。

APP 广告

指将广告主的促销或品牌信息投放到移动终端应用程序上的广告方式。从其业务及运营模式来看，移动应用广告不包含在手机浏览器等功能型应用中投放的广告。

航空新媒体

在机场、飞机上安装的液晶屏商业终端广告系统，一般安装在机场室内或者机上，不包括机场 FRAME 框架广告系统。

移动广告监测 SDK

即基于 SDK 的移动互联网广告监测，通过采用技术加码的方式收集广告曝光等数据。

Ad Exchange

互联网广告交易平台，像股票交易平台一样，Ad Exchange 联系的是广告交易的买方和卖方，也就是广告主方和广告位拥有方，Ad Exchange 平台的竞价机制不是先到先得而是竞价获得，即 RTB 模式。

RTB（Real Time Bidding）

“实时竞价”，即在每个广告展示曝光的基础上进行实时竞价的新兴广告类型。广告平台售卖的不仅仅是传统意义上的广告位，而且是访问这个广告位的具体用户，RTB 广告放大了网络广告的指向性和精准度，并将网络广告的作用发挥到一个崭新的水平，使需求方的效益最大化。

CPC（Cost Per Click）

每点击成本，广告主仅为用户点击广告的行为付费，而不再为广告的显示次数付费。对广告主来说，避免了只浏览不点击的风险 ，是网络营销中比较成熟的常见收费方式之一。

CPA（Cost-per-Action）

每次激活的费用。目前移动端，结算到激活的居多，也有部分按注册结算。

P2P 直播（P2P 流媒体）

用户在线观看的视频有网站实时提供，观看同一视频的用户进度相同。同时，观看同一视频的各个用户之间可以通过 P2P 技术进行该视频资源的共享，每个用户为其他用户提供下载/上传服务。

企业社交网络

将成熟的社交网络运用到企业组织中，让企业内部的员工能够通过类似社交网络的方式进行工作和自我管理，以实现企业内部员工间高效、透明、便捷的沟通与协作。

商务社交（BSNS）

为职业人士创造的一个在线社交平台。在此平台上用户可以通过不断拓展人际网络从容地寻找商务联系人、雇主、雇员、专家甚至投资者。商务社交网络与传统 SNS 的另一区别是商务社交网络是为了结识新朋友，而传统 SNS 的功能是和老朋友建立长期关系。

社交网站（SNS-Social Networking Services）

社交网站是指个人之间的关系网络，专指帮助人们建立社会性网络的互联网应用服务。

移动定位社交服务（LBSNS）

一种基于位置地理信息的移动互联网和互联网无缝衔接的社交网络服务，可以帮助用户寻找朋友位置和关联信息，同时激励用户分享位置信息内容。是一种可以提供整合位置服务、社交网络和游戏元素的平台服务，在此基础上可创建聚合用户、软件开发者以及广告主的产业链生态系统。

移动营销

通过移动设备（智能手机、平板电脑等）访问移动应用或移动网页时显示的广告，包括视频、文字、图片、插播广告、html5 等形式。

移动应用

即移动应用程序，是指基于特定软件设计规范开发出来的、在移动终端操作系统平台中运行的应用程序。目前各平台覆盖的移动终端为手机和平板电脑，其中以手机为主。

移动搜索

指以移动设备为终端，进行对普遍互联网的搜索，从而实现高速、准确地获取信息资源，目前主要通过输入关键词、图片、二维码三种形式完成交互。

移动互联网

通过智能移动终端，采用无线通信方式获取业务和服务的新兴业态。

TMT 产业（Technology，Media，Telecom）

指 IT、媒体、通信三者相融合。TMT 产业是以互联网等媒体为基础将高科技公司和电信业等行业链接起来的新兴产业。TMT 行业的特点是信息交流和信息融合。

3G/4G（3rd/4th Generation）

第三/四代移动通信技术，移动互联网的基础性传输与承载网络，是移动互联网内容、应用等环节发展的基础设施。

Wi-Fi

将各种移动终端以无线方式互相连接的技术，是设备接入通信网络的一种手段，也是目前用户接入移动互联网的主要手段。是一个由 Wi-Fi 联盟所持有的无线网络通信技术的品牌。

流量

在移动互联范畴，指单位时间内流经通信网络管道的字节量。

Web3.0

Web3.0 核心的指导思想在于 Web2.0 产生了数据与信息的泛滥，Web3.0 致力于将互联网变成泛数据库，能够方便地根据个性化交互对数据与信息进行不同的结构化智能处理，使得用户便于重复使用结构化数据。

内容及应用服务商（CP、SP）

内容提供商（CP）指在互联网上提供各类信息内容的主体；服务提供商（SP）指在互联网上基于内容提供应用工具或服务的主体。

OTT（Over The Top）

互联网企业越过网络运营商，发展基于开放互联网的各种视频及数据服务业务，强调服务与物理网络的无关性。

开放平台

开放与分享是互联网产业的天性。把网站的服务封装成一系列计算机易识别的数据接口开放出去，供第三方开发者使用，这种行为就叫作 Open API，提供开放 API 的平台本身就被称为开放平台。

API（Application Programming Interface）

应用程序编程接口，是一些预先定义的函数，提供应用程序与开发人员基于某软件或硬件的以访问一组例程的能力，而又无须访问源码或理解内部工作机制的细节。是接入开放平台的基础之一。

应用商店（APP Store）

以移动互联网为最主要的通道，建立的应用软件市场，是一个面向第三方开发者与最终用户的开放式双边平台，商店中的软件一般分为免费与付费两类，用户下载付费软件后，应用商店所有者与第三方开发者进行收益分成。

原生应用（Native APP）

基于智能手机本地操作系统如 iOS、Android、WindowsPhone 并使用原生程式编写运行的第三方应用程序，也叫本地 APP，用户需要下载使用。

轻应用（Light APP）

无须下载、即搜即用的全功能 APP。

超级 APP

指拥有庞大的用户数，成为用户重要的移动互联网入口的，手机“装机必备”的基础应用，往往都有开放平台，或者已经接入多样化的 APP 插件。

移动阅读

利用手机、平板电脑、电子阅读器等移动终端，通过在线、下载等方式，浏览小说、动漫、报刊等内容的阅读行为。

数字版权

各类出版物、信息资料的网络出版权，可以通过新兴的数字媒体传播内容的权利。包括制作和发行各类电子书、电子杂志、手机出版物等的版权。

版权增值

将某种版权向不同内容表现形式，不同载体进行延伸，例如纸质向电子，动漫向游戏等。

简易信息聚合（RSS）

一般用于新闻频道，blog 和 wiki。网站提供 RSS 输出，有利于让用户获取网站内容的最新更新。用户可以在客户端借助于支持 RSS 订阅的软件，在不打开网站内容页面的情况下阅读支持 RSS 输出的网站内容。

移动音乐

用户利用手机等各种移动终端，以 SMS、MMS、WAP、IVR、WWW 等接入方式获取以音乐为主题的相关业务的总称。

版权曲库

服务提供商整合上游唱片公司的音乐或用户 UGC 的音乐，用以为用户提供普通、高品质的音乐内容，是服务实现的基础和关键。

音乐社交

除拥有曲库外，吸引明星、专业人士、发烧友、普通用户根据个性化的偏好与主题聚合自己喜爱的音乐，并向其他用户展示、分享、互动。

音乐服务提供商

在与版权内容提供商合作的基础上，为用户提供音乐及相关服务，并与版权内容提供方按点击、下载或打包购买的方式进行利润分成。

移动浏览器

一种用户在手机终端上通过无线通信网络进行互联网内容浏览的移动互联网工具，需要具备网址输入功能。

网址导航

集合较多网址，并按照一定条件进行分类的一种网址站。

手机内置浏览器

手机出厂前手机浏览器作为手机终端的附加产品内置在手机终端内，此类服务提供商主要为手机终端和手机操作系统厂商。

第三方手机浏览器

手机用户通过互联网下载，自主安装到手机上的手机浏览器。

智能手机（Smart Phone）

指像 PC 一样，具有独立的操作系统，可以由用户自行安装软件、游戏、导航等第三方服务商提供的程序，通过此类程序来不断对手机的功能进行扩充，并可以通过移动通信网络来实现无线网络接入的这样一类手机的总称。

平板电脑（Tablet Personal Computer）

一种小型、方便携带的个人电脑，以触摸屏作为基本的输入设备。

智能电视（Smart TV）

智能电视，是具有全开放式平台，搭载了操作系统，顾客在欣赏普通电视内容的同时，可自行安装和卸载各类应用软件，持续对功能进行扩充和升级的新电视产品。

热点

把手机的接收 GPRS 或 3G 信号转化为 Wi-Fi 信号。

操作系统（Operating System）

管理计算机硬件资源，控制其他程序运行并为用户提供交互操作界面的系统软件的集合。

ROM（Read-Only Memory）

只读内存的简称，是一种只能读出事先所存数据的固态半导体存储器。

RAM（Random Access Memory）

随机存储器。存储单元的内容可按需随意取出或存入，且存取的速度与存储单元的位置无关的存储器。这种存储器在断电时将丢失其存储内容，故主要用于存储短时间使用的程序。按照存储信息的不同，随机存储器又分为静态随机存储器（Static RAM，SRAM）和动态随机存储器（Dynamic RAM，DRAM）。

苹果视网膜显示（Retina Display）

视网膜屏幕是分辨率超过人眼识别极限的高分辨率屏幕，由苹果公司在 2010 年在 iPhone 4 发布会上首次推出。

智能语音交互

基于语音录入，语义识别的智能终端人机交互应用技术。

APK（Android Package）

类似 Symbian Sis 或 Sisx 的文件格式。通过将 APK 文件直接传到 Android 模拟器或 Android 手机中执行即可安装。

智能电视激活

指购买用户在购买智能电视后入网登录系统注册使用。

智能电视激活率

指某品牌或某城市等细分维度购买智能电视的用户群体中激活智能电视的概率。

电子商务 B2B（Business to Business）

电子商务中企业与企业之间的营销关系，B2B 平台指所搭建的以服务于企业与企业之间营销关系的平台。

商业搜索

借助互联网，对各种商业信息进行整理、筛选和归档后，通过站内搜索引擎或分类目录的形式展示给商业用户，为商业用户提供商业、产品、价格以及供求等方面的信息。商业搜索提供的多是结构化的信息，即根据商业信息的特征，将产品、价格和联系人等多种信息整合在搜索结果中。

B2B 应用服务

以电子商务 B2B 平台为基础，以数据为支撑的应用与系统集成服务，主要表现在提供应用软件、管理软件服务等，在云环境下，包括 SaaS、云存储、云计算等云端服务。

B2B 平台代运营

第三方以某个垂直行业或垂直行业中某个产业链核心企业为依托，为其提供垂直行业 B2B 建站、系统集成、平台与内容维护、推广等一系列运营服务。

电子商务产业园/带

以电子商务为发展主线，重点构建以 B2B、B2C 为核心的电子商务交易技术平台，重点引进电子商务、信息软件、设计研发等新兴产业企业，重点依托并持续优化电子商务产业链的专业园区。可以分为狭义与广义：广义的电子商务产业园不仅包括纯粹的电子商务企业，同时，还包括文化创意、教育服务、IT/软件开发、制造类产业。狭义的电子商务产业园主要包括电子商务企业及其相关企业，涵盖电商平台运营、代理运营、平台服务、软件系统开发、数据分析、营销广告、渠道推广、专业咨询、仓储物流、网店摄影、人才培训等电子商务直接或相关环节。

Freemium 模式

云服务背景下，用免费服务吸引用户，然后通过增值服务，将部分免费用户变成付费用户，实现盈利的模式。

P4P（Pay for Performance）

按效果付费的简称，互联网广告的发展方向，正逐渐成为主流形式。

B2B2C（Business to Business to Custom）

跨 B2B 与 B2C 平台的电商企业将 B2B 与 B2C 两个平台对接，依托大数据与资源整合，面向完善的供应商—生产商—最终用户全产业链提供服务的模式。

B2B+O2O（Business to Business + Online to Offline）

B2B 平台将供应商资源整理成采购项目，通过互联网的形式吸引采购商参与到采购项目中。B2B 平台承担审核供应商和采购商资质的责任，并且寻找平台合作企业，同时提供融资、物流、仓储管理等服务。

网络零售（e-Retail）

指通过互联网或其他电子渠道，针对个人或者家庭的需求销售商品。网上零售（B2C/C2C）即交易双方以互联网为媒介的商品交易活动，即通过互联网进行的信息的组织和传递，实现了有形商品和无形商品所有权的转移或服务的消费。买卖双方通过电子商务（线上）应用实现交易信息查询（信息流）、交易（资金流）和交付（物流）行为。

B2C（Business to Customer）

企业对消费者的电子商务模式。这种形式的电子商务一般以网络零售业为主，主要借助于 Internet 开展在线销售活动。

C2C（Customer to Customer）

个人与个人之间的电子商务行为，即卖家和买家都是个人。

垂直类 B2C

注意力集中在某些特定的领域或某种特定的需求，提供有关这个领域或需求的全部深度信息和相关服务的网站，（虚拟化产品）比如联通营业厅专门提供话费充值的相关服务。

综合类 B2C

与垂直类电商相对，在多个领域，提供有关这个领域的需求的全部深度信息和相关电子商务服务的网站。

自营类电商

在多个领域提供有关这个领域的需求的全部深度信息和相关服务的网站，包括在产供销的价值链上，通过自己采购获取货源并销售的电商企业；自有品牌并由合作方贴牌生产后在线上自营销售的电商企业等等，仓储与配送等基础能力可以通过自建或合作加以实现。

平台类电商

在多个领域提供有关这个领域的需求的全部深度信息和相关服务的网站。同时，通过搭建电商渠道平台服务品牌企业。

O2O（Online to Offline）

将线下服务的机会与互联网结合在一起，使互联网成为线下交易的前台。消费者借助互联网工具在线上获取并分享信息，与线下商家互动，通过交易或各线下商家各自提供的条件，获取线下服务的权力，并在线下接受服务，完成闭环的模式。

P2P 网贷平台

指基于互联网，提供线上借贷的平台，P2P 网贷平台是 P2P 借贷与网络借贷相结合的金融服务网站。网络借贷指的是借贷过程中，资料与资金、合同、手续等全部通过网络实现，它是随着互联网的发展和民间借贷的兴起而发展起来的一种新的金融模式。

金融脱媒（Financial Disintermediation）

指在金融管制的情况下，资金供给绕开商业银行体系，直接输送给需求方和融资者，完成资金的体外循环。

众筹融资

通过互联网平台，项目融资人在平台上发布自己的项目、预设融资额、融资时长和回报，投资人为自己喜欢的项目进行各种层级的投资。

虚拟货币（Virtual Currency）

虚拟货币本指非真实的货币。在虚拟跟现实有连接的情况下，虚拟的货币有其现实价值。知名的虚拟货币如腾讯公司的 Q 币，比特币等。

自金融

借助互联网的用户聚合和高速传播特点，用户为自身直接进行融资服务的一种形态，成本收益更优、效益也更高。例如 P2P 机构上的借款方。

直销银行

直销银行是互联网时代应运而生的一种新型银行运作模式，这一经营模式下，银行没有营业网点，不发放实体银行卡，客户主要通过电脑、电子邮件、手机、电话等远程渠道获取银行产品和服务，因没有网点经营费用，直销银行可以为客户提供更有竞争力的存贷款价格及更低的手续费率。降低运营成本，回馈客户是直销银行的核心价值。

手机钱包

中国银联联合各大商业银行与通信运营商共同推出的一项全新的个人移动金融业务。是将客户的手机号码与银行卡账号进行绑定，通过手机短信息、语音等操作方式，以绑定的银行卡为支付结算载体，实现查缴手机话费、银行卡余额查询、手机购买商品、公用事业缴费等，满足用户随时随地个性化理财支付交易的需求。

网络保险

指实现保险信息咨询、保险计划书设计、投保、缴费、核保、承保、保单信息查询、保权变更、续期缴费、理赔和给付等保险全过程的网络化。

余额宝

余额宝由第三方支付平台支付宝打造的一项余额增值服务。转入余额宝的资金在第二个工作日由基金公司进行份额确认，对已确认的份额会开始计算收益。

供应链金融

银行围绕核心企业，管理上下游中小企业的资金流和物流，把单个企业的不可控风险转变为供应链企业整体的可控风险，通过立体获取各类信息，将风险控制在最低水平内。获得金融业务牌照的电商也涉足此领域。

移动支付

移动支付也称为手机支付，就是允许用户使用其移动终端（通常是手机）对所消费的商品或服务进行账务支付的一种服务方式。

在线支付

在线支付是指卖方与买方通过互联网电子商务网站进行交易时，银行或第三方支付公司为其提供网上资金结算服务的一种业务。它为企业和个人提供了一个安全、快捷、方便的电子商务应用环境和网上资金结算工具。

数字电视支付

数字电视支付，是将电视和银行支付业务有机地结合起来，使电视用户能在电视机上完成缴费、订购节目包等业务，是一种更为安全、便捷的面向家庭用户的支付手段。

微信支付

由腾讯公司移动社交通信软件微信及第三方支付平台财付通联合推出的移动支付创新产品，旨在为广大微信用户及商户提供更优质的支付服务，微信支付的支付和安全系统由腾讯财付通提供支持。

银行卡收单

指签约银行向商户提供的本外币资金结算服务。就是最终持卡人在银行签约商户那里刷卡消费，银行结算。收单银行结算的过程就是从商户那边得到交易单据和交易数据，扣除按费率计算出的费用后打款给商户。

预付卡

指以营利为目的发行的、在发行机构之外或发行机构购买商品或服务的预付价值，包括采取磁条、芯片等技术以卡片、密码等形式发行的预付卡。

用户行为分析

在获得网站访问量基本数据的情况下，对有关数据进行统计、分析，从中发现用户访问网站的规律，并将这些规律与网络营销策略等相结合，从而发现目前网络营销活动中可能存在的问题，并为进一步修正或重新制定网络营销策略提供依据。

LBS

指在电子地图平台的支持下，向大众或行业用户提供的与位置相关的诸如定位、路径查询、地图查询的各种服务。目前较为普遍面向大众的位置服务包括三类：自导航服务、移动位置服务、互联网地图服务。

车联网（IOV：Internet of Vehicle）

车与车、车与路、车与人、车与传感设备等交互，实现车辆与公众网络通信的动态移动通信系统。它可以通过车与车、车与人、车与路互联互通实现信息共享，收集车辆、道路和环境的信息，并在信息网络平台上对多源采集的信息进行加工、计算、共享和安全发布，根据不同功能需求对车辆进行有效的引导与监管，以及提供专业的多媒体与移动互联网应用服务。

前装车载导航

用户购买的新车上预装了整车厂原装的一体化车载导航仪。

GIS

地理信息系统，在计算机硬、软件系统支持下，对整个或部分地球表层（包括大气层）空间中的有关地理分布数据进行采集、储存、管理、运算、分析、显示和描述的技术系统。

GPS

全球定位系统，利用 GPS 定位卫星，在全球范围内实时进行定位、导航的系统。

AR

称为增强现实。利用计算机生成一种逼真的视、听、触和动等感觉的虚拟环境，通过各种传感设备使用户“沉浸”到该环境中，实现用户和环境直接进行自然交互。

主机游戏

也叫电视游戏，是一种用来娱乐的交互式多媒体。通常是指使用电视屏幕为显示器，在“电视游乐器”上执行家用主机的游戏，与电脑游戏（PC Game）都属电子游戏的一种。

手机游戏

指在手机等各类手持硬件设备上运行的游戏类应用程序，其需要具备一定硬件环境和一定系统级程序作为运行基础。常见的智能手机系统：MTK（Nucleus OS）、WindowsPhone、安卓、iOS、塞班系统等。

掌机游戏

便携式游戏机，又名掌上型游乐器、掌机游戏，是便携游戏的一类，是指使用专门的小型游戏机运行，可以随时随地使用的视频游戏软件。

网页游戏（Web Game）

又称 Web 游戏，无端网游，简称页游。是基于 Web 浏览器的网络在线多人互动游戏，无须下载客户端，只需打开网页即可进入游戏。

客户端游戏（Client Game）

简称端游。游戏客户端，是指与游戏服务器相对应，为客户提供本地服务的程式。一般安装在普通的用户电脑上，需要与游戏伺服端互相配合运行。

每个新用户获取成本（Cost Per Acquisition/Action）

若一个网站每次将一名用户引向广告商网站时，如果该用户做出指定行为，广告商就要向该网站支付一定费用，这就是在线广告的收费模式。所谓特定行为，包括填表或注册，但最普遍的是支付费用。

客户端安装率

客户端安装量/客户端下载量。

即时通讯（IM）

基于互联网/移动互联网的即时交流消息的业务。

社交型 IM

以社交和娱乐为主要目的进行功能扩展，一般兼顾陌生人、半熟、熟人三类关系，实现一对一和个性化群组的即时消息沟通功能。

社会化媒体

指允许人们撰写、分享、评价、讨论、相互沟通的网站和技术。社交媒体是人们彼此之间用来分享意见、见解、经验和观点的工具和平台，现阶段主要包括社交网站、微博、微信、博客、论坛、播客等。

云存储

云存储是在云计算概念上延伸和发展出来的一个新的概念，是指通过集群应用、网格技术或分布式文件系统等功能，将网络中大量各种不同类型的存储设备通过应用软件集合起来协同工作，共同对外提供数据存储和业务访问功能的一个系统。当云计算系统运算和处理的核心是大量数据的存储和管理时，云计算系统中就需要配置大量的存储设备，那么云计算系统就转变成为一个云存储系统，所以云存储是一个以数据存储和管理为核心的云计算系统。

云计算（Cloud Computing）

是一种基于互联网的计算方式，通过这种方式，共享的软硬件资源和信息可以按需求提供给计算机和其他设备，主要是基于互联网的相关服务的增加、使用和交付模式，通常涉及通过互联网来提供动态易扩展且经常是虚拟化的资源。

大数据

规模巨大到无法通过目前主流软件工具，在需求时间内达到撷取、管理、处理、并整理成为更具价值和决策支撑意义的数据。大数据主要有四个特征：数据量巨大；数据类型多；数据流动快；数据潜在价值大。大数据可以有四种区分方式：结构和非结构数据，非结构数据如文本、视频、图片、音乐。企业内部和外部数据，内部数据一般在CRM、ERP等企业信息化产品中，外部数据如宏观数据、电商平台数据等。线上和线下数据，主要借助线上的大数据激活线下的数据。位置数据和实时数据，这两类数据在移动互联网时代显得尤其重要。

网络存储（NAS）

网络附着存储（Network Attached Storage）即将存储设备通过标准的网络拓扑结构（例如以太网）连接到一群计算机上。NAS是部件级的存储方法，它的重点在于帮助解决迅速增加存储容量的需求。

物联网（The Internet of things）

即通过射频识别（RFID）、红外感应器、全球定位系统、激光扫描器、气体感应器等信息传感设备，按约定的协议，把任何物品与互联网连接起来，进行信息交换和通信，以实现智能化识别、定位、跟踪、监控和管理的一种网络。

可穿戴设备（Wearable devices）

可穿戴设备即直接穿在身上，或是整合到用户的衣服或配件的一种便携式设备。可穿戴设备不仅仅是一种硬件设备，更是通过软件支持以及数据交互、云端交互来实现强大的功能，可穿戴设备将会对我们的生活、感知带来很大的转变。

附录3 覆盖企业名录

A
AdMob
阿里巴巴网络技术有限公司
阿里巴巴影业集团
阿里云计算有限公司
埃培智集团
艾德思齐科技有限公司
艾美仕市场研究公司
爱车汇（北京）科技有限责任公司
爱点击互动（北京）广告有限公司
爱海企业管理咨询（上海）有限公司
爱美乐（北京）科技发展有限公司
安徽华米信息科技有限公司
安徽印记文化传媒有限公司
安客诚公司
安投融（北京）网络科技有限公司
B
Bi168 大数据社区
八百客（北京）信息技术有限公司
八爪鱼在线旅游发展有限公司
巴士在线控股有限公司
把把脉网络科技（北京）有限公司
宝宝巴士（福建）网络科技有限公司
宝贝格子（北京）科技有限公司

北大千方科技有限公司
北大医药股份有限公司
北京艾德思奇科技有限公司
北京艾瑞斯科技有限责任公司
北京爱奇艺科技有限公司
北京傲飞商智软件有限公司
北京奥美互动科技有限公司
北京奥鹏远程教育中心有限公司
北京百程国际旅游有限公司
北京百度网讯科技有限公司
北京百分点信息科技有限公司
北京百付宝科技有限公司
北京百合在线科技有限公司
北京百家互联科技有限公司
北京百应连城科技有限公司
北京暴风科技股份有限公司
北京北湖九号云健康科技有限公司
北京北森测评技术有限公司
北京北森云计算股份有限公司
北京壁合科技股份有限公司
北京博睿宏远科技发展有限公司
北京博思廷科技有限公司
北京博雅立方科技有限公司
北京财智联合理财顾问有限公司

北京畅行信息技术有限公司
北京超图软件股份有限公司
北京车之家信息技术有限公司
北京创锐文化传媒有限公司
北京春雨天下软件有限公司
北京崔玉涛儿童健康管理中心有限公司
北京大生知行科技有限公司
北京当当网信息技术有限公司
北京到家时代餐饮管理有限公司
北京道玺优讯科技有限公司
北京德开医药科技有限公司
北京缔元信互联网数据技术有限公司
北京叮当快药科技有限公司
北京鼎泰智源科技有限公司
北京豆瓣互动科技有限公司
北京敦煌禾光信息技术有限公司
北京粉笔未来科技有限公司
北京福乐云检测科技有限公司
北京盖娅互娱网络科技股份有限公司
北京高梓行远科技有限公司
北京古星互联电子商务有限公司
北京鼓山文化有限公司
北京光线传媒股份有限公司
北京广智科技有限公司
北京国联资源网络有限公司
北京国美在线电子商务有限公司
北京国双科技有限公司
北京国政通科技有限公司
北京果壳互动信息技术有限公司
北京海虹药通电子商务有限公司
北京汉邦高科数字技术股份有限公司
北京瀚思安信科技有限公司
北京和诚华信科技发展有限公司
北京弘合柏基信息科技有限责任公司
北京呼啦在线传媒科技有限公司
北京华通人商用信息有限公司
北京华图宏阳教育文化发展股份有限公司
北京慧聪国际资讯有限公司
北京活力天汇科技有限公司
北京基调网络股份有限公司
北京吉祥海云数据科技有限公司
北京极科极客科技有限公司
北京集奥聚合科技有限公司
北京家捷送电子商务有限公司
北京建飞科联科技有限公司
北京娇羞科技有限公司
北京捷泰天域信息技术有限公司
北京捷通华声语音技术有限公司
北京今目标科技有限公司
北京金山云网络技术有限公司
北京金象在线网络科技有限公司
北京金信网银金融信息服务有限公司
北京金叶天盛科技有限公司
北京京东世纪贸易有限公司
北京精硕世纪科技有限公司
北京久游科技有限公司
北京酒美网有限公司
北京决胜网中原分公司
北京开云慧科网络科技有限公司
北京康康盛世信息技术有限公司

北京酷智科技有限公司
北京快友世纪科技有限公司
北京宽客网络技术有限公司
北京旷视科技有限公司
北京昆仑万维科技股份有限公司
北京拉勾网络技术有限公司
北京辣妈帮科技有限公司
北京蓝城兄弟信息技术有限公司
北京蓝海讯通科技有限公司
北京乐融多源信息技术有限公司
北京力美科技有限公司
北京联众互动网络股份有限公司
北京灵蜂纵横软件有限公司
北京路玺优讯科技有限公司
北京妈妈网联科技有限公司
北京蚂蜂窝网络科技有限公司
北京米天下科技有限公司
北京米未传媒有限公司
北京秒针信息咨询有限公司
北京铭万互联科技有限公司
北京陌陌科技有限公司
北京木瓜移动科技有限公司
北京慕华信息科技有限公司
北京诺亦腾科技有限公司
北京帕罗奥图科技有限公司
北京派择网络科技有限公司
北京品友互动信息技术有限公司
北京七彩之家教育科技有限公司
北京七鑫易维信息技术有限公司
北京汽车之家信息技术有限公司

北京钱袋宝支付技术有限公司
北京青云创新科技发展有限公司
北京趣拿信息技术有限公司
北京诠释广告有限公司
北京人人网有限公司
北京仁科互动网络技术有限公司
北京软通动力信息技术（集团）有限公司
北京瑞智和康科技有限公司
北京睿仁医疗科技有限公司
北京三快在线科技有限公司
北京闪银奇异科技有限公司
北京首都在线科技股份有限公司
北京数美时代科技有限公司
北京数字冰雹信息技术有限公司
北京思邈互联医药科技有限公司
北京思特奇信息技术股份有限公司
北京四维图新科技股份有限公司
北京寺库商贸有限公司
北京搜斗士信息技术有限公司
北京搜房科技发展有限公司
北京搜狗网络技术有限公司
北京搜狐新时代信息技术有限公司
北京太谷雨田信息科技有限责任公司
北京糖护科技有限公司
北京淘友天下科技发展有限公司
北京腾云天下科技有限公司
北京天诚盛业科技有限公司
北京天空之城文化创意有限公司
北京天融信科技股份有限公司
北京天润基业科技发展股份有限公司

北京天下秀科技有限公司
北京天云趋势科技有限公司
北京同方科迅技术开发有限公司
北京途牛科技有限公司
北京万合天宜影视文化有限公司
北京万象新天网络科技有限公司
北京王府井百货（集团）股份有限公司
北京网聘咨询有限公司
北京微梦创科网络技术有限公司
北京文通科技有限公司
北京我要奇迹科技有限公司
北京沃丰时代数据科技有限公司
北京无双科技有限公司
北京五八信息技术有限公司
北京熙健信息技术有限公司
北京下厨房科技有限公司
北京先进数通信息技术有限公司
北京响巢国际传媒股份有限公司
北京小桔科技有限公司
北京小两口网络科技有限公司
北京小美科技有限公司
北京新港致远科技有限公司
北京新氧科技有限公司
北京兴长信达科技发展有限公司
北京学而思教育科技有限公司
北京寻医问药网有限公司
北京焰火工坊科技有限公司
北京阳光天域科技有限公司
北京一路热点信息技术有限公司
北京医渡云科技有限公司
北京壹德万方医疗器械有限公司
北京宜信致诚信用评估有限公司
北京蚁视科技有限公司
北京亿纺通信息技术有限公司
北京亿玛联盟传媒广告有限公司
北京亿玛在线科技有限公司
北京艺龙网信息技术有限公司
北京易查无限信息技术有限公司
北京易车信息科技有限公司
北京易动纷享科技有限责任公司
北京易观网络科技有限公司
北京易华录信息技术股份有限公司
北京英雄互娱科技股份有限公司
北京永洪商智科技有限公司
北京优锘科技有限公司
北京悠哉国际旅行社有限公司
北京友缘在线网络科技有限责任公司
北京羽乐创新科技有限公司
北京羽扇智信息科技有限公司
北京云太和网络科技有限公司
北京云学时代科技有限公司
北京云知声信息技术有限公司
北京掌中浩阅科技有限公司
北京贞观雨科技有限公司
北京芝兰玉树科技有限公司
北京智齿博创科技有限公司
北京智动果合移动网络科技有限责任公司
北京智慧图科技有限责任公司
北京中科奥森科技有限公司
北京中清龙图网络技术有限公司

北京中通集讯科技有限公司
北京众成汇通信息技术有限公司
北京众荟信息技术有限公司
北京住哲信息技术有限公司
北京卓易讯畅科技有限公司
北京自化技术咨询有限公司
北京字节跳动科技有限公司
贝维优（北京）科技有限公司
比邻软件有限公司
缤刻普锐（北京）
博雅云图（北京）科技有限公司
C
Canaan International Capital Ltd
CDO 精英俱乐部
CNZZ 网络技术服务公司
ComScore 公司
昌荣传播集团有限公司
长城汽车股份有限公司
畅捷通信息技术股份有限公司
成都八千翼网络科技有限公司
成都超有爱科技有限公司
成都番茄来了科技有限公司
成都咕咚科技有限公司
成都锦途网络科技有限公司
成都乐动信息技术有限公司
成都龙渊网络科技有限公司
成都市极米科技有限公司
成都数联铭品科技有限公司
成都易淘一火网络科技有限公司
成都逸创信息技术有限公司

成都指掌天下信息技术有限公司
重庆旅景信息科技有限公司
传课计算机系统（北京）有限公司
D
达内科技（中国）有限公司
达内时代科技集团有限公司
大连开普物流有限公司
大易信息科技有限公司
德邦物流股份有限公司
第一视频集团有限公司
东方钢铁电子商务有限公司
东方国信科技股份有限公司
东方通信股份有限公司
东金正大生态工程股份有限公司
东软集团股份有限公司
堆糖信息科技（上海）有限公司
多盟智胜网络技术（北京）有限公司
E
Easy Hadoop 技术社区
鄂尔多斯羊绒制品股份有限公司
F
Facebook
Fitbit
法国阳狮集团
凡客诚品（北京）科技有限公司
泛微软件有限公司
飞狐信息技术（天津）有限公司
费埃哲信息技术有限公司
分众传媒控股有限公司
凤凰卫视控股有限公司

福建网龙计算机网络信息技术有限公司
福州点点医药科技有限公司
G
Google 中国
GTV 游戏竞技频道
高德软件有限公司
歌尔声学股份有限公司
观澜网络（杭州）有限公司
广东倍智测聘网络科技股份有限公司
广东健客医药有限公司
广东康爱多连锁药店有限公司
广东乐心医疗电子股份有限公司
广东乐源数字技术有限公司
广东壹号大药房医药连锁有限公司
广东有品科技有限公司
广州爱稀饭网络科技有限公司
广州邦富软件有限公司
广州多玩信息技术有限公司
广州更美生物科技有限公司
广州华多网络科技有限公司
广州九尾信息科技有限公司
广州酷狗计算机科技有限公司
广州聘大信息科技有限责任公司
广州七乐康药业连锁有限公司
广州启生信息技术有限公司
广州任遨游投资咨询有限公司
广州盛成网络科技股份有限公司
广州市贝聊信息科技有限公司
广州市人心网络科技有限公司
广州市小树熊母婴用品大卖场有限公司

广州万惠投资管理有限公司
广州网易计算机系统有限公司
广州新居网家居科技有限公司
广州邢帅教育科技有限公司
广州遇见网络科技有限公司
广州绽放信息科技有限公司
广州职友集网络技术有限公司
贵阳孩子王用品有限公司
国际商业机器公司
国家体育总局体育信息中心
国信优易数据有限公司
国药控股国大药房有限公司
H
海尔集团
海南天涯社区网络科技股份有限公司
海思德塔（北京）科技有限公司
海象网络科技有限公司
汉柏科技有限公司
汉王科技股份有限公司
杭州贝购科技有限公司
杭州边锋网络技术有限公司
杭州财米科技有限公司
杭州单向街通信技术有限公司
杭州攻壳科技有限公司
杭州海康威视数字技术股份有限公司
杭州恒牛信息技术有限公司
杭州宏创电子商务有限公司
杭州华三通信技术有限公司
杭州美拍网络科技有限公司
杭州米络科技有限公司

杭州锐拓科技有限公司
杭州十九楼网络传媒有限公司
杭州时趣信息技术有限公司
杭州树熊网络有限公司
杭州泰一指尚科技有限公司
杭州天迈网络有限公司
杭州微飞胜科技有限公司
杭州鑫合汇网络科技有限公司
杭州亿动广告有限公司
杭州易融网络技术有限公司
杭州又拍云科技有限公司
杭州卓贝网络科技有限公司
航美传媒集团有限公司
好孩儿有限公司
合肥飞友网络科技有限公司
合肥浮云文化传媒有限公司
合肥锦绣教育管理咨询有限公司
合肥智慧树知识产权咨询服务有限公司
合合信息科技发展有限公司
合一集团
和创（北京）科技股份有限公司
河北华佗药房连锁有限公司
恒拓开源信息科技有限公司
弘成教育集团
红岭创投电子商务股份有限公司
红麦聚信（北京）软件技术有限公司
红象云腾系统技术有限公司
红星美凯龙家居集团股份有限公司
宏盟媒体集团
湖南广播电视台

湖南快乐阳光互动娱乐传媒有限公司
湖南青果软件有限公司
互动峰科技（北京）有限公司
互动通控股集团
沪江教育科技（上海）股份有限公司
华视传媒集团有限公司
华硕电脑（上海）有限公司
华为技术有限公司
华夏礼品有限公司
环球资源
环信（天津）股权投资管理有限公司
黄包车网络科技有限公司
汇付天下有限公司
惠普研发有限合伙公司
I
Informatica 数据集成软件公司
InMobi
Instagram
IN 有限公司
J
济南宝贝佳教育信息咨询有限公司
佳缘国际有限公司
甲骨文股份有限公司
江苏农华智慧农业科技股份有限公司
江苏矽岸信息技术有限公司
江西省力行网络有限公司
焦点科技股份有限公司
解码（上海）生物医药科技有限公司
金电联行（北京）信息技术有限公司
金华就约我吧网络科技有限公司

金信财富网络科技（北京）有限公司
金页网络科技有限公司
金银岛（北京）网络科技股份有限公司
锦程国际物流在线服务有限公司
九城集团
九次方财富资讯（北京）有限责任公司
九次方金融大数据公司
九阳股份有限公司
酒仙网电子商务股份有限公司
巨人网络集团有限公司
巨人移动科技有限公司
聚鲜（北京）科技有限公司
K
开滦集团公司
科大讯飞股份科技有限公司
科技有限责任公司
科通集团
肯睿（上海）软件有限公司
酷6网（北京）信息技术有限公司
快钱支付清算信息有限公司
快手（天津）网络科技有限公司
L
LinkedIn
拉卡拉集团
兰亭集势控股公司
蓝色光标传播集团
浪淘金（北京）科技有限责任公司
老百姓大药房连锁股份有限公司
乐视网信息技术（北京）股份有限公司
乐视影业（北京）有限公司

乐视致新电子科技（天津）有限公司
乐友孕婴童集团
乐约电子科技（上海）有限公司
连连银通电子支付有限公司
联动优势科技有限公司
联想集团有限公司
亮风台（上海）信息科技有限公司
量子数聚（北京）科技有限公司
猎豹移动公司
猎聘网
M
麦知讯（北京）信息技术有限公司
美的集团股份有限公司
美国硅图公司
美丽说（北京）网络科技有限公司
美年大健康产业（集团）有限公司
美囤妈妈（上海）电子商务有限公司
魅力汇有限公司
蜜芽公司
墨麟集团
牧星人影视策划有限公司
N
南京大汉网络有限公司
南京烽火星空通信发展有限公司
南京双心源信息科技有限公司
南京苏宁易付宝网络科技有限公司
南京途牛科技有限公司
尼尔森公司
宁波方太厨具有限公司
宁波启点教育科技有限公司

O
Oculus
偶偶科技有限公司
P
Pentaho 中国
Pinterest
庞大汽贸集团股份有限公司
鹏元征信有限公司
平安付智能技术有限公司
平安健康保险股份有限公司
平安银行股份有限公司
苹果公司
普信恒业科技发展（北京）有限公司
Q
奇虎 360 科技有限公司
企明创想科技（北京）有限公司
启名方科技（北京）有限公司
启明辰信息技术有限公司
千橡互动集团
前程无忧
前锦网络信息技术（上海）有限公司
青岛亲亲宝贝婴幼儿文化有限公司
青岛腾邦国际商务有限公司
青岛微爱信息科技有限公司
全洲药业集团
群邑（上海）广告有限公司
R
人民搜索网络股份公司
仁科互动（北京）信息科技有限公司
融云科技（北京）有限公司

若邻网路（中国）有限公司
S
Splunk 企业数据软件公司
赛仕软件有限公司
三诺集团有限公司
三星集团
山东毛豆科技网络有限公司
山东众志电子有限公司
上海 HTC 有限公司
上海爱康国宾健康体检管理集团有限公司
上海爱推网络技术有限公司
上海百酷信息科技有限公司
上海宝尊电子商务有限公司
上海博泰悦臻电子设备制造有限公司
上海驰誉网络科技有限公司
上海传漾网络科技有限公司
上海大易信息科技有限公司
上海点客信息技术股份有限公司
上海点我吧信息技术有限公司
上海东方传媒集团有限公司
上海飞牛集达电子商务有限公司
上海风箴电子商务有限公司
上海钢富电子商务有限公司
上海钢联电子商务股份有限公司
上海格平信息科技有限公司
上海工程师爸爸有限公司
上海汉涛信息咨询有限公司
上海好耶广告有限公司
上海互加文化传播有限公司
上海花千树信息科技有限公司

上海华奥电竞信息科技有限公司	上海汽车集团股份有限公司
上海幻电信息科技有限公司	上海谦问万答吧云计算科技有限公司
上海火速网络科技有限公司	上海轻轻信息科技有限公司
上海捡人网络科技有限公司	上海趣医网络科技有限公司
上海健一网大药房连锁经营有限公司	上海雀沃信息技术有限公司
上海晶赞科技发展有限公司	上海人鱼线商务咨询有限公司
上海景域文化传播有限公司	上海三七玩网络科技有限公司
上海敬众数据处理有限公司	上海扇贝网络技术有限公司
上海九州通医药有限公司	上海搜友网络科技有限公司
上海聚力传媒技术有限公司	上海天旦网络科技发展有限公司
上海骏聿数码科技有限公司	上海天天鲜果电子商务有限公司
上海柯炫信息科技有限公司	上海万得信息技术股份有限公司
上海肯耐珂萨人才服务有限公司	上海网映文化传播有限公司
上海拉扎斯信息科技有限公司	上海微课信息科技有限公司
上海乐相科技有限公司	上海喜鹊网络科技有限公司
上海流利说信息技术有限公司	上海享学网络科技有限公司
上海楼小楼信息技术有限公司	上海携程国际旅行社有限公司
上海陆家嘴国际金融资产交易市场股份有限公司	上海新数网络科技有限公司
上海迈外迪网络科技有限公司	上海新易传媒广告有限公司
上海脉脉互动网络科技有限公司	上海熊猫互娱文化有限公司
上海曼恒数字技术有限公司	上海亿库信息科技有限公司
上海芒果国际旅行社有限公司	上海亦策软件科技有限公司
上海芒果互娱科技有限公司	上海易睦网络科技有限公司
上海名云信息技术有限公司	上海益实多公司
上海魔之视信息科技有限公司	上海逸橙信息科技有限公司
上海钮海电子商务有限公司	上海银河数娱网络科技有限公司
上海拍拍贷金融信息服务有限公司	上海赢思软件技术有限公司
上海匹匹扣网络科技有限公司	上海映霸文化传播有限公司
上海七牛信息技术有限公司	上海优刻得信息科技有限公司
上海企能软件科技有限公司	上海优事商务咨询有限公司

上海悠络客电子科技股份有限公司
上海悠哉国际旅行社有限公司
上海邮乐贸易有限公司
上海游戏风云文化传媒有限公司
上海友网科技有限公司
上海禹容科技有限公司
上海泽企信息技术有限公司
上海招财宝金融信息服务有限公司
上海中彦信息科技有限公司
上海资信有限公司
尚奇浩康（北京）科技有限公司
深圳爱遇文化传媒有限公司
深圳北森科技有限公司
深圳大疆创新科技有限公司
深圳二木科技有限公司
深圳华大基因科技有限公司
深圳聚众创科技有限公司
深圳前海征信中心股份有限公司
深圳市埃微信息技术有限公司
深圳市艾曼科技有限公司
深圳市爱施德股份有限公司
深圳市八爪网络科技有限公司
深圳市倍轻松科技股份有限公司
深圳市财付通科技有限公司
深圳市彩讯科技有限公司
深圳市车音网科技有限公司
深圳市创梦天地科技有限公司
深圳市海王星辰健康药房连锁有限公司
深圳市护眼宝科技有限公司
深圳市华康全景信息技术有限公司

深圳市慧动创想科技有限公司
深圳市慧泽保险经纪有限公司
深圳市凯立德科技股份有限公司
深圳市乐动力科技开发有限公司
深圳市乐思软件技术有限公司
深圳市理才网信息技术有限公司
深圳市梦之舵信息技术有限公司
深圳市宁远科技股份有限公司
深圳市宁远科技有限公司
深圳市数亨科技有限公司
深圳市泰捷软件技术有限公司
深圳市腾讯计算机系统有限公司
深圳市天下房仓科技有限公司
深圳市天音科技发展有限公司
深圳市微视在线网络有限公司
深圳市微智云科技有限公司
深圳市芯智科技有限公司
深圳市虚拟现实科技有限公司
深圳市一达通企业服务公司
深圳市宜搜科技发展有限公司
深圳市映趣科技有限公司
深圳市珍爱网信息技术有限公司
深圳市蜘蛛旅游网络技术有限公司
深圳市中商行网络有限公司
深圳市住百家发展股份有限公司
深圳投哪金融服务有限公司
深圳小宅科技有限公司
深圳新感易搜网络科技有限公司
深圳易信科技股份有限公司
深圳有伴科技有限公司

深圳云之家网络有限公司
深圳中青宝互动网络股份有限公司
神州数码信息服务股份有限公司
神州泰岳软件股份有限公司
神州租车有限公司
生活半径（北京）信息技术有限公司
十九楼网络股份有限公司
时趣互动（北京）科技有限公司
时云医疗科技（上海）有限公司
世界电子竞技大赛 WCA
数据堂（北京）科技股份有限公司
顺丰速运
顺丰优选有限公司
思爱普软件系统有限公司
思帕客网络科技（上海）有限公司
思睿嘉得（北京）信息技术有限公司
四海商舟电子商务有限公司
搜易贷（北京）金融信息服务有限公司
苏宁云商集团股份有限公司
苏州国云数据科技有限公司
苏州联康网络有限公司
苏州梦想人软件科技有限公司
苏州拍拍淘信息技术有限公司
苏州锐音信息技术有限公司
苏州思必驰信息科技有限公司
苏州太湖新天地旅游发展有限公司
苏州图比特商业研究机构
苏州蜗牛数字科技股份有限公司
苏州新科兰德科技有限公司
苏州游视网络科技公司

苏州游视网络科技有限公司
随手科技
索尼（中国）有限公司
T
TIBCO 软件公司
Tumblr
TutorGroup 集团
TVR 时光机虚拟现实公司
twitter
塔谱软件技术（上海）有限公司
淘宝（中国）软件有限公司
腾讯云计算（北京）有限责任公司
腾讯征信有限公司
天畅信息技术有限公司
天际博人科技发展（北京）有限公司
天津九安医疗电子股份有限公司
天津南大通用数据技术有限公司
天睿公司
天拓投资有限公司
贴身秘密有限公司
同程网络科技股份有限公司
统计之都
途家在线信息技术（北京）有限公司
途趣网信息技术（北京）有限公司
U
优步 TECHNOLOGIES，INC.
UC 优视科技有限公司
V
Viadeo 集团
W

WPP集团
万达百货有限公司
万国商业网有限公司
万仕道（北京）管理咨询有限公司
网康科技有限公司
网易有道信息技术有限公司
网银在线（北京）科技有限公司
微博易公司
微策略软件有限公司
微型计算机软件公司
微医（杭州）集团有限公司
唯品会（中国）有限公司
帷千移动在线信息科技有限公司
未来电视有限公司
温州翼龙贷经济信息咨询有限公司
无锡乔喜文化传媒有限公司
武大吉奥信息技术有限公司
武汉达梦数据库有限公司
武汉滴滴网络科技有限公司
武汉斗鱼网络科技有限公司
武汉和讯农业信息科技有限公司
武汉零号线科技有限公司
X
Xtools
西安美林数据技术股份有限公司
厦门海豹信息技术股份有限公司
厦门幻眼信息科技有限公司
厦门美柚信息科技有限公司
厦门云脉技术有限公司
厦门中搜科技有限公司
小船出海教育科技（北京）有限公司
小米科技有限责任公司
小能科技（北京）有限公司
携程旅行网
新东方教育科技集团
新浪网络技术股份有限公司
星环信息科技（上海）有限公司
杏树林信息技术（北京）有限公司
幸福互动（北京）网络科技有限公司
炫一下（北京）科技有限公司
学大教育科技（北京）有限公司
迅付信息科技有限公司
Y
YouTube
亚马逊中国公司
亚信集团股份有限公司
阳江缘来婚姻介绍服务有限公司
一嗨汽车租赁有限公司
一呼（北京）电子商务有限公司
一淘有限公司
宜信惠民投资管理（北京）有限公司
宜信普诚信用管理（北京）有限公司
宜信普惠信息咨询（北京）有限公司
宜信卓越财富投资管理（北京）有限公司
艺恩世纪国际信息咨询（北京）有限公司
易宝支付有限公司
易车公司
易传媒集团
易淘星空网络科技（北京）有限公司
易图通科技（北京）有限公司

易游世界科技发展有限公司
易智瑞（中国）信息技术有限公司
益博国际咨询（上海）有限公司
银川圣地国际游戏投资有限公司
银泰百货（集团）有限公司
优信互联（北京）信息技术有限公司
优优图像影音识别（中国）计算机科技有限公司
尤恩思国际集团
游多多网络科技（上海）有限公司
游族网络股份有限公司
友乐活（北京）网络科技有限公司
友盟同欣（北京）科技有限公司
云招科技（北京）有限公司
云智慧（北京）科技有限公司
Z
招商银行股份有限公司
兆荣联合（北京）科技发展有限公司
这只猫信息科技（上海）有限公司
浙江博客信息技术有限公司
浙江华策影视股份有限公司
浙江每日互动网络科技有限公司
浙江网盛生意宝股份有限公司
浙江翼信科技有限公司
正保远程教育集团
支付宝（中国）网络技术有限公司
芝麻信用管理有限公司
知乎
智慧星光信息技术有限公司
智联招聘
智网达资讯（北京）有限责任公司

中诚信征信有限公司
中地数码科技有限公司
中国电信集团公司
中国电信云计算分公司
中国电子竞技俱乐部联盟 ACE
中国纺织品进出口总公司
中国工商银行股份有限公司
中国国际电子商务有限公司
中国建设银行
中国民航信息集团公司
中国民航信息网络股份有限公司
中国民生银行股份公司
中国平安保险（集团）股份有限公司
中国丝绸工业总公司
中国网库集团公司
中国物资储运总公司
中国移动电竞联盟
中国移动通信集团公司
中国银联股份有限公司
中国邮政集团公司
中国中央电视台体育频道
中科九度（北京）空间信息技术有限责任公司
中科软科技股份有限公司
中粮集团有限公司
中文在线集团
中兴通讯股份有限公司
中智诚征信有限公司
众安在线财产保险股份有限公司
珠海健康云科技有限公司
珠海云麦科技有限公司

图书在版编目（CIP）数据

中国互联网产业发展年鉴. 2016 / 于揚 主编. —北京：东方出版社，2016.7
ISBN 978-7-5060-9132-9

Ⅰ.①中… Ⅱ.①于… Ⅲ.①互联网络—高技术产业—产业发展—中国—2016—年鉴 Ⅳ.①F492.3-54

中国版本图书馆 CIP 数据核字（2016）第 166478 号

中国互联网产业发展年鉴（2016）
（ZHONGGUO HULIANWANG CHANYE FAZHAN NIANJIAN〈2016〉）

主　　编：于　揚
责任编辑：袁　园
出　　版：东方出版社
发　　行：人民东方出版传媒有限公司
地　　址：北京市东城区东四十条 113 号
邮政编码：100007
印　　刷：北京楠萍印刷有限公司
版　　次：2016 年 10 月第 1 版
印　　次：2016 年 10 月第 1 次印刷
印　　数：1—1 200 册
开　　本：889 毫米×1194 毫米　1/16
印　　张：45.25
字　　数：897.8 千字
书　　号：ISBN 978-7-5060-9132-9
定　　价：980.00 元
发行电话：（010）85924663　85924644　85924641